管理学原理

第 11 版

[美]
斯蒂芬·P.罗宾斯（Stephen P. Robbins）
玛丽·库尔特（Mary Coulter） 著
戴维·A.德森佐（David A. DeCenzo）

毛蕴诗 译

Fundamentals of Management (Eleventh Edition)

清华大学出版社
北京

北京市版权局著作权合同登记号　图字：01-2021-5974

图书在版编目（CIP）数据

管理学原理：第 11 版/（美）斯蒂芬・P. 罗宾斯（Stephen P. Robbins），（美）玛丽・库尔特（Mary Coulter），（美）戴维・A. 德森佐（David A.DeCenzo）著；毛蕴诗译. —北京：清华大学出版社，2024.8
（新形态优秀教材译丛）
书名原文：Fundamentals of Management, 11E
ISBN 978-7-302-66027-9

Ⅰ．①管…　Ⅱ．①斯…　②玛…　③戴…　④毛…　Ⅲ．①管理学－教材　Ⅳ．①C93

中国国家版本馆 CIP 数据核字(2024)第 069833 号

责任编辑：朱晓瑞
封面设计：何凤霞
责任校对：宋玉莲
责任印制：杨　艳
出版发行：清华大学出版社
　　　　　网　　　址：https://www.tup.com.cn，https://www.wqxuetang.com
　　　　　地　　　址：北京清华大学学研大厦 A 座　　　　　邮　　编：100084
　　　　　社 总 机：010-83470000　　　　　　　　　　　　邮　　购：010-62786544
　　　　　投稿与读者服务：010-62776969，c-service@tup.tsinghua.edu.cn
　　　　　质 量 反 馈：010-62772015，zhiliang@tup.tsinghua.edu.cn
　　　　　课 件 下 载：https://www.tup.com.cn，010-83470332
印 装 者：河北鹏润印刷有限公司
经　　销：全国新华书店
开　　本：185mm×260mm　　　印张：30.25　　插页：2　　字　　数：719 千字
版　　次：2024 年 8 月第 1 版　　　　　　　　　　　　　印　　次：2024 年 8 月第 1 次印刷
定　　价：89.00 元

产品编号：089619-01

作 者 简 介

斯蒂芬·P. 罗宾斯（Stephen P. Robbins）

亚利桑那大学博士。他曾在壳牌石油和雷诺兹金属有限公司工作过，并先后执教于奥马哈市的内布拉斯加大学、蒙特利尔的康考迪亚大学、巴尔的摩大学、爱德华兹维尔市的南伊利诺伊大学和圣迭戈州立大学。他是圣迭戈州立大学的管理学名誉教授。

罗宾斯博士的研究方向集中于组织冲突、组织职权和组织政治、行为决策等。他的论文发表在诸如《商务视野》《加利福尼亚管理评论》《商业与经济瞭望》《国际管理》《管理评论》《加拿大员工与工业关系》和《管理教育杂志》等众多期刊上。

罗宾斯博士是全世界管理学和组织行为学领域最畅销的教科书作者。他的书已经售出多达 1000 多万册并被翻译成 20 种语言，被加拿大、美国、南美洲、澳大利亚、新西兰、亚洲和欧洲的 1500 所大学和学院及数百家学校采纳为教材。

有关更多详细信息，请参阅他的个人主页。

玛丽·库尔特（Mary Coulter）

阿肯色大学博士。在完成她的研究生工作之前，她担任着不同的工作，包括高中老师、法律助理和市政府的项目策划人。她曾在德鲁里大学、阿肯色大学、三一大学（得克萨斯州）和密苏里州立大学任教。她目前是密苏里州立大学管理学的荣誉退休教授。除了《管理学原理》，库尔特博士还在培生教育集团（Pearson）出版了其他书籍，包括与罗宾斯共同出版的《管理学》（*Management*）、《行动中的战略管理》（*Strategic Management in Action*）和《行动中的创业精神》（*Entrepreneurship in Action*）。

工作之余，库尔特博士喜欢在花园里散步，尝试新的食谱，阅读各种不同类型的书籍，和丈夫罗恩，两个女儿莎拉、凯蒂，及两个女婿詹姆斯、马特，尤其是她的两个外孙布鲁克林和布莱克，一起享受各种活动，他们是她一生的快乐！

戴维·A. 德森佐（David A. DeCenzo）

西弗吉尼亚大学博士，是南卡罗来纳州康维市卡罗来纳海岸大学校长。学校位于沿海地区，2002 年，他接任了老克雷格·沃尔在工商管理学院的领导职务。作为校长，德森佐博士负责大学的总体规划和管理。德森佐博士实现了一个全面的战略规划流程，通过政策和实践确保财政问责，促进了整个大学的评估和透明度。自 2007 年当选校长以来，大学入学率的增长近 19%，本科课程的学术项目已从 39 个增加到 65 个，同时增加了 6 个新的硕士学位项目。在 2002 年加入该大学之前，德森佐在马里兰州的托桑大学经济管理学院任合作关系开发部门主管。他是一位经验丰富的产业咨询师、公司培训师和演说家。德森佐博士撰写的教科书被遍布美国和全世界的多所院校采用。德森佐博士和他的妻子特里有 4 个孩子，马克、梅雷迪思、加布里埃拉和娜塔莉，他们一家住在帕利岛（Pawley Island）。

本书涵盖了管理的基本要素，为理解管理者和组织面临的实际问题提供良好的基础。本书的重点仍然是了解和应用管理理论，也强调开发就业技能的机会。《管理学原理》提供了易于阅读、简练、面向现实的内容，并围绕什么对管理者有用、什么不适用而展开，其最终目标是帮助学生取得成功。

本版新增内容

- 新增关于创业的章节。
- 全新的体验练习。每章的新"体验练习"都是一项实践活动，学生们通常合作完成一项任务，比如，写一份个人使命陈述。
- 本书着重介绍就业技能。第 1 章介绍这些就业技能，包括批判性思维、沟通、协作、知识应用和分析。每章都让学生有机会使用和体验他们在 21 世纪的工作场所取得成功所需要的技能。
- 增加关于 20 世纪早期贡献者的内容，展现多样性观点。因为管理是许多人贡献的结果，所以我们在管理历史模块中增加了一节，重点介绍一些重要的贡献者。
- 专业精神与就业能力单元。职业单元扩展版现在侧重于专业与就业能力。
- 在人力资源管理一章中增加多样性内容。
- 管理模块格式的操作资料。
- 几个新的例子，包括脸书（Facebook）公开审查自己在保护用户社区方面做了什么和没做什么，宝马（BMW）的可持续性行动，瑞典的数字货币使用，欧洲"僵尸"公司（European "zombie" companies），Hootsuite 社交媒体公司的文化，全球腰果产业，福克斯体育世界杯（Fox Sports World Cup）广告挑战，《华尔街日报》的组织重新设计，等等。
- 新的和更新的内容，包括组织文化的当前问题、反全球化、创造力的绊脚石、矫正偏见、危机规划、作为战略武器的数字工具、管理破坏性创新、远程工作、多元文化、经纪人、包容、工作场所的代沟、情感和沟通，交替变化的现实、怪异的上司、在工作场所进行礼貌的对话和工作场所设计。
- "当今职场中的道德决策"栏目。这一部分已经重新命名，并且其内容 60%是新的。
- 案例应用。超过半数的内容是新的。

解决教与学的挑战问题

许多学习管理学原理的学生难以理解他们为什么要首先学习这门课程。他们认为管理是常识，清楚明白并依赖于直觉。他们还需要实践将其正在学习的概念应用到现实世界。此外，许多学生毕业后可能不打算成为管理者，因此他们可能很难看出这门课程与自己职业目标之间的相关之处。我们写了《管理学原理》来解决这些挑战，为学生培养以理论为基础的"管理意识"，同时向他们展示如何将所学到的概念应用到现实世界，并使他们在任何职业生涯中开发取得成功所必需的技能。

培养"管理意识"

以矫正管理偏见开篇，解释一些学生可能存在的共同的管理偏见。矫正管理偏见，指出了常见的误区，帮助学生更好地理解和培养自己的管理意识。

将概念应用到现实世界

新的第 7 章新创企业管理，反映了最近创业企业的增长，帮助学生了解现实世界发生的趋势。

本课程涉及全球化和逆全球化、文明对话、反偏见和道德困境等**棘手问题**，为学生提供了对当今商业环境的准确描述。

小型模拟让学生扮演专业角色，让他们有机会应用课程概念，并通过现实世界的商业挑战开发决策技能。在模拟的最后，学生将会得到对于他们给出答案的即时反馈。这些模拟加强了章节概念和学生对这些概念的理解。

新！新的重点小型模拟（Capstone Mini Sims）帮助学生掌握总体课程概念，如领导力、计划、动机和多样性。通过将多个章节中的关键主题组合成独特的场景，学生能够更好地理解管理概念是如何相互关联的。

每章末尾的三个应用案例都来源于真实的公司。这些案例涵盖了管理者、管理和组织的情况。为了帮助学生将管理概念应用到现实世界，这些案例要求学生评估情况，并回答关于"如何""为什么"和"你会做什么"等问题。这些案例应用涉及了多个不同的公司，包括优步（Uber）、华克、网飞、通用电气、特斯拉等。

新！"体验练习"栏目是全新的。每个体验练习都是一项动手活动，学生通常与其他学生合作完成一项任务。

开发就业技能

学生要想在迅速变化的就业市场中取得成功，他们应该了解自己的职业选择，以及如何开发各种技能。通过《管理学原理》这本书，我们专注于通过以下几种方式开发这些技能：

每章结尾，一个新的**就业技能矩阵**为学生提供了一个视觉指南，使学生了解雇主要求当今商科毕业生需要掌握的技能特征，有助于学生从学期一开始就看到课程与他们职业目标的相关性。

　　当今职场中的经典概念栏目帮助学生了解经典的管理概念。吉尔特·霍夫斯泰德（Geert Hofstede）的国家文化的五个维度，仍然有益于当今职场的管理者。

　　当今职场中的道德决策栏目为学生展现道德困境问题，并鼓励他们在道德决策和关键决策中练习自己的技能。

　　当今职场中的管理技术栏目描述。

　　个人情况评估是一个在线练习集合，旨在促进学生的自我反省和参与，帮助他们更好地理解管理概念。这些评估有助于培养专业精神及对自己和他人的认识，这是未来职业生涯成功所必需的技能。

　　每章末尾的**管理技能建设**栏目帮助学生从仅仅知道概念到实际上能够使用这些知识。每章末尾的技能建设栏目帮助学生应用和使用管理概念。我们之所以选择这些技能，是因为它们与开发管理能力的相关性，以及它们与本书中一个或多个专题领域的联系。

　　专业和就业能力扩展模块。这个新扩展的模块向学生提供非常实用的专业和就业信息。很乐于提醒学生除了获得学位之外，还必须准备在扎实的学术和实战训练方面为未来做好准备。

　　除了所有这些主要变化之外，在第 11 版中还按各章列出了所增加的专题和有关变动。

第 1 章　当今职场中的管理者与管理

- 重写专栏的"讨论题"，以聚焦于技能训练。
- 新的"当今职场中的道德决策"专栏。
- 增加就业技能材料，包括就业技能矩阵。
- 新的"体验练习"。
- 两个新案例：沃尔玛管理培训、英特尔"芯片"问题。
- 更新一个案例：美捷步（Zappo）的合作制。
- "应用案例"增加了主题。
- 在每个案例中强调不同的就业技能。

历史模块

- 增加了关于 20 世纪早期其他贡献者的新章节：多样性视角。

第 2 章　管理环境

- 重写专栏的"讨论题"，以聚焦于技能训练。
- 新的"当今职场中的道德决策"专栏。
- 增加了关于组织文化中当前问题的新章节。
- 新的"体验练习"。
- 两个新案例：优步、薪酬完全透明。
- 更新一个案例：影院行业。
- "应用案例"中增加了专题。

- 在每个案例中强调不同的就业技能。

第 3 章　重要的管理问题

- 新的"正管理偏见"。
- 重写专栏的"讨论题"，以聚焦于技能训练。
- 新的"当今职场中的道德决策"专栏。
- 新增反全球化信息。
- 新的"体验练习"。
- 两个新案例：中国电池公司、全国大学体育协会（National Collegiate Athletic Association，NCAA）篮球丑闻。
- 更新一个案例：克里格（Keurig）公司。
- "应用案例"中增加了专题。
- 在每个案例中强调不同的就业技能。

第 4 章　决策基础

- 重写专栏的"讨论题"，以聚焦于技能训练。
- 在常见错误部分增加了"修订偏差"。
- 新的"当今职场中的道德决策"专栏。
- 增加了关于创造力障碍的信息。
- 新的"体验练习"。
- 一个新案例：帕内拉面包公司（Panera Bread Company）。
- 更新两个案例：美国联合包裹运送服务公司（United Parcel Service，UPS）、棒球数据分析。
- "应用案例"中增加了专题。
- 每个案例强调不同的就业技能。

第 5 章　计划工作与目标设定

- 重写专栏的"讨论题"，以聚焦于技能训练。
- 增加了作为战略武器的数字工具的新材料。
- 增加了危机计划的新材料。
- 新的"当今职场中的管理技术"专栏：使用社交媒体进行环境扫描。
- 新的"体验练习"。
- 更新一个案例：飒拉（Zara）。
- 两个新案例：福特汽车公司、达美乐比萨。
- "应用案例"中增加了专题。
- 在每个案例中强调不同的就业技能。

第 6 章　变革与创新管理

- 重写专栏的"讨论题"，以聚焦于技能训练。

- 增加了管理破坏性创新的新章节。
- 新的"当今职场中的道德决策"专栏。
- 新的"体验练习"。
- 更新一个案例：安德玛（UnderArmour）。
- 两个新案例：大众、瑞士钟表行业。
- "应用案例"中增加了专题。
- 在每个案例中强调不同的就业技能。

第 7 章　新创企业管理

- 新章节：新创企业管理。

第 8 章　组织结构与设计

- 重写专栏的"讨论题"，以聚焦于技能训练。
- 新的"当今职场中的道德决策"专栏。
- 增加远程工作的新材料。
- 新的"体验练习"。
- 一个新案例：联合航空。
- 更新两个案例：美国国家航空航天局（National Aeronautics and Space Adminstration，NASA）、辉瑞工作方式（PfizerWorks）。
- "应用案例"中增加了专题。
- 在每个案例中强调不同的就业技能。

第 9 章　管理人力资源和多样性

- 新的"矫正管理偏见"。
- 重写专栏的"讨论题"，以聚焦于技能训练。
- 新的"当今职场中的道德决策"专栏。
- 增加了关于性骚扰的额外材料。
- 将多样性材料移动到本章。
- 增加了关于包容的讨论。
- 新的"体验练习"。
- 一个新案例：星巴克和种族歧视培训。
- 更新两个案例：简历不实、吸引科技人才。
- "应用案例"中增加了专题。
- 在每个案例中强调不同的就业技能。

专业和就业能力模块

- 关于专业和就业能力的新材料。
- 修订职业材料。

第 10 章　管理工作群体与工作团队

- 重写专栏的"讨论题"，以聚焦于技能训练。
- 增加了关于多元文化经纪人的材料。
- 新的"体验练习"。
- 两个新案例：微软和 W. L. Gore。
- 案例更新：医疗行业。
- "应用案例"中增加了专题。
- 在每个案例中强调不同的就业技能。

第 11 章　了解个人行为

- 重写专栏的"讨论题"，以聚焦于技能训练。
- 扩大了对工作场所代际差异的讨论。
- 新的"体验练习"。
- 两个新案例：英国维珍集团（Virgin Group）、奥多比系统（Adobe Systems）公司。
- 更新案例：谷歌。
- "应用案例"中增加了专题。
- 在每个案例中强调不同的就业技能。

第 12 章　激励和奖励员工

- 重写专栏的"讨论题"，以聚焦于技能训练。
- 新的"体验练习"。
- 新增一个案例：不限休假时间。
- 两个更新的案例：重力支付、巴塔哥尼亚。
- "应用案例"中增加了专题。
- 在每个案例中强调不同的就业技能。

第 13 章　领导与信任

- 重写专栏的"讨论题"，以聚焦于技能训练。
- 新的"当今职场中的道德决策"专栏。
- 关于有毒老板的新材料。
- 新的"体验练习"。
- 两个新案例：通用电气、欧莱雅。
- 一个更新案例：培养 Y 一代领导者。
- "应用案例"中增加了专题。
- 在每个案例中强调不同的就业技能。

第 14 章　组织管理与人际沟通

- 重写专栏的"讨论题"，以聚焦于技能训练。

- 在情感和沟通的讨论中增加了新的材料。
- 改写视觉传播。
- 增加了对实境增强现实（Augment Reality，AR）的讨论。
- 当今职场中进行文明对话的新材料。
- 当今职场中的管理技术栏目使用新的材料。
- 新的"体验练习"。
- 一个新案例：随时反馈。
- 两个更新的案例：运动员和 Twitter，以及禁止电子邮件。
- "应用案例"中增加了专题。
- 在每个案例中强调不同的就业技能。

第 15 章　控制工作与运营流程

- 重写专栏的"讨论题"，以聚焦于技能训练。
- 新的"当今职场中的道德决策"专栏。
- 新的"体验练习"。
- 两个新案例：契普多墨西哥快餐店、特斯拉公司。
- 更新一个案例：正反馈。
- "应用案例"中增加了专题。
- 在每个案例中强调不同的就业技能。

运营管理模块

- 将材料作为一个模块进行新的展示。

目 录

管理学原理（第11版）
Fundamentals of Management

第 1 章

当今职场中的管理者与管理

管理偏见

只有那些想成为管理者的人才需要学习管理学课程。

矫正管理偏见

任何在一个组织中工作的人——不只是管理者——通过学习管理学课程都可以获得组织如何运作和上级行为方式的见解。

假设今天是你第一次去上一门物理入门课，而老师叫你拿出一张纸并写下牛顿第二定律。你对此会有什么反应？我猜，你和大多数学生一样，都会觉得莫名其妙："这我怎么会知道？我就是不知道才会来上这门课啊！"

接下来，我们再假设你也是第一次去上一门管理学入门课。老师提问说："一个优秀的领导者需要具备什么品质？"并要求你写下你的答案。当我们以前在课堂上向学生提出这个问题时，我们发现他们心里有着许许多多的答案，似乎每个人都认为自己很清楚该如何成为一名优秀的领导者。

这个例子阐明了人们对管理学的一个偏见：管理不过是普通常识而已。我们可以告诉你，并不是这样的！对管理而言，所传递的许多普通常识都纯粹是误导，甚至其本身就是错误的。管理学的研究需要深入、广泛的调查研究，这往往与那些似乎是普通的常识背道而驰。这就是为什么我们决定在本书每一章的开始用一个专门的栏目"管理偏见"来提出这个普通常识问题，然后通过解释为何要对管理不过是普通常识的偏见加以矫正。

让我们先简单地重新审视本章的"管理偏见"与"矫正管理偏见"。这一"矫正"的偏见常常会使会计学、金融学、统计学、信息科学或广告学等专业的同学感到惊讶。因为他们并不打算成为一名管理者，所以他们认为，花一学期的时间学习管理学是浪费时间，并且与其职业生涯目标并无关系。在本章的后面部分，我们将解释为什么学习管理学对每位学生来说都是有益的，无论你是经理，或者你有志于成为一名管理者，都是如此。

学习目标

1. 识别谁是管理者及他们在哪里工作。
2. 定义什么是管理。
3. 描述管理者的工作。
4. 解释为什么学习管理学非常重要。
5. 描述重新塑造和重新定义管理的要素。
6. 无论你的专业是什么，描述你在学习管理学的过程中所获得的适用于你未来职业的关键就业技能。

虽然我们更倾向于认为所有管理者都很擅长他们的工作，但你可能已经在以往的工作中发现，有的管理者很擅长他们的工作而有的却并不擅长，甚至可能某一天做得很好，第二天却做得很糟！你必须明白一件事，那就是所有的管理者，包括你曾经与之在同一组织内共事过的管理者和在其他组织里的管理者，都有重要的职责在身。这本书就是讲述他们的职责是什么。在这一章中，我们将介绍管理者和管理工作：谁是管理者，他们在哪里工作，什么是管理，管理者都做些什么，以及你为什么应该花时间学习管理学，包括如何在学习过程中培养重要的就业技能。最后，我们将考察重新塑造和重新定义组织与管理方式的若干重要因素。

 ## 1.1　谁是管理者，他们在哪里工作

究竟什么样的人能成为管理者，实际上并没有蓝本或标准答案。管理者可以小于 18 岁，也可以超过 80 岁；可以是女性，也可以是男性；可以存在于每个行业、每个国家中。他们管理着企业业务、大型公司、政府机关、医院、博物馆、学校及非营利性组织；有的是高层管理者，有的是督导员或者一个团队的领导者。不论如何，所有的管理者都有一个共同的特点：他们在一个组织中工作。**组织（organization）**就是：为了实现某一特定目的而有计划地聚集在一起的一群人。你所在的大学或学院就是一个组织，诸如联合之路（United Way）这样的慈善组织，你家邻近的便利店、新奥尔良圣徒橄榄球队（New Orleans Saints）、兄弟会与姐妹会（fraternities and sororities）、克利夫兰诊所（Cleveland Clinic），以及像阿里巴巴集团（Alibaba Group）、乐高公司（LEg Godt）和星巴克（Starbucks）这样的全球性公司，等等，这些都是组织。作为一个组织，它们都具备 3 个共同特征（见图 1-1）。

图 1-1　组织的 3 个共同特征

1.1.1 所有组织都必备的三个共同特征

组织的第一个共同特征是它有一个特定的**目的**（**purpose**），经常表现为一个**目标**（**goal**）或一组目标。例如，脸书的首席执行官（chief executive officer，CEO）马克·扎克伯格（Mark Zuckerberg）在保护其用户社区和全球社区方面所做和不做的事情，正面临着越来越多的公众关注。他坦言道，他公司的目标是解决这些重要问题后回到公司的初心——在家人和朋友之间提供有意义的互动 [1]。组织的第二个共同特征是组织的成员通过工作来实现那些目标。如何实现？做出决策并开展工作活动，从而使所期望的目标变成现实。组织里的人员做出决策并开展工作活动，从而使组织的目标变成现实。例如，在脸书，许多员工致力于创建对公司业务至关重要的编程和算法。另一些员工则通过监控内容产出或解决用户问题来提供支持性服务。最后，也就是第三个共同特征，所有组织都需要构建一个考虑周全的系统化结构来规范和限制其成员的行为。与大多数大型组织一样，脸书也有一个包含不同业务、部门和职能范围的结构。在组织结构中：规则、规章制度及政策明确了人们可以做什么，不能做什么；组织中的一些人将管理另外一些人；或许会形成或解散工作团队；或许会设计或改变职务描述，这样组织成员就知道组织要求他们做什么。这个组织结构就是管理者在其中从事管理工作的环境。

1.1.2 管理者与非管理类员工的区别何在

尽管管理者在组织中工作，但不是说每一个在组织中工作的人都是管理者。为简便起见，我们可以把组织内的所有成员分为两类：非管理类员工和管理者。所谓非**管理类员工**（**nonmanagerial employees**）指那些直接从事某项工作或任务，不必负有责任去督导他人工作的那些员工。例如：在家得宝公司（The Home Depot）里把销售额计入收银机上的员工；在墨西哥玉米煎饼连锁店（Chipotle）里做墨西哥玉米圆馅饼的厨师；在学校办公室里办理学生课程注册的工作人员等，都叫作非管理类员工。这些非管理类员工也有其他称谓，如同事、团队成员、促动者甚至员工伙伴。**管理者**（**managers**）指的是在一个组织中直接督导他人工作，使组织目标得以达成的那群人。管理者的工作与个人成就无关，而是要去帮助他人完成他们的工作。这可能意味着协调整个部门的工作，或者督导某个人的工作。它也可以涉及部门之间乃至与组织外个人之间的工作协调，例如，合同员工或为组织供应商工作的个人。可是，这个区别并不意味着这些管理者可以去不承担具体任务。某些管理者确实有一些工作任务是跟督导他人工作没有直接关系的。例如，摩托罗拉公司（Motorola inc.）的地区销售经理既要负责管理在其辖区内其他销售人员的活动，同时也有责任亲自服务客户。

Pocker Gems 是一家位于美国加利福尼亚州旧金山市的手机游戏开发商，曾开发出了诸如《宠物旅馆》（*Tap Pet Hotel*）及《天堂港湾》（*Paradise Cove*）等手机游戏产品。邦加（Ajiti Bange）任这家公司的产品经理助理，她与一群工程师和设计师们合作，管理着手机游戏产品从创意触发到进一步开发，再到产品上线的全过程。

1.1.3　管理者在组织中的称谓是什么

尽管组织中的管理者可能有各种不同的头衔，但正确识别他们并非难事。大体而言，可以将管理者分为：高层、中层、基层和团队领导者（见图 1-2）。**高层管理者**（**top managers**）是那些位居组织的顶层或接近于顶层的人员。他们要负责制定有关组织发展方向的决策，制定相关政策和行为准则，而这些又都将影响到组织全体成员。高层管理者的称谓主要有：副总裁、总裁、行政长官、总经理、首席运营官、CEO 和董事会主席等。**中层管理者**（**middle managers**）位于组织中的基层管理者和高层管理者之间。他们管理另外一些管理者，并可能同时管理一些非管理类员工。中层管理者的一个明显特征在于，要负责把高层管理者制定的目标落实到具体事务中去，让基层管理者监督执行。中层管理者可能有这样的称谓：部门或机构主管、项目经理、业务主管、地区经理、部门经理或门店经理。**基层管理者**（**first-line managers**）是负责指导非管理员工的日常活动或团队领导的个人。他们也可以称为督导、轮值经理、办公室主任、部门主任或部门协调人。我们想指出一种特殊类型的管理者，这种管理者在组织中使员工工作团队变得更为普遍。这些管理者，或者说是**团队领导者**（**team leaders**），是负责指导和促进团队活动的个人。

图 1-2　组织的层级

从过去到现在

管理：找到一种最好的工作方式？

"管理"和"管理者"这两个词其实已经流传几个世纪了。[2] 有一种说法是，"管理者"这个词起源于 1588 年，被用来描述负责管理的人。大约始于 18 世纪初期，这个词被用来特指督导整个公司或公共组织工作的人。然而，像我们先前定义的那样，"管理者"和"管理"被用来指监督和指导组织里的其他人，更应该是出现在 20 世纪初期。"管理"这个词首先是由弗雷德里克·温斯洛·泰勒（Frederick Winslow Taylor）使用，而后流传开来。泰勒是管理史上一位举足轻重的大人物，我们来看看他对今天的管理实践做出了哪些贡献。

- 1911 年，泰勒所著的《科学管理原理》（*Principles of Scientific Management*）一书在商界引起一阵风暴潮，他的思想自此传遍了美国，传到其他国家，影响了许多人。
- 他的**科学管理**（**scientific management**）理论内容是：用科学的方法找到"一个最好的方法"来完成一件工作。
- 作为宾夕法尼亚钢铁公司的一名工程师，泰勒一再对于所见工人的效率低下感到震惊：

　　——工人们总是用不同的方法去完成同一件工作，而且工作时总是不紧不慢；

　　——很少有设定好的工作规范；

——配置在工作岗位上的工人几乎没有要利用自己的能力去完成其任务的意识。

- 结果是：工人的产出是应有产出的 1/3。
- 泰勒提出的解决方法：将科学的方法应用到手工作坊的实地操作工作中。结果，工人产出和效率的明显提高——高达 200%，甚至更多！
- 由于他的突出贡献，泰勒被称为"科学管理之父"。

想要尝试使用科学的管理原则来使你的工作更有效率吗？选择一项你经常做的工作，如洗衣服、买日用品、备考、做饭等等。你可以通过写下完成工作的步骤来进行分析。哪些活动可以合并或消除？找到完成这项工作的"最佳方法"。看看你是否能变得更有效率——记住改变习惯并不容易。

讨论题

1. 泰勒的观点是否仍然与当今的管理实践相关？为什么相关或不相关？
2. 你在当地一家保健食品店领导一个货架存货团队。食品店经理要求你设法提高团队的工作效率。运用泰勒的科学管理原则，写一份可实践的想法清单，与你的经理分享。

 ## 1.2 什么是管理

简单来说，管理就是管理者要做的事情。不过，这样简单的定义似乎没有解释清楚。一个更好的解释是：所谓**管理**（management），指通过与其他人共同努力，既有效率又有效果地把事情做好的过程。该定义中有几个关键词尤其值得我们密切关注。

过程（process）指一系列正在进行中互相关联着的活动。在我们对管理的定义中，它泛指管理者所执行的主要活动或职能。我们稍后将着重对这些职能进行详细讨论。

谈谈发现新的有效率的方法

只问结果的工作环境（results-only-work environment，ROWE）是百思买集团（Best Buy）总部尝试的一项激进的实验。在这个弹性的项目中，仅仅通过员工完成任务或结果，而不是通过其花费在工作上的时间来判断绩效。员工表示不知道自己工作了多长时间，因为他们已经停止计算工时。但是，在这个项目中，员工的生产率提高了 41%！[3]

你从亚马逊订购过商品吗？显然，很多人都会点头，因为亚马逊每天都会送出数百万个包裹。亚马逊公司（Amazon）目前正在寻找一种创新的方法，用更少的纸板送出更多的物品。目的也显而易见，是为了提高效率和增进效果，同时使那些热衷于尽量减少对环境负面影响的年轻消费者感到满意。效率和效果所要回答的是我们在做什么和我们怎么做的问题。**效率**（efficiency）指正确地完成一项任务（即正确地做事），用一定的投入获得最

图 1-3 效率与效果

大的产出，或用最小的投入获得一定的产出。因为管理者投入的都是一些稀缺的资源，诸如人员、资金、设备等，所以他们很关心这些资源的使用效率。世界各地的管理者，像亚马逊的管理者一样，都希望尽可能降低资源使用量和成本。

但是，仅有效率还远远不够。管理者也很关心完成重要的工作活动。按管理学术语，我们可以称之为"效果"。所谓**效果**（**effectiveness**）指做正确的事，通过做这些工作任务从而帮助组织达到既定目标。其实，"效率"一词关注的是做事的"手段"，而"效果"一词关注的是"结果"，也就是说要达成组织的目标（见图 1-3）。

让我们简单回顾管理者与效率和效果。

- 概念是不同的，但又是相关的，因为两者都专注于组织工作是如何完成的。
- 如果不考虑做事的效率，就很容易达到效果。
- 低效的管理通常意味着：既无效率也无效果，或者达到了某种效果却没有考虑效率。
- 有效的管理常常要：兼顾达到效果（目标）并尽可能提高效率。

 ## 1.3 管理者的工作

没有两个组织是相类似的，管理者的工作也各不相同。但管理者的工作也有一些共同的方面，我们可以看到有三种描述管理者工作的观点。

1.3.1 管理的四项职能

- **人物**：亨利·法约尔（Henri Fayol），法国工业经济学家。
  时间：20 世纪早期。
  方法：个人实践与观察。
- 管理者在指挥和监督其他人工作时要执行若干活动、任务或者职能。
- **亨利·法约尔**首先提出：所有的管理者都要执行五项相同的管理活动。这五项管理活动是：计划（**planning**）、组织（**organizing**）、指挥（co-coordinating）、协调和控制（**controlling**），即 POCCC。[4]
- 今天，这些职能已经被简化为四项，即**计划**（**planning**）、**组织**（**organizing**）、**领导**（**leading**）和**控制**（**controlling**）。
- 这就是管理者行使的四项职能（P-O-L-C），如图 1-4 所示。

图 1-4　管理的四项职能

1.3.2　管理者的角色是什么

- **人物**：亨利·明茨伯格（Henry Mintzberg）。
  时间：20 世纪 60 年代后期。
  方法：对 5 位在任总经理进行了实证研究[5]。
- **发现**：管理者在管理他人的过程中会扮演某些特定的"角色"。
- 明茨伯格所说的管理者的工作是什么：他提出了一项有关管理者活动或行为的特殊分类体系来区分并定义管理者的角色。（如果不明确"角色"是什么，可以想象你担当的不同角色，如学生、员工、志愿者、保龄球队员、男/女朋友、兄弟姐妹等，以及你在担任这些角色时应该做的不同事情。）
- 明茨伯格总结出管理者所要担当的 10 种内容不同但却密切相关的角色。这 10 种角色被分为以下 3 个部分：人际关系角色、信息转换角色及决策角色（见图 1-5）。

图 1-5　明茨伯格的管理者角色

资料来源：Based on Mintzberg, Henry, The Nature of Managerial Work, 1st edition, ©1973. Harper & Row.

哪种观点在定义管理者的工作方面更好，职能观点还是角色观点？

- 两种观点都能描述管理者做什么。
- 在描述管理者的工作方面，职能观点似乎是最好的方法。这种观点之所以能经久不衰，是因为它清晰而简单。[6]不过，明茨伯格的角色观点也从另外的视角为人们提供了了解管理者事务的方法。

1.3.3　管理者应具备怎样的技能

- **人物**：罗伯特·卡茨（Robert Katz）及其他研究人员。
  时间：20 世纪 70 年代至今。
  方法：来自多位研究人员的研究。
- **发现**：管理者需要具有某些特定的管理技能来管理其他人。
- **罗伯特·卡茨和其他研究人员**发现，管理者必须拥有 4 项关键的管理技能。[7]

　　概念技能（conceptual skills），也称"理念技能"，指分析和判断复杂形势的能力。这种能力可以帮助管理者厘清各相关事件，并有助于做出正确的决策。

　　人际关系技能（interpersonal skills）指管理者与其他个体和群体良好合作的能力。管理者既然要借助其他人的努力合作才能完成工作或任务，他们就必须具备良好的人际关系技能以沟通、激励、指导和委派任务。

　　技术技能（technical skills），也称"专业技能"，指管理者所具备的与工作相关的知识或技术来完成工作任务的能力。对高层管理者而言，技术技能通常指管理者对该行业的认识，以及对组织的运作流程和产品的整体把握。对中层和基层管理者来说，技术技能指在他们工作的领域内所要具备的专业知识——财务、人力资源（human resources，HR）、市场营销、计算机系统、制造、信息技术（information technology，IT）等。

　　政治技能（political skills），也称"行政技能"，指建立权力基础，并为他们的群体获取所需要的资源建构合适的社会关系的能力。如果你想了解更多，参见本章末尾的管理技能建设，"开发你的政治技能"。

　　其他重要的管理能力还有[8]：做决策、团队建设、果断、魅力、礼貌、个人责任、可信赖、忠诚、专业、容忍、适应力、创新思维、顺应力、倾听及自我发展。

1.3.4　管理者的工作具有普遍性吗

　　至此，我们把管理当成一种普遍性活动进行了探讨。倘若管理真的具有普遍性，那么，无论他是高层管理者还是基层管理者，无论他是在企业工作还是在政府部门工作，无论他是在一个大公司还是在一个小企业，无论是在得克萨斯州的休斯敦，还是在法国的巴黎，管理者所做的工作应该都是一致的。事实果真如此吗？下面，让我们来进一步讨论这一问题。

　　管理者，无论他在哪里都是管理者吗？

　　组织中的层级　虽然苹果公司（Apple）零售店天才吧（Genius Bar）的主管所做的事情与苹果公司总裁蒂姆库克（Timothy Donald Cook）所做的事情并不相同，但是，这并不意味着他们的工作有本质上的区别。他们所做的工作虽然存在差别，但那只是体现在其程度和侧重点不同而已，并不在其活动本身。

在一个组织当中，管理者的层级越高，他们所做的计划工作就越多，而直接监督他人的工作就越少。从图 1-6 中可清楚地看到这种区别。所有的管理者，无论其层级高低都要制定决策。他们都在执行计划、组织、领导和控制这 4 项基本活动，但是他们用在这 4 个方面活动上的时间却有所不同。另外，管理活动的内容也随着管理者层级的改变而改变。例如，我们将在第 8 章中探讨，高层管理者所关注的是整个组织的结构设计活动，而基层管理者关注的则是个体和小组的工作设计活动。

图 1-6　不同组织层级管理的时间分配

资料来源：Based on T. A. Mahoney, T. H. Jerdee, and S. J. Carroll, "The Job(s) of Management," *Industrial Relations*, 4, no. 2 (1965), p. 103.

营利性组织与非营利性组织　一个在美国邮政服务公司（U. S. Postal Service）、纪念斯隆–凯特琳癌症研究中心（Memorial Sloan-Kettering Cancer Center），或是在希望车队（Convoy of Hope）就职的管理者，会和在亚马逊或赛门铁克（Symantec）就职的管理者做同样的事情吗？换句话说，管理者在营利性组织与非营利性组织里所做的工作相同吗？从他们所做的大部分工作来看，回答是肯定的。所有的管理者都要进行决策，设定目标，创建合适的组织结构，雇用和激励员工，确保公司存在的合法性，赢得内部政治支持以实施项目，等等。当然，两者之间最重要的区别在于绩效的衡量方式不同。毫无疑问，对营利性组织来说，绩效衡量的一般标准是"利润"或"成本底线"。但对那些非营利性组织来说，却没有这种普遍意义上的衡量标准。所以，对非营利性组织绩效的衡量就比较困难。但是，这种对营利性组织和非营利性组织之间不同的解释并不意味着非营利性组织中的管理者可以忽视其在财务方面的运营情况。即使对于非营利性组织，也需要为其生存而去创造收入。不过，对非营利性组织的所有者而言，赢利不是其基本目标而已。

雷尔索纳（ReelSonar）的创始人和所有者，亚历克斯·列别捷夫（Alex Lebedev）和他的员工设计和开发数字捕鱼设备。作为一个小企业主，亚历克斯从事计划、组织、领导和控制工作。他的职能和大公司的经理基本相同，尽管工作在程度和重点上有所不同。

角色的重要性

小企业中管理者 所担当的角色	大企业中管理者 所担当的角色
发言人	资源分配者
企业家 代表人物 领导者	联络人 信息搜集人 谈判者
信息传达人	企业家

高 · 中 · 低

图 1-7 大小企业中管理者角色的重要程度
资料来源：Based on J. G. P. Paolillo, "The Manager's Self-Assessments of Managerial Roles: Small vs. Large Firms," American Journal of Small Business (January-March 1984), pp. 61-62.

组织规模 你希望在一个区域的联邦快递商店担任经理吗？该快递商店雇用了 12 名员工。这与担任有超过 12000 名员工的孟菲斯联邦快递世界中心（FedEx Express WorldHub）的经理是否有所不同呢？不妨先来考察小企业管理者的工作，同时在比较我们前面已经讨论过的管理者角色之后，再来回答这个问题。首先，我们先给小企业下个定义。

到目前为止，还没有一个能被普遍接受的小企业定义，因为"小"有不同的划分标准。例如，可以把员工数量、年销售额及总资产等作为划分企业大小的标准。根据我们的定义，**小企业**（**small business**）指员工在 500 人以下，不必非得从事全新的或者具有创新性实践活动，相对来讲对其所在行业影响甚微的独立经营单位。[9] 现在，我们来回答上文所提出的问题：小企业的管理工作与大企业的管理工作是否存在区别？两者之间的确存在一些区别。如图 1-7 所示，小企业的管理者所担当的最重要角色是公司的发言人，他们要花费大量时间从事外部的指导性活动，比如，与客户会面，与银行家进行融资方面的洽谈，寻找新的发展机会，激励变革等。相反，在大企业，管理者最重要的角色是面向内部——决定哪些业务单元获得哪些资源、多少资源，等等。而企业家的角色，例如，寻找商业机会和制订提高绩效的活动计划等，对大企业的管理者（尤其是高层和中层管理者）来说是最不重要的。

同大企业的管理者相比，小企业的管理者可能更像是通才。他们的工作既包括大企业CEO 所要做的工作，也包括基层管理者的许多日常性工作。而且，大企业管理者的结构性的和正式的工作常被小企业里非正式的工作所取代。小企业的计划可能不像一个安排周密的管弦乐队仪式那样完整，组织设计的复杂性和结构化程度较低。在小企业中，更多需要依靠直接的观察来进行控制，而不是依靠复杂的计算机监控系统来进行控制。再者，从组织层级上来看，管理活动本身没有太大的不同，不同的只是在管理工作的程度和侧重点上。大小企业的管理者所从事的主要活动是相同的，区别仅仅在于他们完成的方式，以及在每项工作上的时间安排有所不同而已。（你可以在第 7 章找到更多关于管理小型企业组织的信息。）

管理概念与国家界限 最后一个普遍性问题是关于管理概念可否超越国界的问题。如果管理概念完全具有普遍性，那么管理岂不是可以普遍地适用于世界上各个国家，而不用理会这些国家在经济、社会、政策或文化等方面有何不同了？但对国与国之间管理实践方面的比较研究并不支持管理的这种"世界普遍性"观点。在本书第 3 章，我们将考察国与国之间在管理概念上有哪些具体的不同，并探讨这些不同对管理的影响。在这点上，必须说明，我们在后面章节所给出的大部分概念主要适用于美国、加拿大、英国、澳大利亚和其他讲英语的国家。倘若把这些概念运用于印度、智利或其他国家，就需要对相关概念进行修正。

 ## 1.4　为什么要学管理学

好的管理者很重要的原因有以下几点。

- 当今社会环境充满了复杂性、无序性和不确定性，组织需要他们的技能和能力。
- 他们是保证工作完成的关键。
- 他们在保证员工满意度和参与度中扮演着重要角色。

当今职场中的道德决策

➢　50%的员工为了离开经理而辞职。

➢　据估计，消极工作的管理者每年对美国经济带来的损失是319～3980亿美元。管理者对其工作和组织的参与程度直接影响到员工是否积极投入其工作和组织。

怪兽公司（Monstor Worldwide）网站上的一项调查显示，32%的员工认为自己的上司"糟糕透了"。

从以上数据可以看出：转变职位成为一名管理者不是一件易事。[10]

讨论题

1. 看看这些统计数字，这里潜在的道德困境是什么？哪些利害相关者可能会受到影响，以及如何受到影响？哪些个人、组织和环境因素可能是重要的？有哪些可行的替代性方案能解决这些潜在的道德问题？你会选择哪些方案？你会采取哪些行动来实践方案呢？

2. 组织能做些什么来帮助其管理者更好地开展管理工作？

或许，你还在困惑为什么要学管理学？你的专业或许是会计学、市场营销，或者信息技术，或许还不太理解学好管理学怎么会对自己的职业生涯有帮助。那就让我们看看到底有哪些理由证明我们为什么要更多地了解管理学。

有咨询公司调查结果显示，在2000年后出生人群中，有82%的人表示有兴趣成为一名管理者。[11]

首先，我们都想要改进周围组织的管理方式。为什么这样说呢？因为我们每天的生活都与管理息息相关，了解管理可以使我们对组织的各个方面有更深入的洞察。如果你在机动车辆管理部门花了几个小时来更新驾照，你不觉得很沮丧吗？这么一件小事怎么会花费那么久的时间？当你得知你原以为永远不会倒闭的知名企业破产时，你会感到惊讶吗？当你看到新闻报道（附带的手机视频显示了在客户服务环境中员工虐待客户的不幸事例）时，你会感到震惊吗？当你向航空公司打了3次电话，但是他们对同一航程却给出了3种不同票价时，你不觉得很愤怒吗？当你在免下车服务店准备享用你的食物或饮料时，你发现部分订单被忽略或者所提供的不是你预定的食物时，你不会觉得恼怒吗？这些问题在很大程度上是低效管理导致的。

管理良好的组织，如苹果公司、星巴克、耐克（Nike）、西南航空公司（Southwest Airlines）和 Alphabet（谷歌母公司），都培养了一批忠实的追随者，即使在经济不景气时也能找到实现繁荣的途径。而那些管理较差的公司的顾客却正在减少，营业收入也在不断下降，甚至，最终的结果是要寻求破产保护。如金贝尔（Gimbel's）、无线电棚（RadioShack）、W.T.格兰特（W. T. Grant）、好莱坞视频（Hollywood Video）、戴夫和巴里（Dave &Barry's）、巡回城（Circuit City）、东方航空（Eastern Airlines）和安然（Enron）都曾经是欣欣向荣的公司，这些公司雇用数万名员工，每天为数以万计的客户提供商品和服务。今天，这些公司都已不复存在。糟糕的管理葬送了它们。通过学习管理课程，你可以认识到糟糕的管理是怎样的，并知道好的管理者应该做什么。也许你甚至会渴望成为一名管理者！

最后，学习管理的另一个原因是，对你们大多数人来说，一旦你从大学毕业并开始你的职业生涯，你要么管理别人，要么被别人管理。对那些致力于管理生涯的有志者来说，对管理学的了解构成了他们掌握管理技能的基础；而对你们中那些不认为自己能走上管理岗位的人来说，仍有可能要与管理者共事。同样，假定你为了生计而工作，并且知道要去一个组织里工作，那么即使你不是一个管理者，你也将担负一些管理责任。以往的经验告诉我们：通过学习管理学，你会对上司、同事的行为，以及组织的运行，获得大量深入的洞察。我们的观点是，你并不需要为了成为管理者才从管理学课程中获益。

一个好的上司能做什么？

在职业和品格上激励你。

激励你和你的同事共同完成凭一己之力不能完成的工作。

就你如何工作提供反馈意见。

针对你面临的问题提供指导。

改变你的一生。[12]

1.5　描述重新塑造和重新定义管理的要素

欢迎来到管理的新世界！

不断改变的工作环境 + 不断改变的劳工队伍 [13]

- 数字化、自动化和工作/职业观念的改变正在扰乱我们的工作方式。[14]
- "下一代工作"——下一代的工作，定义为兼职，自由职业、临时合同或独立合同工作，预计这些工作将继续增加。个人和组织正在寻找完成工作的替代方法。[15]
- 大约43%的美国员工将全部或部分的工作时间都用于远程工作。[16]
- 对性骚扰和职场不当行为的指控占据了新闻的主流，并引发了迫切需要采取行动制止的呼声。
- 随着移动和社交技术的不断普及，越来越多的组织正在使用应用程序和移动增强型网站来管理员工队伍和其他组织工作。

- 无论是大规模的还是小型的数据泄露，都正在对组织的信息安全管理失误发出新的警报。

在当今世界中，管理者天天都要和变化着的工作职场、道德与信任问题、全球经济不确定性及日新月异的技术打交道。例如，杂货店仍然在为留住顾客及削减成本而苦苦挣扎。美国大众超市（Publix Super Markets）是美国南部地区的一家大型杂货连锁店，包括经理在内的所有员工都在寻找服务顾客的最佳途径。公司总裁托德·琼斯（Todd Jones），在位于佛罗里达州新士麦那海滩（New Smyrna Beach）的杂货店开始了他的职业生涯，从帮顾客把商品装到袋子里做起，现正在带领这家公司应对充满挑战的经济时代，他要每个人——从装袋工到收银员再到寄存管理员——都要注重为顾客送上优质服务。[17] 随着亚马逊收购全食超市（Whole Foods Market），现在整个杂货店行业都面临着截然不同的挑战。或者考虑《西雅图邮讯报》（*Seattle Post-Intelligencer*）所面临的管理挑战，如其他报纸一样，它在挣扎着寻找一条能在这个产业里成功的途径，这个产业正以惊人的速度丢失读者，收入也大幅下降。于是，公司决定在 2009 年年初转向全方位数字模式，即变成了一个纯互联网的新闻源。接下来面临很困难的行动，因为报社员工由原来的 165 人裁至 20 人左右。当组织前进时，其他挑战仍然存在——奥格尔斯比得面对的挑战，他需要在这样一个新环境之中去计划、组织、领导和控制。[18] 任何地方的管理者都可能要去管理变革的环境，而且，事实上，管理者的管理方式也在变化中。通过本书的其他章节，我们将讨论这些变革及它们是如何影响管理者去执行计划、组织、领导和控制各个职能的。我们想重点讲讲对组织和管理者来说日益重要的 4 个变革：客户、创新、社会化媒体和可持续发展。

克莱尔·霍宾（Claire Hobean），瑞泰姆生物钟调节器有限公司（Re-timer Pty.Ltd）的运营经理，这次正在全球消费电子展销会上为澳大利亚人演示公司创新的生物钟调节眼睛，这种医疗设备能通过发出特殊的柔和绿光，有效帮助人们解决失眠、倒时差及季节性影响失调等各种睡眠问题，从而帮助人调整人体生物钟。

1.5.1　为什么对管理者工作来说客户很重要

约翰·钱伯斯（John Chambers）在担任思科系统（Cisco Systems）CEO 时，他希望不满意的客户将语音邮件转发给他，因为他认为亲自感受他们所经历的情绪和挫折感是很有价值的。而用电子邮件是无法感知这些内容的。[19] 这才是一个真正了解客户重要性的管理者。MTV 有线网络公司（Music Television）的总裁克里斯·麦卡锡（Chris McCarthy）也深刻理解客户的重要性。他正在倾听年轻观众的声音，并用他们想在 MTV 上看到的内容来回应。结果如何？MTV 的收视率正在上升。你需要客户，没有他们，多数组织都将不复存在。不错，关注客户长期以来就被看成市场部相关人员的责任。"让市场人员去担心客户吧"是许多管理者的想法。然而，我们正发现，员工的态度和行为在客户满意度方面起着非常重要的作用。想想每次你遇到比较好或者比较差的服务时，你心里对它是什么感受。

管理者正意识到，能为客户提供持续的高质量服务对于在当今竞争激烈环境中的生存和成功是相当重要的，而员工是这个方程式里重要的一部分。[20] 言外之意很明确——他们必须创造客户反应型组织，即员工是友善的、礼貌的、容易亲近的、知识渊博的，对客户的需要能够快速反应，并且愿意做取悦客户所必须做的事情。[21]

当今职场中的管理技术

管理机器人仍算是管理吗？

明天的职场将包括那些灵敏性更高、更聪明、更负责任的机器人。你会对这句话感到惊讶吗？尽管机器人已经在工厂和工业设施中使用了很长时间，而在办公室和其他工作环境中，机器人的使用也变得越来越普遍，这令人们重新审视如何完成工作和管理者该如何管理这两个问题。那么，管理者要怎么管理机器人呢？更有趣的是，这些"员工"可能会怎样影响人类同事与它们的接触互动呢？

当机器变得越来越智能化，研究人员一直在研究人机互动，以及人们如何与他们职业和个人生活中不可缺少的智能机器之间的互动关系。其中一个结论是，人们很容易与一个机器人相处，即使它看上去和听起来都不像个真人。在工作场所里，如果机器人按规定好的方式行走，人们会倾向于把它视为同事。人们会给机器人起名字，甚至揣测它此刻的心情和发展趋势。随着仿真/感应机器人变得越来越普遍，他们的人性也变得更加明显。例如，弗吉尼亚州克里尔·布鲁克（Clear Brook）镇的小公司 Reimers Electra Steam 的一名电气工程师欧文·德宁（Erwin Deininger）因妻子工作调动，随她搬去了多米尼加共和国，但他通过他的 VGo 感应机器人仍然能够在公司"现场"办公。如今机器人"德宁格尔"能够轻松地在办公室和工厂之间行动，使得真正的"德宁格尔"好像公司现场的工作人员一样工作。该公司的总裁对机器人展现出的功能感到满意，更为自己对机器人的反应感到惊奇，有时感觉他在和德宁格尔自己打交道。随着科技的不断进步，仿真机器人越来越擅长走路、说话，看起来也越来越像人类，人们设想它们可以做一些工作，比如，陪伴老人、教小学生、从事零售业或是担任办公室助理等。

毫无疑问，机器人技术会被纳入到组织环境的方方面面。由于人必须和机器人共同合作实现组织的目标，管理者的工作变得越来越激动人心而且充满挑战。

讨论题

1. 你对这个方框标题的反应是什么？当你管理的是机器人时，这还算作管理工作吗？请讨论。

2. 如果你必须同时管理人和机器人，你认为你作为管理者的工作与本章所描述的管理者的工作有哪些不同之处（从职能、角色、技能/能力的角度考虑）？

1.5.2　为什么对管理者工作来说创新很重要

当代商业的成功需要创新。创新意味着用不同的方法做事情，探索新的领域，承担风险。创新不仅仅是高技术公司或者其他技术复杂的组织的事，创新几乎可以在所有类型的公司中找到。你可能会认为亚马逊、谷歌、优步和苹果等公司会被列为世界上最具创新精神的公司。那么你会如何认为像国际冰雪皇后（International Dairy Queen）这样的公司呢？尽管这家拥有 78 年历史的连锁饭店不在"最具创新性"名单之列，但它正在尝试用不同的形式和方法，以适应日益苛求的市场。由此可见，即使是非科技型的企业也需要创新才能持久繁荣。又如，众筹公司（Kickstarter）是如何创建"众筹"活动的呢？现在，该公司正在研究如何更好地推进潜在的创业项目和创业公司，同时该公司也在扩大业务范围，将其业务拓展至出版和发行领域。在今天充满挑战的环境中，创新是十分重要的。管理者必须认识到，什么该创新，何时该创新，在哪里创新，怎么创新，为什么要创新，为什么创新要在整个组织内推行。在沃尔玛全球业务管理者的个人展示中提到，他认为的（个人和组织的）成功之道在于：持续不断地找到新方法来更好地完成工作，也就是要创新。管理者不仅自己要富有创新精神，还要鼓励员工创新。我们将在本书中分享创新实践和方法的案例。

1.5.3　社会化媒体对管理者工作的重要性

你很可能无法想象员工在没有电子邮件或者互联网的情况下工作。然而在 20 年前，这些通信工具刚刚在工作场所普及的时候，管理者面对着不少挑战——在组织中建立正确使用互联网和电子邮件的准则。在今天，他们面对的新挑战是**社会化媒体（social media）**，如脸书、推特（Twitter）、领英（LinkedIn）、汤博乐（Tumblr），照片墙（Instagram）等线上交流工具平台，超过 10 亿人使用它们来在线沟通，分享想法、资料、个人信息等。[24]员工不仅可以在私人时间利用社会化媒体，也可以利用它们来完成工作。对 4000 多家公司进行的一项调查显示，72%的公司使用内部社交媒体工具（如 Slack、Yammer、Chatter）或嵌入式应用程序（如 Microsoft Team）来促进员工之间的沟通。这就是为什么管理者必须认识并掌握好社会化媒体的积极力量与危险之处。比如说，超值（Super Value）连锁超市的管理者意识到如果公司的 13.5 万名员工能更好地沟通交流，那么连续不断的成功则势在必得。[25]他们决定采用一种内部社交媒体工具，以促进其在 48 个州运营的 10 个不同商店品牌之间的协商合作。这种情况十分常见。越来越多的公司选择了社会化媒体，不仅用来与客户保持联系，更把它作为一种人力资源管理、激发创新的工具。这就是社会化媒体隐藏的力量。但是，社会化媒体的危险性也隐藏在其使用方法里。如果社会化媒体成为自负的员工吹嘘个人成就，或管理者向员工发送单向信息，或员工互相抱怨、搬弄是非的平台，那么它就失去了它应有的价值。为了避免这种情况发生，管理者应时刻记住必须对社交媒体加以控制使其发挥积极作用。在超值（Super Value）公司，商店经理与其助理使用社交媒体系统。尽管现在下结论为之过早，但似乎积极利用该系统的经理所管理的门店相比之下有着更高的收入。在本书的其余部分，我们将探讨社交媒体如何影响管理者的管理，特别是在人力资源管理、沟通、团队合作和战略等领域。

1.5.4　可持续性对管理者工作的重要性

说到可持续性，你大概首先会想到德国宝马汽车公司（BMW）。然而，这家标志性生产高性能豪华车的德国汽车制造商，正在把宝押在生产供城市居民使用的新能源汽车上。[26]
这是一款全电动汽车，不同于宝马或其他汽车制造商生产的任何汽车：车身由极轻的碳纤维材料制造，上面有各种电子仪器和智能软件，让用户能更便捷地使用，对环境也更加友好。宝马公司的高管认为，面对急速变化的环境，他们必须开发新产品应对。公司的这一举措证明了可持续性和环保管理已成为管理者所要考虑的主流议题。

在 21 世纪兴起的可持续性管理这个概念，拓宽了公司责任的范围。公司不仅仅应该以既有效率又有效果的方式管理，更要在战略上回应大范围的环境和社会挑战。[27] 尽管"可持续性"对不同人来说意味着不同东西，但根据世界可持续发展商业委员会（World Business Council for Sustainable Development，2005）的定义，大体上指的是"既满足当代人的需求，又不损害后代人满足其需求的能力"。[28] 从商业的角度来说，**可持续性（sustainability）** 指的是一个公司通过把经济、环境、社会因素集成到企业战略里来实现目标、增加长期股东价值的能力。[29] 对企业领袖和成千上万公司的管理层来说，可持续发展的问题已逐渐提上日程。例如宝马、麦当劳、沃尔玛、列维施特劳斯（Levi Strauss）、欧莱雅和其他全球企业的管理者已意识到，用更有持续性的方式管理公司意味着做出明智的商业决策要建立在与各种利害相关者的详尽沟通之上，了解他们的要求，并且在决定如何追求企业目标时开始综合考虑经济、环境和社会因素。

以可持续的方式进行管理对戴尔科技公司非常重要，因此该公司聘请了演员兼环保活动家阿德里安·格雷尼尔（Adrian Grenier）作为社会公益倡导者，向利害相关者传达其可持续发展计划。戴尔科技公司正在将可持续性融入其运营的方方面面，从产品设计到零浪费的制造过程、绿色包装和绿色运输。

1.6　什么样的职业技能对获得和保持一份工作至关重要？

无论你的专业是什么，描述从学习管理学所获得的适用于你未来职业生涯的关键职业技能。

你曾经考虑过找到和保持一份工作的问题吗？这是你最关心的问题吗？学习管理可以助力你解决这个问题。

我们假设你正在攻读大学学位，因为你想找到一份好工作或者比你以前更好的工作。难道你不想在毕业后增加得到那份好工作的概率，然后在那份工作上取得成功，从而迈向一条长久而繁荣的职业道路吗？我们也希望你能这样！学习管理可以帮助你开发和提高你的专业技能。刚入职的员工和在职专业人士可以受益于拥有扎实的技能基础，如批判性思维、沟通、解决问题、协作等。在本书中，您将学习和实践招聘经理认为能在各种业务机构中取得成功的许多重要专业技能，包括小型和大型公司、非营利组织和公共服务。如果你打算自己创业，这些技能也同样有用。这些技能包括：

- 批判性思维涉及有目的的和目标导向的思维，用来定义和解决问题、做出与特定情况或一系列情况有关的决定或形成判断。它涉及认知、元认知和意向要素，这些要素在特定的语义背景下可能会有不同的应用。批判性思维通常涉及：对信息或想法的详细阐述，描述重要的细节并根据重要性对其进行优先排序，识别揭示偏差的细节，修饰想法、描述或回答，根据能够解释一系列事实、数据或观点的证据得出结论，简明扼要地总结信息，确定事件的顺序并确定因果关系，识别导致事件发生的影响因素，等等。
- 沟通指有效地使用口头、书面和非言语的表达技巧（如告知、指导、激励、说服和分享想法）来达到多种目的。可以利用技术手段通过有效倾听进行沟通，并且能够在不同的环境中评估沟通努力的有效性。
- 协作是一种技能，人们采用这种技能可以积极地合作完成一项任务，通过对话和谈判，形成群体的认知和共识，从而产生出体现他们共同的、相互依存的行动的最终产品。
- 知识应用与分析指学习概念的能力，并能在另外的环境中恰当地加以应用，以达到更高的理解水平。
- 社会责任包括与商业道德和公司社会责任相关的技能。商业道德包括一系列指导原则，这些指导原则会影响个人和组织在其运作的社会中的行为方式。职场中的道德包括：识别潜在道德困境的能力，所谓道德困境，即受影响的利害相关者，重要的个人、组织和外部因素，可能的替代方案；以及根据这些情况做出适当决定的能力。公司社会责任是一种道德行为，要求组织决策者理解、识别和消除不道德的经济环境和社会行为。

批判性思维
- 使用有目的和目标导向的思维。
- 在不同的环境中应用不同的信息。
- 阐述信息或想法。
- 描述重要细节并根据重要性对其进行排序。
- 识别暴露偏差的细节。
- 修饰想法、描述或回答。
- 根据证据得出结论。
- 总结信息。
- 确定事件顺序。
- 定义因果关系。

沟通
- 有效地运用口头、书面和非言语来表达多种目的。
- 有效倾听。

- 利用技术手段进行交流。
- 批判性分析消息。
- 在不同的文化背景下适应交际。
- 在不同语义背景中评价沟通的有效性。

协作

- 积极合作完成一项任务或找到解决问题的方法。
- 构建群体的认知和共识。
- 能够在群体中进行对话和协商。
- 能够在群体中共同工作和相互独立地工作。
- 与他人合作，选择、组织和整合各种来源和形式的信息和想法。
- 能够适当地解决冲突，确保听到所有的声音。

知识应用与分析

- 回忆以前学过的资料。
- 用自己的语言描述概念。
- 展示对事实和关键概念的理解。
- 学习概念并将其应用到现实生活中。
- 思考具体问题的解决方案，并将这些过程推广到其他情况。
- 把想法组合成一个新的整体或提出解决方案。
- 为特定目的评估资料的价值。

社会责任

- 确定潜在的道德困境：受影响的利害相关者，重要的个人，组织和外部因素，以及可能的替代方案。
- 根据前置因素做出适当的决定。
- 将道德推理和批判性分析应用于现实场景。

　　每一章都提供了许多机会，让你使用和学习在21世纪的职场中取得成功所需的技能。所学到的技能将有助于你找到一份工作，并为你的发展开启一条踏实的道路！表1-1的专业技能矩阵将五种专业技能与每章中的独有特点联系起来。本书的独有特点包括：① 三个独特方框——当今职场中的经典概念（历史管理概念及其在当今的使用方式）、当今职场中的道德决策（现实生活中的当代道德困境）和当今职场中的管理技术（技术改变工作场所的方式）；②管理实验室的作业，尤其是写作、观影、实践；③管理技能建设，强调一项特定的管理技能，并提供一个机会来"实践"这项技能；④体验练习，这是另一种边做边学的实践作业，通常是在小组内"做"一些事情；⑤案例应用，现实生活中的人和组织。了解这些特性，你将有机会进行批判性思考并在考虑特殊情况和概念时应用你的知识。你还将有机会通过学习在所描述的情况下你可能会做什么或说什么来提高你的协作能力和沟通技能，从而积极有效地适应工作环境。你将面临道德困境，并考虑在职场中特定行为的道德。无论你从事是管理工作或者是其他领域的职业，这五项技能都是成功的关键，因为正如前一节所指出的，职场和劳工队伍正在发生变化，并将继续发生变化。这些技能将帮助你成功地应对这些变化。

表 1-1　专业技能矩阵

	批判性思维	沟通	协作	知识应用与分析	社会责任
当今职场中的经典理念	*	*	*	*	
当今职场中道德决策	*	*	*	*	*
当今职场中的管理技术	*	*	*	*	*
我的管理实验室：写作、观影、实践	*	*		*	
管理技能建设 实践管理技能		*	*	*	
体验练习		*	*	*	
案例应用 1	*			*	*
案例应用 2	*	*		*	
案例应用 3	*		*		

管理者很重要！

 1.7　小结

你可以看到，做一个管理者既充满挑战又让人激动。我们很清楚的一件事情是：管理者对组织很重要。盖洛普公司（Gallup Organization）已经对上百万名员工和成千上万的管理者进行民意调查，发现影响员工工作效率及忠诚度的最重要因素并不是待遇，也不是福利，更不是工作环境，而是员工与他们直接上司之间融洽的关系。盖洛普公司还发现，对于**衡量员工敬业度（employee engagement）**——员工对工作有多认真、满意和热情，其中最重要的因素就是员工与他们的管理者之间的关系，这对单个员工的满意度来说占到至少70%的比重。[30] 盖洛普公司发现，在公司增加了能力更强的管理者的数量，并将下属员工的比例提高一倍后，他们的每股收益高于竞争对手 147%。[31] 同样的研究也表明，有才能的管理者对公司的利润提升作用比一般管理者高出 48%。[32] 此外，另一项研究发现，当一个表现不佳的管理者被一个优秀的管理者所取代时，员工的生产力可提高 12%。[33] 从这些报告里，我们能总结出什么呢？那就是管理者对组织来说确实很重要。

员工投入度

当员工对自己的工作有兴趣、满意和热情时，就将体现出他们的投入度。

本章概要

（1）识别谁是管理者及他们在哪里工作。

管理者指的是在一个组织里指导和监督他人工作的人。管理者通常可分为：高层、中层、基层管理者和团队领导者。管理者在组织中工作，每个组织都有 3 个共性：目标、人员与考虑周全的组织结构。

（2）定义什么是管理。

管理指通过与其他人共同努力，既有效率又有效果地把事情做好的过程。

（3）描述管理者的工作。

管理者做什么可以通过 3 种观点来描述：职能的观点、角色的观点和技能的观点。

职能的观点是说管理者要执行计划、组织、领导和控制这 4 项基本职能。明茨伯格的角色的观点认为管理者要担当 10 种工作角色。这 10 种角色被归为 3 个部分：人际关系类、信息转换类及决策类。技能的观点则从管理者必须掌握的技能出发将其概括为 4 项关键的管理技能，分别是：概念技能、人际关系技能、技术技能和政治技能。尽管管理者怎么做及做多少是依他们在组织中的层级不同而变化的，不管组织是营利性机构还是非营利性机构，组织的规模有多大，以及组织位于什么地方，所有的管理者都要从事计划、组织、领导和控制工作。

（4）解释为什么学习管理学非常重要。

学习管理学非常重要的一个原因是我们每天的生活都与各种组织息息相关，所以，对组织的妥善管理跟我们的利益息息相关。另外一个原因是等你踏上工作岗位后，要么就是管理他人，要么是你被人管理。通过学习管理学，你可以对你的上司、同事的行为及组织的运行有大量深入的理解。最后，学习管理课程将有助于培养和提高你的专业技能这些技能。包括批判性思维、沟通、协作、知识应用和分析及社会责任，它们对获得和维持一份工作至关重要。

（5）描述重新塑造和重新定义管理的要素。

在当今的世界中，管理者天天都要处理变化着的工作职场、道德与信任问题、全球经济不确定性，以及日新月异的技术方面的问题。对管理者来说，最为关键的 4 个领域分别是：提供高质量的客户服务、鼓励创新努力、有效使用社会化媒体，以及认知如何持续对组织的有效性有所贡献。

（6）无论你的专业是什么，描述从学习管理中获得的适用于你未来职业生涯的关键专业技能。

从学习管理中获得的关键就业技能包括批判性思维、沟通、协作、知识应用和分析及社会责任。这些技能将帮助你在各种商业环境中取得成功。

复习思考题

1. 什么是组织？组织有哪 3 种属性？

2. 管理者与非管理类员工的区别是什么？

3. 对组织当今面对的环境来说，如果你必须在效率与效果之间做出选择，哪一个更重要？请解释。

4. 管理的 4 项职能有什么相同点与不同点？

5. 找一本知名商业期刊，如美国的《商业周刊》《财富》《华尔街日报》《快公司》(*Fast Company*)，从中找一些执行了四项基本职能的管理者事例，对体现这些职能的例子进行描述和分析。

6. 你们大学的教师是一名管理者吗？按照计划、组织、领导、控制活动和明茨伯格的管理者角色的观点分别加以讨论。

7. 企业管理是一种职业吗？为什么是或者不是？回答此问题时请进行一些外部调查研究。

8. 是否存在一种最好的管理风格？为什么？

9. 管理者的四项职能如何有助于实现管理的效率与效果？

10. 所有的组织都需要管理者吗？解释你的看法。

11. 解释在描述管理者工作方面，为什么四项职能的观点优于角色观点、技能观点和能力观点？

应用：为职场做准备

管理技能建设：开发你的政治技能

任何有工作经验的人都知道组织中的政治无处不在。也就是说，人们努力去影响组织内部优劣资源的配置，以使之对自己更有利。那些懂得组织政治之道的人通常十分成功。相反，那些不懂得组织政治的人，不管实际工作做得再好，也常会受到不那么正面的业绩评价，不怎么得到晋升机会，也鲜有工资收入增加。如果你想成为一名成功的管理者，那么熟练运用政治技能是很有必要的。研究显示，人们在政治技能上存在差异。[34] 那些熟谙政治技能的人能更有效地运用影响力策略。而且当其利害关系重大时，政治技能似乎更有效。最后，熟谙政治技能的人能够行使他们的影响力而不为他人所发现，这之所以重要在于你不会被认为是在玩弄政治手段。一个人的政治技能取决于以下 4 个因素：①他的人际关系网络能力；②人际关系影响力；③社会敏锐性；④明显的诚意。

个人评估清单：运用影响力策略

看看你如何运用影响力策略。此个人评估清单将帮助你确定如何巧妙地做到这一点和你需要做什么工作。

技能基础

暂时忘掉那些政治活动的道德问题和你对组织中运用政治技巧者的不好印象。如果你希望在组织中能更好地运用政治技能，请看如下建议。

- **培养你的网络交往能力。**一个好的交际网络可以成为一个强大的工具。你可以通过了解你工作领域和组织中的重要人物来建立一个关系网络，然后与有权力的个人发展关系。自愿参加委员会或者提供项目帮助，这些工作将会被那些有实权的人注意到。参加重要的组织工作，有助于你被视作一个团队成员，同时也是一个关注组织成功的人。现在开始列出你遇到的个人，哪怕只是简单粗略的名单。然后在你需要关于工作的建议时，向组织关系网络里的有关人员请教。

- **致力于获得人际影响力。**当你周围的人感到舒适和自在的时候，人们就会听取你的想法。所以你需要在组织的各个领域和层面，努力与人们建立良好的关系。你的人际影响力会受到像你这样的人的影响。

- **培养你的社交能力**。有些人天生就有理解别人和感知他们想法的能力。如果你没有这种能力，你就必须去开发你的社交能力，比如，在适当的时间谈合适的事情，密切关注人们的面部表情，并尝试去确定其他人是否有隐藏的动机。
- **保持真诚**。真诚是推动你与他人交往的重要因素。你需要对自己所说的话和所做的事情保持真诚，同时对他人和他们的处境表现出真切的关注。

技能应用

把政治技能的每个组成部分都列出来，在你的学校生活和工作生活中花一周的时间来实践。用简短的笔记来描述你的经历——好的和坏的。你是否能够开始建立一个人际网络，让你可以依靠或联系这些人来完成学业或工作任务？你怎样才能更好地影响你周围的人？你是否擅长更好地与同事沟通，或与所属项目团队成员建立良好的关系？你是否致力于培养你的社交敏锐性，也许是通过开始识别和解释人们的面部表情及这些表情背后的含义？你是否有意识地在与他人的关系中表现得更真诚，尤其是对那些不是亲密朋友的人？你还能另外做些什么来提高政治技能呢？一旦你开始认识到政治技能所涉及的内容，你就会发现自己变得更有人脉，更有能力影响他人——也就是说，更擅长政治。

体验练习：主管培训及管理证书项目

欢迎来到我们的年度管理修炼（R&R 静修和思考）。我们今年会玩一个叫作"好上司，坏上司"的有趣游戏。你也许会问，什么是"坏上司"？这是一项活动，我们将探讨"好上司"是什么样子，他们喜欢什么，他们做什么。我们希望在完成这项活动时，你和你的团队谈论这个问题，分享故事和经验，以及——也许，只是也许，你会认识到自己作为上司的特点和行为。你更像"好上司"还是"坏上司"？当我们将此作为一项有趣的活动来进行时，我们鼓励你停下来思考我们（我们所有人）如何进行"管理/领导"，以及我们对员工的影响。并且永远记住，通过我们的实际行动和行为，我们确实影响了员工的工作体验和努力！

以下是你的说明。

（1）在你的"团队"里，讨论好上司。他们做了什么使他们"好"？他们有什么特点？他们如何对待员工？他们如何使自己的员工工作变得有效率？然后，对坏上司的特点做同样的讨论。他们做了什么使他们"坏"？他们有什么特点？他们如何对待员工？他们如何使自己的员工工作变得低效？为了帮助你开始讨论，想想你过去的上司，或者甚至想想你担任"上司"时的成功/失败！

（2）列出你对于"好上司"和对于"坏上司"的主要想法。

（3）创建一个图表，总结这些信息，以便与其他小组共享。虽然这不是必需的，但如果你能想出一个合适的模型或其他展示方式，也可以将其分享。

（4）最后，从团队讨论的内容中找出你认为最重要的 3 个"要点"。每个人都想为上司工作的三个特点是什么？列一个清单，简要说明为什么你认为它们很重要，重点放在我们（所有公司管理者）如何成为员工所认为的"好"的上司，我们计划将所有这些都汇编起来，并在我们的管理培训模块中使用。

应用案例 1-1：沃尔玛正在培养更好的管理者
专题：管理培训

沃尔玛正在帮助员工管理自己的职业生涯

全球最大的零售商——沃尔玛是一家大型企业，在 28 个国家拥有 11700 多家零售店，在全球拥有约 230 万名员工。对沃尔玛来说，要管理的员工太多了！它最近的年收入超过 4853 亿美元，利润超过 136 亿美元。由于是美国最大的私人雇主，沃尔玛经常发现自己在员工相关问题上处于争议的中心，从病假政策到工资问题都有所涉及。然而，在 2016 年，该公司创建了沃尔玛学院培训计划（Walmart Academy training program），旨在帮助处于较低级别管理职位的员工在职业生涯中取得更大成功。目前，全美约有 100 所此类学院。自成立以来，已有 150 多名店长和部门经理接受了为期数周的培训。

沃尔玛学院的培训内容包括什么？培训主题涵盖了包括销售、订购和库存控制在内的先进的零售技能，包括更好地沟通和激励员工在内的管理技能。所有的管理培训旨在帮助将店内购物体验转变为持续的积极体验。随着该行业内面临来自亚马逊和其他在线零售商日益增长的竞争压力，实体零售商被迫向顾客提供一些吸引顾客再次光顾的事物。对沃尔玛来说，这意味着，如果公司想创造更愉快的店内购物体验，就需要训练有素又敬业的员工队伍。这一队伍建设需从管理者开始，因此管理者会把重点放在培训员工关注顾客上。沃尔玛认为这一努力非常重要，其在员工培训和提高员工工资上已经花费了 27 亿美元（是的，这是以亿为单位计算的）。这是一笔可观的投资。然而，有些公司显然不像沃尔玛那样注重对管理者的培训。以下是一些惊人的统计数据。

- 26% 的新任经理认为自己没有准备好过渡到管理岗位。
- 58% 的新任经理没有接受过任何培训来帮助他们完成过渡。
- 48% 的第一次就任经理在这一过渡中失败。

考虑到管理者在员工激励和投入参与方面的重要作用，像沃尔玛那样投资培训似乎是一项不错的投资。

讨论题

1. 为什么公司希望处于较低级别管理职位的员工在职业生涯中取得更大的成功？（提示：思考效率/效果和管理的四大职能。）

2. 你认为这样的培训计划有哪些好处和挑战？

3. 你建议在沃尔玛学院培训课程中还可以增加哪些额外的管理主题？从管理者工作的三个方面加以思考。

4. 许多大学毕业生甚至不愿意在世界上最大的零售机构就职。讨论像沃尔玛这样的公司如何吸引有才华的毕业生。

5. 组织是否有道德责任帮助新的管理者进入他们的岗位？解释为什么要或者为什么不要。

在美捷步（Zappos），他们正在学习如何在没有管理者的情况下进行管理

合作制贯穿于内华达州的在线鞋类和服装零售商美捷步的日常运作之中。大约 5 年前，在一个 4 小时的年终员工会议上，CEO 谢家华（Tony Hsieh）宣布，他将取消公司传统的管理和层级结构制度，转而实施合作制。你会问，什么是合作制？简而言之，这是一个组织系统，没有职称，没有管理人员，也没有上层、中层或更低层次的自上而下的等级制度，将取消这些层级的决策。这种新型安排背后的设想是，把重点放在需要做的工作上，而不依靠可能在报告渠道中丧失的某种层级结构上的有益的想法和建议。合作制的概念是宾夕法尼亚州软件创业公司的创始人布莱恩·罗伯逊（Brian Robertson）构想出来的。它的名字来自希腊语 "holos"，即一个单独的、自主的、自给自足的单位，它也依赖于一个更大的组织。[36] 罗伯逊对合作制观点的一个简单解释是：员工作为合作伙伴，工作描述则代表角色，以及合作伙伴组成小组。[37]

在美捷步，工作（包括 1500 名员工的业务）围绕着大约 400 个小组来组织。（把这些员工小组看作某种重叠的员工 "群体" 有助于理解这一设想，该群体成员更易于流动并承担更多的个人责任。）在这些小组里，员工可以承担多种工作，并希望每个员工能随时随地提供力所能及的帮助。小组中没有头衔或等级制度，任何人都可以提出一个计划并实施其创新的想法。人们希望，小组里的成员会互相交流想法并互相关注。其目标是达到充分透明，并让更多的人负起责任。只要有办法保持高标准，信任那些可能比任何"管理者"更了解工作细节的人，使其认真、有创意、有效率地进行工作。美捷步最不希望看到懒惰的、消极的员工。

美捷步一直是一个敢于冒险的企业，谢家华总是以独特而激进的方式来领导他的业务。他坚信个人的力量，并创造了一个非常成功的组织（现在该公司已经被亚马逊收购），并以其 "zany" 文化而闻名。在这个系统里，公司价值观与个人价值观相匹配。[38] 然而，随着该公司从传统的工作模式转向这个新系统，它可能会面临一些挑战。美捷步和罗伯逊都警告说，尽管 "合作制" 会消除传统管理者的工作，但仍然存在结构和责任问题。表现不佳的人显而易见，因为没有足够的 "工作" 来填满他们的时间，或者负责监督公司文化的小组可能会认为他们不适合某些工作。而且，仅仅因为没有 "传统" 的管理者并不意味着领导者不会出现。重要的是，某些具有权威性的主导人物可能会导致其他员工心怀不满或行为逆反。美捷步认为并不存在领导缺失。某些人希望发挥更大的作用或有更大的野心，会赋予每个角色相应的领导力，"每个人都应该在自己的角色中起领导作用并成为一名企业家，而合作制则帮助他们实现这一目标。"此外，该系统还会有一些结构安排，"最广泛的小组可以在某种程度上告诉子群体所要做的工作。"[40]。但是，责任将会以不同的方式在整个组织中体现。需要弄清楚的其他挑战包括谁拥有雇佣、解雇和决定薪酬的最终权力。希望最终每个角色的职权都将在合作制的框架内实现。所以，如果没有人有头衔，也没有上司，那么谢家华仍然是 CEO 吗？到目前为止，他还没有公开说明自己的角色是如何受到影响的。

这种转变绝不是一帆风顺的。2015 年 3 月，谢家华向员工发送了一份备忘录，称该公司在向新管理系统转型过程中的时间太长[41]。他向所有员工表示，在 4 月 30 日之前，员工可以决定是否继续留下。但是，如果无法继续在这个全新的管理系统下工作，他们可以获得 3 个月的离职费。最终，该公司大约 18%的员工选择离职。很明显，这些人觉得合作制不适合他们的工作习惯。对于那些留下来的员工来说，这是一个不断变化的过程。一些人认为，新制度接纳他们所表达的意见，并使得他们承担更实质性的作用。而另一些人则感到困惑和沮丧。然而，文化、企业价值观及其独特之处，仍然是吸引和留住美捷步的原因。谢家华始终坚持合作制及其在构建一家与众不同、具有前瞻性思维的公司方面的潜力。

讨论题

1. 什么是合作制？

2. 对于一个没有职位头衔、没有管理人员、没有等级制度的组织，合作制具备什么优点？

3. 使用合作制这一管理方法将面临什么挑战？

4. 讨论你为什么愿意或不愿意在合作制这样的组织里工作。

5. 写一段话，向不熟悉管理的人阐述合作制。

应用案例 1-3：毁灭世界
专题：数据安全和数据泄露

在一个瞬息万变的工作环境中管理有才能的人是非常具有挑战性的

在过去，你还能够识别谁是坏人，但在我们现在所处的日益数字化的网络世界里，那些日子早已一去不复返了。[43] 在今天这个时代，坏人都是匿名的、不露脸的，并且他们仍能给个人、企业、政府及其他组织带来各种各样的破坏。研究表明，数据外泄攻击在以惊人的频率发生。你在家或学校的计算机可能没遭到黑客和病毒的攻击，但这并不表示是安全的，数据窃贼还将目标锁定在智能手机和其他移动设备上。而在 2018 年年初，这些窃贼窃取你个人设备上的信息或存储在其他计算设备上的信息的可能性急剧上升。

2018 年年初，有消息称，独立研究人员发现英特尔的芯片设计存在缺陷。黑客可以利用这些公司来窃取被认为是安全的数据。每台计算机、智能手机和服务器都是暴露的并容易受到攻击。这些代号为"崩溃"（Meltdown）和"幽灵"（Spectre）的缺陷，其在潜在的信息安全漏洞方面是前所未有的。

英特尔 25 年来一直是全球最重要的芯片制造商。它制造了全世界大约 90%的计算机处理器和 99%的服务器芯片。英特尔是一家以可靠性著称的大公司，因此很可能认为这一事况是一个严重的错误和失误。然而，这一切是怎么被曝光的？

2017 年 6 月，谷歌零号项目（Project Zero）的一个安全团队通知英特尔，他们发现了英特尔芯片的缺陷。零号项目是谷歌雇佣的安全分析师团队的名字，它的任务是发现"零日漏洞"。这个由顶级安全研究人员组成的团队唯一任务是识别并消除世界软件中最严重的安全缺陷，这样就不会出现漏洞。[如果你对详细的技术问题感兴趣，你可以在 https://googleprojectzero.blogspot.com/.查找简恩·霍恩（Jann Horn）于 2018 年 1 月 3 日发布的一篇博文。]在接到这一潜在灾难性缺陷的通知后，英特尔在后台与 Alphabet Inc.的谷歌部门及其他"关键"计算机制造商、云计算公司一起进行了修复工作。"英特尔原计划于 2018 年 1 月 9 日公布这一发现。然而，在 2018 年 1 月 3 日，英国网站 the Register 公布了有关缺陷的消息。"现在，真相水落石出，但其影响却才刚刚开始。另一个最终曝光的问题是，英特尔在向美国政府的主要国家安全机构发出警报之前，就向中国企业联想和阿里巴巴披露了这些安全问题。

在英特尔和其他科技公司致力于修补芯片缺陷的同时，世界各地公司数据中心的管理者都在努力保护自己的数据和客户。这是一个挑战，因为快速修复并不完美，长期修复也不容易。而黑客们则在不断地发起攻击。随着数据安全漏洞变得过于普遍，管理那些在迅速变化的环境中识别和保护数据的人员可能变得更加具有挑战性。

讨论题

1. 除了"修复"缺陷的挑战之外，英特尔的高层管理者还需要解决哪些问题？（提示：思考公司内外谁可能会受到影响，以及他们可能会如何受到影响。）

2. 查看这些缺陷是如何被发现的时间线索。你认为英特尔应该做些不同的事情吗？并解释。

3. 对于数据安全公司的管理者来说，他们面临的一个重大挑战是让专业人士对常规、标准化和混乱的工作保持热情。他们如何利用专业、人力资源和理性思考技能来维持一个鼓励创新和专业精神的环境？给出你的想法。

4. 在给你"分派"的团队中，讨论英特尔在向美国政府机构和官员披露这一计算机安全缺陷之前先向中国公司进行了披露这一行为。你在这里看到了哪些潜在的道德问题？对于英特尔高层管理团队的决策和行动，您有什么建议？

注释

本章注释文件请扫二维码下载。

附录 1A　管理的历史溯源

亨利·福特（Henry Ford）曾经说过，"历史或多或少都是一种空话"。然而，他错了！历史之所以重要是因为透过它才能正确地看待当前的管理实践。我们认为，你需要了解管理的历史，因为历史能够帮助你理解当今管理者所做的事情。在这个附录中，将会沿着时间的脉络讨论管理理论发展中的重要里程碑。在每章"当今职场中的经典概念"专栏中，我们都会聚焦于一位关键的人物或是一个关键历史事件，突出其对当代管理理念的重要贡献和影响。我们相信这一方法将帮助你更好地了解许多当代管理理念的起源。

早期的管理

管理实践已经有一段很长的历史，专人负责计划、组织、领导和控制活动等有组织的管理已经存在数千年之久。不管人们当时将这些"管理者"称为什么，事实是必须要有人来履行这些职能。

公元前 3000—公元前 2500 年

埃及金字塔表明，人类在几千年前的古代就能完成规模浩大、由成千上万人参加的大型工程。[1]建造一座金字塔就要动用 10 万以上的工人，不停地劳作 20 年。因此必须要有人来计划所要完成的工作，组织人力和物力，确保工人完成工作，并施加控制来保证一切都按计划进行。扮演这些角色的人就是管理者。

15 世纪

在威尼斯的兵工厂，军舰沿着运河，经过每一站都会有物料和索具添加到船上。[2]这就像一辆车沿着装配流水线流过，难道不是吗？此外，威尼斯人使用仓库和存货系统来记录物料情况，使用人力资源管理职能来管理工人队伍，以及使用会计系统来掌握收入和成本的情况。

1776 年

这不仅是美国历史上的一个重要年份，也是早期管理发展史上重要的一年，因为亚当·斯密（Adam Smith）的《国富论》一书在这一年出版。他在书中指出，组织和社会将从**劳动分工（division fo labor），或是工作专业化（job specialization）**中获得巨大经济利益，就是把工作拆分为小范围的、重复性的任务。利用劳动分工，个人生产率能够得到大大的提高。工作专业化也一直是组织中决定如何完成工作的一种流行方式。但你将会在第 6 章中看到，这种方式也有其缺点。

18 世纪 80 年代——19 世纪中叶

工业革命（Industrial Revolution）可能是 20 世纪之前对管理产生影响的最为重要的事件。为什么？因为伴随工业时代到来的是公司的诞生。随着高效率的大型工厂不断地生产产品，这时就需要有人来预测需求、确保足够的原料供应、给工人分配任务等。扮演这些角色的人就是管理者！这的确是一个重要的历史性事件，原因有：所有组织方面的问题（组织层级、控制、工作专业化等）都成为工作完成方式的一部分；管理已经成为确保企业取得成功的必要组成部分。

古典学派

从 20 世纪之交开始，管理学科逐渐发展为一个统一的知识体。这时开始发展出一些管理的规则和原则，能够在各种环境下传授和使用。这些早期的管理倡导者被称为古典管理学家。

1911 年

在这一年，**弗雷德里克·W. 泰勒**所著的《科学管理原理》一书出版了。在这本具有开创性的书中，对**科学管理**（scientific management）理论进行了详尽阐述，即应用科学方法确定从事某项工作的最佳方法。他的理论被世界各地的管理者广泛接受和使用，也成就了泰勒"科学管理之父"的名望（本书在第 1 章的"从过去到现在"专栏中描述了泰勒所做的研究）。科学管理理论的其他主要贡献者还有**弗兰克·加尔布雷思**（Frank Gilbreth）和**莉莲·加尔布雷思**（Lillian Gilbreth）（时间与动作研究的早期倡导者、《儿女一箩筐》中描述的大家庭父母的原型），以及**亨利·甘特**（Henry Gantt）（其开发的工作进度甘特图是当今项目管理的基础）。

1916—1947 年

与泰勒主要关注单个生产工人的工作不同，**亨利·法约尔**和**马克思·韦伯**（Max Weber）将组织实践研究的重点放在管理者的工作和构造良好管理的因素上。这个学派被称为**一般管理理论学派**（general administrative theory）。我们在第 1 章中曾对法约尔进行过介绍，他是第一个把管理分为 5 种职能的人。他进一步提出了 **14 条管理原则**，这是适用于所有组织的基本管理规则（这 14 条原则如表 1A-1 所示）。韦伯广为人知的是其对**官僚科层制**（bureaucracy）的描述和分析，他认为这种科层制是组织结构理想的和合理的形式，特别是对大型组织来说。在第 8 章中，我们将详细阐述这两位重要的管理学先驱。

表 1A-1 法约尔的 14 条管理原则

（1）工作分工。这条原则与亚当·斯密的"劳动分工"原则是一致的。专业化使员工的工作更有效率，从而提高了产出量

（2）职权。管理者必须能够发布命令，职权赋予管理者这种权力。但是，责任应当与职权相对应，凡行使职权的地方，就应当建立责任

（3）纪律。员工必须遵守和尊重组织中的督导规则，良好的纪律是有效领导的结果。对管理者与员工间关系的明确认识事关组织的规则。公平运用惩罚可以抑制违规行为

（4）统一指挥。每一位员工应当只接受来自一位上司的命令

（5）统一指导。每一个具有同一目标的组织活动，应当在同一计划下由一位管理者指导下进行

（6）个人利益服从整体利益。任何一位员工个人或员工群体的利益，不应当置于组织的整体利益之上

（7）报酬。对员工的劳务必须付给公平的工资

（8）集权。集权是指下属参与决策的程度。决策的集权（集中于管理层）还是分权（分散给下属）涉及一个适度的问题，管理层的任务是找到每种情况下最适合的集权限度

续表

（9）等级链。从最高层管理到最低层管理形成的职权直线代表了一个等级链，沟通应当按这个等级链进行传递。但是，如果遵循等级链会导致信息传递的延迟，而所有当事人都同意并通知了各自的上司，则可以允许横向交叉沟通。等级链也被称为权力线

（10）秩序。人员和物料应当在恰当的时候放到恰当的位置上

（11）平等。管理者应当诚恳和平等地对待下属

（12）人员的稳定。过高的员工离职率是低效率的。管理层应当提供有章法的人事计划，并保证有合适的人选接替职位的空缺

（13）首创精神。允诺员工自发制定和实施计划将会极大地调动他们的积极性

（14）合作精神。鼓励团队合作精神将会在组织中建立起和谐与团结的氛围

行为学派

该学派侧重于员工行为的研究。管理者如何通过激励和领导员工，取得高水平的绩效？

20 世纪早期的其他贡献者：一个多样性视角

我们不想给你留下这样的印象——对早期管理理论做出贡献的只有白人男性。以下是一些杰出的不同种族人士，他们的商业头脑值得注意与学习。

沃克夫人（Madam C. J. Walker）

由于个人需要，沃克于 1905 年发明了一系列非裔美国人的护发产品。她的创业才能和洞察力使她成为第一批白手起家的美国百万富翁女性之一。

查尔斯·克林顿·斯伯丁（Charles Clinton Spaulding）

1900 年代早期保险业杰出的黑人商业领袖斯伯丁认识到了有效管理纷繁复杂问题与企业的多样性，企业的社会责任和强大、积极的组织文化的重要性。

丰田章男（Kiichiro Toyoda）

丰田汽车公司（Toyota Motor Company）的创始人创建了一个"基于流程的（制造）系统"，专注于保持生产线的平稳运行，而不是以最高速度运行。丰田章男很早就认识到实现高效生产的关键，从而创建了丰田生产体系的最佳实践，例如，准时生产和持续改进。

普鲁登西奥·尤纳努（Prudencio Unaue）和约瑟夫·尤纳努（Joseph A. Unanue）这个父子团队利用他们的管理技巧和远见，将一家最初向纽约的拉丁裔社区出售商品的家族小企业戈雅食品公司（Goya Foods）变成了美国最大的拉丁裔食品分销商，并最终扩展到全球分销领域。

18 世纪末—20 世纪初

管理者与他人共同完成工作。早期的一些管理倡导者已经认识到"人"对组织成功的重要性。比如，**罗伯特·欧文**（Robert Owen）非常关注恶劣的工作条件，并设想了理想主

义式的工作场所。雨果・芒斯特伯格（Hugo Munsterberg）是工业心理学的先驱人物。他建议在员工选拔中使用心理测试，将学习理论应用在员工培训中，还建议进行人的行为研究以激发员工。玛丽・帕克・福列特（Mary Parker Follett）是最早认识到应当从个人和群体行为规范的角度来考察组织的学者之一。她认为组织是建立在集体伦理而不是个人主义基础上的。

1924 年—20 世纪 30 年代中期

霍桑实验（**Hawthorne Studies**）为个人和群体行为的研究提供了新的见解，毫无疑问，这是行为学派对管理理论最重要的贡献。这项研究是在西方电气公司（Western Electric）设在伊利诺伊州西塞罗的霍桑工厂中实施的，该研究最初是作为一个科学管理实验来设计的，公司的工程师希望检验不同照明强度对工人生产率水平的影响。他们使用了控制组和实验组 2 组工人，希望能发现实验组中工人的个人产出与光照强度的直接相关关系。然而，令工程师们吃惊的是，他们发现这两组的生产率都随光照强度的变化而变化。由于无法解释这种现象，西方电气公司的工程师们邀请哈佛大学乔治・埃尔顿・梅奥（Greorge Elton Mayo）教授加入这项研究中，这种研究合

作关系一直持续到 1932 年，其间对工人在工作中的行为做了大量的实验。那么，他们得出一些什么结论呢？群体压力对个体生产率有显著的影响，而且当人们处于被观察的状态下会表现出不同行为。学者普遍认为，霍桑实验对关于组织中人的作用的管理理念有重大的影响，这也使人类行为因素成了组织管理中的新重点。

20 世纪 30 年代—50 年代

人际关系运动（**human relations movement**）在管理思想史上也占有重要的一席之地，因为其倡导者从来没有动摇过追求更富有人性化管理实践的坚定信念。该群体中的成员一致相信员工满意度是十分重要的，还相信一个满意度较高的员工一定会成为一个高产出的员工。因此，他们提出了如员工参与、赞扬、友好对待员工等建议以提高员工满意度。比如，**亚伯拉罕・马斯洛**（**Abraham Maslow**）是一位人道主义心理学家，因提出人类需求的五层次理论（这是一个著名的员工激励理论）而广为人知，他认为一旦某种需求得到充分满足，它就不再对行为产生激励作用。**道格拉斯・麦格雷戈**（**Douglas McGregor**）提出了 X 理论和 Y 理论的假设，这 2 种假设与管理者如何看待员工的工作动机密切相关。尽管马斯洛和麦格雷戈的理论从来没有得到研究的充分支持，但他们的理论还是非常重要的，因为它们是当今激励理论发展的基础。在第 11 章中，将对这 2 种理论进行更全面的阐述。

20 世纪 60 年代到现在

组织中的人仍是管理研究的关注重点。这种对员工在工作中的行为进行研究的领域被称为**组织行为学**（**organizational behavior**）。组织行为学研究者对组织中的人类行为做了许多实证研究。在管理员工时，当今管理者所做的大部分工作（激励、领导、建立信任、

团队工作、管理冲突等）都来自于组织行为学的研究。这些相关主题将在第 9—13 章进行
深入探讨。

定量分析学派

定量分析学派注重数据应用、最优模型、信息模型、计算机模拟和其他定量技术在管理活动中的应用，为管理者提供工具、降低工作难度。

20 世纪 40 年代

管理学中的**定量分析学派**（**quantitative approach**），即利用定量技术改进决策，是在第二次世界大战中对军事问题用数学和统计方法求解的基础上发展起来的。战争结束后，许多曾用于解决军事问题的定量分析方法被用到商业中。例如，20 世纪 40 年代中期，一个号称"天才小子"的军官小组加入福特汽车公司，并且立刻开始用统计方法改进公司的决策。你将在"定量决策"辅助模块中找到有关这些定量应用程序的更多信息。

20 世纪 50 年代

第二次世界大战之后，日本的很多组织都积极接受了由一小部分质量专家所提倡的理念，其中最有名的是 **W. 爱德华·戴明**（W. Edwards Deming）和**约瑟夫·M. 杜兰**（Joseph M. Duran）。当这些日本制造商们开始在质量上击败美国对手后，西方的管理者很快对戴明和杜兰的理念采取更为重视的态度。他们的理念也成为**全面质量管理**（**total quality management，TQM**）的基础，这是一种致力于持续改进及响应客户需求和期望的管理理念。我们将在"管理运营"模块中更仔细地研究戴明和他对 TQM 的看法。

现代管理学派

大多数早期的管理学派侧重于管理者对组织内部的关注。从 20 世纪 60 年代开始，管理研究者开始考察组织以外的外部环境中发生的情况。

20 世纪 60 年代

切斯特·巴纳德（Chester Barnard）曾是一家电话公司的总经理，尽管他在其 1938 年出版的《经理人员的职能》（*The Functions of the Executive*）一书中就写道，组织以协作系统（system）的方式运作，然而直到 20 世纪 60 年代，管理研究者才开始重视系统理论及它与组织如何关联。系统是自然科学中的基本概念。当与组织相结合时，系统就是一组相互联系和相互依存的构件，这些构件按一定的方式组成了一个统一整体。组织以**开放式系统**（**open system**）的方式运作，这意味着组织与环境处在持续不断的相互作用之中。图 1A-1 描述了一个开放式系统的组织。为了实现既定目标，管理者必须有效率和有效果地管理系统中的各个部分。在第 2 章中，将会介绍更多有关内外部因素如何影响组织管理的信息。

图 1A-1　开放式系统的组织

20 世纪 60 年代

早期管理学家提出管理原则时，他们通常假设这些原则是普遍适用的。后来的研究逐渐发现很多管理原则的例外情况。**权变学派（contingency approach）**，有时被称为**情境学派**（situational approach），这一学派认为，由于组织、员工、所处的情境不同，组织也需要不同的管理方式。"如果……那么……"关系是描述"权变"的一个很好的方式。如果我面临的情况是这样，那么某种相应的模式是管理这一局面的最佳方法。**弗雷德·菲德勒（Fred Fiedler）**是早期权变理论的研究者之一，他考察了在特定情境下什么样的领导风格是最有效的。目前，研究发现的权变变量包括组织规模、工作的惯例、环境的不确定性和个体差异。

20 世纪 80 年代到现在

尽管萨缪尔·摩斯（Samuel Morse）1837 年发明电报使信息时代初露曙光，然而信息技术最引人注目的变化发生在 20 世纪下半叶，并直接对管理者的工作产生影响。现在的管理者可能管理着那些在家中或世界各地工作的员工。过去，一个组织的计算机资源通常是那些放在控温房间中的大型中央处理机，并且通常只有专家才可以进入。现在，几乎组织中的每个人都可以用不超过手掌大的有线或无线设备彼此连接起来。就像 18 世纪的工业革命对管理产生的影响一样，信息时代带来的巨大变化将继续影响着组织的管理方式。数字化和信息技术对管理者工作方式的影响如此深远，以至于我们在每一章中都有一个关于"当今职场中的管理技术"的专栏。

 注释

本章附录的注释（尾注）PDF 文件请扫二维码下载。

第 **2** 章

管 理 环 境

组织文化无关紧要。我在哪里工作都很快乐。

矫正管理偏见

那些认为自己在任何类型公司工作都能过得很愉快的人肯定会遭遇巨大的落差！即使是那些被评为"最受欢迎的雇主"的公司，也并不见得适合每个人工作。为了更快乐地工作，还要找到一个与你相匹配的工作环境与公司文化。

试想，你找到一份你对公司很满意而且想要每天都去上班（至少是大多数日子里）的工作，这难道不是很美好吗？尽管存在其他影响工作选择的因素，组织文化却是判断员工与公司是否匹配的重要指标——我是否喜欢在这里工作？这是不是我能够很好适应并做出贡献的地方？组织文化大不相同，员工也各有特点。在本章的第二部分，我们一起来学习什么是组织文化，以及组织文化由什么组成。而在这之前，我们还需要看看组织所面临的外部环境。

"强劲的外部力量正席卷全球，重塑我们的生活，同时也在创造一波新的机遇……"[1] 成功的组织及其管理者都必须理解身边剧烈的外部环境变化。为了正确地理解外部环境，我们需要聚焦于现今影响组织管理的那些重要因素。

学习目标

1. 解释什么是外部环境，外部环境为何重要。
2. 讨论外部环境如何影响管理者。
3. 定义组织文化，解释组织文化为何重要。
4. 对组织文化如何影响管理者做出描述。

5. 描述当前组织文化中的问题。

当今管理者所犯的最大错误之一就是未能适应变化的世界。这也是你作为一名员工可能犯的最大错误之一！

2.1　什么是外部环境及其重要性

当冰岛的艾雅法拉火山（EyjafjallajÖkull）喷发时，谁想到这竟会导致宝马公司在南卡罗来纳州斯帕坦堡（Spartanburg, South Carolina）的工厂或日产汽车公司在日本的组装厂关闭呢？[2] 然而，在我们这个全球化和相互联系的世界中，根本就无须对此感到惊讶。由于火山灰造成整个欧洲的飞机停飞，因此位于冰岛的轮胎压力传感器供应商不可能把传感器及时交付宝马工厂或日产工厂。我们生活在一个"相互联系"的世界中，管理者必须意识到组织外部环境的影响。

外部环境（external environment）指的是影响组织绩效的外部因素、力量、情境和事件。如图 2-1 所示，外部环境包括几种不同的构成成分。经济环境涉及利率、通货膨胀、失业率、可支配收入的变化、股市的波动、行业周期阶段等因素。人口环境涉及人口特征，如年龄、种族、性别、教育水平、地理位置、收入和家庭构成。技术环境涉及技术或行业创新。社会文化环境涉及价值观、态度、流行趋势、风俗习惯、生活方式、信仰、口味、行为方式等社会和文化因素。政治法律环境涉及联邦法律、州法律和地方法律，以及他国法律和国际法，另外还包括一个国家的政治条件和稳定性。全球环境包括与全球化有关的事件（如火山爆发、政治动荡、恐怖袭击）和世界经济。虽然所有这些环境都可能影响管理者的决策与活动，但我们将重点审视经济环境与人口环境。

图 2-1　外部环境的构成

经济背景快照：

- 数字货币（也称为虚拟货币或加密货币）正在爆炸式增长。例如，在瑞典，现金的使用率迅速下降。
- 经过多年的最低通货膨胀率，随着强劲的全球经济增长刺激需求，美国的制造商和食品公司正面临着材料和原料成本上升。
- 欧洲的经济复苏正被"僵尸公司"所阻碍——这些公司靠银行和股东的现金注入/信贷而维持，尽管他们多年来没有盈利。其结果是：繁荣的企业无法获得增长所需要的资本。

- 气候变化正在重塑供应网络、制造过程、资源可用性，甚至是工作场所的设计。
- 现在的初级工作更加"以思维为导向"，包括更复杂的责任，以及加强对就业技能的重视，如批判性思维、创造性问题解决、知识应用和分析。

2.1.1　经济如何变化

在经历了几年的危机之后，美国经济和其他全球经济体似乎已经渡过了难关。然而，对管理者而言，在经济领域现在不是，未来也不是坦途。毕竟，在处理一些重要的因素，如工作、收入、自然资源和消费品价格、股票市场估值和商业周期阶段时，管理者必须注意那些可能限制组织决策和行动的因素。这里有一个关于当今经济的某些更重要特征的简要概述，这些特征有可能影响到管理者的计划、组织、领导和控制。

- 尽管生产率的提高在美国仍然缓慢，但全球生产力的放缓已有所缓解。生产率（一个工人一小时能生产多少）是衡量经济状况的一个重要指标。影响生产力的因素包括创新的类型和效率，工作方式的改变，技术，劳动力教育/培训/技能水平等。[3]
- 从 20 世纪 70 年代到 2008 年，全球贸易强劲增长，但其在上一次全球经济衰退期间崩溃。然而，最近的指标显示，全球贸易正在缓慢增长，欧洲和亚洲的增长最为强劲。[4]
- 美国总计就业人数上升。失业率稳定在 4.1%，处于多年来的最低水平。十多年来，工人们普遍受益于收入和就业的增长。[5]
- 许多美国工人虽然从事稳定的工作，但可能没有可靠的收入。原因在于通过使用灵活的工作安排，企业对员工的工作时间施加了更多的控制，从而导致更大的收入波动。[6]
- 许多低工资行业（餐馆、零售、仓储和其他服务）的企业都在利用兼职工人来规避医疗保健法规的影响。[7]
- 根据皮尤研究中心（Pew Research Center）的一项民意调查，只有 17% 的美国人认为，只要努力，就能实现美国梦（只要努力工作，你就能取得成功并致富）。按种族来划分的话，认为无法实现美国梦的人中，有 15% 是白人，19% 是黑人、17% 是拉美裔人。[8]
- 尽管有这些数据，世界经济论坛（World Economic Forum）已经确定了未来十年商界领袖和决策者所面临的一个重大风险："严重的收入差距"。[9]让我们简单地看一下这个问题，理解管理者不仅受到实际经济数据的限制，还受到社会对经济所持态度的限制。

经济不平等与经济环境

哈里斯互动（Harris Interactive）调查发现，只有 10% 的成年人认为，经济不平等"根本就不是问题"，大多数受访者认为这是一个严重的问题（57%），23% 认为这是一个小问题。[10]为什么这个问题如此敏感？首先，勤奋工作并因辛勤或富有创造性工作而获得报酬的人一直受到认可。是的，收入差距总是存在的。几十年来，在美国，富人和其他人的收入差距比其他发达国家大得多，这被认为是美国价值观和行为方式的一部分。然而，"我们对不断扩大的收入差距的容忍度可能在下降"。[11] 随着经济增长失去活力，人们对任何人都能紧紧抓住机会并在繁荣时期拥有很好机会的信仰发生了动摇，社会对不断扩大的收入差距的不满增加了。企业领导者必须认识到，这种经济背景下的社会态度对企业决策和管理企业可能产生的约束。

最后，在关于经济环境的部分中，我们来看看在美国和全球范围内发生的一个有趣现象——共享经济。

共享经济（the sharing economy）。你听说过爱彼迎（Airbnb）、优步、摩托车（Mobike）、狗度假（DogVacay）、任务兔子（Task Rabbit）或拉链车（Zipcar）吗？也许你们还使用过其中一个。它们只是这类快速成长的公司中少数的几家公司，这种现象被称为"共享经济"。什么是共享经济？这是一种经济环境，通过点对点的服务，资产所有者与其他个人分享他们未充分利用的有形资产（如房子、汽车、服装、工具或其他实物资产），同时收取一定的费用。一些分析家还把对专业学识、技能或时间的共享也包括在内。[12] 共享经济背后的理念是充分利用之前利用不足的资产。资产所有人"出租"资产，这些资产面向的对象不是需要这些资产的消费者，而是那些不愿购买这些资产的消费者。随着共享经济的发展，协作经济、随需即取经济、演出（gig）经济、自由职业经济、同行经济、连接经济、群体经济、数字经济和平台经济等其他术语也被用来更好地描述正在发生的各种共享迭代。甚至一些经济学专家也表示，这些安排并不是真正的"共享"，更好的描述应该为市场中介，因为在其中有公司在协调消费者之间的交易。[14] 他们认为这种管理更像是一种"接入型经济"，因为消费者的需求是便利地获得一种他们没有但需要使用的资产，而并不关心与资产所有者建立商业或社会关系。[15] 无论它采取什么形式或定义，这些新的经济平台可能仍然是我们全球经济体系的重要组成部分。

当今职场中的经典概念：1981 年—1987 年—1991 年—今天

管理者：是全能还是无用？

管理者对组织运行到底起多大作用？

在回答这个问题时，管理理论提供了两种观点：全能视角与象征视角。

管理的全能视角

- 管理者直接决定了组织的成败。
- 绩效差异取决于管理者的决策与行动。
- 优秀的管理者能预测变化，开拓机会，改进糟糕的绩效，带领他们的组织前行。
- 利润上升：管理者获得荣誉与奖金。
- 利润下降：管理者通常被解雇。
- 要有人（管理者）为糟糕的绩效负责。
- 这一观点有助于解释大学和专业体育教练的流动。

管理的象征视角

- 管理者影响绩效的能力受到外部因素的制约。
- 管理者对组织绩效没有显著影响。

- 绩效受到管理者几乎无法控制的因素（如经济、客户、政府政策、竞争对手的行为等）的影响。
- 管理者通过提出计划、制定决策，以及从事其他管理活动来应对随机、混乱和不确定的环境，从而象征性地实施控制和影响。
- 对于组织成败，管理者的作用有限。

现实中，管理者既不是全能的，也不是无用的，但他们的决策和行为受到约束。外部约束来自组织的外部环境，而内部约束则来自于企业文化。

讨论题

1. 为什么你认为这两种管理观点很重要？这些概念如何帮助你成功承担组织员工的工作？并解释。

2. 这些观点有何相似之处？有何不同之处？

另一个我们想要特别谈的外部环境是人口环境，因为人口环境的变化与趋势往往与工作场所和管理密切相关。

2.1.2　人口特征起什么作用

对管理者而言，年龄是特别重要的人口特征。

中国电子商务公司阿里巴巴董事长马云正在为非洲年轻人提供创业、互联网及持续学习的价值等方面的培训。在非洲快速增长的人口中，很大一部分年轻人参加了培训，对于国内和全球管理者来说，年龄是一个重要的人口统计数字，因此他们教育和开发非洲年轻人在工作中取得成功所必需的技能。

你听说过"人口决定命运"这句话吗？它的意思是，一国的人口规模和特征可能对它所能取得的成就产生重要影响。例如，专家们认为，到 2050 年，"由印度和中国带领的发展中经济体将集体超越发达经济体"。像奥地利、比利时、丹麦、挪威和瑞典这些出生率低的欧洲小国将跌出 30 强经济体名单。用于社会研究目的的人口特征对于管理者如何管理有着重要影响。[16] 这些人口特征包括年龄、收入、性别、种族、教育水平、民族构成、就业状态、地理位置等——远多于政府进行人口普查时收集的信息。

年龄是特别重要的人口特征，为什么？因为工作场所往往有不同年龄段的人一起工作（参见第 11 章，第 362—365 页，更详细地了解职场的代际差异所带来的挑战。）婴儿潮一代、X 一代、Y 一代、Z 一代，也许你以前听过或见过这些术语。它们是人口研究者对美国人口的 4 个著名年龄群体的命名。

婴儿潮一代是那些在 1946—1964 年出生的人。你之所以老是听到"婴儿潮"，是因为他们人很多。这一代人的绝对数量意味着他们对外部环境的各个方面（从教育系统到娱乐/生活方式的选择，再到社会保障系统，等等）都有重要影响，他们已经历了生命周期的各个阶段。

X 一代用于描述在 1965—1977 年出生的人。这一年龄群体被称为生育低谷一代，因为他们紧随婴儿潮，是较小的年龄群体之一。

Y 一代（或后千禧一代）是由 1978—1994 年出生的人组成的年龄群体。作为婴儿潮一代的孩子，这一年龄群体在数量上也很多，因此对外部环境条件也有影响。从技术到穿衣风格，再到工作态度，Y 一代影响着组织的工作场所。[17]

Z 一代是所确认的最年轻的年龄群体。尽管人口统计学家并未就 Z 一代出生年份的确切范围达成一致意见，大多数人认为他们是在 1995—2010 年出生的。Z 一代是一个庞大的群体，那些 20 岁以下的人共占美国人口的 25.9%。[18]Z 一代的特点之一是，它是美国任何一代人中，最为多元化、最具有多元文化特征的一代。[19] 这个群体的另一个特点是，他们的主要社交活动是通过网络进行的。他们可以在网络上自由表达自己的观点和态度。这是第一个把互联网、移动设备和社交网络融入现实的群体。[20]

人口年龄群体对我们研究管理非常重要，因为在生命周期的某些阶段，巨大的人口数量会制约企业、政府、教育机构和其他组织的管理者的决定和行动。研究人口特征要看现在的统计数据和未来的发展趋势。未来的趋势是什么呢？

- 最近对出生率的分析表明，世界范围超过 80% 的婴儿来自非洲和亚洲。[21]
- 印度 12 亿人口中有 2/3 的人年龄在 35 岁以下。[22]
- 据预测，到 2050 年，中国 65 岁以上的人口将比世界其他国家加起来还要多。[23]
- 在人类历史的大部分时间里，65 岁以上的人口从未超过一个国家人口的 3% 或 4%，然而到 2050 年，这个数字的平均水平可能达到 25%。[24]
- 到 2060 年，美国老年人口预计将增加一倍以上。

试想上述的人口趋势将怎样影响全球组织及其管理。

2.2　外部环境会影响管理者吗

对管理者而言，了解外部环境的各种构成并研究环境的相应方面非常重要，而理解环境如何影响管理者也同样重要。我们将研究外部环境对管理者产生约束和挑战的三个方面：工作岗位，环境的不确定性，利害相关者关系。

当今职场中的管理技术：技术能改进管理者的管理方式吗

持续的技术进步为员工的工作方式和管理者的管理方式提供了许多激动人心的可能。**技术**（technology）包括提高工作效率的设备、工具或运营方式。技术产生影响的一个领域是把投入（劳动力、原材料等）转化为产出（供出售的产品或服务）的过程。过去，这种转化是由人来完成的。然而，随着技术的发展，人被电子和计算机设备取代。从办公室里的机器人到在线银行系统，再到员工与客户互动的社会网络，技术使得产品创造、运输和服务等工作的效率更高、效果更好。

技术发挥重要作用的另一个领域在信息方面。信息技术使得工作地点不再局限于组织所在的位置。借助笔记本和台式电脑、平板计算机、智能手机、组织内网和其他信息技术工具，负责信息处理的组织成员能够在任何地点、任何时间开展工作。

最后，技术还改变着管理者的管理方式，特别是他们可以在任何时间与任何地方的员工进行互动。与外地员工进行有效沟通并确保其达到工作目标是管理者必须应对的挑战。在本书其他部分，我们将讨论管理者如何在计划、组织、领导和控制过程中应对这些挑战。

讨论题

1. 使用所有可用的技术使得管理更容易还是更难？解释你的立场。
2. 技术能给员工和管理者带来什么好处和问题？

工作岗位

当外部环境发生变化时，管理者面临的最大约束之一就是这种变化对工作岗位的影响——不管是坏的变化还是好的变化。在最近的全球经济衰退中，这种约束力是明显而令人痛苦的。工作岗位减少了几百万个，失业率上升到多年未见的水平。尽管状况有所改善，经济学家仍预测，在最近的经济衰退中，美国减少的 840 万个工作岗位中的 1/4 不会恢复，它们将被成长性行业中的其他类型工作取代。[26] 其他国家也面临着同样的问题。虽然这些再调整从本质上看不是坏事，但确实给管理者带来了挑战，他们必须在工作需要与吸引足够多有适合技能的人员来完成组织工作之间达成平衡。

灵活的工作安排

随着公司在工作场所采用新形式的灵活性，以适应不断变化的市场需求，你是否想过你希望的"工作"是什么样的？你喜欢什么样的工作模式？传统的？灵活的？还是介于两者之间的？

外部环境的变化不但影响着可获得的工作岗位，还影响着创造和管理这些工作的方式。例如，许多雇主在需要时聘请自由职业者，或专职的临时工，或找人轮岗，对于由这些人完成的任务会采用弹性工作制。有一些组织，如威瑞森公司，甚至使用组织的"志愿者"来完成工作。[27] 记住，正是因为外部环境的约束，才会使用这些方式。作为管理者，你必须认识到这些工作安排会如何影响你的计划、组织、领导和控制的方式。弹性工作制非常流行，也成了现今非常重要的管理方法，我们在其他章节还会进行讨论。一定要注意这些讨论，因为它将有助于设想和规划你的职业生涯。

评估环境的不确定性

外部环境施加的另一个约束在于环境中存在的不确定性，它会影响组织的绩效。**环境不确定性**（environmental uncertainty）指的是组织环境的变化和复杂程度。图 2-2 的矩阵描述了这两个方面。

图 2-2　环境不确定性矩阵

不确定性的第一个维度是变化的不可预测程度。如果组织环境的构成要素变化频繁，就是一个动态的环境。如果变化很小而且可以预测，那就是一个稳定的环境。在稳定的环境中，没有新的竞争对手，现有竞争对手没有技术突破，压力集团没有采取行动来影响组织等。例如，芝宝公司（Zippo）最为人熟知的是它的芝宝打火机，它所面对的是一个相对稳定的环境，几乎没有竞争对手和技术变化。公司主要关注的外部因素可能是烟草使用量减少的趋势。相反，音乐录制行业面临着一个动态（高度不确定和不可预测）的环境。数字格式、应用软件、音乐下载网络，以及歌手通过个人社交账号发布精选歌曲，这些都颠覆了这个行业，并带来了高度的不确定性。

不确定性的第二个维度是**环境的复杂程度**（environmental complexity），它涉及组织环境的构成要素的数量，以及组织掌握的关于这些环境要素的知识。如果一个组织需要应对的竞争对手、客户、供应商或政府机构很少，或者不需要什么环境方面的知识，那么环境的复杂性和不确定性就比较小。

环境的不确定性如何影响管理者？再来看一看图 2-2，每个象限都代表着复杂程度和变化程度的不同组合。第一象限（稳定而简单的环境）代表环境不确定性最低，而第四象限（动态而复杂的环境）代表环境不确定性最高。不足为奇，管理者对位于第一象限的组织绩效的影响最大，对位于第四象限的组织绩效的影响最小。因为不确定性对组织绩效有威胁，管理者必须尽可能减少其影响。如果可以选择，管理者更愿意在不确定性最小的环境中运营，不过他们几乎无法控制这种选择。如今，外部环境的特征是大多数企业正面临着更加动态的变化，环境的不确定性也在增加。

当今职场中的道德决策

华特迪士尼公司、星球大战，两股强大的力量结合在一起。但是这种力量是好还是不那么好？《星球大战》系列电影的流行让沃尔特迪斯尼公司在全国电影院拥有了非凡的影响力，这一点也不足为奇。影院老板想要《星球大战》的发行版，而只有一种方法可以得到它们……通过迪斯尼。随着最新版本的发布，影院不得不同意绝密条款，许多影院老板说，这是他们见过的最具有压迫性、最苛刻的条款。迪士尼不仅要求影院提交65%的门票收入，还要求定期提交这些收入；甚至要求在哪里、如何放映电影。你可能会想，因为迪斯尼需要影院来放映他们的电影，所以最好把影院当作"伙伴"而不是"下属"。你怎么认为呢？

讨论题

1. 这里存在道德问题吗？为什么存在或者不存在？哪些利害相关者会受到影响，以及如何受到影响？识别利害相关者如何帮助管理者决定最负责任的方法？

2. 在"所在"小组中一起讨论迪士尼的行为，你同意这些行为吗？考察利弊，包括各种利害相关者是如何受到影响的。准备一份赞成和反对的论据清单（要成为一个好的问题解决者和批判性思考者，你必须学会如何从各个角度看待问题）。

管理利害相关者关系

亚马逊如何继续进入并主导不断扩大的市场？一个原因是它理解与各利害相关者建立关系的重要性，其中包括客户、广告商、发货人、供应商。[28] 利害相关者关系的实质是环境影响管理者的另一种方式，这些关系越明显、越牢固，管理者对组织绩效的影响就越大。

利害相关者是组织环境中受到组织决策和活动影响的群体。这些群体与组织存在利益关系，或受到组织行为的显著影响，这些群体反过来也影响着组织。[29] 例如，受到星巴克决策和活动影响的群体——种咖啡豆的农民、员工、竞争对手、当地社区等。其中一些利害相关者也可能反过来影响星巴克管理者的决策与行动。组织存在利害相关者这一观点目前被管理学者和管理者广泛接受。[30]

图2-3指出了组织需要应对的、最常见的利害相关者。需要注意的是，这些利害相关者既包括内部群体，也包括外部群体。为什么？因为它们都能对组织做什么及如何做产生影响。[31]

图 2-3　组织的利害攸关者

为什么管理者要关心如何管理利害相关者关系？一个理由是，它能带来令人满意的组织绩效，包括提高环境变化的可预测性，更多的成功创新，更高的利害相关者信任度，组织更具弹性，从而减少了变化产生的影响。例如，当法律制定者与监管者研究修改在线隐私法律时，社交媒体公司脸书把更多时间用于拜访和游说政府官员。脸书"致力于在美国国会塑造它的形象，防止可能损害其信息共享业务的政策出台"。[32]

对利害相关者进行管理能影响组织绩效吗？答案是肯定的！研究这一问题的管理学者发现，高绩效企业的管理者在做决策时，往往会考虑所有重要利害相关者的利害关系。

管理外部利害相关者关系的另一个理由是：这是应该做的"正确的"事情。因为组织依靠着这些外部群体，他们是组织投入（资源）的来源与产出（产品或服务）的出路。因此，管理者在做决策时必须考虑利害相关者的利益关系。我们将在下一章考察企业社会责任和商业道德时更详细地讨论这个问题。

正如我们在这一节中努力说明的那样，组织和管理者都不再是"一切照常"。管理者必须做出艰难的决定，该如何经营管理？如何对待员工？理解外部环境的变化如何影响组织和管理经验是很重要的。现在，我们接下来要讨论组织的内部环境，特别是组织文化。

2.3 什么是组织文化

每个人都有独特的个性，影响着我们行为和交往的方式。组织也有个性，我们称之为文化。以下就是你需要了解的组织文化。

①文化是**可感知的**。文化摸不着、看不见，但员工能够依据在组织中的体验感知到。

②文化是**可描述的**。即员工如何感知或描述文化，而不是他们是否喜欢它。

③文化是**可分享的**。虽然每个员工的背景或层级不同，但大家往往用相似的语言来描述组织文化。

2.3.1 怎样描述文化

组织文化有七个维度，如图 2-4 所示。[33]

图 2-4 组织文化的构成维度

- 范围从低（不典型）到高（特别典型）。
- 提供了组织文化的构图。组织文化可能受某一特定的文化维度影响更大，进而影响组织个性和组织成员工作的方式。例如，以下 2 个例子。
  ——索尼公司（Sony Corporation）的重点是产品创新（创新与承担风险）。公司依靠新产品开发而"生存"，而且员工的工作行为支持该目标。
  ——西南航空（Southwest Airlines）把员工视为其文化的核心组成部分（员工导向），并通过对待员工的方式塑造了这种理念。

2.3.2　文化来自哪里

见表 2-1。

表 2-1　文化来自哪里及员工如何学习组织文化

文化来自哪里	员工如何学习组织文化
通常反映了创始人的**愿景和使命**	**组织的故事**：重要事件和人物的故事
关于组织**应该**是什么和**价值观**是什么，创始人构想出一幅图画	**公司仪式**：那些用于表达和强化组织重要价值观与目标的一系列可重复的活动
由于新组织规模小，创始人可以把自己的愿景"**强加**"给员工	**物质符号或物品**：设施的布局，员工的衣着，办公室的大小，提供给管理层的物质津贴、家具，等等
组织成员**创造了共同的历史**，他们被绑在一起成为一个共同体，并提醒他们"我们是谁"	**语言**：专用的缩写，用于描述设备、重要人员、客户供应商、流程、产品的独特词汇

 ## 2.4　组织文化如何影响管理者

宏泰速特（Hootsuite）公司的人力副总裁安布罗西亚·汉弗莱（Ambrosia Humphrey）了解组织文化的力量及组织文化对其作为管理者产生的影响。培育和丰富公司的文化是她的首要任务之一。她通过不断创造员工体验来做到这一点，这些经历反映了一个重要的公司价值——透明度。比如，她为全体员工组织了一个名叫"问我任何事"的与公司 CEO 之间的讨论活动。她使用的另一个策略是员工"黑客马拉松"，员工聚集在一起解决问题。当然，她还将社交媒体作为她对员工、客户和社区的透明度承诺的一部分。她鼓励员工在推特上，发表他们对于在宏泰速特工作的看法。这些帖子包括从屋顶会议上拍摄的照片，到员工对其他员工辛勤工作的称赞，媒体报道该公司是一个很好的工作场所。[34]

组织文化从两个方面影响着管理者：影响员工的行为，影响管理者自身的行为。

2.4.1　文化如何影响员工的行为

我认为文化是护栏······你所主张的，从本质上来看就是基本规则，好让员工知道如何去做。[35]

记住我们在本章前面所讲述的"管理偏见"。你想寻找一种能让你融入并茁壮成长的文化。组织文化对员工行为的影响取决于文化的强弱。相较于弱文化，强文化（核心价值观根深蒂固，被广泛接受）对员工的影响更大。接受组织核心价值观的员工越多，他们对这些价值观的信奉程度越高，文化就越强大。大多数组织都有从适中到强大的文化，也就是说，对于什么是重要的、如何定义"好的"员工行为、成功的必要条件等具有相对一致的看法。文化越强大，对员工行为和管理者计划、组织、领导、控制方式的影响就越大。[36]

在强文化的组织中，文化可能会取代指导员工的正式规则和规定。其实，强文化能够创造预见性、秩序与一致性，根本不需要书面文件。因此，组织文化越强大，管理者就越不用关心正式规章制度的制定。当员工接受组织文化时，就会认同这些规则，并将之融为自我意识的一部分。相反，如果组织文化弱，没有起主导作用的共同价值观，那它对员工行为的影响就不太明显了。

西南航空公司强大的客户服务文化、勤奋、尊重、关怀和乐趣影响着员工的工作和行为方式。飓风"哈维"过后，飞行员和机组人员协助"宠物生还行动"的救援工作，将无人照顾的宠物从休斯敦的收容所运送到圣地亚哥的一个宠物中心，那里可以收养它们。

2.4.2 文化如何影响管理者自身的行为

据调查，10%的高管表示他们还没有形成或传达组织文化。[37]

总部位于休斯敦的阿帕奇公司（Apache Corp.）是最好的独立石油开采企业之一，因为它塑造了重视冒险和快速决策的文化。该公司在招聘员工时会向应聘者提供其他企业的项目供其分析，是否录用取决于应聘者在这一过程中表现出来的首创精神。如果员工达到利润和产量目标，将获得丰厚的报酬。[38] 由于组织文化约束着管理者能做什么、不能做什么，以及如何管理，因此它与管理者的关系特别大。这种约束是不明确的，它们没有被记录下来，甚至不太可能说得出来。但它们就在那儿，而且所有的管理者很快就会知道，在他们的组织中能做什么、不能做什么。例如，你不会发现哪里写着下面这些价值观，但它们中的每一条都来自一个真实的组织。

- 即便你不忙，也要让别人以为你很忙。
- 如果你在这儿冒险并失败了，你将会付出昂贵的代价。
- 你在做决定前要告诉你的上司一声，这样他就不会感到惊讶。
- 产品质量只需要达到竞争迫使我们达到的水平。
- 过去让我们成功的做法未来也将令我们成功。
- 如果你想向上发展，你必须是一个有团队精神的人。

这些价值观与管理行为之间的关系是相当明确的。比如：在推崇"准备—瞄准—开火"文化的组织中，管理者会建议对项目进行无休止的研究与分析，然后着手去做；而在奉行"准备—开火—瞄准"文化的组织中，管理者会直接采取行动，然后对已采取的行动进行分析。再如，若组织文化支持这样一种信条：通过降低成本就可以提高利润，季度利润缓慢而稳定的增长符合企业的最佳利益，则管理者就不太可能推行创新性的、有风险的、长期的或扩张性的项目。如果一个组织奉行不信任员工的文化，管理者就更可能采用集权式领导，而不是民主式领导。为什么？文化为管理者确立了恰当的、预期的行为。你可以从酒店管理公司温格纳&哈蒙斯（Winegardner & Hammons）的行动中看到这一点。在这家公司里，公司领导人建立了一种"成功的职场文化"，其中有 4 个特点：鼓励管理者创造让员工感受到关心和重视的、积极的工作环境；鼓励管理者专注于选择"合适的"员工的员工选拔过程；基于员工参与培训经理项目，有利于他们获得正确的技能、知识和经验，进而形成有活力的工作环境；管理者持续强化员工优势的工作环境。这种组织文化特征取得了什么效果？公司的员工流动率下降34%，赢利能力提高11%。[39]如果能多关注自己的组织文化，管理者能够认识这种文化的有关行为和预期行为，就会取得上述良好的效果。

如图 2-5 所示，文化影响着管理者的决策。组织文化，尤其是强文化，影响和制约着管理者实施计划、组织、领导和控制的方式。

图 2-5　受文化影响的管理决策

资料来源: Robbins, Stephen P., Coulter, Mary, Management, l3th Ed., ©2016, p. 86. Reprinted and electronically reproduced by permission of Pearson Education, Inc., New York, NY.

 ## 2.5　当前组织文化中存在的问题

企业领导越来越认识到，组织文化是一个关键的业务问题，特别是因为组织文化可以成为提高员工生产力、投入度和留职率的"驱动力"。当前管理者关注哪些文化问题？我们已经确定了 5 个重要的问题。让我们来看一看。

- **创造客户响应型文化**

在第 1 章中，我们讨论了为什么客户对组织和管理者如此重要。顾客响应型文化可以让员工和顾客更加满意，进而影响绩效结果。客户响应型文化是什么样的？表 2-2 描述了顾客响应型文化的 5 个特征，并就管理者如何创造这种文化提出了建议。

表 2-2　创建客户响应型文化

顾客响应型文化的特点	对管理者的建议
员工类型	雇用个性和态度符合客户服务要求的人员：友好、细心、热情、耐心，良好的倾听技巧
工作环境类型	设计工作，使员工有尽可能多的控制权，以满足客户，而没有严格的规则和程序
赋权	给予从事服务的员工在工作相关活动上做出日常决策的自由裁量权
角色清晰	通过对产品知识、倾听和其他行为技能的持续培训，减少从事服务的员工对可以做什么和不能做什么的不确定性
满足客户的一贯愿望、取悦客户	明确组织的承诺 不管付出什么代价，即使超出了员工的正常工作要求

来源：罗宾斯，斯蒂芬·P，库尔特，玛丽·A. 管理（订阅），2018 年第 14 版。

- **创造创新型文化**

第 1 章介绍了创新作为组织和管理者的一个重要问题。文化对创新有多重要？超过半数的受访高管表示，企业创新的最重要驱动力是创新型文化。但并非每个公司都建立了促进创新的文化。事实上，在对员工的调查中，有大约 50% 的人表示，管理创新型文化对产生创新想法非常重要，但只有 20% 的人认为管理层确实提供了这种支持。

创新型文化是什么样的？以下是瑞典研究员戈兰·埃克瓦尔（Goran Ekvall）提出的一个观点。

- 挑战和参与：员工是否参与组织的长期目标和成功，是否受到激励，是否致力于组织的长期目标和成功？
- 自由：员工能否独立界定自己的工作，行使自由裁量权，并在日常活动中发挥主动性？
- 信任和开放：员工是否相互支持和尊重？
- 思想时代：个人在采取行动之前有时间详细阐述新思想吗？
- 好玩/幽默：工作场所是自发的和有趣的吗？
- 冲突解决：个人是否在权衡组织和自身的利益的基础上做出决策和解决问题？
- 辩论：是否允许员工发表意见和建议，以供考虑和审查？
- 风险承担：管理者是否容忍不确定性和模糊性，员工是否因承担风险而受到奖励？
- **创造可持续发展文化**

可持续性是第 1 章中介绍的另一个重要的管理问题。对于许多公司来说，可持续性已经融入组织的整体文化。例如，美国强生（Johnson & Johnson）的环境高级主管说，"可持续发展嵌入我们的文化已经有 65 年了。这远远早于在可持续发展成为流行概念之前。公司能做些什么来创造一种可持续发展的文化？"

- 让每个人都参与认定可持续性对组织意味着什么。如果员工不"参与"，就很难改进或衡量可持续性工作。
- 让员工、个人或团队参与寻找更具可持续性的方法。

- 创造仪式来强化可持续发展的重要性。例如，每天/周专门讨论不同的可持续发展实践，或以可持续能力主题开始每次公司会议。
- 采用奖励。将员工奖金与实现可持续发展目标挂钩，或者当员工做了支持或体现可持续发展文化的事情时，给予奖励。

当管理者和组织在文化中嵌入可持续性时实践就强化了这些做法。如果可持续性是一种重要的文化价值观，那么就需要加以培育使其成长并成为一种明确的特征。

- **创造道德型文化**

道德文化指在工作场所中，对正确和错误行为的共同观念，这反映了组织的核心价值观，并影响员工的道德决策。道德文化倡导明确的道德标准。此外，组织领导者塑造道德行为，并要求员工也符合其道德行为。在道德文化中，员工和管理者公开地讨论道德问题，并因其道德行为而得到加强。我们将在下一章更全面地探讨商业道德。敬请关注！

- **创造学习型文化**

正如本章的第一部分清楚地告诉我们的那样，当今瞬息万变的商业环境要求管理者和员工都具有适应性，这意味着"让能够思考、联系、学习的员工"适应持续学习的工作文化至关重要。

你会成为一个不断学习的员工吗？你想脱颖而出成为优秀候选人和明星员工吗？现在就培养你的就业技能，目睹这一切的发生吧！

创造一种学习型文化，首先要得到高层的支持。组织领导者必须完全理解学习型文化的运作需要什么，并完全致力于创造学习型文化。在学习型文化中，每个人都认同一个共同的愿景，每个人都认识到组织过程、活动、职能和外部环境之间的内在相互关系。它还培养了强烈的社区意识，大家彼此相互关心和信任。学习型文化鼓励员工自由地公开交流、分享、实验和学习，而不必害怕批评或惩罚。

本章概要

（1）解释什么是外部环境，以及它为何重要。

外部环境指的是影响组织绩效的外部因素、力量、情境和事件，包括经济环境、人口环境、政治法律环境、社会文化环境、技术环境和全球环境等组成部分。外部环境是重要的，因为它会对管理者产生约束和挑战。

（2）讨论外部环境如何影响管理者。

外部环境影响管理者的方式有三种：工作岗位，环境的不确定性，利害相关者关系。

（3）界定组织文化，解释组织文化为何重要。

组织文化指共同的价值观、行为准则、传统和做事方式，它们影响着组织成员的行为方式。它之所以重要，是因为它影响着组织成员的决策、行为和行动。

（4）描述组织文化如何影响管理者。

组织文化从两个方面影响着管理者：对员工做什么和如何做产生影响，对管理者的计划、组织、领导和控制产生影响。

（5）描述当前组织文化中存在的问题。

组织文化中当前的问题包括创造顾客响应型文化、创新型文化、可持续发展文化、道德型文化和学习型文化。这些文化问题在当今的商业环境中有着特别的关联，因为管理者关注组织文化是提高员工的生产力、投入度和留职率的方式。

复习思考题

1. 管理者对组织的成败能产生多大的影响？

2. 描述外部环境的六个组成部分，为什么对管理者而言理解这些环境要素是重要的？

3. 经济环境的变化如何影响管理者的行为？从商业期刊中找出 2～3 个组织活动和实践的例子，从环境变化的角度对其进行讨论。

4. 为什么关注人口趋势及其变化对管理者而言是重要的？

5. 环境的不确定性是什么？它对管理者和组织有何影响？从商业期刊中找出两个例子，以说明环境不确定性对组织的影响。

6. "企业是建立在关系上的。"你认为这句话是什么意思？这对管理外部环境有何寓意？

7. 组织文化是组织的资产吗？请解释。它可能成为一项负债吗？请解释。

8. 如何形成并保持组织文化？

9. 讨论强文化对组织和管理者的影响。

10. 从组织文化当前的五个问题中选择一个，说出你认为最有可能在组织文化的哪个维度（图 2-4）中找到它，阐述你的想法。另外，解释一下你为什么认为这个问题对当今的组织很重要。

11. 管理者怎样才能最好地应对环境的不确定性？

12. 解释组织文化如何帮助组织成功，以及组织文化如何阻碍组织的成功？

应用：为职场做准备

技能开发：理解组织文化

组织文化是一个拥有共同意愿的系统。当你理解所在组织的文化时，你知道它是否鼓励团队协作、奖励创新或遏制首创精神。在参加求职面试时，管理者对文化的评价越准确，他寻得个人—组织良好匹配度的可能性就越大。一旦进入组织，对文化的理解让管理者知道什么行为可能得到奖励，什么行为可能受到惩罚。[40]

个人评估清单：公司文化评估

想知道一个公司的文化是什么样的吗？此个人评估清单会告诉你评估一个公司的文化所涉及的问题。

技能基础

组织文化不同，个体也各不相同。你越能将自己的个人偏好与企业文化相匹配，你就越有可能在工作中获得满足感，你离职的可能性就越小，你获得良好绩效评估的可能性就越大。

理解组织文化是一项重要的技能。如果你在找工作，你肯定希望找到一个文化与你的价值观相一致且你在其中感到舒服的组织。如果你在做决定前能对潜在雇主的组织文化做出准确评价，那就有可能避免失败，减少做出错误决定的可能性。同样，在职业生涯中你一定会和数不清的组织进行业务来往，例如，销售产品或服务，就合同进行谈判，安排联合作业项目，或者是仅仅找出组织中谁在某个问题上说了算。有能力评价其他组织的文化能够为成功完成这些工作加分。

为了简化问题，我们将从求职者的角度来说明这一技能。虽然这些技能适用于很多情况，但我们还是假定你是一位求职者。下述做法能帮助你了解一个组织的文化。

- 做好准备工作。请朋友或熟人帮忙，介绍在该组织工作过的员工，与他们交谈。与该组织员工所在的专业协会的从业人员交谈。找到与这家组织有交道的猎头公司，并与之交谈。在组织年报和其他文献讲述的故事中寻找线索。在组织的网页上寻找高流动率和管理层最近人事变动的证据。

- 观察文化的有形展示。注意标志、海报、图画、照片、着装风格、头发长短、办公室的开放程度、办公家具，以及办公室的布局。

- 注意你遇到的那些人。你遇到了谁？他们希望你怎么称呼他们？

- 你会把你遇到的人归为哪种类型？正式？休闲？严肃？热情？开放？不愿提供信息？

- 研究组织的人力资源手册。手册中有正式的规章制度吗？如果有，详细程度如何？覆盖了哪些内容？

- 询问你遇到的那些人。对很多人提同样的问题（看他们的回答是否一致），往往能获得最有效、最可靠的信息。能让你了解组织流程和实践的问题包括：创始人的背景如何？现任高层管理者的背景如何？这些管理者的工作特点是什么？他们是从组织内部提拔的，还是空降的？组织如何帮助新员工融入集体？有熟悉环境的正式步骤吗？有正式的员工培训项目吗？如果有，是怎么安排的？上司是如何定义工作成功的？在报酬分配上，如何定义公平？这儿有处在"快车道"上的人吗？你认为是什么让他们上了"快车道"？在这个组织中有不正常的人吗？组织是怎么对待他的？能讲一个决策深受好评的例子吗？能讲一个决策进展不顺的例子吗？决策制定者承担了什么后果？能描述组织最近发生的危机或紧急事件吗？最高管理层是怎样应对的？

技能应用

大学毕业后你做了 3 年的自由平面设计师，现在正应聘一家平面设计公司的业务经理。你感到任务范围和要求的技术培训远远不是靠自己就能完成的，于是打算拓展能力，去面对全新的挑战。然而，你想要确定自己与每周要为之工作 8 小时以上的组织是否匹配。要找到你在其中感到愉快，并懂得欣赏你的风格与个性的组织，最好采用什么方法？

体验练习：

组织文化是一个很多人都很感兴趣的管理话题，所以你即将要用我们提出的一系列问题来探讨组织文化。

- 工作应该是有趣的吗？一个"良好的"组织文化是否取决于员工工作是否愉快？
- 糟糕的文化有着糟糕的管理者，哪一个是先产生的？糟糕的文化还是糟糕的管理者？你打算怎样"修复"这个问题？
- 组织的文化永远不应该改变。同意还是不同意？
- 组织文化可以决定一个组织的"成败"。
- 正确的文化和价值观总会产生最佳的组织绩效。同意还是不同意？
- 管理专家说，对组织文化进行"投资"很重要。你认为那是什么意思？
- 你怎么知道你（或者你的一个员工）是否适合组织文化？
- 你可以"塑造"你工作环境的文化。同意还是不同意？（提示：当你谈论这个问题时，你可能想看看组织文化中的当前问题。）

　　在你的小组中只选择 2 个问题进行讨论。从你的讨论中，写下你的小组对组织文化最重要的见解。另外，你从小组讨论中有何获益，它们将如何帮助你准备开始或追求你的职业目标？

应用案例 2-1：颠簸的旅程
专题：组织文化，组织价值观，领导者对文化的影响

　　你可以说，优步创始人兼 CEO 特拉维斯·卡兰尼克（Travis Kalanick）的终结始于 2017 年 2 月，由前优步工程师苏珊·福勒（Susan Fowler）撰写的一篇博文，内容是揭露优步公司存在的一种对女性怀有敌意的有毒工作文化，这种文化充斥着管理者（自上而下）对员工、竞争对手、客户和法律、执法人员的虐待与视而不见。

　　根据该公司的网站介绍，优步和许多创业企业一样，是因为一个恼人的问题而创办的。2008 年，特拉维斯·卡兰尼克和一个朋友在巴黎一个下雪的夜晚，在叫出租车时遇到了麻烦。他们的解决方案（尽管这对他们解决眼前的问题没有帮助）是：只要单击一下按钮就可以搭便车。这不是很好吗？因此，构思出优步的应用程序。它完全颠覆了一个行业！如今，优步是世界上最大的驾驶服务公司，这项全球服务在 600 多个城市拥有 14 000 多名员工。它成为历史上价值最高的初创公司（大约 700 亿美元）。但这位创始人咄咄逼人的风格和方法从塑造优步文化的价值观中可见一斑。

　　卡兰尼克是一位科技企业家，他已经以 1900 万美元的价格卖掉了一家初创公司，他不惜一切代价塑造了优步围绕"赢"的使命：要有对抗性，但要有"原则性"；还有一些格言，如"永远做赫斯特林"。有趣的是，没有任何迹象表明合作和团队工作受到重视。在福勒发布了那篇博客文章之后，其他人站出来描述一个"球赛"的工作环境，在那里，人们通过撞击胸部来庆祝成就，男性则会参加俯卧撑比赛。虽然这种氛围不是犯罪，但它可能会疏远女性员工和其他不想卷入这种行为的员工。

　　似乎这些企业价值观和文化还不够，还有卡兰尼克和其他管理者的决定和行动。以下只是几个例子。

- 一段卡兰尼克与一名优步司机激烈争论车费的记录视频在网上疯传。

- 《纽约时报》发表了一篇名为"灰球（Greyball）"的优步秘密技术的报道，该技术是该公司开发的，用于识别和拒绝为违反优步合同条款的乘客提供服务。
- 在印度，一名 26 岁的乘客被一名优步司机可怕地强奸后，该公司亚太区总裁以某种方式获得并分享了这份机密医疗记录。高管们提出了一个离谱的观点，认为强奸案可能是印度竞争对手所策划。
- 竞争对手驾驶服务公司的主要高管、司机和员工被优步秘密监视，目的是获取商业秘密。
- 这家以无视当地劳动法和出租车规则而闻名的公司，已经成为执法人员最喜欢的目标。因此，该公司经常使用远程系统锁定办公设备，以保护文件免受警方的突袭。
- 一个数据泄露的事件被隐瞒了一年多。
- 在新加坡，优步明知汽车不安全，却依旧租给司机。

几个月来，优步公司一直在努力解决所有问题，却一事无成，一些最大的投资者最终将卡兰尼克扫地出门。他们认为，领导层的更迭将为优步提供重新定位和重塑新文化的机会。董事会新的 CEO 人选是达拉·霍斯罗沙希（Dara Khosrowshahi），作为艾派迪（Expedia）的 CEO 的达拉·霍斯罗沙希面临着一系列挑战，包括补充优步即将消散殆尽的高管队伍，以及实施董事会授权的变革，以解决对忽视性别歧视和性骚扰的投诉。达拉·霍斯罗沙希还需要关注优步的财务状况。内部消息称，这位新 CEO 与卡兰尼克表现大相径庭——"谦逊，善于倾听，是一位外交官。"也许现在优步的旅途会更顺畅！

讨论题

1. CEO 在组织文化中扮演什么角色？其他领导/经理扮演什么角色？他们应该扮演什么角色？

2. 使用图 2-4，描述优步创始人领导下的文化。

3. 你认为管理层的哪种观点在这里得到了体现？全能的还是象征性的？请解释。

4. 关于组织文化，你会给优步新任 CEO 什么建议？

5. 从道德的角度来看，这种情况中哪一部分最让你困扰？关于道德行为，你能从这个故事中得到什么职业建议？

应用案例 2-2：卖不完的电影票
专题：外部环境/趋势

什么将会使观众进入电影院

电影院线行业中的竞争者希望他们已经平稳通过了由于经济衰退而带来的挑战。[49]这几年的票房收益像是坐上了过山车：2014 年为 103.6 亿美元，2015 年为 111.3 亿美元，2016 年为 113.8 亿美元，2017 年为 110.7 亿美元。电影的观众人数则在不断下降。

加在一起，美国三大连锁影院占据了近 25000 块银幕，而且还有很多座位可以计算进去。最大的 AMC（Ameyican Multi-Cinema，AMC）娱乐公司（总部位于密苏里州堪萨斯城）拥有 11 247 块屏幕，富豪娱乐集团（总部位于田纳西州诺克斯维尔）拥有 7315 块屏幕，喜满客（Cinemark）院线（总部位于得克萨斯州普莱诺）拥有 5957 块屏幕。其余的屏幕由较小的地区性公司拥有。这些公司面临的挑战就是让观众经过重重考虑之后，做出去电影院看电影的决定。

行业分析家指出，观众想如何观看电影的不确定性是一个重要的影响因素，这在很大程度上是在便利性与高质量（即专家所说的高保真体验）之间的一种权衡。消费者会因贪图便利而牺牲质量，在平板电脑等移动设备上看电影吗？他们会为了方便而降低部分质量要求，使用环绕立体声、纯平荧幕的高清家庭影院系统吗？抑或即使不方便，他们也会去拥有宽大荧幕、高质量立体音响系统的电影院，与常看电影的人一起享受高保真体验？影院管理者认为，虽然移动通信设备很方便，但还不足以构成威胁，更有可能威胁影院发展的是家庭影院系统，因为其价格越来越便宜，质量也越来越"可接受"。分析家还指出，虽然不太可能取代那些放映质量更高的影院，但汽车影院正在复苏，尤其是在那些可全年开放的地方。伴随着电影屏幕越来越大，影院连锁公司也在和巨幕电影（Image Maximum，IMAX）公司争夺客户。由五大影院公司建造的超大屏幕的数量已经增长到几乎等同于巨幕电影地点的数量。影院连锁公司投资了这些超大屏幕，因为它可以提高票价，从而增加收入。

影院管理者需要应对的另一个问题是观众对去电影院看电影的感觉。一项关于消费者生活方式的调查显示，36%的被调查者指出，成本高是他们不喜欢去电影院的主要原因，其他原因包括环境嘈杂、座椅不舒适、不方便、拥挤及影片播放前的商业广告太多。

对影院管理者和电影制片商而言，最后一个问题就是如何积极应对非法下载问题，这与音乐录制行业类似。娱乐产品（包括音乐和视频）的网上销售量保持着两位数的增长速度。目前，最大的威胁来自优兔网（YouTube），在母公司谷歌的支持下，它已成为媒体世界中一支强大的力量。为了应对这一威胁，业内高管们要求使用过滤机制以阻止非法材料登上网站，并提出一些许可安排，以保护有版权的影片内容。但亚马逊公司和奈飞公司（Netflix）及其他竞争对手，也在展示他们的电影实力。为了应对这种威胁，业内高管要求建立过滤机制，以防止非法资源进入这些网站，并制定某种类型的许可安排，以便对该行业具有版权保护的电影内容提供一定的保护。

在这些因素之下，影院连锁公司在做什么？他们正在想方设法让电影体验更特别，例如，提供昂贵的观赏服务，舒适的环境（想想躺椅和毯子加上带给你的美食），代客泊车，看孩子和加强特许权，等等，这些是不能复制或者无法在家里享受的。这些也是保持影院满座方式中的部分努力。

讨论题

1. 结合图 2-1，思考对连锁影院的管理者来说，最需要了解的外部环境构成要素是什么？为什么？

2. 结合本案例，思考连锁影院的管理者需要应对的外部环境趋势是什么？

3. 你认为这些趋势会如何影响连锁影院管理者的决策？

4. 这些利害相关者之间可能有什么利益关联？

5. 根据图 2-2，即环境不确定性矩阵，判断电影院属于哪个单元，写一段话说明你的判断并证明它是正确的。

应用案例 2-3：极度开放
专题：组织文化、开放性、薪酬透明度

全部薪酬透明……优点、缺点和现实

社交媒体正在使员工工资谈判和变动方式发生变化。以前，你的工作薪酬是你从未谈论过的事情，尤其是和你家人或好朋友以外的人。然而，一些网站现在发布年度薪酬，并提供组织中各种工作的薪酬范围概述，其他网站则对市场调查的薪资数据进行收集，并在网上公布。这种"社交媒体驱动的薪酬信息"改变了薪酬的权力平衡。雇主经常会询问求职者的薪资记录和期望的薪资，但现在，求职者甚至现任员工至少可以准备一些薪酬信息。即使数据可能不完全准确，个人也有权谈论他们对公平薪酬的期望。

最近的调查显示，后千禧一代不像年长员工那样担心与同事分享工资信息。将近一半的人说他们会或确实会和朋友讨论薪酬问题。然而，总体而言，只有36%的美国人愿意与他人谈论自己的薪酬。这种态度转变正迫使一些雇主仔细审视他们的整体薪酬和晋升制度。

尽管全薪透明的支持者指出了与员工分享这些信息的好处，但也有人认为存在缺点。例如，组织如何奖励那些表现堪称楷模的员工，即使绩效贡献并非所有人都能看见？这种情况在工作高度协作并且同事的贡献可能并不明显的组织中很常见。这使得每个人难以就如何评价这些贡献达成一致。另一个问题是，当员工觉得自己的薪酬"不公平"时，他们的反应往往是不满，不满/不安的员工会通过减少工作贡献或离职来做出回应。因此，希望通过分享薪酬信息来激励和留住员工的目标可能会产生相反的效果。

讨论题

1. 工资透明是件好事吗？解释你的立场。

2. 根据图 2-4，你认为组织文化的哪个维度的薪酬透明度会下降？解释一下。

3. 这种薪酬开放的趋势会影响管理者的管理吗？如果会，怎么会？如果不会，为什么？

4. 社交媒体在薪酬透明度方面的作用是好事还是坏事？请讨论。

5. 在你的团队中，讨论你对分享薪资信息的看法。和队伍合作，共同找出全额薪资透明度的其他潜在缺点，并准备好与班级同学分享这些。

 注释

本章注释文件请扫二维码下载。

第 3 章

重要的管理问题

全球化是一种兴衰起伏的趋势。

矫正管理偏见

现实情况是，2017 年国际货币基金组织 176 个成员方中超过 85%的国家和地区都增加了全球出口。虽然反全球化情绪也有所增加，但全球化进程并没有就此停下！这仍然是组织领导人必须认识和管理的一个重要问题。

当前的反全球化情绪始于十多年前的全球金融危机期间，这场危机表明并强调了世界经济实际上的相互关联性。"当船开始沉没时，我们所有人都会下沉"的认知是全世界普遍感受到的一种反应。[1] 然而，当前贸易、资金流动和其他全球经济指标的数据显示，全球化保持稳定，一些指标并略有增长。尽管政治言论越来越激烈，但是欧洲联盟、北美自由贸易协定（North American Free Trade Agreement，NAFTA）、跨太平洋伙伴关系协定（Trans-Pacific Partnership Agreement，TPP）以及其他自由贸易协定已经对提高世界各地人民的生活质量产生了积极的效果。在发展中国家，数以百万计的人摆脱了极度贫困。在发达国家，消费者享受到更便宜的商品和有利可图的投资。就连人们经常提到的，企业将生产转移到海外导致的失业问题，也被更低的消费价格和更有效率的新企业数量的增加抵消。对管理者而言：全球化仍然是一个必须认识和解决的重要问题，关于移民和民族主义等问题的政治辩论是对话的重要组成部分。组织领导人必须对全球化的类型和范围做出明智的决定。[2] 这就是我们将在本章的第一部分讨论的内容。在本章的其余部分，我们将深入探讨组织的社会责任行为和员工的道德行为。只要每天收听或阅读来自世界各地的新闻报道，你就会明白我们讨论这些问题的重要性！还有一件事我们需要指出：这些不仅是"重要的"管理问题，而且是"综合的"管理问题。这是为什么呢？因为这些问题贯穿于管理者所做的每一件事，并贯穿于整个组织——无论规模、类型或地点。所以让我们开始吧！

学习目标

1. 解释全球化及其对组织的影响。
2. 描述管理者在全球组织管理中需要知道什么。
3. 讨论社会期望如何影响管理者和组织。
4. 讨论组织中导致道德行为和不道德行为的因素。

3.1　什么是全球化及其如何影响组织

即使你从来没有想过要在国际环境中工作，也要尽可能地了解全球化，这样你就可以认识到可能影响你职业生涯的机会和潜在威胁。

我（这里指合著者玛丽）爱吃各种腰果。巧克力裹腰果、蜂蜜烤腰果、原味腰果、咸腰果、应有尽有。当我买了一袋（或十几袋）来享用时，我并没有意识到腰果行业背后巨大的、复杂的全球化力量，是它们把那些由当地 UPS 快递公司提供的、装饰着亚马逊黄金盒带的美味食品送到了我的家门口。[3] 这是一个引人入胜的故事，它说明了行业（和企业）是如何因全球化而发生变化的（很有可能，你喜欢和使用的产品也有一个全球化"故事"）。管理者必须应对的一个重要问题是全球化。多年来，印度一直是世界腰果之都。成千上万的印度人（主要是妇女）受雇于这一高度劳动密集型行业。保护这些工人是非常重要的，所以印度政府制定了专门的劳动法律法规来保护这些工人。到 20 世纪 90 年代，印度已经成为腰果之王，占据了全球腰果市场的 80%。然而，在近 2000 英里之外，越南腰果加工商正在投资自动化设备，比那些劳动密集型的印度加工商效率高得多，从而对印度的市场主导地位构成了重大竞争威胁。这些旨在保护印度工人的法律很可能最终会损害他们的利益，因为腰果加工转向了效率更高的越南企业。然而，这并不是故事的结局。即使是像腰果加工这样看似简单的事情，全球化的力量和影响也不会一成不变。虽然越南现在可能占了上风，但大部分腰果加工似乎正转移到非洲国家。这就是当今全球环境的现实和挑战——在任何时间任何地方都可能出现你的产品、竞争对手，甚至是你的员工。

回顾我们在第 2 章中将全球力量确定为外部环境的一个组成部分的讨论，我们知道，在全球开展业务的组织管理者面临着如法律法规变化、自然灾害的挑战，其敏感的供应链随时可能被切断，造成全球经济崩溃，并伴随着不断变化的国内和全球竞争对手，有关移民和保护主义，甚至是恐怖主义威胁等话题的政治讨论。尽管面临这些挑战，我们还是要再次强调所要矫正的偏见，即全球化不会消失。几个世纪以来，国家和企业一直相互贸易，经历了各种灾难战争和经济、政治、文化的起伏。在过去的几十年里，我们看到了几乎遍布世界各地大大小小的公司的爆炸式增长。地理边界对于业务活动毫无意义。例如，德国的宝马公司在南卡罗来纳州生产汽车，麦当劳在中国卖汉堡包，印度塔塔公司从美国福特汽车公司购买了捷豹品牌，而捷豹最初是一家英国公司。即使是美国高科技创新的先驱国际商业机器公司（International Bussiness Machines Corporation，IBM），其现在在印度的雇员也超过了在美国的雇员。[4]

世界仍然是一个地球村（global village），即商品和服务在世界各地生产与销售的无边界世界，但是管理者在地球村从事业务活动的方式正在发生变化。为了在这个无边界的世界里更有效地运作，管理者需要适应已经改变的环境，也要逐渐理解与他们自身不同的文化、制度和技术。

3.1.1 "全球化"指的是什么

有 3 种不同的方式可以将组织视为"全球化"组织。[5]首先，组织如果与其他国家的消费者交换产品和服务，就被认为是全球化了。这样的市场全球化是最普遍的全球化方式。其次，许多组织，尤其是高科技企业被认为是全球化组织，因为它们从其他国家雇用管理和技术人才。其中，一个影响人才全球化的因素是移民法律和法规，管理者必须对这些法律和法规的变化有所警觉。最后，如果组织使用本国以外的资金来源和资源也被认为是全球化组织，这被称为金融全球化。正如人们所预期的那样，在全球经济衰退的时候——比如，始于 2008 年并持续了大约 10 年的经济衰退——全球金融资源的可用性受到了影响。然而现在，随着各国经济开始缓慢复苏，全球金融资源也随之而来。

3.1.2 组织怎样全球化

当组织确实要走向全球化时，它们经常使用不同的方法（见图 3-1）。首先，管理者想用最小的投入进入全球化市场。在这一阶段，他们会从**全球筹供（global sourcing，也称"全球外包"）**开始，就是从全球任何地方购买最便宜的原材料或雇用最廉价的劳动力，其目标是利用低成本以增强竞争力。例如，马萨诸塞州通用医疗公司雇用印度放射医师解读 CT 扫描图。[6]进行全球筹供对很多公司来说是走向国际化的第一步。如果全球筹供能够提供有竞争力的优势，很多公司通常会继续采用这种方式。无论怎样，在当今经济危机加剧时，很多组织要重新考虑全球筹供的决定。例如，戴尔、苹果和美国运通公司恰恰是为数不多的几个缩减了离岸客户服务业务的公司。一些公司已经把生产带回母国，例如，苹果宣布计划在美国生产一些麦金塔（Macintosh）计算机，这是近 10 年来的第一次。这个公司面临着政治压力，被要求"将工作机会带回国，并且减少对一些外国分包商的依赖，那些分包商对工人有着严酷的监视。"[7]公司正试图选择最好的地方来完成给定的工作——

程度最大	外国子公司
	战略联盟——合资企业
	特许经营
	许可证经营
	出口和进口
程度最小	全球筹供

全球投资

图 3-1　组织如何全球化

资料来源: Robbins, Stephen P., Coulter, Mary, Management, 13th Ed., © 2016. p.106. Reprinted and electronically reproduced by permission of Pearson Education. Inc., New York, NY.

不论是离岸、境内还是近岸。当这种转变发生时，工作分布到世界各地，公司进行全球化以适应这种情况。[8] 当公司想要在全球化中采取进一步行动时，全球筹供的每一个后续阶段都需要更多的投入，这样公司也要承担更多的风险。

其次，全球化的下一个步骤也许包括将组织的产品出口（**exporting**）到其他国家，也就是在国内制造产品并销售到国外；同时，组织也需要**进口**（**importing**），即在国外进行产品制造并在国内进行销售。这两个方法伴随着最小的投资和风险，这也就是为什么很多小公司经常采用这些方法在全球从事业务活动。

美国职业高尔夫球巡回赛中国新系列的执行董事 Greg Gilligan 和 Shankai 体育联合创始人兼董事长 Hong Li 在宣布全球战略联盟的仪式上握手。总部位于北京的 Shankai 将与美国职业高尔夫巡回赛（PGA Tour China）合作，从 2018 年开始，为期 20 年，负责高尔夫新系列赛事的日常运营。

再次，管理者也可以采用**许可证经营**（**licensing**）或者**特许经营**（**franchising**），这 2 个相似的方法都包括一个组织授予另一个组织使用其品牌名称、技术或者产品规范的权利，作为回报，它可以得到一次性收入或者通常是基于销售额的一定比例分成。唯一的不同是许可证经营主要是由制造型组织采用，生产或者销售另外一家公司的产品，特许经营主要是服务型组织使用另外一家公司的品牌和经营方法。例如，新德里的消费者可以享用赛百味三明治，纳米比亚的人们可以在 KFC 享受炸鸡，俄罗斯的人们则可以消费唐恩都乐——这都是因为上述公司在这些国家或地区的特许经营。此外，百威英博授权其他酿造商诸如加拿大的拉巴特啤酒、墨西哥的莫德罗啤酒和日本的麒麟啤酒来酿造和推广它的百威啤酒。

一旦组织做了一段时间的国际化业务，并从国际市场上得到了一些经验后，管理者也许会决定进行更多的直接投资。这样做的一种方法就是创建**全球战略联盟**（**global strategic alliance**），即组织和外国公司建立伙伴关系，并在此基础上双方共享资源和知识来研发新产品或建设生产设施。例如，本田摩托和通用电气合作生产一种新的喷气式发动机引擎。全球战略联盟的一种特殊类型是各方为了某个商业目标建立一个独立的组织，即**合资企业**（**joint venture**）。例如，惠普（Hewlett-Packard，HP）与全球范围不同的供应商成立了无数的合资企业来为它的计算机设备研发不同的部件。这样的伙伴关系为公司提供了相对容易的全球化竞争方法。

最后，管理者可以选择在外国直接投资，其方法是建立**国外子公司**（**foreign subsidiary**）作为独立的工厂或办事机构。这样的子公司可以按多国组织（当地管控）或者全球化组织（集中管控）来进行管理。如同你所推测，这种安排要求最大的资源投入，同时也带来最大的风险。例如，美国伊利诺伊州的韦斯特蒙特联合塑料集团在中国苏州建立了 3 个注塑成型工厂。公司业务发展部的执行副总裁说，这样的投资规模是必需的，因为"这有利于帮助我们成为全球客户的全球供应商"。[9]

3.1.3　全球化组织有哪些不同类型

跨国公司（mlulti-national corporation，MNC）是指在多个国家从事经营活动的各种国际公司。

1. 什么产品适合你呢

跨国公司：一个跨国公司把管理决策权和其他决策权都集中到业务活动所在的当地国家。

- 雇用本地员工管理业务活动。
- 根据每个国家的独有特点实施战略。
- 产品为许多消费品公司所使用。

例如，美国迪尔公司（Deere）的绿色和黄色拖拉机在农业国很常见。它曾努力把它的农机设备销售到海外，其高度定制化的产品为这个公司创造了巨大利润。

2. 我们不想让人们认为我们仅仅是基于某一个地方的公司

跨国或无边界组织：一种消除人为地理障碍的组织方式。

- 母国和在哪里进行业务活动已经变得不相关。
- 在竞争性的全球市场提升效率和效果。

福特的福克斯 RS 是伟大的全球产品的一个例子。该公司的"一个福特"工程结构运行良好。

3. 我们在总部所做的决策在公司范围及全球范围都具有意义

全球化公司：管理决策权和其他决策权都集中在母国。

- 将全球市场视为统一的整体。
- 聚焦在控制和全球化效率上。

索尼公司在产品创新上的优势是一个传奇，如随身听（Walkman）、手提摄像机（Handycam）、游戏站（PlayStation）。全球新产品的研发和生产都置于公司总部的指导与监管之下。

3.2　在全球化组织里，管理者需要了解哪些管理知识

全球化的世界给管理者带来了新的挑战，特别是在文化不同的国家里进行管理工作。[10] 具体的挑战是识别可能存在的差别，并找出有效的沟通方法。

美国的管理者对于商业世界曾经有过（有些人现在仍然有）非常狭隘的观念。**本位主义（parochialism）**是一种狭隘的思想，带有这种思想的管理者仅以自己的眼光、从自己的角度看待事物。他们不认为其他国家的人有不同的做事方法，或者有与美国人所不同的生活方式。这种观念在地球村里是不可能成功的——这种观念在今天也已不是主流的观念。改变这样的想法需要理解不同的国家有着不同的文化和环境。

注意你的态度！一个狭隘的人在当今世界是不可能成功的。

每个国家都有不同的价值观、道德观、风俗习惯、政治和经济体制及法律，所有这一切都会影响企业管理的方式。例如，在美国，法律禁止雇主仅根据员工的年龄来采取对他们不利的行动，而其他国家则没有类似的法律。因此，管理者在其他国家从事业务活动时必须要了解其法律规定。此外，管理人员在应对全球环境时，需要了解当前有关移民、自由贸易和民族主义等问题的政治观点。为什么呢？因为这些问题可能会影响组织的业务流程、人员和工作场所环境。

然而，对管理者而言，最重要且最难了解的差异是与一国的社会背景或文化有关的差异。例如，不同国家对"地位"的理解是不同的。在法国，"地位"是由诸如资历、教育程度等对组织重要的因素决定的；在美国，"地位"则是源于个人所取得的成就。管理者需要了解在另一个国家可能会影响公司运营的社会问题（如社会地位），并认识到组织的成功有赖于多种不同的管理行为。幸运的是，管理者从文化环境的差异研究中得到了很多帮助。

霍夫斯泰德框架

吉尔特·霍夫斯泰德框架是应用最广泛的分析文化差异的方法之一。他的研究对我们了解不同国家的文化差异具有重要作用，其要点表述见下面的"从过去到现在"专栏。

从过去到现在

当今职场中的经典概念

霍夫斯泰德框架：国家文化的 5 个维度。

对文化环境差异的开创性研究是由吉尔特·霍夫斯泰德在 20 世纪 70 年代至 80 年代率先进行的。[11] 他调查了 40 个国家、超过 11.6 万名 IBM 员工的工作价值观，发现管理者及员工在 5 个国家文化维度上存在差异。

- **权力距离**。人们在一个国家的系统和组织里接受权力并不平等地进行分配的程度。权力距离的范围从较低（低权力距离）到极度不平等（高权力距离）。

- **个人主义与集体主义**。个人主义指在一个国家中人们宁愿独立行动而不愿意作为群体成员行动的程度。集体主义相当于低个人主义。

- **成就与教养**。成就指人们对自信、金钱和物质商品的获得与竞争的程度。教养指人们重视关系与体察、关心他人幸福的程度。

- **不确定性规避**。不确定性规避指一国的人们偏好结构性环境多于非结构性环境的程度和人们是否愿意承担风险。

- **长期导向与短期导向**。处于长期导向文化中的人们关注未来，崇尚节俭和坚持不懈；而处在短期导向文化中的人们则重视过去和现在，强调尊重传统和履行社会义务。

表 3-1 是霍夫斯泰德框架中 4 个文化维度的一些显著特点，以及不同国家在这些维度上所处的等级。

表 3-1 霍夫斯泰德文化维度的例子

国家	个人主义/集体主义	权力距离	不确定性规避	成就/教养
澳大利亚	个人主义	小	中等	强
加拿大	个人主义	中等	低	中等
英国	个人主义	小	中等	强
法国	个人主义	大	高	弱
希腊	集体主义	大	高	中等
意大利	个人主义	中等	高	强
日本	集体主义	中等	高	强
墨西哥	集体主义	大	高	强
新加坡	集体主义	大	低	中等
瑞典	个人主义	小	低	弱
美国	个人主义	小	低	强
委内瑞拉	集体主义	大	高	强

资料来源：G. Hofstede. 1980. Motivation, leadership, and organization: do american theories apply abroad? Organizational Dynamics: 42-63.

①成就分低则意味着高教养。

讨论

根据霍夫斯泰德关于墨西哥和美国的数据，你认为每个国家的员工：是否可能会对一个以团队为基础进行回报的项目有所反应？是否可能会审视他们自己和雇主的关系？是否可能会对工作流程的改变有所反应？

这个例子如何告诉你理解文化差异的重要性？

GLOBE 的研究结果

尽管霍夫斯泰德的研究为区分国家文化提供了基本框架，但这些数据已经有近 30 年的历史了。近期的一项研究计划称为**全球领导力和组织行为有效性（Global Leadership and Organization Behavior Effectiveness，GLOBE）**，这是一项正在进行的关于领导和国家文化的跨文化研究项目。通过使用来自 62 个国家或地区超过 17 000 名经理的数据，由罗伯特·J. 豪斯（Rober J. House）主持 GLOBE 研究团队确定了 9 个国家文化差异维度。[12] 对于每个差异，GLOBE 研究团队为我们指出了哪些国家或地区得分高，哪些得分适中，哪些得分低。

- **自信**指社会鼓励人们坚强、勇敢、果断、进取而非谦虚、谨慎的程度。（高分为西班牙、美国、希腊；适中为埃及、爱尔兰、菲律宾；低分为瑞典、新西兰、瑞士。）
- **未来导向**指社会对制订计划、投资未来、推后享受等诸多未来导向行为的鼓励和回报程度。（高分为丹麦、加拿大、荷兰；适中为斯洛文尼亚、埃及、爱尔兰；低分为俄罗斯、阿根廷、波兰。）
- **性别差异**指社会最大限度地利用性别角色差异的程度。（高分为韩国、埃及、摩洛哥；适中为意大利、巴西、阿根廷；低分为瑞典、丹麦、斯洛文尼亚。）
- **不确定性规避**。诚如霍夫斯泰德具有划时代意义的研究所定义的，GLOBE 研究团队将其定义为团队社会成员为了降低未来事件的不确定性而依赖社会规范及程序的程度。（高分为澳大利亚、丹麦、德国；适中为以色列、美国、墨西哥；低分为俄罗斯、匈牙利、玻利维亚。）

- **权力距离**。与在过去的研究一样，GLOBE 研究团队将其定义为社会成员对权力分配不均的接受程度。（高分为俄罗斯、西班牙、泰国；适中为英国、法国、巴西；低分为丹麦、荷兰、南非。）

- **个人主义/集体主义**。仍与过去的研究相似，它被定义为社会制度鼓励人们融入组织和社会内部群体的程度。（高分为希腊、匈牙利、德国；适中为美国、埃及；低分为丹麦、新加坡、日本。）

- **小群体主义**。与注重社会惯例相反，它指社会成员以自己能够加入某一小群体而感到自豪的程度，如家庭、好朋友圈和供职的机构。（高分为埃及、摩洛哥；适中为日本、以色列、卡塔尔；低分为丹麦、瑞典、新西兰。）

- **绩效导向**。它指社会鼓励和奖励团队成员提高业绩和追求卓越的程度。（高分为美国、新西兰；适中为瑞典、以色列、西班牙；低分为俄罗斯、阿根廷、希腊。）

- **人本导向**。它指社会鼓励和奖励人们公正、无私、慷慨、友爱和仁慈地对待他人的程度。（高分为印度尼西亚、埃及、马来西亚；适中为瑞典；低分为德国、西班牙、法国。）

　　GLOBE 的研究进一步证明霍夫斯泰德的维度依然有效，并且扩展了其研究而非取而代之，GLOBE 的研究为衡量国家文化差异提出了更多新的维度指标。人类行为和组织行为的跨文化研究可能会越来越多地采用 GLOBE 维度指标来评估不同国家间的差异。

3.3　社会对组织和管理者有什么样的期望

　　一个非常简单但可能改变整个世界的想法。

　　每卖出去一双鞋子，就会有一双鞋子被捐赠给需要的儿童。这就是汤姆斯（TOMS）鞋业公司的商业模式。哥伦比亚广播公司（Columbia Broadcosting System，CBS）真人秀节目《极速前进》（*The Amazing Race*）的选手、TOMS 的创始人布莱克·麦考斯基（Blake Mycoskie）2006 年来到阿根廷时感慨道："看到很多孩子因没有鞋穿而使他们的脚遭受着伤害。"他受到触动，希望能做一些力所能及的事情。那正是 TOMS 鞋业公司现在所做的事情：把商业与慈善结合在一起。目前，公司捐赠的鞋子已超过 7000 万双，而这也是 TOMS 品牌成功的核心要素。近年来，该公司使用"1 对 1"模式来销售其他产品，包括眼镜、咖啡和包。

　　社会对组织和管理者有什么期待呢？这似乎是一个难以回答的问题，但是布莱克·麦考斯基并不觉得如此。尽管他已经离开了 CEO 的职位，但他仍然相信，社会期望组织和管理者负责任、有道德，并给予某些回报。然而，正如我们在富国银行（Wells Fargo）、安然公司（Enron Corporation）、伯纳德·麦道夫投资证券公司（Bernard Madoff Investment-

Securities）、南方健康公司（HealthSouth Corporation）等臭名昭著的金融丑闻中所发现的，一些经理人既不负责任，也不讲道德。

3.3.1 组织如何表现其社会责任行为

很少有术语像社会责任那样有如此众多的定义，其中较常见的含义包括利润最大化、超越单纯获利、自愿行为，以及对更大社会系统的关心。[13] 一方面是经典的或纯粹经济的定义，即管理的唯一社会责任是利润最大化[14]；另一方面是社会经济的观点，认为管理的责任不只是获取利润，还包括保护和提升社会福利。[15]

捷蓝航空启动了其社会责任计划 Soar with Reading，这是一项识字计划，旨在通过阅读激发和鼓励孩子们的拓展想象力。该计划的一部分包括捷蓝航空在该航空公司服务的弱势社区内安装自动出货机，向有需要的儿童免费分发书籍。

我们所说的**社会责任**（social responsibility），也被称为**企业社会责任**（corporate social responsibility，CSR），指企业除了承担法律和经济责任外，还以一种对社会有益的方式去行事。请注意，这个定义假定企业遵守法律和追求经济利益，同时也将企业视为一种道德力量。在企业努力去做对社会有益的事情时，它一定会分清正确与错误的行为。

如果我们把社会责任与另外两个相似的概念加以比较，就能更好地理解社会责任。**社会义务**（social obligation）指企业因负有承担某些经济和法律责任的义务而要从事的社会行为。它遵循法律规定的最低要求，而追求社会目标是因为这有助于它达到其经济目标。**社会响应**（social responsiveness）指企业为响应一些普遍的社会需求而从事的社会行为。这些企业的管理者受到社会规范和社会价值的指引而对他们的行为做出一些实际的、符合市场导向的决策。[16] 当一家美国企业符合联邦污染标准或者安全包装法规的规定时，它就是在履行社会义务。然而，当这家美国企业为员工提供现场儿童看护设施，或者使用环保纸包装产品时，则由于该企业因为双职工父母和环保主义者提出了这些社会问题并要求采取相应的行动措施，它所做的就是对这些要求的社会响应。至少根据我们的定义，在许多企业中，它们的社会行为大概更应该理解为社会响应而非社会责任。不过，此类行为仍然对社会有利。社会责任从道德上要求企业去做那些使社会变得更好的事情，而不做那些使社会变得更糟的事情。

3.3.2 组织应当承担社会责任吗

组织关于社会责任的观点对你决定是否在那里工作重要吗？对很多年轻人来说，答案是肯定的。

20 世纪 60 年代，社会激进分子开始质疑企业把经济效益作为唯一的目标，这时，企业社会责任的重要性开始显现。直至今天，人们对企业是否应当承担社会责任仍有许多争论（见表 3-2）。然而，尽管有争论，但时代在改变。管理者经常会面临带有社会责任特征的决策：慈善事业、定价、员工关系、资源保护、产品质量和在不同制度环境的国家做生意，这些只是一部分而已。为了妥善处理这些问题，管理者需要重新考虑包装设计、产品的循环使用、环境安全措施、外包决策、国外供应商措施和员工政策等。

表 3-2 赞同和反对企业社会责任的观点

赞同企业社会责任的观点	反对企业社会责任的观点
公众期望 　　公众舆论支持企业追求经济和社会目标	违背利益最大化原则 　　企业只有在追求其经济利益的前提下才能称得上具有社会责任感
长期利润 　　承担社会责任的企业往往会有更为稳定的长期利润	淡化目标 　　追求社会目标淡化了企业的主要目标——经济生产率
道德责任 　　企业应当负起社会责任，因为承担责任就是做正确的事情	成本 　　许多社会责任行为不能覆盖其成本，因此，必须有人来承担这些成本
公众形象 　　企业可以通过追求社会目标来创造令人赞赏的公众形象	过多的权力 　　企业已经拥有了许多权力，如果再追求社会目标，它们将会拥有更多权力
更好的环境 　　企业参与可以帮助解决棘手的社会问题	缺乏技能 　　企业领导者缺乏解决社会问题的技能
减少政府管制 　　如果企业有社会责任感，政府就可以减少管制	缺乏明确的责任 　　社会责任行动没有直接的责任范围
责任与权力的平衡 　　企业拥有很大的权力，因此需要承担同样的责任来平衡这些权力	
股东利益 　　从长期看，社会责任感会提升企业的股价	
拥有的资源 　　企业拥有的资源可以支持需要帮助的公共项目和慈善项目	
预防胜于惩治 　　企业应在社会问题变得严重和解决代价很高之前处理这些问题	

　　看待这个问题的另一个方式是承担社会责任是否会影响公司的经济绩效，在这方面已经有了大量的研究。[17]虽然大多数研究发现存在微小的正相关关系，但是依然不能得出一般性的结论，因为这些研究显示这一关系受到很多因素的影响，如公司规模、行业、经济环境和环境规制。[18]另一些研究者也在质疑这个因果关系。如果某项研究显示社会参与和经济绩效为正相关关系，那也不能肯定这是社会参与造成的高绩效。因为这也可以简单理解为高利润使公司可以"奢侈地"承担社会责任。[19]不能轻视这些看法。实际上，一项研究发现，即使这些研究中有瑕疵的实证分析是"正确的"，社会责任对公司财务绩效的影响也是中性的。[20]另一项研究发现，企业参与同组织中主要利害相关者无关的社会活动时，会对股东价值产生负面的影响。[21]即使这些都有考虑，在重新分析若干研究之后，一些研究者得出结论，认为管理者可以（而且应该）承担社会责任。[22]

3.2.3 什么是可持续性，它为什么如此重要

全球最大零售商变得"绿色"：

- 每年 4859 亿美元的收入；
- 230 万名员工；
- 11700 多家商店。

可持续发展目标：提高运营和价值链的可持续性。

可持续发展成就：全球 26% 的地区使用可再生能源。全球 77% 的废弃物由垃圾填埋场处理。价值 2000 亿美元的商品被评估为具有可持续性。

是的，我们说的正是沃尔玛。考虑到沃尔玛的规模如此巨大，它可能是提到可持续性时，你能想到的最后一个公司。然而，沃尔玛一直在努力坚持提升它的可持续性。实际上，它最近宣布重新使用或再利用它在美国商店和其他美国运营部所产生的 80% 以上的废品。[23] 沃尔玛的这一行为表明，可持续性已经变成了管理者的主流话题。

我们在第 1 章中介绍了可持续性，讨论了在今天的组织中重塑管理的因素。在此重提：我们把可持续性定义为通过将经济、环境和社会机会融入其战略来实现其业务目标和增加长期股东价值的公司能力。[24] 各组织正在扩大其责任，不仅要以讲求效率且讲求效果的方式进行管理，而且还要从战略上应对广泛的环境和社会挑战。[25] 正如沃尔玛的管理者，他们发现以可持续性的方式来运营一个组织将意味着管理者在追求企业目标时必须和众多利害相关者进行全面的沟通，了解他们的需求，并充分考虑经济、环境和社会等方面的因素，在此基础上形成他们的经营管理决策。

75% 的工作场所至少有一个可持续的实践措施。[26]

当今职场中的道德决策

建立和维护客户的信任有多重要？大众汽车公司开发了所谓的清洁柴油发动机，在欧洲、美国和其他国家的汽车上安装了数以百万计的清洁柴油发动机，使自己从竞争中脱颖而出。市场宣传材料宣称大众柴油发动机对环境有益，因为它们排放低水平的有害氮氧化物。然而，据披露，大众故意安装了软件，在汽车进行排放测试时，清除和清理尾气中的污染物。有预谋地通过排放检测，这几乎摧毁了大众的信誉和消费者对其产品的信任。大众集团（Volkswagen Group）旗下的奥迪（Audi）品牌还创造了"工程中的真理"（truth in engineering）这个广告语，这是多么讽刺啊。这一消息曝光后，大众首席执行官辞职，高级工程师的工作也被终止。

讨论题：

1. 这里的道德困境是什么？哪些利害相关者可能受到影响，以及他们如何受到影响？哪些个人、组织和环境因素可能是重要的？你认为需要采取什么样的道德保障措施来防止

这种情况再次发生？

2. 谁有责任确保道德规范的落实和实施？其他组织可以从这种情况中学到什么？

实践可持续性的想法影响着经营管理的各个方面，从产品和服务的创造，到它们的使用，再到消费者接下来的处置。遵循可持续性的实践，也是组织展示它们社会责任承诺的一个方式。（可参看本章末案例 2 绿山咖啡公司。）在当今社会里，许多人正在失去对企业的尊重，很少有组织能够承受名声不好的压力或者被视为缺失社会责任时所造成的潜在损失。管理者也希望自己的组织被视为有道德的，这是我们接下来要讨论的主题。

3.4 什么因素决定道德或者不道德行为

- 佛罗里达一家法律公司的员工，在公司管理者进行审计时将他们手中掌握的房地美公司（Freddie Mac）和房利美公司（Fannie Mae）的丧失抵押赎回权的数千个文件进行了修改并将它们藏匿到了一个房间。[27]
- 一个巴黎的法官裁定法国兴业（Societe Generale）银行的前金融交易员杰罗姆·克维尔（Jerome Kerviel），在引发一系列的交易丑闻中有罪，为他的公司带来了严重的金融问题。克维尔辩称，他的公司只关注了他的交易方法带来的问题，却没有看到可以带来的巨大利润。[28]
- 在 2012—2013 年美国国家橄榄球联盟（National Football League，NFL）赛季，超过 160 个选手因头部受伤而下场，但却至少让数百名遭受较小伤害的选手，例如脱臼，继续完成一次比赛。[29]

你可能会好奇这 3 个不相关故事之间的联系。每当你听说此类行为和行动时，你也许会认为企业都是不道德的。虽然情况未必如此，但管理者确实面临着道德问题和道德困境。

道德（ethics）通常指一套定义正确和错误的行为规则或者原则。[30] 然而，有时很难确定某种行为到底是对还是错。大部分人认为违法的事情也是不道德的。但是有争议的"合法"领域或者严格的组织政策又如何呢？例如，你管理的一名员工因为一项紧急任务而整个周末加班，你告诉他迟些时候再休息两天，并将这两天登记为"病假"，因为公司有明确的政策规定不论什么原因加班都没有报酬。[31] 这是不是错误的？作为一名员工，当出现道德困境时，你会作何反应？

3.4.1 用什么方式审视道德

为了更好地理解管理道德涉及的知识，我们首先需要了解管理者如何做道德决策的 3 个不同观点。[32] **道德功利观**（utilitarian view of ethics）指仅根据结果或者后果做出决策的一种情形。功利观的目的是按最大的数量提供最大的好处。**道德权利观**（right view of ethics）指人们关注尊重和保护个人自由与权利，包括自由选择权、隐私权、信仰自由、言论自由等。按照这种观点进行道德决策是相对简单的，因为这种观点的目的是避免干扰可能会受这个决策影响的人们的权利。最后，**道德公正观**（theory of justice of ethics）指个人公正无私地实施和执行规则。例如，管理者可能会利用公平理论对拥有相似能力、绩效或者相同责任的员工支付同样的工资，而不是按照性别、性格或者个人喜好来随意支付工资。这种观点的目的是在做决策的时候保持平等、公平和公正。

管理者（或员工）的行为道德与否将取决于几个因素。

这些因素包括个人的品德、价值观、个性和经验、公司文化，以及所面临的道德问题。[33] 如果缺乏强烈道德感的人受到规则、政策、职位描述或者强大的文化规范约束，那其犯错的可能性会大大降低。例如，假如你们班上的一名同学偷了期末考试的试卷，并以 50 美元的价格卖出其复印件。而你需要在这次考试中考好，不然就会有不及格的风险。你怀疑班上有些同学已经买了试卷，这样的话就会影响你的考试成绩，因为教授是以全班的成绩曲线来评分的。你会因害怕不买就会吃亏而去买一份试卷吗？你会拒绝买试卷而尽全力去考试吗？抑或你会将你所知的情况报告给老师吗？期末考试的例子说明了道德概念的模糊是如何给管理者造成问题的。

3.4.2 管理者如何鼓励道德行为

美利坚合众国国会参议院指控华尔街公司高盛集团（Goldman Sachs）在房地产市场衰落的时候欺骗它的员工，参议员约翰·麦凯恩（John McCain）说："我不知道高盛是否做了不合法的事情，但毫无疑问它的行为是不道德的。"[34] 你不得不质疑公司管理者在做出如此有问题的道德决策和行为时，他们在想什么、在做什么。非常明显，他们不是在鼓励道德行为。

如果管理者真的鼓励道德行为，那么他们有很多事情是可以做的

做什么呢？雇用高道德标准的员工，建立道德规范，树立榜样，将工作目标与绩效评估联系起来，提供道德培训，以及为面临道德问题的员工采取保护措施等。只通过员工自己，这些行动并不能产生多大的影响。[35] 但是，如果组织实施一个全面的道德计划，它就可能改善组织的道德氛围。然而，关键词是：可能。一个设计完好的道德计划并不能保证所想要的结果。有时，公司的道德计划更多的是一种公关指导，对管理者和员工影响甚小。[36] 例如，安然公司通常被认为公司不法行为的"典范"，在它的年报中标示出了很多被认为是道德伦理的价值观，例如沟通、尊重、正直、卓越。然而，高层管理者的行为完全没有体现出这些价值观。[37] 我们接下来讨论管理者鼓励道德行为和建立综合道德计划的 3 种方式。

道德规范

道德规范是旨在减少员工有关什么符合道德或什么不符合道德的模糊认识的常用方法。[38] 书面的**道德规范**（code of ethics）是阐述组织期望管理者和非管理者遵从其主要价值观和道德规则的正式文件。理想的道德规范应当很具体，在应当做什么方面可为组织成员提供指导，但同时又给他们留足自由判读的余地。研究表明有 10 000 名员工规模的组织，97% 有书面的道德规范。即使在小一点的公司，此比例也接近 93%。[39] 道德规范在全球范围越来越流行。全球道德研究所的研究表明，共同的价值，如诚实、公平、尊重、责任感和关心是为全世界所普遍接受的。[40]

这些道德规范是否有效在很大程度上取决于其管理者是否支持，是否将这些道德规范深植于公司文化之中，以及个人如果违反了这些道德规范会受到怎样的对待。[41]如果管理者认为这些规范非常重要，并且定期重申这些内容，自己也遵守这些规范，公开谴责违规者，道德规范就能成为有效的公司道德计划的坚实基础。[42]

道德领导

2011 年，蒂姆·库克被任命为苹果公司的 CEO。尽管是一家非常成功的公司，苹果却被一些人视为贪婪的资本主义的缩影，认为其不关心它的产品是如何制造的。在商业道德方面，库克被誉为"100 位最有影响力的人物"之一，他提高了公司对供应链伦理和合规问题的关注。苹果成为第一家加入美国公平劳动协会的科技公司，这意味着公司现在可以在供应链中审查公司的劳工实践。此外，在一次有投资者和记者参与的年度股东大会上，库克受到了一位来自保守派的发言人的挑战，要求他解释公司的可持续性努力如何符合股东的最大利益。他直言不讳地表示，苹果不仅仅是为了盈利，而且提出"希望世界因我们苹果公司而变得更美好"。

符合道德的商业运作要求管理者有所承诺。为什么？因为他们是坚持共同价值观和文化基调的人。管理者必须在言行上，更重要的是在行动上符合道德。例如，如果管理者将公司的资源为己所用，滥用他们的费用支出，或者给朋友好处，他们就相当于在暗示这样的行为对所有员工来说都是可以做的。

欧莱雅（L'Oréal）的主席和首席执行官让·保罗·阿根（Jean-Pau Agon）致力于践行其业务活动的道德信念。他以身作则，希望所有的管理者和员工都能仿照其道德行为，并将道德准则体现于欧莱雅所有业务活动中，从而与公司的客户建立信任关系。

在为员工树立道德榜样时，你所做的远比你所说的重要得多。

管理者也通过奖励和惩罚来建立规则。选择谁将得到奖励，用什么来奖励促进并强化了传递给员工的信号。正如我们前面所说，当一个员工在处理一个模糊的道德问题时取得了好的结果并得到了奖励，这就暗示这样的行为对其他员工来说是被接受的。当一个员工做出不符合道德的行为时，管理者必须加以惩罚，并将结果公示以告诫组织的每一个成员。这个措施传递一个信息，即犯错误是有代价的，不符合道德的行为并不是员工的最大利益所在。表 3-3 展示了做一个符合道德的领导者的建议。

道德培训

雅虎（Yahoo）使用现成的在线道德培训

表 3-3　做一个符合道德的领导者

做一个符合道德、诚实的好榜样
经常说实话
不要隐瞒或者操纵信息
愿意承认自己的错误
通过日常交流将你的价值观传递给你的员工
强调组织或者团队中重要的共同价值观
使用奖励机制让每个人对价值观负起责任

模块，但是员工认为那些用于阐明不同观念的情境并不符合雅虎的实际，而且其对多为年轻员工的全球化公司而言显得过于美国式和中年化。所以，该公司改变了它的道德培训方式。新的道德培训模块更加人性化和强调互动，而且有更多这个行业的真实情境。这个 45 分钟的培训模块涉及了公司的行为规范和可用资源，有助于员工更好地理解。[44]

就像雅虎一样，越来越多的组织开始建立课程，开办讲座和相似的道德培训项目以鼓励符合道德的行为。这些培训项目并非没有争议，即道德是否可以被传授。

批评者强调，这种努力是毫无意义的，因为人们的价值观在年幼时就已经形成。而支持者却认为，很多研究显示年幼之后的学习有助于价值观的形成。此外，他们举例说明，教授道德问题的方式可以改变道德行为，[45] 而且培训可以帮助提升个人的道德水平。[46] 最后，道德培训可以增强企业的道德问题意识。[47]

技术与管理者的工作：数据分析的道德问题

每次你单击脸书上的任何内容，或者在谷歌上搜索，或者在亚马逊上购买任何东西，或者在照片墙上发布任何东西，关于你的数据都正在被这些企业收集。随着技术的发展，企业可以通过消费者在任何时候访问某个网站的记录，或者在社交媒体上所发的帖子，进行信息搜索；还可以通过在网上购物的记录来分析其消费习惯。而且企业收集和分析数据不仅仅只在外部网站进行。《华尔街日报》最近的一篇文章讨论了某些公司如何分析关于员工的各种各样的数据，试图找出谁有可能离开公司。[35] 由于员工离职给公司带来金钱和时间成本，公司希望早做准备，这样管理者就可以在员工，尤其是优秀的员工，决定离开前采取行动。

统计学家和数据科学家对缺乏道德准则的大数据研究和分析，尤其是对于在网上进行的分析表示担忧。难道因为我们拥有技术，就可以收集大量的可量化信息，并可通过高度复杂的数据处理加以分析？我们可以这样做吗？组织（管理者）可以这样做吗？当人们发现脸书对随机挑选的超过 50 万的用户对其正面或负面的新闻反馈加以操纵，以观察他们的情绪是如何在社交媒体上传播的时候，人们被激怒了。但脸书并不是唯一一个操纵和分析用户数据的组织。谷歌，雅虎，亚马逊和其他公司，也在"改善用户体验"的幌子下，操纵和分析这些数据。[36] 数据分析技术本身是无道德风险的，它既不好也不坏。但是在如何使用这项技术的过程中，就会出现道德问题。

讨论题

1. 怎么理解数据分析的技术本身是没有道德风险的？

2. 管理者使用大数据在道德上是否合理？请在你所在的小组中讨论这个问题，并提出双方的观点：是的，管理者使用大数据在道德上是合理的；不，管理者使用大数据在道德上是不合理的。

本章概要

（1）解释全球化及其对组织的影响。

当组织与其他国家的消费者进行产品和服务的交换时，或者利用了国外管理人员和技术员工的能力时，或者使用了本国以外的融资渠道和资源时，这类组织往往被认为是全球化的。企业走向全球化往往被称为跨国公司。一个跨国公司可能会以多国公司、全球化公司、国际公司、跨国公司等方式来运营。当企业走向全球时，它们往往会开始将全球采购转向出口或进口，使用许可证经营或特许经营，建立全球战略联盟，或者设立外国子公司。在全球范围开展业务时，管理人员需要充分认识到政治、法律和经济体制的不同，但最大的挑战是对不同国家文化的理解，霍夫斯泰德的文化维度研究和 GLOBE 模型是管理者可以使用的跨文化分析框架。

（2）描述管理者在全球组织管理中需要了解的内容。

在全球化经营中，管理者需要了解不同的法律、经济体系，以及对移民和自由贸易等问题的政治观点。但是最大的挑战是了解不同国家的文化。管理者可以使用霍夫斯特德（Hofstede's）和全球文化（GLOBE）的两个跨文化框架。

（3）讨论社会期望是如何影响管理者和组织的。

社会期望管理者和组织是负责任、有道德的。一个组织的社会参与可以从社会义务、社会响应、社会责任的视角评判。通过大量分析，研究者认为管理者可以（而且应该）承担社会责任。对管理者和组织而言，可持续性已经变成了一个重要的社会议题。

（4）讨论导致组织中道德和非道德行为的因素。

可以通过道德功利观、道德权利观或者道德公正观三个视角来审视道德问题。一个管理者的行为是否符合道德主要看他的品德、价值观、个性和经历，组织的文化，以及面对的道德问题。管理者可以通过雇用高道德标准的员工、树立榜样、将工作目标与绩效评估联系起来、提供道德培训以及为面临道德问题的员工采取保护措施等方式鼓励道德行为。

复习思考题

1. 地球村这个概念如何影响组织和管理者？

2. 描述全球化组织的不同类型和组织进行全球化的不同方式。

3. 管理者应该狭隘吗？为什么应该或不应该？

4. 社会责任、社会义务和社会响应有哪些不同点和相同点？

5. 在 GLOBE 的文化差异如何影响管理者：①使用工作小组；②制定目标/计划；③奖励出色的员工表现；④处理员工冲突？

6. 管理者如何根据 3 种不同道德观来进行道德决策？

7. 组织应该参与社会活动吗？

8. 什么是工作场所多样性？它对管理者而言为什么如此重要？

9. 描述工作场所中的 6 种多样性类型。

10. 当涉及道德行为时，组织领导者如何成为好的榜样？

11. 全球化对商业有益吗？对消费者呢？请进行讨论。

12. 你如何看待管理者为塑造长期道德行为的最佳选择：一个书面的道德规范并结合道德培训？或一个强有力的道德领导？请进行阐述。

管理技能建设：建立高度的道德标准

技能开发：建立高道德标准

道德包含了我们用于判断对错的准则和原则。虽然很多组织有了正式的道德规范指导管理者与员工的决策和行为，但是个人还是需要建立自身的道德标准。如果管理者要成功领导他人，他们就需要看起来真诚和有道德。

技能基础

要在你的领导中使员工更有道德，必须关注你能做什么，以及你的组织能做什么。以下是一些如何做到这一点的建议。

你能做什么

- 了解你的价值观。什么对你很重要？你的底线是什么？

- 行动前先思考。你的行为会伤害到别人吗？你背后的动机是什么？你的行为会危害你的声誉吗？

- 考虑所有的后果。如果你做了错误的决定，将会发生什么？每一个决定都会有后果，你必须确定自己考虑了这些后果。

- 应用"公众测试"（publicity test）。如果当地报纸的头版或者当地电视新闻详细描述了你的行为，你的家人和朋友会怎么想？

- 征求他人的意见。从你所尊重的人那里询问意见，利用他们的经验，倾听他们的看法。

你的组织能做什么

- 建立正式的道德规范。组织应该在正式的道德规范中建立它们的道德标准和政策。这个规范应该广泛地告知所有员工。

- 建立道德文化。公开地奖励高道德标准的员工，公开地惩罚有不道德行为的员工。

- 确保管理者成为道德榜样。员工从他们的直接领导和上级领导那里寻求线索，判断什么是可接受的行为，什么是不可接受的行为。管理者应该是正面的道德榜样。

- 组织道德工作坊。员工应该参与常规道德培训以强化高道德标准的重要性，理解组织的道德规范。并允许员工认清他们所认为的"灰色地带"。

- 提出道德行为的建议。应使员工能接触到高层管理者并与之单独商讨道德问题。

- 保护举报不道德行为的员工。应该有一个制度可用来保护举报不道德行为或其他不良后果的员工，因为他们的举报令他人不快，可能遭受来自他人的报复。

资料来源：NASH LL. 1981. Ethics Without the Sermon[M]. Harvard Business Review: 78-92. HALL W D. 1993. Making the Right Decision: Ethics for Managers[M]. New York: John Wiley. TREVINO L K, NELSON K A.1995. Managing Business Ethics: Straight Talk About How to Do It Right[M]. New York: John Wiley.

技能应用

组建 4~5 个人的团队。复印一份你们大学的行为规范。你们这个小组中有多少人知道这些行为规范？你们有多少人读过它？评估这个行为规范的政策。你有没有对这个规范中的任何条款感到不舒服？为什么？你觉得这个行为规范在多大程度上约束了学生和老师的行为？如果它并不是那么有效，那么如何完善？

请向全班同学展示你们小组的发现。

体验练习

非常感谢你们，我们的员工，相信我们对你们负有责任。不仅仅是为了提供薪酬（虽然这相当重要），同时也为了提供并维持一个安全、健康、规范的工作场所。我们希望看到自己处于可持续的工作场所和员工队伍实践的前沿。为了实现可持续性，我们必须确定并实施切实有效的工作流程：①帮助我们减少每位员工的碳足迹（更加"绿色"）；②为大家提供职业健康计划和减压策略。通过这种方式，我们可以实现一个可持续的工作环境和可持续的、有生产力的员工队伍……然而，我们并不想规定它该是什么样子！我们希望你们参与到环境创建中来。因此，我们要把你们每个人分配到某个团队，进行头脑风暴，提出一些有创意的方法，使我们能够在公司内部和外部拥有一个健康和可持续的环境。使用表 3-4 来指导你们小组的讨论。我们给了你们一个主意！现在轮到你们了！为每个工作场所提供至少 2 个想法，让我们看看你们提出了什么！我们知道你能想出一些很棒的主意！

表 3-4　必要步骤和实施策略

工作场所维度	必要步骤	实施策略
餐饮	提供室内外就餐选择	为员工提供现场烹饪设备
办公室设计		
员工健身		
设备维护		

应用案例 3-1：全球控制

专题：全球化组织、全球化道德和社会责任

电动汽车充电站随处可见。这是一个明确的信号，表明全球汽车行业正在经历巨大的变化。因此，专家预测到 2025 年，电动汽车（bettery electric vehicle，BEV）将和汽油汽车一样便宜。你不应该感到惊讶，到 2040 年全球 1/3 的汽车将是电动汽车。电动汽车的最高需求可能将由世界上最大的经济体驱动：欧洲、美国和中国。比起每天需要由数百万桶石油生产的化石燃料驱动的汽车，电池正成为"必需品"。石油产量的下降将给石油出口国带来严重后果，相比之下，锂离子电池产量的正在持续上升，这将是下一轮即将到来的繁荣！

驱动电动汽车的锂离子电池与驱动笔记本电脑和智能手机的电池是同一种类型。生产软管充电电池需要钴，而世界上最大的钴生产国是刚果。你认为刚果钴的最大消费者是谁？是中国。在电池生产上押下重金的中国企业，敏锐地意识到刚果对控制电池市场的重要性。这些中国公司现在主导了锂离子电池生产过程的第一步，并生产了超过 3/4 的精炼钴化学品。

特别是一家中国公司，宁德时代（Contemporaty Amperex Technology Co., Limited, CATL）已迅速成为电动汽车电池生产的领导者。现在，它正在寻求海外扩张，它正在加快步伐，在中国福建省宁德市建设一个规模为 13 亿美元的电池生产基地。该基地的规模将仅次于特斯拉在内华达州斯帕克斯的巨型工厂。然而，随着这种巨大的扩张，宁德时代的产能将超过所有其他供应商的总和。该工厂建成投产后（计划于 2020 年），将成为全球最大的电动汽车电池制造商。正如一位顾问所描述的那样，宁德时代的"意图非常明确"：它想成为世界上最大的电池生产商，这意味着在中国境外开展业务。然而，目前宁德时代99%的业务来自中国国内。其中包括一些外国汽车制造商，如果它们想在中国销售电动汽车，就要"被迫与当地电池制造商合作"。宁德时代下一步打算去哪里？当然是欧洲和美国。它能在全球市场上取得成功吗？没有政府的支持，它还能继续竞争吗？只有时间会告诉我们答案。目前，它已经在芬兰收购了一家汽车制造商，并在巴黎增加了办事处，在德国增加了设施。它肯定是在采取全球行动。

讨论题

1. 这个故事如何说明世界是一个地球村？

2. 利用图 3-1，说明中国宁德时代以什么方式走向世界？请解释你的选择。

3. 你认为宁德时代是什么样的跨国公司？请解释你的选择。

4. 霍夫斯泰德的国家文化维度和 GLOBE 的发现对宁德时代转移到欧洲和美国的管理有何帮助？

5. 刚果有多达 14%的钴产量是由矿工或自由职业者开采的。美国和欧洲的公司在与这些矿工和供应商做生意的时候持怀疑态度，部分原因是其中一些矿工是儿童。这些儿童很少戴安全口罩或其他安全设备，在从事这项危险的工作时可能遭受严重伤害。①这些公司的反应属于社会责任的经典观点还是社会责任的社会经济观点？请解释说明。②看看本章中社会责任的定义，并讨论在这种情况下的伦理因素。

应用案例 3-2：可持续发展问题严重吗？
专题：可持续发展与环境责任

这肯定是有史以来最方便的产品之一——特别是对于那些希望能更快喝到咖啡（或茶、其他热饮）的消费者而言。克里格胶囊咖啡机（Keurig K-Cup）是由约翰·斯里文（John Sylvan）在 1992 年发明的。和其他创新者一样，斯里文在寻找更好的方法解决消费者的这一诉求。对他而言，这就是他找到一种更好的方法，以一种可定制和简单的方式提供每天30～40 杯咖啡。[65] 有趣的是，Keurig 翻译成荷兰语是整洁的意思。与传统的咖啡壶相比，它是一种非常有效和方便的替代品，或者它可以免去人们每天早上上班路上停下来买一杯咖啡的麻烦。[66] 然而，斯里文没有预料到的是，由于它的流行，所产生的浪费同样惊人。

如今，很多家庭都有一台胶囊咖啡机。胶囊咖啡机的销售，占到了制造这些胶囊咖啡机的公司的绝大部分收入，也促成了绿山咖啡公司（Keurig Green Mountain）的成功。绿山咖啡公司的目标是每个柜台都有它的咖啡机，每个场所都有咖啡饮料。[67] 绿山咖啡公司正在通过与可口可乐（Coca-Cola）公司的合作，朝着其饮料的全面覆盖目标迈进一步。2015年年底，该公司将开始销售一种名为"Keurig Cold"的机器，用来产出可口可乐的各种饮品。胡椒博士斯奈普集团（Dr Pepper Snapple group）最近也和具有风味选择功能的新机器的绿山咖啡公司签约合作。[68] 虽然该公司的这些机器很受欢迎，而且方便，但它也有一个更令人不安的特点：需要不断购买更多的 K 型杯子。这种被设计成一次性使用的杯子，在 2014 年就销售了 98 亿个。这些 K 型杯子因其不可回收性，给垃圾填埋场造成了很大的压力。这 98 亿个 K 型杯子可以以环绕地球 12 圈以上。[69]

环保人士批评该公司在创造和销售可回收的产品方面反应迟缓。而这并不是不可能完成的任务。例如，当 K 型杯子的设计专利于 2012 年到期时，其他公司推出了一款可完全生物降解和回收的一次性杯子。为了进一步突显可持续发展问题，2015 年年初，有人匿名在优兔网上传了一段名为"杀死 K 型杯子"的视频。这一视频严厉地谴责该公司，在以一种"根本无法维持"的方式继续制作咖啡，这是一种极端浪费和不负责任的行为。[70] 后来发现视频的制作者是新斯科舍省哈利法克斯（Halifax，Nova Scotia）的一家生产公司。公司的员工曾经喜欢绿山咖啡公司的咖啡机，直到他们开始注意到越来越多的丢弃的 K 型杯子为止。尽管加拿大的回收利用工作做得很好，但是却难于处理这些废弃的 K 型杯子。

绿山咖啡公司是怎么回应的呢？首席可持续发展官莫里克·欧迅得（Monique Oxender）说公司也不满意这些杯子带来的消极影响。2014 年，该公司承诺在 2020 年前创造一个完全可回收利用的 K 型杯子。而批评者对 2020 年的目标提出了质疑，认为用 5 年来继续填埋垃圾时间过长，并且指出，由于塑料的类型，用于 K 型杯子的塑料永远不可能完全回收利用。在其年度可持续发展报告中，绿山咖啡公司描述了其为强化全球公民意识和可持续发展领导力所做的努力。[71] 也有其他人表示，尽管 K 型杯子遭到强烈抗议，但咖啡机机器及这些一次性杯子还是有一些可持续性的好处。例如，相较于需要保持"运作"的状态来保持咖啡温度的咖啡壶，这种咖啡机更节省电力。而且，可以证明这些豆荚比被碾磨方式提取咖啡更为有效，因此也节省了资源。另外，其他的制作方法可能会使用更多的水来冲泡咖啡，在这种情况下咖啡豆实际上可能尚未完全利用就被倒入下水道了。因此，尽管"环保意识从来不是坏事"[72]，但在这件事上批评者的反应是否过度了？

结语：在 2017 年的年度可持续发展报告中，该公司报告了其在 2020 年一些优先环境责任承诺方面正在取得进展。此外，该公司还宣布了收购胡椒博士斯奈普集团（Dr Pepper Snapple Group）的计划。该公司管理层认为，此举将有助于该公司在多种饮料形式和饮料品牌方面展开竞争。

讨论题

1. 你在这个案例中看到了什么全球性问题？看到了什么道德和社会责任问题？

2. 批评者对这种情况反应过度了吗？你认为绿山咖啡公司的管理者，是否在以最好的合乎道德的方式处理这一问题？他们还能做什么来体现其道德感和责任感？

3. 公司提出的行动方案，被描述为什么更恰当？社会义务，社会反应还是社会责任？阐述一下你的看法。

4. 你认为"环保意识从来不是坏事"的说法是什么意思？

5. 创建一个关于可持续性和管理的关键题项列表，让其他商业组织可以从这个案例应用中学习。

应用案例 3-3：恶意犯规之商业道德
专题：钱、道德、遵从性

总是丑闻的导火线？

"大学篮球的阴暗面"——大学篮球是 NCAA 的一项大业务。一年一度的全国大学生篮球锦标赛，是 NCAA 的主要收入来源。然而，一桩丑闻的曝光使一些精英大学篮球项目的声誉受损，并导致一位最著名的大学篮球教练的职业生涯结束。

美国联邦调查局（Federal Bureau Investigation，FBI）对全美大学生体 NCAA 篮球项目展开全面调查，指控其存在欺诈和贿赂行为，调查对象包括教练、经纪人、财务顾问和运动鞋公司员工。纽约的 FBI 人员发现了一个繁荣的地下市场，主要面向顶尖高中篮球运动员。例如，一名体育经纪人为一名有望成为职业球员的顶尖高中学生的家庭支付了 10 万美元，条件是他承诺进入某所主要大学，并与某家服装公司签约。这只是一个例子，FBI 人员还援引了其他几项指控。

在运动服装行业，职业运动员穿戴的服饰毫无疑问是最有价值的广告代言——企业可以从中获得巨大的回报。这些专业人士的产品选择可以对消费者的购买决定产生即时和长期的影响。看看迈克尔·乔丹（Michael Jordan）的耐克（Nike）、飞人乔丹（Air Jordans）球鞋，以及史蒂芬·库里（Stephen Curry）的安德玛库里球鞋这些年来的流行情况就知道了。对运动鞋公司来说，把潜在的顶级球员锁定在自己的品牌之下，是明智的做法。因为 NCAA 的规则禁止球员公开获得补偿，那么那些被指控的人将带来很大的金钱风险，至少他们是这么认为的。阿迪达斯的高管也被指控电信欺诈和洗钱。阿迪达斯的一位发言人表示，"公司致力于遵守道德的商业行为。"四名著名大学篮球项目的助理教练和一名阿迪达斯高管、一名财务顾问等人被逮捕。那么，丑闻中最出名的可能就是路易斯维尔（Louisville）的主教练里克·皮蒂诺（Rick Pitino）了。当涉及他项目的指控曝光后，皮蒂诺立即被停职，并最终被解雇。根据 NCAA 的指导方针，教练要对助理教练和球员的行为负责。

那么现在该做什么呢？阿迪达斯表示正在配合调查。被告的律师辩称，联邦政府试图"将违反 NCAA 规则的行为转化为联邦电信欺诈的阴谋"。一名法官将根据被告的理由，即没有人受伤、没有违法行为，听取有关撤销指控的辩论。最后，NCAA 成立了一个委员会，考虑对大学篮球业务的运作方式进行"实质性的改变"，它希望调查导致刑事指控中所称的不当行为的领域。该委员会所调查的领域包括该运动与运动服装公司的关系，以及"一年制"规则，即运动员在大学一年后可以进入职业联赛。NCAA 主席表示，"我们必须采取果断行动，现在不是半途而废或渐进式变革的时候"。

讨论题

1. 你认为教练应该对助理教练和球员的行为负责吗？

2. 大学领导者如何在大学体育运动中创造道德文化？

3. 当成功的大学体育项目往往与"大钱"有关时，在试图消除不道德、非法行为时可能会出现什么冲突？

4. 你如何看待被告"没有人受伤、没有违法行为"的论点？你同意吗？还是不同意？

5. 在你所在的小组中，讨论在这种情况下对不同利害相关者的潜在影响？（提示：年轻的运动员。）

注释

本章注释文件请扫二维码下载。

第 **4** 章

决 策 基 础

决策的好坏应由结果来评判。

矫正管理偏见

一个好的决定应该由过程来判断，而不是看取得的结果。在某些情况下，一个好的决定会导致不好的结果。作为决策者，你可以控制这个过程。但在现实世界里，可能会有你无法控制的因素对结果产生不利影响。过程正确并不总是能带来理想的结果，但是它增加了理想结果的可能性！

21世纪福克斯（21st Century Fox）旗下福克斯体育（Fox Sports）的决策者为2018年俄罗斯世界杯（FIFA World Cup）的美国英语转播权支付了2亿美元。这是迄今为止福克斯体育史上最大的制作，在4周半的时间里制作了超过350小时的节目，跨越多个网络和数字平台。一切似乎都在按计划进行，直到美国队输给了特立尼达和多巴哥，这意味着美国队将不能参加这项顶级体育赛事。没有美国队，该网络可能面临较低收视率的局面，这意味着销售广告（该网络的主要收入来源）的日子将更加艰难，也无法达到观众曝光率的保证。福克斯体育的巨额收入岌岌可危。那么，这是一个错误的决定吗？我们的矫正管理偏见认为，如果福克斯体育的决策者最初采用的流程是规范和合理的，那么这不是一个错误糟糕的决定。尽管如此，福克斯体育的决策者还是适应了新的环境，决定在讲故事和营销方面投入更多的精力。毕竟，许多世界杯广告商都是全球性的公司，他们仍然希望向全球广大受众宣传他们的品牌。

在组织的不同层次和领域，管理者要做出大量常规或非常规的、或大或小的决策。这些决策的总体质量事关组织的成败。无论是要成为一名成功的管理者还是一名有价值的员工，你都需要了解决策。在这一章，我们将了解决策的不同类型，决策是如何被制定的，阐明一些影响决策质量的偏见和错误，以及讨论管理决策制定面临的当代问题。

学习目标

1. 描述决策过程。
2. 解释管理者用于决策制定的 3 种方法。
3. 描述决策类型和管理者面临的决策情境。
4. 讨论群体决策。
5. 讨论管理决策制定的当代问题。

4.1 管理者如何决策

如何在业务活动中实施新的想法？通过大量的决策，这就是方法。当在新英格兰和中大西洋地区的一家购物中心连锁餐厅贝图斯（Bertucci's）想要创办一个更具时尚吸引力的分连锁店时，从提出概念到开业，管理者花了 9 个月的时间做出了大量的决策。当然，管理者希望能够证明所做出的是好的决策。[1]

每周 40 小时——公司认为人们要成为强有力的决策者所要花费的时间，这意味着几乎是每一天、每个工作日！[2]

决策通常被描述为在不同的方案中进行选择，但这种观点显然过于简单了。为什么呢？因为决策是一个过程，而不是在多种方案中进行选择的简单活动。图 4-1 描述了决策过程（decision-making process）的 8 个步骤。从识别问题开始，到选择能解决问题的方案，最后结束于评价决策的效果。这一过程既能运用到诸如"你如何度假"这样的决策，也能运用到 UPS 管理者关于处理组织未来盈利问题的种种决策之中（参阅本章应用案例 4-1），还能应用于个人决策及组织决策。下面我们将运用一个与我们很相关的简单例子——购车决策，来详细考察决策过程，了解决策过程的每个步骤需要什么。

图 4-1　决策过程

4.1.1　什么是决策问题

步骤 1

决策过程始于对问题（problem）的识别，或者更为具体一些，问题就是现实与理想状态之间的差异。[3] 以美国辉瑞公司的某销售经理为例。她许多时间用于交通之上，在过去几年中花费近 6000 美元用于汽车维修。现在，这辆汽车的发动机坏了。据估算修车是不经济的，而且公共交通也不是很方便。这样就产生了一个问题，在该经理需要一辆能跑的汽车和目前这辆不能使用的汽车之间存在着差异。

　　涉及购买汽车的步骤为决策过程提供了很好的例子。对于图中的这位年轻女人来说，这个过程从始于识别一个问题：她需要一辆汽车到新的工作单位上班，结束于评估她的决策效果。

识别问题是重要且具有挑战性的！[4]

　　在上述例子中，坏了的发动机已经给了该经理一个明确的信号——她需要一辆新车，但是很少有问题这么明显。在现实世界中，大多数问题并不像霓虹灯广告牌所显示的那样清楚。问题的识别是主观的，而且错误地解决某一不正确问题的管理者，与那些无法正确识别问题且未采取任何措施的管理者，他们的表现都是同样的糟糕。管理者如何意识到他们存在问题呢？管理者必须将事物现实状态与事物应该具有的标准状态进行比较。标准状态可以是过去的效果，预先设定的目标，组织内其他部门或其他组织的绩效。在购买汽车的例子中，标准就是过去的效果——一辆能跑的汽车。

4.1.2　与决策过程有关的因素

步骤 2

　　管理者一旦确定了需要注意的问题，就必须确定对于解决问题起重要作用的**决策标准**（**decision criteria**）。在购买汽车的例子中，那位销售经理要评价与决策相关的因素，有关的标准可能是价格、样式（两门还是四门）、大小（小型还是中型）、制造厂商（法国、日本、韩国、德国还是美国）、备选设备（如自动变速、侧撞保护系统、真皮内饰等）及维修记录。这些标准反映出该经理在决策过程中的想法。无论明确表述与否，每一位决策者都有指导其决策的标准。了解了这一点之后，我们可以看到在决策制定过程中，"其所不明确的"和"其所明确的"同等重要。如果该经理认为省油不构成一个标准，那么这个因素将不会影响她对汽车的最终选择。因此，倘若决策者在步骤 2 中没有确定某一特定因素，这一因素就不会对其产生影响。例如，尽管销售经理并不认为燃油节省是一个参考标准，也不会用它来影响她对汽车的选择，但她必须先评估这一因素，然后再决定是否将其纳入相关标准。

4.1.3　决策者如何确定标准的权重和分析备选方案

步骤 3、4、5

　　在很多决策情境中，标准并不都是同等重要的。[5]因此，为了在决策中确定这些因素对决策过程的影响，对步骤 2 所列的标准分配权重就变得十分必要了（步骤 3）。一个简单的方法就是给最重要的标准赋予 10 分的权重，然后参照这个最重要的标准，依次给其他标准打分。这样，与你赋予 5 分的一个因素相比，最高分的标准将比之重要一倍。这种思路是从你的个人偏好来判定决策相关标准重要性的方法，各标准的权重得分体现其在决策中的重要程度。表 4-1 列示了该经理更换车辆决策过程中的相关标准及其权重。在她的决策过程中，什么是最重要的标准？是价格。什么因素的相对重要性要小一些？是性能和操控性。

　　然后，决策者列出能成功解决问题的备选方案（步骤 4）。这一步骤无须评价方案的优劣，只须列出备选方案。[6] 假定该经理已经列出了 12 种车作为备选方案。这 12 种车的名字依次为：吉普指南者、福特福克斯、现代伊兰特、福特嘉年华 SES、大众高尔夫、丰田普锐斯、马自达 3MT、起亚秀尔、宝马 335、日产 Cube、丰田凯美瑞、本田飞度运动 MT。

表 4-1　汽车购买决策过程中的标准及权重

标准	权重
价格	10
车内舒适性	8
耐用性	5
维修记录	5
性能	3
操控性	1

　　备选方案一经确定，决策者必须以批判的眼光分析每一个备选方案（步骤 5）。要怎样做呢？就是和决策标准进行比较。这些方案经过按步骤 2 和步骤 3 所述的决策标准及权重进行比较后，每一方案的优缺点就变得显而易见了。表 4-2 就是该经理在对每一种车进行试驾后，所列出的 12 种备选新车购买方案的评价结果。注意，在表 4-2 中，12 种车的得分是以该经理的评价为基础的。当然，我们在这里仍然使用的是 10 分制。其中，有些评价结果可以达到相当客观的程度。例如，购买价格指的是该经理能从当地经销商那里得到的最低价格，从消费者杂志的报告上也可以得到由车主提供的维修频率数据。但是，对操控性的评价显然是一种个人的主观判断。判断体现在步骤 2 所选的标准、所赋予标准的权重及对备选方案的评价上。个人判断的影响解释了为什么两个花了同样多钱的购车者会关注两个截然不同的方案，或者即使审视同一组备选方案但对其排序却不同。

大多数的决策包含着判断（judgments）。

　　表 4-2 只给出了按决策标准对 12 个方案的评价，它并没有表示出步骤 3 所述的权重。如果一个方案的各项标准都得 10 分，就不必考虑其权重了。同样，如果所有的标准权重都相同，只需要将表 4-2 的每一行分别相加就可以对各方案进行评价。例如，福特嘉年华 SES 得了 38 分，而丰田凯美瑞得了 43 分。如果你将每一项评价值与它们的权重相乘，你就会得到如表 4-3 中所示的数据。例如，在耐用性方面，起亚秀尔得了 40 分，是由耐用性权重得分（5）和该经理就这一标准对起亚秀尔的评价得分（8）相乘而得的。这些得分的总和构成了依据前述标准和权重对每一方案进行的评价。我们注意到，标准的权重极大地

表 4-2   购车备选方案的评价

备选方案	价格	车内舒适性	耐用性	维修记录	性能	操控性	总分
吉普指南者	2	10	8	7	5	5	37
福特福克斯	9	6	5	6	8	6	40
现代伊兰特	8	5	6	6	4	6	35
福特嘉年华 SES	9	5	6	7	6	5	38
大众高尔夫	5	6	9	10	7	7	44
丰田普锐斯	10	5	6	4	3	3	31
马自达 3MT	4	8	7	6	8	9	42
起亚秀尔	7	6	8	6	5	6	38
宝马 335	9	7	6	4	4	7	37
日产 Cube	5	8	5	4	10	10	42
丰田凯美瑞	6	5	10	10	6	6	43
本田飞度运动 MT	8	6	6	5	7	8	40

表 4-3   各车型的评价（评价值 × 标准权重）

备选方案	价格（10）		车内舒适性（8）		耐用性（5）		维修记录（5）		性能（3）		操控性（1）		总分
吉普指南者	2	20	10	80	8	40	7	35	5	15	5	5	195
福特福克斯	9	90	6	48	5	25	6	30	8	24	6	6	223
现代伊兰特	8	80	5	40	6	30	6	30	4	12	6	6	198
福特嘉年华 SES	9	90	5	40	6	30	7	35	6	18	5	5	218
大众高尔夫	5	20	6	48	9	45	10	50	7	21	7	7	221
丰田普锐斯	10	100	5	40	6	30	4	20	3	9	3	3	202
马自达 3MT	4	40	8	64	7	35	6	30	8	24	9	9	202
起亚秀尔	7	70	6	48	8	40	6	30	5	15	6	6	209
宝马 335	9	90	7	56	6	30	4	20	4	12	7	7	215
日产 Cube	5	50	8	64	5	25	4	20	10	30	10	10	199
丰田凯美瑞	6	60	5	40	10	50	10	50	6	18	6	6	224
本田飞度运动 MT	8	80	6	48	6	30	5	25	7	21	8	8	212

改变了本例中备选方案的排序。例如，大众高尔夫的评价从第一降到了第三。从我们的分析可以看到，价格和车内舒适性改变了这种车型的排名。

4.1.4   什么决定最佳方案的选择

步骤 6

从所列出并经过评价的备选方案中选择最佳方案。既然我们已经确定了所有与决策相关的因素，正确地进行了加权，并确认和评估了备选方案，那么步骤 6 就十分简单，只需选择步骤 5 中所列出的得分最高的方案即可。在购买汽车的例子中（见表 4-3），决策者将选择丰田凯美瑞。在经过标准的确定过程、对每一标准赋予权重、决策者根据标准对每一种汽车评分的基础上，丰田凯美瑞得分最高（224 分），因而成为最佳选择。

4.1.5 决策实施

步骤 7

尽管决策方案的选择过程在先前的几个步骤中已经完成，但如果不能正确地加以实施，决策仍然有可能遭到失败（步骤 7）。因此，**决策实施（decision implementation）** 这个步骤关系到如何将决策付诸实践。如果决策会影响到有关人员，决策实施要传递给受影响的有关人员并得到他们的行动承诺。[7] 想要得到人们的行动承诺，就让他们参与到决策制定的过程。稍后我们将在本章中谈到，群体决策（或者委员会制）如何能帮助一个管理者实现承诺。

4.1.6 决策过程的最后一个步骤

步骤 8

在决策过程的最后一个步骤，管理者评价决策效果，看问题是否得到解决。步骤 6 所选择的方案及步骤 7 所实施的方案是否取得了理想的结果？对该经理来说，它指的是：她是否有了一辆可以可靠使用的汽车？决策结果的评价是管理控制的一部分，我们将会在第15 章中讨论。

4.1.7 决策过程容易犯的错误有什么

当管理者制定决策时，他们不但采用自己特定的方式，还运用经验原则（rules of thumb）或直觉（heuristics）以简化决策。[8] 经验原则很有用，因为它可以帮助理解复杂、不确定和模糊的信息。尽管管理者可以运用经验原则，但这并不表明它们是可靠的。为什么呢？因为它们可能会导致信息加工与评估出现错误和偏差。图 4-2 指出了管理者会犯的13 种常见错误和偏差。让我们简单看看每一种错误。[9]

图 4-2 决策常见错误和偏差

制定决策时，你对哪种错误或偏差感到内疚呢？学会认识这些偏见，这样你的决策就不会受到负面影响！

- **过分自信偏差**（overconfidence bias）指决策者倾向于认为自己比实际知道的要多，或者对自己和自己的表现持有不切实际的积极看法。

- **即时满足偏差**（immediate gratification bias）指决策者倾向于奖励和避免即时成本。对于这些人来说，能够提供快速回报的决策比将来的决策选择更有吸引力。

- **锚定效应**（anchoring effect）描述的是决策者将初始信息作为出发点，一旦设置好，就无法针对后续信息进行适当调整。第一印象、想法、价格和估计相对于后来得到的信息来说没有什么分量。

- **选择性感知偏差**（selective perception bias）指决策者根据他们的偏见感知选择性地组织和解释事件。这影响了他们对问题的关注及他们制定的替代方案。

- **确认偏差**（confirmation bias）表现为决策者在寻找能够重申他们过去选择的信息时忽略与过去判断相矛盾的信息。这些人倾向于接受能证实他们先入为主观点的表面价值信息，并对挑战这些观点的信息持批判和怀疑态度。

- **结构偏差**（framing bias）发生在决策者选择并突出某一情境的某些方面而排除其他方面时，通过将注意力吸引到某一情况的特定方面并突出它们，同时淡化或省略其他方面。他们扭曲了他们所看到的事实，并创造了不正确的参考点。

- **易获得偏差**（availability bias）发生在决策者倾向于记住他们记忆中最近和最生动的事件。这会扭曲他们客观回忆事件的能力，并导致判断和概率估计的扭曲。

- **表象偏差**（representation bias）指决策者根据一个事件与其他事件或一系列事件的相似程度来评估该事件的可能性。表现出这种偏见的管理者会进行类比，看到一些并不存在的完全相同的情况。

- **随机偏差**（randomness bias）描述的是决策者试图从随机事件中创造意义。他们这样做是因为大多数决策者很难处理偶然性，即使随机事件发生在每个人身上，没有什么可以做来预测它们。

- **沉没成本错误**（sunk costs error）发生在决策者忘记当前的选择并不能纠正过去的时候。他们错误地专注于过去在评估选择时所花费的时间、金钱或努力，而不是未来的结果。

- **私利偏差**（self-serving bias）指的是决策者很快就把自己的成功归功于自己，而把失败归咎于外部因素。

- **后知后觉偏差**（hindsight bias）指决策者往往错误地认为，一旦知道了某一事件本次的结果，他们就能准确地预测出该事件的全貌。

- **修正偏差**（revision bias）指决策者倾向于认为当一个对象或想法以单一的方式被改变时，它实际上已经改进了，而且比原来的更好，但不管它是否真的更好。

管理者如何避免决策错误和偏差的消极影响？首先，管理者可以保持警觉与避免这些决策错误和偏差；其次，管理者还应该关注"如何"制定决策，努力区分出他们经常会使用的直觉，并批判性地评估其准确性；最后，管理者可以让同事帮助指出其决策方式的不足之处并努力完善它们。

4.2 管理者制定决策的三种方法

决策是管理的本质。[10]

- 尽管组织中每个人都有做决策的时候，但它对管理者来说尤为重要。
- 管理者制定决策——其中大部分是常规决策，例如，下周轮到哪个员工值哪一班工作，报告里需要包含什么信息，或如何解决客户的投诉等。因为他们要行使计划、组织、领导和控制的职能（见表 4-4 ）。

表 4-4　管理者制定决策

计划	领导
• 什么是组织的长期目标	• 我应该如何处理员工缺乏动力的情况
• 采取什么战略可以最好地实现这些目标	• 在特定情境下，什么是最有效的领导风格
• 组织的短期目标是什么	• 某些改变将如何影响员工的工作效率
• 制定个体目标有多困难	• 何时是散发冲突的好时机
组织	控制
• 应该有多少员工向我直接汇报	• 组织中的什么活动需要控制
• 组织的集中化应该达到什么程度	• 如何控制这些活动
• 工作应该如何设计	• 什么时候绩效偏差是重大的
• 组织应如何实行一种不同的结构	• 组织应该具有什么类型的管理信息系统

- 管理者想要成为好的决策者和展示好的决策行为，所以他们在他们的上司、员工与合作者面前表现得富有胜任力（ competent ）和明智（ intelligent ）。

4.2.1 决策的理性模型

这一模型假设决策者会**理性地**（ **rational** ）行事。[11]怎么做？使用理性的**决策制定**（ **rational decision making** ），也就是说，管理者会做出符合逻辑和具有一致性的选择以实现价值最大化（见表 4-5 ）。[12]（请查找"技术与管理者的工作"里面描述的两个决策制定工具。）

表 4-5　理性决策者与决策

应该是	总是
完全客观而且合乎逻辑 ⟶	我们能够完全保持客观和合乎逻辑吗？
问题清晰而不模糊 ⟶	问题能够总是清晰而不模糊吗？
目标明确和具体 ⟶	目标能够总是明确和具体吗？
所有可能的备选方案和结果已知 ⟶	所有可能的备选方案和结果都是已知的吗？
选择实现目标的可能性最大化的方案 ⟶	存在哪个方案总能够做到这一点吗？
考虑组织利益最大化 ⟶	管理者应该做但可能面对超出他们控制的因素。

底线：尽管理性模型是基于清晰、客观、逻辑和完整的知识，但它不是一个真正现实的模型。

4.2.2 有限理性模型

"一个比较现实的模型。"

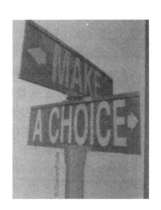

- **有限理性**（bounded rational）：管理者可以理性地制定决策，但受限于自身获得信息的能力。[13]
- 管理者做出的大部分决策并不符合完全理性的假设。
- 没有谁能够分析所有备选方案的所有信息，所以他们……
- **满意**（satisfice）——他们为有待解决的问题是选择一种"足够好"的方案，而不是耗费时间与其他资源去找到最好的。（请查阅"当今职场中的经典概念"栏目。）

例子：作为一个金融专业的毕业生，想找一份工作。你希望在离家不超过 100 英里的范围找到一份起薪为 55 000 美元的个人理财规划师的工作。在进行了一些不同的选择后，你接受了一份起薪 53 000 美元、离家约 50 英里的商业信用分析师的工作——虽然不完全是个人理财规划师，但仍属于金融领域。如果进行更为广泛的求职，你本来可以找到一个信托公司的个人理财规划师的工作，距家只有 25 英里，起薪 59000 美元。虽然第一份工作是令你满意（或者"足够好"）的，你的决策制定也是理性的……但这是在你能力范围处理信息的。

当今职场中的经典概念：当选择太多时，我们选择令人满意的！

有限理性和令人满意是赫伯特·西蒙（Herbert Simon）的贡献，他曾经因其决策方面的著作而获得诺贝尔经济学奖。

他最初关注的是人们如何运用逻辑和心理学制定决策。他指出个体受到"捕捉现在和预测未来"的能力的限制，这一有限理性使人们难以"获得最佳的可能性选择"，因此，人们做出"足够好"或"令人满意的"选择。[14]

西蒙对管理思想的重要贡献来自于他的理念，即研究和了解组织意味着需要研究决策过程所包含着的复杂网络。

他对有限理性的研究帮助我们理解：即使是在信息处理能力有限的情况下，管理者如何理性地行事并制定出令人满意的决策。

讨论题

1. 令人满意是次优决策吗？请讨论。
2. 了解有限理性是怎么去帮助管理者成为更好的决策者的？

- 大部分的管理决策并不符合完全理性的假设，但仍受到一些因素的影响，包括组织文化、内部政治、权力及"承诺升级"的现象。

"承诺升级"（escalation of commitment）——增加对原有决策的投入，尽管证据表明这有可能是错误的。[15]

- 为什么任何人尤其是决策者，要对错误的决策进行承诺升级呢？
  ——他们不想承认自己先前做的决策可能是错误的。
  ——他们没有搜寻新的方案。

底线：有限理性是一种更加现实的方法，因为管理者在处理他们能力范围的备选方案信息时是理性的。

4.2.3 直觉与管理决策的制定

托德斯（Tod's）豪华鞋帝国的董事长迭戈·德拉·瓦莱（Diego Della Valle）在决定同意或拒绝新鞋款式的时候，并没有使用像焦点小组或者调查测试这样的一般性决策工具。他会穿鞋试一段时间，如果它们不符合他的喜好，他的结论是：不！**他的直觉决策方式帮助托德斯成为一家成功的跨国公司。**[16]

- 直觉决策方式（intuitive decision making）——根据经验、感觉和所积累的判断制定决策。
  ——被描述为"无意识的推理"。[17]
  ——直觉的 5 个方面，见图 4-3。[18]

图 4-3　什么是直觉

资料来源：EVANS J. 2010. Intuition and Reasoning: A Dual-Possess Perspective[J]. Psychological Inquiry, (21): 313-326.
BETSCH T, BLOCKNER A. 2010. Intuition in Judgement and Decision Making: Extensive Thinking

Without Effort[J]. Psychological Inquiry, (21): 279-294.

LANGE R, HOURAN J. 2010. A Transliminal View of Intuitions in the Workplace[J]. North American Journal of Psychology, 12(3): 501-516.

DANE E, PRATT M G. 2007. Exploring Intuition and Its Role in Managerial Decision Making[J]. Academy of Management Review, 32(1): 33-54.

BAZERMAN M H, Chugh D. 2006. Decision without Blinders[J]. Harvard Business Review, 84(1): 88-97.

MILLER C C, IRELAND R D. 2005. Intuition in Strategic Decision Making: Friend or Foe in the Fast-Paced 21st Century[J]. Academy of Management Executive, 19(1): 19-30.

SMITH E S, Shefy E. 2004. The Intuitive Executive: Understanding and Applying "Gut Feel" in Decision- Making[J]. Academy of Management Executive, 18(4): 76-91

BURKE L A, Miller J K. 1999. Taking The Mystery out of Intuitive Decision Making[J]. Academy of Management Executive, 13(4): 91-99.

几乎一半的管理者依靠直觉，而非正式分析，去制定公司的决策。[19]

底线：直觉决策对管理者很有用，特别是当你遵循以下建议时：

——运用直觉决策补充而非替代其他决策方法；[20]

——拥有处理类似问题经验的管理者能根据有限的信息更快地付诸行动；

——制定决策时，要关注经历的紧张情绪和感觉。

当今职场中的管理技术：利用技术做出更好的决策

信息技术为管理者提供了许多决策支持。[22]两种决策工具分别是专家系统和神经网络。

专家系统（expert systems）

- 使用软件程序对专家的相关经验进行编码。
- 像专家一样分析和解决结构不良问题。
- 通过向使用者询问有关情况的一系列问题，并依据所给出的答案得出结论，专家系统引导使用者解决问题。
- 通过模仿专家以前对类似问题所进行的推理过程而简化决策过程。
- 使员工和较低层次的管理者做出过去只能由高层管理者做出的高质量决策。

神经网络（neural network）

- 使用计算机软件模拟人脑细胞结构及细胞间的联系。
- 有能力辨别对人类来说太微妙或太复杂的图案或趋势。
- 能够认识数百个变量间的相互关系，而不是像人类有限的脑容量，不易一次处理两三个以上的变量。
- 能同时进行许多操作，认知图案，进行联想，将之前尚未接触的问题一般化，并通过经验进行学习。
- 举例：通过神经网络系统，对信用卡诈骗活动能在几小时内侦破，而在运用神经网络之前则需要两三天时间。

讨论题

1. 管理者在制定决策时总能有过多的数据吗？请解释。

2. 技术是如何帮助管理者制定更好的决策的？

 ## 4.3 管理者会面对什么决策类型和决策情境

劳拉·伊普森（Laura Ipsen）是智能电网（Smart Grid）的高级副总裁和总经理。智能电网是美国思科系统的一个业务部门，致力于帮助公共事业公司找到方法建立开放、互联的系统。她把自己的工作描述为"就像必须把 1000 块的比萨饼拼起来，然而却缺少（盒子上的）比萨饼的完整图片，而且还缺少若干块比萨饼"。[23] 在这种环境下的决策制定跟一个经理在社区盖普（Gap）专卖店的决策制定是很不一样的。

管理者在决策情境下所面对的问题类型，通常决定了问题是如何得以解决的。在本节中，我们针对问题和各种决策进行了分类组合，然后将阐明管理者采用的决策类型如何反映问题的特征。

4.3.1 问题的类型

有些问题很直观，决策者的目标是明确的，问题是熟悉的，与问题相关的信息也是清晰而完整的。例如，供应商延迟一项重要的交货，客户希望退换一项网上购物商品，报社需要对突发而且快速传播的新闻事件做出反应，大学对一名学生申请资助的处理，这些情况都称之为**结构化问题（well-structured problems）**。

然而，管理者面临的许多问题都是**非结构化问题（ill-structured problems）**。它们是新的或是不寻常的，有关此类问题的信息也是模糊和不完全的。非结构化问题的例子包括进入一个新的细分市场、聘任设计师设计新的办公区或者合并两个组织。决定是否投资一种新的、未经证实的技术也属于这类决策。例如，当出泽刚（Takeshi Idezawa）创建移动通信应用软件连我（LINE）时，他所面临的情况可恰当地称之为非结构化问题。[24]

4.3.2 管理者如何进行程序化决策

决策也可以分为两类，程序化的和非程序化的（我们将在下一部分讲到）。**程序化的（programmed）**或者是**常规的（routine）**决策是处理结构化问题的有效途径。

汽车修理工在给车装新轮胎的时候弄坏了轮毂。管理者应该如何处理呢？因为公司可能有一个标准化的方法来处理这一类型的问题，（所以）它被称为**程序化决策（programmed decision making）**。例如，管理者可以花公司的钱换一个轮毂。决策是例行而且重复进行的，处理这类问题也存在专门的方法，就此而言，决策是程序化的。因为这个问题是结构性的，所以管理者不必费事去建立一个复杂的决策程序。程序化决策相对简单，并且在很大程度上依赖以前的解决方法，因此程序化决策制订方案的阶段要么不存在，要么不受重视。为什么会这样呢？这是由于结构化问题一旦得以识别，其解决方案往往不言自明，或者至少备选方案可以减少到熟悉的并在过去获证成功的有限几种。在许多情况下，程序化决策变成依照先例的决策，管理者仅需按自己或别人在以前相同情况下所做的那样去做。轮毂被弄断这种问题，并不需要公司管理者确定决策标准及其权重，也不需要列出一系列可行的解决方案。

对于结构性问题，应使用：
——程序；
——规则；
——政策。

在加州亨廷顿海滩凯悦酒店和水疗中心宴会厅活动的餐饮经理通过政策、程序和规则来制定决策。这些指导原则帮助经理有效地执行他们的日常业务活动，确保遵守食品安全和卫生法规，并帮助提供始终如一的客户服务。

程序（procedures）

程序是管理者能用于处理结构化问题的相互关联的一系列步骤。程序确定中唯一的真正困难在于确定问题。一旦问题明确了，程序也就可以确定了。例如，采购经理从计算机服务中心收到一份采购申请单，需要安装 250 份诺顿杀毒软件。采购经理知道，处理这一决策有着明确的程序。采购申请单填好并得到批准了吗？如果没有的话，把采购申请单退回并注明还缺什么；如果所需采购申请程序齐备，那么就应该估计大约的开支。如果总金额超过 8500 美元，那么就必须要有 2 家公司来投标；如果总金额等于或少于 8500 美元，则只需要对 1 家供货商发出订单。决策过程只是执行一系列简单而有序的步骤而已。

规则（rules）

规则是一种清晰的描述，告诉管理者应该做什么，不应该做什么。因为规则易于遵守而且保持了一致性，所以当管理者遇到结构化问题时常使用规则。在上述例子中，以 8500 美元分界的规则简化了采购经理何时使用多个投标的决策。

政策（policies）

程序化决策的第三种方法是政策。政策引导管理者沿着特定的方向思考。"只要有可能，我们都将从内部提拔"，就是一条政策。与规则相比较，政策为决策设立了参数，而不是具体说明应该做什么，不应该做什么。政策经常给决策制定者留下了解释空间。从这种意义上讲，管理者的道德水准将产生作用。

4.3.3　非程序化决策与程序化决策有什么差异

当遇到的问题是非结构化的，管理者为了制订独特的方案需要依靠**非程序化决策**（**nonprogrammed decision making**）。非程序化决策的例子包括决定是否收购另一组织，判断全球哪些市场最具潜力，决定是否出售不盈利的部门。这些决策是独一无二的，不会重复发生。当管理者面对非结构化问题时，由于没有固定的解决方案，因此需要做出非程序化的、有针对性的反应。

新组织战略的开发是一种非程序化的决策。决策跟以往的组织决策是不一样的。因为问题是新的，所存在的一系列环境因素有所不同，其他条件也已经改变。例如，亚马逊公司杰夫·贝佐斯（Jeff Bezos）的"快速做大"战略支持了公司的迅速成长，但这一战略是以长期的财务损失为代价的。为了转向盈利，贝索斯做出决策，考虑"分类订购，预测需求，更有效地运送，引入国外合作伙伴，并开放市场，允许其他销售商在亚马逊销售图书"。结果，亚马逊实现了盈利。[25]

4.3.4 问题、决策类型和组织层次如何综合

图 4-4 描述了问题类型、决策类型和组织层次三者之间的关系。结构化问题与程序化决策相对应，非结构化问题需要非程序化决策。中低层管理者主要处理熟悉的、重复发生的问题，因此，他们主要依靠像标准操作程序那样的程序化决策。组织层级中管理者层次越高，他们所面临的问题越有可能是非结构化问题。为什么呢？因为中低层管理者自己处理日常决策，仅把他们认为无前例可循的或困难的决策向上呈送。类似地，管理者将例行性决策授予下级，以便将自己的时间用于解决更为棘手的问题。

图 4-4　问题、决策类型和组织层次

管理决策：真实的世界——真实的建议

- 只有极少的管理决策是完全程序化的或者是完全非程序化的，大多数决策介于两者之间。
- 高层管理者面临的大多数问题是独特的，也就是说非结构化的。
- 程序化决策甚至在要求非程序化决策的情境中起作用。
- 对高层管理者而言，他们常常为较低层级的管理者制定政策、标准作业程序和规则，也就是程序化决策，以控制成本及其他变量。
- 采用程序化决策有助于提高组织效率，这可以说明为什么程序化决策得到广泛的应用。
- 程序化决策使管理者行使判断力（discretion）的需要减少至最小。
- 判断力——做出正确判断的能力，因为高层管理者所面对的大多数问题不具有重复性，所以判断会增加成本。由于准确判断的能力不是人人具备的，因此获得具备这种能力的管理者进行服务的成本更大。
- 即便在一些程序化决策中，也可能需要个人判断。

4.3.5 管理者要面对什么决策情境

进行决策时，管理者要面对 3 种不同情境：确定性、风险和不确定性。让我们看看这三者的特点。

进行决策最理想的情境是具有**确定性**（certainty），指由于各种备选方案的预期结果可知，因而决策者能够做出准确的决策。例如，当北达科他州（North Dakota）的会计决定将州政府额外的资金存入银行时，他很清楚每家银行可以提供的利率和这笔资金能带来的收益。他对每种备选方案的结果都很确定。正如你所预计的那样，大多数管理决策并不是这样的。

一个更常见的情境是**风险**（risk），指管理者能够对可能产生的结果估计概率的情境。在这种条件下，管理者会参考以往的个人经验或二手信息等历史数据，从而帮助他们估计各种备选方案的概率。

当你不确定结果，甚至无法对可能产生的结果做出合理的概率估算时，你该怎么办呢？我们把这一情境称为**不确定性**（uncertainty）。管理者确实会在不确定条件下做出决策。在这种条件下，备选方案要受到可获得信息的数量和决策者心理倾向的影响。

 # 4.4　群体如何进行决策

工作团队在亚马逊是常见的。杰夫·贝佐斯（亚马逊网络购物中心缔造者和 CEO），使用了"双比萨"哲学（"two-pizza" philosophy），也就是让团队保持在 2 个比萨即可吃饱的小规模上面。[26]

管理者有许多决策是由群体做出的吗？肯定是。组织中的许多决策，尤其是对组织和个人活动有深远影响的重要决策往往是由群体制定的。很少有哪个组织不采用委员会、任务小组、审查组、工作团队或类似群体作为决策工具的。为什么呢？在许多情况下，群体就是那些最受所做决策影响的人。基于他们的专长，这些人最有资格做出足以影响他们自身的决策。

研究告诉我们，管理者把相当大比重的时间花在会议上。毫无疑问，这些时间的大部分用于确定问题，找到解决问题的方案及决定实施方案的方法。事实上，将决策过程 8 个步骤中的任何步骤分派给群体去完成都是可能的。

4.4.1　群体决策的优点和缺点是什么

个人和群体都可以制定决策，每种方法各具优点，但任何一种方法都不能适用于所有的情况。

1. 相对个人决策，群体决策的优点

- 更加完整的信息。[27]
- 带来决策过程中的多种经验和观点。[28]
- 由于信息的数量和多样性，产生更多的备选方案，特别是群体成员来自于不同专业领域。
- 通过让受决策影响和实施决策的人都参与决策过程，能提高决策方案的接受程度。[29]
- 提高合法性。群体决策制定过程与民主思想相一致，因此，可以认为群体制定的

决策比个人制定的决策更为合法，而个人决策可能使人感到独裁和武断。

2. 相对个人决策，群体决策的缺点

- 耗费时间（time-consuming）。组成群体、群体决策等都需要花时间。

- 少数人主导（minority domination）。可能会不当地对最终决策产生影响。这是因为一个群体的成员永远不会是完全平等的。他们可能会因在组织中的职位、经验、问题的相关知识、影响其他成员的能力、语言技巧、自信心等因素的不同而不同。[30]

- 责任模糊（ambiguous responsibility）。群体成员分担责任，但谁对最终结果实际负责呢？[31] 在个人决策中，谁负责任是明确的，而在群体决策中，任何一个成员的责任都被冲淡了。

- 服从压力（pressure to conform）。举例来说，你是否经历过这样的情况：好几个人坐在一起讨论一个问题，你持一种与群体的主流想法相反的意见，你却保持沉默；其后你惊奇地发现其他人与你想法一致，却也欲言又止。你们所经历的这种情况在欧文·贾尼斯（Irving Janis）的研究中被称为**群体思维（groupthink）**。这是一种屈从的形式，它抑制了不同的、少数派的或非主流的观点，给出一致的表象（appearance of agreement）。[32]

群体思维的悲剧

它做的是什么？

阻碍决策，可能通过以下几点危害到决策的质量：

- 破坏群体中的批判性思维。
- 影响一个群体客观评价备选方案的能力。
- 导致个人不愿批判性地说出那些不同的、少数派的或非主流的观点。

它是怎么发生的？有以下几点值得注意。

- 群体成员对任何假设的抵制合理化。
- 如果有人质疑群体认同的某些观点，或对多数人已认同的某些结论的有效性提出疑问，群体成员会对质疑者直接施压。
- 某些人虽然存在疑问或有不同意见，但屈从于群体的意见。
- 意见一致有时也是一种错觉。如果某人不表达自己的意见就会被视为完全赞同。

最小化群体思维的做法有什么？

- 鼓励凝聚力。
- 促进开放性的讨论。
- 听取所有组织成员意见的领导者。[33]

4.4.2　何时采用群体决策最为有效

这取决于你定义有效性的标准，例如准确性、速度、创造性和可接受程度。群体决策

往往更为准确。有证据表明，尽管有可能存在群体思维，但一般而言，群体能比个人做出更好的决策。[34] 但是如果决策的有效性是以速度为标准来定义的话，那么个人决策更为优越；如果创造性是重要的，群体决策往往比个人决策效果更好；如果有效性指的是最终解决方案的接受程度，那么又是群体决策较好。

群体决策的有效性还受到群体规模的影响。群体越大，差异性出现的机会就越多。另外，大规模的群体需要更多的协调和更多时间使所有的成员有效参与。这就意味着，群体不宜过大，5～15人最为适合。实际上有证据表明，5～7人的群体是最有效的。（记得亚马逊的"双比萨"哲学）因为5和7都是奇数，可避免僵局。在评价效果的同时必须考虑效率，群体决策和个人决策相比，其效率几乎总是稍逊一筹。几乎没有例外，群体决策比个人决策耗费的工作时间更多。

采用群体决策还是个人决策最重要应看：有效性的提高是否足以抵消效率的损失？

当今职场中的道德决策

CVS健康公司于2018年年初宣布，将停止"实质性"地修饰美容形象，这些形象用于其门店、网站和社交媒体渠道上的营销宣传。尽管用于营销宣传的美容形象是CVS健康公司创建的，但是这家连锁药店还邀请了包括露华浓、欧莱雅和强生在内的全球品牌合作伙伴共同参与进来。该公司将在未经修饰的图像上使用一种水印——"CVS美容标记"（CVS Beauty Mark）。这是什么意思呢？它代表着你看到的是真实的人，而不是经过数字化技术修改的人。这些照片中的人物大小、形状、皮肤、眼睛颜色、皱纹或其他特征都保持不变。该公司的目标是，到2020年CVS门店美容部的所有图片都要反映出"透明"的承诺。毫不奇怪，这个决定有利有弊。且这一决定涉及道德方面的考虑。

讨论题

1. 追求更现实的美/身体形象：在这种情况下谁是潜在的利害相关者，他们在这个决定中有什么利害关系？

2. 从一般观点来看，道德问题如何影响决策？在这个特定的故事中，CVS决定停止修饰美丽的图像，开始使用更真实的图像，您认为这可能是什么道德考虑？

4.4.3 如何改进群体决策的质量

有3种方法可以使群体决策更具创造性：头脑风暴法、名义群体法和电子会议。

什么是头脑风暴法（brainstorming method）？头脑风暴法是一种相对简单的创意形成的过程，鼓励提出任何种类的备选方案，同时禁止对这些方案的任何批评。[36] 在某个典型的头脑风暴会议上，一些人围桌而坐。当然，科技不断改变"桌子"的地点。群体领导者以一种明确的方式向所有参与者阐明问题。然后成员在一定的时间内"自由地"提出尽可能多的方案，不允许任何批评，并且所有备选方案都要记录下来，留待稍后再进行讨论和分析。[37] 毫无疑问，在进行头脑风暴时，需要避免具有破坏性的状态。（我们将在第10

章进一步探讨群体状态。）[38]

什么是**名义群体法**（nominal group technique）？名义群体法通过在决策过程中禁止讨论，帮助群体达到一个更好的情况。[38]与参加传统委员会会议一样，群体成员必须出席，但要求他们独立行事。他们秘密地写下有关问题的清单或者问题的潜在解决方案。这种方法的主要优点在于，它能使群体正式开会但不限制每个人的独立思考或导致群体思维，传统会议方式往往做不到这一点。[39]

电子会议（electronic meeting）如何增进群体决策？另一种群体决策方法是将名义群体法与尖端计算机技术相结合的电子会议。

会议的技术设施一旦就绪，问题就简单了。许多人围坐在一张马蹄形桌子旁。这张桌子上除了一些计算机终端外别无他物。将问题显示给决策参与者后，决策者把自己的回答打在计算机屏幕上。个人评论和票数统计都投影在会议室内的大屏幕上。

头脑风暴是提高企业软件供应商 SAP 公司（SAP AG）决策质量的重要途径。为实现公司开拓不断增长的在线软件市场的目标，在德国沃尔多夫（Walldorf）的公司总部工作的员工在头脑风暴会议期间使用公正的委员会来开发产品和服务创新，以实施扩大在线软件市场的决策目标。

电子会议的主要优点是匿名、真实和迅速。[40]参与者能匿名地打出自己想表达的任何信息，键盘一敲信息就会显示在屏幕上，所有人都能看得到。这使得人们能够诚恳地表达他们的想法而不会受到惩罚。这也很快避免了闲聊和跑题，多数参与者可以同时进行"谈话"而且不必担心打断别人的讲话。

电子会议比传统的面对面的会议要快得多，也便宜得多。[41]例如，雀巢（Nestle）不断将此方法运用于许多会议，特别是全球性的集中会议。[42]然而，与所有其他形式的群体活动一样，电子会议也存在一些缺点。打字快的人使得那些口才好却打字慢的人相形见绌。由于这些原因，那些拥有最佳创意的人未得到应有的重视，并且这一过程也不及面对面口头交流信息丰富。不过，未来的群体决策很可能会广泛地使用电子会议。[43]

电子会议的一种延伸形式是多媒体会议。这种会议将处于不同地方的人员连接起来，即使在数千公里之外，与会人员也能面对面地接触。这种能力提高了成员的反馈程度，节约了大量商务旅行的时间，并最终为像雀巢和罗技（Logitech）这样的公司节约了数十万美元，尤其在最近的全球经济衰退中。因此，这种会议更为有效，也提高了决策的效率。[44]

4.5　管理者要面对哪些当代决策问题

糟糕的决定可能会导致数百万美元的损失。

在今天的商业世界里，管理者总是不停地制定决策，这些决策通常存在风险，所需要的信息往往不完整或不准确，并处于紧张的时间压力之下。大部分管理者制定的决策一个接一个，如果这些都不够有挑战性，那么现在比以往任何时候都更加岌岌可危。因为糟糕的决策将会浪费数百万美元的成本。我们将考察管理者在今天这个快速发展的全球中要面临的 3 个重要议题——国家文化、创造力和设计思维。

4.5.1　国家文化如何影响管理者的决策

　　戈皮纳坦（Rajesh Gopinathan）是 Tata 咨询服务公司（TCS）的首席执行官和董事总经理，这是一家全球领先的 IT 解决方案和咨询公司，总部位于印度孟买。在印度，权力距离和不确定性规避程度很高。戈皮纳坦眼光长远，对公司的战略决策有着巨大的影响。

　　研究表明，在某种程度上，决策因国别而异。[45] 决策方式——不论由群体、团队成员还是管理者个人决定——和决策人员愿意承受的风险程度，是反映国家文化环境因素的 2 个决策变量。例如，在印度，权力差距和不确定性规避程度（见本书第 3 章）很高，因此，只有高层管理者才制定决策，而且更倾向于制定保守的决策。与此相反，在瑞典，权力差距和不确定性规避程度很低，因此，瑞典的管理者敢于做出风险比较大的决策。瑞典的高层管理者也会将决策权下放给其下属，他们鼓励中低层管理者及所属员工积极参与影响自身的决策。在另一些时间压力比较小的国家（如埃及），管理者通常在决策方面比美国的管理者更慢也更仔细。在意大利，由于历史和传统价值观受到重视，管理者为解决问题更倾向于对备选方案进行尝试和证明。

　　在日本比在美国的决策更加具有群体导向。[46] 日本民族看重一致性和合作关系。在制定决策之前，日本的高层管理者往往会收集大量的信息，这些信息在使群体做出一致的决策中起作用，在日本被称为**禀议制（ringisei）**。由于日本公司雇员的工作稳定性很高，因此其管理决策经常是瞄准公司的长期前景，而不是像美国公司那样注重短期利益。

　　在法国及德国，高层管理者的决策风格也与他们的国家文化相一致。例如在法国，专制的决策是经常发生的，管理者则趋于规避风险。德国的管理风格反映了德国文化对结构和秩序的重视。因此，德国的组织一般遵从大量规则和条例。管理者的责任非常清楚，决策只有通过正式的渠道才能被接受。

　　由于管理者面对来自不同文化的员工，因此在让他们进行决策时，必须事先了解员工的共同点和可以接受的行为。在决策时，一些人对与他人接触过于紧密会感到不舒服，或者不愿意表现出与他人存在过多的分歧。如果管理者能够适应不同的决策理念与实践，并把握不同员工提供的观点和相关优势，就会得到很高的回报。

4.5.2　决策中创造力与设计思维为何重要

　　你们中的大多数是怎么拍摄并保存照片的？你们还记得必须要将胶卷插入照相机，拍摄你所想要的照片并期待拍到好照片，从相机中取出胶片去进行处理，然后再去取照？当苹果公司、脸书和照片墙想要让这个过程变得更简单、更好时，为未来产品制定决策的人必须具备创造力（creativity）和设计思维（design thinking）。这两者对今天的决策制定者来说都非常重要。

1. 理解创造力

理性决策者需要**创造力**：提出新颖且有用思想的能力。这些观点虽与之前提出过的观点不同，但同样适用于出现的问题或机会。创造力对于决策者为何重要呢？它使决策者更全面地理解和评价问题，包括"看见"那些别人看不见的问题。然而，创造力最显见的价值在于帮助决策者识别所有可行的备选方案。

面对决策问题，大多数人都拥有其可使用的创造潜力（creative potential），但为了发掘这种潜力，他们必须摆脱许多人都会陷入的心理定式，并学会如何以不同的方式思考问题。

学会发挥你的创造力。

我们从显而易见的现象开始。创造力与生俱来，因人而异。阿尔伯特·爱因斯坦（Albert Einstein）、托马斯·阿尔瓦·爱迪生（Thomas Alve Edison）、萨尔瓦多·达利（Salvador Dali）和沃尔夫冈·阿玛多伊斯·莫扎特（Wolfgang Amadeus Mozart）是具有超常创造力的人。超常的创造力很少见。

一项对 461 名男性和女性终身创造力的研究发现：
不到 1%的人具有超常创造力；
10%的人具有很强的创造力；
大约 60%的人具有某种程度的创造力。

这些发现表明，如果学会发掘，我们中的大多数人都会拥有创造潜力。

既然大多数人至少拥有中等程度的创造力，那么为了激发员工的创造力，个人和组织能做点什么呢？基于大量研究，对此问题的最好回答就是创造力的三要素模型。[47] 该模型提出，个体创造力本质上要求专长、创造性思维技能和内在的任务动机。研究证实，三个要素中的任何一个水平越高，创造力就越高。

专长（expertise）是所有创造性工作的基础。达利对艺术的理解和爱因斯坦的物理知识是他们在其领域内做出创造性贡献的必要条件。你不能指望一个几乎没有编程知识的人成为一个很有创造力的软件工程师。当人们在其领域内对能力、知识、熟练程度和相关专业技能做出努力时，其创造潜力也得到了提高。

第二个要素是**创造性思维技能**（creative-thinking skills）。它包括与创造相关的个性特征、使用类推的能力，以及以不同的眼光观察熟悉事物的能力。例如，以下个性特征被发现与创意的开发有关：智力、独立自主、自信、承担风险、内在控制、容忍模糊，以及面对挫折坚定不移。有效使用类推可使决策者将创意从一处运用到他处。亚历山大·格雷厄姆·贝尔（Alexander Graham Bell）发现，可以借鉴人耳的作用原理，运用到他的"发声器"中去。他发现人耳中的骨骼由一片精巧的薄膜控制。他心里琢磨着，说不定一张更厚、更结实的膜能鼓动一块钢片呢。基于这个类推，电话诞生了。当然，有人经过技能的培养，具备了用新方法看待问题的能力。他们能将陌生变为熟悉，也能将熟悉变为陌生。例如，我们大多知道母鸡下蛋，但有多少人曾经考虑过母鸡只是一只蛋制造另一只蛋的途径。

模型中最后一个要素是**内在的任务动机**（**intrinsic task motivation**），即对从事有趣的、让人着迷的、令人兴奋的、使人满足的或富有挑战性的工作的渴望。这一动机是将创造潜力转化为实际创意的要素，它决定了个体充分利用专长和创造性思维技能的程度。因此具有创造性的人往往喜欢自己的工作，以致达到着迷的程度。重要的是，个人的工作环境和组织文化（我们在第 2 章探讨过的）对内在动机有显著影响。

知道如何增强创造力十分重要，但你也需要认识到什么会阻碍创造力。认识到这些创造力的障碍是消除它们的第一步！

5 个阻碍你创造力的组织因素：
- 预期评估——焦点在于如何评价你的工作；
- 监督——在监视下工作；
- 外部促进因素——强调外在的、物质的报酬；
- 竞争——与同事一起面对得失；
- 受约束的选择——在你如何工作方面加以限制。

苹果：设计思维如何使组织获益。

2. 理解设计思维

管理者处理决策制定的方式——用理性和分析的心态去分析问题，提出选择方案，评估各个方案并做出选择，在如今的环境下，或许不是今天最好的，也肯定不是唯一的选择。这就是需要设计思维的原因。**设计思维**（**design thinking**）被认为"处理管理问题就好像是设计师处理设计问题一样"。[48] 更多的组织开始去识别：设计思维是如何使组织获益的。[49] 举个例子，苹果公司长期以来以其设计思维得名。公司的主要设计者乔纳森·伊夫（Jonathan Ive）（策划了苹果的最成功的产品包括 iPod 和 iPhone 在内的设计负责人）谈论苹果公司产品的设计思维："我们尝试着去设计在某种程度上必不可少的产品。它给你的感觉是那才是唯一可能的解决方案，这设计才是有意义的。"[50]

当很多管理者没有明确地处理好产品或过程的设计决策时，他们依旧制定会出现工作问题的决策，设计思维能够帮他们成为更好的决策制定者。设计思维的办法怎么让管理者学会更好地制定决策呢？首先是识别问题。设计思维要求管理者以更深入理解情境为目标，协作地和综合地识别问题。他们不单单关注理性的方面，也关注情感的成分。此外，设计思维当然也会影响到管理者如何识别和评估选择方案。"一个传统的管理者（当然在商学院里受过教育）将会获得所有提供的选择方案，通过演绎推理进行分析，然后选定一个净现值最高的方案。"然而，使用设计思维的管理者会说："什么是现在没有存在的，但如果存在会是全新的并且令人愉快的？"[51] 设计思维意味着打开你的视角，通过观察和提问技巧获得新的认识，不仅仅是简单地依赖理性分析。我们也不是说我们不需要理性分析，而是说我们更需要制定更有效的决策，特别是在今天的世界中。

大数据如何改变管理者的决策方式？

3. 大数据的理解

- 亚马逊是地球上最大的在线零售商，每年有数十亿美元的收入（估计是 1/3 的销售额）来源于个性化的科技诸如商品推荐和计算机生成的电子邮件。[52]
- 汽车地带（AutoZone），决策制定者使用新的软件从各种各样的数据库搜集信息，并允许它的 5000 多家地方门店去锁定交易，希望能减少顾客没有购买便离开的可能。汽车地带的 CIO（chief information officer）说，"我们认为这是未来的方向"。[53]
- 开发大数据的不仅仅是商业。旧金山的调查者团队能够通过移动电话使用情况分析通话模式，进而预测疾病在世界暴发的程度。[54]
- 天然美容（Follain）连锁店正利用大数据为客户寻找适合他们特定需求的最佳产品组合，为他们提供市场上最有效的天然美容品牌。
- 餐馆正在利用大数据来更多地了解他们的顾客，这些数据大部分来自在线餐厅预订公司 Open Table。

是的，有无数的信息就在那里，而企业或者其他组织终于弄清楚了如何使用它们。什么是**大数据**呢？它是大量的可计量的数据，可以通过高度复杂的数据处理来进行分析。一个 IT 专家用 3 个 "V" 来描述大数据：高容量（high volume）、高速度（high velocity）和多品种信息资产（high variety information assets）。[56]

大数据与决策制定有什么关系呢？正如你所能想到的，非常多。通过这种在手边的数据，决策者有非常强大的工具去帮助他们制定决策。然而，专家警告说：为数据而搜集和分析数据是浪费功夫的。搜集和使用这种类型的数据需要目标。有人说："大数据是一个多世纪以前的泰勒科学管理的后裔。"[57]然而泰勒是用码表去测量和监控一个工人的每一个动作，大数据则是运用数学模型、预测算法和人工智能软件去预测与监控人和机器，好像以前从来没有过。（参阅本章应用案例 4-2）但是管理者在全心全意投入之前，确实需要测试和评估大数据是怎么对他们的管理决策做出贡献的。

本章概要

（1）描述决策过程中的步骤。

决策过程包括 8 个步骤：①识别问题；②确定决策标准；③分配决策标准权重；④拟订备选方案；⑤分析方案；⑥选择最佳方案；⑦实施方案；⑧评价决策效果。当管理者制定决策时，他们可以使用直觉简化过程，但这会使决策产生错误和偏差。13 种常见错误和偏差包括过分自信偏差、即时满足偏差、锚定效应、选择性感知偏差、确认偏差、结构偏差、易获得偏差、表象偏差、随机偏差、沉没成本错误、私利偏差、后知后觉偏差及修正偏差。

（2）解释管理者用于制定决策的 3 个方法。

第一个方法是理性模型。理性模型的假设是：问题是清晰和不模糊的，目标是单一并已界定好的，所有备选方案和结果是可知的，并且最终选择可以最大化结果。第二个方法是有限理性模型，即管理者可以理性地制定决策，但受限于自身获得信息的能力。管理者只能寻求令人满意的决策，即他们为有待解决的问题选择一种"足够好"的方案。第三种方法是直觉决策，即依据经验、感受和积累的判断能力而制定决策。

（3）描述决策类型和管理者面临的决策情境。

程序化决策是可以采用常规方式制定的重复性决策，适用于直观的、熟悉的和易确定的问题。非程序化决策是专门的决策，适用于新的或非常规（非结构）的问题，且包含的信息是模糊和不完整的。确定性指由于所有结果都是已知的，因而决策者能够做出准确的决策。风险指管理者能够对可能产生的结果估算概率。不确定性指管理者不能确定结果，甚至不能做出合理的概率估算。

（4）讨论群体决策。

群体决策的优点是信息更加完全，方案更多，方案的接受程度更大，以及更具有合法性。同时，群体决策浪费时间，可能被少数人所左右，产生遵从的压力并使责任模糊不清。改进群体决策的 3 种方法是头脑风暴法（它是一种思想产生过程，鼓励提出任何种类的方案设计思想，同时禁止对任何方案进行批评）、名义群体法（在决策过程中限制讨论）和电子会议（这种最新的团体决策方法将名义群体法与尖端的计算机技术结合起来）。

（5）讨论决策制定的当代专题。

当管理者管理来自于不同文化的员工时，在制定决策前，必须了解员工的共同点和可以接受的行为。在决策时，一些人对与他人接触过于紧密会感到不舒服，或者不愿意表现出与他人存在过多的分歧。同时，管理者在制定决策时应富有创造力，因为它使决策者更全面地理解和评价问题，包括"看见"那些别人看不见的问题。设计思维也影响着管理者处理决策制定的方式，特别是他们识别问题的方式与如何识别和评估选择方案。最后，大数据不断改变着决策制定的内容和方法，但管理者需要评估大数据是怎么有助于他们的决策制定的。

讨论题

1. 为什么通常认为制定决策是管理工作的核心？

2. 描述决策制定过程的 8 个步骤。

3. 我们所有人都会在决策中带有偏见，带有这些偏见会有什么不利之处？又会有什么有利之处？请解释。这对管理决策有什么启示？

4. "因为管理者有许多强大的决策工具可以使用，他们应该能够做出更理性的决策。"你是否同意这种说法？为什么？

5. 错误和不好的决策之间有什么差异？为什么好的管理者有时会做出错误的或不好的决策？管理者应该如何改善决策技能？

6. 描述一个你曾经做出的与完全理性模型假设很相似的决策过程。把它与你所做的选择大学的过程相比较，你的选择过程与理性模型有差别吗？请试着加以说明。

7. 解释管理者如何在不确定性条件下进行决策。

8. 组织越来越多地采用群体决策,你认为这是为什么? 在什么情况下你会建议采用群体决策?

9. 为什么决策者需要有创造力? 在决策过程的哪些步骤中,创造力可能是最重要的?

10. 什么是大数据? 管理者如何有效地利用大数据来改善决策? 管理者应该谨慎使用大数据吗?

11. 当今世界是混沌的、快节奏的。时间压力如何影响管理决策的制定? 在这样的环境下,管理者做什么可以仍成为好的决策者?

12. 试讨论管理者利用技术帮助其决策的利弊。

应用:为职场做准备

管理技能建设:成为一名具有创造力的决策制定者

管理者制定很多的日常决策,所以他们能够求助于过去的经历和过去行之有效的方法。但其他决策,特别是那些高层管理者制定的决策,都是独特的、以前不曾遇过的。管理者面临问题的独特性和多样性亟须创造力——一种能产生新奇和有用主意的能力。如果管理者在一个组织中能够成功晋升,他们会发现提出创造性决策的需求逐渐增加。创造力在一定程度上是思考的框架。你需要去开发头脑的才能,开放你自己去接纳新想法。每个人都有能力去提高他的创造力,但很多人根本就不去尝试。

技能基础

创造力是一项可以发展的技能。这里有一些关于如何做到这一点的建议。

- 认为自己具有创造力。尽管这是一个简单的建议,但研究表明,如果你认为自己不具有创造力,你将永远都不会具有创造力。相信自己,是变得更有创造力的第一步。

- 注意你的直觉。每个人的潜意识都运行良好。有时候在你最不注意时,答案却突然闪现出来。例如,在你准备睡觉时,松弛的大脑会现出你所面对的问题的答案。请留意这一点,事实上,许多具有创造力的人在自己的床头摆放着便条以随时记录灵机一动时产生的"伟大"思想。这样,才不会遗忘那些思想火花。

- 远离你的安乐窝。每个人都有一个存在确定性的安乐窝,但创造力与已知世界往往并不相容。要具有创造力,你必须远离现状,把你的思维聚焦于新事物。

- 确定你要做的事情,这包括在开始尝试解决问题之前花时间去了解一个问题,把所有的事实都记在心里,并试图找出最重要的事实。

- 跳出固有的思考模式。在任何可能的情况下使用类比(例如,你是否可以像一条离开水的鱼一样处理你的问题,看看鱼是怎么处理的? 或者当雾霭笼罩时,你能否通过使用必须做的事情找出方法帮助你解决问题?)采用不同的问题解决策略,如语言、图形、数学或戏剧策略。从不同的角度看待问题,或者问问你自己,面对同样的情况,其他人,如你的祖母,会怎么做。

- 想办法把事情做得更好。这可能包括有意识地努力成为有独创性的人,不担心自己看起来愚蠢，保持开放的心态，对奇怪或令人困惑的事实保持警觉，思考用非常规的方法来使用物品和看待环境，抛弃惯常的或习惯性的做事方式，并像批判他人的观点那样批判自己的想法，从而力求做到客观。

- 寻找几个正确答案。在对有限理性的讨论中，我们曾指出人们总是寻求令人满意的方案。具有创造力意味着即便你认为已经解决了问题，但你仍然不断寻找其他解决方案。也许，你能找到更好、更具有创造力的解决方案。
- 相信能找到一个有效的方案。正如相信你自己一样，你也需要相信你的思想。如果你认为不可能找到解决方案，恐怕你永远也找不到。
- 与他人展开头脑风暴。具有创造力并非个人行为，与其他人的思想碰撞交流可以达到事半功倍的效果。
- 将创造性思想变成行动。得到思想只是整个过程的一半，一旦有了思想，应该立即予以实施。把伟大的思想保留在没人理会的大脑中或纸张上对提高你的创造力毫无作用。

技能应用

练习这个剧本中的对白，然后按照后面的说明进行练习。

每次电话响起，你的胃收缩、手心出汗，这一点都不奇怪！作为一家机床零件生产商的销售经理，布林克尔斯（Brinkers）不断地被客户的电话纠缠，由于配送速度太慢，他们很生气。你的上司卡特·埃雷拉（Carter Hererra），同时担任生产经理和计划者。每次你的销售代表去谈判一单销售，都要由卡特来决定生产能否满足客户要求的配送时间，而卡特总是说"没问题"。好的方面是你可以得到很多销售订单，不好的方面是生产经常跟不上卡特所应允的配送时间。他并不担心配送不及时所带来的后果，他说，"我们的客户知道在他们以一个优惠的价格获得质量非凡的产品，即使他们四处寻找，也找不到像我们这样的产品。因此，即使要他们多等几天甚至几周，对他们来说仍然是一笔很划算的交易。"然而，客户并不是这样想的。他们会让你知道他们的不开心，然后由你来缓解这种关系。你知道这个问题应该解决，但解决方法是什么呢？毕竟，你要怎么做才可以使你的上司或者你的客户不生气？

分成3组，假设你是那个销售经理，你的小组可以提出什么好的解决办法？

体验练习

即使在今天的数字化工作环境中，程序、规则和政策也是重要的工具，因为它们可以帮助管理者和员工更有效地完成工作。在你所在小组中合作编写一个程序、规则和政策，让教师在线下课堂使用。编写另一个程序、规则和政策，让教师在在线课堂使用。对于这2组工具，请解释它适合程序、规则或策略的特性。

应用案例 4-1：大棕色数字——效率与一致性
专题：UPS 被认为是效率狂

它是世界上最大的包裹递送公司，拥有即时可辨认的卡车。[58] 每天，UPS 在美国和包括北美和欧洲各处在内的其他超过 220 个国家或地区，运送超过 1800 万个包裹和文件。

（2014 年全球交付总量为 46 亿个包裹和文件。）高效准时地投递这些包裹是其获得青睐的重要原因，同时这也需要公司付出巨大的努力来帮助司机决定最好的运输路线。

效率和一致性对 UPS 来说一直都很重要。公司通过培训和再培训，不断向司机强调工作规则、程序和分析工具的重要性。例如，要求司机把钥匙挂在小指上，这样他们就不会浪费时间在口袋里摸索钥匙了。出于安全考虑，规定司机不能左转，不能倒车。而现在公司正在测试一个在效率上和一致性有望取得重大突破的算法，这一制度相比其长期使用的业务模式将存在较大差异。它的名字叫猎户座（ORION），以实现公路上的综合优化和导航。归根结底就是让 UPS 司机通过使用由数学家组成的团队建立的决策算法来节省数百万英里的运输路线。考虑到每个 UPS 司机平均每天停车 120 次，提高效率的挑战在于决定最佳顺序（6 688 502 913 449 135+183 个可能替代品的零）。要考虑到诸如"特殊投递的次数、道路管制及没有体现在地图上私人道路等变量"。[59] 对物流决策挑战的另一种看法是：有更多的方法可以沿着普通司机的路线传送包裹，"比地球存在以来的纳秒还要多"。[60] 不管你怎么看，都有很多选择。人类的大脑根本无法理解。但是花了 10 年时间和数亿美元建立起来的猎户座算法，是件大好事。信息技术专家将猎户座描述为迄今为止任何公司在运筹学方面的最大一笔投资。

那么猎户座这个算法是做什么的？它并不是寻找最佳答案，而是设计成能够随着时间的推移自我完善，从而在最佳结果和一致性之间达到平衡，以帮助司机在投递路线上做出最好的决策。考虑到司机每天要走那么多的里程，在不同地方各省一点加总起来数额就会很庞大。当司机在每个工作日上班"登录"他的交付信息获取信息传递收集器（delivery information acguisition device，DIAD）时，就会出现 2 种可选的方法来实现当天的包裹交付，一种方法使用猎户座，另一种使用旧方法。驾驶员可以选择使用其中任何一种，但如果没有选择猎户座，就会要求司机对这个选择做出解释。而猎户座的推出也并非没有挑战。一些司机不愿意放弃自主权；另一些司机则不理解猎户座的逻辑——为什么早上在一个街区送包裹，而同一天晚些时候又要再回到同一个街区。尽管存在这些挑战，公司仍然致力于推行猎户座这个算法，他们说："司机和猎户座一起工作，比其单独工作要好。"[61]

讨论题

1. 为什么效率和一致性对于 UPS 来说那么重要？

2. 你认为司机在路线选择上的决策是结构化的还是非结构化的？程序化的还是非程序化的？请解释。

3. 猎户座算法是怎么帮助司机做出更好的决策的？（可结合决策过程的步骤来思考。）

4. UPS 是怎么成为一个可持续发展的公司的？

应用案例 4-2：棒球运动

专题：大数据与统计分析

棒球一直被称为"美国的国家消遣运动"，尽管根据哈里斯民意调查，橄榄球无疑是美国人最喜欢的运动。[62] 现在，棒球运动大概更像是美国数字运算员所玩的游戏。例如，桑迪·艾尔德森（Sandy Alderson）是纽约大都会队（New York Mets）的总经理，他决定让队里的击球冠军和代理游击手约瑟·雷耶斯（Jose Reyes）去迈阿密·马林鱼队（Miami Marlins）。"我对我们所采用的分析和追求的战略感到高兴。"他公布这个消息时，他的 3 个棒球运作人员拿着手提计算机站在旁边，随时准备提供任何需要的数据。一个棒球作家表示运动已经向数据分析方向发展，"不要轻视事实、数字、其他数据及分析这些数据的人所增长的价值。"

正如电影《点球成金》（*Moneyball*，根据早期一本同名的书所拍的）中所强调的，数据——准确的数据——对于棒球运动中的有效决策是很重要的。《点球成金》的中心前提是棒球内部人（运动员、经理、教练、侦察兵、全体决策人员）所集聚的智慧从比赛的进攻开始就是有缺陷的，普遍用于评估运动员的能力和表现的数据，如盗垒、打点的记录和击球率，对于运动员潜力的测量是不够的。严格的数据分析表明，占垒的比例和重击的比例是测量运动员攻击潜力的更好指标。那么，这些数字运算的目标是什么呢？是为了做出更好的决策。团队经理希望以一个最好的方式分配他们有限的工资，以帮助他们的队伍获得冠军。

运动员也会使用来自所有数据分析的信息。2015 年，美国职业棒球大联盟（Major Legpue Baseball，MLB）在其所有的 30 个球场推出了球场表现统计系统（Statcast），该系统使用高分辨率摄像机和雷达设备来记录足球和球场上每个球员的运动和位置。虽然这个系统主要是为了球迷的利益，但球员已经用它来学习如何更好地做他们所做的事，因为系统显示了球员在每种情况下的每一个动作。同时，它也变成了团队前台决策者的强大的球员评估工具。

但所有这些数据存在缺点吗？在一次球队老板讨论棒球比赛为什么变得如此"沉闷"的会议上，官员和一名统计学家给出了一个令人惊讶的答案。对数据分析的接纳让这项运动陷入了停滞，数据会将比赛大约延长 20 分钟。因为比赛节奏是"棒球未来的核心"，MLB 和球队的决策者正在寻找方法带回乐趣，在让球迷高兴的同时保持数据流动！

讨论题

1. 一般而言，在棒球比赛中会做出什么决策？你可以把这些决策分为结构化问题和非结构化问题吗？请解释。你认为应该适合什么类型的决策条件？请加以解释。

2. 在评估运动员时，对棒球经理而言，只使用定量的、客观的指标是否合适？请说明原因。

3. 解释棒球比赛决策人员和大学教练如何使用以下的标准来做出更好的决策：①理性；②有限理性；③直觉。

4. 在管理棒球运动的过程中，会不会有过多的信息？在回答这个问题时，一定要解释问题的两个方面，并陈述你的结论。

应用案例 4-3：网上订餐
专题：等待就餐的人群！解决方案：技术做得很好！

帕内拉（Panera）面包公司是一家美国连锁烘焙咖啡快餐休闲餐厅，总部位于密苏里州的圣路易斯。公司成立于 35 年前，现在拥有超过 2000 家烘焙咖啡馆，10 万名员工，年销售额超过 50 亿美元。作为一个非常受饥饿顾客欢迎的目的地，帕内拉遇到了一个问题：顾客排起了长队，这也是顾客在等待取餐时的瓶颈。帕内拉面包公司的 CEO 罗恩·谢奇（Ron Shaich）称其为"等待就餐的人群"。顾客平均等待时间是 8 分钟，谢奇知道必须对他们的服务模式做出改变。他知道，网上订餐是解决方案，但要完成这个过程需要 6 年多的时间，同时还要做出很多其他决定！最终进入帕内拉 Panera 2.0。

什么是 Panera 2.0？这是一项由技术驱动的计划，在整个公司推出之前已经经过了反复测试。在马萨诸塞州布伦特里的一家原型店，谢奇和他的团队发现，他们不能仅仅"解决"订单过程的问题，系统还必须无缝地延伸至厨房，解决厨房的问题，并确保订单错误达到最小。帕内拉的总裁布莱恩·赫斯特（Blaine Hurst）说："我们确实做了数百件这样的小事情。"

我们知道，在进行决策有效性评估之前，决策过程不会完成。也就是说，决策是否解决了问题需要参考一些指标以评估决策的有效性。以下是帕内拉的管理者可以用来评估决策有效性的一些指标。

同店销售额增长 4.2%，远高于行业平均水平。

数字订单占当前销售额的 26%。

平均等待时间为 1 分钟。

数字平台的销售额超过 10 亿美元。

帕内拉并没有认为解决了所有的问题！绝对不是！该公司的新举措是在送餐环节，它必须解决车流速度的问题。但分析师普遍评价帕内拉是"行业中最精通技术、表现最好的连锁企业之一"，其管理者也被证明非常擅长解决问题！

讨论题

1. 这个故事中的哪些决定可以被视为非结构化问题？哪些是结构化的问题？

2. 帕内拉面包公司如何使用决策过程（见表 4-1）来解决其"等待就餐的人群"问题？

3. 决策从一个问题开始，到一个解决方案结束。在这个故事里发生过吗？请解释你的答案。

4. 创造力和设计思维是我们在本章中介绍的 2 个当代解决问题的决策。创造力和设计思维在这个故事中有体现吗？请讨论。

5. 其他公司可以从帕内拉的故事中学到什么？请在你所在的小组中讨论这个问题，然后列出一些建议，以帮助你成为更好的决策者。

注释

本章注释文件请扫描二维码下载。

附录 4A　数量化决策工具——辅助决策的数量化模型

在本附录中，我们学习几种决策的辅助方法和技术及一些项目管理的流行工具。[1] 具体而言，我们将介绍支付矩阵（payoff matrices）、决策树（decision trees）、盈亏平衡分析（break-even analysis）、财务比率分析（ratio analysis）、线性规划（linear programming）、排队论（queuing theory）和经济订货批量（economic order quantity）等方法。每一种方法都为管理者决策过程提供了一个辅助工具，并为基于更好信息的决策提供更加完全的信息。

4A.1　支付矩阵

在第 4 章中，我们介绍了不确定性问题，并说明不确定性如何影响决策。尽管不确定性在限制管理者所能获得的信息量方面起着重要作用，但决策者自身的心理导向也是一个重要的因素。举例而言：乐观主义的管理者倾向于使用大中取大（最大最大化）的选择（在各种可能的最大支付中再取最大化的一种方法）；悲观主义者通常遵循一种小中取大（最大最小化）的选择（寻找各种可能得到的支付中最小的结果并在这些最小的结果中取最大）。那些期望后悔值最小的管理者喜欢采用最小最大后悔值的（最小最大化）选择。下面通过一个例子，我们来简单看一看这些方法之间有何不同。

我们现在讨论纽约维萨国际公司（Visa International）的一个营销经理的案例。他已经制定了 4 个可能的战略（我们分别标记为 S1、S2、S3、S4）准备在美国的东北部促销维萨卡（Visa Card）。然而，他现在也留意到，其主要竞争对手美国运通（American Express）为促销自己的运通卡在同一市场也有 3 种竞争战略（我们分别标记为 CA1、CA2、CA3），并准备在这个市场上推广他们自己的卡片。在这个例子中，我们事先假定，维萨公司的管理者对于 4 种战略成功的概率并没有任何先验的知识。在这些事实前提下，维萨卡经理制定了一个矩阵如表 4A-1 所示，用来表示在美国运通公司选定竞争行为的情况下，维萨公司可能采取的不同战略及其可能产生的利润结果。

表 4A-1　维萨公司的支付矩阵　　　　　　单位：百万美元

维萨公司的市场战略	美国运通公司的反应		
	CA1	CA2	CA3
S1	13	14	11
S2	9	15	18
S3	24	21	15
S4	18	14	28

在本例中，如果维萨公司的管理者是一个乐观主义者，他将会选择 S4，因为这个选择能够产生最大的可能收益（2800 万美元），这种选择使最大可能收益最大化（大中取大）。如果维萨公司的管理者是一个悲观主义者，他会假定只会发生最坏的情况。每种战略最坏的结果如下：S1 = 1100 万美元，S2 = 900 万美元，S3 = 1500 万美元，S4 = 1400 万美元。根据最大最小化选择（小中取大），决策者应该选择那些所有最小支付中最大的那一个。

因此，应该选择 S3。

在第三种方法中，管理者意识到决策一旦做出，并不一定产生最大的利润支付。这就存在着一个失去利润的后悔值（regret）。后悔值指的是采用不同的战略能增加的支付额。给定竞争对手的选择之后，决策者从中选择出一个最有利于自己的方案，这个方案的结果是在给定竞争对手状态下的最大值，用最大值减去各种情况下的支付值，就可以得到在竞争对手不同战略情况下本公司各种战略的后悔值。就本例而言，给定美国运通公司的战略 CA1、CA2 及 CA3，维萨公司的最大支付分别是 2400 万美元，2100 万美元和 2800 万美元（每一列中的最大值），用这个最大值减去表 4A-1 中各种情况下的支付，就得出了各种情况下的后悔值（见表 4A-2）。

表 4A-2　维萨公司的后悔值矩阵　　　　　　　　　　　　单位：百万美元

维萨公司的市场战略	美国运通公司的反应		
	CA1	CA2	CA3
S1	11	7	17
S2	15	6	10
S3	0	0	13
S4	6	7	0

维萨公司在各种情况下的最大后悔值分别是 S1 = 1700 万美元，S2 = 1500 万美元，S3 = 1300 万美元和 S4 = 700 万美元，我们所采用的最小最大后悔值决策就是要使我们的最大后悔值最小，因此维萨公司的经理会选择 S4。这样，他的后悔值不会超过 700 万美元。对比来说，如果美国运通公司选择 CA1 而维萨公司选择 S2，维萨公司的后悔值是 1500 万美元。

4A.2　决策树

决策树（decision tree）是用于分析雇用、营销、投资、设备购买、定价，以及类似含有进展过程之决策的常用方法。之所以称为决策树，是因为画出的图很像有许多树枝的树。典型的决策树为每一种可能产生的结果分配概率，计算每一决策路径的期望值，通过这样一个过程进行分析。

图 4A-1 所展示的是巴里啤酒公司（Barry's Brews）中西部地区选址经理伯克·哈灵顿（Becky Harrington）所面临的一个决定。伯克组织一些专家分析潜在的书店选址，并向中西部地区经理推荐。该公司在佛罗里达冬季公园的租约已经到期，并且产权所有者已经说明不再续租。伯克和他的团队必须为地区经理做出重新选址的推荐。伯克的团队已经在奥兰多（Orlando）一个大商场附近找到了一个很理想的场所。这个大商场的所有者为他提供 2 种可能的选择：一个是 12 000 平方英尺（这个与他们现在的书店面积相同），另一个面积要大些，有 20000 平方英尺。现在伯克需要决定推荐面积大的方案还是推荐面积小的方案。如果他选择面积大的方案并且经济走强，他估计每年能赢利 320000 美元，但在经济衰退的情况下，场地过大带来的高昂经营成本意味着公司只能赢利 50000 美元。如果选择面积小的方案，他估计在经济走强的情况下会赢利 240000 美元，而在衰退的情况下也能赢利 130000 美元。

正如你在图 4A-1 中看到的，选择面积大的书店获利的期望利润值是 23.9 万美元。选择面积小的书店的期望利润值是 20.7 万美元。在进行这些分析之后，伯克决定向大家推荐租用面积大的书店这个备选方案。如果伯克一开始决定租用面积小的书店而等经济走强之后再扩租又会如何呢？他将决策树延伸至第二个决策点。延伸之后，他可以有 3 种选择：不扩租、扩租 4000 平方英尺及扩租 8000 平方英尺。沿用决策点 1 中用过的方法，管理者可以计算出扩租决策之后各种方案的潜在利润，以及各种选择的期望值。

图 4A-1　决策树与租用大店面或小店面的期望值分析

4A.3　盈亏平衡分析

为了达到盈亏平衡（既无盈利也无亏损），企业必须销售多少单位产品呢？管理者可能需要知道为了达到预期的利润目标所要销售的产品的最低数量，或者某种产品是否应该继续销售还是退出企业的产品系列。**盈亏平衡分析**（**break-even analysis**）是帮助管理者进行利润预测时广泛使用的技术。[2]

盈亏平衡分析是一种简单的方法，这种方法对管理者而言是很有价值的，因为它指明了产品销售收入、成本及利润之间的关系。为了计算出盈亏平衡点（break-even point，BEP），决策者需要知道单位产品的售价（price，P）、单位可变成本（variable cost，VC）及总固定成本（total fixed costs，TFC）。

当企业总收入刚好等于总成本时，企业达到盈亏平衡。但总成本包括两个部分：固定成本与可变成本。固定成本是那些不随规模变化的成本，如保险费和财产税。当然固定成本也只是对短期而言，因为在长期内，投入会到期，并因而成为可以变化的量。可变成本随产量的改变而改变，它包括原材料、劳动力及能源成本。

盈亏平衡点可以通过作图或者根据下列公式计算出来：

$$BE = TFC/(P-VC)$$

这个公式告诉我们：①当我们以某个覆盖所有可变成本的价格销售产品达到足够数量时，总收入将等于总成本；②价格与可变成本的差与销售数量的积等于固定成本。

盈亏平衡点在什么时候可以用上呢？我们假定在乔斯（Jose）的贝克斯菲尔德咖啡店

（Bakersfield Espresso）里，乔斯每杯咖啡收费 1.75 美元，如果他的固定成本（工资、保险费等）是每年 47 000 美元，而可变成本是每杯咖啡 0.40 美元，乔斯可以这样计算出他的盈亏平衡点：47 000/(1.75–0.40)=34 815（美元）（大约每周卖 670 杯咖啡）。或者这样说，每年收入要达到近 60 926 美元。这种关系可以通过图 4A-2 来表示。

图 4A-2 盈亏平衡分析

盈亏平衡分析是如何用作管理和决策工具的呢？作为一个计划工具，盈亏平衡分析有助于乔斯制定他的销售目标。例如，他可以事先制定一个利润目标，然后反过来推算达到这个利润水平所需要的销售水平。盈亏平衡分析作为一个决策工具，它可以告诉乔斯在亏损的情况下需要增加多少销售量才能达到平衡。或者是在盈利的情况下，销售量下降多少也能保持盈亏平衡。在某些情况下，如职业体育联赛的管理，从盈亏平衡分析可以看到为了弥补成本需要卖出数量高得不切实际的门票，以至于管理者的最佳决策是出售或停止此项业务。

4A.4 线性规划

马特·弗里（Matt Free）拥有一家软件开发公司。该公司的一个产品系列是设计和生产反病毒软件。这种软件有 2 个版本：Windows 版和 Mac 版。生产出来的产品，他都能销售一空，然而这恰恰是他的难题。2 种产品在同一生产部门生产。为了使其利润最大化，每种产品分别应该生产多少呢？

仔细研究弗里的经营问题可以发现，他的资源分配难题可以通过线性规划这种数学方法来解决。下面我们可以看到**线性规划（linear programming）**对上述问题的应用，但并不是说这种方法可以运用于所有的资源分配问题。这种方法除了资源限制、目标最优化的要求之外，还要求存在通过资源组合生产出几种产品的若干可行方式。而且，也要求在变量之间只存在线性关系。这就意味着某个变量的变动一定会导致其他变量以某一精确的对应幅度变动。对弗里的企业而言，如果给定生产 2 张光盘的时间刚好是生产 1 张光盘时间的 2 倍，条件就可以满足。

利用线性规划可以解决许多不同类型的问题。比如，选择运输路线以最小化运输成本，在不同产品品牌之间分配有限的广告预算，在不同项目之间分配人员及利用有限资源测定各产品的生产数量等。为了让大家能够清楚认识到线性规划的作用，我们下面回到弗里的问题。幸运的是，他的这个问题较为简单，因此我们可以很迅速地解决这个问题。对于复杂的线性规划问题，已经设计出专门的计算机软件来辅助解决。

首先，关于弗里的经营问题，我们要给出一些条件。他已经计算出边际利润是每张 Windows 光盘 18 美元，而每张 Mac 光盘 24 美元。因此，他可以以下列式子来表达其目标函数：$P = 18R + 24S$。其中，P 代表利润，R 是生产 Windows 光盘的数量，而 S 则是生产 Mac 光盘的数量。另外，我们还知道生产各种光盘需要的时间，以及每个月的总的生产能力（2 400 小时的设计能力及 900 小时的生产能力）（见表 4A-3）。在总的能力中，生产能力起着约束条件的作用。现在，弗里可以构造他的约束方程了。

$$4R + 6S < 2400$$
$$2R + 2S < 900$$

表 4A-3　反病毒软件的生产数据

部门	生产每单位产品所需的小时数		每月生产能力/小时
	Windows 版	Mac 版	
设计部门	4	6	2400
生产部门	2	2	900
单位利润/美元	18	24	

当然，由于生产的软件数量不能为负数，弗里也可以写上这样的条件：$R > 0$ 及 $S > 0$。他可以根据图 4A-3 来选择他所需要的结果。深色的阴影区域就是没有超出两个部门生产能力的可行解区域。这个图的意思是什么呢？我们知道总的设计能力是 2400 小时，如果弗里决定只设计 Windows 光盘，则能够生产出 600 片。如果他决定只生产 Mac 光盘，则他能够生产出 400 片。这种设计的约束在图 4A-3 上表示为线段 BC。弗里必须面对的另外

图 4A-3　弗里线性规划问题的图解

一个约束条件是生产能力。由于每张光盘需要花 2 小时进行复制、检查和包装，因此每一种光盘的生产能力都是 450 片。生产约束在图 4A-3 上表示为线段 DE。弗里的最优方案一定在可行解区域 ACFD 的一角上，在两个约束条件都满足的前提下，点 F 给出了最大利润点。在点 A，由于两种反病毒软件都没有生产，因而利润是 0；在点 C 与点 D，其利润分别是 9600 美元（400 单位，售价 24 美元）和 8100 美元（450 单位，售价 18 美元）；在点 F，利润是 9900 美元（150 单位 Windows 光盘，售价 18 美元与 300 单位 Mac 光盘，售价 24 美元）。

4A.5　排队论

假设你是美国银行（Bank of America）驻俄亥俄州克利夫兰市（Cleveland，Ohio）一个分部的主管。现在你所需做出的一个决策是，6 个业务窗口在某个特定时间需要几个对外营业。排队论（queuing theory）也称为排队等候理论，可以帮助你决策。

为了平衡服务成本和客户等待成本，排队论更易于解决这一类问题。这类问题包括常见的情况有：加油站设多少个油泵、银行设多少个柜台、收费站安排多少个收费员，以及在飞机检票时设置多少个检票通道等。在各种情况下，管理人员既需要尽可能少开柜台最小化成本，又不至于少到需要考验客户的耐心。在上述银行业务窗口的决策中，某天（比如，每个月的头一天或每周五）可以安排业务窗口全都上班，以使得客户等待时间最少；也可以只开一个窗口以最小化人工成本，但是却要冒引起骚乱的风险。

排队论所涉及的数学原理已经超出了本书的范围，但通过这个简单的例子，我们可以看到如何应用排队论。你的部门有 6 个职员，但你要知道如果你只开一个窗口，你是否可以应付得了。一名顾客排队耐心等候的平均时间是 12 分钟，如果为一个顾客服务的平均时间是 4 分钟，则队伍不应该超过 3 个人（12/4）。依照过去的经验，在上午的时候，人们通常每分钟到达 2 人。根据这些条件，你就可以按照下面的公式计算出等候顾客超过任意数（n）的概率（P）

$$P_n = （1 - 顾客到达速度/服务速度）× （顾客到达速度/服务速度）^n$$

此时，$n = 3$ 个顾客，到达速度 = 2 个顾客（每分钟），服务速度 = 4 分钟（每个顾客）。将数据代入公式，就会产生如下结果

$$P_n = （1 - 2/4）× （2/4）^3 = 0.0625$$

计算结果 0.0625 代表什么意思呢？它告诉我们在一般情况下，上午排队的顾客超过 3 个的概率是 1/16。你觉得有 4 个或者是更多的顾客排队的概率是 6%合适吗？如果你认为合适，那么开一个窗口就行了。当然，如果你认为不合适，就应该安排更多的人上班来多开窗口。

4A.6　经济订货量模型

当你向银行订购支票时，你是否注意到再订购点大概位于你用完 2/3 支票的时候？这是现实中一个定点再订货系统（**fixed-point reordering system**）的简单例子。在这一过程中，在某一事先确定的点上，系统会显示存货需要补充的信号。目标是将存货的储存成本最小化，同时也限制存货缺货的可能性。近年来，零售店越来越多地使用计算机来执行再订货活动。他们的现金登记装置直接与计算机相连，每单销售均自动调整仓库的存储记录。

当某项存货抵达关键点时，计算机告诉管理者需要再订货。

通过数学公式来计算最优订货量的方法中最为人熟识的一个是经济订货量（economic order quantity，EOQ）模型（见图4A-4）。EOQ模型在存货管理的订货与存储的4种成本中寻求平衡：购买成本（购买价加运费减折扣）、订货成本（签单、跟单、到货检查及另外一些过程处理的成本）、持有成本（存货占用资金、储存、保费、税收等）与缺货成本（订货不能及时满足的利润损失、重建客户关系及到货延迟的额外损失等）。如果我们已经认识了这4个因素，我们就可以根据这个模型来确定最优订货规模。

EOQ模型的目标是为了最小化与订购、存储成本有关的总成本。订货数量越大，平均存货增加，持有成本也就增加。例如，如果存货的年需求量是26 000件，每次订购500件，这样公司每年需要下52（26 000/500）次订单。这种订货频率使组织的平均存货保持在250（500/2）件。如果每次订货2 000件，则订货次数会减少13次（26000/2000），但与之对应，平均存货会增加到1000（2000/2）件。因此当存货的持有成本上升时，订货成本下降，反过来也是如此。最经济的订货量是达到总成本曲线的最低点。在这种情况下，订货成本等于持有成本，这一点也就是EOQ（图4A-4中的点Q）。

图 4A-4　最优经济订货量

为了计算最优订货数量，需要得到下列数据：某时期的需求预测（D）、每次订货成本（OC）、存货的价值或单件购买价格（V）、以存货单价百分比表示的存货持有成本（CC）。得到这些数据之后，计算EOQ的公式如下

$$EOQ = [2 \times D \times OC/(V \times CC)]^{0.5}$$

让我们以一个例子说明 EOQ 的计算。举例而言，巴恩斯电子设备公司（Barnes Electronics）是一家高品质的音像设备零售公司，其店主山姆·巴恩斯（Sam Barnes）希望决定高品质音像设备的经济订货量。假定讨论的商品是索尼微型磁带录放机。巴恩斯预测其年销售将达到4000件。他也能确定该商品的成本是50美元。每单订货成本的平均成本是35美元，年保费、税收和其他储存成本是存货价值的20%。利用EOQ模型的公式及前面的信息，巴恩斯能够计算出最佳订货量如下

$$EOQ = [2 \times 4\ 000 \times 35/(50 \times 0.2)]^{0.5} = （28\ 000）0.5 = 167.33 \approx 168（件）$$

该 EOQ 模型表明按照每批 168 件左右订货是最经济的。也就是说，巴恩斯可以每年订货 24（4000/168）次。然而，如果供应商给出另外的条件，比方说，如果每次订货达 250 件以上就可以提供 5% 的折扣，那又会如何呢？巴恩斯应该每次订货 168 件还是 250 件？

没有折扣，且每次订购 168 件，该录放机每年订货的总成本计算如下：

购买成本	$50 \times 4000 = 200\,000$（美元）
持有成本（平均存货量、单价、百分比的乘积）	$168/2 \times 50 \times 0.02 = 840$（美元）
订货成本（订单次数乘以每单订货费用）	$24 \times 35 = 840$（美元）
总成本	$201\,680$（美元）

每次订购 250 件，给予 5% 的折扣，单件购买成本就变为 $47.5[50 \times （1-0.05）]$ 美元。每年订货的总成本计算如下：

购买成本	$47.5 \times 4\,000 = 190\,000$（美元）
持有成本	$250/2 \times 47.5 \times 0.02 = 1187.5$（美元）
订货成本	$16 \times 35 = 560$（美元）
总成本	$191\,747.50$（美元）

这些计算结果表明，巴恩斯应该利用 5% 的现金折扣。即使他现在不得不持有更大的库存量，但每年也会节省近 10 000 美元。需要补充一点的是，EOQ 模型假定需求数量和提前期是已知并且固定不变的。如果不满足这些条件，就不能使用这个模型。例如，由于部件存货是一次性、一批批或者不固定的，而不是按一定比例发出的，因此加工部件的存货不能采用这个模型。那是否就意味着如果需求是变化的，EOQ 模型就毫无用处呢？不是的，即使在这种情况下，此模型仍然能够用以权衡成本和控制规模。然而，处理这类需求及另外一些特殊情况，可以使用更复杂的有关批量的数学模型。关于 EOQ 的数学原理，正如排队论一样，已经远远超出了本书的范围。

注释

本章附录的注释文件请扫二维码下载。

计划工作与目标设定

管理偏见

计划简直就是浪费时间，毕竟没人能够预测未来。

矫正管理偏见

我们早就听说，未来不可预测。不管你制订的计划多完美，总有意外发生，对管理者来说，可能是突然的经济衰退，竞争者开发出的一种新的、创新型的产品，一位关键客户的流失，一位核心员工的离职，或公司花很长时间建立起来的商业模式的崩塌，等等，这种逻辑直接让许多人得出这样的结论：做计划纯属浪费时间。噢，错了！包含了多重脚本的灵活性计划是可以为管理者应对多变的环境做好准备的。

正如我们之前在第 1 章中讨论过的那样，组织都有自己的目标、员工和组织结构，用以支持并使得员工能够通过工作实现目标。在这些组织中，管理者必须建立各种目标、计划和战略，以最好的方式实现组织目标。然而，有时在评估计划和战略所带来的结果后，管理者不得不随着情况的变化而改变方向。这一章我们将讨论计划工作的基础。你将学到什么是计划工作，管理者如何进行战略管理，如何设定目标并制订计划。最后，我们将探讨管理者在当代计划工作中所面临的若干问题。

学习目标

1. 讨论计划工作的性质和目的。
2. 阐释管理者如何进行战略管理。
3. 比较设定目标和制订计划的各种方法。
4. 讨论当代计划工作所面临的问题。

5.1 计划是什么，管理者为什么需要制订计划

所有的管理者都从事计划工作。即使你不是管理者，
你也可能要计划何时、何地、如何完成你的工作任务。

计划经常被称为管理的首要职能，因为它为管理者的其他职能，即组织、领导和控制，打下了基础。计划这个术语的含义是什么？正如我们在第 1 章所阐述的那样，计划包括定义组织的目的和目标，制定为达到这些目标的总体战略，以及建立一套综合的计划体系来整合与协调行动。它既涉及目标（做什么）又涉及了手段（怎么做）。

计划还可进一步分为正式计划和非正式计划。所有管理者都要从事计划工作，即使这种计划只是非正式的。非正式的计划很少会以书面形式出现，接下来要完成什么，这仅仅存在于一个或少数人的头脑中。而且，组织的目标很少会被表述出来。非正式计划一般存在于一些小企业中，雇主型管理者考虑他想要达到的目标及如何实现目标。这种计划是笼统的，且缺乏连续性。当然，你会发现非正式计划也存在于一些大组织中，而一些小企业也会制订非常周到的正式计划。（关于小型和创业型组织的计划工作，参见第 7 章更深入的介绍。）

当我们在本书中提到"计划"这一术语时，指的都是正式计划。在正式计划中，每一个时期的具体目标都会有明确的界定。管理者把这些目标以书面的形式记录下来并且知会组织成员。有了这些目标，管理者就可以制订明确的计划，清楚地界定组织实现目标的途径。

5.1.1 管理者为什么要制订正式计划

沃尔玛是全球最大的零售商，在全球拥有 11 700 多家门店，它是如何与在线巨头亚马逊竞争的呢？和其他大型零售商一样，沃尔玛并没有立即意识到网络革命的到来。大多数公司都在努力想出一个计划，即使不能打败亚马逊，也要赶上它。多年来，沃尔玛一直试图吸引网上购物者，但都无果而终。如今，该公司制订了在电子商务领域取胜的新计划。尽管 Walmart.com 现在是美国第二大电子商务目的地。[2]沃尔玛的管理者——从企业到单个门店——都知道，计划对公司在实体店和网上购物方面的持续成功至关重要，而且将继续如此。[3]

管理者从事计划工作至少有四个理由（见图 5-1）。首先，计划工作协调各方面的努力，并为管理者与非管理者提供指导。当组织中所有成员都知道组织的目标，并且知道自己必须做哪些工作才能达到这些目标时，他们就会开始协调自己的行动，这时团队工作与协调合作就会开展起来。反之，计划工作的缺失则会导致各个组织成员或单位之间相互对立。这样，组织就不能有效地迈向它的期望目标。

其次，通过促使管理者未雨绸缪，预测未来的变化，估量变化的影响并做出适当的反应，计划工作可以减少不确定性。计划工作还能够将管理者为应对变化而采取的行动结果清晰地表现出来。所以，计划工作，正是管理者在变化的环境中所需要的。

图 5-1   计划工作的理由

再次，计划工作还能够减少重复与浪费。事前协调可以及时发现浪费和冗赘。而且，当手段与目标都非常清晰时，效率低下的那部分就会变得很明显。

最后，计划工作所建立起的目标或标准十分有利于管理中的控制。如果组织成员不清楚应达到什么样的目标，他们怎么能知道自己是否达到了目标呢？管理者在计划工作中制定目标和计划。而在控制职能中，他们会判断计划是否得到执行，目标是否达到。（我们将在第 15 章中深入讨论控制的问题）一旦识别出明显的偏差，就可以及时进行纠正。因此，倘若没有计划工作，绩效无法与目标相对照，就很难进行有效控制。

5.1.2   对正式计划的批评有哪些以及管理者又该如何应对

虽然确立目标和提供指导对组织很有意义，但计划的某些基本假设也受到许多批评。[4]

批评 1：计划工作会导致僵化。正式计划会把组织限定在某一具体的目标之中，而这个目标是有具体时限的。这样的目标往往是在环境不会改变的假设下设立的。当环境是随机的和不可预知时，一味地执行计划就可能导致一场灾难。

管理者的回应：管理者需要保持灵活性，不能仅仅因为它是个计划就一味地执行。

批评 2：正式计划不能代替直觉和创造性。成功的组织常常是一些人愿景的结果，这些愿景在演化过程中往往会趋于正式化。如果正式计划的实施使得愿景变成程式化的惯例，那么这也可能导致一场灾难。

管理者的回应：计划工作应强化与支持直觉和创造力，而非取代它们。

批评 3：计划使管理者关注今天的竞争，并非明天的存亡。正式的计划，特别是战略规划（我们将会在后面讨论），倾向于注重如何最好地利用产业内现有的商机。管理者不是去寻找能够再创造或改造产业的方法。

管理者的回应：当管理人员做计划工作时，他们应探求未知领域去发现未被利用的机会。

批评 4：正式计划强化成功，这可能导致失败。美国传统的说法是：成功乃成功之母。

毕竟，当物品没有破损时是用不着修理的。然而现实总是这样的吗？未必！事实上，在一个不确定的环境中，成功或许孕育的是失败。人们很难改变或放弃一项成功的计划，很难放弃那些不怎么费事的工作，而去做那些结果未知且让人备感焦虑的工作。

管理者的回应：管理者需要面对未知，乐于尝试全新的做事方式，这样才会更加成功。

5.1.3 正式计划是否改善了组织的绩效

计划是否真有成效呢？

计划是否真有成效呢？批评计划的一方在争论中占上风了吗？让我们来看一些事实。

与批评计划的理由相反，多数据都支持组织应该做正式计划的观点。尽管大多数对计划与绩效之间关系的实证研究都显示，二者之间一般具有正相关关系，但是，我们并不能就此断言有正式计划的组织总能比无计划的组织取得更好的绩效。[5] 在那些研究的基础上，我们能得出什么结论呢？

- 正式计划通常意味着更高的利润、更高的资产回报，以及其他实实在在的财务绩效。
- 计划过程的高质量及良好的实施可能比计划工作本身带来更高的绩效。
- 在那些制订了正式计划而没有取得较高绩效的组织中，外部环境也许是罪魁祸首。例如，政府的管制、无法预见的经济挑战，以及其他环境约束等限制了计划对组织绩效影响。为什么？由于环境的限制，管理者可能有较少的可行的替代方案。

有关组织正式计划的一个重要内容是战略规划，这也是管理者所进行的战略管理过程的一部分。

 ## 5.2 管理者如何进行战略管理

- 为了满足顾客对减少加工食品的需求，麦当劳已开始在其 1/4 磅（1 磅 ≈ 0.45 千克）汉堡中使用新鲜牛肉。此举将使其约 14 000 家美国餐厅的供应链运作复杂化。[6]
- IBM 公司与气象公司（The Weather Company）达成协议，获得了提供和发布天气信息的机会。这种类型的数据合作是 IBM 公司长期战略的一部分。[7]
- 对可口可乐来说，日本是一个竞争激烈的市场，它每年在那里推出 100 多种新产品。这款新产品将出现酒精的溅射，这是可口可乐首个酒精类产品，在日本被称为竹熙（chu-hi）。[8]
- 丹麦的乐高是人们所熟悉的塑料积木的制造商，该公司仍在苦苦挣扎。在电子游戏和其他设备的诱惑下，该公司和其他玩具公司试图争夺孩子们的注意力。[9]
- 苹果的现金储备超过 2500 亿美元。公司正在考虑如何最好地利用这一战略资源。[10]
- 美国运通的 CEO 正在研究与千禧一代竞争的策略，并保持其现有的信用卡用户。[11]
- 塔吉特（Target）的 CEO 宣称公司的"战略正在奏效"。在经历了惨淡的一年之后，该公司斥资数百万美元改善门店和数字功能的计划似乎正在取得成效。[12]
- 约翰老爹的经理正在想办法制定策略，以便在饱和的比萨饼市场中脱颖而出。[13]

- 亚马逊宣布它正在扩大其折扣的 Prime 计划，此举直接针对沃尔玛的目标市场。[14]

这些只是关于公司战略的几个故事，你通常会在每周（如果不是每天）的商业新闻中发现这样的报道。正如你所看到的，战略管理在很大程度上是管理者工作的一个非常重要部分。

张欣，SOHO 中国有限公司的联合创始人，她正在公司建造的位于北京的一座摩天大楼前摆姿势。张欣和她的丈夫创办 SOHO，专注于在北京和上海的黄金地段开发高档商业地产，这些特色建筑产品反映了不断变化的现代中国精神，SOHO 的战略取得了巨大成功。

5.2.1　什么是战略管理

战略管理（strategic management）指管理者为制定组织战略所要做的工作过程。那什么是一个组织的**战略**（strategies）呢？战略指一个组织所制订的系列计划，这些计划包括从事怎样的业务，如何在竞争中获得成功，以及如何吸引和满足顾客以达到组织目标。

5.2.2　为什么战略管理很重要

与其他大卖场零售商一样，百思买尽力在被亚马逊完全颠覆的零售环境中站稳脚跟点。和许多这样的零售商一样，百思买必须找到一种方法，不仅要抵御亚马逊，而且要让自己茁壮成长。该公司的 CEO 休伯特·乔利（Hubert Joly）是一个积极开朗的法国人，他说该公司的全面战略几乎涉及重塑公司业务的每一部分。从上到下，公司商业模式的所有方面都进行了重组。而该公司的收入在过去 7 个季度中有 6 个季度超过了华尔街的预期。[15]这家公司的经理团队显然明白为什么战略管理很重要！

为什么战略管理如此重要？第一个原因是它可以影响公司的绩效。尽管面对同样的环境条件，为什么有些公司成功而有些却不成功呢？研究表明，战略规划和绩效之间一般存在着正相关关系。[16]那些制定了战略规划的公司显然要比没有制定的公司有更好的财务绩效。

第二个原因是无论是哪种类型和规模的公司，管理者都需要面对不断改变的环境（回想我们在第 2 章讨论过的内容）。在计划未来的行动中，他们要通过战略管理过程，去考察相关因素，以面对这种不确定性。

第三个原因是组织具有复杂性和多样性。组织中的每个单元都要为达到组织目标来共同工作，而战略管理有助于做到这一点。例如，沃尔玛在全球范围拥有 230 多万员工，分布在不同的部门、职能区域及店铺中，运用战略管理有助于协调并使员工专注于做最重要的事情。

今天，战略管理已经超过了企业组织的范畴，诸如政府机构、医院、教育机构和社会机构都需要用到战略管理。例如，由于大学教育费用的大幅上涨，来自提供各种教育培训课程的公司竞争，财政收入下降所导致国家教育预算的大幅下降，以及州政府对学生和研究资助的削减，许多大学的管理层重新评估学校的期望目标，努力识别那些能够使学校生存、发展的利基市场。

5.2.3 战略管理过程的步骤有哪些

战略管理过程（strategic management process）包含有战略计划工作、实施及评估等六大步骤（见图 5-2）。尽管前四个步骤描述了必需的计划，但实施和评估同样是很重要的！如果管理层不能够恰当地实施战略或者评估实施结果，即使是最好的战略，也有可能会走偏。

图 5-2 战略管理过程

步骤 1：确定组织的使命、目标和战略

每一个组织都有一项使命（mission），即对组织目标的陈述。对使命进行定义需要管理者识别公司的业务是什么。例如，雅芳（Avon）的使命陈述是"成为一家最了解女性需求，能够满足全球女性对产品、服务及自我成就感需要的公司"。[17]澳大利亚国家心脏基金会（National Heart Foundation of Australia）的使命是"减少澳大利亚心脏病、中风和血管疾病所带来的痛苦和死亡"。这些陈述提供了组织如何看待其目标的线索。一个使命的陈述应该包括什么？表 5-1 描述了一些典型的使命组成部分。

表 5-1 组织的使命陈述包括哪些内容

客户：谁是公司的客户
市场：公司在哪里竞争
对生存、成长和赢利能力的关注：公司是否致力于稳健的成长和财务策略
信条：公司基本的信仰、价值观和商业道德取向是什么
对公共形象的关注：公司对社会和环境问题有积极的反应吗
产品或服务：公司主要的产品或服务是什么
技术：公司的技术够前沿吗
自我概念：公司的主要竞争优势和核心竞争力是什么
对员工的关注：员工是不是公司的一项很有价值的资产

资料来源：ROBBINS S P, COULTER M, 2016. Management[M]. 13th Ed., ©2016, p. 238. Reprinted and electronically reproduced by permission of Pearson Education, Inc., New York, NY.

确定当前的目标和战略对管理者也是重要的。为什么？因为这样管理者才能就是否需要进行变革进行一个基础性的评估。

步骤 2：分析外部环境

我们在第 2 章已经讨论了外部环境。在战略管理过程中，环境分析是一个关键步骤。

管理者只有通过外部环境分析才能了解情况，例如，竞争对手正在做什么，即将通过的法律会对组织产生怎样的影响，当地劳动力的供给状况如何。在外部环境分析中，管理者应该考察所有相关的环境因素（如经济因素、地理因素、政治法律因素、社会文化因素、技术因素及全球化影响），以找到趋势和变化。

一旦管理者完成了对环境的分析，就需要准确地找出可以利用的机会和必须消除或减轻的威胁。其中，**机会（opportunities）**是外部环境中有利的趋势，而**威胁（threats）**则是不利的趋势。

步骤 3：分析内部环境

现在，我们将关注转移到内部环境分析上。内部环境分析提供了关于组织内特定资源和能力的重要信息。一个组织的**资源（resources）**就是它的资产——财务的、有形的、人力的、无形的——公司使用这些资源以开发、生产并将产品交付给客户。它们代表了组织所拥有的一切。另外，**能力（capabilities）**指的是完成业务活动所运用的技能和才能——代表了组织是"如何"工作的。组织中价值创造的主要能力是**核心竞争力（core competencies）**。[18]资源和核心竞争力共同决定了组织有着怎样的竞争武器。

在完成内部环境分析后，管理者应该能够识别组织的优势和劣势。那些组织做得好的任何活动或拥有的独特资源被称为**优势（strengths）**；而**劣势（weaknesses）**则是组织做得不好的活动或需要但没拥有的资源。

将外部环境分析和内部环境分析综合起来的分析方法被称为 **SWOT 分析（SWOT analysis）**，因为它是对组织优势（strengths）、劣势（weaknesses）、机会（opportunities）和威胁（threats）的分析。在完成 SWOT 分析之后，管理者就可以制定适当的战略——利用组织的优势和把握外部的机会，阻隔或者保护组织免遭外部的威胁，或纠正关键的劣势。

步骤 4：制定战略

当管理者制定战略时，他们应该考虑外部环境中的现实及可利用的资源和能力，并设计可以帮助组织实现目标的战略。主要有 3 种战略类型：公司战略、竞争战略和职能战略，我们将会在下面分别进行描述。

步骤 5：实施战略

一旦组织制定了战略，就必须实施战略。无论一个组织如何有效地制定它的战略，如果战略没有得到恰当的实施，绩效仍不能实现。

步骤 6：评价结果

战略管理过程的最后一个步骤是评价结果。战略对组织实现目标的效果怎样？需要做哪些调整？应该出售资产还是收购资产？公司架构是否该重组？等等。

5.2.4 管理者使用什么样的战略

如图 5-3 所示，管理者常用的组织战略有 3 种：公司战略（corporate strategy）、竞争战略（competitive strategy）和职能战略（functional strategies）。

1. 公司战略

公司战略（corporate strategy）指的是公司现在经营或希望经营的业务，以及打算如何经营业务的组织战略。它适用于多业务公司。

图 5-3　组织战略

有以下 3 种主要公司层战略

（1）**成长战略**（growth strategy）。它指组织通过当前的业务或新业务，扩展所服务的市场或增加所供应产品的数量。

公司扩张的方法主要有以下 4 种。

- **集中化**（concentration）。成长的组织，专注于其主要业务活动和增加其主要业务产品的供应数量或扩大其主要业务市场。
- **纵向一体化**（vertical integration）。它包括后向一体化、前向一体化，或两者兼有。在后向一体化中，组织通过成为自己的供应商，控制投入。在前向一体化中，组织通过成为自己的分销商，控制产出。
- **横向一体化**（horizontal integration）。企业通过吸收合并竞争对手的方式来实现成长。
- **多元化**（diversification）。企业通过跨行业发展实现成长。

——相关多元化：公司与不同但具有相关性的行业内的公司进行合并，称为"战略契合"。

——无关多元化：公司与不同且无相关性的公司进行合并，称为"没有战略契合"。

（2）**维持战略**（stability strategy）。在经济形势不确定的时期，一些公司选择维持原状，这就是维持战略。它是组织保持现有业务的公司层战略。

维持战略的例子：包括保持为同一客户群提供同样的产品或服务，保持原有的市场份额，并且维持组织现有的业务运作。

在维持战略下，组织既没有成长，也没有落后。

（3）**更新战略**（renewal strategy）。当一个组织处于困境之中，管理层就需要采取行动，解决正在下滑的绩效问题。

- **收缩战略**（retrenchment strategy），用来解决不算严重绩效问题的短期更新策略。它主要是帮助公司稳定其运营，重整组织的资源和能力，以便再次参与竞争。
- **转型战略**（turnaround strategy），用来解决严重绩效问题的激进行动。

管理者在更新战略中要做 2 件事情：削减成本和对组织的运营进行重构（restructure）。在实施转型战略时，这些措施会比收缩战略更加全面和彻底。

2. 竞争战略

竞争战略（competitive strategy）指的是组织如何在其所经营的业务中开展竞争。它适用于战略业务单元（strategic business units，SBU）1、2、3 等竞争层。

对单一业务的小组织或者没有采取多元化经营的大组织来说，竞争战略描述的是如何在首要或主要市场中竞争。

对于拥有多种业务的组织，每个业务都有其自己的竞争战略，它明确其竞争优势，确定其要提供的产品或服务，以及其想要吸引的客户，等等。当一个组织经营多种不同业务时，那些独立和制定自身竞争战略的单一业务被称为**战略业务单元**。

竞争优势的作用

制定一个有效的竞争战略需要充分理解**竞争优势**（ competitive advantage ）。竞争优势，即如何使公司与众不同的独特优势，常常来自组织的核心能力，即可以做其他组织不能做的或者比其他组织做得更好的事情；公司的资源，即拥有竞争对手所不具备的资源。

竞争战略的类型

迈克尔·波特（ Michael Porter ）的竞争战略框架具体如下所述。[19]

（1）成本领先战略（ cost leadership strategy ）

在行业中以最低成本为基础进行竞争，争取较大的市场份额。

- 高效率；
- 管理成本保持在最低水平；
- 竭尽全力削减成本；
- 产品必须与竞争对手所提供的质量相当，或至少可以被买家接受。

（2）差异化战略（ differentiation strategy ）

提供具有异质性的产品，且该产品被客户认为极具价值，争取较大的市场份额。产品的差异性可能来自超凡的高品质、优质的服务、创新的设计、技术能力，或者与众不同的正面品牌形象。

（3）聚焦战略（ focus strategy ）

在一个细分市场或利基市场中获取成本优势（成本聚焦）、差异化优势（差异化聚焦）。管理者可以依据产品种类、顾客类型、分销渠道，或是地理位置不同而对市场进行细分。

（4）夹在中间（ stuck in the middle ）

如果组织不能够运用上述 3 种战略来获取竞争优势，那就会"夹在了中间"，这样的组织难以获得长期的成功。

管理者可以运用战略管理，获得可持续竞争优势。

3. 职能战略

职能战略（ functional strategies ）指的是组织的各个职能部门（如营销、运营、财务会计、人力资源等）需要采用的战略，目的是支持竞争战略的实施。它适用于研发、生产制造、市场扩展、人力资源等职能层。

5.2.5　管理者使用什么战略武器

如果现在是圣诞/假日季节，而且你是 25～54 岁的女性，你知道去哪里寻找合适的假日电影。是的，可以找霍尔马克频道中的一个。在 2018 年 10 月—2019 年 1 月期间，拥有霍尔马克频道的公司（皇冠媒体家庭网络）首播了 34 部新的原创假日电影。每年的原创

（和重播）电影都有一个肯定成功的方案。"一个古色古香的小镇，梦幻的树木装饰，以及雪"，这个策略是有效的。50 岁以下成年观众的收视率继续增长。公司高管显然了解如何在当今的娱乐环境中成功管理其各种战略。[20]

在当今竞争激烈和混乱的市场中，组织都在寻找可以用于所从事业务活动和实现目标的"武器"。我们认为在今天的环境中，有 6 种战略"武器"很重要：客户服务、员工技能和忠诚度、创新、质量、社交媒体及大数据/数字工具。我们已经在前几章中介绍了客户服务，并将在第 9 章至第 14 章中讨论与员工有关的问题。另外我们在前几章中已经介绍了创新，并将在第 6 章中仔细研究，尤其是破坏性创新。这就留下了最后 3 个战略武器——品质、社交媒体和大数据/数字工具——我们现在加以讨论。

品质是一种战略武器

当凯洛格（Kellogg）在 1906 年开始生产谷物玉米片时，他的目标是向顾客提供高品质的、可口的营养产品。在今天，他对品质的重视仍然很重要。每个凯洛格的员工都有责任维持公司产品的高品质。

许多组织都通过品质管理来建立竞争优势，吸引并留住忠实客户群。若能恰当地实施，品质可以是一个组织创造持续竞争优势的有效方式。[21] 不仅如此，如果一个企业可以持续提高产品的质量和可靠性，它就拥有无法被夺走的竞争优势。[22] 这是因为持续改进已经成为组织运作中不可或缺的一部分，并能演化为非常有利的竞争优势。

标杆管理是最好的！

在卫生保健、教育和金融服务等不同行业的管理者正在发现而且制造厂商早已感知到——**标杆管理**的好处。标杆管理指从竞争对手或非竞争对手那里搜寻到的，能使组织获得卓越绩效的最佳实践方法。其基本思想是管理者可以通过分析和模仿不同领域的领先者所采用的方法来改进品质。

标杆管理的背景故事

- 事件：标杆管理在美国公司的首次出现。
- 时间：1979。
- 人物：施乐（Xerox）。
- 故事：在此之前，日本企业一直到处积极模仿其他企业的成功之处，它们通过观察其他人在做什么，然后利用它们的新知识来提高产品和工艺水平。施乐公司的管理层，无法弄清楚日本制造商如何可以在美国以大大低于施乐公司生产成本的价格出售复印机。

于是，施乐公司制造方面的负责人带领一个团队到日本，去做一个关于竞争对手成本和流程的详细研究。他们的发现令人震惊：施乐公司的日本竞争对手在效率上领先施乐很多。将效率标杆化是施乐在复印机领域复苏的开始。

这就是标杆管理的历史！

今时今日，许多组织都在使用标杆做法。例如，美国医学协会制定了 100 多个标准绩效衡量标准，以改善医疗服务。日产公司对沃尔玛在采购、运输和物流方面的运作进行了基准测试。西南航空公司研究了印第安纳波利斯 500 英里大奖赛的维修人员。（他们可以在 15 秒内更换赛车的轮胎，以考察他们的登机口工作人员如何使登机口的周转时间更快。[23]）

社会化媒体是一种战略武器

当红罗宾美味汉堡店（Red Robin Gourmet Burgers）开始生产和售卖 Tavern Double Burger 时，所有的宣传都要精准地面向目标顾客。那么公司的高层管理者做了什么呢？他们选择使用社会化媒体。[24] 利用内部的社交网络诸如脸书，500 多家分店的管理者都能了解到制作配方和技巧，了解如何高效地制作这款汉堡。这种内部网络也成了一种强大的反馈工具。餐厅的厨师根据顾客反馈和门店经理的建议改进配方。

成功运用社会化媒体的战略能够帮助联系组织内外的人员，削减开支或提高收入，或者二者兼有。管理者想战略性地利用社会化媒体，必须先要有一个目标和对应的计划。

52% 的管理者称社会化媒体很重要，或在某种程度上对他们的事业很重要。

美国航空公司的经理们正在使用大数据数字工具作为战略武器，为改善客户销售及与服务人员和空姐的接触体验做出决策。作为重要的战略武器，它们帮助美国航空公司实现了为乘客提供航空业中最安全、最可靠和最友好的服务目标。

组织选择采用社会化媒体不仅仅是为了社会联系，很多组织发现利用这些工具可以提高生产力。[25] 例如，很多医生每天都会上网发布或者分享科技研究成果，与同行和专家之间的协作可以使得他们更迅速高效地为病人提供治疗。网上男士服装选购服务平台——衣箱俱乐部（TrunkClub）能够根据顾客的要求发出一箱箱最新款服装，它的 CEO 利用名为 Chatter 的软件来让公司每一位私人购物顾问了解到最新到货的商品情况。当他与员工"聊"着这些信息时，他可以即刻看到有购物顾问把服装添加进顾客的"衣箱"里。[26] 我们将在本章的"当今职场中的管理技术"方框中，更仔细地研究管理者如何利用社交媒体进行环境扫描。如果在战略上加以使用，社交媒体可以成为一个强大的武器，就像大数据和其他数字工具一样！

当今职场中的道德决策

你购物吗？嗯，你可能会在心里说，这是个有点愚蠢的问题，我当然会购物。那么，另一个问题是，你是否意识到零售商店在你购物时监视你的程度？[27] 尽管我们大多数人"接受"这样一个事实：当我们在网上购物时，我们"允许"在线零售商安装它的信息记录程序，跟踪我们的每一步行动和每一次单击。然而现在，技术在实体零售环境中的使用越来越频繁。监视我们的不只有摄像头，很多零售商还使用手机追踪技术、个性化广告和超级间谍摄像头。为什么？就是要追踪你的行为，让你（和其他所有的购物者）买更多的东西。最近的一项调查结果显示，80%的消费者不希望商店通过智能手机追踪他们的行踪，44%的受访者表示，跟踪程序会降低他们在商店购物的可能性。

讨论题

1. 在使用零售消费者跟踪策略时，可能存在哪些潜在的道德困境？（从可能受此决定影响的各种利害相关者的角度思考）

2. 哪些因素会影响企业使用这一策略的决定？可能的道德考虑是否比这些因素更重要？决策者如何权衡这些因素？在你所在的小组中讨论这些问题。

将大数据和数字工具作为战略武器

大数据是在社会化媒体互换信息过程中产生的有效数据。所有关于顾客、合作伙伴、员工、市场等其他可量化的大量信息都被收集以供有需要的利害相关者使用。利用大数据，管理者可以衡量手头的业务，获取更多信息，并"将知识转化为更佳的决策和绩效"。[28] 举一个恰当的例子：当初沃尔玛开始研究自己的庞大数据库，并注意到出现飓风来袭预报时，销量会增加的不仅是手电筒和电池，还有馅饼。如今，在收到飓风预警后，沃尔玛在离商场入口处最近的货架摆放馅饼和其他风暴应急物资。这有助于为顾客提供更好的服务，也使得业绩有所增长。[29] 在帮助一家企业做好自己业务，在商业竞争中获胜、吸引顾客及满足顾客需求和达成企业目标等方面，大数据是一件重要的战略武器。

管理者如何理解大量的数据？他们可以使用数字工具——允许用户收集、可视化、理解或分析数据的技术、系统或软件。数字工具的具体例子包括微软 Excel 等软件，谷歌分析等在线服务，或连接计算机和人的网络，例如，我们在上一节讨论的社交媒体。

越来越多的数字工具使管理者能够根据各种定量信息（大数据）做出决定，但重要的是要记住，管理者也会利用他们对定性信息的理解做出计划，包括内部（优势和劣势）和外部（机会和威胁）因素。虽然数字工具越来越重要，但它们应该是对当前规划方法的补充，而不是取代它们。让我们简单地看一看 3 种比较有价值的数字工具。

数据可视化工具。饼状图、柱状图和趋势线有什么共同点？它们是组织总结数据的方法，用于视觉显示。例如，管理者可以使用柱状图或趋势线来显示几个产品或企业、行业多年来的利润。

云计算。云计算指在互联网上存储和访问数据，而不是在计算机的硬盘或公司的网络上。云只是互联网的一个比喻。使用云计算，管理者可以高效地访问大量的数据，而不需要投资昂贵的硬件来实现。

物联网。我们在第 2 章介绍了这个概念。物联网允许产生和存储有关其自身性能的数据，并在互联网上分享这些信息。

作为一种战略武器，这些不同类型的数字工具使管理者能够理解所生成的所有数据。但是，这些工具仅仅是工具。它们是对计划方法的补充，而不是取代它们。所以，一旦管理者有了组织的战略，就应该设定目标并制订计划来实现这些战略。

5.3　管理者如何设定目标和制订计划

计划工作＝目标＋计划

计划工作包括 2 个重要方面：目标和计划。**目标（goals）**是指期望达到的结果或产出。这些结果或产出指引着管理者的决策，并成为衡量其工作成果的标准。**计划（plans）**是概括目标如何实现的书面表述，一般包括资源分配、预算、进度安排和其他实现目标的必要行动。管理者制订计划时，也就是同时在规划目标和计划。

5.3.1　组织目标类型和如何设定目标

尽管组织目标看似是单一的——对企业而言，其目标是盈利；对非营利组织而言，其目标是满足某些群体的需要。但是，一个组织的成功不能仅仅根据一个目标下定论。事实上，所有的组织都有多个目标。例如，企业的目标可能包括：提高市场份额，维持员工工作积极性，或者努力实现环境的可持续发展。而作为非营利组织的教堂，其不仅仅是一个进行宗教活动的地方，同时，它也致力于帮助所在社区经济困难的人们，并为教会成员举行社交聚会提供场所。

1. 目标类型

大多数公司的目标可分为战略目标和财务目标。财务目标是与组织的财务绩效相关的目标，而战略目标是除了财务目标之外的其他所有与组织绩效相关的目标。例如，麦当劳的财务目标包括年均销售额和收入增长 3%～5%，营业收入年均增长 6%～7%，对十几岁青少年的投资取得回报。[30]一个战略目标的例子，日产公司的 CEO 要求该公司的 GT-R 超级跑车赶上或超越保时捷 911 Turbo 的性能。[31]这些目标是**宣称目标（stated goals）**——是组织所表述的及它希望其利害相关者相信的正式声明。宣称目标可从组织的章程、年度报告、公告或在管理者的公开声明中找到，但是往往互相矛盾，并且受到利害相关者对组织期望的影响。这些目标往往很模糊，可能在更大意义上代表了管理者的公关能力，而不是组织想要达成的目标的有效指导。所以，发现组织的宣称目标和组织在现实中采取的行动常常不相关时，也就不足为怪了。[32]

宣称目标与真正目标

如果你想了解一个组织的**真正目标（real goals）**——那些组织实际上追求的目标——那么请观察其组织成员在做什么。行动确定优先事项。了解真正目标和宣称目标之间的不同对于理解企业的不一致行为非常重要。

2. 设定目标

正如前文所言，目标能够为管理决策和行动指明方向，并成为衡量其实际工作成果的标准。组织成员所做的所有事情都应当以完成目标为导向。目标的设定可以通过传统的目标设定或使用目标管理来实现。

传统的目标设定

在传统的目标设定中，目标由最高管理者设定，然后自上而下贯穿整个组织，并成为组织内各个领域的子目标（见图 5-4）。这种传统的观点假定高层管理者知道什么是最好的，因为他们能够看到"全局"。层层传递的目标引导个体员工工作以实现这些指定的目标。以制造企业为例，总裁告诉生产副总监他预计未来一年的生产成本预算应是多少，同时告诉营销副总监他期望下一年应达到的销量是多少。这些目标被逐级分解，自上而下逐级传递。目标传递到每一层级时都以书面形式来明确该层级的责任。然后，在未来某个时间里，评估各个层级的绩效以确定所设定目标是否已经完成。或者说，计划是这样的，但实际上，组织并不总是这样做的，因为要把组织宏大的战略目标细化成各部门、团队和个人的目标是一个困难和令人厌烦的过程。

图 5-4　传统的目标设定

传统的目标设定的另一个问题是，当高层管理者从广义上界定该组织的目标时，例如，实现"充分"的利润或提高"市场领导地位"，这些模糊的目标必须要更加具体和明确，因为它们要自上而下地逐级传递下去。各级管理者界定自己的目标并按照自己的理解和偏好执行，而这使模糊的目标变得更为具体和明确的努力受阻。因此，目标在自上而下传递的过程中经常偏离了原来设定的方向，但也并非一定如此。例如，在墨西哥的蒂华纳的 DJ 整形外科，员工能够看到他们的日常工作绩效是如何影响公司目标实现的。该公司的人力资源经理说，"当员工与他们的工作绩效产生密切的联系时，当他们知道自己每天都应该做什么，以及如何实现这些目标时，公司目标与员工的工作就已经紧密地联系在一起了。"[33]

当组织目标的层次结构明确时，正如在 DJ 整形外科一样，那么它就形成一个完整的目标网络，或是一条"**手段–目标**"链。高层级目标与低层级目标紧密相连，低层级目标是高层级目标实现的手段。换句话说，低层级目标的实现是更高一层目标实现的手段，并且贯穿于不同的组织层次。这就是传统目标设定法运作的过程。

目标管理

也有许多组织不是使用传统的目标设定法，而是采用**目标管理法**（**management by objectives，MBO**）来设定目标。目标管理是一个设定双方都认同的目标，并以这些目标的实现来评价员工绩效的过程。如果管理者使用这种方法，他会坐下来与每个小组成员共同设定目标，并定期检查是否取得进展。目标管理包含 4 个要素：明确目标，参与决策，明确的时间期限，绩效反馈。[34] 除了制定这些目标以确保员工在做他们应该做的工作，目标管理还通过目标来激励员工。能起到这样的吸引力，是因为这种方法侧重于激励员工努力实现那些自己一起参与设定的目标（关于目标管理的更多信息，请参见"当今职场中的经典概念"一节）。

关于目标管理的实践研究表明，它可以提高员工绩效和组织生产率。例如，一篇关于目标管理的文献回顾表明，几乎所有的目标管理都有利于提高生产率。[36] 但是，目标管理对现代组织起作用吗？如果把它作为制定目标的一种方法，那么答案是肯定的，因为研究表明，设定目标可以成为激励员工的有效工具，我们将在第 12 章进一步讨论。[37]

当今职场中的经典概念

你所需了解的目标管理！

目标管理已不是新概念。在 20 世纪六七十年代，目标管理就已经是普遍得到应用的管理工具。这个概念最早可以追溯到 60 年前，彼得·德鲁克在他 1954 年出版的《管理的实践》一书中首次提到这个术语，[29] 其贡献在于强调了将组织的总体目标转化为组织部门和员工的具体目标。

目标管理如何实现？

目标管理使得目标在组织里自上而下的传达过程中变得具有可操作性。组织的总体目标被转化为组织中各个层级的部门和员工的具体目标。其结果是形成目标——子目标的金字塔结构。对员工个人而言，目标管理为他们提供了明确的个人绩效目标。如果所有的人都实现自己的目标，那么部门的目标也就实现了。同样，如果各个部门都实现其目标，那么事业部的目标也就实现了，进而公司目标的实现也会成为现实。

目标管理真的有效吗？

评估目标管理的有效性并不容易。目标设定的研究可以为我们提供一些答案。

具体的、较难实现的目标——目标管理的重要部分——比没有目标或像"尽最大努力"这样的模糊目标有更高的产出水平。

反馈——也是目标管理的重要部分——会给绩效带来积极影响，因为反馈可以使员工了解其努力水平是已经足够还是有待提高。

参与——也是目标管理大力提倡的——没有显示出与绩效的一致关系。

目标管理成功实施的一个重要因素是高层管理者对目标管理过程的承诺。当高层管理者对目标管理过程具有很强的承诺，并亲自参与执行时，那么相比没有承诺，这样会得到更高的生产率。

讨论题

1. 为什么你认为管理层的承诺对于目标管理项目的成功是如此重要？

2. 你能为你的个人目标使用目标管理吗？解释一下。如果可以，为什么？如果不能，为什么？

L. L. 宾（L. L. Bean）公司的 CEO 史蒂夫·史密斯（Steve Smith）计划通过扩大商品目录和在线销售，更专注于开设新的零售店并将其广告支出增加 2 倍以支持店内购买，来扩大公司的客户。这些战术计划支持 L.L.公司的战略计划，即提高公司的业绩并确保其盈利增长。

认真编写的目标的特点

无论使用哪种方法制订计划，目标都要以书面形式记录下来，而有些目标比其他目标能更好地表述清楚预期要达到的结果。管理者应制定认真编写的目标。表 5-2 列出了认真编写的目标的特点。[33] 熟记这些特点后，管理者要开始真正设定目标了。

表 5-2　写得很好的目标

■ 用结果而不是行动来写
■ 可测量和可量化
■ 时间规划很清楚
■ 具有挑战性但可以实现
■ 写下来
■ 与有必要的组织成员沟通

资料来源：Robbins, Stephen P., Coulter, Mary, Management, 13th Ed., ©2016, p.222. Reprinted and electronically reproduced by permission of Pearson Education, Inc., New York, NY.

目标设定的步骤

管理者在设定目标时应遵循以下 6 个步骤。

（1）**回顾组织使命和员工的主要工作任务**。组织使命对什么是重要的提供了总体指导，目标应该反映使命。此外，明确员工工作应达到的结果也很重要。

（2）**评估现有资源**。不要设定那些在组织现有资源的基础上不可能实现的目标。尽管目标应具有挑战性，但也应具有现实性。毕竟，不管你多么努力，如果现有资源不能使你实现目标，那么就不应该设定该目标。

（3）**逐一地或考虑其他投入后确定目标**。目标反映预期成果，并应与组织的使命和组织其他方面的目标一致。这些目标应该是可以衡量的、具体的，并具有时间期限。

（4）**确保目标认真编写，然后传达给所有需要知道的员工**。把目标写下来并传达的过程促使员工认真思考这些目标。书面的目标能为工作的重要性提供看得见的证据。

（5）**建立反馈机制评估目标的进展情况**。如果目标没有实现，那么就要根据实际情况做出改变。

（6）**报酬与目标挂钩**。员工很自然会想："这对我意味着什么？"报酬与目标挂钩将有助于回答这个问题。

一旦目标已经设定并形成书面形式，然后传达下去，管理者就要制订计划，实现目标。

5.3.2 管理者应制订什么类型的计划及如何制订这些计划

经理需要计划来帮助他们明确如何实现目标。首先让我们来看看管理者所制订计划的类型。

1. 计划的类型

最常见的描述计划类型的几种方式有：计划的范围（战略的还是战术的）、时期性（长期的还是短期的）、特定性（指导性的还是专项的），以及使用的频次（一次性的还是持续性的）。如表 5-3 所示，这些计划的类型不是孤立的，也就是说，战略计划通常是长期的、指导性的及一次性的。我们接下来看看计划的每一种类型。

表 5-3　计划的类型

使用范围	时期性	特定性	使用频次性
战略的	长期的	指导性	一次性
战术的	短期的	专项的	连续的

范围（breadth）。**战略计划（strategic plans）** 适用于整个组织，是组织的整体目标。所谓**战术计划（tactical plans）**，有时也称**运作计划（operational plans）** 是指如何实现整体计划的具体步骤。例如，麦当劳投资于"红盒子"售货亭业务就是战略计划的结果。决定何时、何地及如何真正地运作企业是市场营销、物流、财务等战术计划的结果。

时期性（time frame）。由于环境的不确定性，用来判别短期和长期计划的年数已大幅度减少了。长期计划曾经是指超过 7 年的计划。想象一下 7 年后你可能会在做的事情。这似乎很遥远，不是吗？现在你应该明白对管理者而言，制订这么遥远的计划是多么艰难的事情。因此，长期计划现在已被界定为超过 3 年的计划，短期计划指不超过 1 年的计划。

特定性（specificity）。从直觉上看，专项计划要比那些指导性计划（或者说，指导模糊的计划）更好。专项计划是明确界定并且不留任何解释余地的计划。例如，经理希望未来 12 个月内所在部门产量能提高 8%，于是他可能会制定具体的流程步骤、预算分配和工作时间表，以实现这一目标。但是，当不确定性高时，管理者必须具有灵活性，以应对突发变化，这时，他们很可能会制订指导性计划，即起一般指导作用的灵活计划。例如，摩城唱片公司（Motown Records）的总裁西尔维亚·罗纳普有一个简洁明了的目标——"和伟大的艺术家签约"。[39] 她可以制订一个专项计划，即今年制作并销售 10 张新艺术家专辑。或者，她可以制订一个指导性计划，即利用世界各地的人脉关系网结识新的和有前途的人才，那样她就有更多艺术家可以签约。西尔维亚，以及其他参与计划的管理者都必须记住，你必须在指导性计划的灵活性和专项计划的确定性之间取得平衡。

灵活性和确定性

使用频次（frequency of use）。管理者制订的一些计划可以持续地进行，但某些计划则只能使用一次。只能使用一次的计划称为**一次性计划（single plan）**，专为满足某个特殊情况的需要而制订的。例如，当戴尔公司开始研制互联网专用袖珍设备时，管理者使用一次性计划来指引他们的决策。相反，**持续性计划**（**standing plan**）则是不断重复的计划，为反复进行的活动提供指导。例如，当你在新学期注册的过程中，你使用的是所在大学或学院标准的注册流程计划。虽然时间改变了，但这一流程在每个学期都以同样的方式进行。

2. 制订计划

制订计划的过程受以下三个权变要素和计划方法的影响。

计划中的权变要素

三个权变要素会影响计划的选择：组织层级、环境的不确定性，以及未来承诺的期限。[40] 图 5-5 显示了管理者层级与计划类型之间的关系。在大多数情况下，较低层级的管理者制订操作层面的（或战术性的）计划，而高层管理者制订战略计划。

图 5-5　计划与组织层级

第二个权变要素是环境的不确定性。当不确定性高时，计划要具体，但同时也要具有灵活性。在执行计划的过程中，管理者应随时准备改变或修正计划。例如，大陆航空公司（Continental Airlines，现属美国联合航空公司 United Airlines）的前 CEO 和他的管理团队制定了客户最想要的目标——准时航班，可以帮助公司在具有高度不确定性的航空业提高自身竞争力。由于这种不确定性，管理层确定了"目的地，而不是飞行计划"，而且为了达到准时服务的目标，必要时公司会改变计划。

最后一个权变要素与计划的期限有关。**承诺概念**（**commitment concept**）指计划周期应该够长，可以兑现制订计划时所做出的承诺。太长或太短时间的计划是既无效果又无效率的。例如，组织计划要提高公司的计算机运行能力，我们可以从这个计划里看到承诺概念的重要性。在安置计算机的公司数据中心，人们发现他们那"极度渴望电力的计算机"散发出大量的热能，这导致员工对空调的需求增加，最终导致电费开支暴涨。[41] 这如何说明承诺概念呢？随着组织提高其计算机技术水平，它们要"承诺"支付由于该计划未来产生的所有费用。也就是说，它们不得不对计划及其结果负责。

38%的管理者直言制订下一年度的计划是一大挑战。[42]

你觉得为明年做计划是个挑战吗？你怎样才能把计划工作做得更好？

计划的方法

联邦、州和地方政府官员正在共同制订一项计划，以增加美国西北部野生鲑鱼的数量。

3M 公司的全球舰队图形事业部的部门经理正在制订详细的计划，以满足客户越来越高的需求，并且打败更激进的竞争对手。传媒大亨埃米利奥·阿兹卡拉伽·让（Emilio Azcarrage Jean）是墨西哥电视集团（Grupo Televisa）的董事长、总裁和 CEO，他一般是在参考了不同人提供的信息后才制定公司目标，然后将如何实现该目标的计划部署给各个高层管理者。以上各种情况，制订计划的过程均略有不同。一个组织制订计划的方法可以从组织中是谁在制订计划这点来判断。

在传统的计划方法下，计划完全由高层管理者完成，他们背后有**正式规划部门**（**formal planning department**）的一群规划专家给予支持协助，这些专家唯一的责任是帮助管理者制订各种组织计划。根据这一办法，计划由高层管理者制订，然后通过其他组织逐级传递下去，就像传统的目标设定法。当其贯穿整个组织时，计划根据组织每个层级的特殊需要而制订子计划。虽然这种方法使得计划全面、系统、协调，但其重点往往只是所谓的"计划"，即只是由毫无意义的信息组装起来的厚厚的装订本而已，高高地存在书架上，不会有人去翻阅和用它来帮助指导或协调自己的工作。

在一项对管理者进行的自上而下的正式组织计划过程的调查中，超过 75% 的管理者表示，其公司的计划方法并不能令人满意。[43]

他们普遍抱怨说："计划只是你为公司规划人员准备的文件，之后就会忘得干干净净"。[44]虽然很多组织使用这种传统的自上而下的办法制订计划，但是要使这种计划奏效，只有使管理者明白组织成员实际使用该计划的重要性，而不是只是使计划看上去令人印象深刻，却从未使用过。

另一种计划的方法是让更多的组织成员参与到计划中。在此方法中，计划并不是层层分解下来，而是由组织的各个层级上各个部门的成员共同制订，以满足其具体需要。例如，在戴尔公司，生产部门、供应管理部门、渠道管理部门的员工每周召开会议，讨论当前产品的供求情况，并以此为基础制订计划。同时，各个部门制定各自的日常安排，并跟进各自的进展情况。如果其中一个团队跟不上进度，那么该团队里的员工就要相应修改计划以赶上进度。[45] 当组织成员更积极地参与计划时，他们看到的计划就不仅仅是写在纸上的东西了。他们能真正能体会到，计划是用来指导和协调工作的。

弗吉尼亚·保利（Virginia Poly）是一家加拿大招聘公司的创始人和 CEO，她在公司客户喜欢雇用临时工的情况下经营管理公司。为了公司的成功，她计划让她的员工致力于和客户保持长期的友好关系并且以顾问而非销售员的身份提供服务。

5.4　当代计划工作所面临的问题

在现代汽车 21 层高的总部大厦的 2 楼，每时每刻都充斥着信息。在这里你可以找到企业全球指挥控制中心（GCCC），被美国有线电视新闻网（Cable News Network，CNN）报道为"数以十计的计算机屏幕通过视频和数据来监督现代汽车在全球的操作"后，广为其他企业所模仿。企业管理者通过供货商与工厂间的交货来获取信息。摄像机监视着现代汽车的各个装配线及在韩国的厂房——这是世界上最大的整装车工厂，密切留意竞争企业的间谍和劳工动乱的蛛丝马迹。GCCC 也同样监视企业在欧洲、日本、北美的研究开发活动。现代汽车可以及时鉴别问题并迅速反应。现代汽车是进取和速度的典型，也体现了 21 世纪成功企业是如何进行计划管理的。[46]

作为本章的最后一部分，我们将讨论 2 个当代计划工作中的问题。具体来说，我们将探讨动态环境下计划的有效性，以及管理者将如何充分利用环境分析手段，特别是如何取得竞争对手情报。

5.4.1　管理者如何在动态环境和危机情况下有效地制订计划

动态环境和危机情况 = 计划工作的挑战

正如我们在第 2 章所讲到的，外部环境是不断变化的。在不断变化的外部环境中，管理者如何有效地计划呢？我们已经讨论过环境的不确定性，并将其作为影响管理者计划类型的权变因素。因为动态的环境是一种常态而非特例，下面将讨论在这种环境下，怎样有效地计划。

动态环境。在一个不确定的环境下，管理者应制订详细但又灵活的计划。虽然这可能看起来是矛盾的，但实际上并非如此。计划必须要详细才有用，但又不应该一成不变。管理者必须认识到计划是一个持续的过程。尽管目标可能会因为动态的市场环境而改变，但计划依然发挥着"路线图"的指引作用。如果环境需要改变，那么他们就应该随时准备改变行动方向。这种灵活性在计划执行过程中尤其重要。管理者需要对环境变化保持警觉，因为其可能影响计划的执行情况，然后根据需要做出相应的调整。请记住，即使是在高度不确定的环境中，仍然需要继续制订正式计划，因为正式计划能影响组织绩效。持续地制订计划有助于显著提高组织绩效。为什么？因为与大多数活动一样，在持续制订计划过程中，管理者也"学习计划"，从而提高计划的质量。[47]最后，为在动态的环境中有效地进行计划，组织层次应该扁平化。这意味着允许较低的组织层次设订目标和制订计划，因为保证目标和计划自上而下传递的时间太有限了。管理者应教会员工如何制定目标和计划，并相信他们能够做到这一点。你只要去印度的班加罗尔找一家公司看看，就能更好地理解这一点。10 年前，威普罗有限公司（Wipro）仅是一个主要活动在印度的"默默无闻地销售食用油和个人计算机"的集团。而今天，它已成为拥有年销售 85 亿美元的全球公司，其主要业务来源于信息技术服务。[48]埃森哲、美国电子数据系统（Electronic Date Systens，EDS）、IBM 及美国大型会计师事务所等组织都十分清楚威普罗所表现出来的竞争威胁。

威普罗的员工不仅成本低，而且有着丰富的知识和娴熟的技能，他们在公司的计划方面发挥着重要作用。由于信息服务业正在不断变化，公司培训员工学会分析各种情况，确定客户问题的程度和范围，以便为客户提供最佳的解决方案。这些员工在客户服务的第一线，做什么和怎么做是他们自己的责任。这就是威普罗成功应对行业变化的一种方法。

危机的情况。2010 年 2 月 27 日，智利发生了大地震。它是如此强烈，NASA 估计它使地轴倾斜了 3 英寸。[49]（令人难以置信，不是吗？）事实证明，2017—2018 年的流感季节比预期的更糟糕，许多医院需要对设施、流程和程序进行调整，以处理大量的病人。[50] 2017 年 8 月下旬，飓风哈维（Harvey）猛烈袭击了休斯敦，留下了毁灭性的洪水。[51] 针对大公司、政府机构和其他机构的网络攻击发生得越来越频繁。所有这些都是危机情况的例子，这就要求管理者在日常规划中做好准备，应对与动态环境相关的挑战。怎么做？好吧，在计划危机时，首先要记住的是，你不能等到危机发生时再行动!需要准备和落实一项全面的危机应对计划。专家建议它要涵盖 3 个关键的方面：人员、准备和测试。[52] 当危机来临时，组织的人员需要知道做出什么反应。他们通过准备和演练模拟危机（测试）来了解这一点。所有这些都需要紧张而周密的计划工作。值得吗？当然值得！

5.4.2 管理者如何使用环境扫描法

通过**环境扫描**（environmental scanning）可以获取大量的信息以预测未来发展趋势，这有助于管理者分析外部环境。发展最快的环境扫描方法之一是**竞争情报**（competitive intelligence），它提供关于竞争对手的准确信息，使管理者能够预测竞争对手将要采取的行动，而不仅仅是被动回应。[53] 它企图寻求竞争对手的基本信息，包括：他们是谁？他们在做什么？他们正采取的行动将如何影响我们？

许多关于竞争情报的研究表明，大部分关于竞争对手的信息是易于获取和公开的，管理者需要它们以做出重要的战略决策。[55] 换言之，获取相关竞争情报不需要靠组织实施间谍行为。广告、促销材料、新闻报道、政府公告、年度报告、招聘广告、报纸的相关报道、互联网上的信息及产业研究均是容易得到的信息来源。一个产业及其相关组织的具体信息已越来越容易通过电子数据库得到了。实际上，管理者只需要通过付费即可进入数据库，获取这些有价值的竞争情报。参加贸易展览会和听取销售人员的汇报也可能是获取竞争者信息的有效来源。此外，许多组织还经常购买竞争对手的产品，并要求自己的员工评价它们，从中学习竞争对手新的技术革新。[56]

在一个不断变化的全球商业环境中，环境分析和获取竞争情报可能很复杂，特别是当这些信息必须从世界各地收集的时候。但是，管理者可以订阅新闻服务，该新闻服务评论世界各地报纸杂志的主要内容，为订阅者提供总结概要。

管理者需要关注信息收集的方式，特别是竞争情报，以防止牵涉任何关于法律或道德问题。例如，最近，喜达屋酒店（Starwood Hotels）起诉希尔顿酒店（Hilton Hotels），指控 2 名前雇员窃取商业机密，帮助希尔顿开发新系列的豪华时尚酒店，以吸引年轻人。[57] 法庭文件中显示，"这是最明显的商业间谍活动，涉及窃取商业秘密、不公平竞争和计算机欺诈。"当出现不择手段地获取竞争对手的专利材料或商业机密的行为时，竞争情报就成为非法商业间谍活动的产物。在美国，《经济间谍法》（Economic Espionage Act）规定，从事经济间谍活动或窃取商业秘密是犯罪行为。[58] 对竞争情报的裁定变得很困难，因为竞争情报在被认为既合法又符合道德与合法但不道德之间很难界定。虽然一家竞争情报公司的高层管理者称 99.9% 的情报收集是合法的，但毫无疑问，某些人或公司会不惜一切代价（如采取不道德的做法）获取有关竞争对手的信息。[59]

社交媒体对公司的环境扫描有多重要？

虽然大多数公司都采用社交媒体作为营销的策略，但许多公司已经扩大了他们对社交媒体的使用，以支持组织计划工作。[54] 越来越多的社交媒体网站为企业提供实时信息，以支持环境扫描工作。

社交媒体在收集竞争对手情报方面尤其具有价值。企业可以通过监控在线对话和其他通过社交媒体传播的信息来识别新的变化趋势。例如，通过链接器（LinkedIn），你可能知道竞争对手正在扩大某个部门，因为越来越多的人正在更新个人资料，表明他们正在加入某个组织。或者，你可以确定竞争对手的战略性晋升或招聘，这可能反映了他们业务的变化。

监控社交媒体似乎是一项艰巨的任务；然而，企业可以使用新的软件工具和分析技术来了解竞争对手、供应商和客户。例如，软件可以用来计算"异动量"，它可以在网上分离出有关某个公司品牌的相关信息。

为了有效地从社交媒体中收集商业情报，组织应该采取战略性的方法，否则很容易被大量信息淹没。这种前所未有的获取实时信息和无尽信息的方式可能会改变企业的计划工作方式。管理者必须能够根据变化趋势或通过社交媒体扫描识别的其他情报迅速改变计划。

讨论题

1. 通过社交媒体可以获得的如此多的信息。企业应该如何集中精力扫描相关的信息？

2. 管理者如何确定从社交媒体上收集到的信息是可靠的而不是虚假的？在你"所在的"小组中进行讨论。

本章概要

（1）讨论计划的本质与目的。

作为首要的管理职能，计划是管理者做其他所有事情的基础。我们关注的是正式的计划，也就是说，在一个具体的时间期限内设定要实现的具体目标，形成书面文字，并且制订具体的计划以确保这些目标得以实现。管理者需要进行计划有 4 个原因：①计划能使行动协调一致；②计划降低不确定性；③计划可以减少重复和浪费的活动；④确定目标和标准以实施控制。虽然计划遭到批评，但是证据表明组织受益于正式计划工作。

（2）解释管理者如何进行战略管理。

管理者通过战略管理过程制定组织的战略，它包含 6 个步骤的过程，涉及战略规划、实施和评估。这 6 个步骤如下：①识别公司当前的使命、目标和战略；②分析外部环境；③分析内部环境——步骤 2 和 3 统称为 SWOT 分析；④制定战略；⑤实施战略；⑥评价结果。这个过程的最终结果是公司战略、竞争战略和职能战略，这使得组织能确定和从事其业务并实现其目标。在当今商业环境中，6 项战略武器十分重要：客户服务、员工技能与忠诚度、创新、品质、社会化媒体和大数据的应用。

（3）比较设定目标和制订计划的各种方法。

大多数公司的目标被分为战略目标和财务目标。我们还可以将目标分为宣称目标和真正目标。在传统的目标设定中，目标由最高管理者设定，自上而下贯穿整个组织，并分解为每个部门的子目标。组织还可以使用目标管理法，这是一种通过共同商讨来制定目标的过程，并利用这些目标来评估员工绩效。计划类型通过计划的范围、时期性、特定性和使用的频次来描述。计划可以由正式的规划部门或更多的组织成员共同参与制订。

（4）讨论当代计划工作所面临的一些问题。

当代计划工作面临的问题之一是要在动态环境中计划，这通常意味着计划要具体但又灵活。此外，尽管环境高度不确定，持续性地计划工作依然是很重要的。最后，由于在动态环境中计划自上而下贯穿组织的时间太少，因此应该允许较低层级的员工参与设定目标和制订计划。危机计划应在危机发生前完成，应包括人员、准备和测试。另一个问题是利用环境扫描能够更好地分析外部环境。环境扫描的一种形式，竞争情报，无论是通过传统方法还是通过使用社交媒体等技术获取，对于了解竞争对手的所作所为特别有帮助。

复习思考题

1. 比较正式与非正式计划。

2. 讨论为什么计划工作是有好处的。

3. 详细描述战略管理过程的六个步骤。

4. 什么是 SWOT 分析？为什么它对管理者是重要的？

5. "没有计划的组织注定走向失败。"你同意这种观点吗？解释你的观点。

6. 你认为目标管理在什么情况下最有用？请讨论。

7. 描述管理者如何在当今的动态环境中进行规划。

8. 在你的个人生活中，你会做什么类型的计划？按分类：①战略的还是战术的；②短期的还是长期的；③指导性的还是专项的；④一次性的还是持续性的，描述你的计划。

9. 做一份个人的 SWOT 分析。评价你的优势和劣势（技能、天赋和才能等）。你擅长什么？不擅长什么？你喜欢做什么？不喜欢做什么？然后，通过反复研究你感兴趣行业的就业前景，识别你职业生涯的机会和威胁。通过查阅有关劳动统计机构所提供的就业前景资料来了解行业趋势和预测。一旦掌握上述信息后，马上写一份职业行动规划。列出你 5 年的职业目标及你要达到这些目标需要做哪些工作。

10. 技术在计划工作中扮演什么角色，以及应该扮演什么角色？

11. 对管理者来说计划将来或多或少会变得更重要？为什么？

12. 互联网如何能够帮助管理者遵循战略管理流程中的步骤？

管理技能建设：成为一个优秀的目标制定者

俗话说，如果你不知道你要去哪里，那你只能随波逐流。我们也知道两点之间最短的距离是直线。这两句"格言"说明了目标的重要性。管理者是典型地通过其获取目标的能力来评判的。如果在组织中的个人或团队缺乏目标，那将会没有方向，也没法集中力量。因此成功的管理者善于设立自己的目标并帮助他人确立目标。

技能基础

除了你自己对目标的关注外，员工也应该对他们要努力完成的目标有一个清晰的认识。管理者有责任帮助员工建立这样的认识以确立他们的工作目标。以下 8 条建议能帮助你更有效地确立目标。

（1）**确定一位员工的主要工作任务**。建立目标的第一步是弄清楚你希望员工去完成什么。获取这一信息的有效来源是每位员工的工作说明书。

（2）**为每一个主要任务建立可测量、具体而又有挑战性的目标**。明确对员工绩效的期望和员工工作的目标。

（3）**为每个目标设立具体的截止日期**。给目标加上期限能减少歧义。但确定截止日期时不应武断，而要根据现实情况留足时间让员工完成任务。

（4）**允许员工参与制定目标的过程**。当员工参与建立目标的过程，他们会更有可能欣然接受这个目标。然而，这必须是真正地参与。也就是说，员工必须感受到你在真诚地寻求他们的意见，而不是走过场。

（5）**分清主次目标**。当你给某人多于一个任务时，给这些任务按重要程度排出先后次序十分必要。按轻重缓急排序是为了鼓励员工按不同目标的重要程度合理行动和分配精力。

（6）**按困难程度和重要程度给目标打分**。目标的制定不应鼓励大家都去选择简单的目标。相反，目标应该按其困难程度和重要程度被打分。打分后，选择困难目标的人可被予以表彰，即使他们可能并未完全达成目标。

（7）**建立反馈机制来评估工作过程**。通过反馈，员工能了解到他们的努力是否足以达成目标。反馈可以源于自身，也可以来自上司。反馈应该是频繁的和循环的。

（8）**报酬与目标挂钩**。员工很自然会想："这对我意味着什么？"报酬与目标挂钩将有助于回答这个问题。

资料来源：LOCKE E A. LATHAM G P. 1979. Goal-Setting: A Motivational Technique That Works[J]. Organization Dynamics, 8(2): 68-80.

LOCKE E A, Latham G P. 2002. Building a Practically Useful Theory of Goal Setting and Task Motivation[J]. American Psychologist, 57(9): 705-717.

技能应用

阅读这个剧本，然后按照后面的说明进行练习。

你在读大学期间，一直在食品城（Food Town）超市兼职帮忙打包商品。你非常喜欢在食品行业工作，因此你毕业后找了一份在食品城做管理培训的工作。3 年过去了，你在杂货店和大型超市中积累了足够的工作经验，几个月后你被升为门店经理，如今管理着其中一家连锁店。你最喜欢食品城的一点就在于公司给予门店经理极大的自主权决定如何运营一家超市，仅设有一般的准则。公司高层关注的是绩效底线，如何达到相应的绩效则是经理的事。作为门店经理，你希望在你的门店开展目标管理类型的项目。你希望每个人都能有自己清晰的目标并努力工作，最终根据是否完成目标来评估工作。

你的门店有 70 位员工。除了管理者外，大多数员工每周只工作 20～30 个小时。你手下有 6 个人负责向你汇报，包括一名经理助理、一名周末经理，以及食品杂货部、生产部、鲜肉部和面包部的部门经理。唯一一项需要极高专业技能的工作是屠宰工人，他们经过严格的训练并且必须遵守监管指引。其他不需要专业技能的工作有收银员、货架整理员、保洁人员和商品打包员。

请具体说明获得新职位后，你将怎么给员工设立目标，举例说明你为屠宰工人、收银员和面包部经理设立的目标。

体验练习

所有类型和各种规模的组织都有（或应该有）使命陈述。你的学院/大学可能有使命或愿景，就像你学院/大学的每个系可能都有一样。使命陈述很重要，因为它迫使管理者和决策者确定其存在的理由。为什么这个组织会存在？它的目的是什么？正如我们在本章所说，了解使命对于计划工作非常重要。

那么，个人使命陈述呢？拥有个人使命陈述有用吗？专家认为有用。[60] 当你为未来的职业生涯做准备时，个人使命陈述可以成为你个人和领导力发展的重要组成部分。写一个个人使命听起来很简单，但它并不容易。我们的希望是，它将是你想要保留、使用和必要时修改的东西，它将帮助你成为所想成为的人，过你想过的生活。我们建议从研究个人使命开始。你的个人使命陈述可以是 1～10 句话，但它应该确定你的核心价值观、你的目标，以及什么对你来说是重要的。有一些很棒的网络资源可以指导你。祝你好运！一旦你完成了个人使命陈述，你的导师会告诉你该怎么做。

应用案例 5-1：快时尚的奥秘
专题：组织成长战略、竞争优势和社会责任

飒拉的快时尚奥秘

早期以制作浴袍为业的一位西班牙人阿曼西奥·奥特加（Amancio Ortega），萌生了一个简单的创业想法：生产与当前流行款式极为相像的服装，并以较低的价格出售给精打细算的欧洲人。[61] 于是，他开设了第一间飒拉（Zara）服装店，获得了巨大成功。阿曼西奥因此决定直接挑战传统服装业，不采用原来从服装设计到购买成衣耗时 6 个月的模式，而是建立所谓的"快时尚"——让消费者能够更快地购买到最新设计的服装，缩短等待时间。这就是飒拉一直所做的！

西班牙时尚服装零售集团印第迪克（Inditex）集团旗下的飒拉，被认为是一家产品比盖普（Gap）更时尚、比塔吉特（Target）成长得更快、比沃尔玛更懂物流管理的公司。飒拉本身也承认，它在时尚界的成功不过是基于一个简单的规则：让产品更快地流入市场。看上去简单，但是要做到这一点，却并不容易。它要求公司必须要对时尚、科技和他们的目标市场有着清晰的主次分明的认识，并具有快速应对潮流做出改变的能力。

印第迪克集团是全球最大的时装零售商，拥有 8 个零售品牌的生产链，分别是飒拉（包括 Zara Home 和 Zara Kids）、欧普贝尔（Pull and Bear）、麦西姆杜特（Massimo Dutti）、巴适卡（Bershka）、斯特拉迪瓦里斯（Stradivarius）、奥依修（Oysho）、悠特绮（Uterque）。该公司在各国拥有 7300 多家门店，尽管飒拉的收入占公司总收入的 2/3 以上。凭借庞大的全球影响力，飒拉正在调整其战略，更多地专注于旗舰（更大的）实体店和在线扩张。[62] 尽管服饰零售行业面临困境，但即使在充满挑战的市场环境中，飒拉的表现也优于竞争对手。[63]

飒拉在快时尚领域制胜的法宝到底是什么呢？一件新设计的服装，从出现在设计师的画板上到成为门店的成衣，仅需要约 2 周的时间；成衣均从工厂被直接运送到门店，使得各门店内每 2 周就会换一批新设计的时装。由此可见飒拉商业活动的方方面面，无一不服务于产品快速的周转。那些在外观前卫的飒拉总部"立方体"里工作的销售经理，都坐在一长排计算机前面，通过显示屏时刻详细查看每间门店的销售情况。他们几乎能即刻关注到热销品和滞销品。他们也负责通知内部设计师团队，让他们设计新的时装风格并决定应采用哪种与设计和定价完美结合的布料。一个新设计样稿出来后，马上就会以电子形式传送到街对面的飒拉工厂，并据此制作一件样衣。为了减少浪费，在激光制导仪器裁衣前，计算机程序会反复将服装样板与大量的各式布料组合比对。大部分飒拉的服装都是在摩洛哥、葡萄牙、西班牙和土耳其生产，成衣会在一周内被送回工厂，来加上最后的润色（如加纽扣、修剪、细节处理等），并进行质量检验。未通过质检的衣服会被丢弃，通过的则进行熨平处理。接着，根据所要销往的国家，每件衣服被加上标签和安全标志。一捆捆衣服经铰链横档传送带传送过几个隧道，最后送到一个四层高、500 万平方英尺（1 平方英尺＝0.0929 平方米，500 万平方英尺大约等同于 90 个足球场大小）的仓库里。运送途中，专门的设备通过识别衣物上的电子条形码来把它分配至正确的储存区。储存区域首先按国家分类，后细分至每一家门店，以保证每家门店都能精准无误地收到它所需的服装。出仓库后：发往欧洲门店的服装被送至装卸码头，与其他货物一起装车；发往其他地区的服装则采取空运方式。每小时约有 60 000 件，即每周超过 2 600 万件服装，经由这个超复杂的配送中心，运往世界各地。整个配送过程只需要少数几位员工监控。飒拉的准时生产制度（just-in-time，JIT，一个源自汽车工业的生产概念）使得它在速度和灵活性上具有了竞争优势。

在飒拉诸多的所作所为中，我们不能忽视快速时尚零售领域的黑暗面。飒拉及其他快速时尚零售商，如芒果（Mango）、海恩斯莫里斯（H&M）、耐斯特（Next）和沃尔玛等等，依靠服装工人来缝制所要出售的服装。这些工人（大部分是妇女）经常处于危险的劳动条件下。2013 年 4 月，孟加拉国有 1100 多名服装工人在工厂大楼倒塌中死亡。许多有实力的公司，其产品由这些海外服装工人生产，他们承诺改善这些工人所处工作条件的安全性，[64] 通过加强对产品生产工厂的监控，积极推动更有力的劳动保护，并正在取得进展，尽管进展缓慢。当土耳其一位不道德的雇主关闭工厂时，工人没有领到工资。一群没有领到工资的工人走进伊斯坦布尔的一家飒拉（南斯拉夫西部港市扎达尔）；西班牙蒂则诺纺织工业公司集团旗下的一个子公司，它既是服装品牌，也是专营飒拉品牌服装的连锁零售品牌商店，在店内衣服上贴上标签说："你要买的这件东西是我制作的，但我没有领到报酬。"[65] 尽管印第迪克坚持认为它已经履行了对工厂的责任，但是工人并没有领到报酬。印第迪克和其他向这个不道德的工厂主支付欠款的公司一起回应说，他们正在"创建'抒困基金'"，以向未领取工资的劳工支付工资。[66] 然而，为飒拉商店制作衣服的工人还没有收到任何欠薪。

飒拉的竞争对手们都在努力加快生产周期，因此尽管飒拉已经在快时尚行业获得巨大成功，它的 CEO 巴勃罗·伊斯拉（Pablo Isla）却并未止步于此。为了让飒拉保住领先地位，他引进了一套新方法来使门店经理能够自主下订单，更快地反映出商品信息且支持查看在途货物的最新路线。而且，如前所述，该公司正在继续投资于网上零售，因为它认识到那些不住在飒拉商店附近的消费者中存在未开发的市场。

讨论题

1. 这个案例是如何阐述战略管理的？

2. SWOT 分析对 Inditex 集团的高层来说如何起到帮助作用？对飒拉门店经理来说又如何起到帮助作用？

3. 你认为飒拉在追求什么样的竞争优势？它又是如何开发利用这种竞争优势的？

4. 你认为飒拉的成功是取决于外部因素、内部因素，还是二者兼有？请说明理由。

5. 飒拉开展线上零售业务是基于什么战略内涵？（提示：从资源和能力的角度出发考虑。）

6. 飒拉是否履行了对制作在其商店出售的服装工人的责任？在你所在的小组中，讨论飒拉（和其他快速时尚零售商）所面临的社会责任问题。他们有什么责任，他们如何最好地履行这些责任？

应用案例 5-2：规划新的方向
专题：战略变革、战略规划和战略领导力

战略领导比计划重要？是的

福特汽车公司是一家位于密歇根州迪尔伯恩的全球性公司，在全球范围拥有约 203 000 名员工。其 2017 年的收入高达 1457 亿美元。福特汽车已经进入了它的第二个世纪……其历史超过了 115 年！毫不奇怪，在这段时间，公司内部和外部都发生了重大变化。经历了最近的全球经济衰退之后的一些动荡的岁月，公司的董事会认为制定公司新的战略领导正当其时。新任 CEO 吉姆·哈克特接替了马克·菲尔兹，后者因无法为公司创造一个清晰的愿景而被解雇。哈克特在上任后说，CEO 的工作是给公司员工一个"愿景"，这样就不会出现混乱和缺乏方向。[67] 而这正是他着手要做的。

作为办公家具制造商斯蒂尔凯斯（Steelcase）的前 CEO，哈克特经历了与许多汽车制造业相同环境转型和文化变革等问题。现在，他正在迎接挑战，带领福特汽车进入一个几乎与公司创始人亨利·福特所面临的一样不确定的未来。福特汽车不再仅仅是一家汽车公司，而更像是一家移动解决方案的提供商。毕竟，我们不仅仅是为了买车而买车，而是为了解决移动性问题……什么能让我从一个地方到另一个地方？从这个角度看，意味着福特汽车不仅易受其他汽车制造商的影响，而且易受优步和来福车（Lyft）等共享汽车服务的影响，这些服务已经利用技术手段解决了移动性问题。他在上任的头 100 天里，收集有关福特全球业务运营的信息，与他的管理团队就新的业务概念进行头脑风暴，并拜访硅谷一家电动汽车制造商。他密集的分析使他提出了一个指导公司未来所有的目标、战略和计划的愿景，这个愿景就是"智能世界中的智能汽车"。[68] 而现在怎么办呢？哈克特不仅要关注移动解决方案的未来，还必须关注卓越的运营。福特汽车将精简其核心业务……使其变得更加"合适"——CEO 用来描述效率的词语。[69] 哈克特正准备颠覆公司从文化到品牌的一切思维。

它正在推行的一些具体战略包括以下几方面。

- 查里奥特（Chariot），福特在加利福尼亚北部启动的一个共享汽车品牌。这是一个有 6～10 名乘客的交通系统，他们通过电话召车。查里奥特的"行车路线"是按乘客想要/需要去的地方绘制。[70]
- 福特汽车正在研究天然气以外的、零排放的、对地球有益的其他动力方式。[71]
- 福特汽车承诺 70 亿美元用于开发更多的轨道和运动型多用途汽车（sport utility Vehicle，SUV）。投入约 50 亿美元用于开发以电池为动力的汽车。向创业公司阿尔戈 Al（Argo Al）投资 10 亿美元，开发自动驾驶技术。[72]
- 希望通过现代化和简化福特的汽车系列、工厂和产品开发过程来降低成本。
- 聘请设计公司艾迪欧（IDEO）向福特汽车展示如何将更多的"设计思维"纳入公司决策和行动。[73]
- 与印度汽车制造商马恒达（Mahindra & Mahindra）结成战略联盟，探索可能的合作领域。[74]
- 密切关注全球市场，决定在南美和欧洲市场采取的行动。[75]
- 当福特公司的高管和员工朝着新的方向前进时，CEO 哈克特打算就在前面摇旗呐喊并给予鼓励。正如福特家族的发言人和执行主席比尔·福特所说，哈克特是一个能够"将大的战略思维和卓越的运营结合起来"的人。[76]

讨论题

1. 在这个案例故事中是如何说明计划工作？又是如何说明战略管理的？

2. 新任 CEO 表示，CEO 的工作是为员工提供愿景。请你解释为他这句话的意思。为什么"愿景"如此重要？

3. 作为新任 CEO，为什么要花宝贵的时间收集信息？这是否类似于 SWOT 分析？请讨论。

4. 将这些新的目标、战略和计划传达给员工，对于指导他们的行为和行动显然很重要。沟通是谁的责任？你认为沟通的最佳方式是什么？（提示：这可能不是一个人的责任！）准备好在你"所在的"小组讨论你的想法。

为什么达美乐公司正在赢得比萨饼的竞争

自 2008 年以来，达美乐比萨公司一直狂热地追求任何所有可能的"数字化手段"来销售比萨。下面是该公司在技术方面逐步投资的简要时间表。[77]

2008 年，比萨追踪器，一个跟踪向目的地配送比萨的系统。

2013 年，达美乐比萨公司直播现场，厨房安装有直播摄像头的盐湖城门店。

2014 年，一款让客户可以从福特汽车上订购和付款的应用程序。

2014 年，达美乐比萨公司，类似于 Siri 的订单语音，使在线订餐更具有对话性。

2015 年，DXP，一款改装的微型汽车，可用于保持多达 80 个比萨饼的热度。

2016 年，户外（Any Ware）营销活动，号称顾客可以在任何地方用他们的任何技术方式下单。

2017 年，在新西兰测试无人机送货。

2017 年，在密歇根州安阿伯市测试无人驾驶汽车送货服务。

达美乐比萨公司在全球 85 个国家拥有 14400 多家门店，最终以全球收入击败长期竞争对手必胜客，获得了最大的比萨饼连锁店的称号。利用创新的技术、巧妙的营销和创造性的订购方法，达美乐公司正在赢得比萨大战的胜利！虽然制作比萨仍然是非常传统的方式并需要手工制作，但是至少在达美乐的营销指南中，涉及很少的人力和大量的数字化手段。[78] 随着达美乐公司技术可信度提高，其财务业绩也在不断改善。正如一位分析师所说，"达美乐公司比星巴克更早明白移动订购，比麦当劳更早明白送货服务"。[79]

2008 年的时候完全是另外一种情况。达美乐公司销售额下降并且使特许加盟商失望。该公司的股票跌破了每股 3 美元。2009 年春天，这是 YouTube 时代每个快餐连锁店都害怕的时刻……北卡罗来纳州一家门店的一名员工拍摄到另一名员工把奶酪塞进鼻子并把鼻涕加到三明治里。嗯……你可以想象愤怒的程度。（注：虽然被污染的产品并未卖出，但 2 名员工都被处以缓刑）。不过这还不是对该公司最大的战略威胁……最大的威胁是他们的比萨实际上并不那么好吃的现实。消费者品尝的结果是："饼皮的味道像纸板，酱汁的味道像番茄酱，这是冒牌的比萨饼。"[80]

公司高管知道，必须做出改变。公司的厨师们进行了实验，改进了比萨饼的味道。CEO 在 2009 年年底发起了一个广告活动，承认公司对客户的态度是：达美乐公司的比萨不好吃，并为此做了一些工作。该广告引起了公众的共鸣，到 2010 年 2 月，达美乐的比萨饼卖得非常好，它的意大利辣肠几乎用完。除了技术投资外，达美乐公司还改造了约 85% 的菜单。

达美乐公司的技术团队有近 400 人，是公司总部最大的部门。前面的时间表说明了该团队一直在做的事情。他们对订购比萨饼这一简单的行为进行了技术上改造。现在至少有十几种不同的方式可以订购达美乐公司披比萨饼……不包括走进当地的商店。所有这些订单都意味着要将比萨饼及时送到客户手中。现在，达美乐公司的 26 万名员工中，有一半以上是司机。（该公司不得不放弃其长期以来的"30 分钟或免费"的营销口号，因为发生了几起事故，包括一起致命的事故，使公司损失了数百万美元。）因此，有一些领域的技术解决方案仍在测试之中。不过，请继续关注，因为达美乐公司喜欢赢得比萨饼大战，也喜欢站在技术的最前沿。

讨论题

1. 你认为目标在计划工作中可能起到什么作用？（达美乐公司的未来？列出若干你认为可能重要的目标。确保这些目标具有表述明确的目标特点。）

2. 像这样的行业需要什么类型的计划（例如，长期或短期，或两者兼有）？解释你为什么认为这些计划重要。

3. 哪些权变因素可能会影响达美乐公司高管的计划？这些权变因素会如何影响计划工作？

4. 在你"所在的"小组中，讨论以下问题：你认为达美乐公司有什么竞争优势？你认为该公司面临哪些竞争挑战？

注释

本章注释文件请扫二维码下载。

第 **6** 章

变革与创新管理

管理者对如何缓解当今工作中的固有压力束手无策。

矫正管理偏见

如今，员工都会对不断增加的工作压力发表意见。裁员、工作量的增加、工作和生活的冲突，以及每周 7 天、每天 24 小时的通信联系，都只是工作压力增加的部分因素。组织已经无法忽视这些问题。但你会在本章看到，造成压力的原因有太多，有些是在管理学研究领域之外的，但很多还是在研究范围以内的。精明的管理者正在通过工作再设计、重新调整计划及引进员工支援计划（employee assistance programs，EAP）来帮助员工处理不断增加的工作压力，以平衡工作和个人生活。

压力是由于工作或个人生活中的变化和焦虑导致的消极后果。然而，变革是组织的常态，因此也是管理者和员工面对的常态。无论是大公司、小企业、新创企业、大学、医院，甚至是军队都不得不显著改变以后做事的方式。例如，日本随处可见的便利店正在试用节省劳动力的科技，以抵消不断上涨的劳动力成本。随着业主和特许经营者适应并实施这些变革，消费者也必将会适应。[1] 虽然变革自始至终都是管理者工作的一个组成部分，但近年来它已经越发频繁。由于变革是不会（也不该）消失的，因此管理者必须学会如何才能成功应对变革。本章将探究组织为变革做出的努力以及组织如何应对变革，并阐述管理者处理组织内部压力及激发组织创新的各种方法。最后，我们来看看颠覆性创新的影响。

学习目标

1. 定义组织变革，比较不同的变革观。
2. 解释如何管理变革阻力。

3. 描述管理者需要了解员工压力的哪些方面。

4. 讨论激发创新的方法。

5. 解释什么是颠覆性创新，以及为什么管理它是重要的。

6.1　定义组织变革，比较不同的变革观

如果没有变革，管理者的工作会相对简单得多。

印刷出版物——杂志、报纸、教科书等——一直在努力寻找一种在数字世界中获取赢利的方法。当罗斯·莱文索恩（Ross Levinsohn）接任《洛杉矶时报》（*L. A. Times*）首席执行官时，他面对的是谨小慎微（而疲惫）的员工。[2] 毕竟，员工已经历过十年以来不同领导者所承诺的积极变革。但莱文索恩继续推行他的策略，将报纸重心放在数字订阅和授权内容上。此外，他还计划在娱乐和文化方面投入更多资金，就《洛杉矶时报》的地理位置而言，这在战略上似乎是合适的。该组织的管理者正在做任何地方的管理者都必须做的事情——实施变革！

当李励达（John Lechleiter）担任礼来制药（Eli Lilly）CEO 一职时，他送给每个高管人员一个时钟，用倒计时来提醒他们为公司创造最多现金赢利的药物专利即将到期的时间。这是一种很直观的提醒方式，让高管人员可以更好地为应对大的变革做好准备。到 2016 年年底，随着礼来三大关键药品的专利到期，公司将会就此损失 100 亿美元的年收入。毋庸置疑，公司不得不做出部分组织变革以追赶药品开发的脚步。[1] 礼来的管理者正在进行着任何地方或公司管理者都必须做的事——实施变革！

变革使得管理者的工作更有挑战性。没有变革，管理工作将会变得相对容易。计划将变得十分简单，因为明天和今天会一模一样。组织设计的问题也将迎刃而解，因为环境没有不确定性，组织也就无须适应。同样，制定决策也将大为简化，因为可以非常准确地预测每一备选方案的结果。如果竞争对手不推出新产品或新服务，客户不产生新需求，政府法规一成不变，科技永不进步，或者员工需求固定不变，那么管理者的工作将会大大简化。但现实并非如此。

变革是组织面临的现实。应对变革是绝大多数管理者工作中不可或缺的部分。我们将这些变革称为组织变革（organizational change），并归纳为 3 类：结构、技术和人员的变革（见图 6-1）。在本章中，我们稍后将讨论变革的这 3 个方面。

图 6-1　变革的三种类型

（1）**结构变革**包括改变权力关系、协调机制、集权化程度、工作设计或其他结构因素。

例如，工作流程重构、导致权力分散化的授权、拓宽管理幅度、降低专业化程度、创建工作团队，所有这些都可能涉及结构变革的一些类型。

（2）**技术变革**包括对工作过程或方法及所使用设备的调整。例如，将工作过程和工作步骤电子化，在工作领域中引入机器人技术，给员工配备移动通信工具，运用社会化媒体工具或安装新的计算机操作系统。

（3）**人员变革**指的是改变员工的态度、期望、认知或行为。这方面的例子包括改变员工态度和行为从而更好地支持新的顾客服务战略，通过团队建设来加强团队创新力，或通过培训来落实"安全第一"的目标。

6.1.1　组织为什么需要变革

本书第 2 章已经指出，管理者面临来自外部和内部两种制约力量。这些制约力量同样产生了对变革的需要。让我们简单回顾这些因素。

变革的外部力量

梅奥诊所（Mayo Clinic）以治疗复杂的医学病例而闻名。现在它正在经历一个棘手的转变，重新思考其系统的大部分方面。为什么要改变正在运作且效果尚好的系统？因为外部力量对诊所来说是一个严峻威胁。产生组织变革需求的外部力量来自不同的源头。近年来，市场中新竞争的出现已经影响到包括美国电话电报公司（American Telephone & Telegraph，AT&T）和劳氏公司（Lowe's）在内的许多公司。比如，美国电话电报公司现在正面临着提供地区电话服务的电报公司和诸如斯凯普公司（Skype）免费互联网服务的挑战，而劳氏公司现在也必须接受来自一大群诸如家得宝公司和美伊娜多公司（Menard）等富有侵略性的公司的竞争。政府法令和法规也是变革的动因之一。例如，《美国残疾人法案》的通过，要求成千上万的企业拓宽门道、重新安排休息室、增加坡道及采取其他措施以方便残疾人出入。直至今天，组织仍要持续满足方便残疾人的要求。

技术也会产生变革的需要。互联网已经改变了我们获取信息、销售产品的途径，也改变了我们的工作方式。技术优势已经为许多组织创造了显著的规模经济性。例如，技术允许史考特公司在互联网上向顾客提供无须中间人的交易机会。许多行业的装配线也在经历重大变革，雇主们逐渐用技术先进的机器人代替人类劳动。而劳动力市场的波动也迫使管理者进行变革。例如，当前美国注册护士的短缺迫使医院管理者重新设计护士工作，并改变其奖酬和福利方案，还与地方大学通力合作解决护士短缺问题。

新闻头条提醒我们，经济变化影响几乎所有的组织。例如，在抵押信贷市场崩溃之前，低利率促进了房地产市场的空前繁荣。这意味着更多的工作、就业机会，并且与建筑行业相关的其他行业销售收入也大幅增加。然而，经济的恶化，信贷市场的萎缩，已经对房地产行业和其他行业产生了负面影响，企业难以得到它们所需的运营资金。

变革的内部力量

虽然很难令人相信，但是直到最近，西南航空公司还是一家通过传真传达信息的公司。大多数其他航空公司的员工已经使用平板电脑进行工作，而西南航空公司却没有。但如果说西南航空在转向数字解决方案方面进展缓慢，那就低估了它。例如，一项重大的数字化转型已经得到公司领导层的批准。之所以等待这么久，是因为公司的竞争基础是低成本，管理层对该项业务的超支感到犹豫。然而，他们最终意识到，为了保持竞争力，必须做出改变。因此，决定花费 8 亿美元进行技术改造——3 亿美元用于新的操作技术，5 亿美元用于新的预订系统。这是一大笔钱，但西南航空希望显著提升工作流程的效率和效果。你从这个例子中可以看到，内部力量也可以产生组织变革的需要。这些内部力量往往主要来自组织的内部运作或者来自外部变化的影响。（认识这些变化是组织生命周期的正常组成部分也很重要。）

当管理层重新制定或修正其战略时，通常会产生许多变革。例如，诺基亚引进新设备代表了变革的另一种内部力量。在引进新设备后，员工可能面临工作再设计，同时还要进行培训以操作新设备，或者被要求在工作小组内建立新的协作方式。变革的另一个内部力量是组织员工队伍的变化，人员构成会在年龄、教育程度、性别、国别等多个方面发生变化。在一个管理者任职多年且职位未变的稳定组织里，可能需要重新设计工作以便通过提供晋升机会来挽留富有进取心的员工。薪酬和福利制度可能也需要调整，以反映员工队伍多样性的需求，以及市场中某一技能供不应求的影响。员工的工作态度，如日益增强的工作不满感，可能会导致缺勤率上升、自动辞职者增多甚至引发罢工。这些事件反过来常常会导致管理政策和实践的变革。

内部力量导致了锐步（Reebok）的变革需要，以增加其对健身和创新的关注。锐步以前的总部位于郊区，员工在各自的办公室工作；现在总部搬到了波士顿，员工在开放的空间里工作，这样有助于沟通和协作，并鼓励他们像新创公司的成员那样思考和行动。

6.1.2 谁将推动组织变革

组织内的变革需要催化剂。

扮演催化剂角色并承担管理变革责任的人，被称为变革推动者（change agents）。[3] 谁可能成为变革推动者呢？

- 任何管理者都可能成为变革推动者。我们假定变革是由组织内的管理者发起并加以实施的。
- 然而，变革推动者也可能不是管理者，比如，内部的职能专家或者外部的咨询人员，他们的专业技能会被运用于变革的实施过程。

对于系统性的大变革，内部管理层通常会聘请外部的咨询人员提供建议和帮助。因为这些人来自外部，他们通常能够提供一种内部人员所缺乏的客观的观点。然而，外部咨询人员的缺陷在于对组织的历史、文化、运作程序和人事等缺乏足够的了解。他们还比内部人员倾向于更为彻底的变革——这可能有利，也可能有弊——因为他们并不承受推行变革带来的各种后果。相反，当内部管理者作为变革推动者时，可能更需要深思熟虑（也可能更加小心谨慎），因为他们与其行动的后果密切相关。

6.1.3　组织变革如何发生

我们通常用两种比喻来说明变革过程。[4] 这两种比喻代表了理解变革并对变革做出反应的两种完全不同的方式。下面我们将通过对比进行更深入的探讨。

什么是静水行船式的变革观

"静水行船"观（"calm waters" metaphor），它把组织描述成一艘在风平浪静的大海中航行的大船。船长和船员都非常清楚他们的目的地，因为他们以前已经做过许多次同样的航行。只有偶遇风暴时才会出现变化，这相对于整个平静、可预见的航程而言，只是一些短暂的小插曲。直到最近，"静水行船"观都还一直统治着管理实践者和理论者的思想领域。"静水行船"变革观中最为流行的是库尔特·勒温（Kurt Lewin）的变革过程三步描述模型（见图 6-2）。[5]

图 6-2　变革过程的三部曲

根据勒温的观点，成功的变革首先是对现状的"解冻"，然后变革到一种新状态，并将其冻结，使之保持一段时间。现状可以被认为是一种均衡状态。要打破这种均衡，解冻是必不可少的。这可以通过如下三种方式之一得以实现。

- 增强驱动力量，使行为脱离现状。
- 削弱妨碍脱离现有均衡状态的限制力量。
- 两种方法结合使用。

一旦"解冻"完成，马上可以推行自身的变革，但仅仅引入变革并不能确保其长久。因此，新状态需要被再"冻结"，以使其保持一段时间。除非施行最后一个步骤，否则变革很有可能难以持久，员工很可能会返回原来的均衡状态。因而，冻结的目的是通过均衡驱动力量和制约力量，使新的状态稳定下来（参考"当今职场中的经典概念"栏目中有关勒温和他组织研究的介绍）。

值得注意的是，勒温的三个步骤是将变革看成对组织均衡状态的打破。[6] 在打破现状以后，就需要通过变革来建立新的均衡状态。对 20 世纪面临相对稳定环境的大多数组织而言，这种观点可能是适用的，但静水行船式的变革观对当前管理者面临的多变航海环境而言，已逐渐过时。

当今职场中的经典概念

勒温的观点有助于我们更好地理解组织变革

库尔特·勒温是谁？

- 德裔美国心理学家，因其对群体动力的研究而闻名（使他在管理学界享有盛誉）；

- 被称为"现代社会心理学之父"（一门运用科学方法理解和解释个人思想、感情和行为如何受到他人真实的、想象的或隐含的行为影响的学科）。[7]

他有哪些成就？

- 对群体行为进行了解释，即"群体行为是个体行为及其相互作用的复杂集合，它不仅影响群体结构，而且还改变个人的行为"。
- 他关于第二次世界大战期间家庭饮食习惯变化的研究，为引入变革提供了新的重要见解。

他的研究带来的主要启示。

- 与通过讲授和个人影响推行变革的方式相比，群体决策更有利于变革的推行。
- 当人们认为自己有权参与变革的决策而不是简单地被告知要变革时，变革更容易被接受。
- **力场分析法**（**force field analysis**），它为人们寻找影响某情境的因素提供了一个框架。
- 这些因素可能促进或阻碍目标的实现。
- 什么促使变革发生和管理者如何克服变革阻力？增强驱动力、减少阻力，或者两者同时进行。

讨论题

1. 解释力场分析法及该方法如何应用于组织变革。
2. 你从勒温的观点中看到了什么建议可以帮助你应对变化？请具体描述。管理者呢？他们会采用什么观点？

什么是"激流泛舟"式的变革观

　　苏珊·怀廷（Susan Whiting）是尼尔森媒体调研公司（Nielsen Media Research）的主席，这家公司以评估电视收视率而闻名，收视率常常被用来决定电视商业广告的价格。媒体研究业务现已不同往日，互联网、视频、手机、iPod、数码摄像机和其他变革中的技术使得数据收集工作变得更具挑战性。怀廷说："如果你观察我一周的工作，你就会知道我是在领导一个不断变革的产业中的一家不断变革的企业。"[8] 这就是对我们的第二种比喻，即"激流泛舟"式变革观的生动描述。这也与逐渐被信息、思想和知识统治的现实世界是一致的。[9]

　　"激流泛舟"观（**"white-water rapids" metaphor**）把组织看成是在不断出现险滩的湍急河流中漂流的小木筏。木筏上有几个船工，他们似乎从未一起出过航，也对这条河流一无所知，不知道最终的目的地，甚至情况可能更糟，他们不得不在漆黑的夜晚航行。这种观点认为，变革是一种自然状态，管理变革是一个持续不断的过程。

　　为了便于理解在充满变化的环境中需要什么样的变革管理，不妨假设你进入了一所课时安排长短不一的大学，而且在你注册时，并不了解每门课程会持续两周还是 30 周。此外，授课老师也可以事先不做通知，而在他愿意的时候随时结束这门课程。更糟的是，每次课的长度也随时变化——有时只有 20 分钟，有时却长达 3 小时——而下一次上课的时间也完全由老师在上一节课中临时宣布。还有，每次测验都不会事先通知，你得随时做好测验的准备。要在这样的大学里取得成功，你必须具有足够的灵活性以对每次环境变动做出迅速反应。那些过于刻板、行动缓慢的学生迟早会被淘汰。

是否每一位管理者都面临一种持续不断、无序变化的环境？并非每一位管理者都面临一种持续不断、无序变化的环境，但不处于这种环境的管理者数量正在急剧减少。静水行船式变革观所描述的稳定与可预测的环境是不存在的。打破现状并不是偶然和暂时的，而且打破平衡之后也不会停留在静水行船式的状态。很多管理者从来都没摆脱"激流"。像前文提到的苏珊·怀廷一样，他们面临着持续的环境压力（内在的和外在的），这促使他们有必要进行组织变革。

大多数组织变革都不是偶然发生的。

组织如何实施有计划的变革

在乔治亚州的温德姆会议中心（Wyndham Peachtree Conference Center），企业组织员工体验中国传统的水上运动赛龙舟。这项体力运动其实是额外福利，参与者在团队建设锻炼中收获的沟通、协作及责任感才是更长远持续的福利。[10]

我们知道，组织成员经历的大多数变革并不是偶发事件。通常，管理层为了改变组织的某一方面会做出一系列努力。无论发生什么（包括结构或者技术）最终都会影响到组织成员。试图利用有计划的变革帮助组织成员，即为组织发展（organization development，OD）。

作为德纳公司（DeNA）——一家日本互联网公司的总裁，守安功（Isao Moriyasu）的管理理念是：在激流勇进的环境下，改变是一种常态且管理的变革是一个持续的过程。守安功迅速收购公司和开发新的服务使得德纳公司从它在日本的基地扩展到全世界。

为了推动长期的、整个组织范围内的变革活动，组织发展的焦点是建设性地改变组织成员的态度和价值观，以使他们更容易适应组织新的发展方向并且更具效果。[11]一旦推行组织发展，组织领导实质上是在试图改变组织文化。[12]然而，组织发展的关键在于员工的参与并培育一种公开交流、互相信任的氛围。[13]组织发展涉及的人员会感受到变革带来的压力。因此，组织发展试图把工作受变革影响的所有组织成员都包含进去，并且收集员工关于变革如何影响他们工作的各种看法（就像勒温说的那样）。

任何有助于推行有计划的变革的组织活动都可以视为组织发展技术。然而，更常用的组织发展努力主要依赖于群体之间的相互影响和合作，包括调查反馈、过程咨询、团队建设和群体间发展。

（1）**组织发展**。通过关注组织成员的态度和价值观，帮助组织成员进行有计划的变革。

（2）**调查反馈**（survey feedback）。它用于评估组织成员对所遭遇的变革的态度和认识。员工通常需要回答一系列特定的问题，这些问题是关于组织中的决策制定、领导、沟通效果，以及对工作、同事和管理层的满意度。[14]变革推动者利用这些资料确认成员可能遇到的问题，并据此采取措施解决问题。

（3）**过程咨询**（process consultation）。外部咨询人员帮助管理者对其必须处理的过程要素形成认知、理解和行动的能力。[15]这些过程要素可能包括工作流程、单位成员间的非正式关系、正式的沟通渠道等。咨询人员使管理者更好地认识正在发生什么。非常重要的一点是要认识到咨询人员并不能解决这些问题。相反，他们像教练似的帮助管理者诊断哪些过程需要改进。如果在咨询人员的帮助下，管理者仍未能解决问题，咨询人员通常会帮助管理者配备一名具有所需技术知识的专家。

（4）**团队建设（team building）**。组织是由为实现某些目标而在一起工作的个人组成的。由于组织成员需要经常与周围的人互相合作，组织发展的一个基本功能就是帮助他们组成团队。团队建设通常是帮助工作团队确定目标、发展积极的人际关系、确定每一团队成员的角色和责任的活动。这里没有必要对每一方面都加以说明，因为团队也许已经在理解自己的使命方面取得了一致。团队建设的重点是增强成员间的信任感和开放性。[16]

（5）**群体间发展（intergroup development）**。不同群体都把重点放在帮助工作团队更具有凝聚力上，而群体间发展是试图改变一个群体对另一个群体的态度、成见和认知。这样，不同群体间的良好合作就有可能实现。

6.2　如何管理变革阻力

我们都知道应该健康饮食并积极参加体育锻炼，但是很少有人真正持续不断地遵循这个建议。我们会抵制生活方式的改变。瑞典大众汽车及斯德哥尔摩广告代理商恒美广告公司（DDB Worldwide）共同做了一个试验，以观察是否能够使人们改变行为，让他们选择更健康的走楼梯而不是坐电梯。[19]怎么进行的呢？他们在斯德哥尔摩一个地铁站的楼梯处放置了一架工作钢琴键盘（你可以在 Youtube 视频网上观看），并观察乘客是否会使用。这个试验取得了轰动的成功效果，将楼梯的使用率提高了 66%。其中的启发是：如果变革足够吸引人，人们愿意做出改变。

因为管理者关心组织有效性的提高，所以应当激励他们去推动变革。但是，在任何一个组织中实施变革都不容易。变革具有破坏性并容易引起恐慌，这样，组织及其成员就会产生反对变革的惰性。

即使这种变革可能有益，他们也会反对。

接下来，我们将探讨组织成员为何会反对变革以及采取何种措施减轻变革的阻力。

6.2.1　人们为什么会抵制变革

显然，绝大多数人都反对不能使他们受益的变革。对于这种变革阻力，早已有人撰文评论过了。[18]但究竟人们为什么要反对变革？一个人反对变革的原因可能包括：不确定性、习惯、担心个人得失，以及认为变革并未出于组织的最佳利益。[19]

（1）**不确定性（uncertainty）**。变革是用不确定性取代已知的东西，而没有人喜欢不确定性。无论学生多么不喜欢进大学念书（或者某些课程），但他们至少了解内情，他们知道自己期待什么。当他们离开校园而开始全职工作时，他们不得不冒着从已知到未知的风险。组织成员也面临同样的不确定性。例如，在制造企业中引进基于统计模型的质量控制手段时，许多质检员必须学会这些新方法。有些人担心他们难以胜任，因而会对变革产生敌对态度，或者在要求他们使用新方法时采取消极的行为。

（2）**习惯（habit）**。我们做事情总是出于习惯。大多数人每天都会走相同的路去上班或上学。我们是习惯性的高级动物。我们的生活已经够复杂了，我们不希望还要对每天都相同的数百个常规决策做最充分的考虑。要处理这种复杂的情况，我们依赖于习惯或既定反应。但当我们面对变革时，习惯的行为方式却成了变革阻力的源泉。

（3）**关注个人得失（concern over personal loss）**。人们总是担心失去既得利益。变革会威胁到人们对现状的投资。人们对现行体制的投入越多，变革的阻力也就越大。为什么呢？因为他们害怕失去现有的职位、金钱、权力、友谊、个人便利或其他利益。这也就解释了为什么老员工比新员工更反对变革，老员工通常对现行体制投入更多，因此，一旦调整到变革后的状态，失去也将更多。

（4）**变革并未出于组织的最佳利益（change is not in organization's best interests）**。如果某一员工认为变革推动者所提倡的工作程序会造成生产率或产品质量下降，那么他极有可能反对变革。如果这个员工能正面表达出他的反对意见，这种形式的阻力对组织而言可能是有利的。

6.2.2 减少反对组织变革阻力的方法有哪些

在 401（k）的一场年度会议上，北美工具公司（North American Tool）员工在投资购买社保上热情不高，其 CEO 对此大失所望，他带来了一个大袋子，拉开拉链，倒在桌子上。[20]一大笔现金从包里倒出来——确切地说是 9832 美元——这是员工上一年没有争取到的社保数额。对着这笔钱，他打着手势说："这是你们的钱。它们本应该在你们的口袋里。明年，你们是希望它们出现在桌子上还是在你们的口袋里？"当 401（k）的登记表格发放下去之后，好几个人都报名了。有时候要让别人改变，你首先要引起他们的注意力。

当管理层确认变革的阻力有害时，可以采取哪些方法呢？这里提供几种方法，供管理者或其他变革推动者参考。这些方法包括教育与沟通、参与、促进与支持、谈判、操纵与合作、强制。下面将对这些方法进行概括性的介绍，可参见表 6-1。管理者应该把这些方法视为工具并根据阻力的类型和来源选择最合适的。

表 6-1　减少变革阻力的策略

策略	何时使用	优点	缺点
教育与沟通	当阻力源自信息失真时	消除误解	当双方缺乏信任时可能失效
参与	当反对者有技能对组织做出贡献时	提高参与程度及接受程度	耗费时间，可能作为下策
促进与支持	当反对者害怕并焦虑不安时	可以促进所需要的调整	花费较大，没有成功的把握
谈判	当阻力来自权力集团时	可以收买人心	潜在成本高，会面临来自其他人的压力，旁门洞开，无疑自找压力
操纵与合作	当需要一个权力集团的支持时	成本不高，便于得到支持	可能后院失火，导致变革推动者失去信誉
强制	当需要一个权力集团的支持时	成本不高，便于得到支持	可能是非法的；可能有损变革推动者的信誉

- 教育与沟通可以通过让员工了解变革努力的合理性来减少变革阻力。当然，这一方法是假定大部分阻力源自信息失真或者沟通不善。
- 参与指让那些直接受到变革影响的成员参加决策的制定过程，并允许他们表达自己的感受。这能够提高决策过程的质量，增加员工对最终决策的责任感。
- 促进与支持指帮助员工应对因变革而带来的忧虑和焦急。这种帮助包括向员工提供咨询、治疗、新技能培训及短暂的带薪休假。
- 谈判就是讨价还价，交换某种有价值的东西，达成一种协议以减少变革的阻力。当变革的阻力来自某一权力集团时，这一方法尤为适用。
- 操纵与合作指的是努力对其他人施加影响，它可以是有意扭曲或歪曲事实而使变革显得更具有吸引力。
- 最后，强制也可用于应对变革的阻力，如对反对者使用直接威胁或强迫。

 ## 6.3 组织变革中员工有哪些反应

变革通常会给员工带来压力。

6 个主要经济体及全球平均的员工压力水平如表 6-2 所示。[21]

表 6-2　6 个主要经济体及全球平均的员工压力水平

英国	35%的员工	中国	17%的员工
巴西	34%的员工	印度	17%的员工
德国	33%的员工	全球平均水平	29%的员工
美国	32%的员工		

6.3.1　什么是压力

- 压力（stress）是因为强烈的要求、限制或机会所产生焦虑的反应。[22-23]
- 压力并不总是坏事。压力也有积极的一面，尤其当环境能为某人创造有所收获的机会时。**功能性压力**（functional stress）可以使人在关键时刻发挥出最佳水平。
- 压力常常与**限制**（constraints）、**要求**（demands）和**机会**（opportunities）相伴。限制是阻止我们做自己希望做的事情的障碍。要求指想要得到的东西的缺失。机会是新的、从未得到过的事物的可能性。比如，参加考试或者进行年度工作绩效考核。
- 尽管在以上条件下压力可能会表现出来，但并不一定会真的产生。

潜在的压力变为真实的压力有两个条件：
一是结果的不确定性；二是该结果必须很重要。

你怎么知道自己什么时候存在压力？压力有哪些征兆？压力征兆如图 6-3 所示。

图 6-3　压力征兆

压力过大可能会带来很严重的后果。在日本有一种压力症状被称为"过劳死"（karoeshi），意思是"工作过度而死"。为了解决这个问题，日本的公司正在尝试采用新方法来引导员工不要工作太长时间。

6.3.2　什么是产生压力的原因

2/3 的千禧一代在工作中压力更大，甚至一直如此。[24]

1. 工作相关因素

比如，避免错误或在限定时间内完成任务的紧迫感、报告归档方式的改变、要求苛刻的主管、不友善的同事。下面讨论 5 类压力因素：任务要求、角色要求、人际关系要求、组织结构和组织领导。

（1）任务要求（task demands）

与员工工作相关的压力，包括工作的设计（自主性、任务多样性、自动化程度），工作条件（温度、噪声等），以及工作场所的布置（在过度拥挤的房间工作或在一个干扰不断的公开场合工作）等。当员工认为定额过高时，会对他们产生压力。员工任务之间的相互依赖程度越高，潜在的压力也越大。

（2）角色要求（role demands）

- 有关的压力来自员工在组织中所扮演的特定角色。
- 由于角色冲突（role conflicts）而产生的多种期望可能是难以调和或满足的。
- 工作超负荷（role overload）指要求员工在几乎不可能完成的时间内完成更多的任务。
- 当对角色的期望不清楚、员工不确定他应该做什么时就会产生角色模糊（role ambiguity）。

（3）人际关系要求（interpersonal demands）

产生的压力来自其他员工。缺乏同事的支持及恶劣的人际关系都会造成巨大的压力。

（4）组织结构（organization structure）

过多的规章制度和员工缺乏参与影响自己的决策的机会会影响员工。

（5）组织领导（organization leadership）

代表组织管理层的监督风格。有些管理者有意制造充满紧张、担心和焦虑的文化。他们通过建立虚假的紧迫感要求员工在短期内完成任务，施行过度严密的控制，并且随时解雇达不到标准的员工。

2. 个人因素

任何一种生活上的要求、限制或机会。

（1）家庭问题、个人经济问题等。不能忽视！管理者必须理解这些个人因素。[25]

（2）员工内在性格特征——A 型性格或者 B 型性格。

A 型性格（type A behavior）的特点是一种强烈的时间紧迫感，超强的竞争动力，并且对于闲暇时间不知如何打发，更容易表现出压力的症状。

B 型性格（type B behavior）则恰好相反：从不急切或不耐烦。

只有当 A 型性格人的行为与敌对和愤怒联系在一起时，才会带来消极的压力。而 B 型性格的人对这些产生焦虑的因素同样敏感。

6.3.3　如何管理压力

1. 总体方针

- 压力是不能从个人生活中完全消除的。
- 并不是所有压力都是消极的。
- 可以通过控制某些组织因素来降低与工作相关的压力，也可以在一个有限范围帮助员工减轻个人压力，从而减少压力的消极影响。

2. 工作相关因素

- 员工选拔——管理者提供真实的工作预览，需要确保员工能力与工作要求相匹配。
- 在职工作——完善的组织沟通能大大降低由模糊性导致的压力。同样地，一个好的绩效管理方案，如目标管理法，能明晰责任，提供清晰的绩效目标，并通过反馈降低模糊性。工作再设计也是减少压力的一种方法。如果压力源自于工作的枯燥或者超负荷，那么必须重新设计工作增加挑战性或者降低工作负荷。人们发现，那些能增加员工参与决策的机会及获得社会支持的工作再设计同样能减少压力。[27]

3. 个人因素

- 管理者很难对其进行直接控制。
- 涉及道德层面的问题。

管理者是否有权去打扰（哪怕是不易察觉地）员工的个人生活？

如果管理者认为这是道德责任，并且员工对此也是接受的，考虑以下几种做法。

- 设计员工支援计划和保健计划，[28] 在员工遇到困难的时候提供帮助（个人理财、法律事务、健康、健身及压力）。[29]

- 员工支援计划[30]的基本原理就是尽快让员工恢复到高效率的状态。
- 保健计划（wellness programs）的目标是在所有生活领域保持员工健康和良好状态。

 ## 6.4 讨论激发创新的方法

"创新是保证持续成功的关键所在。"
"今日的创新是为了守护企业的明天。"

以上两句引言反映了创新对于组织的重要性。前一句出自万事达卡 CEO 彭安杰（Ajay Banga），而后一句出自施乐创新团队的首席技术官苏菲·范德布洛克（Sophie Vandebroek）。[31]如今要取得商业成功，创新必不可少。在动态、混沌的全球竞争中，组织要想脱颖而出就必须创造新的产品和服务，并采用最新技术。[32]

当你想到成功的创新者时，哪些公司会浮现在你的脑海中？也许是开发出各种出色的工作和娱乐工具的苹果公司；也许是有着超过 10 亿用户的脸书公司；也许是制造了第一台大众市场全电动汽车，即日产聆风的日产公司；又或者是像四方达公司这样，通过让用户在不同地点检入，解锁各种古怪的虚拟勋章，获取商家优惠券，从而推动"社会化—本地化—移动化"（SoLoMo 营销模式）的趋势。[33]这些创新冠军成功的秘密是什么？如果有的话，其他组织的管理者可以做些什么，使其组织更富创新能力呢？下面这部分，我们将尝试从探讨创新背后的因素来回答这几个问题。

6.4.1 创造力与创新有何关系

创造力（creativity）指以独特的方式整合各类思想，或在多种思想之间建立独特联系的能力。[34]一个富有创造力的公司有独特的工作方式或解决问题的新办法。例如，在美泰公司（Mattel），管理层引入一项普拉提普斯计划（Project Platypus）。这一专门小组由来自不同专业的员工组成——如工程学、营销学、设计学和销售学——旨在使他们理解"儿童游戏模式背后的社会与心理机制"，从而"跳出框架思考"。为了达到此目的，小组成员从事想象力练习、集体喊叫、丢掷填充式小兔子玩偶等活动。丢掷小兔子玩偶与创造力有关吗？这是玩要课程的一部分，参与的成员要尽量学会投掷 2 个球和 1 个小兔子玩偶变戏法。大多数成员能很容易地学会扔出 2 个球的戏法，但却不能扔出第三个物品。创造力，就像这个戏法一样，是要学会放手，即扔出小兔子玩偶。[35]但仅有创造力本身并不够。

创造性过程产生的结果需要转化为有用的产品或工作方法，我们将这一过程定义为**创新（innovation）**。因此，把创造力转化为有用的产出是创新公司的一大特征。当管理者谈到要进行组织变革，使其更具创造力时，他们通常指的是要激发创新。

6.4.2 创新需要什么

有人认为创造力是天生的，而又有人认为通过培训，任何人都可以具有创造力。后者把创造力看成是包括感知、孵化、灵感、创新 4 个组成部分的一个过程。[36]

（1）**感知（perception）**是指你观察事物的方式。具有创造力意味着从一个奇特的角度去观察事物。一个员工可能找到解决某一问题的方法，而其他员工不能或者根本没有发现。然而，从感知到现实的过程并非是即刻发生的。

（2）**思想还要经历一个孵化（incubation）过程。** 有时候，员工需要"坐"在他们的思想上，这并不意味着"坐"在那儿无所事事。相反，在这个孵化过程中，员工应当收集大量储存的、修正过的、研究过的、整理过的信息与资料，最后形成一种新的思想，这一过程通常要持续多年。回想一下，你在考试中绞尽脑汁搜索某一答案的时刻。尽管你尽力去唤起记忆，但毫无结果，突然，答案像闪电般出现在脑海中，你终于找到了它！

（3）**灵感（inspiration）在创造过程中也与此极为相似。** 灵感来临就是你付出的所有努力成功汇集在一起时的那一刻。尽管灵感可以带来一时的兴奋，但创造工作并未结束。它还需要创新的努力。

（4）**创新（innovation）指的是吸收灵感并把它转化为有用的产品、服务或某种做事的方式。** 托马斯·爱迪生曾说过："创造力等于1%的灵感加99%的汗水。"那99%，或者说创新，包括试验、评价、再试验得到的灵感。通常在这个阶段，个人会让更多人参与到他的创造工作中。这种参与非常重要，因为如果个人不能有效地与别人沟通，获得有创造性的想法，即使是最伟大的发明也会被耽搁，甚至被浪费。

塔可贝尔（Taco Bell）是一个创新的组织，它将员工的创造力引入产品中，如裸蛋塔可（Naked Egg Taco），这是一种早餐食品，由一个煎蛋做成的贝壳，里面装满了土豆、奶酪和肉。在它的商店里推出新的塔可之前，塔可贝尔主办了几个"贝尔和早餐"品尝活动，比如，这个在纽约市的活动，让客人有机会品尝裸蛋。

当今职场中的管理技术

当员工忙于完成日常工作任务时，创新是如何蓬勃发展的呢？对于希望更具创新性的组织来说这是个真正的挑战。[37] 谷歌有"20%时间"的倡议，鼓励员工把20%的时间花在与他们的工作无关的项目上。其他公司——脸书、苹果、领英、3M、惠普等也采取了类似举措。嗯……所以每周有一天的时间来研究与公司相关的想法看起来好得不真实。但更重要的是，它真的能激发创新吗？好吧，确实可以。在谷歌，这类举措推动了自动完成系统、谷歌新闻、Gmail 和 Adsense 的诞生。然而，这样的"公司"举措的确面临强大的障碍，尽管它们在理论上貌似不错。这些挑战包括以下几方面。

- 在时间和资源上的严格监督使得员工不愿意使用这段时间，因为他们大多数都有足够的日常工作需要完成。
- 当基于目标绩效发放奖金时，员工马上就会明白该把他们的时间花在这上面。
- 员工会产生什么想法？
- 管理者和同事可能会认为这种做法是"不劳而获的一天"因而不支持你。

- 企业官僚主义的障碍。

那么，公司如何才能使其发挥作用？有以下建议：管理者需要支持那些有着个人热情和动力的员工，并为他们的想法开辟道路；或者让员工有更多的创新动力（设计权等）；以及非常重要的点，不要把创新制度化。创造力和创新本身就涉及风险和回报，请给有创造力的人一些不断去尝试和失败的空间。

讨论题

1. 你能从这样的实践中看出创新对于组织和个人有什么好处？
2. 这些举措面临哪些障碍，管理者应如何克服这些障碍？

6.4.3　管理者如何才能激发创新

系统模型（输入—转换—输出）能帮助我们理解组织如何变得更具创新性。[38] 一个组织如果想要拥有创新性产品和工作方法（输出），那么它必须通过输入和转换才能得到。输入包括组织中具有创造力的人和群体。但是我们之前就曾说过，仅有创造力的人是不够的。转换过程要求营造合适的环境以将输入转化为创新产品或工作方式。"合适"的环境——也就是能激发创新的环境——包括三类变量：结构、文化和人力资源（见图 6-4）。

图 6-4　创新变量

结构因素如何影响创新？

基于大量研究，我们可以总结出有关结构因素对创新作用的五点结论。[39]

（1）有机式结构对创新有正面的影响，因为这种结构具有高度的适应性和灵活性，它有助于协作和分享至关重要的创新理念。（我们将在第 6 章中更详细地介绍作为一种有机组织的组织结构形式。)

（2）容易获取的丰富资源是创新的一个重要基石。充裕的资源使管理层可以购买创新成果，承担创新的巨大成本并能够承受失败的损失。

（3）跨部门的各单位之间频繁的沟通有利于清除创新的潜在障碍。[40] 跨职能型团队、任务小组和其他有利于跨部门互动的组织设计在创新型组织中得到了广泛的应用。

（4）创新型组织总是力图使创新活动的时间压力最小化，即使面对着"激流泛舟"式的环境。尽管时间压力可能会让人工作更努力，或更有创造力，但研究表明，时间压力会削弱人们的创造力。[41]

（5）研究表明，员工的创造性表现会随着组织结构对创造力的明确支持而加强。有效的支持手段包括鼓励、开放式交流、倾听和有效的反馈等。[42]

文化如何影响创新？

富有创新能力的组织通常具有相似的文化。[43] 这些组织鼓励试验，不论成功与失败都予以奖励。它们也颂扬失误。充满创新精神的组织文化通常有如下八项特征，详细分述如下。

- **接受模棱两可**（acceptance of ambiguity）。过于强调目的性和专一性会限制创造性。
- **容忍不切实际**（tolerance of the impractical）。不打击对"如果……那么……"这类问题做出不切实际，甚至是愚蠢回答的员工。看起来不切实际的回答，可能会带来对问题的创新性解决。
- **最低程度的外部控制**（keep external controls minimal）。规则、条例、政策这类控制被保持在最低限度。
- **容忍风险**（tolerance of risk）。鼓励员工大胆试验，不用担心失败的后果，并将错误看成学习机会。
- **容忍冲突**（tolerance of conflict）。鼓励不同的意见。个人或单位之间的一致和认同并不意味着能实现很好的绩效。
- **重视结果甚于方法**（focus on ends rather than on means）。在提出明确的目标后，鼓励个人探索实现目标的各种可能方法。重视结果表明对于给定的问题可能有好几个正确的答案。
- **强调开放式系统**（open-systems focus）。组织时刻监控环境的变化并迅速做出反应。例如，在星巴克，产品开发源自"对顾客和顾客偏好进行实地考察所产生的灵感"。公司现任执行营销副总裁米歇尔·加斯（Michelle Gass）说道："把队伍带到巴黎、杜塞尔多夫（Düsseldor）、伦敦考察当地的星巴克和其他餐厅，你就会对当地的文化、行为习惯及当地的潮流有更好的认识，当你回来的时候脑子中会充满着各种不同的想法与不同的思考方式。这些是你以前通过杂志或者电子邮件的方式所不能得到的。"[44]
- **提供积极的反馈**（positive feedback）。管理者向员工提供积极的反馈、鼓励员工、给予员工支持，让员工感觉到他们富有创意的想法得到了重视。例如，移动研究（Research In Motion，RIM）公司董事长兼 CEO 迈克·拉扎尔里迪斯（Mike

Lazaridis）说："我认为我们有一种创新的文化氛围，工程师们与我形影不离，激发创新是我的生活。"[45]

哪些人力资源因素影响创新？

在人力资源这一类因素中，我们发现富有创新能力的组织总是积极推动员工培训和员工发展以保持其知识的更新，并向员工提供高工作保障以减少他们对因犯错误而遭解雇的顾虑，同时也鼓励员工成为革新能手（idea champions）：一旦产生新思想，革新能手会积极、热情地将这一思想深化。组织要提供支持并克服阻力，以确保创新得到推行。研究表明，革新能手有一些共同的性格特征：异乎寻常的自信、有持久力、精力充沛、敢于冒险。他们也显示出了与动态式领导相似的特征。他们会以创新带来的潜在美好前景及自己对使命的坚信不疑来激励和鞭策他人。他们也善于从他人处争取支持其使命的承诺。另外，革新能手的工作被赋予相当大的决策自主权，这有助于他们引入并推行创新。[46]

爱彼迎（Airbnb）联合创始人布莱恩·切斯基（Brian Chesky）和乔·格比亚（Joe Gebbia）运用设计理念，专注于旅行者的兴趣、行为、需求和愿望，推出一种创新的住宿方式。他们的在线市场将想出租房子的人和想找地方住宿的人联系起来。图中切斯基正在访问南非开普敦一家可提供住房和早餐的业主。

当今职场中的经典概念

纽约洋基队（The New York Yankees）和波士顿红袜队（Boston Red Sox）的对决具有悠久的传统。棒球比赛的做法也是如此，一支棒球队监视另一支球队并试图窃取接球手和投球手之间关于下一步将要投掷的类型的暗号。这里没有什么新东西……直到波士顿红袜队采用了一点高科技手段——一个助理运动教练佩戴的苹果手表——以获得比洋基队和其他球队更大的优势。当洋基队总经理向美国职业棒球大联盟专员提出详细投诉时，专员不久就进行了调查。波士顿红袜队被罚款数额不详，所有30支职业棒球大联盟球队都被"郑重"提醒，在比赛期间禁止使用电子设备窃取暗号。但面对现实吧，下一个高科技产品多久就会以同样的方式被使用呢？

讨论题

1. 你认为这种高科技间谍行为不道德吗？解释你的答案，并准备好为其辩护！一名助理运动教练穿戴有"窃听功能"的高科技产品，这一事实是否改变了你的看法？请讨论。

2. 包含像智能手表或健身跟踪器这样看似无害的产品在内，当管理者监控高科技产品在工作环境中的使用时会面临哪些挑战？在你所在的小组中，采用头脑风暴法讨论可能的道德因素，以及组织如何处理这些产品的使用问题。

6.5 什么是颠覆性创新？为什么管理它如此重要？

25 年前，美国的每一条主要街道都有一家书店。像巴诺书店（Barnes & Noble）和博德斯（Borders）这样的书店有数百家之多。此外，美国还有成千上万家小型的家庭书店。随后，亚马逊网站应运而生。亚马逊以超低的价格向购书者提供了 100 多万种图书，所有这些图书都可以在家里舒适地买到。亚马逊一手颠覆了实体书店。它在继续冲击零售业、医疗保健、卡车运输，甚至可能是银行业。

6.5.1 什么是颠覆性创新

颠覆性创新（**disruptive innovation**）指在产品、服务或流程方面的变革，这些变革从根本上改变了一个行业的游戏规则。往往，会有资源较少的小公司成功地挑战老牌公司，这些小公司以相对较低的价格向被忽视的潜在消费者提供产品或服务，从而证明自己具有颠覆性。尽管"颠覆性创新"一词相对较新，但这一概念并非如此。例如，经济学家约瑟夫·熊彼特（Joseph Shumpeter）大约在 80 年前曾用"创造性颠覆"一词来描述在摧毁旧技术的过程中如何建立起资本主义，这就是用新的、更好的技术来取代旧技术。其本质上是颠覆性创新。实际上，颠覆性创新已经存在了几个世纪。范德比尔特（Vanderbilt）的铁路中断了帆船业务，亚历山大·贝尔（Alexander Bell）的电话为西联电报（Western Union's telegraphy）敲响了丧钟，福特和其他汽车制造商摧毁了马车制造商。正如表 6-3 所示，有不少企业因颠覆性创新而损失惨重甚至消亡。

表 6-3 过去颠覆性创新者的例子

老牌企业	颠覆者
光盘	苹果播客（Apple iTunes）
复写纸	施乐复印机（Xerox copy machine）
帆布网球鞋	耐克（Nike）运动鞋
便携式收音机	索尼随身听（Sony Walkman）
索尼随身听	苹果音乐播放器（Apple iPod）
打字机	IBM 个人计算机
每周新闻杂志	有线电视新闻网（CNN）
电视网络	有线电视和奈飞（Netflix）
当地旅行社	亿客行（Expedia）
股票经纪人	埃特拉德（eTrade）
旅行支票	自动取款机和签证（ATMs and Visa）
百科	维基百科（Wikipedia）
报纸分类广告	克雷格的名单（Craig's list）
AM/FM 电台	天狼星 XM（Sirius XM）
税务筹划服务	报税软件（Intuit's Turbo Tax）
电话号码簿、信息查询	谷歌（Google）
纸质地图	佳明的导航（Garmin's GPS）
平装书	电纸书（Kindle）
律师	法定变焦（Legal Zoom）
出租车	优步（Uber）

资料来源：Robbins, Stephen P., Coulter, Mary, Management (Subscription), 14th Ed., © 2018. Reprinted and electronicallyreproduced by permission of Pearson Education, Inc., New York, NY.

区分颠覆性创新和持续性创新非常有用。当我们大多数人想到创新的时候，所想到的是高清晰度电视（HDTV）、汽车倒车摄像头、智能手机上的指纹技术，甚至是双倍立体眼镜（Double-Stuf Oreos）。这些都是**持续创新（sustaining innovation）**的例子，因为它们维持着现状。这些持续的创新（第 164 页）代表了现有产品的微小和渐进的变化，而不是根本性的突破。电视机的发明颠覆了无线电广播行业，而高清电视只是提高了电视画面的质量。

6.5.2 为什么颠覆性创新很重要

人们常说"成功孕育成功"，但成功也会滋生失败。这是怎样发生的？是通过在一家受到颠覆性创新威胁的公司内建立权力结构。根深蒂固的组织文化和价值观，一方面对指导员工很重要，但另一方面也对变革起着制约作用。事实上，颠覆性创新对许多现有企业是一种威胁，而仅仅用持续创新来应对是不够的。然而，我们需要认识到，并非所有"颠覆性"创新都能成功。例如，大肆宣传可以替代短途旅行汽车的赛威"个人运输车"（Segway "personal transporter"）并没有成为现实。

6.5.3 颠覆性创新意味着什么

颠覆性创新有可能颠覆企业家、企业管理者，甚至颠覆你自己的职业生涯，让我们看看个人的未来可能会是什么样子。

企业家。想想那些机会！企业家在变革和创新中茁壮成长。重大的颠覆为新产品和服务打开了大门，以取代现有和成熟的业务。如果你想创建一个潜力巨大的新企业，那就找一个可以用更便宜、更简单、更小或更方便的替代品去颠覆现有企业。我们将在下一章更仔细地研究创业过程。

管理者。对于大型成功企业的管理者来说，颠覆性创新面临的挑战是制定适当的应对措施。与普遍的看法相反，这些组织的管理者并非无能为力。他们自己也可以成为颠覆性的创新者。但压倒性的证据表明，他们的颠覆性创新必须由一个在实体上和结构上与企业主要运营脱节的独立团体来执行。怎么执行？要么从头开始创建新业务，要么收购一家小公司，并使其脱离公司的限制。

47% 的企业领导者表示，选择并留住员工来应对**颠覆性创新**是一个重大障碍。[47]

有时把这些独立的群体称为**臭鼬工厂（skunk works）**——定义为一个大组织中的小团体，拥有高度的自治权，不受公司科层机构的约束，其使命主要是开发重大突破性的创新项目。实际上，这些臭鼬工厂是在一家大公司内部进行的创业活动。他们的小规模让员工对他们的使命充满热情，并看到他们的努力所产生的效果。然而，要想取得成功，他们不能为母公司的文化价值观或成本结构所约束。他们需要足够的自主权，这样他们就不必与母公司中的项目争夺资源。

个人职业规划。在一个极具颠覆性的世界里，我们能为你提供什么职业建议？以下是一些建议。

- 永远不要只为一个雇主工作。你不能把整个职业生涯都寄托在一个组织里。你的第一个忠诚应该是对自己，要让自己具有市场价值。

- 保持你最新的技能。颠覆性技术将不断使现有工作和职业过时。当你完成学业时，学习并没有结束。你需要不断地学习新事物。

- 记住，你要为自己的未来负责。不要以为雇主会照顾你的长远利益。你的个人技能发展（提示：我们在本书中提出的所有这些就业能力技能），职业发展和退休计划（是的……现在开始考虑这个问题并不过早），都是需要你所做的决定。不要把你的未来委托给他人。你需要积极管理你的职业生涯。

- 最后，趁着年轻去冒险。很少有人不冒险就取得了巨大的成就。他们辞去了一份有保障的工作，或者回到学校，或者搬到一个新城市，或者开始新的事业。虽然风险并不总是有回报，但 25 岁时承受挫折或失败要比 55 岁时容易得多。

本章概要

（1）定义组织变革并比较变革过程的两种观点。

组织变革是组织在人员、结构、技术方面的一系列改变。"静水行船"观认为变革是事物正常运转过程中的偶然中断，变革可以按勒温的"变革三部曲"（解冻–变革–再冻结）加以计划与管理。"激流泛舟"观则认为变革是持续不断的，对变革的管理也是个持续的过程。

（2）解释如何管理变革阻力。

人们抵制变革是因为不确定性、习惯、关注个人得失或者认为变革可能并非出于组织的最佳利益。减少变革阻力的方法包括教育与沟通（通过让员工了解变革努力的合理性来减少变革的阻力）、参与（让那些直接受到变革影响的成员参加决策的制定过程）、促进与支持（给予员工实施变革所需的支持和帮助）、谈判（交换某种有价值的东西达成一种协议以减少变革的阻力）、操纵与合作（使用消极举动来影响他人）、选取乐于改变并愿意接受变革的人、强制（使用直接威胁或强迫）。

（3）描述管理者需要了解员工压力的哪些方面。

压力是人们在面对超出他们承受范围的过度的需求、限制或机会时的一种反常反应。压力的症状可以是生理的、心理的或者行为上的。压力可由个人因素及与工作相关的因素导致。管理者可以通过使员工与工作相匹配、改善组织沟通、实施绩效管理方案或工作再设计等手段等来减轻员工的压力。解决产生压力的个人因素是很棘手的，但管理者可以采用员工咨询、时间管理和健康计划等方法。

（4）讨论激发创新的方法。

创造力指以独特的方式整合各类思想，或在各类思想之间建立独特联系的能力。创新则指吸收一种创造性思想并将其转化为有用的产品或工作过程。一个创新的环境包括结构、文化及人力资源等因素。

重要的结构因素包括有机式结构、丰富的资源、组织各部门之间频繁的沟通、最小的时间压力、组织支持。重要的文化因素包括接受模棱两可、容忍不切实际、最低程度的外部控制、容忍风险、容忍冲突、重视结果甚于方法、强调开放式系统、提供积极的反馈。重要的人力资源因素包括高度的培训和发展承诺、高工作保障、鼓励个人成为革新能手。

设计思维也可以在创新中起到一定作用。它提供了一套流程，让人们能提出尚不存在的东西。

（5）解释什么是颠覆性创新以及管理创新的重要性。

颠覆性创新指产品、服务或流程方面的变革，这些变革从根本上改变了一个行业的游戏规则。这一点很重要，因为如果老牌组织没有意识到根深蒂固的组织文化和价值观的弊端，以及它们约束变革的潜力，变革会让他们感到惊讶。颠覆性创新有可能会给企业家、企业经理和个人职业规划带来惊奇和认知颠倒。

复习思考题

1. 为什么处理变革是管理者工作中必不可少的组成部分？

2. 比较"静水行船"观和"激流泛舟"观，你会用哪一种来描述你的生活现状？为什么？

3. 阐述勒温的三步骤变革过程。它与激流泛舟式变革中的变革过程有何不同？

4. 机会、限制和需求如何影响压力？分别举例说明。

5. 通常组织对所能承受的变革有一个限度。作为管理者，你会利用什么指标来反映你的组织已经超过了其变革承载力？

6. 为什么说组织发展是有计划的变革？解释在当今动态环境下，有计划的变革对组织的重要性。

7. 创造力和创新有何区别？试各举一例。

8. 查阅资料，说明怎样才能成为一个有创造力的人。逐条记录下你的建议并在课堂上分享。

9. 创新文化如何使组织更有效？你认为创新文化是否会导致组织低效？为什么？

10. 组织和个人如何从颠覆性创新中获益？他们怎么能不成为颠覆性创新的受害者？

11. 在组织中，有计划的改变通常被认为是最好的方法。无计划的变化能被有效解释吗？

12. 创新需要让人们犯错误。然而，错了太多次会对你的职业生涯造成灾难性的影响。你同意吗？为什么？培养创新的潜在影响是什么？

管理技能建设：管理压力

如今员工的压力要普遍比上一代大很多，这已经不是什么秘密了。工作负荷更加繁重，时间更加漫长，持续不断的整顿，技术将工作和个人生活间的传统间隔打破，工作保障减少，这些都是增加员工压力的因素。这种压力会导致工作效率降低，缺勤率增加，工作满意度降低，还有离职率的上升。当产生过度压力时，管理者需要了解减缓压力的办法。

技能基础

我们既不可能也不应该消除工作中的所有压力。压力是生活中难免会出现的问题，当重点放在专注和创意上时，它同样有积极的一面。但是当压力引起了愤怒、沮丧、恐惧、失眠等，就应该引起足够的重视。

许多组织都为员工引入了减压干预措施，包括改善员工选取和派遣，帮助员工确立切实可行的目标，进行实践管理培训，工作再设计，增加员工在相关决策中的参与度，扩大社会支持网络，改善组织沟通及组织支持的保健计划。然而，如果你的上司并没有提供这些措施，又或者你要采取额外手段，你自己可以做些什么呢？我们建议采用以下个体干预方法。

- 实施时间管理技术。每个人都可以提高自己的时间利用度。时间作为一种资源，其独特之处就在于一旦被浪费了，就再也回不来了。尽管人们总是说要节省时间，时间却总是无法被"省"出来。时间一旦流失，就再也不可逆了。好的一面是我们都有着同等的资源量，因为每个人都拥有一周 7 天、一天 24 小时的时间。但是，当手上的时间不足以完成任务时，压力就来了。有效的时间管理可以缓解压力。例如，时间管理培训可以教你如何按紧急程度和重要程度对任务进行排序，再根据轻重缓急来安排活动，防止将花时间做事和完成任务相混淆，还可以认识到自己的工作效率周期，这样就能将最吃力的任务放在该周期中效率最高的部分，也就是你最敏捷和高效的时段来完成。
- 建立个人目标。目标设定是为了使你更好地对活动区分优先次序，并更好地分配工作力度。目标实际上是个人计划的工具。例如，设定长期目标可以提供总体方向，而短期目标——如每周或每天的任务清单——则可以减少忽视重要活动的可能性，并帮助你最大化地利用时间。
- 进行体育运动。大量证据显示，非竞争性的体育运动可以帮助你缓解在压力环境下形成的紧张情绪。这些运动包括有氧运动、慢跑、游泳、骑单车。体育运动可以增加心脏的能力，降低静止心率，将精力从工作压力中转移，并提供发泄的渠道。
- 实施放松训练。你可以通过冥想、深呼吸锻炼和引导性想象来指导自己缓解紧张。这些训练可以将你的思绪从压力源头转移，使你进入到一种深度放松状态，并降低身体的紧张感。
- 扩大你的社会支持网络。当压力水平上升时，找朋友、家人或者同事聊聊可以发泄情绪。正因如此，扩大你的社会支持网络也是缓解紧张的一种手段，有人可以倾听你的难题并根据情况提供客观的意见。

技能应用

通读本场景，并按照结尾处的说明进行操作。

达娜（Dana）对于自己在泰勒出版社（Taylor Books）——一家在乔治亚州和佛罗里达州有 22 家连锁书店的出版社——的工作深感沮丧。在担任了 13 年的营销主管后，她感到自己需要新的挑战。因此当她在坦帕市舞者广告公司（Dancer Advertising in Tampa）拿到了财务总监这个工作机会时，她把握住了这次机会。现在，她已经在新岗位上工作了四个月，她不知道这一步走得是否正确。

在泰勒，她遵循着一周 5 天、一天 8 小时的工作时间，因此能轻松地平衡好工作责任与作为妻子和两个孩子（一个 4 岁，一个 7 岁）母亲的私人责任。但是，她的这份新工作确实很不一样。客户会随时打电话过来提出要求，白天、晚上、周末都有可能。在舞者创意部门的人持续不断地要求达娜在项目上投入，她的上司希望她不仅能取悦现有客户，还能准备和参与展示并逐步建立预算，以此帮助获取新的客户。达娜计算过，单单上个月她在办公室工作了 67 小时，并在家里额外为舞者的项目工作了 12 小时。由于缺乏睡眠，她被忙碌的节奏弄得疲惫不堪，也没有时间陪家人或做家务，达娜已经瘦了 5 斤，还突发荨麻疹。她的医生告诉她荨麻疹是由工作压力诱发的，她需要调理自己的生活。

达娜的确很热爱这样一份财务总监的工作，但她也觉得工作的要求和影响将要把她淹没。昨天她给泰勒出版社的前上司打电话，并咨询了回去工作的事。上司的回复是："达娜，我们很乐意让你回来，但是我们已经请人填补了你的职位空缺。我们可以为你在营销方面找到一个职位，但是你不可能再当主管，薪水也至少会降低 1/3。"

如果你是达娜，你会怎么做呢？请详细说明。

体验练习

在西方社会文化和大多数组织环境中，创造力受到高度重视。然而，大多数人并不认为自己具有创造力。那么你呢？你会认为自己具有创造力吗？和智力一样，它也是每个人都具备的某种能力。在这个体验练习中，你要"锻炼"你的创造力。但我们不会强迫你单独进行工作。你将和你所在的小组一起工作。下面是你们的任务。

- 从这里显示的 2 种常见消费品中选择一种。
- 在这些产品的最初用途之外，至少确定 5 种另外的用途，并写下来。尽可能地加以描述。
- 选择你的前 3 种用途，并准备好与全班同学分享。
- 要有创意。（这应该不言而喻！）怎么样，这项工作很有趣吧！
- 写一段话描述你和你们小组完成这一工作的经历。是很困难还是相当容易？你感觉如何……紧张还是舒适？你从自己对创造性工作的适应程度中学到了什么？你会做些什么来改变你的创造方式？

耳塞线　　　　　　　梅森罐盖

不道德的做法迫使变革

这是历史上最严重的商业道德丑闻之一。2015 年世界得知大众汽车（Volkswagen）多年来故意在其清洁柴油汽车上安装所谓失效装置，以规避政府的废气排放测试。鉴于该公司在汽车行业长期成功的历史，这一消息令许多人震惊。大众汽车是世界上最知名的品牌之一，成立于 1937 年，总部设在德国，在全球拥有 50 多万员工。在世界范围，大众汽车集团有着悠久的戏剧性创新历史。集团在硅谷设有电子研究实验室，将德国的工程技术与美国的独创性融为一体。

西弗吉尼亚大学（West Virginia University，WVU）的研究人员在开始研究清洁柴油发动机时首次发现了这一违规行为。当他们测试大众汽车的性能时惊讶地发现，其道路废气排放量几乎超过了政府排放限额的 40 倍。美国国家环境保护局（Environmental Protection Agency，EPA）的进一步调查发现，车辆所配置的软件基本上可以"欺骗"排放测试系统。在检测柴油发动机时会测试废气排放，并改变车辆性能以改善测试结果。西弗吉尼亚大学的研究人员发现，车辆一旦上路，就会退出测试模式，排放出过量的氮氧化物污染物。美国国家环境保护局的调查结果仅涉及在美国售出的 50 万辆汽车。但大众汽车后来承认，全球约有 1100 万辆汽车安装了该软件。大众汽车还需要很长一段时间才能意识到这一道德错误造成的所有危害。

如此明目张胆的道德违规是怎么发生的？可能需要数年时间来确定谁该对此承担责任，首 CEO 温特科恩（Martin Winterkorn）因丑闻辞职，他最初声称不知道这些设备的情况。虽然许多高管被停职，但没有人确定谁知道或授权了该软件。事实上，一些人认为，受驱动的、以绩效为基础的企业文化可能比任何个人都更难辞其咎。

温特科恩强化了这种独特的文化，他被描述为一个努力进取的完美主义者，致力于确保公司在全球汽车制造商中的领先地位。他以公开批评员工而闻名，并承诺采取一切必要手段确保公司的成功。这引起了员工的恐惧，这家公司的文化也被形容为"自信、刻薄和狭隘"。自大可能会让大众的管理者认为，美国政府或其他官员不会发现这些误导性的排放测试。

更让人不安的是大众汽车对丑闻的反应。起初，该公司表示 a 型车存在技术问题，但最终承认这些软件设备是为了欺骗系统而设计的。接着，该公司报告说，只有有限数量的汽车存在问题；然而，随着更多细节被揭露，该公司承认，更多的汽车配备了该设备，这些行为发生在最初报道之后更长的一段时间内。

当时接任大众汽车 CEO 的马蒂亚斯·穆勒（Matthias Muller）表示，他正努力加快这家汽车制造商的变革。他敦促员工为汽车行业的快速转变做好准备，如自动驾驶、电动汽车、"智能"发动机和地图导航等。事实上，他自 2015 年受任 CEO 以来，所花在管理这场道德危机上的时间和管理企业的时间一样多，这正是变革所需要的。他不仅引领了现代汽车技术世界的变革，也改变了一家公司的文化。由于大众汽车未来所必须发展的方向已有明确的愿景，穆勒正在做出必要但困难的决策，这些决策正受到管理者和员工的抵制。

然而，这并没有阻止他做所认定为最好的事情，使大众汽车再次成为赢家。

注：2017年3月，大众汽车公司承认了因欺骗罪而受到的刑事指控，公司在美国的一名高级管理人员被判处7年监禁。到目前为止，这起丑闻已经使这家汽车制造商损失了200多亿美元的罚款和和解费用，并损害了其声誉。此外，CEO 穆勒已经被赫伯特·迪斯（Herbert Diess）取代，他是宝马公司前高管，掌管大众品牌。迪斯表示，他致力于"变革"，但其速度更快。

讨论题

1. 在这个例子中，你看到了什么样的外部力量或内部力量，或者两者兼而有之？你会把大众汽车的环境描述为更平静的水域还是湍急河流？请解释。

2. 大众汽车需要变革。在这一章中，我们定义变革是对一个组织的人员、结构或技术的任何改变。大众汽车需要改变哪些方面？请讨论。

3. 大众汽车的组织发展工作是什么？解释你的选择。管理者在做出这些改变时将面临哪些挑战？

4. 思考人们抵制变革的原因。你认为在大众汽车会发生什么？你建议用什么方法来克服这种变革阻力？给出你选择每种方法的基本原理。

5. 创新文化是否总是与道德文化不一致？或者说，创新和道德文化是可以同时做到的？收集你对这个问题的想法，然后在你所在的小组里，给出一个答案支持你的结论。

应用案例6-2：下一个大事件
专题：组织变革，创新文化

用创新来捍卫企业！

一切都是从制造一件出众T恤的简单计划开始的。20世纪90年代中期，马里兰大学橄榄球队的特别队长凯文·普兰克（Kevin Plank）很讨厌不停更换运动衫里面的纯棉T恤，因为比赛时它会被汗打湿并变重。他觉得必须要有一件更好的T恤选择，并且开始研究起来。普兰克采用了第一件安德玛压缩产品——穿在制服或运动衫里，就像第二层皮肤的合成衬衫，这立刻引起了轰动！这件丝绸的纺织物很轻，运动员穿起来觉得速度更快、更加神清气爽，根据普兰克的说法，这件衣服给予了他们心理上的优势。今天，安德玛通过不懈地追求创新和设计，依旧在热情地努力为所有运动员提供更好的体验。在这家公司设计工作室的门上可以看到这样一条体现公司哲学的明显标示："我们还没有完成我们所定义的产品。"

总部设在巴尔的摩的安德玛现在是一家市值19亿美元的公司。在17年的时间里，它从一家大学生创业公司成长成为"俄勒冈州比弗顿巨兽（也就是广为人知的耐克公司，一家市值240亿美元的公司）的强大竞争对手"。安德玛占有分散的美国运动服装近3%的市场份额，出售的产品从衬衫、短裤、鞋子到内衣。此外，超过100所大学穿安德玛的制服。公司的标志——互锁的U&A——正在变得几乎和耐克旋风一样有品牌知名度。

起步之后，普兰克利用他仅有的优势，即他在体育圈的人脉来售卖衬衫。"从他的球队到高中、军校再到马里兰大学，他至少认识 40 个可以联系并出售衬衫的橄榄球运动员"。另外一名马里兰曲棍球运动员基普·福尔克斯（KiD Fulks）加入普兰克的行列中，他在曲棍球运动圈里也同样使用了"六度战略"。信不信由你，这项战略奏效了。安德玛的销量有了十足的动力。然而，只限于在球队和学校里销售产品，公司业务是走不了多远的，这时普兰克开始将眼光放到了大众市场上。2000年，他和一家大型量贩店盖尔言（最终被迪克体育用品收购）做成了第一单大市场生意。到今天，安德玛超过 66% 的销量都来自迪克和运动用品店，尽管如此，安德玛并没有忘记自己是从何处起家的，公司在很多学校内开展校园业务。

尽管安德玛在市场营销上取得了成功，但创新才是公司一直以来的制胜之道。创新对于这家公司心脏和灵魂有多重要？进入该公司的新产品实验室之前，看看你要做什么："把双手放在最先进的扫描仪前，它会读取并计算你的静脉模式。如果模式被识别出来了——5 000 个员工里只有 20 个人才可能被识别—你才可以进去。如果识别失败，那扇圆拱形的门是不会打开的。"在巴尔的摩公司校园总部里，没有标记的实验室中正在开发的产品有可以监控运动员心率的衬衫、设计得像你的背部脊椎一样的跑鞋，以及几乎像鸭子一样防水的汗衫。他们还在研究一种通过读取生命迹象来帮助身体散热的汗衫。

尽管大力推进创新，但安德玛最近的收入却出现了下滑。2017 年对公司来说是艰难的一年。CEO 凯文·普兰克表示，公司将加大重组力度。公司解雇了 3 名高管，约占员工总数的 2%。此外，公司正在寻找更好地与女性客户建立联系的方法。最后，该公司承认，在尝试实施企业资源计划（Enterprise Resource Planning, ERP）系统时遇到了"运营挑战"。实施该系统问题非常严重，影响到公司的财务前景。

安德玛还会给我们带来什么呢？本着捍卫公司的口号，创新始终是极其重要的。在自己有所建树的领域（即制造运动员贴身服装）之外进行创业将会十分具有挑战性。然而，普兰克"下定决心要征服一片接一片的领土"，他说："没什么产品是我们创建不了的。"

讨论题

1. 你认为安德玛的创新方式是什么？你会期待在运动服装公司看到这种类型的创新吗？为什么？

2. 你认为安德玛的公司文化是怎样看待创新的（提示：参考 6.4.3）？

3. 设计思维可以帮助安德玛改善创新吗？讨论这个问题。

4. 对于突出地展现在设计工作室门上的公司哲学，你是怎么解读的？它是怎样看待创新的？其他公司可以从安德玛创新的方法上学到些什么？

应用案例 6-3：是时候改变了
专题：颠覆性创新

时间不多了吗？

你们当中有多少人手腕上戴着手表？不是"智能手表"或健身跟踪器，而是真正的手表。我们猜想并不多。而这正是瑞士钟表行业面临的问题。它正在与落后的销售做斗争，并需要提高年轻一代的兴趣，他们真的不再用手表来计时。公司高管正试图弄明白如何让年轻消费者相信，机械钟表——制作精良、昂贵、豪华的钟表——是物有所值的。有些手表的价格相当于一辆汽车！传统的豪华手表制造商发现，他们的行业正被"小玩意腕表"冲击，这些小玩意除了做晚饭，什么都干。一家瑞士手表公司的 CEO 说："这不仅仅是一场危机。我们必须重新考虑现有的商业模式。"

亚洲有一个传统的奢侈品钟表市场正在蓬勃发展。5 年多以来，它对中国内地、中国香港和日本的出口增长最为强劲，但这是该行业唯一的好消息。分析师表示，在最近一个假期（2017 年），购买苹果手表的人多于购买瑞士手表。此外，许多实际购买手表的年轻消费者通常会选择西诺拉（Shinola）和 MVMT 等瑞士品牌以外的其他品牌，这两个品牌都位于美国。

那么，瑞士手表制造商正在做什么来适应这个行业的颠覆呢？其中特别是奢侈品集团酩悦·轩尼诗—路易·威登（Louis Vuitton Moët Hennessy，LVMH）手表部门[包括豪雅（TAG Heuer）和宇珀（Hublot）品牌] CEO 让-克劳德·比弗（Jean-Claude Biver）正在采用一种不懈地瞄准年轻消费者的策略。他邀请了肖恩·科里·卡特（Jay-Z）和其他街头艺人设计手表，招募 20 多岁的模特担任"品牌大使"，并在电子游戏中购买广告。他还监督了瑞士工业首款智能手表的开发。这款以豪雅品牌生产的手表开发得如此之快，以至于连"瑞士制造"的标签都没有贴上，因为必须在最后期限前向非瑞士供应商交货。这款"联网手表"在苹果推出智能手表（smartwatch）几个月后就上市销售。

讨论题

1. 是什么力量对行业造成颠覆，推动了瑞士钟表行业的变革？

2. 你会把变化的环境归类为更平静的水域还是湍急的河流？解释你的选择。颠覆性创新能在平静的水域式环境中发生吗，还是只能在湍急河流式的环境中发生？请讨论。

3. 让-克劳德·比弗是如何试图改变他的组织的？评估他所做的决定。他还会采取其他行动吗？如果会，请加以描述。如果不会，为什么呢？

4. 在你所在的小组里，假装你被邀请向某个瑞士手表公司的执行团队做一个演示，介绍如何让年轻顾客尝试这些特殊的奢侈品。提出一些想法，并讨论将你的观点传达给执行团队的最佳方式。

注释

本章注释文件请扫二维码下载。

第 **7** 章

新创企业管理

那些优秀的企业家就是这样诞生的。

这是一种错误的观念。成为一个优秀的企业家与你独特的基因特征并无关系。虽然一些遗传特征可能会让你在从事新创企业的过程中更易于接受挑战，但我们知道创业技能是可以教授和学习的。

许多人认为：①企业家天生具有使他们成功的性格特征；②你必须具有"天生的特质"才能在创业中成功；③创业是一种无法传授的技能。正如我们矫正管理偏见所表明的那样，创业技能是可以学习的。在哪里你可以学习这些技能？世界各地越来越多的学院和大学开设了创业课程，甚至开设了创业专业。除了接受高等教育，创业技能还可以通过导师、书籍和视频，甚至通过观察其他创业者——他们把什么做得好或做得不好——来学习。在本章中，我们将广泛地考察管理新创企业所涉及的内容。首先，我们将会对创业背景进行重要概述。因为企业家必须做出大量的前期决定，所以这里包含了很多这方面的材料。其次，我们将解释和描述企业家在进行管理时所做的事情，即计划、组织、领导和控制他们的组织。

学习目标

1. 定义创业并解释其重要性。
2. 解释企业家在新创企业的计划过程中做些什么。
3. 描述 6 种合法的组织形式和选择合适的组织结构。
4. 描述企业家如何领导组织。
5. 解释企业家如何控制组织的成长、衰退和退出风险投资。

7.1 创业的背景是什么？为什么它很重要？

当你想到软件初创企业，可能会像大多数人一样想到具有专门软件知识的员工——使用电子表格、演示软件、沟通工具等的员工。但是移动设备项目最新的激增主要集中在蓝领工人身上。[1] 不管你是否相信，这是一个相当大的市场！大约 1.13 亿工人，直到最近仍然依赖于桌面程序或纸和铅笔工作，而现在能够通过技术提高效率。新的基于移动设备的软件初创企业正在瞄准从事管道、承包、车库门安装和其他现场服务等职业的人员。蓝领的移动软件是一个成熟的创业市场！

7.1.1 创业是什么？

尼克·吉尔森（Nick Gilson）是一名企业家。他在罗德岛长大，经常和父亲一起航海，甚至还帮助他建造过一艘双体船，由于是双体设计，这艘船比传统的游艇要快。尼克想知道类似的设计是否可以应用到滑雪板上。因此，当他十几岁时，他决定设计一个基于双体船设计的滑雪板。2013 年，他以合伙的方式创立了吉尔森滑板公司（Gilson Boards）。滑雪板的特点是底部有两个滑行装置，这使得滑行者在不同的雪况下更加灵活和可控。到 2016 年，该公司已经售出了 1000 多块滑雪板，收入接近 100 万美元。现在，公司有 11 名全职员工，销售额每年增长 200%。它以其独特的设计衍生出一系列的滑雪板。[2] 尼克·吉尔森从事的**创业**（entrepreneurship），是一个通过创办新企业来捕捉机会的过程，其目的是改变、变革、转变或引进新的产品或服务。企业家看到了机会或者未被满足的需求，他不会停止探索，直到找到满足这个需求的方法。

很多人认为新创企业和小企业是一样的，其实这种想法是错误的。企业家创造的**新创企业**（entrepreneurship ventures），是一种通过创新的做法来把握机会，并将成长和赢利作为主要目标的组织。而**小企业**（small business）则是员工少于 500 人的独立企业，并非需要新的或创新性活动，它对整个行业的影响甚微。小企业不会因为其规模小就一定是创业型企业。新创企业意味着具备创新性和把握时机的能力。新创企业在初期也许规模较小，但它会寻求成长。一些新的小企业也会成长，但是许多小企业也可能因选择或疏忽而停留在小型规模。

当我们继续探索什么是创业时，通过解释什么不是创业可能有助于澄清这个概念。尽管对创业活动的研究已经有三个多世纪的历史了，但仍然存在一些常见错误观念。[3]

（1）**成功的创业只需要一个很好的创意**。拥有一个很好的创意只是成功创业方程式的一部分。理解创业过程不同阶段的需求，采取有组织的方法创业，以及应对创业面对的挑战，也是成功创业的关键因素。

（2）**创业很容易**。你可能会认为，因为你拥有创业的激情和强烈的成功欲望，所以这很容易。然而，我们要事先警告！创业并不容易！这需要承诺、决心和努力工作。即使你拥有这些品质，也不是毫不费力的。企业家经常遇到困难和挫折，但成功的企业家是那些不顾困难继续前进的人。

（3）**创业是一场冒险的赌博**。一般来说，因为创业涉及追求新的和未经检验的方法及想法，所以它必定是一场赌博，对吗？也不尽然。尽管企业家不害怕冒险，但创业所涉及的是经过计算的风险，而不是不必要的风险。事实上，有时候成功的创业意味着避免或最小化风险。

（4）**创业只存在于小型企业中**。许多人错误地认为创业只与小型组织有关。事实上，我们可以在任何规模的组织中找到创业。另外，正是因为一个组织很小而不能自动地创业。

（5）**新创企业和小企业是一回事**。这是一个广泛存在的误解，我们在前面已经指出。

7.1.2　创业不同于个体经营吗

许多人把创业和个体经营混为一谈。它们是一样的吗？答案是：有时候是。让我们从定义个体经营开始。

个体经营（self-employment）指个人为了利润或费用在自己的行业、专业、农场工作。[4] 这种安排主要针对电工、簿记员或保险代理人等专门的职业。回想我们对创业的定义，创业是一个通过开创新的企业来捕捉机会的过程，目的是改变、变革、转变或引进新的产品或服务。现在让我们来看看这两者的 3 个对比点。

第一，创业者和个体经营者都了解市场需求。例如，赫克托（Hector）认识到了对住宅清洁服务的需求，于是他决定开办一家收费的清洁公司。清洁住宅并没有什么革命性的意义，尽管这是一项有价值的努力。赫克托是个体经营者。相比之下，德国金融服务业初创公司 N26 的 CEO 瓦伦丁·斯塔尔夫（Valentin Stalf）则是一名创业者。他创立了一项服务，利用跨服务伙伴关系和联盟，将个人的所有财务活动以及众多公司的账户和卡片结合成一个单一的、简化的金融服务平台。[5] 他发现了一个使金融服务对客户更有效和更有用的机会。服务市场需求为赫克托和瓦伦丁提供了提供服务或产品获利的机会。

第三，创业者可能是个体经营者，也可能成为自己创办公司的雇员。例如，阿尔弗雷德（Alfred）联合创始人，CEO 马塞拉·萨波尼（Marcela Sapone）和首席运营官杰西卡·贝克（Jessica Beck），把他们以应用程序为基础的、定制个人礼宾服务的创意变成一个蓬勃发展的企业，他们现在是该公司的雇员——最高级别的员工！[6] 个体经营者总是为自己工作。他们不是另一家公司的员工，他们依靠自己的主动性来确保自己获得收入。此外，个体经营者由自己完全决定如何完成工作。最后，并不排除个体经营者拥有一个或多个雇员。例如，赫克托的清洁生意蒸蒸日上，他意识到自己无法处理所有的事情，所以他雇用了两个人来帮助他更好地满足客户的需求。

第三，税收和某些法律要求创业者和个体经营者创建一个法律上认可的组织。这里有几种类型的组织机构，我们将在本章后面讨论。赫克托可以创建一家独资企业，而瓦伦丁的企业可以注册为公司。

科技企业家戴蒙特·穆特鲁（Demet Mutlu）是特多尔（Trendyol）集团的创始人和 CEO。在发现土耳其网络购物的潜力后，她用自己的 30 万美元资金在 2009 年创办了时尚门户网站，然后从风险投资家那里筹集了超过 5 千万美元，使她的公司成长为土耳其最大的时尚电子商务公司，拥有 1300 万客户，年增长率达 90%。

当今职场中的经典概念

创业不是20世纪或21世纪的现象，尽管目前初创企业、新的风险团队和创业精神的流行趋向使你认为是这样。在18世纪早期，法国人用"企业家"一词来描述"中间人"或"中介"。理查德·坎蒂隆（Richard Cantillon）是18世纪著名的经济学家和作家，许多人认为他是"企业家"一词的创始人。[7]他用这个词来指在捕捉机会中积极承担风险的人。这个人，即企业家，在那些拥有资本（金钱）但选择不亲自捕捉这些机会的人之间起到了桥梁的作用。相反，个人（或一群人）为捕捉机会提供资金，而企业家则充当积极参与风险承担的中间人。图7-1显示了创业理论发展中其他重要历史进展。

图 7-1　创业理论发展的历史进展

资料来源：Robbins, Stephen P. Coulter, Mary, *Entrepreneurship in Action*，1st Ed.，© 2001. Reprinted and electronically reproduced by permission of Pearson Education, Inc., New York, NY.

虽然这只是创业长期而多彩的过去的一小部分，但请记住，创业的历史还在继续展开。它的历史至今仍在书写。本章的其余部分，将强调我们今天所知道的关于创业的许多知识。

讨论题

1. 研究创业的历史如何帮助你理解当今的创业？

2. 图7-1中对创业的历史描述在今天仍然有意义吗？把每一个都写下来，并写下如何向你的一个非商科专业朋友的解释。

7.1.3　谁在创办新企业

你呢？你想成为一名企业家吗？

描述企业家是什么一直是并将继续是研究人员和商业记者的兴趣所在。我们把**企业家**（entrepreneur）定义为那些发起并积极经营管理新创企业的人。[8]这个定义的内在含义是，企业家不仅仅是那些识别与把握机会并开设新创企业的人，也是经营管理新创企业的人。企业家"开设"新创企业同时还"梦想"它成长。

有办法来描述不同类型的企业家吗？有办法！基于我们早期对创业的定义，我们已经描述了**基于机会的企业家**（opportunity-based entrepreneurs），他们是开设新创企业来把握机会的个人。

但是这些人并不是唯一的开设新创企业的人。其他的类型是**必然的创业者**（necessity entrepreneurs），亦称为意外的创业者、不经意型创业者或被迫型创业者。这些人开始创业往往是迫不得已——通常是失业。例如，当失业率徘徊在两位数，企业规模紧缩频繁发生时，许多企业"难民"变成了创业者。这些人寻求创业，不是因为他们觉察到一些巨大的机会，而是因为没有工作。另一种类型的企业家是**连续创业者**（serial entrepreneur），他们出售或关闭了一家原有的企业，创办了另一家企业，又出售或关闭了那家企业，这样持续进行这种创业行为的循环。最后，**投资组合企业家**（portfolio entrepreneur）是保留原有业务并通过继承、建立或购买某些业务来建立其他业务组合的个人。

7.1.4　创业为什么重要

使用若干专门的资料来源，你都可以找到关于有多少小企业，他们雇用了多少员工，以及他们创造出多少国民经济总产出的统计数据。这些由各种研究公司和政府机构收集的统计数据反映了所有小企业的经济活动，而不仅仅是那些新创企业的经济活动。因为我们已经明确区分了小企业和新创企业，这些统计数据并不能说明整个情况。让我们来看看创业有什么贡献。

然后问题变成：我们如何衡量创业的重要性？创业对经济活力有贡献吗？它是如何做到的呢？创业对美国乃至全世界的每一个行业来说都是重要的，并将继续发挥重要作用。它的重要性可以从 3 个方面体现出来：创新，新创企业的数量，以及创造就业机会。

创新。正如我们在上一章中所讨论的，创新是一个创造、改变、试验、转变和彻底变革的过程。正如我们从早期的定义中知道的，创新是创业活动的关键特征之一。创新的"创造性破坏"过程导致技术变革和就业增长。[9] 创业公司作为变革的代理人，是提供新的独特想法的基本来源，否则这些想法可能得不到实现。

企业家在产品和工艺上开拓新方向的热情动力和渴望及承担风险，形成一系列的决策，产生了对于经济活力至关重要的创新。如果没有这些新思想，经济、技术和社会的进步将是缓慢的。

新创企业的数量。所有企业——无论它们是否符合创业的定义——都曾经是新创企业。对于创业在经济统计中所起的作用，我们最便捷的衡量方法是观察一段时间内新公司的数量。考夫曼基金会（Kauffman Foundation）用创业活动指数（the index of entrepreneurial activity）跟踪新企业的形成速度。这一指标在 2013 年触底。然而，2017 年（最新数据）创业活动有所上升，尽管美国最大的 40 大城区的创业活动率继续下降。[10] 另一项关于新创企业的研究表明，从 1996—2007 年，新公司占公司总数的比例在 9.6%～11.2%。2017 年中期的失业率降到了 7.8%。[11] 为什么创建新公司很重要？因为这些新公司通过诸如产品流程创新、增加税收、社会改善和创造就业机会等好处为经济发展做出了贡献。

创造就业机会。我们知道，创造就业机会对社区、地区和国家的整体长期经济健康至关重要。最近的一份研究报告显示，新创企业在创造就业机会方面扮演着重要的角色，但随着时间的推移，对于创造净就业机会的作用就渐渐有限，因为只有不到一半的新创企业在 5 年后仍在运营。此外，该报告指出，小型新创企业对创造净就业的作用因公司规模而异。雇员少于 20 人的新创企业对就业净增长的影响可以忽略不计，而雇员在 20～499 人的新创企业对就业有积极的影响。[12] 所以，我们可以说，新创企业对创造就业机会很重要。

全球创业。那么在美国以外的创业活动呢？它具有什么样的影响？全球创业观察（Global Entrepreneurship Monitor，GEM）的一项全球创业年度评估研究了创业活动对各国经济增长的影响。《2017/2018 年度全球创业观察》报告涉及 54 个世界经济体，按经济发展阶段划分为 3 个集群：要素驱动型经济体、效率驱动型经济体和创新驱动型经济体。研究人员发现了什么？[13]

北美 25～34 岁年龄组的早期创业活动指数（total early-stage entrepreneurial activity，TEA）水平最高，为 23.4%。

拉丁美洲和加勒比地区 18～24 岁年龄组的 TEA 水平最高，为 16.5%，35～44 岁年龄组为 20.6%，45～54 岁年龄组为 17.9%。

在所有年龄组中，欧洲的 TEA 水平是所有地区中最低的。

创业是重要的，因为它导致创新，如詹姆斯·朗克罗夫特（James Longcroft）开发的新型精选水环保和完全可生物降解的水瓶。这种不含塑料的一次性瓶子是由可回收的天然材料制成，在 3 周内就会分解。朗克罗夫特希望他的创新能够取代一次性塑料瓶，有助于阻止全球海洋塑料垃圾污染的上升。

7.1.5 创业者都做些什么工作

要想描述出创业者在做什么不是一件容易的事情。我们找不出两位创业者的工作是完全一样的。一般来说，创业者创造的是新的、不同的东西。他们寻求变革，响应变革，利用变革。

评估潜力和创业。最初，创业者需要评估新创事业的潜力，然后着手启动准备工作。在分析创业环境时，创业者需要搜集信息，识别潜在机会，并精确地找到潜在的竞争优势。有了这些信息，创业者开始研究新创事业的可行性——找到创业点子、分析竞争对手、探求融资方式。

在考察了新创企业的潜力及成功的可能性之后，创业者开始进行新创企业的计划工作，这方面的工作包括：提出一个可行的组织使命，探索组织文化内容，撰写一份思考缜密的商业计划书。一旦这些计划工作落实下来，创业者就必须着眼于新创企业的组织工作，这方面的工作包括：选择一个合法的组织形式，处理好专利及版权调查之类的法律问题，确定合适的组织结构以保证工作的完成。

启动风险投资。只有当这些启动工作都已经完成时，创业者才算是准备好了真正开始新创企业。新创企业的工作包括：制定目标与战略，确定技术生产方法、营销计划、信息系统、财会系统及现金流管理系统。

创业管理。一旦该新创企业开始运作，创业者就必须把注意力转移到公司的管理上。管理新创企业实际上包括哪些活动呢？一个重要的活动就是管理好每一个企业内都会发生的各个过程，诸如决策、制订行动计划、分析内外部环境、测量及评估绩效、进行必要的变革等。同时，创业者必须落实人员管理活动，诸如甄选及招聘、评估及培训、激励、冲突管理、任务授权，以及成为一名有效的领导者。最后，创业者还必须管理好新创企业的成长，诸如制定和设计成长战略、处理好危机、探寻各种增收的途径、想方设法为新企业增值，甚至还包括最终从企业中抽身。

 ## 7.2 创业过程中发生了什么

开设和管理新创企业包括四个关键步骤：探索创业背景、识别机会和可能的竞争优势、开设新创企业和管理创立的企业。

7.2.1 探索创业背景

背景包括当前的经济、政治/法律、社会和工作环境。

为什么每一个都值得关注？因为他们帮助创业者：

确定游戏的"规则"，哪些决定和行动可能会导致成功；

在理清楚新创企业的过程中，认识并面对下一个非常重要的步骤，即识别机会和可能的竞争优势。

7.2.2 识别机会和可能的竞争优势

有关这一点的更多内容，请参阅本章的计划工作部分！

7.2.3 开设新创企业。

把想法变成现实！包括以下几方面。

- 研究创业的可行性。
- 规划创业。
- 组织创业。
- 发起创业。

7.2.4 如何管理创业

- 管理过程。
- 管理人员。
- 管理增长。

7.2.5 创业者面临什么样的社会责任和伦理问题？

随着创业者开设和管理他们的企业，就会面临社会责任和道德规范这些常见的难题。

95%的小企业认为，在其做生意的社区建立良好的声誉和关系对于实现企业目标非常重要。[14]

尽管这些小企业也重视企业公民意识，但是超过一半的小企业缺乏与社区建立联系的正式方案。事实上，大约 70%的受访者承认在他们企业计划中没有考虑到社区目标。我们在前面一章讨论过为什么组织需要参与到社会中来，对于企业家来说，时常认真思考何时、在何处及如何承担社会责任也同样重要。

社会责任与社会企业家。 一些企业家确实会认真对待他们的社会责任。世界上的社会问题很多，可行的解决方案却很少。但是许多人和组织正在努力做一些事情，我们用"社会企业家"这个词来描述这些个体。**社会企业家（social entrepreneur）** 是通过务实的、创新和可持续的方式寻找机会来改善社会的个人或组织。例如，迪恩·基什内尔（Deane Kirchner）、乔治·王（George Wang）和凯亚·威廉姆斯（Kiah Williams）共同创立了斯瑞姆（SIRIUM）公司，用于实施其重新分配未使用药物的计划。该组织发现，存在价值数十亿美元的未过期药物被丢弃的现象，而资金不足的医疗诊所却没有办法为低收入患者购买药物。基什内尔和她的团队使用一个数字平台为医院和诊所进行匹配，然后斯瑞姆公司将药物运送到最需要的地方。基什内尔说："我们的目标是通过节省未过期的药物来拯救生命。我们认为，可以利用技术来弥合未过期的药物与需求之间的差距。"[15]

其他企业家利用产品和服务寻求保护全球环境的机会。例如，马萨诸塞州沃本市（Woburn, Massachusetts）的能源策划公司（Purpose Energy）开发了一项技术，将啤酒酿造过程中产生的废弃副产品转化为可再生天然气、处理过的水和有机肥料。另一家公司，加拿大多伦多（Toronto, Canada）的波特（Botl）公司，销售一种可生物降解的便携式水过滤器。该公司创始人艾米丽·威尔金森（Emily Wilkinson）试图通过减少填埋场中的塑料垃圾来保护环境。消费者不需要一个接一个地使用和处理过滤瓶装水的塑料容器，而是可以通过将过滤器放入容器中，然后摇晃它来快速过滤任何容器中的自来水。

我们能从社会企业家身上学到什么？尽管许多企业致力于以注重道德和负责任的方式经营企业，但正如那些社会企业家所展示的那样，或许企业家还可以做得更多。也许这仅仅是与公共团体或非营利组织合作处理社会问题的有关事宜，或者它提供的所需要的服务和产品并不可用，或者它可能涉及人员的培养，这些人热情而坚定地相信他们的想法可以让世界变得更美好，并且只需要组织支持去实现他们的理想。

企业道德。 道德方面的考虑也在企业家的决策和行动中发挥作用。企业家确实需要了解其所做事情的道德后果。他们树立的榜样，尤其是对其他员工的榜样，在影响行为方面非常重要。

如果企业道德是重要的，那么企业家又该如何去做呢？不幸的是，他们做得并不好！在一项对不同规模企业员工的调查中，当问及他们的组织是否非常注重道德时，在员工人数不超过 99 人或员工人数更少的公司中，有 20%的员工持否定意见。[16] 企业家，像组织管理者一样，需要意识到企业道德的重要性，并提供非常有利的环境来鼓励讲求道德的决策和行动。

社会企业家凯勒·里纳乌多（Keller Rinaudo）是滑索（Zipline）无人机公司的联合创始人和首席执行官，Zipline 是一家总部位于加利福尼亚的机器人公司，生产名为"zips"的无人机，并用它们向卢旺达的医院和卫生中心运送疫苗、药品和输血品。滑索的使命是"将拯救生命的药物带到地球上最难以到达的地方。"为了实现其使命，滑索计划将其服务扩展到全球。

 # 7.3　规划新创企业涉及什么

虽然倒一碗麦片看起来是一项简单的工作，但即使是在最清醒的早晨，你也可能会把麦片倒在地板上。（你这样做过吗？！）来自比利时埃尔佩—梅雷市（Erpe-Mere，Belgium）的产品设计师菲利普·梅尔特（Philippe Meert）想出了一个更好的方法。梅尔特意识到这是一个纠正麦片盒固有设计缺陷的机会，于是开发了麦片顶盖（Cerealtop），这是一种塑料罩，可以紧扣在麦片盒上，将麦片导入 U 型碗中。[17]

像菲利普·梅尔特这样的企业家创业者必须做的第一件事就是识别机会和可能的竞争优势。一旦确定了机会，他们就准备好通过研究其可行性来开设新创企业，然后为其开设制定计划。

7.3.1　企业家必须做出哪些初步努力

当杰夫·贝佐斯第一次看到互联网的使用量以每月 2300% 的速度增长时，他知道某种急剧变化的事情正在发生。对于如此令人难以置信的快速增长，贝佐斯决心成为其中的一部分。他放弃了在华尔街担任股票市场研究员和对冲基金经理的成功职业生涯，转而追求他对网络零售的愿景，即现在的亚马逊网站。[18]

如果你在某个地方看到那样的数字，你会怎么办？不加以理会吗？仅仅把它当作一个偶然事件吗？这是识别环境机会的一个典型例子。（请记住我们在第 5 章中对机会的定义，即外部环境中的积极趋势。）这些趋势为创新和创造价值提供了独特而明确的可能性。企业家需要能够准确指出不断变化的环境所提供的这些机会。毕竟，"组织看不到机会，个人看到了。"[19] 而且特别是在动态环境中，他们需要速采取行动，以免这些机会消失或先被他人利用。[20]

最近的研究还表明，在确定满足市场新需求的机会方面，小趋势——微观趋势——可能与重大的社会和经济变化同样重要。[21]

已故的著名管理学作家彼得·德鲁克指出了企业家在外部环境中可能寻找的七个潜在机会来源。[22] 让我们快速浏览一下。

（1）**意想不到的事**。当情况和事件发生意外时，可能找到机会。该事件可能是意外的成功(正面消息)或意外的失败（坏消息）。无论哪种方式，它都可能为企业家创业者提供所追求的机会。

（2）**不协调的事**。当某件事情不一致时，它就会以不一致和不兼容的方式出现。事物"应该是"某种方式，但事实并非如此。当传统智慧不再适用于事情应该如何发展时，不管出于什么原因，都存在机会。那些愿意"跳出框框思考"的企业家——也就是说，跳出传统和常规的方法去思考——可能会发现潜在的利润空间。

（3）**过程需要**。当技术不是立即带来从根本上改变某些产品或服务性质的"重大发现"时，那会发生什么？随着研究人员、科学家和技术人员继续为这一巨大的突破而努力，在创业过程的各个阶段出现了一些创业机会。因为完全的跨越是不可能的，所以微小的步骤中充满了机会。

（4）**行业和市场结构**。当技术的变化改变了行业和市场的结构，如果现有的公司不适应变化或不愿意改变，就会变得过时。（还记得我们在前一章对颠覆性创新的讨论吗？）甚至社会价值观和消费者品位的改变也可以改变行业和市场的结构。这些市场和行业成为敏捷和聪明的企业家的可利用目标。

（5）**人口统计学**。世界人口的特点正在发生变化。这些变化通过改变所需产品或服务的类型、数量及客户的购买力来影响行业和市场。如果你对人口趋势保持警觉（想想美国人口老龄化及需要什么样的产品或服务），这些变化中有许多变化是可以预测的，但其他的变化就不那么明显了。无论哪种方式，都可以通过预测和满足不断变化的人口需求来实现重要的创业机会。

（6）**感知的改变**。感知是个人对现实的看法。当感知发生变化时，事实并不会改变，但它们的含义却会改变。感知的改变是人们心理描述的核心——他们重视什么，他们相信什么，他们关心什么。态度和价值观的改变为精明的企业家创造了潜在的市场机会。

（7）**新知识**。新知识是创业机会的重要来源。虽然并非所有基于知识的创新都意义重大，但新知识在创业机会来源的排名中相当靠前！然而，仅仅拥有新知识是不够的。企业家必须能够利用这些知识有所作为，并保护重要的专有信息免受竞争对手的侵害。

对机会保持警觉只是企业家最初努力的一部分。他还必须了解竞争优势。正如我们在第 5 章中所讨论的，当组织具有竞争优势时，它就拥有其他竞争对手所没有的东西，比其他组织做得更好，或者做一些其他组织不能做的事情。竞争优势是新创企业长期成功和生存的必要因素。获得并保持竞争优势是艰难的，然而，这是企业家在开始研究新创企业可行性时必须考虑的问题。

7.3.2　企业家应如何研究新创企业的可行性

对于企业家来说，重要性在于通过产生和评估商业创意来研究新创企业的可行性。新创企业基于创意而成长。产生创意是一个创新、创造性的过程。这也需要时间——不仅在新创企业的开始阶段，而且贯穿整个企业生命周期。创意从何而来？

企业家的创业理念来自哪里？[23]
- 34.3%的受访者表示来自突然的洞察力或机会。
- 23.5%的受访者表示来自于激情。
- 11.8%的受访者表示来自于建议或合作。
- 10.8%的受访者表示来自于市场调查。
- 7.8%的受访者表示来自于"其他"。

产生创意。企业家列举了独特而多样的创意来源。在另一项调查中，60%的受访者表示，"在类似的行业工作"是新创企业创意的主要来源。其他受访者则列举了个人兴趣或爱好，关注熟悉和不熟悉的产品与服务，以及外部领域的机会。[24]

这里是企业家创业者在探索创意时应该寻找的来源：现有的局限性，新的与不同的方法，进步与突破，未满足的领域，或者趋势与变化。

　　评估创意。评估企业家的创意围绕着个人和市场方面的考虑。这些评估中的每一项都将为企业家提供该创意潜力的关键信息。表 7-1 描述了企业家在评估潜在创意时可能会询问的若干问题。

表 7-1　评估潜在的创意

个人因素	市场因素
• 你有能力做所选择的事情吗 • 你准备好成为一名企业家了吗 • 你是否在情感上做好准备以应对作为企业家的压力和挑战 • 你准备好应对拒绝和失败了吗 • 你准备好努力工作了吗 • 你对潜在的风险有实际的了解吗 • 你学习过融资方面的问题吗 • 你愿意并准备好进行持续的财务分析和其他类型的分析吗	• 谁是你的创意的潜在客户：什么人，在哪里，有多少人 • 你提出的创意与目前市场上的产品相比，有哪些相似性或独特性 • 潜在客户将如何及在哪里购买你的产品 • 你考虑过定价问题吗？所获取的收入是否能够让你的企业生存和繁荣 • 你是否考虑过如何推广和宣传你所计划开设的新创企业

资料来源：Robbins, Stephen P., Coulter, Mary,Management (Subscription), 14th Ed., © 2018. Reprinted and electronically reproduced by permission of Pearson Education, Inc., New York, NY.

　　企业家可能想要使用的更加结构化的评估方法是**可行性研究**（**feasibility study**），这是对计划开设新创企业的各个方面的分析，旨在确定其可行性。准备充分的可行性研究不仅是一种有效评估工具，以确定一个创业理念是否可能成功，它还可以作为非常重要的商业计划的基础。表 7-2 提供了一个进行可行性研究的可能方法的大纲。是的，它涵盖了很多领域，并且需要大量的时间、精力和努力来准备它。但是，企业家潜在的未来成功值得这笔投资。

表 7-2　可行性研究

介绍、历史背景、产品或服务的描述
- 计划开设的新创企业简介
- 行业简史
- 经济信息和重要趋势
- 产品或服务的现状
- 你打算如何生产产品或服务
- 拟提供的商品或服务的完整清单
- 该企业的优点及缺点
- 进入该行业的难易，包括竞争者分析

会计因素
- 预计资产负债表
- 预计损益表
- 预计现金流量分析

管理因素

- 个人专业知识——强项和弱项
- 建议的组织设计
- 可能需要的人员编制
- 库存管理方法
- 生产和运营管理问题
- 设备需求

营销因素

- 详细产品说明
- 确定目标市场（什么人、地点、数量）
- 描述将要配送的地方产品（位置、流量、大小、渠道等）
- 价格决定（竞争、价格表等）
- 促销计划（个人销售、广告、促销等角色）

财务因素

- 启动成本
- 营运资本要求
- 股本要求
- 贷款额度、类别、条件
- 盈亏平衡分析
- 抵押品
- 信用证明文件
- 设备和建筑物融资——费用和方法

法律因素

- 拟议的企业结构（类型；条件、条款、责任、保险需求；买断和继承问题）
- 合同、许可证和其他法律文件

税务因素

- 销售、财产、雇员
- 联邦、州和地方税务

附录

图表/图表、图解、布局、简历等

资料来源：Robbins, Stephen P., Coulter, Mary, Management (Subscription), 14th Ed., 2018. Reprinted and electronically reproduced by permission of Pearson Education, Inc., New York, NY.

竞争对手的"丑闻"。研究新创企业的可行性的一部分是关注潜在的竞争者。以下若干问题可以帮助企业家获得信息。

- 竞争者提供什么类型的产品或服务？
- 这些产品或服务的主要特征是什么？
- 他们的产品的优点和缺点是什么？
- 他们如何处理营销、定价和配送？

- 他们试图做些什么不同于其他竞争者的事情？
- 他们看起来成功吗？为什么成功或为什么不成功？
- 他们擅长什么？
- 他们看起来有什么竞争优势？
- 他们不擅长什么？
- 他们看起来有什么竞争劣势？
- 这些竞争者的规模和利润有多大？

一旦企业家掌握了这些信息，他就应该评估所计划开设的新创企业将如何"适应"这个竞争的舞台。新创企业能否成功竞争？这种类型的竞争者分析是可行性研究和商业计划的重要组成部分。如果经过所有这些分析，情况看起来很有希望，那么研究新创企业可行性的最后部分就是考察各种融资选择。这一步并不是最终决定新创企业需要多少资金，或者这些资金来自哪里，而只是简单地收集各种融资方案的信息。

筹措资金。筹措资金并不容易，除非你有一个富有的亲戚向你提供资金。因为创业可能需要资金，所以企业家必须研究各种融资选择。企业家可能的筹措资金选择如表 7-3 所示。

表 7-3　可能的资金来源

- 企业家的个人资源（个人储蓄、房屋净值、个人贷款、信用卡等）
- 金融机构（银行、储蓄和贷款机构、政府担保贷款、信用合作社等）
- **风险资本家**（**Venture capitalists**），由专业管理的投资者资金池提供的外部股权融资
- **天使投资者**（**Angel investors**）（为私人投资者机构提供资金的私人投资者），为新创企业提供财务支持，以换取该公司的股权
- **首次公开募股**（**Initial public offering**，IPO），首次公开注册和出售公司股票
- 国家、州和地方政府的企业发展项目
- 其他来源包括电视节目、评判性竞争、众筹、企业加速培育项目等。

资料来源：Robbins, Stephen P., Coulter, Mary, Management (Subscription), 14th Ed., © 2018.

7.3.3　创业者需要制订怎样的计划

16%……制订正式计划的企业家成功的可能性有多大？[25]

是的，计划对于新创企业很重要，因为它可以增加成功的概率。一旦对创业的可行性进行了全面的考察，创业者就要计划这项创业活动。创业者在计划这项创业活动中最重要的是要形成一份**商业计划书**（**business plan**），一份总结了商业机会，以及明确和解释了如何获取与开发这些被识别的机会的书面文件。

对于许多想要创业的人来说，制定和撰写商业计划似乎是一项艰巨的任务。然而，一个好的商业计划是有价值的。它把企业家愿景中的所有要素整合成一个连贯的文件。商业计划书需要仔细的规划和创造性的思考。但是，如果做得好，它可以成为一个令人信服的文件，并有许多功能。它是企业经营的蓝图和路线图。商业计划书是一份"现实的"文件，指导整个企业的生命周期的决策和行动，而不仅仅是在创业阶段。

书面的商业计划书有各种类型，从最基本的到最完整的应有尽有。最基本的商业计划

书只包括**执行摘要**，一份不超过 2 页纸的微型商业计划书。而一份**完整型商业计划书**（full business plan）是个传统的商业计划，我们将在下面进行全面的描述。

如果创业者完成了可行性研究，其中的大部分信息可以作为商业计划书的基础部分。一份好的商业计划书包含了 6 个主要部分：执行摘要、机会分析（analysis of opportunity）、环境分析、业务描述（description of business）、财务数据及预测（financial data and projections），以及支持性文件（supporting documentation）。

执行摘要

执行摘要总结了创业者想说明的有关这个新创企业的要点。这些可能包括一个简单的使命陈述，主要目标，新创企业史简述（可能按时间顺序），主要相关人员，企业的性质，精简的产品或服务描述，目标市场、竞争对手及竞争优势的简要说明，提议的战略，部分关键财务信息。

机会分析

在商业计划书的这个部分，创业者展示了所感知到的机会的细节内容。本质上，这意味着通过描述目标市场的人口统计数据来估计市场的大小，描述和评估产业趋势，识别和评估竞争者。

环境分析

鉴于机会分析关注特定产业和市场中的机会，环境分析则有更广阔的视野。在这一部分，创业者描述的是在经济、政治法律、科技，以及全球环境中发生的更为广阔的外部变化和趋势。

业务描述

在这一部分，创业者描述的是将会如何组织、发起和管理该企业。它包括：一个完整的使命陈述的描述；理想组织文化的描述；市场计划，包括整体的市场战略、定价、销售策略、服务保修政策（service-warranty policies），以及广告和促销策略；产品开发计划，诸如开发状况、任务、困难、风险及预期成本的说明；运营计划，包括了提议的地理位置的描述、设备及需要的改进、装备、工作流程；人力资源计划，包括主要管理人员的描述，董事会人员的描述（这包括他们的背景经历及技能），当前及未来的员工需求、薪酬福利、培训需要情况；大事件的全部日程和时刻表。

财务数据及预测

每一份有效的商业计划书都包括了财务数据及预测。虽然这些计算和解释可能很困难，但它们绝对是很关键的。没有财务信息的商业计划书是不完整的。财务计划应该包括至少 3 年的财务数据，而且还要包含预测的损益表、预测的现金流量分析（第 1 年以月为单位、后 2 年以季度为单位）、预测的资产负债表、盈亏分析以及成本控制。如果需要购买主要设备或者添置其他资产，这个物品、成本及附属担保物要列出来。所有的财务预测和分析都应该包含说明注释，尤其是在数据看起来矛盾和有疑问的地方。

支持性文件

这确实是一份有效的商业计划书中的重要部分。创业者要用饼图、曲线图、表格、照片或其他图像工具来支持他的描述。另外，将新创企业关键参与人的信息（个人或与工作有关的）包含在里面也很重要。

正如一个新创企业的创意需要花很多时间才能萌芽，一份好的商业计划书也如此。创业者在商业计划书中的认真思索和考虑格外重要，这不是一件容易的事情。然而，无论是对当前还是未来的计划工作，这份最终形成的文件都是非常有价值的。

7.3.4　规划工作中企业家还需要考虑哪些其他的因素

在设立新创企业之前，企业家应该认真考虑组织的价值观、愿景和使命，以及他对新创企业所期望的组织文化。为什么？因为这些将定义和形成所做出的决定和如何做出决定，以及新创企业的工作是什么并如何完成。让我们快速浏览一下。

组织价值观、愿景和使命。 组织愿景（organizational vision）是企业家希望他的组织所成就的一幅广泛而全面的图景。愿景提供了一个充满活力和引人注目的未来图景，并展示了新创企业可以成为什么。愿景是企业家梦想的宣言。当一个组织领导人，即企业家阐述了一个明确的愿景时，所有当前和未来的决定与行动都将以这个愿景为指导。通过阐明这一愿景，企业家描绘出一幅他希望新创企业在未来的总体状况。这个愿景是基于企业家的价值观。企业主对于做生意和与客户打交道、员工、质量、道德、成长、诚信、创新、灵活性等有什么信念？企业家所看重的不仅是组织愿景的基础，也是员工工作方式的基础。例如，如果员工知道优秀的客户服务具有价值，那么这将反映在他们如何作出决定，并鼓励他们以支持客户服务的方式行事。

虽然组织的愿景提供了新创企业的总体情况，但其使命是对新创企业的业务工作做出更具体的定义。我们在第 5 章介绍了使命的概念，并将其定义为组织宗旨的陈述。该使命宣言是所有员工的指南，防止他们"漫无目标，无所事事"，不知道自己在做什么业务，也不知道工作的原因。

巴塔哥尼亚（Patagonia）公司的创始人伊冯·乔伊纳德（Yvon Chouinard）为他的户外服装公司建立的文化，在他的著作的标题，"让我们去冲浪"，反映出来。巴塔哥尼亚公司的员工对他们的工作充满热情，他们制造平等的产品，关心环境，灵活的工作环境使他们可以在办公室拿起滑板和潜水衣，在午餐时间享受冲浪的乐趣。

组织文化。 当你进入某一特定的行业，你是否对重要的是什么及那里的工作方式有一个确定的印象？你是否觉得员工为他们所做的事情感到兴奋和积极进取，或者员工在那里仅仅是为薪水而工作？认为客户重要并且具有价值，还是将客户视为完成工作的干扰？你是否感觉到这个组织是温暖、轻松和开放的，或者这个组织是正式的、结构化的，和按照自己的方式设置的？正如个人有个性一样，组织也有个性。这种个性称为文化，我们在第 2 章中已经介绍了组织文化。我们在这里再次提出这个问题，是因为组织文化的源头——那些共同的价值观、信仰和行为规范——反映了企业创始人的信仰、价值观和愿景。因为企业创始人有最初的想法，他也可能对如何最好地追求这个想法会有某种信念和偏向。企业创始人通过塑造组织的形象来建立组织的早期文化。新创公司的小规模也有助于创始人在组织成员加入公司时向他们灌输价值观和愿景。这些人要么"接受"这种文化，要么不加入这个组织。文化是通过故事、仪式、物质符号和语言来学习的，它们赋予了文化生命。这些都是员工看到、体验和了解组织文化的方式。甚至物理工作空间也会在反映和强化文化方面发挥作用。例如，如果员工之间的合作是重要的并具有价值，那么工作空间的安排就应该有助于支持和促进公开讨论。或者，如果创新是重要的公司价值，工作空间就应该支持人们进行实验和创造。

7.4 设立风险投资企业会涉及什么

罗伊吴志华（Roy Ng.），是位于旧金山特维利奥（Twilio）公司的首席运营官，他重新设计了组织结构，将其转变为一家有员工授权的公司。他希望在整个组织内部降低管理权限，让员工对自己的努力负责。他这样做的一个方法是创建员工团队来处理特定的项目。这些小型团队能够快速而独立地工作，从而为员工提供了一种方式，让他们如同在新创企业初期那样拥有激情、智慧和生产力水平。[26]

一旦明确了新创企业的启动和计划问题，创业者就开始准备组建新创企业。其中，创业者最主要解决的组建问题包括合法的组织形式、组织设计和结构、人力资源管理。

7.4.1 对新创企业而言，组织的法律形式有哪些

创业者必须做出的第一个组织决策很关键，这就是企业的法定所有权形式。有 2 个主要因素影响这项决策，分别是税收和法律责任。创业者都想将这 2 项因素的影响最小化。一个明智的选择是可以在短期及更长一段时间内在法律责任上保护创业者，还能帮助创业者节省税款。

这里有 3 种基本的方式来建立新创企业：独资、合伙及公司制。然而，当将这些基本方式的变种也包含其中时，就会得到 6 种可能的选择，每一种都有它自己的税收结果、责任问题及优缺点。这 6 种选择分别是独资（sole proprietorship）、一般合伙制（general partnership）、有限责任合伙制（limited liability partnership，LLP）、C 公司制（C corporation）、S 公司制（S corporation）及有限责任公司（limited liability company，LLP）。表 7-4 概述了每个组织备选方案的基本信息。

表 7-4 企业组织的合法形式

结构	所有权要求	税务处理	负债	优点	缺点
个人独资企业	• 一个业主	• 收入和损失由业主"负责"，按个人税率纳税	• 无限个人责任	• 低创业成本 • 不受大多数规则约束 • 业主拥有直接控制权 • 所有利润归所有者所有 • 容易退出企业	• 无限的个人责任 • 面临风险的个人财务 • 会错过许多营业税减免 • 全部责任 • 可能更难筹集资金
普通合伙企业	• 两个或两个以上的合伙人	• 收入和损失由合伙人"负责"，按个人税率纳税； • 向合伙人分配利润损失的灵活性	• 无限个人责任	• 易于创办 • 汇集人才 • 集中资源 • 较为容易获得融资 • 某些税收优惠	• 无限的个人责任 • 分权与决策 • 潜在的冲突 • 所有权转移的连续性

续表

结构	所有权要求	税务处理	负债	优点	缺点
有限责任合伙企业	• 两个或两个以上的合伙人	• 收入和损失由合伙人"负责"，按个人税率纳税 • 向合伙人分配利润：损失的灵活性	• 尽管是有限公司，但一个合伙人必须承担无限责任	• 从有限合伙人处获得资本的好方法	• 创办成本和复杂性可能很高 • 有限合伙人不能参与企业管理而不失去责任保护
C 公司	• 股东数量不限；不限制股票类型或投票安排	• 股息收入按公司和个人股东水平征税； • 损失和抵扣由公司负责	• 有限	• 有限责任 • 可转让的所有权 • 持续存在 • 更容易获取资源	• 创办费用昂贵 • 监管严密 • 双重征税 • 广泛的记录保存 • 宪章的限制
S 公司	• 多达 75 名股东；不限制股票类型或投票安排	• 收入和损失由合伙人"负责"，按个人税率纳税； • 向合伙人分配利润—损失的灵活性	• 有限	• 易于创办 • 享受有限责任保护和合伙税收优惠 • 可以有免税实体作为股东	• 必须满足一定的要求 • 可能会限制未来的融资选择
有限责任公司	• "会员"数量不限；灵活的会员投票权和收入安排	• 收入和损失由合伙人"负责"，按个人税率纳税； • 向合伙人分配利润—损失的灵活性	• 有限	• 更大的灵活性 • 不受 C 公司和 S 公司规定的限制 • 按合伙纳税，而不是按公司纳税	• 从一种公司形式转换到这种形式的成本可能很高 • 在形成经营协议时需要法律和财务方面的建议

资料来源：Robbins, Stephen P., Coulter, Mary, Management (Subscription), 14th Ed., © 2018. Reprinted and electronically reproduced by permission of Pearson Education, Inc., New York.

关于公司法律形式的决策是重要的，因为它会产生重要的税收和责任上的后果。虽然一个组织的法律形式可以改变，但这并不容易。创业者需要仔细想想什么是重要的，尤其在选择最佳组织形式时要在灵活性、税收以及个人责任方面考虑清楚。

7.4.2 对新创企业而言，应采用什么样的组织结构

当组建一个新创企业时，选择合适的组织结构也是一个重要的决策。某种程度上，成功的创业者也发现他们没法事事精通，他们需要人。因此，创业者必须采用最适合的结构，以便有效率和有效果地执行组织的任务。如果没有一个合适的组织结构，新创企业很快就会发现自身处在混乱的状态中。

在很多小企业中，组织结构常常很少有精心设计和深思熟虑后的计划。大多数情况下，结构一开始可能是很简单的，创业者一个人处理所有事情。随着新创企业的成长，创业者逐渐发现很难再单独行动，于是雇用员工在创业者自己难以处理的职能和责任上发挥作用。随着公司持续的成长，这些员工在一些同样的职能上工作。很快，各个职能部门都需要管理者和员工。

放权……对于一个企业家来说是很困难的。

随着企业发展成一个更精致的结构，创业者面临着一系列全新的挑战。突然之间，他要授权决策制定和运作责任。对创业者来说，这是典型的最困难的事情——放手，让其他人做决策。他会争论说：毕竟，还有谁能够像我这么懂这门业务呢？同样地，在组织很小的时候，相对非正式的、松散的和灵活的组织氛围能够运行得很好，但现在就不再有效了。很多创业者即使在企业成长起来并且发展为更具结构化时，仍然很注意保持"小企业"的氛围。但是，结构化的组织并不一定意味着要放弃灵活性、适应性及自由性。事实上，结构设计要如液体一样让创业者感到舒适，同时也要有保证有效运行的严谨性。

新创企业的组织设计决策也围绕我们将在第 8 章讨论的 6 个组织结构要素：工作专门化、部门划分、职权与职责、管理幅度、集权与分权、正式化。这 6 个要素的决策将决定创业者设计的是一个更机械的还是一个更有机的组织结构。

当今职场的管理技术

创业理念：利用技术赚钱

在本章的管理技术专栏中，我们将做一些不同的事情。我们在最近的新闻故事中发现一些有趣的事情和迷人的创业理念。

- 剧透警报公司（Spoiler Alert）的创立是为了解决美国餐馆、杂货店和商业厨房价值 570 亿美元的食物浪费问题。这家新创企业帮助食品制造商和批发经销商管理他们未售出的库存，并增加对食品银行和其他社区项目的捐赠。[27]

- 当华盛顿特区受欢迎的卡瓦梅兹（Cava Mezze）地中海餐厅决定扩大其卡瓦磨坊（Cava Grill）连锁餐厅时，它使用了一种被亲切地称为"树莓派"的秘密技术手段。树莓派是一套由传感器系统支持的技术，卡瓦（Cava）使用该技术手段监控一切，包括从后台操作、声音水平、客户等待时间和食品安全实践等等。[28]

- 曾经在穿越玉米迷宫的秋天里玩得开心吗?玉米之旅公司（Maize Quest）是宾夕法尼亚州的一家公司，该公司利用高科技数字技术创造出复杂的玉米迷宫主题设计，再用全球定位系统引导的拖拉机快速将这些设计道路引入玉米地里。[29]

- 哈里·玛丽（Hari Mari）正在制造更智能的人字拖。与任何通过其他零售商销售的品牌一样，哈里·玛丽发现很难收集有关其客户的数据。该公司求助于前全美橄榄球联盟职业选手艾米特·史密斯（Emmitt Smith），他的公司设计了一种可以嵌入产品芯片，并通过电子方式追踪产品来源。有了这款芯片触发器，客户就可以下载一款应用程序，从而享受折扣，并能直接与公司沟通。[30]

- 英塞科特（Ynsect）昆虫蛋白饲料研发公司（发音与昆虫一致）的联合创始人兼CEO 安托万·休伯特（Antoine hubert）正在寻找解决全球粮食危机的方法——麦皮虫幼虫。把这些"虫子"转化成一种超高蛋白产品，可以用作牛、鸡、鱼和猪的饲料。[31]

- 开门神器（StepNpull）是一种简单的装置，它可以让浴室使用者打开门，而不用把刚洗过的手接触到不干净的门把手。该产品于 2007 年推出，客户范围从美国国家航空航天局和宜家扩展到美国海军和布法罗野翼公司。[32]

- 钻石铸造厂正在冲击钻石行业。这家总部位于旧金山的公司由马丁·罗斯切森（R.Martin Roscheisen），杰里米·斯科尔斯（Jeremy Scholz）和凯尔·加泽（Kyle Gazay）创立，利用等离子反应器将微小的钻石碎片转变成宝石。这些钻石看起来很棒，而且售价往往低于开采出来的钻石品种。[33]

讨论题

1. 这些之中有听起来像是你要投资的东西吗？为什么？
2. 写一份你想询问创始人的关于企业的问题清单。

7.4.3　创业者必须处理哪些人力资源管理问题

随着新创企业的成长，必须雇用额外的员工来分担逐渐增加的工作负担。就此而言，有两个特别重要的人力资源管理问题，分别是招聘和员工留任。

员工招聘。 企业家希望确保企业有人做所需的工作。招聘新员工是企业家面临的最大挑战之一。事实上，小公司成功招募合适员工的能力一直被认为是影响组织成功的最重要因素之一。

创业者尤其想要寻找高潜力的员工，他们能够在企业成长的不同阶段发挥多种角色。他们寻求那些能认可企业创业文化的人——这些人对这个新创企业有激情。不像一些大公司，他们通常找一个匹配工作要求的人，而创业者则寻求那些填补关键技能空缺的人。他们寻找的人非常有才能，能自我激励，灵活，掌握多种技能，并且可以帮助新创企业的成长。大公司的管理者倾向于采用传统的人力资源管理方式和技能，而创业者更关心的是将个人的个性特质与组织的价值观和文化相匹配，也就是说，他们更关注的是人与组织的匹配。

员工留任。 吸引有能力且合格的员工加入企业只是有效管理人力资源的第一步。创业者要留住他一手雇用和培训的人员。斯科特·西格诺雷（Scott Signore）是马萨诸塞州纽伯里波特的马特通信（Matter Communications）公关公司的创始人兼 CEO，他明白拥有优秀员工的重要性，并拥抱一种健康、充满活力、娱乐的文化，这种文化使公司与众不同。该公司的娱乐文化帮助它连续 3 年登上《波士顿环球报》（Boston Globe）的"最佳工作场所"排行榜。[34]

必须处理的一个独特的和重要的员工留任问题就是薪酬。传统组织习惯从金钱回报（基本工资、福利、奖金）来看待薪酬问题，而小公司更愿意从总体报酬的角度来看薪酬问题。对这些公司来说，除了金钱报酬（基本工资和奖金）外，薪酬还包括心理报酬、学习机会及得到认可。

7.5　领导一个新创企业会涉及什么

软件公司克利尔（Clear Company）的员工必须具有灵活性。公司期望每个员工都能贡献自己的创意。CEO 兼联合创始人安德烈·莱沃伊（Andre Levoie）说："让员工在工作方式上有更多创造性自由的一种方法，就是把重点从待办事项清单和截止日期转移到目的和目标——从数量转移到质量。"作为回报，莱沃伊是一个支持员工的领导者，他给予员工相当大的自由度。[35]

担任领导者的角色

领导是重要的创业者职能。随着新创企业成长及员工开始工作，创业者承担了新的角色——做一个领导者。在这一节，我们将考察这一角色的相关内容。首先，我们将了解创业者独特的个性特征。其次，我们将讨论创业者在通过授权来激励员工和领导企业及员工时所扮演的重要角色。

瑞典创业者丹尼尔·埃克（Daniel Ek）是斯珀缇菲（Spotify）软件公司的联合创始人兼 CEO，他积极主动、自信、坚持不懈、进取心强、自我导向、足智多谋、对工作充满热情。这些特点促成了埃克成功创办这家公司，让投资者相信他的音乐业务是一笔不错的投资，并领导斯珀缇菲公司迅速成为全球最大的音乐流媒体服务商。

7.5.1　创业者具有什么样的个性特征

想想你知道的企业家。可能是你认识的人，也可能是你阅读到的人，比如，特斯拉公司的埃隆·马斯克（Elon Musk）、太空探索技术公司（SpaceX）和微软公司（Microsoft）的比尔·盖茨（Bill Gates）。你会怎样描述这个人的性格呢？在创业中研究得最多的领域之一就是创业者有什么共同的心理特质（如果确实存在的话），创业者具备什么样的个性特征使得他们与非创业者区分开来，以及什么样的特质可以预测谁将成为一个成功的创业者。

存在典型的"创业者特质"吗？试图找出所有企业家共有的个性特征是一个问题。然而，这并没有阻止创业研究人员列出其共同特征。例如，一组个性特质的列表包括以下特征：高动机、自信、有能力长久地工作、精力充沛、执着的问题解决者、积极主动、设定目标能力强，以及适度的风险爱好者。另一组"成功"的创业者特征包括：精力充沛、意志力强、足智多谋、渴望并有能力自我管理，以及对自主相对高的需求。

在定义创业者个性特征方面的另一个发展是先动性个性量表，以此来预测个体创办新创企业的可能性。**先动性个性（proactive personality）**是一种性格特质，用来描述那些更倾向于采取行动来影响环境的个体——也就是说，他们更有先动性。很显然，创业者更可能在他找寻机会及利用这些机会时展现出他的先动性。先动性个性量表里的多个题项都被认为是可以很好地预测个人成为创业者的可能性指标，其中包括性别、教育、有创业精神的父母，以及拥有先动性的个性。另外，研究表明创业者比管理者更有冒险倾向。但是，这个倾向又受到创业者首要目标的调节影响。那些主要目标使成长的创业者比那些更专注于维持家庭收入的人有更强烈的冒险倾向。

7.5.2　创业者如何激励员工

沙宾特咨询公司（Sapient Corporation）的联合创始人杰里·格林伯格（Jerry Greenberg）和斯图尔特·摩尔（J.Stuait Moore）认识到，员工激励对于公司的成功至关重要。[36] 他们在设计公司时，让每个员工都成为某一特定行业团队的一部分，这个团队致力于整个项目，而不是其中一小部分。他们的理由是，当人们只从事工作的一小部分，从头到尾都看不到整个工作时，往往会感到沮丧。他们认为，如果员工有机会参与到项目的所有阶段，他们会更有动力、更有成效。

当你受到激励去做一些事情时，你有没有发现自己充满激情并且愿意努力去做任何让自己兴奋的事情？如果企业的所有员工都充满激情、感到兴奋并且愿意努力工作，那该有多好啊！对任何一个创业者来说，激励员工都是一个重要目标，并且授权于员工是创业者可以用到的一项很重要的激励工具。

虽然对创业者来说这并不容易，但是**向员工授权**（employee empowerment）——让员工拥有权力去做出决策和采取行动，是一种重要的激励方式。为什么呢？因为成功的新创企业必须快速且敏捷，时刻准备着去追寻机会并且向新的方向进发。被授权的员工可以提供那种灵活性和速度。当员工被授权时，他们通常展现出更强烈的工作动机、更高的工作质量、更高的工作满意度，以及更低的流动率。

你呢？你是否发现让别人做你通常可以控制的事情很容易吗？

授权是创业者不得不接受的哲学概念，这并不容易。事实上，这对很多创业者来说都很困难。他们的生活已经拴在了事业上，他们是从头开始创业的，但是为了让新创企业持续成长最终都要求将更多权力移交给员工。创业者怎么授权呢？对很多创业者来说，这是一个渐进的过程。

创业者可以采用参与决策的方式开始，在这个过程中员工会对决策有所投入。虽然让员工参与决策算不上完完全全地给员工授权，但创业者至少开始整合所有员工的智能、技术、知识，以及能力这些综合资源。

另一种授权于员工的方式是通过委派——分配特定的决策或者具体的工作职责给员工的过程。通过委托决策和责任，创业者移交了完成这些任务的责任。

当创业者最终对员工授权这个想法感到适应时，完全授权于员工就等于重新设计他们的工作，使他们对自己的工作方式有自主权。这就允许员工通过利用他们的创造性、想象力、知识及技能来高效地完成工作。

如果创业者将员工授权执行得当——也就是说，对授权有完整和全面的承诺，再加上适当的员工培训——对新创企业和被授权的员工双方，结果都会给人印象非常深刻。企业将会大大地提高产能，提升质量，客户更满意，员工动力更足，士气也更高。而员工会享有更多的机会去做一些更有趣和更有挑战性的工作。

7.5.3　创业者如何才能成为领导者

在这一部分，我们想讨论的最后一个话题是创业者作为领导者的角色。在这个角色中，创业者有一定的领导责任来领导企业和带领员工工作团队。

如今成功的创业者必须像爵士剧团的领导者一样表现出即兴创作、创新力及创造力。赫曼米勒公司（Herman Miller）是一家以创新的领导方式出名的领先的办公家具制造商，公司前任 CEO 马克斯·德普利 Max DePree 在他的《领导与爵士乐》（*Leadership Jazz*）一书中说道："爵士乐队的领导者必须选择音乐，找到合适的音乐家，然后再公开地演出。但是演出的效果取决于很多东西——环境，演奏乐队的志愿者，要求每个人既作为个体又作为一个团体演出，领导者完全地信赖乐队的成员，以及其他追随者也能演奏好……爵士乐队的领导者拥有这样一个美妙的机会，他要让其他音乐家发挥出最好的水平。我们有太多的东西要向爵士乐队的领导者学习，将不可预测的未来和个体的天赋融合在一起。"

创业者领导企业的方式应该像爵士乐队的领导者一样——让每个个体发挥出最好的水平，即使是在不可预测的情况下。创业者做这件事情的一个方式就是通过他为组织创造的愿景。事实上，新创企业早期阶段的驱动力通常是创业者愿景式的领导。勾画一个有凝聚力的、鼓舞人心和富有吸引力的、关于未来愿景的能力是对创业者领导力的主要考验。如果创业者能做到这一点，前途将一片光明。一项对比愿景型和非愿景型公司的研究表明，愿景型公司的标准财务指标优于非愿景型公司 6 倍，他们的股票表现优于整体市场 15 倍。

很多组织——创业型的及其他类型的——都采用员工工作团队来完成组织任务，创造新的想法及解决问题。3 种在新创企业中最常用的员工工作团队类型是：授权团队（团队有权计划和实施改进过程）、自我指导型团队（团队成员几乎都是自治的并对很多管理活动负有责任），以及跨职能型团队（团队成员由拥有不同专业技能的人构成来共同完成工作）。

发展和采用团队是有必要的，因为科技和市场的要求迫使新创企业更快、更便宜、更好地生产产品。运用企业员工的集体智慧并授权给他们做决策可能是一种应对变化的最好方式。另外，团队文化能够改进整个工作环境的氛围和士气。然而，为了让团队的努力有效果，创业者必须从传统的指挥—控制风格转变成教练—合作的风格。

媒体创业者罗伯特·约翰逊（Robert Johnson）与人共同创办了黑人娱乐电视公司（Black Entertainment Television，BET），这是美国第一家面向非裔美国人市场的电视网。约翰逊在管理黑人娱乐电视公司方面所面临的主要挑战之一是让广告商和投资者支持将该网络的播出时间从每天 2 小时延长到每天 24 小时，获得资金支持帮助黑人娱乐电视公司成长，成为有线电视行业最富有的特许经营企业之一。

当今职场中的道德决策

当企业家变坏的时候。莫齐多公司（Mozido inc.）可能不是一家你听说过的新创企业。但是美国证券交易委员会（United States Securities and Exchange Commission）指控莫齐多公司的创始人迈克尔·利伯蒂（Michael Liberty）利用从公司盗窃来的数百万美元，用于自己奢侈的生活消费。（想想……租用专机，一个奶牛场，还有他前女友的一个电影制作项目。）莫齐多是一家金融科技公司，成立的目的是为全球近 20 亿没有银行账户的人提供移动钱包和其他支付产品。听起来是个很好的主意，是吧？然而，利伯蒂和他的同事"欺骗投资者，让他们相信自己是在为快速增长的新创企业提供资金"。但事实并非如此。[37]

泰拉诺斯公司（Theranos Inc.）是一家致力于彻底改变血液检测行业的新创企业。CEO 伊丽莎白·霍尔姆斯（Elizabeth Holmes）是 19 岁就从斯坦福大学退学的二年级学生，她被广泛赞誉为硅谷首位女性亿万富翁新创企业的创始人。然而，她被指控欺诈，因为她从投资者那里筹集了超过 7 亿美元的资金，而欺骗他们说她的公司具有实际的技术能力。霍尔姆斯同意与联邦监管机构达成和解，她对公司的投票控制权被剥夺，禁止她在 10 年内担任任何上市公司的高管或董事，并要求她支付 50 万美元的罚款。[38]

这些当然不是企业家不道德行为或非法行为的唯一例子。只有这两个是最近的例子。当企业家变坏的时候，他们的决定和行为会对他们创立的公司，以及公司的支持者和公司员工产生深远的影响。

讨论题

1. 创始人（企业家）是新创企业的领导者——法定负责人。可以防止企业家变坏的情况吗？还是说，那些要做出不道德、非法选择的人只是一个不幸的现实？请讨论。

2. 关于成为一个有道德的领导者，你对潜在的企业家有什么建议？在你所在的小组中讨论，并列出一个建议清单。

7.6　创业者面临哪些控制难题

菲利普·麦卡莱布（Philip McCaleb）仍然为他在芝加哥的真正滑板车公司（Genuine Scooter Company）所生产的摩托车感到兴奋。然而，在建立自己企业的过程中，麦卡莱布不得不承认自己存在局限性。作为一个自我描述为"有创意的人"，他知道他需要他人的参与来确保最终的产品成为应该的样品，用在它应该在的地方和应该在的时候。[39]

为了保证短期和长期的生存、繁荣，创业者必须留心控制他们企业的运作。创业者面临的独特控制问题包括：管理成长、管理衰退、企业的退出，以及管理个人的生活选择和挑战。

7.6.1　怎样管理成长

对新创企业来说，成长是一个自然的和令人渴望的成果。成长是新创企业的标志之一，新创企业追求成长。缓慢的成长和快速成长都有可能是成功的。

成功的成长并不是随机或者幸运地出现的。成功地追求成长要求创业者能够管理所有与成长有关的挑战。这就使得对成长进行计划、组织及控制成为必然。

7.6.2　怎样管理衰退

虽然对新创企业来说，组织的成长是一个令人渴望和重要的目标，但是万一当事情并不像计划的那样发展时——当成长战略并不带来预期的成果，而且在事实上导致了绩效下降时，怎么办呢？管理衰退同样也充满挑战。

没有人愿意失败，尤其是创业者。然而，当新创企业面临困境时，可以做些什么呢？如何才能成功地管理衰退？第一步就是要意识到危机正在爆发。创业者必须对那些使企业陷入困境的警告信号产生警惕，一些绩效下降的潜在信号包括不充足或负的现金流量、员工人数超标、非必要和繁重的行政手续、对冲突和冒险的恐惧、对工作不合格的容忍、缺乏清晰的使命或者目标，以及组织中低效或无效的沟通。

虽然创业者希望永远不要处理组织的衰退、绩效的下降或者是危机，但可能会在某一时期他必须处理这一问题。毕竟，没有人喜欢事情变得糟糕或者到了一个转折点变得更糟糕。但那正是创业者应该做的——在这些到来之前就思考好（我们将在第 15 章讨论前馈控制）。有一个及时更新的处理危机的计划是很重要的。这就如同在家里标记好出口路线，万一火灾的时候可以用到。创业者应该在紧急情况出现之前就做好准备。这个计划应该侧重于提供一些具体的细节来控制运营企业最基础和关键的方面——现金流、应收账款、成本及负债。除了有控制企业关键流入和流出的计划之外，其他行动还应该包括降低成本和重造企业的具体战略。

7.6.3　新创企业退出涉及哪些方面

对创业者来说，从新创企业退出看起来是一件很奇怪的事情。然而，当创业者决定离开的时候，他们就会遇到这种情况。这样的决策可能是因为创业者希望在财务上获得投资回报——简称**获利**（harvesting）——或者是创业者正面临着严峻的组织绩效问题并且希望走出困境，甚至可能是创业者想要有其他方面的追求（个人的或者是事业上的）。企业退出涉及的问题包括选择一个合适的生意评估方式，并且清楚在出售生意的过程中会涉及的方方面面。

虽然在准备企业退出中最艰难的部分可能是评估，但是其他因素同样很重要。这些包括了要有所准备，决定谁将会卖掉生意，考虑税收的影响，筛选潜在的买家，以及决定是在出售之前还是之后告诉员工这个消息。新创企业退出的过程应该像发起的过程一样小心审慎。如果创业者正当业绩好的时候出售企业，他就会希望实现这一业务的价值。如果是在绩效下降的时候而退出，则创业者想最大化其潜在收益。

7.6.4　作为一名创业者，为什么管理个人挑战是重要的

成为一个创业者既令人兴奋又很有成就感，然而也是极其苛刻的。因为随之而来的是很长的工作时间、困难的要求还有极高的压力。不过，成为一个创业者同样也有很多回报。在这一部分里，我们想去探究创业者是怎样同时做到的——也就是说，他们是如何成功而又有效地平衡他们工作和生活的需求的？

创业者是一个很特别的群体。他们很专注，有毅力，努力工作，头脑聪慧。他们在发

起企业和让企业成长方面投入了很多精力，因此很多人就忽视了他们的个人生活，认为创业者通常要做出牺牲来追求他们的创业梦想。但是，他们是可以同时做到的，他们能够平衡自己的工作和个人生活。那么，这是怎样做到的呢？

对创业者来说，第一个也是最重要的一点，就是**成为一个好的时间管理者**。优先做那些需要做的事情，使用计划书（日、周、月）来帮助安排事情的优先次序。一些创业者不喜欢花时间去计划或者确定优先次序，或者认为这是在浪费时间。然而，事实上，识别出重要的责任并将之与那些不重要的事情加以区分可以使创业者工作更有效率和效果。另外，成为一个好的时间管理者的一个方面，就是要将那些不需要非由创业者自己参加不可的决策和行动委派给可信赖的员工。虽然很难做到把创业者一直从事的某些事情委派给员工，但是一个有效授权的创业者将会见证他们个人的生产率水平上升。

第二个寻找那种平衡的办法就是在那些有需要的商业领域中**寻找专家建议**。虽然创业者可能会很不情愿去花这钱（钱毕竟是稀缺的），但是，从节省时间、精力，以及解决长期潜在问题来看，这项投资是值得的。有能力的专业咨询师能为创业者提供一些信息来做出更明智的决策。同样，在问题出现时解决这些冲突（deal with conflicts）也是很重要的。这同时包括工作场所和家庭的冲突。如果一个创业者不能处理好这些冲突，负面情绪就很有可能突然出现，同时导致沟通中断。当沟通中断时，至关重要的信息可能就会丢失，人们（员工和家庭成员）可能开始设想最坏的结果。这将导致自我滋生式的噩梦般的情形，最好的策略就是在它们出现时就解决。谈话、讨论、争辩（如果必须的话）都行，但是创业者不应该回避这些冲突或者假装它们不存在。

在工作和个人生活中达到平衡的第三个建议就是**形成一个可信赖的朋友和同行圈子**。对创业者来说，跟同行交流是全面地思考问题和难题的好方法。这些人提供的支持和鼓励对创业者来说是无价的力量来源。

第四个建议是，**当你的压力太大时，要意识到这个问题**。创业者确实是成功者，他们想把事情做成，以努力工作来使自己成长壮大。然而，过多的压力将导致身体上和情绪上出现严重问题（正如我们将要在第 8 章讨论的一样）。创业者必须学会在压力快淹没他们时，如何做点其他事情来调节。毕竟，如果你没有享受它，那么创建一个成功的新创企业又有什么意义呢？

本章概要

（1）定义创业并解释其重要性。

创业是一个通过创办新企业来捕捉机会的过程，其目的是改变、变革、转变或引进新的产品或服务。创业之所以重要，是因为它影响创新，而创新对于经济活力至关重要；新创企业的数量之所以重要，是因为它们有助于经济发展；新创企业还能创造就业机会，这对于社区、地区和国家的整体长期经济健康发展至关重要。

（2）解释企业家在新创企业的规划过程中所做的工作。

企业家必须做的第一件事就是识别机会和可能的竞争优势。一旦他们确定了机会，他们就准备通过研究其可行性来启动风险投资，然后为其启动制订计划。可行性研究是对所计划的新创企业各个方面的分析，包括对竞争者进行分析，决定如何筹集资金，以及制定商业计划。

（3）描述组织的 6 种法律形式和选择适当的组织结构。

影响如何组建企业决策的 2 个主要因素是税收和法律责任。在独资企业，所有者保持对企业的唯一和完全的控制权，并对企业债务负个人责任。在普通合伙企业中，两个或两个以上的所有者分担企业的管理和风险。有限责任合伙由普通合伙人及有限合伙人组成。C 公司是一个所有者和管理者相互分离的法定企业实体。它是一个少数人持股的公司，这些人不公开交易的股票。S 公司是一种独特的公司，只要满足一定的标准，所有者按合伙企业纳税。有限责任公司是合伙企业和公司的混合体。随着组织的成长，企业家必须为组织确定一个合适的结构，创业者还必须面对人力资源管理问题，如员工招聘和员工留任。

（4）描述企业家如何领导组织。

虽然不是所有企业家都具备的特定个性特征，但研究人员认为，有几种个性特征在企业家中更为常见，包括高水平的动力、充分的自信、长期参与的能力及饱满的精力。企业家往往需要持续不断地解决问题；具有高度的主动性；有能力设定目标；有适度的冒险精神；具有极大的毅力，足智多谋，有自我指导的愿望和能力；对自主性有较高的需求。企业家也可能有积极主动的个性特征，这意味着他们更倾向于采取行动来影响其所处的环境。企业家通过授权激励员工，必须领导企业和员工工作团队。

（5）解释企业家如何控制组织的成长、衰退和退出企业。

企业家必须通过计划工作、组织工作、控制工作来管理成长。企业家必须通过识别危机情况，并应对疲软、衰退和危机。在某一时点，企业家可能会决定是时候退出企业，以便从投资中获得资金（称为获利），因为企业家面临严重的组织绩效问题，或者因为他想要追求其他业务或个人机会，为此，企业家必须使用一种方法来评估企业，并在这一过程中考虑各种其他重要因素。

复习思考题

1. 新创企业、小企业和个体经营有何相似之处？不同之处呢？
2. 为什么创业对社会很重要？
3. 解释创业过程中会发生什么。
4. 如何确定环境机会？
5. 为什么你认为许多企业家发现难以放手让别人来管理他们的企业？
6. 描述一些研究人员所发现的企业家的个性特征。
7. 企业家需要在哪些方面成为领导者？
8. 企业家需要注意哪些控制问题？
9. 企业家如何才能成功地平衡工作和个人生活的需求？

10. 你认为一个人可以通过教导成为一个创业者吗？为什么？

11. 企业家有必要做可行性研究吗？请解释。

12. 一个好的管理者会是一个好的企业家吗？请讨论。

管理技能建设：培养毅力

那些成功的企业家至少有一个共同点：他们有毅力。[40] 有毅力意味着你对长期目标的坚持不懈和激情。当你有毅力时，即使面对失败或逆境，你也会勤奋工作并保持努力和兴趣。有人说有毅力意味着你有坚忍的精神。它是一种将乐观、自律和自我激励等其他品质结合在一起的特质。你必须有能力去完成你的计划，并且还必须随着时间的推移集中和持续运用你的能力去完成困难的计划。毅力可以帮助企业家，因为他们在创业过程中经常面临挑战和挫折。有毅力的企业家会继续努力工作，即使是面对好像无穷无尽的障碍。

技能基础

毅力可以培养。下面的步骤将帮助你练习这项技能。

- **练习你的韧性**。韧性是反弹的能力。当你在学校或者在工作中遇到障碍时……如果你是员工，注意你对挑战的反应。你打算辞职了吗？如果是这样的话，是该培养你的韧性了，要从你的错误中吸取教训，让自己再尝试一次而不是放弃。

- **追求你的激情**。找出你在生活中的激情所在，然后追求它。激情激励我们，给予我们不断前进的内在动力。具有并保持激情可以帮助你培养坚持不懈的精神。

- **练习积极的自我对话**。毅力意味着你自己具有强烈的信念。通过积极的自我对话，你可以培养内在的动力，即使面对障碍也能继续前进。提醒自己所具有的能力，成为自己最大的支持者。面对每一个挑战，一定要鼓励自己以积极的态度继续前进。

- **在实践中锻炼**。要明白，在生活中，完成任何重要的事情都需要时间和努力。当你朝着一个目标努力时，必须考虑如何去实践你想要完成的任何事情。例如，如果你梦想开设一家餐馆，在自己开始之前，花一些时间在其他餐馆工作，以真正了解这个行业。

- **组建一个支持团队**。选择一些值得信赖的朋友，让他们知道你正在培养毅力。与他们分享你未来的目标和你想为之努力的方向。当你怀疑自己的时候，让他们鼓励你。当你感觉想要放弃的时候，一定要打电话给他们以寻求支持。

技能应用

确定一个你想达到的具有挑战性的目标。你可以从小事做起，但是要确保它能够测试你的能力。记住，你正在努力培养勇气、毅力和激情！例如，你考虑过参加 5000 米长跑比赛吗？你的下一门统计学课程得了 A 吗？你想要完成的重要的事情是什么？一旦你设定了自己的目标，请采用上述步骤来实现目标。一旦达到了你的目标，那就转向一个新的目标。当你克服了前进路上的挑战时，你会发现自己正在培养勇气。然后，你可以完成任何事情！

体验练习

在世界许多地方，创业都受到高度重视。但是，如果追求新创企业恰好不适合你呢？

是否就是把时间浪费在阅读和学习这一章节上了呢？我们希望不是！即使是在非新创企业的情形，具有创业精神也能为你带来职业优势。我们在这一章中所谈的一些事情，有助于使你的职业生涯"变得更有具创业精神"！所以，在体验练习中，你将和你所在的小组一起提出 7 门创业的职业课程。从这一章中提出你认为有助于创业并对你的职业生涯有用的 7 件事情。把它们写下来，讨论为什么你认为它们很重要，并解释它们如何在你的职业生涯中得到应用。

应用案例 7-1：一家不仅仅为顾客提供食物的餐厅
专题：社会企业家

以 善 为 善

当你走进埃德温餐厅（Edwins），你会认为它只是一个提供传统和现代法国美食的高档餐厅。但这家餐厅也是为那些被监禁过的人提供服务的非营利性的康复中心。[41] 埃德温领导学院与餐厅的创始人兼执行董事布兰登·克罗斯托夫斯基（Brandon Chrostowski）把该餐厅称为"第二次机会生活中心"，它帮助那些曾经被监禁的人，为他们提供食品服务行业的就业、教育和在职培训。

对于一个被释放的重罪犯人来说，成为社会有生产力的成员是具有挑战性的。重罪定罪极大地影响了获得未来就业的能力。问题不在于这些人不愿意工作，而在于他们的犯罪记录使他们失去了工作机会。而那些找不到工作的人会是怎样的情况？他们往往又回到监狱。据估计，有 2/3 获释囚犯在 5 年内重返监狱。

克罗斯托夫斯基得到过一次机会，他在缓刑期间接受了指导并上了烹饪学校。他曾作为少年犯在监狱里服刑过一段时间，由于得到了他人的支持，他在餐饮业取得了成功。克罗斯托夫斯基在纽约和巴黎做过厨师，后来搬到俄亥俄州的克利夫兰，并最终创办了埃德温餐厅。

该计划的目标是帮助前重罪犯人成功地重返社会。这个项目不仅教给他们有关食物准备、烹饪和餐馆运作的技能，而且还为学员提供全面的支持，包括让其他前重罪犯人分享灵感。在为期 6 个月的项目中，他们为大约 40 名学员提供各种各样的帮助，如寻找住房、交通、咨询和其他帮助他们重返学校的支持服务。该计划还希望通过为落后的街区提供未来的领导人，对克利夫兰社区产生影响。

埃德温餐厅的食物从本地采购，价格在 30~40 美元之间，创造了一个美好的用餐体验。克罗斯托夫斯基指出，他们觉得自己需要比竞争对手做得更好，因为餐厅的顾客可能对员工的能力持怀疑态度。

到目前为止，他的努力似乎是有效的。在过去的 5 年里，不仅有将近 200 名学员通过了这个项目，他们还在诸如《纽约时报》等著名的美食专栏中得到好评。餐厅和学院还成为奥斯卡提名纪录片《刀技》的主题。埃德温这个名字来源于"教育胜出"，看起来这里的情况就是这样。2016 年，布兰登·克罗斯托夫斯基被公认为"CNN 英雄"，他创办了一家成功的企业，为众多学员提供了第二次机会。

讨论题

1. 企业家之所以重要，是因为他们对周围世界的影响。列出并解释埃德温餐厅为其社区带来益处的不同方式。

2. 你认为布兰登·克罗斯托夫斯基具备什么特质使他的公司获得了成功？

3. 克罗斯托夫斯基原本可以开一家非营利的烹饪学校或培训中心，而不是开一家餐馆，帮助前重罪犯人接受有利于他们的职业培训。为什么增设餐厅会起到帮助作用？

4. 许多企业家都想发展他们的业务。克罗斯托夫斯基能够发展这项业务吗？怎么做？

5. 布兰登·克罗斯托夫斯基符合社会企业家的定义吗？请解释。

应用案例 7-2：X 因素
专题：女性企业家

克 服 挑 战

在当今的商业环境中，创业活动非常活跃。这是一个成为企业家的好时机。抓住创业机会的女性比以往任何时候都更多。[42] 然而，尽管现在可能是成为企业家的大好时机，但男性和女性是否面临着同样的挑战和平等的竞争环境？当然，无论是现在还是历史上，都有许多著名的女性企业家。以下是一些你可能听说过的名字：戴伟力（Weili Dai），半导体制造商马维尔电子科技公司的联合创始人；莱斯利·布洛杰特（Leslie Blodgett），包括自然香调（Bare Escentuals）和资生堂（Shiseido）在内的几个美容品牌的创始人；安吉·希克斯（Angie Hicks），安吉名单公司（Angie's List）的创始人，安吉名单公司是一个帮助消费者与当地服务提供商建立联系的网站；萨拉·布雷克里（Sara Blakely），SPANX 塑身服饰系列的创始人；黛比·菲兹（Debbi Fields），因全国知名品牌菲尔兹太太饼干（Mrs. Fields Cookies）而闻名的女企业家；拉什米·辛哈（Rashmi Sinha），幻灯片共享在线演示工具（SlideShare）的创始人。但女性企业家确实面临男性同行可能不会面临的挑战，尤其是在从风险投资家那里获得资金方面。

全球创业观察的研究结果之一——我们在本章前面谈到的全球创业研究——是对创业能力的信心方面的性别差距。大约 48% 的男性表达了担忧，但是大约 62% 的女性表达了对自己创办公司能力的担忧。[43] 然而，女性最大的劣势来自于对风险投资资金的寻求。相比之下，女性获得的风险投资资金只是男性的一小部分。女性创建了近 40% 的私人控股公司，但只获得了所有风险投资资金的 3%。[44] 新的研究指出了一个令人惊讶的原因：风险投资家对男性和女性企业家问及不同的问题，这影响了他们获得的资金。研究人员发现，风险投资家通常会问及男性企业家他们的公司将如何取得成功。然而，则会问及女性企业家如何避免失败，并且不只是男性风险投资家问及这些问题。女性风险投资家和男性风险投资家一样倾向于向女性企业家提出避免失败的问题。结果就是，女性企业家得到的资金相对偏少。事实上，每向企业家提出额外的"避免失败"的问题，新创企业平均所获得的资金就会减少 380 万美元。这是一个令人震惊的资金数量，一个可能意味着成功或者失败的资金数量。[45]

那么解决方案是什么呢？正如我们之前所说的，有更多的女性风险投资家似乎并没有在意这个问题。但是女性企业家应该做好准备，认识到有关避免失败的问题，并重新构建她们的回应，以使其新创企业受益。而且，风险投资本身应该在促进成功和避免失败的问题上在男性和女性企业家之间取得平衡。

讨论题

1. 根据本案例中引用的研究结果，女性企业家面临什么样的挑战？

2. 筹资是企业家的一个重要决定。在筹集风险投资过程中，女性会受到什么影响？为什么这是女性企业家所面临的问题？

3. 如果你是一名风险投资家，你会采取什么措施来避免提出对女性企业家不利的、有偏见的问题？

4. 你能想到任何其他可能的解决办法来防止这类偏见发生吗？在思考这个问题的时候要有创造性。

5. 假装你是个风险投资家。写三个你想问一位寻求资金的企业家的问题，与另一个班级成员配比并评估彼此的问题，看看是否存在任何可能的偏见。

应用案例 7-3：面向未来
专题：机遇，创业理念

未来愿景

狂热地关注执行力和品牌。这是分析人员对沃比派克眼镜公司（Warby Parker）战略方针的描述，该公司是位于纽约的一家新创企业，它正在迅速颠覆老式的眼镜业务。沃比派克眼镜公司在 2010 年由大卫·吉尔博亚（David Gilboa）和尼尔·布卢门撒尔（Neil Blumenthal）（他们现在也是联合 CEO）共同创立，并已证明自己是一个强劲而成功的竞争者。为什么会成功？"一句话，深思熟虑。"[46] 他们对自己的品牌有严格的要求，但他们拥抱并利用技术，打破了眼镜行业传统上刻板和保守的销售方式。那么沃比派克眼镜公司是怎么做的呢？

为了理解沃比派克眼镜公司正在做的事情，我们需要回顾这家公司的创意是如何产生的。在东南亚背包旅行时，吉尔博亚把一副价值 700 美元的普拉达镜框忘在座椅靠背袋里，他开始质疑，为什么他口袋里一部 200 美元的苹果手机拥有的技术可以做很多很酷的事情，但更换那副眼镜——一项已有几百年历史的技术——的成本要比 200 美元的苹果手机贵得多。[47] 和许多其他企业家一样，他相信一定有更好的办法。他的研究揭示了实际上有一个非常强大的眼镜供应商垄断了这个行业，这就是眼镜价格高昂的原因。吉尔博亚和他的朋友布卢门撒尔同为宾夕法尼亚大学沃顿商学院工商管理硕士（master of business administration，MBA）学员，在他们合作之前，甚至都不确定自己能否面对如此强大的竞争对手。据传，布卢门撒尔"几乎比世界上任何人都更为关注如何在传统眼镜供应链之外工作"。[48] 没过多久，一群人就开始在费城的一间公寓里进行网上销售眼镜。

如今，沃比派克眼镜公司设计并生产自己的时尚镜框，并通过互联网直接销售给消费者，价格为 95 美元一副。这个价格还包括处方镜片、运费及对非营利机构视觉春天（VisionSpring）的捐款。布卢门撒尔曾担任视觉春天的董事。该公司已经开始开设实体店，目前有 63 家门店开业。其他增长计划包括扩大产品组合，使镜框选择多样化，进入儿童镜框和渐进式镜片眼镜等领域，探索在线眼科检查的革命性技术。2017 年 5 月，该公司推出了一款处方检查（prescription check）应用程序，用户可以在家里完成虚拟眼科检查。它还开设了第一个光学实验室，在那里切割镜片以配适镜框。[49]

沃比派克眼镜公司被评为 2015 年度快速成长的最具创新力的公司，并荣获 2014 年《今日美国》年度企业家奖。[50] 沃比派克眼镜公司所做的另一件事是"买一副，送一副"活动，该项活动惠及发展中国家的视障人士。与此同时，为了继续取得公司的成功，吉尔博亚和布卢门撒尔将继续遵守他们所做的一切，狂热地将注意力集中在执行力和品牌上。这个未来愿景应该能够帮助沃比派克眼镜公司继续其成功的旅程。

讨论题

1. 沃比派克眼镜公司符合新创企业的定义吗？请解释。

2. 在这个故事中，你能够确定创业过程中的哪些步骤？请讨论。

3. 看看机会的 7 个来源。哪一个（或哪几个）最贴切地描述了创始人所认可的内容？解释你的选择。

4. 你认为沃比派克眼镜公司有什么竞争优势？你认为公司面临哪些竞争挑战？

5. 随着公司的不断发展，沃比派克眼镜公司可能会面临什么潜在的问题？公司如何为解决这些问题做好最佳的准备？

6. 对于一个企业家而言，领导一个新创企业本身就是一个挑战。然而这个企业有 2 个联合领导人（联合 CEO）。这会使领导新创企业的工作变得更容易还是更困难？你觉得怎么样？写一个问题清单，用来探讨这种独特的安排。为了更好地理解联合 CEO 意味着什么，以及如何运作，你想问些什么？在课堂上和某人配对，并比较你的笔记。准备好向同学展示你的问题清单。

注释

本章注释文件请扫二维码下载。

第 **8** 章

组织结构与设计

管理偏见

科层制组织无效率。

矫正管理偏见

机械结构，或者称其为科层制组织，常被认为是低效率的。批评者认为这类组织反应缓慢、受规则约束，并且使那些必须与规章制度打交道的员工和外部人士产生抵触心理。如果你相信媒体的说法，你就会认为科层制组织已经消亡，取而代之的是被赋权的团队、松散并且适应能力强的组织。尽管现在许多组织似乎如此，但事实是科层制组织的特征依然存在并大行其道。大多数中型和大型组织的结构都是科层制，因为这种结构有着专业化、正式的规章制度、明确的指挥系统和部门化等特点——这恰恰有助于有效地安排人员和任务。

欢迎进入 21 世纪奇妙的组织结构与设计世界。在《华尔街日报》(*The Wall Street Journal*)，一次全面的编辑重组创造了一个新的领导结构，目标是将该报转变为一家以移动为主的新闻业务。[1] 许多大型时装公司都在聘请环保专家，并强化其可持续发展部门的作用，以应对具有社会意识的年轻消费者。[2] 这些都是变动中组织的例子。在这一章，我们将介绍组织的基础、定义、概念及其重要的组成部分，并解释管理者如何利用这些因素来创造一个井然有序的环境，以便组织成员可以卓有成效地进行工作。一旦组织的目标、计划和战略到位，管理者就必须设定组织架构，以促进这些目标的实现，并为人们提供一个最佳的工作方式。

学习目标

1. 描述组织设计的六大要素。
2. 识别有利于机械模式或有机模式的权变因素。
3. 比较和对比传统的与当代的组织设计。
4. 讨论当今组织面临的设计挑战。

8.1　组织设计的六大要素是什么

在俄克拉何马州麦亚雷斯特市（McAlester, Oklahoma）南部不远的地方，员工在一个巨大的化工厂生产万无一失的产品。这些人"非常擅长其所做的事情，他们长期从事这一工作，因而拥有了 100%的市场份额"。[3] 他们为美国军队制造炸弹，这样的工作务必要求其工作环境既普通平凡又严格有序，同时兼有风险与热爱。在这样的环境中，人们高效出色地完成工作。总部位于圣地亚哥的视频游戏开发商 Psyonix Inc.也能有效地完成这些工作，尽管不是以这种结构化和正式的方式。与许多视频游戏开发商一样，Psyonix 的员工负责最关键的工作，并管理分散在全球各地的独立承包商网络。[4] 在 Psyonix，几乎 40%的视频游戏开发人员是承包商，而不是员工。

高效出色地完成工作。

这就是组织的内容。回顾第 1 章的内容，我们把组织定义为一种管理职能，它决定了需要做什么，怎么做，以及谁来做；换句话说，它是产生组织结构的职能。当管理者建立或是改变组织结构时，他们就是在**从事组织设计**（organization design）工作。这种过程包括决定怎样分配专门化的工作，制定指导员工行为的规章制度，并决定制定决策的组织层次。尽管组织设计的决策通常都由高层管理者做出，但所有人都应当了解这个过程。为什么呢？因为我们每个人都在某种类型的组织结构中工作，需要知道组织中的任务应该如何得到执行和为什么会得到执行。此外，在环境日益变化并需要组织快速适应的条件下，我们也应该了解明天的组织结构可能是什么样的——那是我们将来的工作环境。

过去几年里，管理中最大变化的两个主题当属组织和组织结构。管理者正在重新评估传统的方法并探索最能支持和促进员工从事组织工作的新的结构设计——既有效又灵活的设计。

管理学家诸如亨利·法约尔和马克斯·韦伯所确立的组织设计的基本概念是管理者可以遵循的结构原则。自最初提出这些原则以来，已经过去了九十余年。经历了这么长时间及各种各样的变化，你可能会认为这些原理在当今已失去了价值，但令人惊讶的是，事实并非如此。大多数原理仍可为你设计合理高效的组织提供重要的指导。当然，随着时间的流逝，我们对这些原理的局限性已有了充分的认识。在以下各节中，我们将探讨组织结构的 6 种基本要素：工作专业化、部门化、职权和职责、管理幅度、集权与分权、正式化。

8.1.1　什么是工作专业化

传统观点

位于俄亥俄州艾达的威尔逊体育用品工厂（Wilson Sporting Goods factory）里的工人生产全国足球联赛所用的所有足球与大学和高中足球比赛所用的大部分足球。为了完成每天的产出任务，工人们分别从事制模、缝合、镶嵌饰物等不同的工作任务，[5] 这就是工作专业化的实例。工作专业化指把工作活动分成单个的任务，为了提高产出，个人专门从事工作的某一部分而不是整项工作，因而又被称为劳动分工。

工作专业化使不同员工的多种技能得到有效的利用。在大多数组织中，有些任务要求高度熟练的技能，而另一些则可由未经训练的人员来完成。如果每个人都要从事制造过程的每一个步骤的活动，他们就必须同时具备从事最容易的工作和最困难的工作所必需的技能。其结果只会是，除了从事需要最高技能的、最复杂的任务之外，员工们大都在低于其技能水平的状态下工作。并且熟练工人所得的工资高于非熟练工人，由于工资水平一般反映最高的技能水平，以高工资雇用高技能的工人做简单的工作，是在低效使用资源。这就是你很少看到一位外科医生在做完心脏手术之后还要去缝合病人的原因。做完心脏手术之后的一些缝合性工作，通常是由那些旨在提高技能的实习医生来完成的。

工作专业化的早期倡导者将其视为增加生产率的一个不尽的源泉。在20世纪初，这一结论是正确的。当时专业化没有得到普遍推广，应用它通常总能产生更高的生产率。但物极必反，在某一点上，由工作专业化产生的**人性不经济性**（human diseconomies）（它通过无聊、疲劳、压力、低生产率、低质量、常旷工和高离职流动率等表现出来）会超过专业化的经济优势（见图8-1）。[6]

图8-1 工作专业化的经济性与非经济性

当今的观点

当今的多数管理者将工作专业化视为重要的组织机制，因为它可以帮助员工提高效率。例如，麦当劳利用高度的专业化来有效地制造产品并为顾客提供服务。然而，管理者也必须看到它的局限性。正因为这一点，许多公司，诸如艾弗里——丹尼森（Avery-Dennison）、福特澳大利亚（Ford Australia）、纯度标记（Hallmark）和美国运通已极大地降低了工作专业化的程度，让员工做一系列广泛的工作。

当你找工作的时候，请考虑一下这一点。你是喜欢高度专业化的工作，还是喜欢任务多样化的工作？

镶嵌条纹是威尔逊体育用品工厂手工制作橄榄球的13道工序之一。公司采用工作专门化作为分配工作任务的机制，这有助于提高员工的产出和有效利用员工多样化的技能。

8.1.2 什么是部门划分

传统观点

早期管理学者指出首先应对组织内的活动进行分工，然后再将其归类以便通过协调统一的方式完成任务。把工作进行归类的方式称为**部门化**。尽管组织可以采用其独特的分类方式，但有 5 种常用的部门化方式（见表 8-1）。早期管理学者并不提倡任何单一的部门划分方式，部门划分方式应当反映最有利于实现组织目标与部门目标的分类方式。

表 8-1 部门化的类型

• 产品	根据所做的工作将员工分成不同的部门（如工程、会计、信息系统、人力资源等）
• 顾客	根据公司主要产品领域将员工分成不同的部门（如女鞋、男鞋、服装及配件等）
• 地区	根据顾客的问题和需要将员工分成不同的部门（如批发、零售、政府等）
• 流程	根据服务地区将员工分成不同的部门（如北方、南方、中西部、东部等）
• 产品	根据工作或顾客流程将员工分成不同的部门（如测试、收款等）

怎样将活动分类？

（1）对活动进行分类的一种最常用的方式就是**按职能划分部门（functional departmentalization）**。管理者可能将他的工厂分成工程、会计、信息系统、人力资源和采购等不同的部门。按职能划分部门可用于任何类型的组织，只是职能应随组织目标和活动变化而改变。按职能划分部门的主要优点是可将具有相同技能和专长的人置于同一部门，从而实现规模经济性。

（2）**按产品划分部门（product departmentalization）**注重公司的主要产品领域。每一项产品都由一名在该领域有专长的高级经理管理，并且他还负责与产品线有关的任何事情。耐克就是一个按产品划分部门的公司，其结构基于不同的产品线，包括了运动鞋、休闲鞋、服装及服装配件。如果一个组织的活动是提供服务，而不是生产产品，那么就可以按各种服务类型划分部门。按产品划分部门的优点在于它可以增强人们对产品的责任感，因为专门有一个经理负责与具体产品有关的所有活动。

（3）组织试图赢得的顾客类型也可作为划分部门的依据。例如，办公用品供应公司的销售活动可以分为 3 个部门：零售、批发和政府客户。一家大型律师事务所可按其服务对象是公司还是个人将其员工分类。**按顾客划分部门（customer departmentalization）**的假定条件是：每个部门的顾客面临同样的问题，具有同样的需要，只有专业人员才能最好地解决这些问题，并满足他们的需要。

（4）另一种划分部门的方法基于地理区域，即**按地区划分部门（geographic departmentalization）**。销售职能可分布于西部、南部、中西部和东部地区。如果一个组织的顾客分布在范围很大的地区，这种部门化方式就非常有用了。例如，可口可乐公司在 21 世纪的组织结构就反映了公司在两大地区中的经营活动，这两大区域是北美部和国际部，后者包括环太平洋地区、欧盟、东北欧和非洲、拉丁美洲。

（5）最后一种部门化方式是**按流程划分部门（process departmentalization）**，即依据工作或顾客流程对活动进行分类。例如，美国许多州的机动车辆管理局或保健医院，其部门是由完成某一流程所需的一般技能构成。如果你曾到州车辆管理局办过执照，看到的可能就是按流程划分的部门。在那里，不同的部门办理申请、测试、信息与照片处理及收费等不同的事项。为办理执照，顾客按先后顺序"流经"不同的部门。

　　从摩托车的构思和设计到摩托车的生产和市场投放，哈雷戴维森（Harley Davison）摩托车公司都运用跨职能团队。由买家、供应商、市场营销人员、运营人员、工程师和来自其他部门的员工组成团队，协同工作，为消费者提供高质量的产品。

当今的观点

　　多数大型组织仍采用早期管理学者所提出的多种（或所有的）方式划分部门，例如，布莱克德克公司（Black & Decker）以多种方式构建组织结构，如按职能组建部门，按流程建立制造单位，按地区设立销售单位，按顾客类型确定销售领域。但近期出现的一种趋势是使用**跨职能型团队**（cross-functional teams），这些团队跨越传统的部门领域并由不同部门中的人员组成。当工作更为复杂并需要多种技能才能完成时，跨职能型团队就尤其有用。[7]

　　当今的竞争环境使管理者重新把注意力聚焦于顾客。为更好地满足顾客的需要并对这些需求的变化做出反应，许多组织更加强调按顾客划分部门。

8.1.3　什么是职权和职责

传统观点

　　要了解职责和职权，就必须熟悉指挥链，即权力从组织上层向下层传递的路径，它明确了谁向谁汇报的问题。管理者在组织工作任务时应对其加以考虑，因为它有助于员工认识诸如"我向谁汇报"或者"有了问题我找谁"这一类的问题。那么，什么是职权和职责呢？

　　职权源于职位而非个人。

　　职权（authority）是管理职位所赋予的发布命令和希望命令得到遵守的权力。职权是早期管理学者奉行的主要信条，被视为组织紧密结合起来的黏合剂。[8] 职权可以向下让渡给低层管理人员，即授予他们一定的权力，同时规定他们在限定的范围行使这种权力。每一个管理职位都有其特定和固有的权力，任职者可以从其职衔或头衔中获得这种权力。因此，职权与人们在组织中担任的职位有关，而与管理者的个人特征无关，与个体无关。退出权位的人不再有任何权力。职权与职位同在，它属于新的在位者。

　　管理者在授予员工权力时，必须同时授予他们相应的**责任**（responsibility）。也就是说，员工被赋予权力的同时也要承担相应的行使权力的责任，他们应该为自己的行为负责！拥有权力而不承担责任和不用承担责任会造成滥用权力的机会，同样地，人们也不应当为其无权过问的事情负责。

有哪些不同类型职权关系？

早期的管理学者区分了两种形式的职权：直线职权与参谋职权。**直线职权（line authority）**指给予管理者指挥其下属工作的权力。正是这种上下级职权关系从组织的最高层延伸到最底层，从而形成指挥链，参见图 8-2。在指挥链中的每个环节，拥有直线职权的管理者有权指导下属人员的工作，并且可以不征求他人意见而自主做某些决策。当然，指挥链中的每个管理者都要服从其上级的指挥。

图 8-2 指挥链与直线职权

应当记住的是，有时，"直线"（line）一词也用来区分**业务管理人员（line managers）**与**辅助工作管理人员（staff managers）**。在这种情况下，"直线管理人员"一词是指对组织目标的实现具有直接贡献的那些组织职能的管理者，例如，在制造企业中，直线管理者通常指负责生产和销售职能的人员，而人事和财会职能管理人员则被看成是辅助工作管理人员。但一位管理者的职能究竟是属直线职能的还是参谋职能的，完全取决于组织的目标。例如，在提供临时雇员的**"人才培养公司"（staff-builders）**，面试人员具有直线职能。类似地，在美国自动数据处理公司（Automatic Date Processing，ADP），薪金表制作是直线职能。

当组织规模扩大并变得更为复杂后，直线管理者会发现他们缺乏有效完成工作的时间、能力和资源。为此，他们配置了**参谋职权（staff authority）**职能来支持和协助他们，为他们提供建议及减轻他们的信息负担。医院院长不可能采购医院所需的各种供应品，因此，他设立了采购部这样一个参谋部门。当然，采购部门的领导具有对其属下采购人员的直线职权。医院院长可能发现自己工作负担过重，需要一位助理，他设立的助理职位就是一个参谋职位。图 8-3 表示了组织的直线职权与参谋职权。

什么是统一管理？

若员工必须向 2 个以上的上司汇报工作，那么他也许就要面对相互冲突的指令，也有可能不得不同时处理多件头等重要的事情。[9] 因此，早期的管理学者认为每个员工应当只向一个经理汇报，并将这种情况称为**统一管理（unity of command）**。在极少数必须违背统一管理的情况下，早期的管理者往往会将活动清楚地分开，并指定专人负责每一项活动。

图 8-3　直线与参谋职权

一个还是多个上司？

当组织结构相对简单时，统一管理符合逻辑。在有些情况下，它仍是合理的建议，组织依然在采用。但是技术的进步，举例来说，已使人们可以获得曾经只有高层管理者才能接触到的组织信息，并且，随着计算机的普遍使用，员工可以同组织中的任何人进行交流，而不必通过指挥链中正规的沟通渠道。因此，在某些情况下，严格遵守统一的命令会造成某种程度上妨碍组织功能的不灵活性和对不断变化环境作出反应的能力。

当今的观点

早期管理学者推崇职权的观点。他们认为，组织职位中固有的权力是影响力唯一的源泉。他们相信，管理者具有非常强大的权力。在 30 或 60 年前，这也许是正确的。那时，组织相对简单，员工的重要性不突出，管理者极少依赖技术专家。在这样的条件下，影响力和职权是一码事，管理者在组织中的职位越高，他所拥有的影响力也就越大。然而，那些条件现已不复存在。管理研究者和实践者现在发现，你可以不必成为一个管理者就拥有权力，权力也不全与个人在组织中所处的地位相关。

职权是组织中的重要概念，但只关注职权往往会形成狭隘的、不切实际的认识。现在，我们应当明白，职权只是广义的权力概念中的一个要素。

职权与权力有何不同？

职权和权力经常被混为一谈。职权是一种源于组织中当权者职位的权力。职权与工作密不可分；而**权力**（power）则是指一个人影响决策的能力。职权是广义的权力概念的一部分。也就是说，来自组织中个人职位的正式权力只是其影响决策过程的一种手段。

图 8-4 形象地描绘了职权与权力的区别。其中，图 8-4（a）方形框的二维安排表示了职权的概念。与职权有关的领域以横坐标来表示，每个横向分组代表一个职能领域。个人在组织中拥有的影响力用图中的纵坐标来表示。一个人在组织中所处层次越高，其职权也就越大。

不过，权力是一个三维的概念，用图 8-4（b）的锥体来表示。它不仅包括了职能与职权两维，还增加了第三维，即**中心性**（centrality）。职权是由一个人在组织层级中的纵向职位决定的；权力则是同时由他的纵向职位及他与组织权力核心或中心的距离共同决定的。

图 8-4　职权与权力的对照

　　把图 8-4 的锥体想象为一个组织，那么，锥体的中心就是组织的权力核心。一个人距离这个权力核心越近，他对决策的影响就越大。事实上，正是权力核心的存在，才形成了图 8-4（a）和图 8-4（b）的区别。图 8-4（a）中的纵向层次只反映某人在锥体外围边上所处的地位。锥体的顶端对应于职权层级的最上层；锥体的中部对应于职权层级的中层；以此类推。同样，图 8-4（a）中的职能组也变成锥体的楔形，每个楔形代表一个职能领域。

　　锥体的比喻充分说明了 2 个事实：①一个人在组织中升得越高（职权增大），他与权力核心的距离就越近；②不一定要有职权才能行使权力，因为他可以沿水平方向靠近锥体中的权力核心，而不必往上升。你是否注意到，为什么高层经理人员的秘书，尽管只有很小的职权，却通常拥有相当大的权力？作为上司的看门人，秘书对于上司约见谁和何时约见有很大的影响。而且，因为人们常常需要依赖这些秘书将有关信息传递给上司，这样，秘书对于上司听到些什么也有一定的控制权。一位年薪 105 000 美元的中层经理，小心谨慎地同一个年薪仅 45 000 美元的上司秘书打交道，生怕得罪他们，这样的事并不罕见。为什么？因为秘书们拥有权力！秘书的职位可能较低，但他们却靠近权力核心。

　　底层员工如果有亲戚、朋友或伙伴身居高位，他们也接近权力核心。掌握了短缺而又重要技能的员工也是一样。一位在公司有 20 多年经历的基层制造工程师，可能是公司中唯一了解所有旧机器设备运转情况的人。当旧设备的部件坏了时，除他以外没有人知道如何修理。突然间，这位工程师的影响力就比他在纵向层级上所处的地位要高出许多。这些有关权力的事例说明了什么呢？它们表明权力可来自不同方面，约翰·弗雷奇（John French）和伯特伦·雷文（Bertram Raven）确定了 5 种权力来源或权力基础：强制权、奖赏权、法定权、专家权和关系权。[10] 我们已将它们简要地列于表 8-2 中。

表 8-2　权力的种类

强制权	基于畏惧的权力
奖赏权	因能分配他人重视的东西而产生的权力
法定权	因在正式层级中的地位而具有的权力
专家权	基于专长、专有技能和知识的权力
关系权	因与拥有有利资源或具有个人特质的人的关系而产生的权力

美国职业篮球联赛（National Basketball Association，NBA）的市场营销高级副总裁梅丽莎·布伦纳（Melissa Brenner）具有专家权。她创新性地使用脸书、照片墙和其他社交媒体，她在这些方面的专业知识，正帮助 NBA 实现在全球范围提高球迷参与度和比赛享受度的目标。

8.1.4　什么是管理幅度

传统观点

一位管理者能够有效地指挥多少个下属？**管理幅度**问题受到了早期管理学者极大的关注。尽管对具体的人数没有形成一致的意见，但大多数人都倾向较小的幅度（通常不超过 6 人），以便对下属保持密切控制。[11] 不过，也有些学者认为管理幅度受管理级别的影响。他们指出，随着管理者在组织中职位的提升，需要处理更多不确定性问题，因此：高层管理者的管理幅度应比中层管理者小；而中层管理者的管理幅度又应比基层管理者的小。然而，在过去的 10 年中，关于有效管理幅度的理论已出现了一些变化。[12]

当今的观点

许多组织正在扩大管理幅度，例如，通用电气和凯泽铝业（Kaiser Aluminum）等公司，其管理者的管理幅度在过去 10 年已明显扩大。在联邦政府，管理幅度也扩大了，为节省决策时间，[13] 他们正在努力拓宽管理的幅度。最有效管理幅度正越来越多地通过考察权变变量来确定。

我能既有效率又有效果地管理多少人？

最有效率及效果的管理幅度取决于。

- 员工的管理经验和培训（你拥有的越多，管理幅度越大）。
- 下属工作任务的相似性（任务越相似，管理幅度越大）。
- 任务的复杂性（任务越复杂，管理幅度越小）。
- 员工地理距离的接近性（越接近，管理幅度越大）。
- 标准化流程的程度与类型（标准化程度越高，管理幅度越大）。

组织管理信息系统（management information system，MIS）的先进程度（越先进，管理幅度越大）。

- 组织价值体系凝聚力（凝聚力越大，管理幅度越大）。

- 管理者喜好的管理风格（个人偏向于管理更多还是更少的下属）。[14]

8.1.5　如何区别集权与分权

传统观点

组织职能需要回答的问题之一就是"应在什么层次做决策？"**集权**（generalization）指决策权在多大程度放在组织上层。**分权**（decentralization）指下层管理者提供信息意见或实际做出决策的程度。集权与分权不是一个非此即彼的概念，而只是程度上的不同。

这就是说没有绝对的集权也没有绝对的分权。如果有的话，也只有极少数的组织完全由特定的少数个人做所有决策（集权化），或者由最接近问题的人做决策。让我们考察早期管理学者对于集权的认识及集权在当今的情况。

早期管理学者提出组织的集权程度取决于组织的情况，[15]其目标是使员工工作效率达到最高。传统的组织结构呈金字塔形，职权和权力集中在组织的顶层。在这种结构中，集权决策占主导地位。但今天的组织已经变得更加复杂，并要对环境的动态变化做出反应。因此，许多管理者认为应该由最接近问题的人来做决策，不论其在组织中处于什么层次。实际上，过去几十年来，至少在美国和加拿大的组织中已经开始出现分权化趋势。[16]

当今的观点

当今，组织采用集权或分权的依据是看如何能最好地执行决策和实现组织目标。[17]然而，在一个组织中能有能效运作的方法在另一个组织中不一定有效，因此，管理者必须确定在每个组织和部门的分权程度。当管理者赋予员工权力，让他们自己对与工作有关的事情做决策并改变他们对工作的看法时，这就是分权。然而，值得注意的是，这并不意味着高层经理就不再做决策了。

8.1.6　什么是正式化

传统观点

正式化（formalization）指一个组织工作标准化的程度及员工行为受规章制度和程序影响的程度。高度正规化的组织具有清晰的职位说明、大量的组织规则和明确的关于工作过程的程序。在这样的组织中，员工几乎无权决定做什么、何时做及怎样做。然而，在正式化程度低的组织中，对于怎样进行工作，员工有更大的自主权。早期的管理学者希望组织很正式，因为正式化符合科层制组织的要求。

当今的观点

尽管一定程度的正式化是协调和控制所必需的，但是当今的许多组织较少依靠严格的规则和标准来指导和管理员工的行为。请思考下面的情况。

在一家全国性大型杂货店的一间分店里，一位顾客拿来一卷胶卷，要求当天冲洗出来。商店的规定是当天冲洗的胶卷必须在下午 2 点以前送达，这位顾客到达的时间比商店的截止时间晚了 37 分钟。虽然柜台职员知道他应该遵守规则，但他也知道他可以毫无问题地处理和发运包裹，并考虑客户的要求。他决定答应顾客的要求，收下他的胶卷，但这样做有违公司的规定，他希望经理不会发现这件事。[24]

这位员工做错了吗？他的确"违反"了规定。但通过"违反"规定，他实质上增加了公司的收入，并为顾客提供了优质服务。考虑到在许多情况下规章制度太过严格，很多组织给予员工一定的自由度，让他们可以自主地做最符合情况的决策。但这并不意味着可以抛弃组织中所有的规则，因为总有一些规则是员工必须遵守的——应当向员工解释这些规则，让他们知道为什么必须遵守，但对于另一些规则，则应让员工根据情况灵活把握。[25]

8.2　哪些权变因素影响结构选择

顶层管理者常常绞尽脑汁冥思苦想哪种结构最有效。

如果这些是权变因素，**那么**这就是最合适的结构，如图 8-5 所示。

机械式

有机式

□ 严格的层级关系　　□ 合作（纵向的和横向的）
□ 固定的职责　　　　□ 不断调整的职责
□ 大量的规则　　　　□ 极少的规则
□ 正式的沟通渠道　　□ 非正式的沟通渠道
□ 集中的决策权　　　□ 分散的决策权
□ 高耸的结构　　　　□ 扁平的结构

图 8-5　机械式与有机式组织

机械式组织，即科层制组织，是一种高度专门化、制度化、集权化的结构。有机式组织，该结构专门化、制度化、集权化程度低。

8.2.1　机械式还是有机式 [18]

机械式组织（或科层制组织）
- 严格且密切控制的结构。
- 包含组织结构全部六要素的传统方面：
　——高度专业化；
　——严格的部门化；
　——清晰的指挥链；
　——会形成金字塔形结构的窄小的管理幅度；
　——集权；
　——高度正式化（或制度化）。

有机式组织
- 灵活且具有高度适应性的结构：
　——合作（纵向的及横向的）；

——不断调整的职责；

——极少的规则；

——非正式的沟通；

——分散的决策权；

——会形成扁平结构的较宽的管理幅度。

- 松散的结构有利于根据变化进行迅速的调整。[19]

"如果"部分：4 个权变因素见 8.2.2 到 8.2.5 小节。

8.2.2　战略→结构

- 基于阿尔弗雷德·钱德勒（Alfred Chandler）的论著。[20]
- 目标是组织战略的重要组成部分，结构应当有利于目标的达成。
- 简单的战略→简单的结构。
- 复杂的战略→更复杂的结构。
- 不同的组织战略需要特定的结构匹配：[21]

——强烈追求创新→有机式结构；

——强烈追求成本控制→机械式结构。

8.2.3　规模→结构

- 大量的证据表明规模（员工人数）影响结构。[22]
- 幻数（magical number）似乎是 2000 名员工。
- 大型组织（多于 2 000 名员工）——机械式结构。
- 当组织员工人数达到 2000 时，规模的影响力下降。
- 增加更多的员工几乎不产生影响，因为组织已变为机械式结构。

员工少于 2000 名时为有机式结构，员工多于 2000 名时将使组织转变为机械式结构。

有机式结构的小企业增加大量的新员工时会促使其转变为机械式结构。

8.2.4　技术→结构

- 所有组织均采用某种技术将其投入变为产出：

——你的智能手机或平板电脑；

——标准化的装配线；

——你的简历；

——按主顾的要求设计和打印；

——你的一瓶布洛芬；

——连续流程生产方法。

8.2.5　环境→结构

- 环境会限制管理决策权。

- 环境也对组织结构产生重要影响：
  - ——稳定的环境，机械式结构；
  - ——动态的、不确定的环境，有机式结构。

这有助于解释当今如此多的管理者重构组织，使其精干、快速和灵活的原因。[23]

当今职场中的经典概念

关于技术因素对组织结构影响的研究始于琼·伍德沃德（Joan Woodward）。[26]伍德沃德是英国的一位管理学者。为确定结构设计要素与组织成功相互联系的程度，她对英格兰南部的小型制造企业进行了研究。[27]然而，她并未发现任何一致的关系方式。后来，她把企业的技术按复杂性和先进性从高到低分为三类之后，才得到不同的发现，如表8-3所示。

表 8-3　伍德沃德关于技术与结构的发现

	单位生产	大规模生产	流程生产
结构特点	纵向差异化低	纵向差异化中等	纵向差异化高
	横向差异化低	横向差异化高	横向差异化低
	正式化程度低	正式化程度高	正式化程度低
最有效的结构	有机式结构	机械式结构	有机式结构

- 复杂性和先进性最低：**单位生产（unit production）**——单个产品生产或小批量生产产品。
- **大规模生产（mass production）**——大批量制造。
- 复杂性和先进性最高：**流程生产（process production）**——连续的流程生产。

伍德沃德对技术与组织结构的研究是权变理论最早的研究之一。她对"视情况而定"问题的回答是，组织设计是否合适要看组织的技术状况如何。另一些近期的研究也表明，组织会根据其投入转变为产出技术的常规化程度来使结构适用技术：

- 技术越平常，其相应的结构则会更为机械化。
- 越不平常的技术更有可能形成有机式组织结构。

讨论题

1. 为什么机械式结构更适合于拥有常规技术的组织，有机式结构更适合于拥有非常规技术的组织？
2. 伍德沃德的框架是否仍然适用于今天的组织？为什么呢？

8.3　常用的组织设计有哪些

在进行结构决策时，有一些常用的设计可供管理者选择，如传统的和当代的。让我们来看一看组织设计的一些不同类型。

8.3.1　有哪些传统的组织设计管理者可以采用

管理者在设计组织结构时,可从传统的组织设计中选择一种。这些结构——简单结构、职能结构和分公司式结构,往往更具机械式特点,图 8-6 是对各种结构优缺点的概括。

图 8-6　传统的组织设计

什么是简单结构?

大部分组织起初都是结构简单的创业型组织。在这种组织设计中,部门少,管理幅度宽,职权集中于一人,正式化程度低。简单结构在小企业中得到最广泛的运用,其优点显而易见,它快速、灵活、维持成本低,而且责任清晰。然而,它仅在小型组织有效。[28] 当组织成长起来以后它就不适合了,因为它缺乏指导经营活动的政策或法规,并且权力高度集中,使得高层管理者承载过量的信息。当规模扩大以后,如果单一的管理者仍试图继续由自己做全部的决策,那么决策会变慢,并最终无法做任何决策。如果组织结构不逐渐与其规模相适应,企业将可能失去发展的势头,并可能最终倒闭。简单结构的另一个缺陷是,因为所有事情都由一人决定,风险很高。如果所有者出现什么意外,整个组织的信息与决策中心将陷于瘫痪。然而,随着员工人数的增加,多数小企业并不总是保持简单结构,而会变得更为专业化、正式化。组织开始实施规章制度,进行工作分工,建立不同的部门,并增加管理层,这时,科层制结构随之形成。通过按职能和按产品划分部门,两种最普遍的科层制设计出现了,它们分别被称为职能结构和分公司式结构。

什么是职能结构?

职能结构(functional structure) 指把相似或相关职业专长组合在一起的一种组织设计。我们可以把这种结构看成按职能划分部门的方式在整个组织中的运用。例如,里维伦公司确立了运作、财务、人力资源和产品研发 4 种职能。

职能结构的优点在于工作专业化所形成的优势。把同类专长归在一起可以产生规模经济性,减少人员和设备的重复配置,并使员工感到轻松愉快,因为同事间有共同语言。职能结构最明显的缺点是,组织常常会因为追求职能目标而忽视整体的最佳利益。没有一项职能对全局结果负责。各职能部门的成员相互隔离，几乎不了解其他职能部门的人在干什么。

什么是分公司式结构？

　　分公司式结构（divisional structure）的组织是由独立自给的单位或部门组成。[29] 在这种结构中，每个分公司或事业部都有一定的自主权，分公司经理对其单位具有管辖权，并对其单位的绩效负责。但在这种结构中，总部一般作为一个外部监管者，协调和控制各分公司的活动，并经常为各分公司提供诸如财务和法律方面的支援服务。例如，健康护理巨头强生公司有 3 个事业部，分别负责制药、医疗诊断设备和消费产品，同时，它还有几家生产和销售多种健康护理产品的分公司。

　　分公司式结构的主要优点是它强调结果。分公司经理对一种产品或服务负完全的责任。分公司式结构也使总部人员摆脱了关注日常运营中具体事务的负担，使他们能专心致志于长远的战略规划。分公司式结构的主要缺陷是活动和资源出现重复配置。例如，每个分公司都可能有一个市场研究部门。而在不采用分公司式结构的组织中，所有市场研究都集中进行，其成本远比分公司化以后的总花费低得多。因此，分公司式结构的职能重复配置导致了组织总成本上升和效率下降。

　　戈尔科技公司（W. L. Gore & Associate）是一家技术驱动型公司，其成功的关键就是公司基于团队的结构，这种结构也是员工满意度高和离职率低的重要原因。比尔·戈尔（Bill Gore）在 1958 年创立公司时，创建了工作团队。如今，分布在 30 个国家的 9000 名戈尔合伙人都在跨职能和自我管理的团队中工作。

8.3.2　有哪些当代的组织设计管理者可以采用

　　精干、灵活、创新。

　　管理者发现传统的组织设计往往不适合当今日益变化而又复杂的环境。在当今的环境下，组织必须精干、灵活和富有创新精神，也就是说，更具有机式组织的特性。因此，管理者正在寻找如何组织工作的创造性方法，并开始采用团队结构、矩阵与项目结构及无边界组织这类设计。[30] 图 8-7 是对这些设计的概括和总汇。

什么是团队结构？

　　谷歌的共同创始人拉里·佩奇（Larry Page）和塞吉·布林（Sergey Brin）创造的公司结构是"用非常集中的小团队处理非常庞大的项目"。[31] 在**团队结构**（team structure）中，整个组织都是通过组成工作团队（team）来执行工作任务。[32] 在这种结构下，赋予员工权力是关键，因为管理职权并未从上向下传递。相反，员工团队以他们自认为是最好的方式设计和从事工作，并对其各自领域中的工作绩效负责。在大型组织中，团队结构与职能结构或分公司式结构互为补充，这就使组织既有科层结构的效率又有团队的灵活性。

图 8-7　当代组织设计

资料来源：Robbins, Stephen P., Coulter, Mary, Management, 13th Ed., ©2016, p. 315. Reprinted and electronically reproduced by permission of Pearson Education, Inc., New York, NY.

例如，亚马逊、波音、惠普、路易威登、摩托罗拉和施乐等公司都广泛使用员工团队以提高效率。

团队结构作用很大，但是，仅仅将员工编成团队远远不够。员工必须接受培训，以适应团队的工作与获得多种技能，同时员工必须得到相应的回报。如果以团队为基础的报酬方案不能落实，那么也就无法得到团队结构的多种好处。[33] 我们将在第 10 章更全面地探讨团队。

什么是矩阵与项目结构？

除了团队结构，其他广泛使用的当代设计包括矩阵与项目结构。**矩阵结构**（matrix structure）指从不同的职能部门抽调专业人员去从事由项目经理负责的项目工作，当员工完成分派给他们的项目任务以后，就会再回到原来的职能部门。矩阵结构的独特之处是它产生了双重指挥链，矩阵组织中的员工有 2 个上司：职能部门经理、产品或项目经理，2 位经理分享职权（见图 8-8）。项目经理对其项目小组中与项目目标有关的职能人员拥有领导权，但其他诸如职位晋升、薪酬建议、年终评议等决策依旧属于职能经理的职责。为了更有效地工作，项目经理和职能经理必须经常沟通，协调双方对员工的要求，并共同解决冲突。

图 8-8   某航空公司的矩阵组织

大约 84% 的美国员工在矩阵型组织中工作。[34]

矩阵结构的主要优点是其在促进一系列广泛复杂而又相互依赖的项目合作的同时，仍保留将职能专业人员聚在一起工作时的经济性。矩阵结构的主要缺陷是，它会产生混乱，并导致权力斗争。当组织摒弃指挥链和统一指挥原则时，不确定性将大大增加，在谁向谁汇报的问题上会出现混乱。这种混乱和不确定性将在组织中埋下权力斗争的种子。

现在许多组织不采用矩阵结构，而采用项目结构。在**项目结构**中，员工不断地做项目。与矩阵结构不同，项目结构没有正式的部门，因此员工在项目完成之后也就不可能再回部门。相反，员工把自己所特有的技术、能力和经验带到其他项目中。项目结构中的所有工作都由员工团队完成。例如，艾迪欧设计公司会根据工作的需要成立、拆散和再成立项目团队。员工"加入"项目团队指他们把所需要的技术和能力带到了项目中。一个项目完成后，又接着做下一个项目。[35]

项目结构往往是更为灵活的组织设计。

- 优点：

    ——迅速利用员工对环境变化做出反应；

    ——由于没有部门隔阂和僵化的组织层级，可以迅速进行决策或采取行动；

    ——在这种结构中，管理者起推动、指导和辅导作用，他们排除或尽量减少组织障碍，保证团队获得高效完成工作所需的资源。

- 缺点：

    ——分派人员做项目工作的复杂性；

    ——由之产生的不可避免的任务与人员冲突。

什么是无边界组织?

另一种当代组织设计类型是无边界组织。**无边界组织**（boundaryless organization）不受任何已有结构所固有的纵向、横向或外部边界的限制。[36] 这个术语是通用电气的前任董事长杰克·韦尔奇（Jack Welch）最先提出来的，因为他要拆除通用电气内部纵向和横向边界，消除公司与顾客和供应商之间的障碍。消除边界的观点似乎有些古怪，但是，当今许多最成功的组织发现，保持灵活和无结构，它们可以达到最佳的运作效果，也就是说，对它们而言，理想的结构是不存在僵化的、有边界的和预先确定的结构。[37]

"边界"一词指的是什么？在这里有两种含义：①内部的——工作专业化和部门化所形成的横向边界及把员工分成组织层级和等级的纵向边界；②外部的——把组织与其顾客、供应商及其他利害攸关者分隔开的边界。为尽量减少或消除这些边界，管理者可采用虚拟或网络结构设计。

虚拟组织（virtual organization）是由少数全职核心员工和临时聘请来做项目的外部专业人员组成。[38] 第二人生（Second Life）就是一个实例，该公司创造了由多彩在线网络虚拟角色组成的虚拟世界，现正在开发软件。其创始人菲利普·罗斯戴尔（Philip Rosedale）从全球雇用程序员并把工作分解为 1600 多项独立的任务，涵盖"从建立数据库到修复故障"的所有工作。这种方法效果很好，该公司所有的工作均采用这种方法来执行。[39] 另一个例子是总部位于纳什维尔的艾玛（Emma）公司，这是一家电子邮件营销公司，它的 100 多名雇员全部在家里或在奥斯汀、丹佛、纽约和波特兰的办公室里工作。[40] 该公司面临的最大挑战是创立"虚拟"文化，因其本身是虚拟组织，因此完成这一任务尤其困难。这种结构设计的灵感来自电影业。在这样的行业里，人们基本上是"自由人"，他们根据需要在一个又一个项目中运用自己的技能——导演、演员、设计服装、化妆、设计场景等。

希望最大限度地减少或消除组织边界的管理者还可选择**网络组织**（network organization），在这种结构中，组织利用自己的员工完成部分工作活动，同时也利用外部供应商网络提供其所需要的其他产品部件或工作流程。[41] 这种组织形式有时被制造企业称为模块组织，这种结构设计可以使组织专注于其最擅长的领域，而把其他业务外包给其他最在行的公司。[42] 许多公司正在采用这种外包组织活动的方法。例如，波音 787 飞机的开发经理管理着数千名员工与世界 100 多个国家或地区的约 100 家供应商。[43] 瑞典的爱立信（Ericsson）将其制造甚至部分研发活动外包给了新德里、新加坡、加利福尼亚和全球其他地方更有成本优势的企业。[44] 潘世奇卡车租赁公司（Penske Truck Leasing）将其许多业务流程，例如，获得执照和牌照、登记司机计程仪上的数据，以及处理税务申报信息资料等都外包给了墨西哥和印度的企业。[45]

8.4 当今组织设计的挑战是什么

改变做工作的方式!

当管理者寻求最能支持和促进员工高效工作的组织设计时，有一些挑战是他们必须加以处理的。这些挑战包括让员工保持联系、管理全球结构、建立学习型组织及设计灵活的工作安排。

8.4.1　怎样使员工保持联系

　　许多组织设计概念是在 20 世纪形成的，当时工作任务相当稳定，其变化可以预测。大多数职位是全职的并可以长久保持。员工在雇主的经营场所由管理者监督着进行工作。[47] 但在当今的许多组织里情况已不再如此，在前面对虚拟组织和网络组织的讨论中可以看到这一点。管理者所面临的主要结构设计挑战是如何使广泛、分散、流动的员工与组织保持联系。在《当今职场中的管理技术》专栏中描述了信息技术可以提供的帮助。

当今职场中的道德决策

　　商业媒体的头条新闻一直明确指出，员工不应该指望长期为一个雇主工作。职业顾问和教练（甚至是教科书的作者）告诉求职者，他们需要对自己的职业生涯负责，并为他们会频繁更换工作的可能性做好准备。就业趋势也证实，高度常规、明确界定、稳定的工作正在消失。[46] 工作的安全性和稳定性似乎已经成为过去。

讨论题

　　1. 你认为工作稳定对员工来说是好还是坏？你自己呢？稳定对你来说重要吗？解释你的答案。

　　2. 雇主是否有道德责任为员工工作提供安全保障，或者只是对缺乏安全保障的情况提出警告？在你所在的小组中，讨论并得出答案。准备好为你的观点辩护。

8.4.2　全球差异如何影响组织结构

　　全球的组织结构是否有差异？澳大利亚的组织结构与美国的相似吗？德国的组织结构与法国或者墨西哥的相似吗？鉴于当今经营环境的全球性，这是管理者应当了解的问题。研究者所得出的结论是，全世界的组织具有相似的结构和战略，"但组织内部的行为仍然有其文化上的独特性"。[48] 这对设计有效的组织结构有何意义呢？管理者在设计或改变组织结构时应当考虑某些设计要素的文化含义。例如，有一项研究证实正式化（规则和官僚机制）在经济欠发达的国家比在经济发达的国家更重要，原因是在经济发达国家，员工受到较高水平的职业教育，拥有较高水平的技能。[49] 其他组织结构设计要素也可能会受到文化差异的影响。

　　张瑞敏是中国家用电器制造商海尔集团的董事长兼 CEO。在接管一家濒临倒闭的冰箱厂后，张瑞敏将公司重组为由不同部门成员组成的项目小组，专注于根据客户需求生产优质产品。新的组织结构帮助海尔恢复了赢利能力，并在全球范围竞争，其销售量处于全球主要电器的领先地位。

8.4.3 如何创建学习型组织

由于在竞争激烈的全球环境中经营，英国零售商特易购（Tesco）深刻认识到商店内部管理成功的重要性。它采用了一个公认有效的叫"Tesco"的工具箱，该工具箱可以提高经营活动的一致性，并为共享创新创造条件。特易购就是一个**学习型组织**（learning organization），一个能够持续学习、适应和改变的组织。[50]学习型组织这一概念本身并不涉及具体的组织设计，而是对具有深刻设计含义的组织思想或组织理念的描述。在学习型组织中，员工通过持续地获得和共享新知识，身体力行知识管理，并愿意将这种知识用于决策或执行工作。有些组织设计理论家甚至称组织的这种能力，即学习与在组织工作中运用所学知识的能力，也许是竞争优势唯一永不枯竭的源泉。

学习型组织是怎样的呢？如你在图 8-9 所见到的一样，学习型组织的重要特征包括组织设计、信息共享、领导和组织文化 4 个方面，下面将详细地讨论每个特征。

图 8-9 学习型组织的重要特征

资料来源：Based on P. M. Senge. The Fifth Discipline: The Art and Practice of Learning Organizations (New York: Doubleday, 1990), and R. M. Hodgetts, F. Luthans, and S. M. Lee, "New Paradigm Organizations: From Total Quality to Learning to World Class," Organizational Dynamics, Winter 1994,pp. 4-19.

（1）哪些组织设计要素是组织进行学习所必需的呢？在学习型组织中，员工在整个组织范围——跨不同的**职能领域**（**functional specialties**），甚至在不同的组织层次上，分享信息，协同工作非常重要。要做到这一点必须弱化或破除现有的组织结构范围。在无边界的环境中，员工自由组合，以最佳的方法协同完成组织的工作，并取长补短，相互学习。由于需要合作，因此，团队也是学习型组织结构设计的重要特征。员工组成团队，从事任何需要做的工作。这些员工团队在干工作或解决问题方面拥有决策权。由于组织授权给员工和团队，因此，几乎不需要"上司"来指导和控制。经理仅充当员工团队的促进者、支持者和倡导者这样的角色。

（2）学习离不开信息。组织要进行学习，须让其成员共享信息，也就是说，组织的员工必须进行知识管理，这意味着共享的信息必须公开、及时并尽可能地准确。由于学习型组织中几乎不存在任何有形的结构障碍，因此，这种环境有助于公开交流和广泛的信息共享。

（3）当组织朝学习型组织发展时，领导的作用非常重要。学习型组织中，领导应该做什么？领导最重要的职责之一就是促进组织未来共同愿景的形成，并确保组织成员朝既定的目标努力。并且，领导应当支持和鼓励合作，这对学习至关重要。若没有坚定有力的领导，组织要成为学习型组织就极端困难。

（4）最后，组织文化是学习型组织非常重要的一个方面。处于学习型组织文化之中，每个人都认同共同的愿景，明白组织流程、活动、职能及外部环境各方面之间固有的相互联系。组织员工具有强烈的集体意识，相互关心，彼此信赖。在学习型组织中，员工可以自由地公开交流，共享信息，进行试验和学习，而不必担心受到批评或惩罚。

8.4.4　管理者如何设计既有效率又有效果的弹性工作方式

埃森哲咨询（Accenture）顾问科乌尔·帕特尔（Keyur Patel）的工作安排正逐渐成为常规方式而不是例外。[51] 在最近的一项咨询任务中，他在桌上放了3个时钟：一个是马尼拉（Manila）时间（他的软件程序员所在地），一个是班加罗尔（Bangalore）时间（另一个程序支持团队所在地），还有一个是旧金山（San Francisco）时间，在这里他每周花4天时间帮助一家大型零售商运行它们的信息技术（informatiion technology，IT）系统以追踪和提高销售业绩。他的手机是他家所在的亚特兰大（Atlanta）时间，他每周四晚上回家。

对这种新型的职业人员而言，生活正变为办公室与家庭、工作与休闲的混合体。由于技术的进步，人们可以在任何地方任何时间进行工作。面对新情况，组织开始调整其结构设计，因此，我们发现有更多组织采用了灵活的工作安排。这种工作方式不仅充分发掘了技术的力量，而且允许组织在需要的时间和地点使用员工。在这部分，我们将考察一些不同类型的弹性工作安排方式，包括远程办公、缩短的工作周、弹性工作时间、工作共享及应急员工。在哪里完成工作最有效——办公室、家庭、办公室与家庭相结合——是一个重要的工作场所问题。管理方面的3个主要问题是生产力、创新和协作。灵活的工作场所安排会导致更高的生产力，还是会抑制创新和协作？另一个问题是，员工，尤其是年轻的员工，希望能够远程办公。是的，工作场所的灵活性已经成为趋势，但这种灵活性是否会导致一个臃肿、懒惰和生产力低下的远程工作效果？这些都是设计工作结构所面临的挑战。正如我们所看到的其他工作结构选择一样，管理者必须根据决策沟通、权力关系、工作任务完成情况等方面的影响来评估这些结构。例如，IBM公司最近重新评估了其远程办公战略，并决定做出改变是符合公司的最佳利益。其在美国数千名远程办公的员工需要做出选择。要么放弃在家工作，要么离开公司。[52] 但仍然有其他许多企业员工保持着可行的远程办公。

远程办公或远程电信办公的含义是什么？

信息技术使远程办公成为可能，而外部环境的变化又使组织必须加以采用。**远程办公是从任何遥远的位置通过虚拟设备进行工作**，无论是在路上工作还是在家里工作。具体来说，**远程电信办公是指员工在家里工作**，并通过虚拟设备与工作场所相联系。毋庸赘言，并非所有工作都适合远程办公，但有许多适合。

在家工作曾被认为是少数幸运员工才可享受的"轻松待遇"，但不可以常用。现在，许多企业认为远程办公必不可少。例如，Scan Health Plan 公司的首席财务官（Chief Financial officer，CFO）指出，让更多的员工远程办公可使公司在发展的同时不用承担办公场所、设备或停车场等额外的固定成本。[53] 并且，一些公司将远程办公视为一种对抗高油价的方式，并以此来吸引能干而希望在工作中有更多的自由和主动权的员工。

尽管远程办公有明显的吸引力，但许多管理者还是不愿让他们的员工成为"笔记本电脑游民"。[54] 他们认为，员工可能会忽略工作，而把时间浪费在网上冲浪或网络游戏上，忽视客户，完全失去与其他员工建立交情和进行交往的机会。此外，管理者还担心如何"管理"这些员工的问题。你怎样与一个根本不在工作场所的员工互动并赢得他们的信任？如果他们的工作表现达不到要求，该怎么办呢？你怎样提出建议？另一个明显的挑战是如何确保员工在家工作时公司的信息是安全的。

在谈到远离工作场所孤立工作时，员工对远程办公也常常表达出同样的顾虑。在埃森哲公司，由于员工遍布全球各地，其首席人力资源经理称，保持集体精神很难。[55] 然而，该公司采用了一些活动和方法来培养员工的归属感，包括网络会议工具、为每位员工分配一名职业顾问、在办公室举行季度交流会议。此外，远程办公的员工可能发现工作和家庭之间的界限变得更加模糊不清了，这使他们倍感压力。[56] 这些都是组织设计中的重要问题，是管理者和组织在考虑让员工进行远程办公时必须解决的问题。

托德·霍顿（Todd Horton）是 KangoGift 的创始人和 CEO。KangoGift，一家帮助公司向员工发送绩效奖励的人力资源软件公司。KangoGift 有 4 名员工在波士顿一起工作，还有 6 名远程员工在欧洲和印度的家庭办公室工作。这里显示的是霍顿与实习生金敏杰（Minjee Kim）在一个共同工作空间，他通过 Skype 召开员工会议。

当今职场中的管理技术

不断变化的工作领域

确切地说，当今的工作领域已与 10 年前大相径庭。[57] 信息技术为员工提供了全新的机会，让他们既可以在遥远的巴塔哥尼亚工作也可以在西雅图市中心工作。尽管不同的组织一直有员工到外地工作，但他们不必再找最近的付费电话，也不必急着回到办公室去了解出现了什么问题。相反，移动计算和通信为组织和员工提供了保持联系、提高效率和改善环境的途径。让我们来看看一些改变工作方式的技术。

- 带 E-mail、日程表和通讯录功能的手持设备可在任何有无线网络的地方使用，可登录公司的数据库和内部网。
- 员工可以通过宽带网和网络摄像机召开视频会议。
- 许多公司给员工配备不断变换编码的智能钥匙，这使他们可以通过任何联网的计算机进入公司网络查看邮件，以及获取公司数据资料。
- 手机可以在蜂窝式电话网络和公司无线网络通信技术（Wi-Fi）之间自由切换。

随时随地办公最大的问题是安全，公司必须保护重要而又敏感的信息。但是，软件和其他安全设备极大地提高了安全性。甚至保险公司让其在外地的员工进入公司网络获取信息时也更不担心了。例如，健康保险网络公司（Health Net Inc.）给它的许多管理人员配备黑莓手机，以便他们在任何地方都可以调取客户信息。正如一个技术公司的 CEO 所说："公司现在应开始考虑他们所能开发和提供给其员工的革新性的应用程序。"

讨论题

1. 你认为能够随时随地进行工作有什么好处？（考虑其对于组织和人力资源的好处。）你个人对能够随时随地工作的感觉如何？

2. 除了安全问题，你认为能够随时随地开展工作还有什么问题？（同样，考虑其对于组织和其人力资源的好处。）

组织如何使用缩短工作周、弹性工作时间和工作共享？

尽管零售企业认识到不稳定的工作时间安排会对服务员工的福祉造成损害，但仍然在继续使用，因为他们认为拥有稳定的员工工作时间安排成本太高。（你们中的一些人可能亲身了解这一点，或者可能仍然在零售企业工作。）盖普公司决定了解稳定的工作时间，也就是更稳定的工作开始和停止时间，会有什么影响。[58] 在最近完成的由 20 多家盖普零售店进行的研究中，研究人员发现了若干令人惊讶的结果。该研究表明，为员工提供更多可预测和稳定的工作时间安排不仅有利于员工，而且对商店的利润也有积极影响。下面是组织如何在变化的环境中调整其结构的另一个例子。在英国最近的金融危机中，会计师事务所毕马威（KPMG）需要降低成本并决定采用灵活的工作制以实现该目标。[59] 公司设立了一个名为"灵活未来"的项目，给员工提供 4 种选择：一周工作 4 天，薪水减少 20%；休假 2~12 周，拿 30% 的工资；前两个选项的综合；按原工作时间工作。约 85% 的英国雇员同意缩短工作周的计划。"因为很多人都同意弹性工作计划，大多数情况下，毕马威一年能减少 10% 的工资支出。"然而，最好的结果是毕马威不必进行大规模的裁员。

正如上面的例子所示，组织有时发现他们需要采用其他形式的弹性工作安排对工作进行重新设计。一种方法是压缩工作周，员工每天工作时间更长，但每周工作天数减少，最常见的是每天工作 10 小时，一周工作 4 天（a 4-40 program）。另一种方法是弹性工作时间，员工被要求在一周内工作一定的时数，但可以在不同的时间段工作。通常在弹性工作制度下，公司会要求所有员工在某些重要时段在岗，而开始、结束、午饭时间则可自行掌握。还有一种方法是工作共享，即让 2 个或 2 个以上的员工共同承担一份全职工作。组织可能在专业人员中实施工作共享制，这些人想工作却又不希望被全职工作的诸多要求和麻烦牵绊。例如，在安永会计师事务所（Ernst & Young），员工能够选择多种（包括工作共享在内的）工作方式。许多公司也在经济下滑时期使用这种方法来避免裁员。[60]

什么是临时员工？

"当朱莉·李第一次听说汤格尔公司（Tongal）的做法时，她认为那是一个骗局。汤格尔出钱让人们——任何有好点子的人，为美泰公司、好事达公司（Allstate）、帕比薯片（Popchips）等公司制作在线视频，这是真的"。[61] 汤格尔将项目分成不同的阶段，并给最有创意的 5 个想法支付现金。李提交的第一个想法，仅花 3 个小时，为她带来了 1000 美元收入，另一个点子让她赚了 4000 美元。一年之中，她工作 100 小时赚了约 6000 美元。汤格尔并不是唯一一家这样做的公司。这种把工作分解为小任务并通过互联网找到相应的人来完成工作的想法由 LiveOps 公司率先采用，随后被亚马逊公司的劳动交易平台土耳其机器人（Amazon.com's Mechanical Turk）和其他许多公司采用。

像开关开启和关闭那样即刻出现，即刻离开。

"公司希望员工能够随其需要即刻出现或即刻离开。"[62] 这话听起来可能让人感到惊讶，但事实是劳动力已开始由传统的全职员工向临时员工转变——包括临时工、自由职业者或合同工，他们受雇用的机会随社会对其服务的需求而定。在如今的经济情况下，许多组织已经开始将全职的终身工作转变为临时工作。据预测再过 10 年，临时员工的人数将占劳动力的 40%（现在是 30%）。[63] 一位薪酬与福利专家说，"越来越多的员工应根据这一模式来规划他们的职业生涯"。[64] 你可能就是其中一员！

这对管理者和组织来说意味着什么？因为临时"员工"不是传统意义上的员工，所以管理这部分员工会有其特有的挑战与问题。管理者必须认识到，因为临时员工没有长期职工那样的工作稳定性和安全感，他们可能会对组织缺乏认同感及缺乏奉献精神或干劲。管理者也许需要在政策和做法上区别对待临时员工。然而，若有良好的沟通和领导，一个组织的临时员工也能成为像正式员工一样有价值的资源。当今的管理者必须意识到他们的职责就是激励他们的所有员工，包括全职员工和临时员工，全身心投入工作，把工作做好。[65]

不论管理者为他们的组织选择了怎样的组织结构设计，这种设计都应该帮助员工将工作既有效率又有效果地做到最好。组织结构应帮助而不是阻碍组织成员完成组织赋予的任务。毕竟，结构是实现目标的手段。

本章概要

（1）描述组织设计的六大要素。

第一，工作专业化指把工作活动分成单个的任务。第二，部门化指如何组织工作，通常有 5 种类型：按职能、产品、顾客、地区、流程划分部门。第三，职权、责任和权力——这三者都与完成组织中的工作任务有关。职权指管理职位所固有的发布命令和希望命令得到执行的权力。责任指获得职权后执行工作的义务。权力指个体影响组织决策的能力，与职权不同。第四，管理幅度指经理能有效管理的员工数目。第五，集权与分权涉及组织决策的层级——决策是由高层管理者做出，还是把决策制定权下放给组织底层的管理者。第六，正式化指一个组织工作标准化的程度以及员工行为受规则和程序影响的程度。

（2）识别有利于机械模式或有机模式的权变因素。

机械式组织设计具有科层制结构特征，而有机式组织设计则更具流动性和灵活性。"战略决定结构"要素认为，当组织战略从单一产品向产品多元化发展时，组织从有机式结构转向机械式结构。当组织规模扩大时，就需要更具机械式特征的结构。技术越不平常，就越应当采用更具有机式特征的结构。最后，稳定的环境与机械式结构更相配，动态环境与有机式结构更相宜。

（3）比较和对比传统的与当代的组织设计。

传统的结构设计包括简单结构、职能结构和分公司式结构。简单结构部门少，管理幅度宽，职权集中于一人，正式化程度低。职能结构是把具有相同或相关的职业专长组织在一起。分公司式结构是由不同的业务单位或分部组成。当代结构设计包括：以团队为基础的结构（整个组织由工作团队组成）；矩阵与项目结构（员工短期或持续地从事项目工作）；无边界组织（结构设计不受人为的边界的限制）。无边界组织既可是虚拟组织，也可是网络组织。

（4）描述当今组织面临的设计挑战。

组织设计的挑战：一是保持员工间的联系，这可以通过信息技术来实现；二是理解影响组织结构的全球性差异；尽管组织结构和战略在全球范围内是相近的，但组织内的行为却千差万别，这些都能影响设计的某些要素；三是围绕建设学习型组织的思想来设计组织结构；四是管理者在寻找能使组织既有效率又有效果的工作安排，比如远程办公、远程电讯办公、缩短工作周、弹性工作时间、工作共享及临时工等方式。

复习思考题

1. 描述"组织设计"这一术语所表示的意思。

2. 分别用传统和当代观点来描述组织设计中的六要素。

3. 可以迅速改变组织结构吗？为什么？应当迅速改变吗？为什么？

4. "组织可以没有结构。"你是否同意这种说法？请解释。

5. 比较机械式组织和有机式组织。

6. 解释影响组织设计的权变因素。

7. 由于可以获得信息技术，员工可以在任何地方任何时候进行工作，组织仍是一项重要的管理职能吗？为什么？

8. 研究者称，简化工作任务对组织和员工均会产生负面影响，你同意这种说法吗？为什么？

9. "无边界组织很可能极大地改变我们的工作方式。"你是否同意这种说法吗？请解释原因。

10. 画一个你熟悉的组织的组织结构图（你的工作单位、你所属的学生组织、你的学院或大学等）。仔细标出其部门（或小组），尤其要细心地画出正确的指挥链。然后与班上的同学分享你所画的结构图。

11. 本章指出，当代组织设计应当精干、灵活、新颖，这些要求的含义是什么？

12. 如果进行组织就是要卓有成效地完成工作，那么低层管理者必须应对哪些组织挑战？（提示：根据组织设计的六大要素进行思考。）

管理技能建设：增加你的权力

管理工作随职权而来。但有时仅有职权还不足以完成工作。另一些时候你可能又不想利用正式权力来促使员工完成你希望他们做的工作。例如，你可能更愿意用你的说服技巧而不是职权。因此有效的管理者往往通过培养多种影响力来增加其权力。

技能基础

如果你懂得如何建立权力基础，便可以提高你自己在组织中生存和成功的可能性。记住，你拥有权力并不意味着你一定得使用它，但当你需要用到的时候能用到它确实是件好事。你可以从你的工作中获得 4 种权力，另外 3 种则基于你的个人特点。

- 所有的管理工作都离不开强制权、奖励权，以及行使职权的权力。强制权基于害怕恐惧。如果你可以对某人加以开除、停职、降级或给他分配不愉快的工作，或给其表现做负面评价，那么你就对这个人拥有强制权。相反，如果你能给予某人有重要价值的东西或消除不利的东西，如最高的工资率、加薪、奖金、晋升、工作任务，那你就有奖励权。而且所有的管理职位都提供对员工行使职权的权力——尽管有具体的限制。如果你要某人去做一件事，而他认为这个要求是其职责以内的事情，你就对他们拥有职权。

- 除了强制权、奖励权和职权，许多管理职位还拥有信息权，因为这些职位能够接触和控制信息。如果你有其他人需要的数据或知识，并且只有你知道，这就会赋予你权力。当然，信息权并不只是管理者才有。许多员工惯于秘密工作，隐藏技术诀窍，避免其他人看到他们具体所做的事情——其目的就是不让重要知识落入他人之手。

- 你不需要通过成为管理者或掌握信息来拥有权力。你也可以依靠专业知识、其他人对你的钦佩及人格魅力发挥影响力。如果你掌握了组织中其他人所依赖的特殊技能或独特知识，你就拥有专家权。在如今这个专业化分工的时代，专家权日益重要。如果其他人支持你、敬慕你，甚至想取悦你，那么你就拥有关系权。它源于敬佩及想向你看齐的愿望。最后一种影响力是魅力权，这是关系权的延伸。如果其他人因为你身上的英雄气概而追随你，那么你就拥有魅力权。

- 根据这些权力的来源，你可以通过以下途径增长你在组织中的权力：承担管理职责、获取重要信息、培养组织需要的专业知识、展现出令其他人仰慕的个人魅力。

资料来源：Based on J. R. P. French, Jr. and B. Raven, "The Bases of Social Power," in D. Cartwright (ed.), Studies in Social Power (Ann Arbor: University of Michigan Institute of Social Research, 1959), pp. 150-167; B. J. Raven, "The Bases of Power: Origin and Recent Developments," Journal of Social Issues, 49 (1993), pp. 227-251; E. A. Ward, "Social Power Bases of Managers: Emergence of a New Factor," Journal of Social Psychology (February 2001), pp. 144-147; and B. H. Raven, "The Bases of Power and the Power/Interaction Model of Interpersonal Influence," Analyses of Social Issues and Public Policy, December 2008, pp. 1-22.

技能应用

阅读这个剧本，然后按照后面的说明进行练习。

玛格丽特（Margaret）是一个大型服装零售商网上销售部的主管。她让所有人都知道她全身心投入这家企业，并且计划在这家企业发展她的职业生涯。玛格丽特工作刻苦、值得信赖，总是自告奋勇承担其本职工作以外的项目。她参加公司内部的发展培训课程，加入一个旨在提高员工工作安全度的委员会。她承担了一项为部门领导研发最大效能型办公设备的任务，并牺牲了几次午饭时间和人力资源部的领导讨论她的报告。但玛格丽特没有按时提交报告，其理由是她的助手将文稿弄丢了几页，她不得不在周末重写。最终，她的报告受到好评，玛格丽特的好几位同事都认为，下次若有机会她应该得到晋升。

评价玛格丽特在建立权力基础时所使用的技巧。哪些措施对其达到目标是有用的？是否有些事她应该以不同的方式来做呢？

体验练习

你想说服你的上司让你在家远程工作。首先，列出一个明细说明在家远程工作对你的上司和你自己的利弊。然后，考虑对于这种新的工作安排，如何说明你对成为一名有效员工的承诺。你如何向你的经理表明，你仍然是办公室里那个热心和勤奋工作的员工？

首先，提出你自己的想法，要具体。其次，在你所在的小组中，讨论每个人的想法，并提出一份由五项建议组成的总清单，说明你如何能够最好地展示你的承诺，即在家里和在办公室里一样有效地进行工作。准备好说服你的老师和班级其他同学。

应用案例 8-1：联合航空的公关危机
专题：组织结构，员工行为

需要多少员工灵活度？

2017 年美国联合航空公司经历了一场公共关系噩梦。几起涉及美联航员工在与客户互动中强行执行各种规则、条例和协议的事件引起了国际社会的强烈不满。第一起严重的事件，当年 3 月，两名穿着紧身裤的青少年在从明尼阿波利斯飞往丹佛的登机口被工作人员拦下，不允许他们登机，因为他们违反了美联航的旅行优惠待遇。有了旅行优惠待遇券，乘客可以享受免费或以大幅折扣的票价乘机，因此规定有比普通乘客更为严格的着装要求。长期以来的政策要求那些享受航空公司优惠待遇的人，包括员工家人和客人，其着装要代表航空公司的形象。因此，更严格的着装规定，即所有员工都知道的书面规定，其意图是希望以积极、友好的方式展示航空公司。美联航通过推特为其决定辩护："除了作为持有通行证的骑手乘客，紧身裤才不会是不合适的服装。"[66]

第二起更严重的事件发生在 2017 年 4 月，一位需要在第二天早上为人看病的医生大卫·道（David Dao）登上了一架从芝加哥飞往路易斯维尔的航班。[67]该航班已经满员，但美联航的 4 名员工需要在最后一刻赶到路易斯维尔担任一个航班的工作人员，于是宣布需要有 4 名乘客放弃他们的座位，否则该航班将被取消。在没有人自愿放弃的情况下，登机口工作人员引用了航空公司的非自愿被拒登机程序。

这意味着那些购买了最廉价机票、不需要转机、最后办理登机手续的乘客被排在了重新安排航班名单的榜首。乘客的飞行常客身份也是另一个考虑因素。美联航官员说，这就是他们在选择道医生、他的妻子和另一对夫妇时遵循的程序。在道医生拒绝离开后，美联航官员打电话给芝加哥航空局的警官，试图劝说他离开。

然而，在被强行拖出座位并带离飞机之前，道试图阻止警察将他从座位上拉走。几段手机视频记录了这一事件，并很快传开。道的头撞到扶手上，鼻子被撞破，并造成脑震荡。美联航的政策允许在非自愿的情况下将乘客移出航班，尽管这次美联航并没有像以前那样进行辩护。道后来就这一事件提起了诉讼。[68] 该诉讼在 4 月底达成和解。此外，芝加哥机场的 2 名安保人员因在这一事件中的行为而被解雇。[69]

而后，4 月下旬在休斯敦又发生了第三起事件，涉及一对即将结婚的夫妇。[70] 迈克尔和安柏正前往哥斯达黎加参加婚礼。当他们登上飞机时，发现有人睡在他们座位的那一排。他们没有打扰他，而是在三排以外找到座位就座。一位空乘人员要求他们回到自己的座位上，他们照做了。然而，一名美国法警很快走近他们，将他们赶下了飞机。根据美联航的声明，这对夫妇"多次"试图在升级的座位就座，并且不听从机组人员的指示，因此，他们有权赶走乘客。

然后，第四起事件发生在 2018 年 3 月，一名乘客所带宠物箱中的狗死在头顶行李舱里。[71] 该乘客在登机后不久，一名空乘人员就指示将狗放在那里。该乘客非常坚定地表示她不想这么做，但空乘人员一直要求她遵守，理由是宠物箱是一个安全隐患。最终，该宠物主人屈服。当航班到达目的地时，主人发现她的狗已经死亡。美联航回应说，没有政策要求把动物放在头顶行李舱。该公司表示，它正在调查是谁把狗放进头顶行李舱并且为什么要这样做。

这些事件表明，公司员工在处理日常政策问题时没有太多的自由度和灵活性。由于航空公司试图最大限度地降低成本和提高效率，也许组织结构更注重遵守规则而不是为客户服务。许多人将这种僵化归因于美联航经理所建立的严格遵守规则的官僚机制。[72] 在这样的环境中，员工可能不愿意偏离规则，尤其是员工知道有先例表明，任何人违反规则都会面临解雇。

讨论题

1. 评估美联航处理这些事件的方式。你认为美联航有权改进其员工行为方式吗？为什么？

2. 你如何描述美联航对正式组织的看法？你认为它合适吗？请解释。

3. 利用本章组织设计中赞同机械模式或赞同有机模式权变因素的信息，你认为美联航的组织结构应该如何设计？请务必从效率和效益的角度来考虑这个问题。

4. 你认为美联航在未来应该做什么？你对其组织结构有什么建议或改进？

5. 就负责任和道德而言，员工的行为如何反映一个组织的立场？美联航的经理如何促进员工即使在必须遵守规则的情况下更加负责任和讲道德？

应用案例 8-2：发射

专题：学习型组织，知识资源

管理 NASA 的知识资源

多年来，NASA 为我们提供了一些见证壮观的时刻，从尼尔·阿姆斯特朗（Neil

Armstrong）第一次登上月球到哈勃望远镜上令人着迷的遥远恒星和星系照片。[73] 正如 NASA 的战略规划所提出的，公司的愿景是不断达到新高度并为全人类的利益探索未知世界。它的使命是推动科学、技术、航空和太空探索的进步，以增强知识、教育、创新、经济活力和对地球的管理。这些远景目标已经指导并将继续指导管理团队对项目和任务的决策。2011 年 NASA 的一个主要项目——航天飞机计划结束后，组织一度苦苦寻找新的目标和价值。事实上，当时组织的一个项目经理认为 NASA 的未来充满了不确定性。然而，尽管前路迷茫，NASA 的领导人一直在规划新的航向。可能的新目标包括在 2025 年前到达小行星，并在 2030 年前将宇航员送上火星（在这里顺便讲一件小事：火星距离地球 225 300 000 公里，即 140 000 000 英里）。实现这些目标的关键是必须对这一复杂的技术型组织加以指导，并必须清楚如何最好地管理对其未来至关重要的大量知识资源。

根据美国《国家航空航天法》的规定，NASA 于 1958 年 7 月 29 日成立，该组织致力于领导美国的太空探索，包括阿波罗登月任务、太空实验室空间站及可重复使用的载人航天器——也就是我们更为熟悉的航天飞机。这是一个独特的组织，其设备花费数百万美元，其人员的生命面临危险。多年来，NASA 已有许多成功的尝试（也有一些惨痛的失败）。把人类不止 1 次而是 6 次送上月球，反映了其杰出的技术实力，远远超过任何其他国家。能够用火箭把航天飞机送入太空，然后它能自行返回到地球，这反映了 NASA 拥有极具天赋和知识的员工。现在 NASA 正在努力开发新的技术和能力，以便送宇航员进入比以前更遥远的太空。2014 年 12 月初 NASA 取得了一个重要的里程碑，它成功试飞了猎户座（Orion），一个为超长距离旅行而设计的航天器。这些成就之所以能实现，是因为 NASA 的人员把他们的知识、天赋、技能和创造力带到了这个组织。而要"管理"好这些人才则需要组织结构能够促进和激励他们共享知识，但这件事的设计和落实并不容易。

一个能够恰当描述 NASA 组织环境的词是复杂。这里不仅有技术上的复杂性（是的，我们这里说的是火箭科学），同时有许多项目正在进行，变化持续地发生，组织内外众多利益相关者的要求不断涌现。面对这些纷繁复杂的情况，最难的问题就是如何在项目团队和整个组织中分享其丰硕的知识财富。NASA 是怎么做的呢？

由于认识到管理组织庞大的知识资源是多么重要，NASA 已经确定了目前正在使用的知识共享活动和其他需要进行的活动。其中包括：合作和分享网站、视频图书馆、门户等在线工具；可以标记和分类的搜索引擎；可搜索案例研究和出版物的图书馆；明确的流程或"经验教训"索引；各领域"专家"知识网络、协作活动、协作工作空间等；论坛、研讨会和其他将人们聚在一起的交流活动。通过这些知识管理活动，NASA 的管理人员已经证明，他们明白了组织结构对高效和有效地管理知识资源的重要性。

讨论题

1. 你会称 NASA 为学习型组织吗？为什么？

2. 从哪些方面看来 NASA 的组织环境是复杂的？

3. 复杂性如何影响组织结构的选择？

4. 就学习型组织而言，你会给 NASA 的管理者提什么样的建议？把这些建议编写成表格的形式，把它作为一个讲义分发。

你难道不想有一个魔力按钮，轻轻一按就能找到他人
来替你做所有烦琐与枯燥的工作吗？[63]

坦白承认吧，有时我们所做的事情（学习、工作，或二者兼有）相当单调乏味。要是有个魔力按钮，手指一按就能找到其他人来做这些烦琐耗时的事情，岂不美哉？在辉瑞制药公司，对大量的员工来说，"魔力按钮"已成为真正的现实。

作为一家全球性制药公司，辉瑞不断寻找提高员工工作效率和效果的方法。公司的高级组织效率经理深有感触地说，"我们招聘的哈佛 MBA 毕业生现在不是在酝酿战略和进行创新，而是在搜索资料和做 PPT 演示文稿。"事实上，公司内部对其宝贵的人才到底花多少时间做琐碎的工作进行了研究，研究结果大大出人意料。辉瑞的员工平均花费 20%～40% 的时间做辅助工作（建立文档、输入文稿、做调查、处理数据、安排会议），仅用 60%～80% 的时间从事知识工作（战略、创新、网络联系、协作、批判性思考）。问题不只存在于低层级，甚至还殃及最高层级的员工。以全球工程的执行董事查兹（Chaz）为例，他的主要工作是评估不同环境中不动产的风险、管理设施及控制数百万美元的预算，这些他都很乐意做，但不喜欢弄电子表格和演示文稿之类的东西。现在好了，由于辉瑞公司有了"魔力按钮"，这些事情都可以交给公司以外的人做。

"魔力按钮"到底是什么东西？它最先的名称是未来服务，后来改为辉瑞工作方式，实质就是辉瑞的员工通过单击其计算机桌面的一个按钮，把手头单调乏味而又耗费时间的任务交给别人去做。他们把任务要求写在一个在线表上，然后发送给印度两家服务外包公司中的一家。印度公司接到任务后，一个团队成员会打电话给辉瑞的那个员工核实任务要求和完成时间，紧接着，该团队成员将完成工作所需的费用细目通过电子邮件发给对方，如果辉瑞的员工认为可以请对方来做，那么相关费用就计入该员工的部门中。凯恩喜欢把这种独特的安排称为"个人咨询机构"，他很愿意与之合作。

66 500 这个数字有力地说明了辉瑞工作方式的作用，这个数字代表的是根据估算员工使用辉瑞工作方式所节约的工作时数。其他成果包括：项目相关成本降低，员工生产力提高，项目周转时间缩短，以及辉瑞员工的广泛接受。乔·凯恩（Joe Kane）的经历如何？他把调查整合公司设施有效战略行动这个复杂的项目交给印度团队，不到一个月时间他们就把报告写出来了。要是凯恩自己来做，大概要花 6 个月时间。他说："辉瑞给我付工资，不是让我做战术上的事情，而是让我做战略性工作。"

讨论题

1. 描述并评价辉瑞公司如何使用辉瑞工作方式。

2. 这种方法有什么结构上的含义——好的与不好的（从组织设计六要素角度来思考）？

3. 你认为这种安排是否适合其他类型的组织？为什么？它可能还适合什么类型的组织？

4. 你认为组织结构在组织效率和效果上起了什么作用？与你所在的小组一起工作，讨论这个问题。

注释

本章注释文件请扫二维码下载。

第 **9** 章

管理人力资源和多样性

雇主在招聘大学应届毕业生时最看重的因素是良好的学习成绩。

矫正管理偏见

是的,毕业后找一份好工作似乎难到令人望而生畏。但最新研究表明,此目标并非那么难以达成,诀窍在于:取得优异成绩并完成尽可能多的实习。尽管良好的学习成绩很重要,但它并非雇主选择大学应届毕业生的唯一因素,因此,我们无意粉碎你们不再做家庭作业或不再为考试而学习的梦想。该怎么办?答案是积极寻找各种实习机会,以求从其他求职者中脱颖而出,并注意平均绩点(grade point average,GPA)!

招聘人员还会关注求职者的其他哪些品质?他们会寻找问题解决、团队合作、书面沟通、领导力相关迹象。所有我们试图强调的技能包括:职业道德、定量分析、口头沟通、主动性、关注细节、灵活适应、专业技能和人际交往能力等。为成功实现业务目标,组织需要人才。一旦组织架构设置到位,管理者必须根据业务环境需要,找到合适的人员填补工作岗位空缺,或者将人员从工作岗位调离。此即人力资源管理(human resource management,HRM)的用武之地。此项重任涉及在合适的时间、地点安排合适数量的合适人员。本章介绍了为实现上述目标,管理者采用的工作流程——包括:寻找、面试和评估求职者;帮助新员工融入团队;推荐职业培训及评估员工绩效等。此外,我们将研究管理者面临的当代人力资源管理问题,以及多样性和包容性(diversity and mclusion,D&I)影响人力资源管理流程的方式。

学习目标

1. 描述人力资源管理过程的关键组成部分及其重要影响因素。
2. 讨论有关识别和甄选有能力选择称职员工的工作。

3. 解释如何为员工提供必需的技能和知识。

4. 说明留住有能力、高效称职员工的策略。

5. 讨论当代人力资源管理问题。

6. 解释什么是员工多样性和包容性，以及它们如何影响人力资源管理流程。

9.1 什么是人力资源管理过程及影响它的因素有哪些

面临来自亚马逊公司日益激烈的竞争，以及其对全食超市的收购，杂货连锁店正在寻找保持竞争力的方法。例如，克罗格公司（Kroger Co.）计划雇佣 11 000 名员工，以提高旗下 2 800 家超市的客户服务水平和效率。其策略是投资于员工，并定位于更好地与亚马逊进行竞争。

一个组织素质的高低在很大程度上取决于其所聘用员工的素质。大多数组织的成功也都有赖于能够发现并使用具有高水平技能的员工，而且这些员工往往能够成功地执行各项任务，并最终达到公司的战略目标要求。人员配备和人力资源管理的决策及方法对于确保组织招聘到并留住合适人员至关重要。

人力资源管理的全部内容就是完成这些任务，图 9-1 概括了 8 个重要的人力资源管理活动。

图 9-1 人力资源管理过程

组织一旦建立起自己的战略并完成组织结构的设计，接下来就是人员的配备问题。这是人力资源管理最重要的职能之一，由此也增强了人力资源管理者在组织中的重要性。前三项活动分别是雇用计划、通过招聘增员、通过解聘减员和甄选。若能按照这些步骤正确执行，组织便能够确定并挑选出胜任工作的员工，这有助于战略目标的实现。

组织一旦挑选出称职的员工之后，就需要帮助他们适应组织，确保他们的工作技能和知识不会过时。这两项活动可通过情况介绍和培训来完成。人力资源管理过程最后几个步骤的设计是：确定绩效目标，纠正绩效改进中所暴露出的问题，以及帮助员工在其整个职业生涯发展过程中始终维持高绩效水平。这几个步骤包括：绩效管理及薪酬与福利。人力资源管理过程还包括安全及健康保障，但本书未讨论最后这两项。如果能够正确地执行，所有这些活动可为组织配备高效称职的人员，这样的员工能够长期保持高水平的绩效。

人力资源管理＝对的人＋对的地点＋对的时间

从图 9-1 可知，整个过程深受外部环境的影响。我们在第 2 章中所介绍的许多因素直接影响到所有的管理活动，但它们对人力资源管理的影响也许是最大的。因为组织的任何波动，最终都会影响到它的员工。为此，在说明人力资源管理过程之前，有必要考察影响人力资源管理的首要环境因素——法律环境。

9.1.1 什么是人力资源管理的法律环境

人力资源管理活动受到国家法律的影响，这些法律因国家而异。一国之中，还有进一步影响具体行为的州法、省法和当地法规。因此，我们无法详细描述你需要了解的相关法规环境。但作为管理者，不管在哪里，从法律上知道什么能做和什么不能做非常重要。

1. 美国影响人力资源管理的主要法规有哪些

自 20 世纪 60 年代中期以来，美国联邦政府通过颁布大量法律法规（见表 9-1），加大了政府对人力资源管理干预的力度。尽管近年来联邦政府没有颁布多少法律，但各州通过的多项法律增加和补充了联邦法律的条款。因此，当今的雇主必须保证应聘者及现有雇员都有平等的就业机会。例如，除非存在特殊理由，在雇用或者选拔员工参加管理培训项目等决策问题上，不得牵涉种族、性别、宗教、年龄、肤色、民族或者残疾人歧视等问题。只有特殊情况例外，例如，某一社区的消防站可以拒绝接收乘坐轮椅的残疾人为消防员。但是，如果该人申请的是一个文员职位——比如消防站调度员，那么，身体残疾就不能成为被拒绝雇用的理由。然而，这种特殊情况的界定通常是不明确的。例如，由于宗教信仰要求，绝大多数需要有特定穿着（如穿长袍、长衫及披长头发等）的职员是受劳动法保护的。然而，如果这种特定的穿着在工作场合（如操作机械设备的时候）是危险或不安全的，公司可以拒绝雇用不愿更换穿着的人员。

在试图平衡这些法律所规定的"应该做什么"和"不应该做什么"时，常会涉及公平就业机会（equal employment opporamty，EEO）以及**赞助性行动**（affirmative action）问题。EEO 力求保证每个人都有基于自身资格的平等机会。许多在美国经营的组织都要制订**赞助**

性行动计划（affirmative action programs）来保证公司的决策和活动能够强化对少数民族、妇女等弱势群体人员的雇用、晋升和留用。

表 9-1　人力资源管理的主要法律法规

法律和法规	年份	说明
平等就业机会和性别歧视		
平等工资法案	1963	禁止同种工作因性别不同而存在工资差异
民权法案、第七条款	1964（1972 年修订）	禁止种族、肤色、宗教、国籍或性别方面的歧视
就业年龄歧视法案	1967（1978 年修订）	禁止对 40 岁以上的员工存有年龄歧视
恢复就业资格法案	1973	禁止对身体或精神方面的残疾存有歧视
美国残疾人法案	1990	禁止雇主歧视有残疾或慢性病的人，并给予他们合理照顾
薪酬/福利		
工人调整与再培训通知法案		要求拥有 100 名及以上雇员的雇主在关闭工厂或大规模裁员前 60 天发出通知
家庭和医疗休假法案		允许人数在 50 人以上组织中的员工，因为家庭或医疗的原因，每年不带薪休假 12 周
健康保险便利及责任法案		允许雇员健康保险的流通
莉莉·列得贝塔同工同酬法案		改变工资歧视法令的限制条款、规定在每次付薪后的 180 天内支付

在法律的约束下，美国的管理者不能完全自由地决定谁被雇用、晋升或解雇。这些法规虽然在很大程度上有助于减少雇用歧视和不公平对待员工的行为，并提高员工安全性，但同时也削弱了管理者在人力资源管理决策方面的自主权。

当今职场中的经典概念

科学研究工作场所

雨果·闵斯特伯格是工业心理学的先驱，"通常被誉为工业心理学领域的创立者。"[4] 作为弗雷德里克 W·泰勒和科学管理运动的仰慕者，闵斯特伯格指出，"泰勒提出了工业领域不可忽视的最为珍贵的观点。"根据泰勒的思想，他强调"有效利用工人进行经济生产的重要性"。他对组织提高工人绩效和福祉方法的研究与探索对 20 世纪初管理学的兴起至关重要。今天，工业组织心理学被界定为对工作场所的科学研究。工业组织心理学家运用科学原理和基于研究的设计探讨工作场所中的问题，并形成了有关这些问题的观点（通过www.siop.org 网站，可了解到有关工业组织心理学协会的情况）。他们研究的组织主题包括工作绩效、工作分析、绩效评估、薪酬、工作/生活平衡、工作样本测试、员工培训、雇用法规、员工招聘和甄选等。他们的研究对人们所说的人力资源管理领域有着重大的贡献，而这一切皆源于雨果·闵斯特伯格早期所从事的研究。

讨论

1. 为什么对工作场所的科学研究很重要？从这些研究中能学到哪些有利于驾驭工作的内容？

2. 你是否认为就现在而言，对工作场所的科学研究比芒斯特伯格所在的那个时代更容易？为什么？

2. 世界各地，人力资源管理法规是否相同

世界上的人力资源管理法规并不一样，作为一个全球经理，你必须了解与你公司有关的法规。下面我们将快速回顾其他国家的一些人力资源管理法规。

加拿大

涉及人力资源管理行为的法规与美国的极为相似，加拿大人权法案与联邦法规一样，禁止下列各种原因的歧视：种族、宗教、年龄、婚姻状况、性别、身体或精神残疾、国别等。这一法案影响整个国家的人力资源管理行为。

然而，加拿大的人力资源管理环境又与美国的有所不同，那就是加拿大各省的立法更为分散化，例如，除了魁北克以外，加拿大其他各地都不禁止语言歧视。

墨西哥

尽管墨西哥曾一度积极组织工会，但工会化的速度一直在下降。

墨西哥劳工问题由《墨西哥联邦劳工法》裁决。

例如，一项与雇用有关的法律规定，雇主可有 28 天时间评定新员工的工作业绩。28 天之后，员工就有了工作保障，解雇他们相当困难，而且代价很高。

违反《墨西哥联邦劳工法》会受到严厉的惩罚，甚至会被定为犯罪行为，例如，若雇主不支付最低限额的工资，就会被重罚，甚至被判入狱。

澳大利亚

直到 20 世纪 80 年代，澳大利亚才颁布歧视法规。这一法律适应于（缺乏机会的）妇女。澳大利亚劳工关系专职人员的重要性增加了，而直线经理（line managers）对工作场所劳工问题的控制权则减少了。

1997 年澳大利亚对其劳工关系法规进行了彻底的修改，目的是提高生产率和减少工会权力。

《工作场所关系法案》为雇主同雇员直接商讨工资、工时和福利提供了更大的灵活性，它同时也简化了联邦劳资关系法规。

德国

就人力资源管理行为而言，德国与大多数西欧国家相似。

尽管女性在员工队伍中人数占比相对较大，但她们就业相对不充分，且薪酬相对较低。德国公司在解决这一不平等问题方面取得了长足进步。

法律要求公司实行代表参与制。代表参与制的目的在于重新分配组织内部的权力，给员工提供更平等的平台，以便与管理层和股东共享公司的利益。

代表参与制最常见的 2 种形式是**工作委员会**（work councils）和**董事会代表**（board representatives）。工作委员会是由提名或选举产生的雇员组成，管理层做人事决策时，必须征询他们的意见。董事会代表是指雇员成为公司董事会成员，并代表公司员工的利益。

通用电气这家跨国公司在全球 160 个国家从事经营活动，它致力于遵守所有不同国家的劳动法规。图中所示的是通用电气在越南风轮机厂的员工。越南的《劳动法》于 1994 年首次通过，为整个国家的员工提供了强有力的保护。

当今职场中的道德决策

员工使用医用大麻，是管理者面临的一个具有挑战性的人力资源管理问题。尽管大麻在联邦层面仍然是非法的，但目前已有 30 个州加上哥伦比亚特区分别通过了全面的医用大麻相关法律，其中，近 1/3 地区已将 21 岁（含）以上成人娱乐性使用大麻合法化。联邦检察官收到指示，不对遵守其所在州法律的大麻使用者提起刑事指控。然而，这使雇主左右为难，因为他们必须根据联邦法律执行联邦法规或公司药物使用政策，同时又试图兼顾各州关于医用大麻使用的法律。尽管法院普遍裁定公司不必为医用大麻用户提供便利，但法律指导仍不够明确。法律专家警告雇主不要违反残障人士法和隐私法。除了法律问题，雇主还关注维护工作场所安全相关挑战。雇主应密切关注他们的药品和酒精政策，通过解决职场中大麻和阿片类药物使用（人力资源管理者面临的另一个主要问题）等问题，以确保相关政策与时俱进。

讨论题

1. 你在此发现了哪些道德问题？哪些其他利害相关者可能会受此影响，又会如何受影响？鉴于这种变化的环境，组织有哪些道德责任？

2. 在小组中讨论此问题如何影响人力资源流程，如复职选择、绩效管理、竞争与福利及安全与健康。

9.2 管理者如何识别和选择称职的员工

伍德沃德公司（Woodward Inc.）是一家发动机和设备部件制造厂，为吸引年轻工人而举办"父母之夜"活动，以此告知家长，对于那些可能不打算上大学的孩子而言，还有备选的就业机会。与许多制造业企业一样，伍德沃德公司正在争先恐后地填补空缺职位。

每个组织都需要有人来做组织从事经营所必须做的任何工作。组织如何获得这些人员？更重要的是，如何确保获得称职能干的人员？人力资源管理过程的第一阶段包括 4 项任务：雇用计划、招聘、裁员、甄选。

9.2.1 什么是雇用计划

供给与需求不只适用于经济学，对人力资源管理也很重要！

　　互联网新兴企业奋力争夺稀缺人才，甚至是知名企业，如脸书、推特和谷歌，也希望增加员工以支撑其不断的成长与发展，一场场人才争夺战在硅谷上演。

　　在最近这次经济衰退中，波音削减了 3 000 多个工作岗位，这些岗位主要是商用飞机事业部的。但与此同时其国防事业部增加了 106 个员工，并且还要再增加好几百个员工。与大多数公司一样，波音正在调整其人力资源以满足发展的需要。[4]

　　平衡人力资源的供给以满足需求对许多公司而言都是一项挑战。

　　雇用计划（employment planning）是一个管理过程，在这个过程中，管理者能够确保在适当的时间、地点获得适当数量和种类的员工，这些员工能够既有效率又有效果地完成各项工作，进而实现组织的整体目标。雇用计划是把组织的任务和目标转化为人事计划以便于实现组织的目标，它可以划分为两个步骤：评估当前及未来人力资源的需求；制订满足人力资源需求的计划。

　　组织如何对现有的人力资源进行评估？

　　管理者首先要考察现有的人力资源状况。这种考察的结果通常会形成一个**人力资源信息库**（human resource inventory）。对大多数组织来说，运用完善的计算机系统来编制人力资源信息库不会太难。信息库的原始资料源于由员工填写的表格中的内容。其内容包括：每个员工的姓名、教育程度、培训和工作经历、能力及特殊技能等。管理者有了该信息库就可以着手评估组织现有的能力和技术。

　　人力资源现状评估的另外一个内容是**工作分析**（job analysis）。人力资源信息库可让管理层了解每个员工能做什么，而工作分析则更为基本。它是一个较长的过程，通过这个过程对工作流程进行分析并确定完成各项工作所需的能力和行为。例如，《华尔街日报》国际记者的工作是什么？完成该工作必须具备哪些最基本的知识、技术和能力？国际记者的工作与国内记者或报刊主编的工作相比，有什么不同？这些问题都可以通过工作分析来回答。工作分析的目的就是要确定成功完成每项工作所需要的技能、知识和态度。有了这方面的信息，就可以制定或者修改"工作说明书"和"工作规范书"。

　　为什么工作分析如此重要？
　　工作分析的结果：工作说明书→描述工作，工作规范书→描述员工！

　　工作说明书（job description）是关于员工做什么、如何做，以及为什么要这样做的书面描述。它通常给出工作的内容、环境及工作条件。**工作规范书**（job specification）描述的则是员工成功完成工作所应具备的基本资格。它确定了为有效完成工作所必需的知识、技能和态度。在招聘和甄选时，工作说明书和工作规范书是两份重要的文件。例如，工作说明书可以用来向应聘者说明其未来的工作内容，工作规范书则使管理者关注员工完成工作所必需的资格并确定应聘者是否符合要求。同时，在这两份文件所提供信息的基础上雇用员工，还有助于保证在整个招聘过程中不带有歧视性。

　　组织如何确定未来的员工需求？

　　未来人力资源需求取决于组织的战略方向。对人力资源的需求实际上是对组织产品或服务需求的结果。根据对总收入的估计，管理者确定所需要的人力资源数量和组合以实现该收入目标。然而，有时候，情况可能刚好相反。当需要特殊的技能并且其供给稀缺时，令人满意的人力资源的获取将决定收入。高档的老人护理中心可能会存在这种情况，这些机构发现他们所面对的商业机会会超过其能力范围，创造收入的首要局限因素是雇用和配备合格的护理人员。但是，在大多数情况下，组织的总体目标及对收入的预测是决定组织人力资源需求的主要因素。

评估了现有能力和未来需求之后，就可以进行人力资源不足的评估——包括数量和种类——并特别关注组织中的超员问题。在该评估的基础上可以制订一个与未来人力资源供给预测相适配的计划。由此可见，雇用计划不但能指导现有人员的需求，而且还可预测未来人员的需求及需求的可获得性。

9.2.2　组织如何招聘员工

当管理者了解现有的人员配备状况之后（不论是缺人还是超员），就可开始采取行动了。如果存在职位空缺，就可以根据工作分析所得出的结论来指导招聘。**招聘**（recruitment）是指确定、发现和吸引有能力的应聘者的过程。不过，如果雇用计划显示组织中有人员过剩现象，管理者可以通过组织紧缩或解雇以解决人员冗余问题。

急需杰出的应聘者！

现在……我们如何获得这样的人才？

管理者到哪里招募员工？可以通过多种渠道（包括互联网）招聘员工，表 9-2 提供了一些指导。招聘员工的渠道应当反映当地劳动力市场的情况、职位类型或职位层次，以及组织规模。

表 9-2　招　聘　渠　道

来源	优点	缺点
网络或社交媒体	辐射范围广；可以有目标地针对某一特定人群；92%的招聘人员使用社交媒体寻找潜在候选人[12]	会有许多不合格的申请者
员工推荐	可通过现有员工提供组织的信息；良好推荐可找到很好的应聘者	可能不会增加员工的多样性和融合性
公司网站	分布广泛；可以针对特定群体	会有许多不合格的申请者
学校招聘	大量、集中的候选人	受初入者级别职位的限制
专门的招聘机构	熟悉行业挑战和要求	对特定组织的承诺很少

资料来源：Robbins, Stephen P., Coulter, Mary, Management, 13th Ed., © 2016, p. 346. Reprinted and electronically reproduced by permission of Pearson Education, Inc., New York, NY.

哪些招聘渠道可能产生优秀的应聘者？大多数研究发现员工推荐通常能产生最好的应聘者。[5]为什么呢？第一，现有员工已先行考察过所推荐的应聘者。并且由于推荐者同时了解工作和被推荐者，他们容易推荐合格的应聘者。[6]第二，现有员工通常会觉得推荐事关自身声誉，只有在确信推荐不会让他们感到难堪时，才会做出推荐。然而，管理者也不能都选择由员工来推荐应聘者，因为员工推荐可能不能增加员工的多样性和融合性。

9.2.3　管理者如何处理好裁员问题

可口可乐的全球员工减少了 1600~1800 人。[7] 美国运通削减了 4000 个工作岗位。[8] 易贝（eBay）裁减 2400 人（它工作团队的 7%）以"适应正在变化的全球环境"。[9]

过去 10 年，像许多政府机构和小企业一样，大多数全球企业也被迫缩减人员规模或重组技能结构。**组织紧缩**（downsizing）已经成为组织满足动态环境要求的一种有效手段。

裁员的方式有哪些？

显然，组织可以直接炒掉某些员工，但是还可以选择其他一些对组织更为有利的裁员方式。表 9-3 列举了可供组织备选的一些主要裁员方式。但需要注意，不管选择哪一种方式，对员工来说都会非常痛苦。我们将在本章后面给员工——被裁员工和留用员工更详细地谈谈这种现象。

表 9-3　裁员的备选方式

方式	描述
解雇	永久性，非自愿性地终止合同
临时解雇	临时、非自愿性地终止合同：可能持续几天，也可能长达数年
自然减员	不再填补因自愿辞职或正常退休而聘出的职位空缺
调换岗位	横向或向下调换员工岗位：通常不会降低成本，但可减少组织内人员供需的不平衡
缩短每周工作时数	让员工每周少工作一些时间：分担工作或以兼职方式工作
提前退休	为年龄大、资历深的员工提供激励，让其在正常退休期限前退休
工作分享	一项全职工作由两位兼职人员分时来完成

9.2.4　管理者如何选择应聘者

在通过招聘活动选出一批求职者之后，确定谁最能胜任所要求的工作。从本质上讲，**甄选过程**（selection process）是一项预测行动，即需要预测出哪一位应聘者在被组织雇用之后将会取得成功，哪一位应聘者符合组织对员工的评估标准。例如，组织需要配备一名网络管理人员，通过甄选过程应该预测出哪一个应聘者能够正确地安装、调试及管理计算机网络系统。同样，对于销售业务代表这一职位，组织应能预测出哪一位应聘者将会有效地取得骄人的销售业绩。毫无疑问，任何甄选过程只会产生以下 4 种可能的结果，如图 9-2 所示，有 2 个结果为正确的决策，另外 2 个为错误的决策。

以下情况的决策是正确的：①应聘者被认为（已被接收）且后来被证实是成功的；②应聘者被认为是不合适的（已被拒绝），如果被雇用，将确实不能胜任工作。对于前一种情况，我们说组织成功地接收了合适人员，而后一种情况，则说组织成功地拒绝了不合适人员。然而，如果我们拒绝接收那些原本可以成功地完成工作的应聘者（这被称为"拒绝错误"），或者接收了那些常常表现极差的应聘者（这被称为"接收错误"），问题就来了。不幸的是，现实中所发生的这类问题通常十分严重。以前，发生拒绝错误仅意味着组织中增加了甄选成本，因为组织不得不再去考察更多的应聘者。而现在，由甄选技术所产生的拒绝错误可能会使组织遭遇雇用歧视方面的官司，特别是在大量弱势群体应聘者得不到接纳的情况下，此类问题更为突出。另外，发生接收错误会明显增加组织的成本，如培训成本、员工能力匮乏所产生的额外成本或利润损失、服务成本，以及随后额外增加的招聘、甄选和考察成本等。任何甄选活动的关键在于在做出正确决策的同时，要尽可能地减少拒绝错误和接收错误。我们可以通过采用既可靠又有效的甄选程序来做到这一点。

图 9-2　甄选决策结果

什么是可靠性？

可靠性（reliability）指运用某一甄选方法反复测度同一特征所得结果的一致性程度。例如，假设某项测试可靠，所测试的特征具有稳定性，同时假定所测试的特征也是稳定的，那么，被测试者的分数应当长期保持相对稳定。可靠性非常重要，因为任何可靠性低的甄选方法都是无效的。使用这样的方法犹如你每天用一杆不稳定的磅秤称体重。如果磅秤不可靠，且你每次站上去，体重都会有 10~15 磅的出入，那么这样称出来的结果就没有任何意义。因此，要想有效地进行预测，甄选方法一定要具备较高的一致性。

什么是有效性？

除可靠性之外，管理者所采用的任何甄选方法，不管是申请表、考试、面试，还是体检等，都应同时具备有效性。**有效性**（validity）指甄选方法与相关测度之间应能证实确实存在某种相关性。例如，前文我们曾提到，某个坐轮椅的残疾人申请了消防员职位，由于消防员对身体有特殊要求，此人将无法通过体检这一关。在这种情况下，拒绝雇用该残疾人被认为是合理的。但是，如果对调度员的职位也作同样的体检要求，那将是与工作无关的。法律禁止使用任何无法证明与成功完成某项工作有直接关系的甄选方法。

此类限制对于求职考试同样有效，管理者一定要能证明，就工作而言，考分高的人要比考分低的人表现更好。总之，管理者必须要能证实其所使用的应聘者甄选方法是与工作相关的。

　　除了使用其在线门户网站外，德国汉莎航空公司（Lufthansa Airline）还举办了"选角"活动，为 2 800 个新的空乘职位招聘候选人。此照片显示，在选角环节一位资深空乘人员将汉莎航空的头饰戴到申请人身上。这些活动吸引了大约 4 000 名求职者热烈响应，几乎每 3 名求职者中就有 1 人被该公司录用。

考试……不只在学校使用！

考试和面试作为甄选方法效果如何？

管理者可以使用多种甄选方法来减少接收错误和拒绝错误。其中，最常见的方法包括笔试、绩效模拟考试及面试。让我们简单地考察这些方法，并关注各种方法预测工作绩效的效度。

常见的笔试内容包括对智力、资质、能力及兴趣等内容的测试。笔试的应用虽然时强时弱，但这种甄选方法已有很久的应用历史。笔试在第二次世界大战之后的 20 多年曾得到了最为广泛的应用，但到了 20 世纪 60 年代开始受到冷落。笔试常被认为带有某种歧视性，并且，许多组织确实无法证明笔试与工作之间存在相关性。然而，当今笔试再次得到青睐，并且许多是在互联网上进行的。[10] 管理者已经越来越认识到雇用失策的代价是昂贵的，而经过正确设计的考试可以减少这种失策出现的概率。[11] 另外，为某一特定的工作有效设计一套考试方案的成本已经显著降低。

有关证据表明，智力、空间理解能力与机械操作能力、准确感知能力及汽车驾驶能力的考试，能够有效地对工业组织中许多半技能和非技能操作工作进行预测。[12] 然而，人们对笔试的批评一直不断。批评者主要认为，智力或其他方面的考试内容有时对工作本身来说并非必要。[13] 例如，在智力测试中得高分的人并不能有效地表明其一定能成为一名出色的计算机程序设计员。这些批评也最终导致了绩效模拟测试的广泛使用。

若要考察一位申请苹果公司技术写作职位的应聘者的能力，难道还有比让他去编写技术手册更好的办法吗？这种合理的逻辑性使公司对**绩效模拟测试**（performance-simulation tests）兴趣大增。毫无疑问，由于这种测试建立在工作分析数据的基础上，因而比笔试更易满足工作相关性的要求。绩效模拟测试是由现实中的**实际工作行为**（actual job behaviors）组成的，不存在所谓的"替代"问题。最著名的绩效模拟测试要算**工作抽样法**（work sampling，对实际工作进行微缩式的模拟操作）和**评估中心法**（assessment centers，模拟可能在工作中遇到的实际问题）。前者适合于测试那些常规性工作的应聘者，后者适合于测试管理人员。

比起传统的测试方法，绩效模拟测试的优点是显而易见的。因为测试内容在本质上与工作内容相同，绩效模拟测试理应是预测短期工作绩效的较好方法，并能最大限度地减小雇用歧视等违法现象出现的可能性。另外，其内容的性质及用以确定内容的方法，也决定了构思良好的绩效模拟测试是有效的。

面试及填写求职申请表也许是最普通的甄选方法了。很少人会不经过一次或几次面试就能直接申请到职位。具有讽刺意义的是，作为一种甄选方法，面试正越来越多地成为争论的焦点。[14]

面试可能是一种较为可靠和有效的甄选方法，但实际情况常常不是这样。要使面试成为有效的预测方法，则需要：①严格的组织；②精心安排；③面试官提相关的问题。[15]

然而，很多面试并不具备这样的条件，典型的面试情境是在一个非正式的场合，随机地向应聘者提一些问题，这种面试通常很难提供有参考价值的信息。

如果没有经过精心组织和标准化设计，各种潜在的偏差就有可能在面试中产生。

有关面试的研究向我们提供了什么样的结论呢？

- 对应聘者的预先了解将使面试人员产生评估上的偏差。
- 对于什么才是一名合格的应聘者，面试人员免不了带有一种固化的观点。
- 面试人员会对那些与自己持有相同看法的应聘者抱有好感。
- 应聘者的面试顺序会影响到面试的最终结果。
- 面试期间，提问的顺序会影响评估结果。
- 负面信息在评估中的权重过高。
- 面试人员可能在面试头 4～5 分钟就对应聘者的合适与否下了结论。
- 在作出结论几分钟后，面试人员可能就会忘记面试的内容。
- 面试在判断应聘者智力、积极性及人际关系技能方面通常是有效的。
- 严格安排和精心组织的面试比未加组织和随便安排的面试更可靠。[16]

我怎样才能做一个优秀的面试官？

给管理者的建议：使面试更有效和更可靠！①复查工作说明书和工作规范书；②准备好一系列结构化问题以询问应聘者；③面试之前，先看一下应聘者的申请表和简历；④提问并仔细聆听应聘者的回答。

新近出现的面试变化形式被称为行为或情境面试，很受现代组织的欢迎。[17] 在这种面试中，招聘人员不仅要听应聘者说什么，还要看他们如何做。招聘人员会给应聘者提供情境——常常是复杂的问题，包括角色扮演——并让他们去"处理"这些问题。这种面试使招聘者有机会去了解潜在雇员的行为及他们对压力的反应。支持行为面试的人指出这种方法比单纯让求职者告诉面试者他或她做了哪些事情更能了解他们的情况。实际上，这一领域的研究表明，行为面试预测工作成功的准确性比其他形式的面试高出近 8 倍。[18]

如何使招聘工作有圆满的结果？

如果面试人员仅把招聘或雇用员工当成"购买"应聘者来工作的行为，只告知他们组织中那些积极正面的情况，那么面试人员很有可能会为组织招进一位满意度低且极易跳槽的员工。[19]

圆满的结果！

在应聘过程中，应聘者总会对组织或正在申请的工作抱有某些期望。当应聘者所接收的信息过于夸大时，就可能会对组织产生某些潜在的负面影响。首先，不合适的应聘者不大可能在甄选过程中被筛除。其次，由于夸大的信息使应聘者产生了不切实际的期望，新员工可能很快就会产生失望感并过早地提出辞职。再次，面对工作中未曾料到的严酷现实，新员工往往会理想破灭，失去对组织的信心和忠诚。在多数情况下，这些人员会感到自己在应聘过程中被欺骗和误导，最后可能会变成问题员工。

为增加员工对工作的满意度，同时减少离职率，可以考虑采用**现实工作预展**（realistic job preview，RJP）的方式。[20] 现实工作预展包括有关工作及公司的正面与负面的资讯。例如，在面试中，通常所给的是一些正面信息，求职者还将了解到工作中那些不很吸引人的一面。例如，他可能被告知：工作期间不许跟同事聊天，组织中的升职机会较少，工作时间很不固定以至于在晚上或周末都有可能要加班。调查表明，比起那些只是得到夸大信息的人来说，经历现实工作预展的求职者对未来的工作持有较低和符合现实的期望，并且能更好地处理工作中的意外情况。结果，新员工意外辞工的现象大大减少。现实工作预展也使管理者对人力资源管理过程有了更深刻的理解。也就是说，留住好人才跟最初的挑选与聘用人才一样重要。

对应聘者来说，如果只是给他们提供工作的正面信息，那么，一开始可能会很容易吸引他们加盟组织，但最后的结果却有可能是，双方都会为不愉快的合作而后悔。

留住人才与最初的招聘一样重要。

9.3　如何为员工提供必需的技能和知识

成功完成招聘及甄选工作之后，组织就拥有一支有能力并能顺利进行工作的员工队伍。但是，拥有一定技能还不能保证员工能够顺利进行工作。新员工一定要适应组织文化，他们必须经过培训并以一种与组织目标相一致的方式来进行工作。为此，人力资源管理首先要做的事情就是让员工熟悉情况并对其进行培训。

9.3.1　如何让新员工熟悉组织的情况

应聘者一旦被录用，就得向其介绍工作岗位和组织情况。这种介绍被称为**情况介绍**（orientation）。[21]其主要目的如下：

- 减轻新员工在开展新工作时的焦虑情绪；
- 帮助新员工熟悉工作岗位、部门乃至于整个组织；
- 帮助他们从"外部人"向"内部人"的转化。

岗位情况介绍将丰富新员工在招聘和甄选阶段所获得的组织信息。通过介绍，新员工将知道其具体的责任和义务，了解其绩效的评估方式，同时纠正其对岗位的不切实际的期望。

部门情况介绍将使新员工熟知本工作部门的目标，了解其自身的工作对实现部门目标的作用，同时让新员工与其部门的人相互认识。

组织情况介绍是让新员工了解组织的目标、历史、经营理念、程度与规章，组织情况还应当包括重要的人事政策，如工作时间、薪酬制度、加班要求及福利待遇等。通常，参观组织的设备设施也是情况介绍的部分内容。

让新员工尽可能顺利地融入组织是管理者应负的责任。无论正式与否，成功的情况介绍符合以下两点：

- 能使新员工从"外部人"转变为"内部人"，从而让他们在新的环境中心情舒畅，容易适应；
- 降低他们绩效低下和一两周内突然辞职的可能性。[22]

社会化与数字化的人力资源

人力资源已经社会化和数字化了。[23] 在使用视频与游戏授课的小规模课程中，移动设备越来越多地被用于培训。例如，房地产公司凯乐·威廉姆斯（Keller Williams）的 75 000 多个员工使用智能手机和平板电脑观看 2～3 分钟的关于销售和顾客服务的视频课程。少数热衷技术的营销公司正在使用社交网络（推特）上发帖而不用传统的求职简历/面试过程。在推特上发的帖被用来选拔人才。有人说："网页就是你的简历，社交网络就是你的大众推荐信。"许多其他公司也在用社交媒体平台扩大他们的招聘领域。社交媒体工具不仅被企业用于招聘，还被用来让员工通过共享文件、图像、文档、视频及其他材料的方式协同工作。

在数字化层面上，软件的应用使许多基本的人力资源流程，如招聘、甄选、指引、培训、绩效评估、储存和获取员工信息等实现了自动化，人力资源部门节约了成本并优化了服务。培训是信息技术冲击最大的领域。例如，总部位于克利夫兰的金融服务机构关键银行（KeyBank）运用虚拟的"模拟工作试用期"来降低 90 天内的跳槽率和创造更一致的人事决策。这些模拟活动促成了互动的多媒体体验，并且模仿关键的工作任务以培养诸如提供顾客服务、适应变化、支持团队成员、遵守程序及有效地工作等方面的能力。在使用这些虚拟评估之前，该银行有 13% 的新出纳员和呼叫中心员工在入职后 90 天内辞职。在实施虚拟评估之后，离职率下降到 4%。

美国培训与发展协会（American Society for Training and Development，ASTD）所做的一项调查表明，95% 的应答公司采用了某种形式的电子学习（E-learning）。运用技术提供员工所需的知识、技能和态度有许多好处。正如一位研究者所言，"电子学习的最终目的不是减少培训的成本，而是提高组织的经营能力。"在许多情况下，似乎的确是这样。例如，惠普在调查其综合运用电子学习和其他培训方法，而不只是采用课堂培训对其服务的影响时发现，"销售代表能更快更准确地回答问题，增进顾客与服务商之间的关系。"联合利华（Unilever）发现，在对销售人员进行电子培训后，销售增加了几百万美元。

讨论题

1. 人力资源应当是"以人为本"的工作，各种技术的使用是否会降低该工作中"以人为本"的程度？为什么会或者为什么不会？

2. 大学毕业后，你希望找一份工作。由于知道将来找工作时可能会碰上网络招聘和选拔流程，你该怎样充分准备以使自己在这个过程中脱颖而出呢？提出一些想法，并在你所在小组中分享。选出前 3 种想法，并准备与全班分享。

9.3.2　什么是员工培训

总体而言，飞机失事的原因是人而不是飞机。数据显示，在各种撞机、坠机及其他不幸的事件中，由于飞行员或导航员犯下致命的错误，或是因为没有全面细致地对飞机进行保养维护而出事大约占事故发生的 3/4，另外 1/4 才出事故的是由于气候变化和飞机结构性缺陷等因素。[24] 上述统计结果足以说明培训在航空产业领域中的重要性。通过更好的员工培训，那些保养维护不当或人为因素所导致的错误是完全可以减少或避免的。下面的事例就能说明这一点，2009 年 1 月，美国航空公司的 1549 航班令人惊讶地在哈德逊河（Hudson River）上降落，保障了机上所有人员的生命安全。机长切斯利·沙勒恩伯格（Chesley Sullenberger）把这个美好的结果归功于所有飞行员和机组人员所接受的广泛而又细致的培训。[25]

创业别墅高级生活社区（villa venture senior livingcommunity）的员工在参加虚拟痴呆症旅游中的感知练习，这一培训工具有助于他们理解阿尔茨海默病（Alzheimer'sdisease）和其他类型的痴呆症。该旅游是一种学习体验，旨在提高员工看护痴呆症患者的能力。

员工培训（employee training）是一种旨在持久改善员工工作能力的学习经历。培训的内容包括改变员工的技能、知识、态度或行为等。[26]这也意味着培训将改变员工的知识、工作方式或他们对待工作、同事、领导及组织的态度等。据估计，为开发员工的技能，美国的工商企业每年用于正规课程和培训项目的费用达几十亿美元之多。[27]当然，管理层负责决定员工培训的时机与培训内容。

判断一个组织是否需要进行员工培训通常可以通过回答一些问题来确定。如果你感觉某些问题非常熟悉，那说明你已经在关注这些方面的问题了。管理者在确定实现战略目标的组织结构时，所做的正是这种分析，只是现在把重点放在了员工上。[28]

何时需要培训？

图 9-3 中的主要问题提醒管理者组织在何时需要培训。较为明显的信息与生产率直接有关。产量减少、质量下降、事故增多，以及返货率、拒货率上升等都是反映组织工作绩效正在下降的重要信息，上述任何情况的出现都表明工人的技能需要得到提高。当然，我们的前提是员工绩效下降不是因为员工不努力。管理者必须认识到，由于工作场所不断变化，因此，培训是必要的。另外，由于工作的重新设计或者技术创新所引起的变化也使员工培训成为必要。

图 9-3　确定是否需要培训的信息

如何进行员工培训？

大多数培训都在工作岗位上进行。在岗培训的盛行是由于其简便易行且成本较低。然而，在岗培训也可能会干扰工作，可能会在培训期间增加工作失误，而且有些技能培训很复杂，以至于不允许边干边学，这时，就应该进行脱产培训。

培训的方法多种多样，大致可以把它们分为在岗培训和脱产培训。我们在表9-4中列举了一些较为常用的培训方法。

表9-4　几种常见的培训方法

	在岗培训方法实例
工作轮换	横向调动可使员工走上不同的工作岗位，执行各种不同的工作任务
实习分派	跟经验丰富的工人，教练或导师们一起工作。从有经验的员工那里得到支持和鼓励，在手工艺行业，这可能是学徒期
	脱产培训方法实例
课堂讲座	通过课堂演讲，传授相关的专业技术、人际关系或解决问题的技能知识
视频材料	利用多媒体来清晰地演示其他培训方法不容易传授的特殊技能
模拟练习	通过实际完成工作（或模拟）进行学习，方法有案例分析、实习、角色扮演，以及团队互动等
入门培训	通过在模拟的工作环境下使用与实际工作 相同的设备进行学习

管理者如何保证培训是有效的？

启动一个新的培训项目很容易，但是，如果不对培训效果进行评估，那么，任何员工培训都有理由进行。尼尔·哈夫曼汽车公司（Neil Huffman Auto Group）宣称，公司在培训上每投入1美元可增加230美元的产出，如果所有的公司都能取得尼尔·哈夫曼汽车公司那样的回报，自然是好事。[29] 但是，培训效果究竟如何只有通过评估才能知道。

我们如何评估培训项目呢？下面可能是所有组织普遍使用的方法：向管理人员、人力资源管理人员，以及刚刚完成培训项目的员工征求意见。如果他们普遍持肯定意见，那么，这个项目就得到了很好的评价，组织会继续进行，直到有人提出应当取消或替换该项目为止。

参与者或管理者的反馈意见虽然很容易获取，但其有效性却非常低。他们的观点在很大程度上受到其他一些可能与培训效果无关的因素的影响，如培训难度、娱乐性或者培训师的性格特点。即使如此，参与者的意见还是提供了对培训价值的实际反馈。除了一般性的意见之外，管理者还应该根据受训者的学习收获、使用新技能进行工作的实际效果（他们的行为是否有改变）以及培训项目是否达到了预期目的（如降低了离职率、提升了客户服务等）等来对培训进行总体评估。

9.4　组织留住杰出人才的两个途径

61%的上班族认为其管理者在绩效考核时偏私不公。

9.4.1　绩效管理系统

绩效管理包含以下几方面的含义：

- 组织和管理者确定预期的员工绩效水平；
- 管理者评估实际的员工绩效水平；
- 绩效管理系统。

是将员工相互比较，还是根据某套标准来评估？

表 9-5 列出了具体的绩效评估方法。

表 9-5 具体的绩效评估方法

方 法	优 点	缺 点
（a）书面叙述法：描述员工的优缺点	使用简单	与其说是评估员工的实际绩效，不如说是在衡量叙述者的书面表达能力
（b）关键事件法：特别有效或特别无效的行为事例	基于行为；丰富的事例	耗费时间；难以量化
（c）评定量表法：列出描述性的绩效因素（工作数量与质量、知识、合作、忠诚度、出勤率、诚实、主动）并提供量化评分	提供量化数据；比其他方法更节省时间	对工作行为的评估深度不够
（d）行为定位评分法：评定量表+实际工作行为例子[28-29]	关注特定和可测量的工作行为	耗费时间；测度较难
（e）目标管理法：评估具体目标的完成情况	关注最终目标；结果导向	费时
（f）360 度评估法[30]：与员工上下左右有联系的所有人的反馈	更加全面	费时
（g）多人比较法：对员工团队进行比较评估	对员工进行互相比较	若员工人数较多，则不适用

注：（a）～（f）（参见表 9-5）是根据一套确定的或绝对的标准评估员工绩效的方法。（g）（参见表 9-5）是将一个员工的绩效与另外一个或多个员工的绩效进行比较的方法，是一种相对而非绝对的评估工具。

三种多人比较法

分级排序法（group-order ranking）

评估者将员工分成具体的等级类别（"最好的 1/5""较好的 1/5"等，或"顶尖的 1/3""中间的 1/3""最后的 1/3"，或其他任何理想的分类）。注意每个等级中员工的人数必须尽可能相等。

个人排序法（individual ranking）

评估者将员工按照绩效的高低顺序排列。注意，只能有一个是"最好"的。在对任何数量的员工进行评估时，一般认为，第一名和第二名的区别与任何其他相邻两名员工的区别是一样的，不允许两名员工排在同一位置。

配对比较法（paired comparison）

将每位员工与其他员工进行配对比较，评出"优秀者"或"落后者"。在所有配对比较完成之后，每个员工将获得一个最终的名次，而这一排名基于员工累计获得"优秀者"的次数。如果参与评估的员工数量众多，那么将每位员工与其他任何一位员工进行比较将是一项极为艰巨的任务。

传统的自上而下的绩效评估体系可能已经过时了

原因在于：[33]

- 裁员以提高效率，管理者可能会管理更多的员工，因此很难广泛了解每一个员工的绩效；
- 项目团队与员工的加入，其他人（非管理者）更能做出准确的评估。[34]

员工的绩效未达到要求时……

原因是什么？采取什么措施？

不适合工作岗位（雇用错误）；把员工调到更合适的工作岗位。

未经适当的培训？提供培训。

缺乏工作意愿？提供员工咨询服务，这是一个旨在帮助（纪律问题）员工克服与绩效有关的问题的过程，试图找出员工会失去有效工作的意愿和能力的原因，并找出解决问题的方法，或者采取惩罚措施（口头警告与书面警告、停职察看，甚至辞退）。

9.4.2 给员工报酬：工资和福利

薪酬即工作所得的工资。大多数人都是为钱而工作。

有效合理的薪酬制度包含以下几方面内容。[35]

- 有助于吸引和留住能干称职的员工。什么决定了薪酬水平？
- 会对战略绩效产生重大的影响。[36] 谁的时薪是 15.85 美元？
- 能不断地激励员工。谁的年薪是 325 000 美元？

薪酬制度应当反映工作和工作场所不断变化的特征。确定工资水平不容易，但员工希望得到合理的报酬。

不同的工作要求意味着：不同种类和不同水平的技术、知识及能力，其对组织的贡献也各不相同；不同的职责与职权。

对技术、知识和能力的要求越高，职权和职责越大，薪酬水平也就越高。

确定薪酬的不同方法有以下两大方面。

基于技能的薪酬制度——根据员工的技术和能力给他们付报酬。员工的技能而非职衔决定其报酬。[39] 这类薪酬制度在制造企业比在服务企业和寻求技术创新的企业更有效。[38]

可变薪酬制度——根据员工的绩效确定薪酬。90%的美国公司采用可变薪酬方案。[39]

如图 9-4 所示，影响薪酬和福利的其他因素有以下诸种。

薪酬的主要决定因素：员工的工作种类。

薪酬与员工的福利（雇主所给的非现金报酬）：

- 一揽子薪酬多于小时工资或年薪；
- 也包括员工福利（**employee benefits**），即旨在提高员工生活质量的各种重要的非货币奖励；
- 各种一揽子福利方案差别很大，反映了组织为员工提供他们所看重的东西所做的努力；
- 有些福利（社会保险、在岗补贴或失业救济）是法律要求提供的；但有些组织还提供其他福利，如带薪休假、寿险和残疾保险、养老保险及健康保险等。[40]

图 9-4　薪酬和福利的决定因素是什么

 ## 9.5　当前管理者面临哪些人力资源管理问题

当今管理者所面对的人力资源问题包括：组织紧缩、员工多样性、性骚扰、职场精神及人力资源成本等。

9.5.1　管理者如何管理组织紧缩

规模紧缩是有计划地削减组织中的工作岗位。紧缩带来的直接影响是人员缩编，因此，这是人力资源管理中的重要问题。当组织人员太多——例如，面临经济危机、市场份额减少、增长过快或管理不善时往往会导致这种情况——提高利润的一种方法是解雇部分多余的员工。在过去的几年中，许多有名的公司，诸如美国证券交易所（American Stock Exchange，AMEX）、波音、麦当劳、大众、IBM、美国电报电话公司（AT&T）、沃尔玛、福特汽车公司、百事可乐（PepsiCo）、杰西潘尼（J. C. Penney）、亚马逊和康卡斯特（Comcast）等进行了好几轮裁员。管理者如何管理规模紧缩的组织？

规模紧缩会扰乱组织工作和员工的个人生活。留职者和离职者典型的反应是紧张、失望、焦虑和愤怒，你可能会感到吃惊，留职者和离职者竟会有同样的感受。[42]许多组织在帮助被裁减人员方面做得相当好，它们为失业的员工提供多种促进就业服务、心理咨询、支援组织、解雇金、长期的健康保险与细致的思想沟通等。尽管有些人在其被解雇后会采取过激行为（最坏的情形是到以前的工作单位制造暴力事件），但是，组织提供的支持表明他们非常关心曾经的员工。离职者可以了无羁绊、问心无愧地重新开始，而留职者却不能。不幸的是那些保住了工作的员工，尽管承担着维持组织运作或重振组织的任务，却几乎未得到帮助。

一种新的综合征似乎正在越来越多的组织中蔓延，这种综合征被称为"**解雇－留职并发症**"（layoff-survivor sickness），特指在组织非意愿性减员中保住了工作的员工的一系列态度、感受和行为，[43] 这些症状包括工作不安全感、不公平感、负罪感、情绪低落、工作超负荷带来的压力感、对变革的恐惧感，忠诚度和认同度降低，不如以前努力，消极不愿意做任何超出最低要求的工作等。

在关心留职者方面，管理者可为这些员工提供机会，以便他们可以向咨询指导人员倾诉内心的愧疚、愤怒和焦虑。[44] **集体讨论**（group discussion）也可以为这些"留职者"提供发泄情感的机会。有些组织正以规模紧缩为契机执行员工参与程度更高的项目，如授权和自我管理工作团队。简言之，为保持良好的士气和较高的生产效率，组织应尽一切努力让那些仍在组织里工作的员工知道自己是有价值的，是组织最需要的资源。表 9-6 概括了管理者为减轻裁员创伤所采取的一些措施。[45]

表 9-6　管理裁员的方法
• 公开而诚实地沟通：
——尽快通知拟要裁减的人员；
——告诉留职者新的目标和期望；
——解释裁员的影响
• 遵守任何有关解雇金或解雇福利的法令
• 为留职者提供支持或咨询
• 根据员工的才能和背景重新布置任务
• 注重提高士气：
——提供个性化的安慰；
——继续进行沟通，尤其是一对一的沟通；
——保持关注并留在现场

9.5.2　什么是性骚扰

性骚扰是一个严重的问题！

最近，几项针对公共和私营部门组织中知名人士的指控凸显了性骚扰的普遍性。米兔（MeToo）运动让许多人感到震惊，因为性骚扰是一个超乎许多人想象的普遍问题。现在，许多组织的领导者正在审查预防和解决性骚扰问题的策略。

尽管性骚扰明显很频繁，但每年向平等就业机会委员会（Equal Empleyment Opportunity Commission，EEOC）提交的投诉只有 6 500~8 000 起，其中超过 16%的投诉是男性提起的。部分案件的和解致使公司承担了巨大的诉讼成本。据估计，性骚扰是当前公司面临的最大单一财务风险——可能导致公司股价大跌（有时跌幅超过 30%）。例如，三菱公司曾向 300 名受到猥獗性骚扰的女性支付了超过 3 400 万美元赔偿金。但损失不仅限于陪审团裁决的赔偿金。性骚扰导致的旷工、低生产力和人员流失使企业损失惨重。此外，性骚扰并非美国特有现象，而是一个全球性问题。例如，在一项全球调查中，近 10%的员工表示，他们在工作中受到过性骚扰或身体骚扰。调查覆盖了印度、中国、沙特阿拉伯、瑞典、法国、比利时、德国、英国和波兰等国家。尽管对性骚扰案件的讨论通常集中在法院判定的巨额裁决上，但雇主还面临其他问题。性骚扰营造了令组织成员不愉快的工作环境，并削弱了成员的履职能力。但究竟什么是性骚扰？

任何强加于人、对员工工作造成影响的、具有性色彩的活动都可被视为性骚扰。性骚扰可发生于异性或同性之间——同公司员工之间或员工与非员工之间。[46] 尽管这样的行为不受第七条款（性歧视）的制约，但近年来人们对这一问题有了更多的认识。总体而言，在 20 世纪 80 年代中期之前，多数人把性骚扰问题看成孤立的事件，只需过错方单独为自己的行为负责（如果证据确凿的话）。[47] 然而，自 21 世纪初以来，对性骚扰的指控仍然经常见诸报端。

48% 的女性报告在工作中受到过性骚扰、言语骚扰或身体骚扰。

与性骚扰有关的问题的要点是弄清楚到底是什么造成了这种非法行为。[48]1993 年，平等就业机会委员会列举了 3 种可能发生性骚扰的情况。在这些情况下，针对别人的语言和身体行为：①会造成一种威胁、冒犯或敌对的局面；②会无端地干扰别人的工作；③会严重影响员工的就业机会。[49]

你必须警惕这种使同事难堪的事情。

对许多组织来说，冒犯或敌对的局面是问题所在。[50] 对一件事是否属性骚扰，组织成员如何判断呢？例如，在办公室讲黄段子会产生一种敌视的环境吗？讲下流的笑话呢？展示全裸的女人画像呢？回答是"可能会！"但具体如何还取决于组织员工及他们的工作环境。如果我们不知道什么使他人难堪，那么我们应该弄清楚！[51] 组织的成功会在一定程度上反映出公司每一位员工对他人是否很敏感。[52] 例如，杜邦公司（Dupont）的文化和多样性的项目有助于员工了解和尊重其他人员，从而可以消除性骚扰。[53] 这意味着员工相互了解，而更为重要的是，尊重他人的权利。联邦快递公司、通用面粉公司（General Mills）及李维·施特劳斯（Levi Strauss）都有类似的项目。

如果性骚扰会增加组织的潜在成本，那么，公司怎样才能保护自己呢？[54] 通常，法院需要了解以下两件事情：组织是否知道或应该知道被指控的性骚扰行为？组织采取了什么措施来阻止这种行为？[55] 随着现在对组织判罚次数和罚金数目的增加，管理者更加需要对所有员工进行有关性骚扰方面的教育，同时需要建立可行的机制来防范这种情况的发生。另外，"受害者"不再需要提供心理创伤的证据。1993 年美国最高法院对哈里斯叉车系统公司（Harris v. Forklift Systems, Inc.）案件的裁决是，受害人即使没有遭受巨大的精神上的痛苦，法庭也可以判予损害赔偿金。并且，最高法院于 1998 年 6 月判定：即使未对员工工作产生任何负面影响，性骚扰指控也有效。在这个判例中，金伯利·埃勒丝（Kimberly Ellerth）是伯灵顿工业公司（Burlington Industries）的市场助理，她控告上司对她进行性骚扰，因为他"触摸她，建议她穿更短的裙子，在一次出差中上司告诉她，他可以让她的工作变得'很困难或是很容易'"。在埃勒丝回绝之后，性骚扰者并没有"惩罚"她，事实上，埃勒丝甚至还在被骚扰期间得到了提拔。最高法院对该案件的判定表明"性骚扰由该经理的丑陋行为决定，而不是由其后员工的遭遇决定"。[56]

98% 的美国组织有性骚扰政策。问题不是没有政策……而是文化。

最后，管理者应当记住，一旦陷入性骚扰事件，骚扰者也有权利。[57]在未经全面调查之前，不可对任何人做出判决。并且，在对被指控的骚扰者进行判决前，应当请一位独立而不带偏见的人对调查结果进行审核。即使这时，性骚扰者也应该有申辩的机会，如果他们有要求，还应当举行惩罚听证会。并且，他们应有申诉的途径，让与案件无关的更高层管理者了解实情。

思杰系统（Citrix System）是虚拟化、网络和云计算技术供应龙头企业，为其员工提供了灵活的、有助于平衡工作和家庭生活的工作日程安排方案。思杰系统让员工自由决定工作的完成方式、时间和地点，并允许其使用自有设备在家或办公室工作。

9.5.3　组织和管理者如何适应不断变化的员工队伍

在没有员工的情况下组织无法开展业务，因此管理者必须适应员工队伍中发生的变化。为此，他们正推行包括工作/生活平衡计划和临时性工作安排在内的各种员工倡议进行响应。

工作/生活平衡方案。20 世纪 60 年代或 70 年代，典型的员工每周一至周五出现在工作场所，并在 8~9 小时内完成自身工作。工作场所和时间被明确规定。对于大部分细分种类的劳动力而言，情况已不复当初。员工越来越多地抱怨工作和非工作时间之间的界限变得模糊，导致个人冲突和压力大增。以下几个因素导致了这种工作和个人生活之间的界限模糊。首先，在全球化的商业世界中，工作永无止境。例如，无论何时何地，都有成千上万的卡特彼勒（Caterpillar）员工在公司设施中工作。需要与相距 8 或 10 个时区的同事或客户接洽，意味着跨国公司的许多员工一天 24 小时处于"待命"状态。其次，通信技术允许员工在家中、在车里或在大溪地（Tahiti）的海滩上工作。尽管此功能让从事技术和专业工作的人员能够随时随地工作，但这也意味着无法逃离工作。再次，由于组织不得不在经济衰退期间裁员，"幸存"的员工发现自己的工作时间变得更长。员工每周工作超过 45 小时的情况并不罕见，有些甚至工作超过 50 小时。最后，现今单职工家庭越来越少，已婚员工通常是双职工家庭的一员，这使得已婚员工越来越难以抽空履行对家庭、配偶、孩子、父母和朋友的承诺。

越来越多的员工意识到工作正在挤占他们的个人生活空间，他们对此并不满意。当今与时俱进的职场必须适应多样化员工队伍的不同需求。作为回应，许多组织都在提供家庭友好型福利：提供多种日程安排选项，让员工工作时间更加灵活，以满足他们对工作/生活平衡的需求。他们推出了诸如现场托儿、夏令营、弹性工作时间、分工合作、学校活动假、远程办公和兼职工作等方案。微软、黑石集团（The blackstone group）、瑞士信贷集团（Credit Suisse Group AG）等公司就增加了优厚的带薪假，让员工有时间与其新生儿培养亲子关系。

尤其是年轻人，相较于工作而言，把家庭放在更高优先级，并寻找工作灵活性更大的组织。提供带薪假的雇主怎么样，这并非编辑错误！西雅图软件公司莫兹（Moz）的每位员工每年都有 3 周带薪假，且每年还会额外收到 3 000 美元用于假期相关消费。这是一家充分认识到工作/生活平衡重要性的公司。

临时工作。在上一章中，我们讨论了弹性工作和临时工作的概念，并着眼于设计迅速有效的弹性工作安排。我们见证了传统的全职就业者向临时就业者的转变，后者包括可以按需雇佣的兼职、临时工和合同工等。许多组织已将全职固定工作转变为临时工作。这是组织控制劳动力供需的一种方式。

人力资源管理对管理者和组织有何影响？由于临时员工并非传统意义上的"雇员"，因此管理他们将会面临一系列特殊挑战和预期。管理者必须认识到，相对于正式工而言，临时工的工作缺乏稳定性和安全性，因此后者可能并不认同其所效力的组织，也可能相对不够忠于组织，不够积极主动。管理者可能需要在实践和政策方面区别对待临时工。然而，通过良好的沟通和领导，组织的临时员工可以成为组织的宝贵资源，就像正式员工一样。今天的管理者必须认识到，他们有责任激励全体员工，包括全职员工和临时员工，并建立他们对做好工作的承诺。

　9.6　如何管理员工多样性和包容性

令人称奇的是，在米高梅国际酒店集团梦幻度假村（MGM Mirage，简称米高梅梦幻）的酒店大堂里，可以听到各种不同的语言。

由于客人来自世界各地，公司致力于体现职场多样性。

米高梅梦幻实施了一项旨在确保组织中每个人都感到被包容的方案。此类多样性在国内外许多组织的职场中俯拾皆是，其管理者正在寻找重视和发展这种多样性的各种途径。

9.6.1　什么是员工多样性

环顾教室（或职场），你可能会看到年龄、性别、身高、发色、眼睛、种族、着装风格各异的人。你会看到有人在课堂上畅所欲言，也有人乐于将注意力集中在做笔记或空想上。你是否注意到自己现在所处的多样性小世界？你们中的许多人可能在一个包括不同个体的环境中长大，而其他人可能没有那种经历。我们想关注职场多样性，来看看它是什么。

过去 20 年来，多样性与素质、领导力和道德等现代商业规范并驾齐驱，一直是最热门的商业话题之一。尽管如此流行，它也是最具争议和最不被人理解的话题之一。以民权立法和社会正义为基础，"多样性"一词经常会引起人们的各种态度和情绪反应。多样性在传统上被认为是人力资源部门使用的一个术语，与公平招聘、歧视和不平等有关。但如今多样性被赋予了更丰富的含义。

我们将员工多样性定义为组织中的人员彼此不同和相似的方面。请注意，我们的定义不仅关注员工差异，还关注其相似之处！以强化我们对于管理者和组织不仅应该注意到员工差异，还应该关注其共同素质的信念。并非那些差异不那么重要，而是说我们作为管理者的工作重点是找到与整个员工队伍建立牢固关系并吸引他们的方法。

9.6.2 职场存在哪些类型的多样性

在当今职场，多样性是一个大问题，也是一个重要问题。我们在职场发现了哪些类型的多样性呢？图 9-5 列出了几种类型的职场多样性。

德州鲜切牛排（Texas Roadhouse），一家连锁平价牛排馆，
因年龄歧视诉讼而支付了 1200 万美元赔偿款。

图 9-5　职场的多样性类型

年龄。人口老龄化是劳动力市场发生的重大转变之一。由于近 8 500 万婴儿潮一代中的许多人仍然受雇并活跃在劳动力市场，管理者必须确保这些员工不会因年龄而受到歧视。1964 年版《民权法》第七条和 1967 年版《就业年龄歧视法》均禁止年龄歧视。《年龄歧视法》还限制在特定年龄强制退休。除了遵守这些法律外，组织还需制定政策和方案，为年长的员工提供公正、公平的待遇。

性别。女性（46.8%）和男性（53.2%）人数几乎各占劳动力市场的一半。然而，性别多样性问题在组织中仍然相当普遍。这些问题包括同工不同酬、职业生涯起步和职业发展，以及质疑女性工作表现是否与男性一样好的认知误区。于管理者和组织而言，探索二者为组织带来的不同优势及其为组织充分贡献时面临的障碍很重要。

种族和民族。在美国和世界其他地区，正如最近事件所表明的那样，种族问题，以及人们如何对待不同种族的人并作出反应的方式有着悠久而备受争议的历史。种族和民族是组织多样性的重要类型。我们将种族定义为人们用来识别自身的生理承袭/生物学遗传特征（包括身体特征，如肤色和相关特征）。多数人将自己视为种族的一部分，这种种族分类是一个国家文化、社会和法律环境的组成部分。民族与种族有关，但它涉及社会特征——例如，人类共同拥有的文化背景或对民族的忠诚。

美国人口的种族和民族多样性正在呈指数级增长。我们也在员工队伍构成中看到了同样的效应。多数与职场相关的种族和民族研究都着眼于招聘决策、绩效评估、薪酬和职场歧视。管理者和组织需将种族和民族问题作为有效管理员工多样性的关注重点。

残障与否。 于残障人士而言，美国残障人士法案（Americans With Disabilities，ADA）正式通过的 1990 年，是一个分水岭。该法案禁止歧视残障人士，并要求雇主提供合理便利，以便身体或精神残障人士能够进入职场并有效地完成工作。随着该法律的颁布，残障人士成为美国劳动力市场中更具代表性和不可或缺的一部分。

在有效管理有残疾员工的员工队伍时，管理者需要创造和维护能让员工放心地透露其对工作空间便利设施需求的环境。根据法律，这些便利条件不仅要使残障人士能够完成工作，也要被非残障人士视为公平措施。故管理者需三思而后行。

宗教。 大学二年级学生哈尼·汗（Hani Khan）曾在旧金山的一家霍利斯特（Hollister）［美国高端休闲服饰品牌阿克贝隆比&费奇（Abercrombie Fitch，A&F）旗下一个副线品牌，霍利斯特面向青年男女，力求体现出南加州海滩冲浪风格］服装店担任了 3 个月的仓库管理员。一天，上司要求她摘掉据伊斯兰教义穆斯林女性必须佩戴的头巾，即希贾布（hijab），因为它违反了公司的"着装规范"（指导员工在工作场合规范服装、发型、化妆和配饰）。她以宗教信仰为由拒绝，一周后被解雇。像其他穆斯林女性一样，她提起了联邦工作歧视投诉。阿贝克隆比&费奇（Abercrombie & Fitch）发言人表示："如果任何员工发现公司政策与宗教信仰相冲突……该公司将与该员工共同努力，找到合理解决方案。"

《民权法》第七条禁止基于宗教（以及种族/民族、原籍国和性别）的歧视。但你很可能不会对美国宗教歧视索赔数量持续增长这一发现感到惊讶。在适应宗教多样性时，管理者需要认识和了解不同宗教及其信仰，特别注意某些宗教节日的时间。如若可能，企业可以其他员工不认为是"特殊待遇"的方式包容有特殊需求或要求的员工，从而受益。

罗希尼·阿南德（Rohini Anand）是全球食品和设施服务管理公司索迪斯（Sodexo）的全球多元化 CEO。她负责指导和实施索迪斯的多样性和包容性倡议，以确保尽可能为所有员工，无论年龄、性别、国籍、文化或个人特征（如性别取向、宗教和是否残障），提供最佳工作生活体验。

塔吉特公司的多样性管理包括，通过指导培养员工才能。如图所示，塔吉特公司委派执行团队领导 Chenille English Boswell，对员工进行小组、虚拟和同事辅导，以及提供越级指导，即高级领导担任导师对低于自己几个薪酬等级的团队成员进行指导。

其他类型的多样性

正如我们之前谈到的，多样性指职场中可能存在的任何差异。

管理者可能面临和必须处理的其他类型的职场多样性，包括社会经济背景（社会阶层和收入相关因素），来自不同职能领域或组织单位的团队成员，外表吸引力、肥胖/瘦弱、工作资历或智力等。每种类型的多样性也会影响员工在职场的待遇。同样，管理者需要确保所有员工都得到公平对待，并给予机会和支持，以保障员工能尽其所能地完成工作。

9.6.3　员工多样性和包容性如何影响人力资源管理

实现员工多样性和包容性包括招聘、选拔、入职培训、绩效管理和薪酬/福利等基本人力资源管理活动。

提高员工多样性需要管理者扩大招聘网络。例如，依赖现有员工推荐作为新求职者来源的流行做法往往会产生与现有员工特征相似的候选人。因此，管理者必须在他们以前通常未曾关注的地方寻找应聘者。为了增加多样性，管理者越来越多地转向非传统招聘来源，如女性就业网络、50 岁以上俱乐部、城市工作银行（工作银行，通常为失业人员提供计算机化的工作列表或安置服务）、残障人士培训中心和民族报纸。这类外联活动应使一个组织能够扩大其申请者的范围。

一旦存在多样化申请人，就必须努力确保选拔过程不会出现歧视。此外，申请人需要熟悉组织文化，并了解管理层满足其需求的愿望。例如，在星期五美式餐厅（TGI Friday's），公司管理者努力工作以适应差异并为多样化员工队伍创造职场选项。索迪斯、强生、安永、万事达卡全球（Mastercard Worldwide）和宝洁（Procter & Gamble）等公司亦是如此。

对妇女和少数族裔来说，定位通常很困难。许多组织，如莲花发展（Lotus Development）和惠普，都提供专门的讲习班以提高现有员工的多样性意识，并为新员工提供关注多样性问题的课程。上述努力旨在增进个人对职场中我们每个人所带来的差异的理解。一些公司还制定了专项指导方案以应对较低级别的女性和少数族裔管理者几乎没有可以识别的角色模型这一现实。

最后，组织必须知晓为其多样化员工队伍提供适当的培训、绩效管理选项和薪酬/福利。显然，这并不意味着对每个人都一视同仁，而是要考虑不同员工的需求。

9.6.4　包容性

实现员工多样性只是管理者的部分职责。正如一位人力资源专家所描述的那样，多样性类似于为合唱团寻找具有不同音乐背景、声乐才能和技能的人。然而，要使合唱团达到最佳状态，必须确保不同的声音被听到和重视，且有助于表演。这就是多样性和包容性所蕴含的理念。包容性被定义为"营造一个所有人都得到公平对待且受到尊重，拥有平等的机会和资源，并能为组织的成功做出充分贡献的工作环境"。因此，这不仅仅是让组织中的多样化人员参与进来的问题，还为他们提供做贡献的机会，并表明他们的贡献受到重视，且对组织很重要。于组织领导者而言，这是一项重要责任。

本章概要

（1）描述人力资源管理过程的重要组成部分及其影响因素。

人力资源管理过程由八项活动组成，可为组织配备高效称职的人员，这样的员工能够长期维持高水平的绩效。前三项活动分别是雇用计划、通过招聘增员与通过解聘减员和甄选。接下来的两个步骤是帮助员工适应组织和确保他们的技能与知识不过时，因而涉及情况介绍和培训两项人力资源活动。人力资源管理过程最后几个步骤是：确定绩效目标，纠正绩效改进中所暴露的问题，以及帮助员工维持高绩效水平。这几个步骤通过绩效管理、薪酬与福利及安全与健康保障这几项人力资源活动来完成。尽管其他环境条件诸如重构、紧缩、多样性等会影响人力资源管理过程，但其最大的影响因素是法律。

（2）讨论有关识别和选择称职员工的工作。

第一项工作是雇佣计划，包括工作分析，以及工作说明书和工作规范书的编制。如果存在职位空缺，就要进行招聘。招聘指努力找出一批潜在的应聘者。组织通过紧缩解决人员冗余问题。甄选指确定谁最胜任工作。甄选方法必须既可靠又有效。管理者可能会给潜在的员工提供现实的工作预展。

（3）解释如何为员工提供必需的技能和知识。

新员工必须适应组织文化，并进行培训和学习以便以一种与组织目标相一致的方式从事工作。情况介绍——包括岗位、部门及组织的情况——可为新员工提供了解其工作的信息。培训旨在帮助员工提高从事工作的能力。

（4）描述留住高效称职员工的策略。

在这方面起重要作用的两项人力资源管理活动是管理员工绩效及制订合适的薪酬与福利方案。管理员工绩效包括确定绩效标准和对绩效进行评估以了解员工是否达到了标准。管理者可以采用多种绩效评估方法。如果员工的绩效没有达到规定的水平，管理者应当了解原因并采取相应的措施。薪酬和福利方案有助于吸引与留住能干称职的人员。管理者必须确定谁得多少报酬及提供哪些福利。

（5）讨论当代人力资源管理问题。

规模紧缩是有计划地削减组织中的工作岗位，组织必须从留职者和离职者的角度来管理紧缩问题。员工多样性必须通过招聘、甄选和情况介绍等人力资源活动来进行管理。性骚扰是组织和管理者要特别注意的问题，也就是说，必须形成计划和机制以便对所有员工进行这方面的教育。职场精神指组织努力使员工的工作更有意义。

（6）解释什么是员工多样性和包容性，及其如何影响人力资源管理流程。

员工多样性是员工队伍中不同个体在性别、年龄、种族、性取向、民族、文化背景及残障与否等方面彼此相似和不同的方式。包容是一种工作环境的实现，在该环境中，所有个体都被公平对待且受到尊重，拥有平等的机会和资源，并能为组织的成功做出充分贡献。多样性和包容性都会影响人力资源管理流程，尤其是在招聘、选拔、入职培训、绩效管理和薪酬与福利等基本活动中。

复习思考题

1. 人力资源管理如何影响全体管理者？

2. 雇主是否可以不受政府干预自主选择员工？请找出证据支持你的观点。

3. 有些批评者声称公司的人力资源部门超出了其应有的作用，不再是帮助员工，而是保护组织不受法律问题的困扰。你对此有什么看法？组织具有正式的人力资源管理过程有什么好处和不好之处？

4. 你认为潜在的雇主通过面试、笔试及背景调查等方式探询应聘者的生活情况是否符合职业道德？如果他们查看你的脸书或个人博客，你怎么看？阐述你的观点。

5. 讨论各种招聘渠道的优缺点。

6. 讨论各种甄选方法的优缺点。

7. 现实工作预展有哪些优缺点（分别从组织与员工的角度进行讨论）？

8. 列出影响员工薪酬与福利的因素。

9. 你认为什么是性骚扰？请说说公司如何才能把工作场所的性骚扰降至最低？

10. 描述组织中发现的多样性类型，以及组织应如何通过多样化员工队伍开展人力资源管理活动。

11. 全球环境如何影响人力资源管理？

12. 人力资源管理如何帮助组织实现在"对的时间和对的地点获得合适数量对的人"？

管理技能建设：提供良好的反馈

每个人都需要反馈！如果你想让人们做到最好，他们需要知道自己在哪些方面做得好，哪些方面可以做得更好。这就是为什么提供反馈是一项如此重要的技能。但是有效地给予反馈是很棘手的事！这就是为什么我们经常看到经理们不想给予反馈，或者所给予的反馈不会带来任何积极的结果。

技能基础

如果你使采用以下具体的建议，你会觉得更舒服，更有效地提供反馈。

（1）直接关注具体的行为。反馈应该是具体的而不是空泛的。避免这样的表述："你的态度不好"或"你的出色工作给我留下了深刻的印象"。它们是模糊的，虽然提供了信息，但是没有告诉对方足够多的信息来纠正"坏态度"，或者你根据什么得出结论，认为"好工作"已经完成，以便这个人知道应该重复或避免什么行为。

（2）关注现实。把你的反馈集中在可以改变的方面。当人们收到关于他们无法控制的事情的评论时，这是令人沮丧的。

（3）保持客观的反馈。反馈，特别是负面的反馈，应该是描述性的，而不是判断性的或评价性的。不管你有多沮丧，都要把反馈集中在与工作相关的行为上，不要因为某人的不当行为而当面批评他。

（4）保持反馈的目标导向。反馈不应该是为了"泄愤"或给另一个人"泄愤"。如果你不得不说一些消极的话，确保它是针对接受者的目标。问问自己这些反馈是为了帮助谁。如果答案是你，请保持沉默，不要发表评论。这样的反馈会削弱你的可信度，降低未来反馈的意义和影响。

（5）知道什么时候给予反馈——要把握好时机。对于一个接受者来说，当他的行为和收到关于该行为的反馈之间时间间隔很短时，反馈是最有意义的。此外，如果你特别关注行为的改变，延迟反馈对于有效改变所不希望看到行为的可能性会降低。当然，如果你没有足够的信息，如果你很生气，或者你在其他方面情绪不佳，那么仅仅为了及时而做出反馈可能会适得其反。在这种情况下，"时机恰当"可能意味着"稍有延迟"。

（6）确保理解。确保你的反馈是简洁和完整的，以便接受者清楚和完全理解你的沟通。让接受者复述你的反馈内容，这可能会有助于了解他是否完全领会了你的意图。

（7）注意你的肢体语言、语调和面部表情。你的肢体语言和语调比语言更有说服力。思考你想要表达什么，并确保你的肢体语言支持这一信息。

资料来源：A. Tugend, "You've Been Doing a Fantastic Job. Just OneThing…," New York Times Online, April 5, 2013; C. R. Mill, "Feedback:The Art of Giving and Receiving Help," in L. Porter and C. R. Mill(eds.), The Reading Book for Human Relations Training (Bethel, ME:NTL Institute for Applied Behavioral Science, 1976), pp. 18–19; andS. Bishop, The Complete Feedback Skills Training Book (Aldershot, UK:Gower Publishing, 2000).

技能应用

通读这个场景，并遵循结尾的指引。

克雷格（Craig）是一个优秀的员工，他的专业知识和生产力总是达到或超过你的期望。但最近他一直在给你们广告团队的其他成员制造麻烦。像他的同事一样，克雷格研究并计算你广告代理客户的媒体报道成本。这项工作需要费力地翻阅几本大型参考书，找出每个电台或电视台时段的正确基价和附加费用，计算每项实际成本，并将结果汇编成计算机电子表格。为了使工作更有效率和方便，你总是允许你的团队成员在使用参考书的时候把它们带到自己的桌子上。然而，最近，克雷格已经连续几天甚至几周把书堆在身边。这些书妨碍了经过他办公桌的交通，其他人不得不特意从克雷格的书堆中移走这些书。你该和克雷格谈谈这个问题了。

准备一份你将如何与克雷格讨论这个问题的提纲。使用"技能基础"中的建议，尽可能具体地说明你将说什么，以及你将如何实现这个目标。如果你的教授选定你，准备好在课堂上展示你扮演的角色。

体验练习

对于本章的体验练习，本可让你做一些很简单的事情，比如，找到最常见的面试问题并练习回答。（谁知道呢……你可能想自己单独做。）但是，我们决定让你专注于一些更具挑战性，且至少同样重要的事情：办公室恋爱。是的，它经常发生。毕竟，多数员工每周都会在工作上花费大量时间。事实上，在一项关于办公室恋爱的调查中，有25%的受访者表示他们曾与一位同事谈过恋爱。但是，由于公司担心权力问题和潜在的性骚扰指控，对职场关系的审查也愈加频繁。

请享受下述任务带来的乐趣，但也请严肃对待！在职业生涯的某个阶段，无论是作为参与者还是作为管理者或两者兼而有之，你很可能不得不处理这些问题。在你所在小组，讨论并回答以下问题。

（1）当同事谈恋爱时，可能出现哪些潜在问题？（从恋爱到潜在的分手等方面仔细考虑。）

（2）组织是否应该禁止办公室恋爱？管理者和下属之间谈恋爱会怎样？请解释。

（3）组织的约会政策应该包括什么内容？制定你认为可能很重要的广泛指导方针，特别要考虑到在问题（1）和（2）中的讨论。如果你目前在职，你可能会想与雇主确认制定哪些指导方针。

应用案例 9-1：种族关系
专题：潜意识（隐性）偏见，种族偏见问题培训

反偏见培训会奏效吗？

经过数十年的赞助性行动、多样性培训和包容性实践，你会可能认为偏见（种族、性别、年龄，应有尽有）不会成为问题。但几乎每个人都观察到了工作场所的偏见……关于特定人群的笑话，与上司是朋友的同事似乎获得了最重要的项目，等等。显性职场偏见（不幸的是，在组织中很可能每天都会发生）和潜意识偏见（后者在我们自己和他人身上可能更加微妙和难以识别）会给组织带来麻烦。你知道显性偏见问题，但对潜意识偏见又了解多少？例如，你是否曾经根据某人的体重（嗯，他们看起来不像管理者，所以不会是管理培训计划的好人选），或他们就读的学校（嗯，他们的学位是从一个小型地区性大学获得的，所以不可能知道最新的技术或接受最好的教育），或他们内向的天性（嗯，他们从不在会议上发言，所以显然没有意见），而做出错误评价？星巴克公司即将在这 2 个方面给出警示。

最近，在费城市中心，两名年轻的黑人男子在一家星巴克门店会面，讨论数月以来他们一直在进行的一项不动产交易。其中一名年轻人要求使用洗手间，但门店经理告诉他洗手间仅供付费顾客使用，并上前询问他们是否要点饮料，但被拒绝了。于是员工报警，故两人因涉嫌非法侵入而被捕。星巴克没有提出指控，于是二人又被释放。一位顾客在网上发布的手机视频显示，尽管当时有其他顾客表示两人没有做错任何事，并质疑他们被捕的原因，几名警察还是给这两名年轻男子戴上了手铐。社交媒体一片哗然，此后，星巴克 CEO 凯文·约翰逊（Kevin Johnson）在推特和电视新闻节目中为此事件道歉。并表示，报警的员工已不再在那家门店工作。CEO 还表示，他"有责任了解发生了什么，以及导致这种情况的原因，并确保解决问题"。

那么，星巴克是如何"解决"该问题的呢？第一步是审查公司指南，该指南在其全球 28 000 家门店中各有不同。第二步是对潜意识偏见问题的培训进行投资。为落实该培训，星巴克将国内 8000 多家门店全部关歇业一天，以开展反偏见培训。大约 175 000 名星巴克美国员工接受了潜意识或隐性偏见相关培训，该状态下"人们部分根据刻板印象做出决定，而未意识到刻板印象已经影响了他们"。100 名学术研究人员表示，培训可以帮助个人识别潜意识偏见并找到将其最小化的方法。其他专家表示，反偏见培训要么有效，要么完

全失败。然而，一位人力资源专家指出，"培训本身并不能解决隐性偏见的问题"。

讨论题

1. 星巴克员工培训的重点是什么？为何该培训很重要？

2. 什么是潜意识（隐性）种族偏见？为何这是一个问题？

3. 除了这种密集的店内培训外，星巴克还能做些什么以创造更微妙的店内体验？

4. 从本故事中，你能学到哪些分别对你个人和职业有好处的方面？

5. 隐性偏见是道德/社会责任问题吗？做出决定并捍卫自己的立场。如果认为是，请解释原因。如果认为不是，又是为何？

应用案例 9-2：简历之憾
专题：简历不实

你会在简历上造假以获得想要的工作吗？70%的大学生说会！

人力资源管理者表示，53%的简历和工作申请涉嫌造假，21%的简历造假为学位造假。一项对标准简历的审查发现，80%的简历包含"不实"描述。在数字和社交媒体时代，很难想象有人会伪造记录，更不用说那些身居高位者，如 CEO。

经彻底调查，斯科特·汤普森（Scott Thompson）于 2012 年初被任命为雅虎 CEO。就职于雅虎之前，汤普森是贝宝的总裁，此前，他是贝宝的首席技术官。汤普森接替了著名的计算机行业高管卡罗尔·巴茨（Carol Bartz），后者担任雅虎 CEO 两年，一直未能解除雅虎的困境。在上任的头几个月，汤普森制定了扭转公司格局的战略规划，其中包括大规模裁员。接下来，整个局势逆转直下。一位激进投资者致函雅虎董事会，对汤普森签署的美国证券交易委员会监管备案文件表示担忧，并表示"据他所知，文件内容准确无误"，该文件称汤普森 1979 年从波士顿南部一所小型大学获得会计学学士学位和计算机科学学院学位。该投资者表示，有理由相信该学位仅适用于会计学。实际上，后来发现，直到 20 世纪 80 年代初，该大学才开设计算机科学课程，学校官方证实汤普森先生获得的是工商管理学学士学位。该投资者质疑汤普森修饰了学历，并质疑董事会未能"对其最重要任务之一——确定和聘用 CEO"行使应有的"勤勉和监督"职责。

当一切尘埃落定，一位与该公司关系密切的人士表示，"在没有证据表明汤普森先生在简历方面主动误导雅虎的情况下，雅虎的董事很可能不会逼他下台。当前，让其继续担任雅虎 CEO 比追究其是否拥有计算机科学学位更重要。"起初，以上就是雅虎董事会的立场。然而，争议持续扩大。在雅虎的一次高层会议上，汤普森表示他"对没有在公开自传中发现错误表示遗憾"。并暗示，一家猎头公司可能在 7 年前就插入了这些信息。然而，这场指责游戏适得其反。他的部分评论最终出现在科技博客上，激怒了这家猎头公司，该公司出示了汤普森先生提供的不实自传文件。正如一位了解情况的人士所说，"掩饰（推卸责任）比犯罪（自传造假）更为恶劣。"不久之后，汤普森辞职。尽管董事会没有给他遣散费，但他确实保留了在职期间收到的 700 万美元现金和股票。对于其仅仅 4 个月的工作任期而言，这一趟收获颇丰。

讨论题

1. 关于核实求职者背景的重要性，本故事告诉了你什么？

2. 当高管的简历不准确时，哪些利害相关者会受到影响？受到怎样的影响？

3. 看看本故事第一段的统计数据。你感到惊讶吗？为什么？

4. 从本故事中，你能学到哪些分别对你个人和专业有帮助的方面？

5. 此时，你应该（希望如此）已经准备好一份简历。若尚未准备，请使用学校提供的任何帮助准备一份。准备好简历之后，与一位同学组队，互相评论对方的简历。在彼此的简历中，你们发现了哪些前后矛盾之处或"漏洞"？这也是一个了解他人如何准备简历的好机会，并可能获得一些完善简历的灵感。

应用案例 9-3：发现人才
专题：吸引/选拔人才

当心"紫松鼠"！

吸引和选拔合适的人才对公司的成功至关重要。对于科技公司来说，这一过程更为关键，因为员工的知识、技能和能力决定了这些公司的效率、创新及最终的财务成就。[58] 那么，像谷歌和脸书，甚至 IBM 和微软这样的公司，如何吸引他们所需要的人才呢？正如您将看到的，这些公司会使用一些独特的方法。

莫迪斯是一家全球信息技术人员配备和招聘提供商，对于寻找有才华的技术型人才有着有益的理念。随着企业寻找合格员工的压力越来越大，寻找"完美"候选人的竞争也越来越激烈。这家公司将其对完美候选人的搜索称为"对'紫松鼠'的追求"。有时你只需要重新认识到，"完美"候选人就像紫松鼠一样并不存在或根本不存在。但是这并不意味着你不去寻找最好的人才。

一些知名科技公司是如何发现人才的？

对于 IBM、微软和惠普等"成熟"科技公司来说，挑战可能特别困难，因为它们没有初创企业或更年轻、"更热门"的科技公司所具有的吸引力。因此，这些企业必须真正提高自己的水平。以 IBM 为例。在沃森公司的计算机在一场电视比赛中击败了两位前《危险边缘》冠军后，该公司将这台计算机运到了卡内基梅隆一所顶级学校，在那里的学生有机会挑战计算机。IBM 的目标是吸引一些学生考虑 IBM 的职业生涯。惠普在各个学校采用比萨派对/科技讲座的方式，试图在其他科技公司和初创公司抢走年轻学生之前吸引他们。曾经是这些初创公司之一的微软，已经将校友送回学校，宣传为什么微软是一个发挥他们才能的好地方。它还举办游戏之夜、期末考试学习派对和应用程序开发课程，以及其他试图吸引学生的活动。

对于脸书和谷歌这样的公司来说，由于潜在员工的需求不断增加，且供应有限，因此寻找人才仍然具有挑战性。因此，即使是这些公司也必须在发现人才方面具有创造性。例如，谷歌发现，他们对简历的关注过于狭隘（如预期的那样），过于集中在教育方面。平均学分绩点（grade point average, GPA），和即使是学业评价测验（scholastic assessment test,

SAT）考试的分数都是为了找到那些智商（intelligence qaotient，IQ）最高的候选人。但他们发现，一些所谓的优秀人才在工作上不如预期的那么有效。因此，他们开始以不同的方式看待简历。他们不再从上往下看简历，而是从下往上看，试图找到一些罕见的、特殊的特质，让应聘者成为独一无二的人才。脸书发现老式的招聘渠道无法以所需要的、足够快的速度获得人才。因此，它尝试了在线拼图和节目挑战来吸引和发现人才。这是一种简单、快速、廉价的方法，可以从潜在的坦诚约会对象那里获得意见。尽管有这些独特的方法，但年轻的科技公司，像这些公司和其他许多公司一样，对候选人有着内在的吸引力，这也是事实，主要因为他们是当前"流行"和"热门"的公司。此外，在许多年轻的科技公司中，没有根深蒂固的官僚主义或文化限制。如果员工想在货运公司工作，短裤、T恤衫和人字拖都是允许的。事实上，吸引许多有才华的员工加入这样公司的原因是，他们可以自己设定工作时间，带宠物上班，享受免费食品和饮料，以及各种其他福利。

讨论题

1. 本案例对员工的供求有何影响？这对企业有何影响？

2. 对于发现人才，寻找"紫松鼠"背后的含义是什么？这是否也与非科技公司有关？请讨论。

3. 你认为成熟的科技公司在吸引科技人才方面会遇到更大的困难吗？请解释。

4. 你对谷歌和脸书尝试的招聘方式有何看法？何种招聘方式会"吸引"你的注意力？

5. 科技公司因缺乏女性担任管理和决策职位而臭名昭著。这将如何改变这些公司为吸引人才所做的工作？在你所在小组，集思广益，设法尝试吸引女性人才。

注释

本章注释文件请扫二维码下载。

专业模块　专业精神与就业能力

1. 什么是专业精神

你很可能听说过（从教师、雇主、家人到我们自身）在职场中表现出"专业"的行为至关重要。这意味着什么？若你想在工作中被认真对待，有晋升机会，让老板视你为团队（和组织）的资产，那么以专业的方式做事至关重要！它如此重要，以至于我们将在本模块中分享技巧和理念来告诉你这到底意味着什么。

那么，什么是专业精神？很简单，就是你在工作中的表现——你的态度、行动和行为。

而且，专业精神不仅适用于"专业"的医生、律师、工程师，也适用于受雇于人的任何人。使你专业的并非职位，而是你本人在工作中的言行举止，以及与同事和客户的互动方式。即使是收银员、餐饮服务员和维修工等，亦可表现出专业精神。作为一名大学应届毕业生，如果你以专业的态度对待工作（和职业），你的职业生涯将有一个良好的开端。

宾夕法尼亚州约克学院（York college of Pennsylvania）专业卓越中心（the Center for Professional Excellence）对专业精神和大学应届毕业生的一项研究强调了有关年轻人专业水平的一些有趣观点。首先，调查受访者倾向于认为年轻员工比其他员工更不可能表现出专业精神。其次，调查发现最近大学毕业生最缺乏的专业素质包括社交/沟通技巧、尊重和职业道德。再次，调查发现了与员工专业性最相关的若干品质或行为，以及与不专业最相关的品质或行为。以下是受访者观点。

与具有专业精神最相关的品质或行为：

- 专注；
- 准时/专心；
- 谦逊；
- 勤勉；
- 沟通技巧。
- 与缺乏专业精神最相关的品质或行为：
- 失礼；
- 不负责任；
- 没有雄心；
- 迟到/缺席；
- 缺乏沟通技巧。

这项特定研究报告还涉及大学应届毕业生的权责意识、信息技术礼仪、注意力不集中行为、着装和外观、着装规范、文身和对工作的态度等领域。该报告让人大开眼界，并得以一瞥人们如何看待专业精神（和缺乏专业精神）。

2. 怎样才能展示我的专业精神

表现出专业精神不仅是为了避免显得不专业。你可能会觉得只要做好了本职工作，其他的谁会在乎？但是，若你总是不能按时完成任务或项目；或在参加会议时不做好准备；或不尊重他人；或剽窃他人创意而不说明来处；或阳奉阴违，说一套做一套；或经常违背承诺……你会被贴上不专业的标签。表现出专业精神需有意而为之。专业行事意味着全力以赴，通过你的技能、态度和行为向他人展示你值得信赖、懂得尊重且能够胜任。

技能。雇主认为哪些技能是重要的？最重要的 3 项技能分别是沟通、批判性思维和道德/诚信。这就是我们将就业技能作为本文重点的原因。我们将技能范围扩展至协作、知识应用与分析，而不仅是沟通、批判性思维和道德诚信。在校期间，通过练习和使用这些技能来武装自己，是提高专业水平的方法之一。但技能只能让你到此为止，要想被管理者和雇主视为专业人士，还需有合适的态度和行为。

态度和行为。什么态度和行为对成为专业人士很重要？我们将与你分享几种。虽然清单并不详尽，但这些都是展示专业精神的重要步骤。

- 值得信赖。向他人表明有你在，他们可以依靠你，你言出必行，并关注最后期限。78%的人力资源管理专业人士表示，可靠性是最重要的行为习惯之一。
- 坦率真诚。说实话，坦率直言。若你不打算在截止日期前完工，请如实向团队领导或管理者汇报。若有人问你的意见，请如实以告。这样，同事就会知道你值得信任。
- 诚信行事。始终如一地践行你的原则。希望你已"进入"了自身原则与组织原则相一致的组织。
- 尊重他人。尊重职场内外所有人。人们乐于得知自己很重要。尊重在很大程度上体现在准时这一点。当你上班或开会迟到时，会给人一种你不在乎工作或他人日程安排的印象。
- 有职业道德。你得到报酬就要履行相应的工作义务并且把工作做好。所以，这意味着当你看到可以改进的方面时不能缄口不言。请大声说出来！若你的组织欣欣向荣，你的事业也会蒸蒸日上。
- 勇于担责。不要总是说"这不是我的工作"。这就是你的工作！（主动）承担责任，即使它不在你的工作职责范围。要乐于挺身而出，帮助你的团队和组织。如果你做错了什么或搞砸了什么，要主动承认！
- 善于倾听。有效倾听和回应他人的能力对于发展良好的工作关系至关重要。多数人都须努力成为好的倾听者。我们（总是）倾向于考虑如何回复对方，而非真正倾听对方的诉求。
- 管理情绪。在高压情况下镇定自若并保持良好的发挥需要具备情绪管理能力。这并非易事，但是高度专业人士能在争论和分歧中保持文明，正如我们之前所说，尊重他人。
- 平易近人。是的，我们都认识某个态度恶劣的人。（希望你不是这种人！）态度不好的人是愤世嫉俗的和消极的。在寻找益处或解决方案之前，这些人往往会挑剔每一个人和每一件事的错处。
- 不墨守成规。是的，我们知道改变很难！我们喜欢熟悉的舒适。但有时，改变是必要的。不要指望别人只是接受你的本来面目，也不要在尝试新方法时拖泥带水。
- 别发脾气！我们都有心情不好的时候。但是把你的坏心情留在外面。不要拿你的同事、上司，尤其是你的客户来出气。如果你心情不好是因为你的工作，那么也许是考虑换份工作的时候了。

3. 怎样才能拥有成功的职业生涯

"职业生涯"一词多义。在流行的用法中，它可能意味着晋升（"她在管理职业轨道序列上"）、职业（"他选择了会计职业"）或一生的工作序列（"他的职业生涯包括在 4 个组织从事的 8 份工作"）。出于我们的目的，我们将职业生涯定义为一个人一生中担任的一系列工作职位。根据该定义，很明显我们都拥有或将拥有职业。此外，该定义对于非技术工人而言与其对于软件设计师或医生而言同样重要。但是，职业发展已今非昔比！

虽然多年来"职业发展"一直是重要的管理学课题，但其概念发生了一些戏剧性变化。过去，职业发展规划旨在帮助员工在特定组织内促进工作生活的平衡。此类计划的重点在于为员工提供那些帮助其实现职业目标所需要的信息、评估和培训。职业发展也是组织吸引和留住优秀人才的一种方式。然而，此方法几乎已绝迹于当今职场。现在，有这种传统职业规划的组织很罕见。裁员、重组和其他组织调整给我们带来了关于职业发展的一个重要结论：你本人——而非组织——将负责设计、引导和发展自己的职业生涯。这种强调个人对自身职业责任的观点被描述为无边界职业生涯。其挑战在于几乎没有硬性规则可以引为参考。

你必须首先做出的决定之一是职业选择。最优选择是能实现你想要的生活与你的兴趣、能力和个性及市场机会之间的最佳匹配。良好的职业选择应该带来一系列让你有表现机会的工作，让你一直想致力于从事该职业，让你高度满意，并让你在工作和个人生活之间取得适当平衡。因此，良好的职业匹配意味着你能够发展积极的自我概念、从事你认为重要的工作并过上想要的生活。在第一资本金融公司（Capital One Financial Corporation）的一项调查中，66%的大学毕业生表示：排名第一的综合福利包［包括医疗保健、401（k）计划、儿童保育和家庭伴侣福利等］是影响他们选择工作的最重要因素；起薪排名第二，选择此项的占比 64%；工作地点排名第三，选择此项的占比 60%。当代大学毕业生也希望通过他们的志愿者活动和慈善活动来获得奖励或补偿（例如，补偿时间或匹配捐赠）。

一旦确定了职业选择，就该开始求职了。然而，我们不会深入讨论求职、撰写简历或成功面试的细节，尽管这些事情很重要。让我们跳过上述环节并假设你的求职已经成功。是时候去上班了！你该如何生存并在职业生涯中脱颖而出？这里有几个提示。

（1）评估你自己的优劣势

你的禀赋在哪方面？相对于其他人，你做哪些事可以给你带来竞争优势？你特别擅长与数字打交道吗？有很强的人际关系技能吗？动手能力强吗？写作能力好过大多数人吗？每个人都有优于别人的长处，也有其弱点。发挥你的优势。

（2）确定市场机会

未来的工作机会在哪里？不论你有怎样的优势，某些工种在未来几十年中可能会衰落——如银行出纳员、小型农场主、电影放映员、旅行代办人及秘书等。相反，日益老龄化的社会、持续地对技术的重视、对教育和培训投入的增加，以及对个人安全的关注可能会创造无数的机会。在老年病咨询、网络管理、培训顾问和安全报警装置等领域可能出现极好的工作机会。

（3）负责管理自己的职业

过去，公司对员工的职业负责，现在这样的公司非常罕见。员工越来越应当对自己的职业负责。把你自己的职业当成你的企业，你是企业的CEO。为了生存，你必须密切关注市场因素，提防竞争者，随时迅速利用出现的机会。你必须保护你的职业，使其不受损害，并使你自己从环境的变化中获益。

（4）培养你的人际关系技能

人际关系技能，尤其是沟通能力，在几乎每一个雇主所要求的技能中占首位。不论是找工作还是职位晋升，良好的人际关系技能会给你很大的竞争优势。

（5）熟能生巧

越来越多的证据表明，超级成功者与其他人并没有根本的区别，只是他们更努力，更讲究方法。针对世界一流的音乐家、运动员、国际象棋手、科学家和企业家的研究发现，像泰格·伍兹、莫扎特、比尔·盖茨这些人在达到其事业顶峰前持续、专注地训练和学习了大约10 000小时（或者10 年，每年1 000小时）。要想在任何领域取得突出的成绩，就必须有意识地进行大量的练习——为使业绩超越你当前的能力水平而孜孜不倦、坚持不懈地反复练习。

（6）与时俱进

在当今不断变化的世界中，技能会迅速失效。为使你的职业不偏离正轨，你需要终身学习，不断地"上学"——即使不修读正规的课程，也应阅读书本和杂志，确保你的技能不落伍。

（7）关系网络

关系网络指为实现自己的目标同他人建立和维持有利的关系。有朋友身处高位对你很有帮助。有熟人让你及时了解你所在的组织及行业中的变化也会对你很有助益。参加会议，与大学时代的朋友和校友保持联系，参与社区活动，发展一系列广泛的关系。在当今相互联系日益密切的世界中，加入在线业务网络组织诸如领英、Spoke 和 Talkbiznow 等。

（8）提高知名度

关系网络可以提高知名度。另外，在专业杂志上发表文章、讲课或发言（在你的专业领域），参加大会或专业会议，也能提高知名度并保证你的成绩得到适当的宣传。让大家注意你可以增加你在市场上的流动能力和价值。

（9）找一个指导者

有指导者帮助的员工可能会上升更快，会对组织内部运作情况更了解，其接近高层的机会更多，满意度更高，受到的关注也更多。事实证明，指导者尤其有助于促进妇女和少数族裔的职业发展与成功。

（10）利用你的竞争优势

发展能增强你在市场中竞争优势的技能，尤其要重视那些对雇主重要的、稀缺的技能，以及竞争较少的领域。尽量避免最不利的一种情况，即人人都可用 30 分钟学会的工作。记住，你越难学会和发展的重要技能，别人也越难掌握。一般而言，一项工作所要求的训练越多，而具有这种训练的人越少，那么，你的安全系数和影响力就越大。

下面是我当学生时和当教授多年后的一个心得体会：要在学校获得成功，你必须是通才，每门功课都很出色。例如，要想各科成绩的平均积分点达到 4.0，你必须在英语、数学、科学、地理和语言等各门功课中都拿高分。然而，"现实世界"奖励专长，你不必样样都在行，你只需掌握一种本领，一种别人不具备而对社会又很重要的本领。你的数学或科学可能一塌糊涂，但这并不妨碍你成为成功的歌剧演员、艺术家、销售员或作家。英语不好照样可以当计算机程序员或电气技术员。人生成功的秘诀就是找到你的比较优势，然后不断加以发展。我们在前面已提到，你必须花费大约 1 万个小时磨砺技能，而后才有可能达到得心应手的程度。

（11）不要回避风险

不要害怕冒险，尤其是当你还年轻，没有太多东西可失去时。重返校园、移居另一个州或国家，或者辞掉工作创办自己的企业都有可能彻底改变你的人生方向。巨大的成功往往需要另辟蹊径，对未知事物心怀恐惧会令你裹足不前。

（12）换工作很正常

过去的几代人常常认为"不要放弃一个好工作"，但这个建议现在已不合时宜了。在当今快速变化的工作市场中，待在一个地方不动往往就意味着你落伍了。雇主不再要求长期的忠诚。要使你的技能不断更新、收入增加和工作有趣，你需要变换雇主的可能性越来越大。

（13）机会＋准备＋运气＝成功

成功的人通常都是有抱负、有智慧且勤奋努力的人，但同时他们也很幸运。许多极为成功的技术企业的创始人——微软的比尔·盖茨和保罗·艾伦（Paul Allen）、苹果公司的斯蒂夫·乔布斯（Steve Jobs）、太阳微系统（Sun Microsystems）的斯科特·麦克尼利（Scot McNealy）、诺维尔（Novell）和谷歌的埃里克·施密特（Eric Schmidt）——都是在1953年6月—1956年3月这几年间出生的，这并不是偶然的巧合。的确，他们聪明，他们对计算机和技术感兴趣，但他们也很幸运。在个人计算机刚刚开始时的1975年，他们正好十几岁或二十出头。若这些具有相似兴趣和天赋的人出生在20世纪40年代中期，那么，他们可能会在大学毕业后进入IBM这样的公司，并把全部注意力投入计算机主机的研发中。如果他们出生在20世纪60年代早期，那么，他们就会错过技术革命的开始阶段。

成功就是把机会、准备和运气三者结合起来。人们普遍认为，我们一生最多只有两三次特殊的机会。如果你很幸运，你会发现这些机会，并已做了适当的准备，然后利用机会。

你无法控制你的出生时间、出生地点、父母的经济状况之类的因素，这些都是运气。但是，你可以控制的是你的准备和当机会来临时你利用机会的意愿。

注释

本章注释文件请扫二维码下载。

第 **10** 章

管理工作群体与工作团队

团队协作几乎总是胜过员工单打独斗。

矫正管理偏见

　　根据一些新闻的报道，你也许会以为每一个组织都围绕团队进行了重组。以团队为基础的组织总是会比围绕个人构建的传统组织要好，这几乎已经成了一种信仰。在本章中，你将会看到，团队可以成为完成任务的非常有效的工具。但并不总是如此！对那些要求跳跃性创造思维的任务而言，个人往往比团队做得好。另外，团队会稀释责任——这将会导致巨大的风险，并且会让参与者以是别人的工作为借口，淡化个人责任。

　　当今的管理者相信使用团队能让组织增加销售量，或者以更低的成本更快地生产更好的产品。虽然创建团队的努力并不总是成功的，但是计划周密的团队能提高组织的生产率。例如，在美洲最大的石化公司布拉斯克姆（Braskem），聚丙烯团队（polypropylene team）已经表现出色，但其团队负责人认为作为一个团队他们可以变得更强。解决方案：持续的专业团队建设和培训。[1] 因为他们一起工作，而不仅仅是工作，团队还将变得更强大。

　　你也许有很多小组工作的经验——课堂讨论项目小组、运动队、募捐筹款委员会或工作中的销售队伍。在当今动态变化的全球环境中，工作团队是管理者需要应对的众多现实和挑战之一。许多组织已经开始围绕团队而不是基于个人进行工作重组。这是为什么呢？这些团队包含哪些内容？管理者如何打造高效团队？本章将会回答部分问题。在更好地理解团队之前，我们首先需要了解群体和群体行为的一些基础知识。

学习目标

1. 定义群体和描述群体发展的阶段。
2. 描述群体行为的主要概念。

3. 讨论群体如何发展为有效的团队。

4. 讨论管理团队的当代专题。

 # 10.1 什么是群体，以及群体发展要经历哪些阶段

群体中的每个人都有特定的角色：观察员、算牌人、打手、大玩家。在过去 10 年里，几个毕业于麻省理工学院（Massachusetts Institude of Technology，MIT）的学生组成了一个秘密群体——黑杰克俱乐部（Black Jack Club），他们凭借非凡的算术能力、专业的训练、团队合作及人际沟通技能，在美国几个主要的赌场赢走了数百万美元。[2] 尽管大多数群体的建立并不是为了达到这种欺骗性的目的，但该群体在成功完成任务方面还是给人留下了深刻的印象。管理者希望他们的工作小组也可以如此成功地完成任务。因此，我们首先要理解群体是什么，以及它是怎么发展的。

10.1.1 什么是群体

群体（group）就是两个或两个以上相互影响、相互依赖的个体为了达到某一特定目标而组成的集合体。正式群体（formal groups）是由组织结构所确立的工作团体，有着明确的分工和指定的任务，为实现组织目标而服务。表 10-1 给出了一些例子。非正式群体（informal groups）就是社会群体。这些群体是在工作环境中自发形成的组合，通常是因为友谊和共同兴趣而形成的。例如，来自不同部门的 5 个员工经常在一起吃午餐就形成了一个非正式群体。

表 10-1 正式的工作群体的例子

- **命令型群体**（command groups），这是由组织结构图决定的群体，成员向某个指定的管理者直接汇报工作
- **任务型群体**（task groups），这是为了完成一项特定的工作任务而将个人组成的群体，其存在通常是暂时性的，任务完成后群体就会解散
- **跨职能型团队**（cross-functional teams），该群体将来自各个领域和部门个体的知识与技能整合在一起，这些领域和部门的成员经过培训去完成他人的工作
- **自我管理型团队**（self-managed teams），这种工作团队在本质上非常独立，成员除了完成他们自己的任务，还要担负传统的管理职责，如招聘、规划和安排，以及绩效评估

10.1.2 群体发展经过哪些阶段

群体发展会经过 5 个阶段。

研究表明，群体的发展经过 5 个阶段。[3] 如图 10-1 所示，这 5 个阶段包括：形成阶段、震荡阶段、规范阶段、执行阶段和解散阶段。

形成阶段（forming）有 2 个时期。第一个时期出现在人们加入群体的时候。在正式群体里，人们因为一些工作分配而加入群体。一旦加入，就开始了第二个时期：界定群体

的目标、结构和领导关系。这一时期充满大量的不确定性，因为群体成员要进行"试水"以确定什么样的行为是可接受的。当成员开始意识到自己已是群体中的一部分时，这个阶段便完成了。

震荡阶段（storming）很可能是因为群体内部所发生的冲突而得名的。冲突的焦点在于谁将控制群体和群体需要做什么。当这一阶段完成时，群体内部将会形成一个相对明确的领导阶层和对群体方向的认同。

规范阶段（norming），群体中成员之间的紧密关系进一步发展，群体更富有凝聚力，更强烈的群体身份感与友谊也就形成了。当群体的结构固定下来，并且对什么是正确的成员行为达成共识时，这一阶段也就完成。

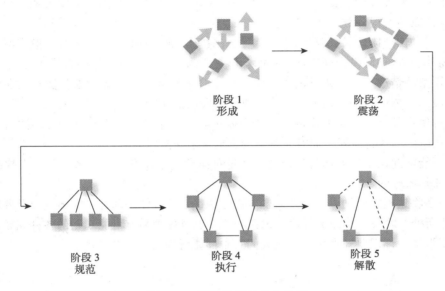

阶段 1
形成

阶段 2
震荡

阶段 3
规范

阶段 4
执行

阶段 5
解散

图 10-1　群体发展的各个阶段

MAD 是一家 2013 年在印度钦奈（Chennai）成立的计算机视觉和人工智能公司，目前正处于创业发展阶段。（右侧）是其联合创始人兼 CEO 阿什维尼·阿索坎（Ashwini Asokan）。阿索坎及其员工专注于为在线时尚零售商设计视觉搜索技术和人工智能辅助工具，以分析消费者数据、预测消费者需求及改善消费者购物体验。

Hemant Mishra/Mint/Hindustan Times/Getty Images

执行阶段（performing），群体结构开始完全发挥作用并被群体成员接受。成员的精力也从相互认识与了解转移到了执行必要的工作上。对于长期存在的工作群体，执行阶段是团队发展的最后一个阶段。但对于临时性群体，如项目小组、任务小组或类似的执行有限任务的群体，最后一个阶段是**解散阶段**（adjourning）。在这个阶段，群体在为它的解散做准备。高水平的工作绩效已不再是群体成员中首要关注的问题，他们的注意力已经从工作绩效转移至收尾活动中。群体成员反应各异，有的人积极乐观，为群体的业绩而激动，也有人为即将失去的友谊和同志之情而感到难过。

你们许多人可能已通过班里的群体项目而经历过这些阶段。群体成员在经过甄选或分配后首次见面，然后会存在一个"探索期"去确定群体将要做什么和将如何去做。接着通常会引起对控制权的争夺：谁担任负责人？一旦解决了这个问题并对群体里的"层级"进行认同后，群体就要明确需要完成的具体工作，谁将完成哪一部分工作，以及所分配的工作需要完成的日期。同时，还要确定大体的期望目标。这些决策有助于构建你所希望的能够出色完成项目的协作型群体。当项目完成并上交报告后，群体就解散了。当然，有些群体可能止步于形成阶段或震荡阶段，这也许是因为它们存在着严重的人际关系冲突，工作令人失望，以及所得分数较低等情况。

在经过前四个阶段后，群体会变得更加有效吗？部分研究认为是这样，但实际上并不是如此简单。[4]这种假设也许通常是对的，但是成为一个有效群体的因素是非常复杂的。

- 在某些情况下，高水准的冲突常会导致高水准的群体绩效。这可能是处在震荡阶段的群体可以比处在规范阶段或执行阶段的群体干得更好的原因。
- 群体也并不总是按顺序从一个阶段发展到下一个阶段。有时群体可能同时处于震荡阶段和执行阶段，而有时甚至会倒退到前一阶段。
- 不能就此认定所有的群体总是按照这种阶段顺序而发展，或者认为只有执行阶段才是最好的。

最好是将这些阶段纳入一个整体框架去考虑，强调群体是动态的实体，管理者也需要知道群体所处的阶段，从而更好地认识在群体发展过程中最有可能暴露的各种问题。

关于群体，你需要知道什么？让我们看看群体行为某些重要方面。

当今职场中的道德决策

当团队项目的同事紧密合作时，会不会出现信息过多现象？[5]某公司一个刚刚完成重大项目的团队出去吃午饭庆祝。午餐时，一个团队成员提到他正在为 20 英里自行车比赛做训练。除了讨论他的新头盔和莱卡短裤，他还描述了如何调整身体以减少空气阻力。随后，另一个团队成员说，她不想从同事而非朋友这里听到这种类型的信息，不知道为什么这个人竟然会想与工作团队的其他成员分享这类信息。在其他公司，管理者经常从年轻的 Y 一代员工那里听到令人尴尬和有争议的评论，例如，下班后或周末的太多聚会活动，或者他们正在寻找另一份工作。在另一家公司，一名员工与同事分享了有关他加薪的信息，这严重打击了团队士气。[6]

讨论题

1. 团队中有像这样信息过多的现象吗？请解释。像这样分享个人信息能够给团队带来什么好处和弊端？

2. 在工作中分享这类个人信息有什么伦理问题？团队领导能够/应当如何处理该问题？

10.2　群体行为的五个主要概念

10.2.1　角色

角色是居于某一社会单位中某一特定位置的个体被期望的行为模式。我们根据当时所属的群体调整自己的角色。员工通过阅读岗位说明书，从上司那里获取建议，观察同事所做的事，试图确定哪些行为是被期望的。当员工遇到不一致的角色期望时，就会发生角色冲突。

10.2.2　规范/一致性

规范是指团队成员共同接受的标准。

每个团队都有自身独特的一套规范。大部分组织的规范有一些共同特点。

- 努力和表现：
  - ——可能是最广泛的规则；
  - ——能够最大力度地影响单个员工的表现。
- 着装要求（工作场所可以穿什么）。

一致性是指调整个人行为以符合团队规则。

我们都希望被我们所属的组织接受，这使得我们容易受到一致性压力的影响。参见"当今职场中的经典概念"栏目（第 320 页），从所罗门·阿希（Solomon Asch）关于一致性的经典研究中学习更多关于一致性的知识。[7]在阿希的研究中，35%的参与者会遵循群体行为或"跟随群体"。

10.2.3　等级体系

团队内部的威望、地位或等级，是理解行为的一个重要因素。

人类组织总是存在等级分层。个体自己认为的地位和别人所认为的地位之间存在差异，这是行为后果的一个重要驱动因素。如果得到群体其他人的欣赏，任何事物都有地位价值。群体成员很容易将组织成员放入等级体系中，他们通常认同这样分级：谁地位高，谁地位低，谁在中间位置。人们认同组织的等级体系（个体感知到的地位和实际拥有的地位的一致性）以避免破坏行为对群体来说非常重要。

10.2.4　群体规模

群体规模会影响一个群体的绩效，但是效果取决于你使用的标准。[8]

小群体（5~7 人）更擅长：

- 更快完成任务；
- 明确该做什么；
- 完成任务。

大群体（12 人或以上）更擅长：

- 解决问题；
- 搜寻事实；
- 获取各种不同的信息。

大群体的弊端

随着群体规模的扩大，个体成员的贡献却往往下降。这种行为被称为**群体懈怠（social loafing）**[9]——责任的分散使个体松懈。当群体的成果不能归功于任何个体时，个体也许会倾向于"搭便车"，依赖于群体的努力，因为他们认为自己的贡献无法衡量。

当采用大的工作群体时，管理者需要找到可以判别个体努力的方法。

10.2.5 群体凝聚力

群体凝聚力指成员相互吸引、参与群体目标的程度。那些存在许多内部分歧、缺少合作的群体要比个体意见统一、共同合作、互爱互助的群体效率低。成员之间越是相互吸引，群体目标与个人目标越是一致，群体的凝聚力就越强。凝聚力强的群体比凝聚力弱的群体更有效率。

但是，*凝聚力和效率之间的关系更为复杂*。[10]

一个关键的调节变量就是群体的态度与它的正式目标，或者是与它所属的更大组织的正式目标相一致的程度，如图 10-2 所示。[11]

图 10-2 群体凝聚力与生产力

- 群体越有凝聚力，群体成员会越遵从群体目标。如果这些目标是有利的，凝聚力强的群体会比凝聚力弱的群体更具生产力。
- 如果凝聚力很强，而态度是不支持的，生产力便会下降。
- 如果群体凝聚力低，但是目标得到支持，生产力便会增加，但低于凝聚力强且支持率高的群体。
- 如果凝聚力低且目标没有得到支持，则凝聚力对生产力没有显著影响。

当今职场中的经典概念

你曾经被迫屈从于和群体保持一致吗？ 希望被群体接纳，会使个体易于顺从群体规范吗？群体会不会施加压力改变成员的态度和行为？根据所罗门·阿希的研究，答案是肯定的。[12]

阿希的研究

将被试者编成 7～8 人的小组，让他们都坐在一个教室里，对 2 张卡片进行比较。每一组的被试者要求大声宣布 3 条直线中的哪一条与单一直线相一致。

一张卡片上画有一条直线，另一张卡片上画有 3 条长短不一的直线。画有 3 条直线的卡片上有一条直线与另一张卡片上的直线一样长，其他两条直线的长度差异是非常明显的，如图 10-3 所示。

图 10-3　阿希试验所使用的卡片实例

在一般情况下，判断出错的人少于 1%。但是，如果小组中的成员开始给出错误答案，情况又将如何？

服从群体的压力会不会使毫不知情的被试者改变他的意见以保持和群体其他成员一致？

小组被提前安排好，不知内情者最后一个说出他的判断结果，这样就不会意识到试验是被操纵的。

试验先进行了两套匹配练习。所有的被试者都回答正确。

然而在第三套试验中，第一个被试者给出了明显错误的答案——比如，回答说是图 10-3 的 C。第二个被试者也给出了同样错误的答案，其他人也是如此。轮到最后一个不知内情的被试者，他知道是 B 与 X 相同，但是其他每个人都说是 C。不知内情者面对的决策就是：你会当众说出一个和大家刚才所说完全不同的答案吗？或者，你会说出一个你明知错误的答案以求和群体的其他成员保持一致吗？

在阿希所做的多次试验中，有35%的被试者顺从了群体的意见。也就是说，这些被试者给出了他们明明知道是错误的，但是和群体其他成员回答相一致的答案。

管理启示

阿希的研究为管理者理解群体行为提供了大量的真知灼见。正如阿希所指出的，个体成员倾向于随大溜。为了消除这种顺从性的负面影响，管理者应该营造出一种开放的气氛，使员工能够毫无顾忌地畅所欲言。

讨论题

1. 希望被群体接纳,会使得个体易于顺从群体规范吗？群体会不会施加足够大的压力改变成员的态度和行为呢？

2. 从个人和专业角度来看，在这个讨论中，你学习到什么？

10.3 群体如何转变为有效的团队

当戈尔（W. L. Gore）、沃尔沃（Volvo）和卡夫食品（Kraft Foods）这些公司引进团队管理模式时，曾轰动一时，因为当时还没有公司这样做。但是，如今却正好相反：那些没有应用团队模式的组织反而受到关注。据估计，《财富》世界 500 强中大约有 80%的公司至少一半的员工运用了团队模式；超过 70%的美国制造商都采用了工作团队。[13] 团队模式似乎在继续盛行。这是为什么？研究认为，当任务需要多种技能、判断力和经验才能完成时，团队明显会比个体取得更高的绩效。[14] 组织也正采用团队为基础的结构，因为它们发现，团队比传统的部门或其他形式的固定工作群体更能灵活而迅速地应对不断变化的事件。团队可以快速地组成、分配、巩固和解散。在这一部分，我们将讨论什么是工作团队，组织所采用的是哪几种不同类型的团队，以及如何创建和管理工作团队。

工作群体＝工作团队？

10.3.1 工作群体与工作团队一样吗

在这个问题上，你可能会产生疑问：群体和团队是同样的事情吗？不是。在这一部分，我们将定义并明确工作群体与工作团队的区别。[15]

绝大多数人可能都对团队很熟悉，特别是如果你观看或者参加过有组织的体育赛事。工作团队不同于工作群体，他们拥有自己独特的个性（见图 10-4）。**工作群体（work groups）**相互交流主要是为了共同分享信息并做出决策，进而帮助每个成员更有效率和更有效果地完成工作。工作群体没有必要或机会参与那些需经共同努力才能完成的集体创作。不过，

图 10-4 工作群体与工作团队的主要区别

工作团队（work team）却能通过成员积极的协作努力，将个体相互之间的责任及互补的技能致力于具体的共同目标上。

上述描述有助于廓清许多组织围绕团队进行工作流程重构的真实目的。管理就是要寻求这种会使组织提高绩效的积极协同作用。[16] 团队更广泛的作用还在于，它为组织在不增加投入（甚至会减少）的基础上增加产出创造了潜力。例如，直到经济衰退前，瓦查维亚（Wachovia）资产管理部门（现在已属于富国银行）的投资团队都能够明显提高投资绩效。因此，瓦查维亚团队帮助银行提高了它在晨星公司财务评价中的等级。[17]

需要注意的是：这些增长仅仅只是"潜在的"。在创建工作团队的过程中，并不必然能够保证协同效应的产生，以及相应生产效率的提高。因此，仅将一个群体称为一个团队并不能自动提高自身的绩效。[18] 正如我们在本章后面所要讲到的，成功的或者高绩效的工作团队通常会有某些共性。如果管理层希望组织的绩效获得提高，那么就必须保证他们的团队具备这些共性。

10.3.2　工作团队的不同类型

团队可以做很多事情。它们可以设计产品、提供服务、协商谈判、协调项目、提供建议和做出决定。[19] 例如，在北卡罗来纳州的罗克韦尔自动化公司（Rockwell Automation）的工厂，团队就被应用于工作过程优化项目。在阿肯色州的阿克西姆（Acxiom）公司，一个人力资源专家团队计划并实行了一次企业文化变革。在每个夏季周末的美国国家赛车联合会（National Association for stock Car Auto Racing，NASCAR）比赛中，当车手进站加油时你都能看到团队工作 [20]。组织中 4 种最常见的团队形式是：问题解决型团队、自我管理型团队、跨职能型团队、虚拟团队。

（1）当工作团队刚刚开始盛行时，其中的大多数团队都是第一种团队：**问题解决型团队（problem-solving team）**，这些团队往往是来自相同部门或职能领域的员工聚在一起讨论如何改善工作活动或是解决特定问题。在问题解决型团队中，成员就工作流程和方法的改进交换意见或提出建议。然而，这类团队往往很少能得到授权去执行他们所建议的行动。

（2）虽然问题解决型团队很有用，但是它并没有让员工参与到与工作相关的决策和过程中来。这就导致了第二种团队——**自我管理型团队（self-managed team）**的出现。自我管理型团队是一种由员工组成的正式群体，在没有管理者对整个工作过程负责的情况下，向组织内外用户提供产品和服务。自我管理型团队负责完成工作和自我管理。这通常包括工作计划和安排，给成员分配任务，集体控制工作进度，做出操作性决策及解决问题。例如，康宁（Corning）的团队没有值班主管，他们密切同其他生产部门一起工作，从而解决生产线上的问题，并且协调完成期限和配送。这个团队有权力制定并执行决策，完成项目和解决问题 [21]。[19] 施乐、波音、百事可乐和惠普等其他组织也都采用了自我管理型团队。据估计大约30%的美国老板正采用团队的形式，并且在大公司中这一比例接近 50%。[22] 绝大多数采用自我管理的组织认为自身是有效的。[23]

（3）第三种团队是**跨职能型团队（cross-functional team）**，我们已经在第 8 章引入了该概念，并定义为由来自不同部门的个人组成的跨越传统部门界限的工作团队。许多组织采用跨职能型团队。例如，作为世界上最大钢铁公司的安赛乐米塔尔（Arcelor Mittal）公司就采用由科学家、工厂经理和销售人员组成的跨职能型团队以检查和监督产品创新。[24]跨职能型团队的理念也被用于卫生保健领域。例如，在马里兰州贝塞斯达市郊区医院里，重症加强护理病房（Intensive Care Unit，ICU）的团队就包括一名接受过重症监护医学培训的医生、一名药剂师、一名社会工作者、一名营养师、一名 ICU 护士长、一名呼吸治疗师和一个牧师，他们每天都要与每个病人的床边护士讨论最佳的疗程。这家医院认为这种团队护理方法能够减少失误，缩短病人在 ICU 的时间，并且能够改善病人家属和医务人员的沟通。[25]

（4）最后一种团队是**虚拟团队**（**virtual team**）。虚拟团队利用技术使地域分散的团队成员互相联系，完成共同的目标。例如，波音火箭动力实验室（Boeing-Rocketdyne）的虚拟团队在开发全新产品过程中起了关键作用。[26]另一家公司 Decision Lens 采用虚拟团队以产生和评估创造性的想法。[27]在虚拟团队中，成员可以通过一些工具在网上进行合作，如广域网、视频会议、传真、电子邮件或者网站，在网站上团队还能举行网上会议。[28]虚拟团队可以进行其他一切团队能做的所有事——共享信息，做出决定，完成任务。但是，他们缺乏正常面对面讨论的意见交换。这就是为什么虚拟团队倾向于任务导向，尤其是当团队成员从未见过面时。

团队工作是谷歌成功的关键要素。在整个公司，要求多种技能的小团队，利用他们积极的协同作用，为一个具体的共同目标而工作。这里展示的是多伦多的谷歌食物准备团队，他们的目标是为同事准备既有营养又美味的膳食。

10.3.3　什么造就了团队的有效性

造就有效团队。

许多研究考察了提高团队有效性的因素。[29]通过这些努力，我们现在有了一个比较集中的模型对那些特征加以区分。[30]图 10-5 归纳了我们现在所知的提高团队有效性的因素。在考察这个模型时，要记住两点。第一，团队在形式和结构上存在差异。该模型试图概括所有团队，因此你应该只把它当成一个指引。[31]第二，该模型假设管理者已经决定采用团队工作而不是个体工作。在个体可以更好地完成工作的情况下，创建有效的团队将白费努力。

图 10-5　团队有效性的模型

资料来源：Stephen P. Robbins and Timothy A. Judge, *Organizational Behavior*, 14th edition, 2011, p. 319. Printed and electronically reproduced by permission of Pearson Education, Inc., Upper Saddle River, New Jersey.

当今职场中的管理技术

保持联系：信息技术和团队

　　30%的管理者说他们的工作团队使用新的电子渠道进行良好的沟通，而且这些渠道是十分顺畅的。[32] 工作团队需要信息才能完成工作。由于工作团队中的成员有时相距甚远，因此，为成员提供沟通与协作的渠道就显得尤为重要。信息技术可以为这些组织提供帮助，它可以让各种类型的团队更广泛地进行在线沟通和协作。[33]

　　运用技术协作的理念实际上来源于在线搜索引擎，互联网的初衷是帮助科学家和研究人员这样的群体分享信息。而后，随着越来越多的信息被放到网上，用户可以通过各种各样的搜索引擎查找他们需要的信息。现在，我们可以看到许多运用技术协作的例子，像维基网页、博客及多媒体虚拟游戏。

　　今天，在线协作工具使得工作团队可以通过更有效率和效果的方式完成工作。例如，丰田汽车公司的工程师运用协作沟通的工具分享流程的改进和创新。他们开发了一种"广泛传播并为集体所拥有的知识库，其推进创新的速度是其他很多企业系统无法比拟的"。全球的管理者都应该考虑，信息技术可以如何有力地帮助工作团队改善工作的完成方式。

讨论题

1. 对于必须依靠信息技术进行沟通的团队，管理者会面临什么样的挑战？

2. 运用图 10-5 团队有效性的模型，讨论团队有效性的 4 个要素是如何影响团队使用信息技术的。反过来，又可能受到信息技术团队怎样的影响？

在考察模型前我们需要明确一点，即我们所说的团队有效性是什么意思。一般说来，它包括：

①对团队生产率的客观衡量；②管理者对团队绩效的排名；③以及成员满意度的综合衡量。

正如你从模型中看到的那样，有效的团队具有四个要素，即环境（context）、团队组成（team composition）、工作设计（work design）和过程变量（process variabl）。

什么环境因素可以造就团队的有效性

四个环境因素看起来与团队绩效具有显著相关关系，这四个因素包括足够的资源、领导与结构、信任的气氛，以及绩效评估和奖励机制。

作为一个大型组织系统的一部分，团队需要依靠其外部的资源以维持其发展。如果没有**足够的资源**（adequate resources），团队有效完成工作的能力就会下降。这一因素对团队绩效至关重要，以至一个研究归纳说："也许有效工作团队的一个重要特征就是它可以从组织那里获得支持。"[34] 资源包括及时的信息、适合的设备、激励、足够的人员及行政支持。

如果团队在何人做何事上无法达成一致意见，或无法使成员相信大家对工作做出了相等的贡献，它就无法恰当地发挥职能。要在工作细节上获得认同并将团队成员的个人技能相互匹配，就需要**团队领导与结构**（team leadership and structure）。这可以来自组织或团队自身。即使是在自我管理型团队中，管理者的工作也更多是扮演教练的角色，支持团队的努力和管理团队的外部（而不是内部）。

有效团队的成员相互**信任**（trust）。而且，他们还信任其领导者。[35] 信任为什么这么重要？因为它可以促进合作，减少监督相互行为的需要，并使成员相信团队里的其他成员不会占别人的便宜。信任团队的领导者也很重要，因为它意味着团队愿意接受和努力完成领导者制定的目标和决策。

有效团队的最后一个环境因素是**绩效评估和奖励机制**（performance evaluation and reward system）。团队成员需要对个人和共同的职责承担责任。因此，除了对员工的个人贡献进行评估和奖励，管理者还应该考虑基于群体的评价、利润分享，以及其他加强团队努力和承诺的措施。

团队组成的什么因素造就有效性

团队组成的几个因素对团队的有效性很重要。这些因素包括团队成员的能力、个性、角色分配、多样化、团队的规模、成员的灵活性和成员的偏好。

团队绩效部分依赖于其成员的知识、技能和能力。[36] 研究表明，为了达到较高水平的绩效，团队需要三种不同类型的技能。第一，它需要成员拥有技术专长；第二，它需要成员拥有解决问题和制定决策的技能；第三，它需要成员拥有人际交往技能。如果团队的成员没有这些技能或没有培养这些技能，团队就无法发挥绩效的潜能。同时，对这些技能进行恰当的组合也非常重要。一种技能太多而另一种技能太少会使团队绩效降低。不过，团队不一定需要立即拥有所有的技能，成员需要学习的技能通常是其团队最缺乏效率的技能。通过这种方式，团队就能发挥其全部的潜能。

正如我们将在下一章看到的那样，个性对个体行为有显著影响，它对团队行为也是如此。研究表明，大五个性模型中的三个维度与团队有效性有相关关系。[37]例如，高水平的责任和开放通常会带来较高的团队绩效。认同也会影响团队绩效。如果团队里有一个或一个以上高度不认同的成员，那么团队的绩效就会比较差。也许你曾在这样的团队项目里有过不太愉快的经历！

研究指出了团队成员可能要承担的 9 种角色（参见图 10-6）。高绩效的工作团队需要配备成员承担所有的角色，并根据其技能与偏好甄选成员承担这些角色。[38]在许多团队里，个体也许要扮演多种角色。对管理者来说，重要的是了解成员可以为团队带来的个体力量和甄选出拥有那些力量的团队成员，从而确保他们可以胜任这些角色。

图 10-6　团队成员所承担的各种角色

资料来源：C. Margerison and D. McCann, Team Management: Practical
New Approaches (London: Mercury Books, 1990).

团队多样性（diversity）是另一个影响团队有效性的因素。尽管我们大多数人持有乐观的看法，认为多样性是可取的，但研究似乎给出了相反的结果。某评论发现"过去 50 年对团队多样性的研究表明，表面的社会类型差异，如种族、性别和年龄，通常会……消极地影响"团队绩效。[39]然而，有些证据确实表明，多样性的破坏性影响会随着时间的推移而逐渐减少，但是没有证实多样化团队最终会取得更好的绩效。

多大的**规模（size）**可以使团队更有效？在亚马逊网站，工作团队在创新和开发新理念方面拥有相当大的自主权。公司创始人和 CEO 杰夫·贝佐斯采用了"两块比萨"的观点，即团队应该小到用两块比萨就足以喂饱其成员。"两块比萨"的观点通常把团队人数限制在 5～7 个成员，当然，这也要视成员们的胃口而定！[40] 一般来说，最有效的团队应该有 5～9 个成员。专家也建议应该甄选出最少的人来完成工作。

总部位于纽约市的广告经纪公司德拉戈斯（Dragos）的创意总监香农·华盛顿（Shannon Washington）（中）与封面女郎（CoverGirl）公司多元化广告营销团队成员进行交谈。由于其全体成员，包括创意总监、文案撰稿人、艺术总监和艺人、设计总监及网页设计师和开发人员等，专业知识丰富、技艺成熟和能力优异，该团队在成功开展化妆品营销活动方面表现出色。

团队的成员**偏好（preference）**也需要加以考虑。为什么？因为有一些人就是不愿意参与团队的工作。如果让他们选择，许多人不愿意成为团队的成员。如果强迫那些宁愿单干的人参与团队的工作，这会对团队的士气和个体成员的满意度造成直接威胁。[41]

工作设计如何影响团队的有效性

有效的团队需要成员一起工作和共同分担责任才能完成任务。有效的团队不仅仅"只是名义上的团队"。[42] 重要的工作设计要素包括有自主权，多种技能的运用，完成整个明确的任务或产品的能力，以及会对他人产生重要影响的任务或项目。研究指出，这些特征可以增强团队成员的动力和提高团队的绩效。[43]

团队过程与团队的有效性有什么联系

研究表明，5 个团队过程的变量与团队有效性存在关系。这些变量包括共同的目标、团队的具体目标、团队功效、可处理的冲突，以及最小化的群体懈怠。

有效的团队拥有一个**共同的计划和目标（a common plan and purpose）**。这一共同目标为团队成员提供了方向、动力和承诺。[44] 在一个成功的团队里，成员会将大量时间和精力投入到讨论、塑造、认同属于个体与团队共有的目标上。

团队还需要**具体的目标（specific goals）**。它们可以使沟通更清楚，并帮助团队保持自身对所追求成果的集中性。

团队功效（team efficacy）描述团队相信自己的能力并坚信自己能够获得成功。[45] 有效的团队对其自身及成员充满信心。

63.5% 的团队经理认为他们能有效解决冲突。[46]

有效的团队需要某种**冲突（conflict）**。对团队来说，冲突并不一定是坏事，实际上，它还能改善团队的有效性。[47] 但是，冲突的类型必须是恰当的。关系冲突，即基于人际关系对他人的排斥、对立和控制，几乎都是恶性的。而任务冲突，即基于对任务内容的不认同，则可能是有益的，因为它可以激发讨论，改善对问题和备选方案的批评性评估，并有助于制定出较好的团队决策。

你是否曾经是某个所有成员都获得了相同成绩的班级小组的一员，即使有些小组成员没有履行他们的职责？你感觉如何？这种评估方式是否在团队内部造成了冲突，你是否觉得评估过程和结果不公平？最近的研究还表明，组织公正或公平是管理群体冲突的一个重要方面。[48] 团队成员如何看待内部成员与外部人员怎样对待自己，可能会影响其工作态度和行为。为了提升公平感，团队领导在公平和公正待遇的基础上建立强烈的群体意识至关重要。

最后，有效的团队还要致力于将**群体懈怠**（social loafing）的倾向降到最低程度，对此，我们在本章的前面内容已有所讨论。成功的团队会使其成员为了团队的方向、目标和任务而共同承担责任。[49]

10.3.4　管理者怎样规范团队行为

管理者在规范团队行为时，可以采取以下几种方法：甄选、员工培训，以及对正确的团队行为予以报酬。让我们分别说明这些方法。

甄选有何作用

一些人已经拥有成为一个有效团队参与者的人际交往能力。在招募团队成员时，组织不仅要检验申请者是否具备成功履行工作所需的技术能力，还要确保他能够胜任团队的不同角色。

有些申请者已经适应个人做出贡献，就会缺乏团队技能，当由于组织重构而将现有的一些员工纳入团队时，这些员工也会欠缺团队技能。一旦遇到这种情况，管理者可以做这样几件事情。第一，也是最主要的，如果候选人的团队技能十分欠缺，那么就不予选用。因为好的团队绩效需要参与者的相互作用，所以拒绝这样的候选人是正确的。第二，某些只具备一些基本技能的候选人可以进行试用，同时需要进行正规培训，以使他们能够成为合格的团队参与者。倘若他们通过学习和培训还不能获得这种能力，则不予选用。

57%的团队领导说，如果团队中有人厌倦了他们的工作，他们会鼓励这些员工去找另一份工作。只有 7%的人说他们会改变他们的角色，让他们开心。[50]

可以将个体培养成为团队参与者吗

良好的团队工作表现体现在诸多行为方面。[51] 正如我们在前面章节中所讨论的那样，新的行为是可以学到的。甚至也可以把许多原本很看重个体成就的人训练成为团队参与者。培训专家可以进行引导练习以使员工体验到团队工作所能提供的满足感。培训的主题内容可以包括：团队问题的解决、沟通、谈判，解决冲突和训练技能等。对于这些个体，通常需要经历我们在前面讨论过的团队发展的 5 个阶段。[52] 例如，维瑞森通信公司（Verizon Communication）的培训专家在团队形成前要集中讲述团队是如何经历不同阶段的。由于团队做事情（诸如决策）时要比个体行为占用更长的时间，因此要不时提醒员工保持耐心的重要性。[53]

集装箱商店经理杰米·默勒（Jaimie Moeller）带领着一个团队，他在员工开始工作之前就和他们一起打成一片。由于员工在为客户服务的过程中像一个团队一样工作，管理者在面试应聘者时就开始塑造团队行为，并且只雇用一小部分热衷在团队导向环境中工作的求职者。

报酬在规范团队成员行为中有何作用

组织中的报酬系统需要激励协作性努力而不是激励竞争。例如，洛克希德·马丁（Lockheed Martin）公司的太空发射系统部门组织约 20 000 名员工加入团队。报酬的设计是：在实现团队绩效目标的基础上，根据设定的考核底线按增长的百分比奖励团队成员。

应该给予那些有效合作的团队成员晋升、加薪，以及团队成员认可的其他形式的报酬。但这并不意味着可以忽略个体的贡献，而是将个体的贡献融入团队中进行平衡。应该给予报酬的行为还包括对新成员的培训、同团队成员分享信息、帮助解决团队中的冲突，以及掌握团队中欠缺的新技能，等等。[54] 最后，管理者不应忘却其成员可以从团队工作中得到的那部分内在报酬。工作团队能产生出同志般的友情，能够成为一个成功团队中的一员是件令人激动和满意的事情。对员工来讲，能有机会使个体得到发展并帮助团队成员成长是令人非常愉快和值得褒奖的经历。[55]

10.4 当代管理者在管理团队时要面对什么问题

没有什么像工作团队的运用那样影响组织工作的完成方式。从独立完成工作转变为在团队里工作，需要员工与他人合作、分析信息、面对差异，以及为了团队更大利益而牺牲个人利益。管理者可以通过了解影响绩效和满意度的因素来创建有效的团队。但是，管理者在管理团队时也要面对一些当今的挑战，包括如何管理全球团队和什么时候不需要团队。

10.4.1 管理全球团队包含什么内容

当代组织有两个明显的特点：一是全球化，二是工作日益通过团队来完成。这意味着管理者通常需要管理一个全球团队。我们对管理全球团队有何认识呢？我们知道采用全球团队有利有弊（见表 10-2）。那么，管理全球团队要面临什么相关的挑战呢？

表 10-2 全球团队

利	弊
观念的多样化	不喜欢团队成员
有限的群体思维	不信任团队成员
在理解他人的思想、观点等方面增强注意力	刻板模式

续表

利	弊
	沟通问题
	压力和紧张

资料来源：N. Adler, International Dimensions of Organizational Behavior, 4th ed. (Cincinnati, OH: Southwestern Cengage Publishing, 2002), pp 141-47.

团队组成的因素对管理全球团队有什么影响？

在全球组织内，由于全球团队里面成员独特的文化特征，使得理解团队的有效性与团队的组成变得更加富有挑战性。除了了解团队成员的能力、技能、知识和个性，管理者还要熟悉和理解其所管理的团队及团队成员的文化特征。[56] 例如，某全球团队是来自对不确定性规避程度较高的文化吗？如果是，成员在处理不可预测和含糊不清的任务时将会感到不舒服。同时，由于管理者要与全球团队一道工作，他们需要认识刻板模式的潜在可能，不然就会出现问题。

团队结构对管理全球团队有什么影响？

在管理全球团队时，我们可以在顺从性、地位、群体惰怠和凝聚力这几个视角看到差异。

对顺从性的研究发现，在不同文化里它具有一致性。研究认为，顺从性与文化相关。[57] 例如，正如我们所期望的，人们遵守社会规则的程度在集体主义文化里比在个人主义文化里更高。但是，群体思维在全球团队里则不大可能成为问题，因为成员在服从群体观念、结论和决策时不易产生压力。[58]

另外，地位的重要性在不同文化里也存在差异。例如，法国人就非常看重地位。同时，不同国家在看待地位的标准上也有所不同。例如，在拉丁美洲和亚洲，地位通常来自于家族地位和个人在组织中的正规角色。与此相反，尽管地位在像美国和澳大利亚这样的国家里也很重要，但不大表现在面子上；它通常是基于个人的成就而不是头衔和家族历史。当管理者与跟自己来自不同文化的员工进行互动时，他必须明白谁最具有地位及其地位的来源。如果美国管理者不了解办公室大小并不能用来衡量日本总裁的地位，或没有领悟英国人对家族宗谱和社会地位的重视，就很可能会无意识地冒犯他人并削弱其人际交往的有效性。

卡里姆·哈比卜（Karim Habib）（左）是日产旗下豪华汽车品牌英菲尼迪（Infiniti）的执行设计总监。哈比卜就职于位于日本厚木（Atsugi）的日产全球设计中心，负责领导日本、中国北京、加利福尼亚州圣地亚哥和英国伦敦的设计团队。在管理全球化团队方面，哈比卜激励团队成员创新设计理念，以扩大英菲尼迪在豪华汽车市场的份额，任职期间，他受到来自不同团队成员独特文化特征的挑战。

群体惰怠存在西方式的偏见。它与美国、加拿大以个人利益为主的个人主义文化具有一致性，而与个人受到群体目标所激励的集体主义文化不相符合。例如，有研究对来自美国和来自以色列（都是集体主义）的员工进行了对比，发现以色列人没有群体懈怠的倾向。实际上，他们在群体中的实际绩效要优于单独工作时的绩效。[59]

凝聚力是另一个管理者可能面临挑战的群体结构因素。在凝聚力强的群体里，成员共同合作、行动一致、互助友爱，并具有高度的组织认同感。但是，由于全球团队存在较高水平的"不信任、不当沟通和压力"，因此凝聚力经常难以实现。[60]

团队过程对管理全球团队有什么影响

全球团队所采用的工作过程对管理者尤其具有挑战性。一方面，由于并不是所有的团队成员都能熟练地运用团队的工作语言，因此沟通方面经常会出现问题。这会导致不准确性、误解和低效率。[61]另一方面，研究也发现，如果可以广泛地采纳信息，多文化的全球团队也可以从多样化的观念中有所获益。[62]

管理全球团队的冲突并不容易，尤其是当团队是虚拟团队的时候。冲突会干预团队对信息的运用。不过，研究发现，在集体主义文化里，协作冲突的管理模式最有效。[63]

一些研究表明，使用具有两种或多种文化经验的"多元文化经纪人"可以提升全球团队绩效。[64]这些人将为全球团队正在进行中的工作引入一个有助于最大限度地减少效率障碍的新维度。

10.4.2 什么时候不需要运用团队模式

团队工作比个体工作需要更多的时间和资源。[65]团队模式要求管理者增加沟通、处理冲突和召开会议。因此，采用团队的收益需要大于成本。但事实并不总是如此![66]由于匆忙地采用团队模式完成工作，一些管理者使自己陷入了这样一种状况，即如果让个体完成工作的话，也许可以取得更好的绩效。所以，你不能因为大家都说团队模式很流行，就匆忙地采用这种模式，你应该认真地评估工作是否需要集体努力，或是否能从集体努力中获益。

你怎么知道通过个体还是团队可以更好地完成工作呢？研究建议可以通过3个"测试"得到结果。[67]第一，工作由多于一个人去做可以得到更好的绩效吗？任务的复杂性也许可以从不同角度很好地衡量某种需要。不需要多种投入的简单任务最好是由个体来完成。第二，工作可以为团队成员创造一个共同的目标或一系列的目标，并超越个体目标的总和吗？例如，许多汽车经销商通过团队将客户服务人员、机械修理工、零部件专业人员和销售代表联系在一起。这些团队可以更好地达到出色的客户满意度这一目标。第三，评估通过团队还是个体可以更好地完成工作的最后一个测试是考察个体之间的相互依赖程度。当任务之间需要相互依赖时，就有必要采用团队模式——这是指每个成员的成功依赖于个体的成功，且个体的成功又依赖于他人的成功的时候。例如，足球明显是一种团队运动，成功需要互相依靠的运动员之间的大量合作。不过，除了在接力比赛上，游泳队并不是真正的团队，即通过个人取得成绩，而团队总成绩只是个人成绩的总和。

本章概要

（1）界定群体的定义和描述群体发展的阶段。

群体就是2个或2个以上相互影响、相互依赖的个体为了达到某一特定目标而组成的集合体。正式群体是由组织建立的工作团体，有着明确的分工和指定的任务，且行为由组织目标所规定，并为其服务。非正式群体具有社会属性。

形成阶段有 2 个时期：加入群体和界定群体的目标、结构和领导关系。震荡阶段的内部冲突在于谁将控制群体和群体需要做什么。在规范阶段，当规范确定后，成员将建立起紧密关系和凝聚力。在执行阶段，群体成员开始致力于群体的工作。在解散阶段，群体为其解散做准备。

（2）描述群体行为的主要概念。

角色是居于某一社会单位中某一特定位置的个体所期望扮演的一组行为模式。在特定时期，员工根据当时他们所属的群体调整自己的角色。规范是群体成员共同接受的标准。它们非正式地向员工传达出哪些行为是可以接受的，哪些是不可以接受的。地位是指个体在一个群体中的威望程度、位置或级别。另外，群体规模会从多方面影响群体行为。小群体完成任务比大群体快。但是，由于多样化的投入，大群体经常在搜寻事实方面表现得更好。因此，大群体通常比较擅长解决问题。最后，群体凝聚力的重要性在于其能够影响群体实现目标的有效性。

（3）讨论群体如何转换为有效的团队。

有效的团队具有共同的特征。它们有足够的资源、领导与结构、信任的气氛，以及反映团队贡献的绩效评估和奖励机制。这些团队的成员拥有技术专长、解决问题、制定决策、人际交往技能和正确的个性，尤其是对于新经验的意识和开放态度。有效的团队还倾向于较小的规模和多样化的背景。其成员可以承担不同角色并愿意成为团队的一部分。工作为成员提供了自由和自主权，运用不同技能的机会，完成整个明确的任务或产品的能力，以及会对他人产生重要影响的任务或项目。最后，有效团队的成员相信团队的能力，并致力于共同的计划和目标、具体的团队目标、可控制的冲突，以及最小化的群体懈怠。

（4）讨论管理团队的当代专题。

管理全球团队具有多方面的挑战，包括：团队组成的因素，尤其是多样化的文化特征；团队结构，尤其是顺从性、地位、群体懈怠和凝聚力；团队过程，尤其是沟通和管理的冲突；管理者使团队得以运作所承担的角色。

管理者还需要知道什么时候不需要运用团队模式。为此，他们可以从以下 3 个方面评估：工作由多于一个人去做是否做得更好；工作是否可以为团队成员创造一个共同的目标或一系列的目标；团队成员之间的相互依赖程度。

复习思考题

1. 想想你所在的（或者曾经所在的）群体，通过图 10-1 所示的群体发展阶段跟踪该群体的发展历程。它的发展与群体发展模型关系如何？群体发展模型如何用于改善群体效益？

2. 分别对比：自我管理团队和跨职能型团队，虚拟团队和面对面的团队。

3. 你如何解释工作团队在美国和加拿大这些高度推崇个人主义的国家中这么流行？

4. "所有的工作团队都是工作群体，但并非所有工作群体都是工作团队。"你是否同意这种说法？请讨论。

    5. 你希望单独工作还是作为团队的一部分？为什么？

    6. "建立一个成功的团队，首先要找到一个伟大的领导者。"你怎样看待这种说法？你是否同意？为什么？

    7. 你认为优秀的团队成员所拥有的特征是什么？做一些研究并回答这个问题，用清单形式简短报告你的发现。

    8. 对比多元化团队的优点和缺点。

    9. 对于组织中越来越多采用团队的现象，你认为科学管理理论家会有何反应，行为科学理论家又会作何反应？

    10. 管理者在面对全球团队时会面临哪些挑战？又该如何应对？

    11. 为什么理解群体发展的阶段对管理者很重要？

    12. 有效团队需要具备何种特性？

管理技能建设：培养你的教练技能

越来越多的组织围绕团队进行设计。20 年前，个人是组织的基本单位；而如今，团队是基本单位。管理者如果不能有效地领导团队，缺乏这些技能，其在管理职位上的任期往往不长。

个人评估清单：团队建设的需要。

作为一名教练，想要创造和管理一个有效的团队意味着知道什么时候一个团队需要帮助。使用这个个人评估清单可以评估你所领导的团队。

技能基础

有效的团队管理者越来越多地被描述为教练而不是老板。就像教练一样，他们会提供指导、建议和鼓励，以帮助团队成员提高他们的工作表现。通过练习这些行为，你可以学习成为一名优秀的团队教练.

- **分析如何提高团队的绩效和能力**。教练为团队成员寻找机会来扩大他们的能力和提高他们的绩效。怎么做？你可以使用下面的行为。观察你的团队成员的日常行为，向他们提问：你为什么要这样做？你可以改进吗？还可以采用哪些其他办法？以个人身份对团队成员表现出真正的兴趣，而不仅仅是作为员工。尊重个体成员，听取每个员工的意见。

- **创造一个支持性的氛围**。教练有责任促进形成减少个人发展障碍、鼓励个人表现改善的氛围。怎么做？你可以使用下面的行为。创造一种有助于自由和公开交流意见的气氛，提供帮助。在被问及时给予指导和建议。鼓励你的团队。要积极向上，乐观。不要使用威胁。问："我们从中学到了什么，可以在未来帮助我们吗？"减少障碍。向团队成员保证,你重视他们对团队目标的贡献。对结果负起个人责任,但不要剥夺团队成员的全部责任。确认团队成员的努力。当他们成功时，指出他们失败时缺少了什么。不要因为成绩不佳而责怪团队成员。

- **影响团队成员改变他们的行为**。教练效能的最终检验标准是员工的绩效是否有所提高。你必须鼓励持续的增长和发展。怎么做？尝试下面的行为。认识并奖励一些小的改进，并把培训作为一种帮助员工不断改进的方法。使用协作风格，允许团队成员参与识别和选择改进的想法。把困难的任务分解成简单的任务。向你的团队展示你所期待的品质。如果你想要团队成员的开放、奉献、承诺和责任感，那么你可以自己先展示这些品质。

技能应用

你是一个由 5 名成员组成的项目团队的领导者，团队的任务是把你们的工程公司转移到城际高速铁路建设的发展区域。你和你的团队成员一直在研究这个领域，确定具体的商业机会，与设备供应商谈判结盟，以及评估来自世界各地的高速铁路专家和顾问。在整个过程中，一位非常有能力且受人尊敬的工程师唐尼娅（Tonya）对你在团队会议和工作场合说到的许多事情都提出质疑。例如，在 2 周前的一次会议上，你向团队提交了 10 个可能的高速铁路项目清单，并开始评估你的团队是否有能力竞争这些项目。唐尼娅对你所有的话都进行了反驳，质疑你的统计数据，并且对你能否获得项目合同持相当悲观的态度。闹了这次的不愉快之后，团队的另外 2 个成员布莱恩（Bryan）和玛姬（Maggie）来找你，抱怨唐尼娅的行为正在损害团队的效率。你最初让唐尼娅加入团队是因为她独特的专业知识和洞察力。你希望找到一种能赢得她合作的方法，让团队走上正轨，并充分发挥潜力。

在课堂上组成三人小组。每个小组都应该分析这个领导者的问题，并提出解决方案来指导唐尼娅（和其他团队成员，如果你觉得这很重要的话）。班里的每个小组都应该准备向全班提出自己的结论。

体验练习

现在，让我们找点乐趣。工作和教育组织经常使用团队建设练习来帮助团队提高绩效。请你所在的小组，选择图 10-5 中列出的有效团队的特征中的 2 个，并针对每个特征分别进行团队建设练习。在制定练习方案时，专注于帮助小组完善该特征。注意：要有创意！写一份小组报告以描述上述练习，务必解释清楚练习方案将如何帮助小组改进或培养该特征。请做好与全班分享你想法的准备！（或者准备好展示团队建设练习）

接下来，一旦完成了指定的小组作业，你需要亲自评估在完成任务过程中积累的小组经验。你的小组是如何合作的？哪些地方做得"对"？哪些"不对"？你的团队原本可以从哪些方面进行努力以提高工作绩效和满意度？

应用案例 10-1：方法：团队合作
专题：基于团队的模型

为了更好的结果而合作

医疗保健行业是美国经济增长最快的行业，年收入预计超过 1.6 万亿美元（合 12 个 0！）[68] 医疗保健业已经超过制造业和零售业，成为美国最大的就业来源[69]，目前雇用了 1800 多万名员工[70]。卫生保健行业面临许多挑战，包括法律/法规的改变，技术变化，人口老龄化，慢性疾病增加，劳动力短缺（这里指医生和护士）。但其目标仍然是有效且高效地为病人提供高质量（适当和及时）的保健服务。鉴于这些挑战，卫生保健组织正在寻找更好的方法来做到这一点。一种方法是采用"基于团队的护理"的方法，研究表明这种方法可以改善病人的治疗效果，降低成本。

许多医院、诊所和医疗实践都采用了这种团队治疗方法。这意味着什么？一个病人从一个专业医疗团队接受治疗，他们将分工负责执行传统上由病人的主治医生完成的任务。尽管主管医生仍然在管理（监督）病人的治疗工作，但是诸如完成处方替换要求，调整药物剂量，帮助治疗慢性疾病（例如，教导糖尿病患者如何服用血糖和注射胰岛素）这样的任务，以及其他常规任务现在由一个医疗人员的团队完成。例如，美国最大的非营利性医疗保健公司之一，凯萨医疗机构，创立一个名为"完全护理"的新项目模式，旨在使医护人员能够协同工作，及时察觉和发现病人的顾虑、需要和病痛预防等情况。[71] 正如有人所描述的那样，工作人员经常在走廊上追寻患者，让他们安排所需的检查。但是团队方法正在发挥作用。使用这个模型数年之后，对凯萨团队模型的研究表明，在一系列广泛的标准化方案中，患者的治疗效果都显著提高。然而，要取得这样的结果并不容易。习惯于独自工作的不同部门现在必须合作。专家团队现在不再只专注于自己擅长的领域，而是共同为病人提供全面的医疗保健体验。医生必须接受再培训，学会将自己视为团队的一部分，并得到护士、助理等其他专业人员的支持。由于医疗环境仍将充满挑战性，所以，团队合作是一种有效的方法吗？

讨论题

1. 卫生医疗机构的管理者面临哪些挑战？
2. 卫生医疗机构的管理者在以团队为基础的模式中，其管理方式会有何不同？
3. 解释角色、规范、地位制度和团队凝聚力如何影响团队模式的成功？
4. 你认为基于团队的模式能够改善病人治疗效果和降低成本的原因是什么？
5. 在本章中，我们提出了团队共享信息过多的观点。这对于医疗保健组织中的团队来说会是一个更严重的道德问题吗？为什么？

应用案例 10-2：构建更好的软件工作团队
专题：团队的有效性

建设高绩效工作团队

比尔·盖茨和保罗·艾伦是童年的朋友，二人于 1975 年创立微软公司，该公司通常被认为是计算机软件行业的开山鼻祖。有趣的是：该公司的总部最初设于新墨西哥州的阿尔伯克基（Albuquerque），而非华盛顿州的西雅图（Seattle）！自成立以来，该公司一直处于软件开发的前沿。从 MS-DOS 到 Windows 再到 Internet Explorer，微软一直致力于履行其"让地球上每个人、每个组织都能实现更多目标"的使命。[72] 微软的云计算业务一直增速喜人，最近一个季度增速高达 93%——软件开发在微软公司的战略收入组合中仍然扮演着重要的角色。[73] 软件开发在很大程度上依靠的是团队共同努力。

构建团队，是从源代码创建软件的过程，是软件开发中不可或缺的活动。[74] 软件开发行业的任何公司都高度依赖其软件构建团队的效能。微软投入资源以保障其构建团队的效能稳定可靠。什么是"构建团队效能"？微软将其定义为："如何可靠且高效地构建团队。"[75]公司构建团队效能可带来更高的收益、更完美的产品发布、更高的客户满意度和人才（员工）保留率[76]。现在，你应该能明白为何专注于构建团队效能对微软而言是如此重要了。那么，它是如何做到这一点的？答案是通过研究构建团队效能的诸多障碍，为团队消除这些障碍创造条件。顺道一提，已知障碍多是社会性的，而非技术性的。

要了解如何更加高效地构建团队，重要的是要了解这些团队在工作时发生了什么。为确保其所构建团队的高效能，微软采取的方法包括研究团队构建过程中发生的诸多事宜。对流程和人员的探索为微软提供了一些非常有趣的洞见，最重要的洞见之一就是刚刚提到过的：构建团队效能的障碍主要是社会性的，而非技术性的。这些构建团队的成员都是聪明、博学且勤奋的人，他们非常擅长各自的本职工作。但在团队环境中，这些方面的优势并不总能转化为高效能。

微软所做的另一件要事是创建"卓越角色（Role Excellence RolEx）"职能部门[77]。该职能是公司运营架构的一部分，与人力资源或人才管理职能无关。若人力资源部门将合适的人在合适的时间安排到合适的位置（请记住第 9 章中提过这一点），则 RolEx 将确保这些人员就位后能够高效能运作，团队员工将获得完成其本职工作所需的全面支持。对软件工作团队而言，这意味着他们拥有了按时且不超预算发布软件所需的手段。那也正是任何团队想要成为高效能工作团队的必要条件。

讨论题

1. 软件构建团队是否符合工作团队的定义？（参见图 10-4）请解释。

2. 你认为软件构建团队是否贯穿集团发展各阶段？为什么？

3. 本章确定了 4 种最常见的工作团队类型。你认为哪个能最准确地描述微软的软件构建团队？请解释。

4. 根据图 10-5，讨论微软如何创建高效能团队。

5. 其他组织可以从微软建立高效能工作团队中借鉴哪些经验？准备一份清单，列出你将在关于建立高效能工作团队的演示文稿中使用的 3 个关键点。

应用案例 10-3：员工自我管理——是否是个好主意
专题：自我管理团队

员工团队应对创新挑战

员工真的能自我管理吗？在戈尔公司（W. L. Gore & Associates），自我管理团队帮助其蓬勃发展、持续盈利逾 50 年。[78]戈尔是一家为苛刻和极端环境开发创新解决方案的制造商。主要专注于生产防护织物，可以应用于制造攀登珠穆朗玛峰的登山者所穿着的服装或人体医疗植入物等。你可能已经使用过该公司最著名的产品戈尔特斯（Gore-Tex）面料，即使在最寒冷的环境下，使用该面料制作的手套也能使双手保持温暖。

自我管理在戈尔并非新鲜事物，也不只是一种流行趋势。自 1958 年公司成立以来，这种管理架构就一直存在。公司中不设置头衔，没有上司，也不存在等级制度。所有员工均在由 8~12 名员工组成的自我管理团队中工作，团队成员共同做出包括招聘和薪酬在内的一切决定。该组织架构是由公司创始人威尔伯特·李·戈尔（Wilbert Lee Gore）和吉纳维芙·沃尔顿·戈尔（Genevieve Walton Gore）夫妻二人所创建。创建这种架构的初衷是，挑战传统管理实践，鼓励创新思维。公司中有一位 CEO 和另一些受人尊敬的领导者，但除此之外不存在清晰的管理架构。现任 CEO 特里·凯利（Terry Kelly）于 2005 年通过同僚竞争程序当选，此前她已在该公司工作了 22 年。

为什么此法行之有效？因为在这种自我管理环境中，每个员工都是公司的部分所有者，每个人都在为公司的成功与利益最大化而努力。每个员工都可以自由决定从事什么工作，但同时也必须做出交付承诺。组织中有领导者，能否成为领导者取决于是否有员工愿意追随他们。对领导力的考验在于：如果召开会议，员工是否会应邀出席。

自我管理很容易陷入混乱，尤其是在员工人数过万的情况下。然而，戈尔的企业文化强化了对自我管理团队绩效的期望。公司制定了员工需遵从的行为规范和预期准则。由于需要得到团队认同，因此做出决定通常需要更多时间。由于已经获得团队认同，因此一旦做出决定，就能更快地采取行动。戈尔自我管理团队的建立并非易事。他们花费了大量时间建立彼此信任的关系。每个人都知道大家在朝着相同的目标努力，这种信任基础有助于团队更好地开展合作。

任何公司都可以复制戈尔的管理方式吗？很可能不行，许多管理专家表示自我管理团队并非在任何公司都是高效的。自我管理团队最适合创新具有战略性主导地位的组织。在快速变化的环境中，自我管理团队也是一种有效的架构方式。最后，为了使自我管理团队取得成功，公司还必须具有坚定的共同价值观以指导工作和员工。

讨论题

1. 描述戈尔自我管理团队的方法。

2. 为何组织文化对自我管理团队的成功如此重要？

3. 根据图 10-5，这些自我管理团队需要具备哪些高效能团队的特征？请解释。

4. 你想在戈尔工作吗？为什么？

5. 进行小组讨论，列出具有自我管理团队的组织所面临的挑战。然后，讨论如何应对这些挑战。

注释

本章注释文件请扫二维码下载。

第 **11** 章

了解个人行为

好的管理者对于所有员工都一视同仁。

矫正管理偏见

随着时间的推移，你也许已发现，面对人生中的困境，你与朋友们的反应竟会如此不同。一些朋友很淡定；另一些则焦虑不安。一些朋友能洞察他人的意图；另一些却不知所措。管理者所管理的员工也同样各有千秋。正因为如此，优秀的管理者会尽力去了解其团队成员独特的个人特征，以便能够有效地管理他们每一个人。

大部分组织想吸引和留住那些有正确的态度和个性的员工。甚至职业棒球队也是如此。例如，芝加哥小熊队（the Chicago Cubs）发现，自由球员重视个人风格——尤其是有助于其成员适应与调整的个人资讯[1]。组织期望员工正常上班，努力工作，与同事和客户融洽相处，有良好的态度，并以多种方式表现出良好的工作行为。但就像你已经意识到的那样，人们并不总是像"理想的"员工那样行事。他们会从第一份工作跳槽到别处或在博客上发表批评言论。人们的行为大相径庭，甚至同一人今天会以这种方式行事而明天又以完全不同的另一种方式行事。例如，难道你没有遇到过家人、朋友或同事的行为让你感到困惑的情况吗？为什么他们会那样做呢？在本章中，我们将要考察 4 个心理学概念——态度、个性、感知和学习，并阐述这些概念如何帮助管理者了解与其共事者的行为。我们将通过考察管理者面临的当代组织行为问题而对本章进行总结。

学习目标

1. 界定组织行为关注的重点和目标。
2. 解释态度在工作绩效中的作用。
3. 描述不同的个性理论。

4. 描述感知与影响感知的因素。

5. 讨论学习理论及其与塑造行为的联系。

6. 讨论组织行为学的当代专题。

11.1　组织行为的重点和目标

管理者需要良好的人际关系技能。

本章和下一章主要研究**组织行为**。这一领域涉及研究人们行为的一般层面，但组织行为着重研究的是人在工作中的行为方式。

理解组织行为的难点之一在于它所涉及的一些问题并不是显而易见的。就像海水中的冰山，组织行为有一小部分是可以看得见的，但是更大的部分是隐藏的（见图 11-1）。当我们考察组织时，通常看到的是组织的正式方面——战略、目标、政策和程序、结构、技术、正式权威及指挥链。但是在这些表象的下面，隐藏了管理者需要了解的非正式因素——那些同样影响员工工作表现的因素。组织行为理论为管理者深入了解组织中这些重要却隐藏着的内容提供了大量的真知灼见。

图 11-1　"组织像一座冰山"的比喻

11.1.1　组织行为研究的重点是什么

组织行为研究主要集中于三个领域。

（1）**个体行为**（individual behavior）。这个领域主要基于心理学家的贡献，包括态度、个性、感知、学习和动机等主题。

（2）**群体行为**（group behavior），包括规范、角色、团队建设、领导力和冲突。我们关于群体的知识主要来源于社会学家和社会心理学家的研究工作。

（3）**组织的其他方面**（organizational aspects），包括结构、文化及人力资源政策和实践。我们在前面章节已经阐述了组织的某些方面。在本章，我们将阐述个体行为。在下一章，我们将阐述群体行为。

11.1.2　组织行为研究的目标是什么

组织行为研究的目标是解释、预测和影响行为。管理者必须能够解释为什么员工表现出某些行为而不是另外一些行为，能够预测员工对于各种不同的行为和决策会如何反应，以及影响的员工行为方式。

管理者需要特别关注的解释、预测和影响员工行为的 6 个重要方面分别为：员工生产力、缺勤、离职、组织公民行为、工作满意度及职场不当行为。

（1）员工生产力（employee productivity）是衡量工作效率和效能的绩效指标。管理者希望了解影响员工效率和效能的因素。

（2）缺勤（absenteeism）指未能上班。如果员工无法上班，工作就很难完成。研究表明，所有主要类型的缺勤成本占工资成本的 35%，公司每年每个员工非计划的缺勤成本达到 660 美元。[2] 尽管缺勤无法完全消除，但较高的缺勤率会对组织的运作造成直接和即时的影响。

（3）离职（turnover）指自愿或非自愿地离开组织。它会带来很多问题，如增加招聘、甄选和培训的成本及工作分歧。就像缺勤那样，管理者永远无法消除离职，但他们希望员工的离职率最低，尤其是减少那些高绩效的员工离职。

（4）组织公民行为（organizational citizenship behavior）并不属于员工正式的工作要求的某些行为，但能够促进组织的有效运作。[3] 例如，积极地组织公民行为可能包括帮助工作团队的其他同事，自愿承担额外工作，避免不必要的冲突，或为工作团队和整个公司提出建设性意见。组织需要愿意承担额外工作的员工，有数据表明，拥有此类员工的那些组织绩效水平高于没有此类员工的组织。[4] 但是，组织公民行为也有不足之处，因为它会造成员工的工作负荷过重，产生压力及工作–家庭冲突。[5]

（5）工作满意度（job satisfaction）指的是员工对其工作的一般性态度。尽管工作满意度是一种态度而不是一种行为，但它是很多管理者所关注的结果，因为工作满意度较高的员工一般会有较高的出勤、绩效及留职率。

（6）职场不当行为（workplace misbehavior）指故意对组织或组织内的个体造成伤害的员工行为。它有 4 种表现方式：异常行为、挑衅、反社会行为和暴力。[6] 具体的行为包括高声播放音乐、打扰同事、言语挑衅及妨碍工作等，它们对任何组织都会产生破坏。

在接下来的讨论里，你将进一步了解 4 种心理因素——员工态度、个性、感知和学习——如何帮助管理者预测和解释员工的行为。

达美航空公司（Delta Air Line）员工态度积极，因而表现优异。员工称达美为一个理想的工作场所，提供了良好的薪酬福利、免费旅行、分红奖金，以及专业友好的工作环境。此处展示的是，在推出该航空公司新制服的时装秀上，达美员工作为模特尽情展示的情景。

11.2 态度在工作绩效中起什么作用

你一定要有自己的态度！

态度（attitudes）是关于事物、人或事件的评价性陈述。无论喜欢与否，态度反映了个体对某事的感受。当一个人说"我喜欢我的工作"时，这就是在表明对工作的态度。

11.2.1 态度的 3 个组成部分是什么

态度有三个组成部分：认知、情感和行为。[7]

- 态度的**认知成分**（cognitive component）是由一个人所持有的信念、意见、知识及信息组成。例如，特内莎（Tenesha）认为吸烟特别有害健康。
- 态度的**情感成分**（affective component）指态度的情绪或感受部分。这一部分可以反映在特内莎下面的陈述中："我不喜欢卡罗（Carlo），因为他吸烟。"认知和情感能够导致行为结果。
- 态度的**行为成分**（behavioral component）指的是以某种方式对某人或某事表现出某种行为的意图。仍沿用上面的例子，由于对卡罗的吸烟习惯很反感，特内莎可能会选择避开卡罗。

把态度看成由 3 个部分（认知、情感和行为）所组成，有助于说明它们的复杂性，帮助我们在某些事情发生之前更好地理解某人的反应或行为。但是要记住，当人们使用"态度"这个词的时候，比如，"那个人态度不好"或者"我很高兴你对此持有积极的态度"——他们通常只是指实际的情感成分。记住，管理者试图解释、预测且影响人们的行为，并且知道"态度"不仅仅是情感的一部分，有助于我们更好地认知态度。

11.2.2 员工应持什么态度

奥多比系统公司（Adobe Systems Inc.）想了解是什么让其18 000 名员工感到快乐——2017 年奥多比每季度对公司不同层级员工分组调查，从而找到了结果。匿名调查向员工提出了一些问题，例如：是否觉得可以在工作中保持自身风格，是否被鼓励创造性地思考问题，是否认为其本职工作有助于公司整体目标的实现，以及是否会向他人推荐奥多比的工作机会。[8]这些信息帮助管理者获知了员工对公司的看法。（更多有关奥多比方式的信息，请参见案例应用 11-3。）

自然，管理者不会对员工可能持有的所有态度感兴趣。事实上，他们只对和工作有关的态度感兴趣。[9]

与工作有关的态度指标具体分述如下。

- 工作满意度指员工对其工作的一般性态度。当人们谈到员工态度时，他们通常指的是工作满意度。
- 工作投入（job involvement）指员工认同自己的工作、积极参与工作、认为自己的工作绩效对自我价值重要的程度。

- 组织承诺（organizational commitment）指员工对组织的忠诚度、认同度及投入的程度。

一个与工作态度相关并引起广泛兴趣的新概念是员工参与（job engagement），即员工与其工作的联系、对工作的满意度，以及对工作的热情。[10] 参与度高的员工对工作非常热情并与工作紧密联系；参与度低的员工本质上工作不认真，上班没有动力或激情。一项对全球 12 000 名员工进行的调查结果发现，影响员工参与的 5 个重要因素是：[11]

- 尊重；
- 工作类型；
- 工作与生活之间的平衡；
- 为客户提供良好的服务；
- 基本工资。

参与度高的员工具有很多好处。首先，参与度高的员工获得最高绩效的概率比参与度低的员工高 2.5 倍。其次，拥有高参与度员工的公司会有较高的留职率，从而保持较低的招聘和培训成本。而这两个结果——较高的绩效和较低的成本——则造就了出色的财务绩效。[12]

11.2.3　个体的行为和态度需要保持一致吗

我所相信的就是我所做的……我希望是这样。

你是否注意过，人们是如何改变自己的说法以免和自己的做法相矛盾的？也许你的一个朋友一直和你争辩美国制造的轿车质量低劣，他用的一直都是进口货。后来，他的父母送给他一辆美国产的最新款式的轿车，于是在他的口中，美国车不那么低劣了。或者，当女生联谊会流行的时候，一个大学新生相信女生联谊会不错，有必要加入。但是，如果她未能加入女生联谊会，她也许会说："总之，我认为女生联谊会并不像它所宣传得那么好。"

研究表明，人们寻求态度之间的一致性及态度和行为之间的一致性。[13] 个体试图协调不同态度并使态度和行为保持一致，从而使自己显得理性和始终如一。那么怎么做呢？可以通过改变他们的态度或行为，或者使不一致合理化。

11.2.4　什么是认知失调理论

根据一致性原则，能否做出这样的假设：如果知道个体对某事的看法，那么我们就能预测他的行为？遗憾的是，答案并不像说"是"或"不是"那样简单。为什么？因为认知失调理论。

20 世纪 50 年代后期，利昂·费斯廷格（Leon Festinger）提出了**认知失调**（**cognitive dissonance**）理论，试图解释态度和行为之间的关系。[14] 认知失调指的是态度之间，或者行为和态度之间的不协调或不一致。该理论认为，不一致令人不舒服，个体将会试图减少这种不舒服或减少失调。

当然，没有人能完全避免失调。你知道每天都应该刷牙，但你没有做到。这就是态度与行为的失调。人们应该如何处理这种情况？该理论指出，人们在减少失调时的困难程度由以下 3 个因素决定：造成失调的因素的重要性，个人认为他对这些因素的影响程度，失调可能隐含的报酬。

如果造成失调的因素相对不重要，那么纠正这种不一致的压力就比较小。但是，如果这些因素比较重要，那么个体也许会改变行为，或者认为失调行为并不是那么重要且改变态度，或找出一些比失调因素更重要的其他因素。

个体认为自己对这些因素的影响力也将影响他们处理失调的方式。如果认识到他们对失调别无选择，他们就觉得没有必要改变态度，或觉得需要接受它。例如，如果失调的行为是执行上级的指示所产生的，减少失调的压力就比本人自愿减少失调的压力要小得多。尽管失调总是存在，但它可以被合理化，人们会辩解这是在执行上级的指示，即个人无法进行选择或控制。

人们可能认为自己是安全的驾驶者，却同时又可能认为在开车时发短信会造成不安全的路况。为减少这种认知的不一致，他们有 2 个可行的办法，一是戒除开车时发短信的习惯，二是为自己的行为找个合理的理由，即这不会对他人的安全构成威胁，并且他们能够控制局面。

最后，报酬也会影响个体减少失调的动机程度。当严重的失调伴随着高额报酬时，可以通过激励个体相信一致性的存在而降低失调所产生的不适感。

我们来看一些认知失调的例子。公司经理特蕾西·福特（Tracey Ford）本来主张任何公司都不应该裁员。不幸的是，特蕾西为了公司的战略规划不得不做出一些决策，这些决策不符合她有关裁员的信念。她知道，因为公司重构，一些工作不再需要了，裁员是为了公司的经济利益。她会怎么做呢？毫无疑问，特蕾西正处于高度的认知失调。让我们来解释她的行为。

因素的重要性

由于这个例子中造成失调的原因很重要，因此她不能忽视这种不一致。她可以通过以下几种方法来解决她的困境：一是她可以改变她的行为（裁员）；二是她可以认为失调的行为并不是那么重要（"我必须面对现实，作为公司的决策者，通常不得不把公司的利益放在组织成员的个人利益之上"）；三是特蕾西改变她的态度（"裁员没有什么不对的"）；四是寻找更协调的因素来胜过不协调的因素（"保留下来的员工由于公司重构获得的长期利益，将远大于目前由于公司紧缩开支所受到的损失"）。

影响程度

特蕾西认为，自己对这些因素的影响程度也将影响她处理失调的方式。如果认识到失调是不可控制的，即他们别无选择，他们就觉得没有必要改变态度。例如，如果是她的上司告诉她得裁员，那么减少失调的压力就比特蕾西本人主动裁员时小。失调总是存在，但也往往能被合理化，人们也总是为之辩解。这就是建立道德文化对今天的组织领导者非常重要的原因。没有领导者的影响和支持，当面临是否道德或不道德地做某事的决定时，员工就不会感受到太大的不一致性。[15]

报酬

报酬也会影响特蕾西减少失调的动机程度。当严重的失调伴随着高额报酬时，就容易看轻失调所产生的严重程度。报酬通过增加个体平衡的一致性来减少失调。特蕾西可能会觉得她有时也不得不做一些诸如辞退员工的艰难决策，因为她会从工作中获得很好的补偿。

因此，关于失调和员工行为，我们能说什么呢？这些调节因素表明，即使个体感受到失调，他们也不会必然地转向一致性，也就是，转向减少失调。如果造成失调的因素并不重要，个体认为失调是外部施加的、根本无法控制，或者报酬十分诱人足以抵消失调，个体就不会有太强的紧迫感来减少失调。[16]

当今职场中的道德决策

你有没有假装过微笑或假装快乐和积极？我们每个人都会在某时、某地有过此种经历。现在研究表明，员工在上司身边时会假装积极的态度。[17]这种两面性（或者甚至是负面行为）对你的工作或组织的工作可能是明显的损害。上司希望看到员工有激情。他们希望你热爱自己的工作，为上班和工作感到兴奋。如果你没有呢？如果你想保住你的工作，你就得假装。但是，所有的假装都会付出代价。

讨论题

1. 在这种情况下，员工和管理者可能会产生什么样的道德问题？解释"伪装"如何影响其他利害攸关者。

2. 在你所在的小组中，谈谈你认为不得不假装积极乐观的工作经历。然后，提出关于管理者该如何营造员工无须假装积极乐观的工作环境的相关建设性意见，并准备好在班级分享。

11.2.5　对态度的理解如何使管理者更有效率

管理者应该关注员工的态度，因为它们会以下列方式影响员工行为。

首先，**满意度高、尽职的员工离职率和缺勤率较低**。如果管理者希望保持较低离职率和缺勤率，尤其是对那些生产率较高的员工，他们必须采取措施，激发员工积极的工作态度。

其次，对于满意度高的员工是否就是生产率高的员工这一争论，已经持续了将近 80 年。在霍桑实验之后，管理者认为满意度高的员工是生产率高的员工。但由于难以确定究竟是工作满意"导致"工作效率，还是工作效率"导致"工作满意，部分管理研究者认为这种理念通常是错误的，满意度高的员工并不一定就是生产率高的员工。但是，我们可以比较确定地说满意度与生产率之间具有较强的相关关系，[18]即**满意度高的员工的确表现出更高的工作绩效**。因此，管理者应关注那些能够造就较高的员工工作满意度的因素，例如，使工作充满挑战和趣味，给予公平的报酬，以及营造支持型的工作环境和支持型的同事。[19]

这些因素可能帮助员工提高工作效率。

再次，管理者还应该对员工的态度进行调查。正如某研究指出的那样，"**一套完善的衡量整体工作态度的调查是组织所掌握的关于员工的最有用的信息。**"[20] 然而，研究还表明，对于准确找出员工不满意的原因，进行多次态度调查比只进行一次更有效。[21]

最后，管理者应该知道员工会努力减少失调。如果要求员工从事的活动与员工格格不入，或者与员工的态度相矛盾，管理者应该记住，当员工感觉到这种失调是外部施加、不可控制时，员工减少失调的压力就会降低。如果报酬优厚到足以抵消失调，这种压力也会降低。所以，当管理者向员工解释需要从事某些有可能会引起失调行为的工作时，应该指出这有可能是诸如竞争者、客户等外部力量所施加的或者管理者可以提供个体所期望的报酬。

11.3　管理者需要了解个性的什么内容

很多大学使用室友的融洽度测试去安排学校宿舍分配。[22] 如果你曾经跟别人同住一室（家属或非家属），你就知道与室友融洽相处是多么重要。这种融洽度受到我们自己和别人个性的影响。

一些人比较安静和被动，而另一些人则活跃和好斗。当我们用安静、被动、活跃、富于进取，雄心勃勃、外向、忠诚、紧张、内向或者随和之类的词汇来形容人时，我们实际上是在形容他们的个性。人的**个性**（personality）是融合了该个体情感、思想和行为方式的特有组合，它会影响该个体对环境的反应及其与他人的交往。通过个体表现出来的一些可衡量的品格来描述其个性甚为普遍。我们关注对个性的考察，因为就像态度那样，它也会影响人们行为与行为方式。

78%的雇主认为个性是求职者最重要的特征。[23]

11.3.1　我们如何才能最好地描述个性

你的个性是你行事和与他人相处的方式，而你的个性特质影响你如何与他人相处以及如何解决问题。实际上，很多行为都可以归因于个体的个性特质。但我们如何最好地描述个性呢？近年来，研究人员试图着重研究哪些个性类型和个性特质能够识别人的个性。其中，两项研究成果已经得到了广泛认同：迈尔斯－布里格斯个性分类指标（Myers-Briggs Type Indicator，MBTI）和大五人格模型。此外，不考虑个体的情感，特别是情商（emotional intelligence，EI），我们不可能描述其个性和行为。

什么是迈尔斯－布里格斯个性分类指标

它是在辨别个性类型时广为使用的方法之一。MBTI 对人们做了一个将近有 100 个问题的问卷调查，然后在此基础上，利用个性的 4 个维度划分出 16 种不同的个性类型。世界财富前 1000 家公司的 80% 使用 MBTI 个性评估方法。[24]

16 种个性类型建立在 4 个维度之上，具体分述如下。

- 外向与内向（EI）。EI 维度描述个体是倾向于外部的环境世界（E：extraversion）还是内心的思想和情感世界（I：introversion）。

- 感知与直觉（SN）。SN 维度则表现个体是倾向于在事实信息的基础上关注标准常规（S：sensing）还是关注整体并将各项事实相联系（N：intuition）。

- 理性与感性（TF）。TF 维度反映个体评价信息是倾向于用分析的方式（T：thinking）还是以自己的价值观和信念为基础（F：feeling）。

- 判断与理解（JP）。JP 维度反映个体对待外部世界的态度是倾向于按计划和有序的方式（J：judging）还是倾向于按灵活和自发的方式（P：perceiving）。[25]

- 让我们来看一些例子。

- ISTJ（introversion-sensing-thinking-judging）——安静、严肃、可靠、实际、注重事实。

- ESFP（extraversion-sensing-feeling-perceiving）——开朗、友好、主动，喜欢与他人共事，通过和他人尝试新的技能能学得更好。

- INFP（introversion-intuition-feeling-perceiving）——理想主义，忠于自己的价值观，理解他人并且帮助他们发挥潜力；

- ENTJ（Extraversion-Intuition-Thinking-Judging）—坦诚、果断、承担领导责任，喜欢设立长远的计划和目标，表达观点时很有说服力。[26]

MBTI 如何帮助管理者呢？这一方法的支持者认为知道这些个性类型是很重要的，因为它们影响着人们相互交流和解决问题的方式。[27]例如，如果你的上司是一个凭直觉做事的人，而你是一个凭感知做事的人，那么你就要会用不同的方式来收集信息。你的上司是直觉类型，关注直观感受，而你是感知类型，注重事实基础。为了更好地与上司工作，在报告某件事情的时候，你就不能只准备一些事实，还必须告知对于这件事情你的内心感受。MBTI 评估系统被证实在关注企业家类型的成长倾向方面非常有效，同样，在调查情商方面也行之有效（我们将马上了解情商的内容）。[28]

什么是大五人格模型

另一个考察个性的方法是五因素个性模型——更为常用的名称是"大五人格模型"（big-five model of personality）。[29]大五人格模型的因素具体如下所述。

- 外向性（extraversion）。描述个体社会交际、健谈、自负程度的个性维度。

- 认同性（agreeableness）。描述个体和善、合作和诚信程度的个性维度。

- 责任性（conscientiousness）。描述个体负责、可信赖、执着、成就导向的个性维度。

- 情绪稳定性（emotion stability）。描述个体冷静、热情、安心（积极）或者焦急、紧张、沮丧、不安心（消极）程度的个性维度。

- 开放性（openness to experience）描述个体富于想象、艺术性、智慧程度的个性维度。

"大五人格模型"提供的不仅仅是一个个性框架。研究表明，这些个性维度和工作绩效之间有着重要的联系。[30]例如，一项研究考察了 5 种职业：专业人员（如工程师、建筑师、律师）、警察、管理者、销售人员、半熟练和熟练的员工。工作绩效由以下几个指标来反映：员工绩效等级、培训能力和诸如工资水平的个人信息。研究结果表明，责任这一特性与 5 个职业群体的工作绩效都有联系。[31] 其他个性维度的预测取决于环境和职业群体。例如，外向预测管理和销售职位的绩效，因为这两个职位需要很强的社交能力。[32] 开放则在预测培训能力方面颇为重要。具有讽刺意味的是，情绪稳定和工作绩效之间并不是正相关的。冷静的、安心的员工绩效更好，这一点似乎合乎逻辑，但事实并非如此。也许因为情绪稳定型员工经常安于他们现有工作，不思改变，而情绪不稳定型员工却不是这样，所以才会导致这一事实。假设研究中所有参与的人都被雇用，这一维度的差异性可能会比较小。

大五人格模型中的外向维度适用于紧身裤公司的创始人企业家萨拉·布莱克利（Sara Blakely）。她善于交际、健谈、自信的个性，为公司的成立和发展做出了贡献，她成功地创立了一家内衣公司。在这里展示的是布莱克利（左）在坦帕的一家新的塑身裤商店向顾客介绍她的员工团队。

什么是情商

那些了解自己的感情，并且善于洞察他人情绪的人也许工作效率更高。实际上，这就是情商研究所揭示的本质。[33]

情商指的是那些非感知性的技巧、素质、能力的综合，这些因素影响一个人处理环境需求和压力的能力。[34] 情商是由 5 个维度组成的，分述如下。

（1）**自我意识**（self-awareness）：知道自己的感受。

（2）**自我控制**（self-management）：控制自己情绪及冲动的能力。

（3）**自我激励**（self-motivation）：面对困难和失败，坚持不懈的能力。

（4）**移情**（empathy）：感受到他人情感的能力。

（5）**社交技巧**（social skills）：适应和处理他人情感的能力。

当今职场中的管理技术

对情商依赖的增加

尽管现在的技术使得越来越多的员工在工作场所之外的地方完成工作，但这并不意味着他们不会与他人互动。他们仍然会与同事和客户保持联系。无论是以情商、社交能力或其他什么的名义，理解自己和他人的能力是组织在雇用员工时所需要考虑的技能。与同事、同伴、团队成员、上司和客户融洽相处的能力对于大多数工作的成功至关重要。那些拥有强大的技术能力但情商不足的员工会发现找工作和保住工作的难度越来越大。

讨论题

1. 为什么你认为与他人相处的能力如此重要？

2. 你如何培养这种能力？自己提出一些想法。然后，在你所在小组中，比较大家提出的想法并编制一份情商五维度培养方式清单。请准备好与同学分享。

几项研究表明，情商在工作绩效中也许有着重要作用。[35] 例如，一项研究考察了贝尔实验室工程师的性格，这些工程师被同行视为精英。科学家得出结论，这些精英更善于理解他人。也就是说，是情商而不是智商，带来了高绩效。一项针对空军招募者的研究也得到相似的结论：表现最为优异的招募者都显示出高情商。利用这些结论，空军部队修改了它的甄选标准。随之而来的调查发现高情商的人成功的概率比低情商的人高 2.6 倍。一些公司（如美国运通公司）发现情商项目有助于提高公司效率；其他公司也发现类似结论，认为情商能促进团队效率。[36] 例如，在明尼阿波利斯（Minneapolis）的联合印刷公司（Cooperative Printing）进行的对 45 位员工的调研得出结论，在对成功的促进作用方面，情商技能在重要性上几乎是智力和专业技能的 2 倍。[37] 一项对人力资源部经理的调查提出了这样一个问题：员工的情商对于其晋升究竟有多重要？40%的经理回答"非常重要"，还有16%的经理回答"比较重要"。其他研究也表明，情商对于提高当代组织结构的质量大有帮助。[38]

根据情商的例子所体现出来的含义，雇主在甄选过程中应将情商作为考核标准之一，尤其是那些需要频繁社交的工作。[39]

11.3.2　个性特征能够预测现实中的工作行为吗

是的！人们已经证实有 5 项个性特征能最有效地解释组织内的个人行为。让我们分别加以考察。

（1）第一个特征：控制倾向。谁能控制个人的行为？有一些人相信他们能掌握自己的命运。另一些人认为自己受到命运的操纵，认为生活中发生的一切都是由于运气或机会。前者的控制倾向（locus of control）是内控型。后者的控制倾向是外控型，这些人相信他们的生活受到外部力量的控制。[40] 管理者可能会发现，"外控型"的人将他们不良的工作绩效归咎于上司的偏见、同事或其他自己无法控制的因素，而"内控型"的人则会从自己的行为方面解释同样的情况。

（2）第二个特征被称为**马基雅维利主义**（**Machiavellianism**），是以尼科洛·马基雅维利（Niccolo Machiavelli）的名字命名的，此人曾在 16 世纪教授人们如何获得和操控权力。马基雅维利主义的信奉者现实，对人保持着情感的距离，相信为达目的可以不择手段，[41] 并缺乏足够的道德信仰。[42] "有用即用"（if it works, use it）这一观点与马基雅维利主义信奉者的观点一致。马基雅维利主义信奉者中会有好员工吗？答案取决于工作的类型，以及你在评估绩效时是否考虑道德含义。对于那些需要谈判技能的工作（如劳工谈判者）或者那些表现优异能带来丰厚收益的工作（如代理销售商），马基雅维利主义信奉者是出色的；而对于那些结果不能证明手段合理性的工作或那些工作绩效缺乏绝对标准的工作，则很难预测马基雅维利主义信奉者的表现。

（3）人们喜爱或不喜爱自己的程度各有不同。这第三种特征被称为**自尊**（**self-esteem**）。[43] 有关自尊的研究为组织行为提供了一些有趣的见解。例如，自尊直接关系着对成功的预期，自尊程度高的人相信他们拥有工作成功所需的能力。自尊程度高的人与自尊程度低的人相比，选择工作时更加冒险，更有可能选择非常规性的工作。[44] 有关自尊最普遍的发现是，自尊程度低的人比自尊程度高的人更容易受到外部影响。自尊程度低的人需要从别人那儿得到积极评价。因此，他们更乐于寻求别人的认可，更倾向于认同他们所尊敬的人的信念和行为。从管理的角度看，自尊程度低的人更注重取悦他人，因此很少会不受欢迎。很显然，自尊和工作满意度也很有关联。许多研究证实，自尊程度高的人比自尊程度低的人更满意自己的工作。

（4）第四个受到广泛关注的个性特征被称为**自我监控**（self-monitoring）。[45] 它指的是个体根据外部环境因素调整自己行为的能力。自我监控程度高的人在根据外部环境因素调整自己的行为时，表现出很强的适应能力。[46] 他们对外部线索极其敏感，在不同的环境中表现各异，能够使自己在公众中的角色和私人的自我之间表现出显著的差异。自我监控程度低的人不能改变自己的行为，他们倾向于在各种环境中都表现出自己真实的性格和态度。因此，在他们是谁和他们做什么之间存在着高度的一致性。证据表明，自我监控程度高的人比自我监控程度低的人更加关注他人的活动。[47] 我们还可以推断，自我监控程度高的人在管理岗位上更容易成功，因为管理岗位要求个体扮演多重的甚至是互相矛盾的角色。

（5）第五个影响员工行为的个性特质反映了个体把握机会的意愿，即**风险偏好**（risk taking）。这种承担或规避风险的倾向性，影响着管理者做决策所需的时间及做决策之前所需得到的信息量。例如，在一项经典的研究中，79 名管理者进行了一个模拟的人力资源管理练习，练习要求他们做出聘用决定。[48] 高风险偏好的管理者与低风险偏好的管理者相比，更快做出决定，并且在做决定过程中所用的信息也更少。有趣的是，两组的决策准确性是一样的。

尽管一般认为，组织中的管理者属于风险规避型，特别是在大公司和政府机构里面，[49] 但在冒险这一方面还是存在着个体差异。[50] 因此，认识这些差异甚至在具体的工作要求中考虑风险偏好，是很有意义的。例如，对一名股票经纪人来说，高风险偏好的倾向可能会带来出色的业绩，这一类型的工作要求迅速做出决策。对创业者而言也是一样的。[51] 不过，对从事审计活动的财会人员来说，这一个性特质可能会成为一个主要障碍，审计活动最好是安排低风险偏好的人来从事。

此照片显示，企业家伊隆·马斯克在展示特斯拉新车型时受到广大员工称赞。马斯克的高风险偏好使其倾向于在不同行业创办公司，并取得成功业绩。例如：互联网支付公司贝宝、电动汽车和电池制造商特斯拉汽车、火箭和航天器制造商太空探索技术公司（Space Exploration Technologies，简称 SpaceX）以及太阳能电池板生产商美国太阳城公司（Solar City）等。

11.3.3 个性如何与工作匹配

我们都想要一份与我们个性相匹配的工作。

"如果你对你的工作不满意怎么办？有没有可能你完全处于错误的职业生涯当中？"[52]当你日复一日地重复你的工作时，你可能意识到你的工作并没有很好地与你的个性或才能相匹配。你的个性和你选择的工作或职业路径相匹配，这岂不是更有意义吗？"

显然，个体的个性互不相同，工作也是如此。我们如何使个性与工作相匹配呢？引用最多的个性-工作适应理论是由心理学家约翰·霍兰德（John Holland）提出的。[53]他的理论指出，一名员工对工作的满意度及辞职的倾向性取决于个体的个性与工作环境的匹配程度。霍兰德在表 11-1 划分了 6 种基本的员工个性类型。

表 11-1 霍兰德的个性类型与职业匹配

类 型	个 性 特 点	适 合 职 业
现实型：偏好需要技能、力量、协调性的体力活动	害羞、真诚、执着、稳定、顺从、实际	机械师、钻井操作工、装配线工人、农民
研究型：偏好需要思考、组织和理解的活动	分析、创造性、好奇、独立	生物学家、经济学家、数学家、新闻记者
社会型：偏好能够帮助和提高别人的活动	社交、友好、合作、善解人意	社会工作者、教师、议员、临床心理学家
传统型：偏好规范、有序、清楚明确的活动	顺从、高效、实际、缺乏想象力、缺乏灵活性	会计、业务经理、银行出纳员、档案管理员
企业型：偏好那些影响他人和获得权力的活动	自信、进取、精力充沛、盛气凌人	律师、房地产经纪、公共关系专家、小企业主
艺术型：偏好需要创造性表达的、模糊的、非系统化的活动	富于想象力、无序、理想化、情绪化、不实际	画家、音乐家、作家、室内装潢家

资料来源：Robbins, Stephen P., Coulter, Mary, Management, 13th Ed., © 2016, p.444. Reprinted and electronically reproduced by permission of Pearson Education, Inc., New York, NY.

霍兰德的研究指出，当个性和职业相匹配时，工作满意度最高，离职率最低。[54]社会型个体应该从事有关"人"的工作，传统型个体应该从事传统性的工作，以此类推。这一模型的关键在于：不同个体的个性的确存在着本质的差别；工作具有不同类型；当人们的工作环境与自己的个性协调一致时，会产生较高的工作满意度，离职的可能性也较小。

11.3.4 不同的民族文化中个性特质不同吗

就像大五人格模型那样，个性框架在不同文化的背景下会有差异吗？像控制倾向那样的个性维度与文化相关吗？让我们尝试回答这些问题。

大五人格模型中研究的 5 类个性因素几乎在所有跨文化研究中都会出现。[55]这包括大量的多元文化，如中国、以色列、德国、日本、西班牙、尼日利亚、挪威、巴基斯坦和美国。差异在于对个性维度的强调有所不同。例如，与美国人相比，中国人更经常使用"责任"的类型而较少使用"认同"的类型。然而，研究也发现了数量惊人的一致性，尤其是那些来自发达国家的个体。正如一个例子所指出的那样，通过对前人研究欧洲国家居民的文献进行综述，人们发现"责任"是对工作和职业群体的绩效进行预测的有效指标。[56] 美国的研究也发现了同样的结果。

我们知道，对某个国家而言，不存在普遍性的个性类型。例如，你可以在任何文化背景下找到高风险偏好和低风险偏好的人。但是，一个国家的文化能够影响本国人的主要个性特征。我们可以通过考察其中一种我们刚刚讨论过的个性特质——控制倾向——来了解这种国家文化的影响。

在人们认为自己可以控制环境的程度上，国家文化表现各异。例如，北美人相信他们可以支配他们的环境。而其他国家，如中东地区，则相信生活其实是命中注定的。这与控制的内控倾向和外控倾向十分相似。根据这种特殊的文化特点，我们可以推测内控型的员工在美国和加拿大所占的比例要高于其在沙特阿拉伯或伊朗所占的比例。

正如我们在这一部分已经阐述过的，个性特质影响员工行为。对具有全球视野的管理者来说，当从国家文化的角度看问题时，理解个性特质差异就显得更为重要了。

从个性的维度来理解不同国家的差异对全球企业的管理者而言很有帮助。例如，清楚地知道"责任"这一特质对欧洲国家而言是一个有效的绩效指标，这就有助于美国公司汉堡王管理其诸如在法国的员工。

11.3.5　对个性的认识如何帮助管理者提高效率

管理者应该对员工的个性感兴趣，因为这些个性会以下述方式影响员工的工作表现。

（1）**工作–个性匹配度**。62%的公司在招聘时采用个性测试，这可能就是理解个性差异的主要价值所在。[57] 如果管理者考虑工作与个性的匹配度，那么他就很可能拥有更高的绩效和更满意的员工。

（2）**理解不同的工作方式**。通过了解人们解决问题、做决策和工作互动的差异性，管理者可以更好地理解如下情况，例如，为什么一个员工对于快速地做决策感到不适，或者在解决问题之前坚持要尽可能多地收集信息。再如，管理者可以认为，相较于内控型的员工，具有外部控制倾向的个人对工作会更加不满意，而且他们更不愿意为自己的行为承担责任。

（3）**做一个更好的管理者**。做一个成功的管理者并实现目标意味着要与组织内外部的人很好地共事。为了有效地共事，你需要互相理解，起码是部分地互相理解。这种理解，至少部分来自对个性特质和情感的赞赏。同时，作为一名管理者，你还需要学习根据情境对自己的情绪反应做出调整。总之，你必须学会"何时要笑而何时要发火"。[58]

11.4 描述感知与影响感知的因素

我们诠释所见之物，并称之为事实。

感知（perception）是一个过程，通过这一过程，个体组织和解释他们的感觉印象，从而给他们所处的环境赋予意义。有关感知的研究一直表明，虽然个体面对同样的事情，但是会产生不同的感知。例如，对于助手通常要用几天才能做出重大决策这一事实，某个管理者可以将其解释为这个助手反应迟钝、缺乏组织性、害怕做决策，而另一管理者则会将同一助手的同一行为解释为这名助手考虑周全、细致、缜密。前者对助手评价消极，而后者对助手评价积极。其原因在于，没有人真正看到事实。我们解释我们所看到的，称之为事实。当然，就像前面的例子所表明的，我们按照感知行事。

11.4.1 什么因素影响感知

一家大型石油公司的营销主管，52 岁的莫兰达（Moranda），在对应聘者安布罗斯（Ambrose）进行面试时注意到了他的鼻环，而人力资源招募者 23 岁的肖恩（Sean）却没有注意到。对于这一事实，我们如何解释呢？许多因素影响感知的形成，有时是感知的失真。这些因素存在于感知者中、被感知的物体或目标中，以及感知产生的情境中。

（1）当个体试图对他所看到的目标做出解释时，会在很大程度上受到个人特质的影响。这些个人特质包括态度、个性、动机、利益、过去的体验和期望。

（2）被观察的目标的特征也会影响感知。在群体中，活跃的人比安静的人更容易引起注意。同样，极具吸引力的人和不具吸引力的人也是如此。由于目标是不能孤立地被看待的，因此，目标与背景的关系也影响着感知（见图 11-2 的示例），同样，我们倾向于将关系密切及相似的事物归于一类，这种倾向性也对感知有影响。

（3）我们看待目标或事件时的情境也很重要。我们观察目标或事件的时间、地点、光线、温度和其他环境因素都会影响我们的注意力。

年老的还是年轻的女人？ 两张脸还是一个容器？ 马背上的骑士？

图 11-2 感知的挑战：你看到了什么

11.4.2 管理者如何评判员工

大多数关于感知的研究针对的是无生命的物体，然而管理者更关注的是人。我们对人的感知不同于对无生命物体（如计算机、机器人、建筑物等）的感知，因为我们总是对人的行为，而不是对无生命物体进行推断。在观察人时，我们试图解释为什么他们以某种方式行动。因此，对于个体行为的感知和判断在很大程度上受我们对个体内在特征所做假设的影响。大量的此类假设引导研究者提出了归因理论。

什么是归因理论？

归因理论（attribution theory）认为，我们如何对人们进行不同的判断，取决于对给定的行为归因于何种解释。[60]该理论表明，在观察个体行为时，我们试图判定该行为是由内在还是外在原因引起的。内因行为被认为是在个体的控制之下的，外因行为是由外部原因产生的，也就是说，个体因环境因素而被迫采取某种行为。然而，这种判定取决于 3 种因素：差异性、一致性和一贯性。

差异性（distinctiveness）涉及个体是在许多情况下表现出某种行为，还是仅在特定环境下表现出这种行为。一名今天迟到的员工是否被同事视为"游手好闲"之人？我们想知道的是这种行为是否不常见。如果是，观察者就有可能将这种行为归因于外部因素，否则，就可能判断这种行为由内部因素造成。

如果每个人面对相似情境都有相同的反应，我们就说行为表现出一致性（consensus）。如果所有走同一路线的员工今天都迟到了，那么这种迟到行为就符合上述定义。如果一致性程度高，我们把员工的迟到行为归因于外部。反之，如果走相同路线的其他员工准时上班，则认为迟到原因来自内部。

最后，管理者考察员工行为的一贯性（consistency）。员工从事某些行为是否有规律性和一贯性？是不是无论何时，该员工都有同样行为？如果上班迟到 10 分钟对某一员工来说是一件不同寻常的事（她有 7 个月未曾迟到过），而对另一员工来说却是家常便饭（他一个星期迟到两三次），那么对于迟到这一行为，就不能等同看待。行为越具有一贯性，观察者越倾向于将其归因于内部因素。

表 11-2 概括了归因理论的主要因素。该表告诉我们，以员工布莱克（Black）为例，如果他完成当前工作的水平与其他工作的水平大致相同（低差异性），从事这项工作的其他员工的绩效通常与布莱克先生不同——更好或更差（低一致性），而且无论何时布莱克先生完成这项工作的绩效都是稳定的（高一贯性），他的经理或其他判断布莱克先生工作的人就有可能将布莱克的工作绩效归于他自身的因素（内部归因）。

表 11-2 归 因 理 论

观察	解释	归因
个体在不同情境下	是：低差异性	内因
是否表现出不同行为	否：高差异性	外因
个体面对相似情境	是：高一致性	外因
是否都有相同的反应	否：低一致性	内因
个体从事某些行为	是：高一贯性	内因
是否有一贯性	否：低一贯性	外因

传统观念普遍认为，妇女缺乏成功参加赛车所需的专业技能及情感和体力。在宣布成立格雷斯汽车运动公司时，第一个全女性赛车队 Indyer 的英国车手凯瑟琳·莱格（Katherine Legge）（右边）声称，在赛车运动中，性别不应成为追求成功事业的障碍。

归因能失真吗？

由归因理论得出的一个有趣发现是，错误或偏差使归因失真。例如，大量证据表明，当我们对其他人的行为做判断时，我们倾向于低估外部因素的影响，而高估内部或个人因素的影响。[61]这被称为**基本归因错误（fundamental attribution error）**。它可以解释，为什么销售经理可能倾向于将下属不佳的业绩归咎于他们的懒惰，而不是竞争对手引进了全新的产品线。个体也倾向于将他们的成功归功于内部的诸如能力或努力等因素，而把他们的失败归咎于外部的诸如运气等因素。这被称为**自利偏差（self-serving bias）**。它表明，员工会对那些有关他们业绩评价的反馈信息产生曲解，而不管其是积极的还是消极的。

我们使用哪些感知的简便方法？

我们使用许多简便方法来判断他人。感知和解释他人的行为需要大量的工作，因此，我们开发了许多技术手段使这项工作更易管理。[62]这些技术手段是很有价值的，它使我们迅速做出精确的感知，并为预测提供有效的信息。然而，这些手段也并非不会出错，它们能使，也的确会使我们陷入麻烦（表 11-3 归纳了这些简便方法）。

表 11-3　通过简便方法来评判个体的失真

捷　径	说　明	失　真
选择性	人们在他们所观察到的信息中，根据自己的兴趣、背景、经验和态度有选择地吸收零碎信息	"快速阅读"他人可能会绘出不准确的图像
假设相似性	人们假定他人与自己类似	也许没有考虑到个体差异性，导致不正确的归类
刻板印象	人们以对某人所在群体的感知为基础判断这个人	可能会导致失真的判断，因为很多模式印象缺乏事实依据
晕轮效应	人们仅以个体的单一特质就形成了对其总体的印象	不能认识到个体的完整特征

个体不能掌握他们所观察到的所有信息，而只能选择性地接受。他们吸收各种各样的零碎信息，这些零碎信息并不是随机选择的；相反，是观察者根据自己的兴趣、背景、经验和态度有选择性地挑选出来的。**选择性感知（selective perception）**使我们"快速阅读"他人，但是有可能得出一个不准确的结论。

如果我们假定他人与我们类似，则很容易判断他人。在**假设相似性（assumed similarity）**，或称"像我"效应中，观察者对于他人的感知更多地受观察者自身特征，而不是那些被观察者特征所影响。例如，如果你希望工作具有挑战性及责任感，你就会假设别人也希望如此。当然，这些假设他人与自己类似的人有时候被证明是对的，但并不总是对的。

当我们以对某人所属群体的感知为基础判断这人时，我们便是在使用被称为**刻板印象**（**stereotyping**）的简便方法。例如，"已婚人士是比单身人士更稳定的员工"或"年长的员工缺勤的次数更多"就是刻板印象的例子。如果是基于事实，刻板印象也许会产生正确的预测。但是，很多的刻板印象缺乏事实依据，便会扭曲我们的判断。

仅以个体的某一特质诸如智力、社交能力或外表等就形成了对其的总体印象，我们便是受到了**晕轮效应**（**halo effect**）的影响。例如，当学生评价他们的老师时，这种效应便经常出现。学生也许会将某一特质诸如热情分离出来，并使他们的整体评价受到这一特质感知的影响。一个安静的、自信的、知识渊博的、高水平的老师，如果他的课堂教学风格缺乏热情，那么这个老师的其他特点也许会被评价得更低。

11.4.3　对感知的理解如何帮助管理者更有效地工作

管理者应该对感知感兴趣，因为它会以下列方式帮助自己理解员工行为。

（1）管理者需要认识到，员工是对感知而不是对客观现实做出反应。不管管理者对员工的评价是否真正客观公正，或者不管组织的工资水平在同行业中是否的确最高，都不及员工在这些方面的感知。如果员工感觉到评价是不公正的或者工资水平低，则他们的行为表现就好像这些条件真的存在似的。

（2）员工将他们所看到的事情联系起来，并加以解释，所以潜在的感知失真总是存在的。管理者应该明确这一点，要密切注意员工对他们的工作及管理实践的感知。记住，一个有价值的员工因为不准确的感知而辞职，与一个有价值的员工因为正当理由而辞职一样，对组织来说，都是很大的损失。

 ## 11.5　学习理论如何解释行为

学习是什么？这比普通人的看法"学习就是你在学校所做的事"，范围要宽泛得多。我们不断地从经验中学习，所以学习随时发生。

11.5.1　操作性条件作用：行为是其结果的函数

人们以学习行为来获得他们想要的一些东西或者是避免他们不想要的一些东西。自愿的或者学习得来的行为，不是反射性的或者未学习的行为。

重复的学习行为倾向受以下因素影响：

- 强化→强调一种行为和增加它将会发生的可能性；
- 缺少强化→弱化一种行为和减少它将会发生的可能性。

操作性条件作用比比皆是——在强化（奖励）取决于你行为的任何情境（明确的或者隐含的）中都可能发生。

学习：一种因为经验而发生的行为相对持久的改变。

操作性条件作用：一种认为行为是结果的一种功能的学习理论。

11.5.2　社会学习理论：通过观察和直接经验学习 [63]

榜样（如父母、老师、同辈、名人、上司等）的影响是社会学习观点的核心。有 4 个过程决定榜样对个体的影响，具体分述如下。

（1）注意过程（attentional processes）。当人们认识并注意到榜样的重要特点时，会向榜样学习。

（2）记忆过程（retention processes）。榜样的影响取决于个体对榜样行为的记忆程度，即使榜样不再轻易出现。

（3）行动重现过程（motor reproduction processes）。当个体通过观察榜样发现了一个新行为时，观察一定会转化为行动。

（4）强化过程（reinforcement processes）。如果个体受到正面激励或奖励，就会激发个体效仿榜样行为的积极性。被强化的行为将会受到更多的注意，学习得更好，出现得也更为频繁。

11.5.3　行为塑造：把学习理论用于实践

1. 为什么

管理者可以教导员工以最有益于组织的方式行事。[64]

2. 如何做

通过逐步指导员工的学习来塑造行为。

3. 行为塑造的 4 种方式

（1）正面强化（positive reinforcement）。管理者鼓励、肯定所期望的行为，例如，管理者表扬工作出色的员工。

（2）负面强化（negative reinforcement）。管理者通过终止或撤销讨厌的事情，实现所期望的行为。例如，管理者告诉某位员工，如果他开始按时上班，就不会被扣钱。这个员工不被扣钱的唯一方法就是按时上班，这正是管理者所希望的行为。

正面强化和负面强化都导致学习。它们强化了理想反应，提高了其重复的可能性。

（3）惩罚（punishment）。它指对不良行为进行处罚。例如，对于酗酒的员工，令其停职 2 天、不发薪水。

（4）消除（extinction）。它指不强化（忽视）某种行为，让其逐渐消失。

惩罚和忽视也会导致学习，然而，它们弱化了行为，并且倾向于减少其以后的发生频率。

11.5.4　怎样通过认识学习来提高管理者的效率

1. 管理员工的学习

员工会在工作中学习。管理者将会如何管理员工的学习呢？是通过设置奖励和树立榜样，还是让其随意发生？

2. 关注你奖励什么

如果管理者想要行为 A，却奖励行为 B，那么他们就会发现员工在学习行为 B，这就不足为奇了。

3. 关注你做什么

管理者应该知道员工是以他们为榜样的，并且他们会做管理者所做的。

当今职场中的经典理念

学习如何影响他人的行为！

为了更好地理解操作性条件反射，我们首先需要从一个不同的角度学习传统的条件作用理论。传统的条件作用是：某事发生了，我们以某种方式做出反应。它可以解释简单的反射行为。例如，传统的条件作用可以解释为什么当公司最高负责人（top brass）将要来进行视察时，某大型零售公司的一个当地销售商对卖场内部进行一系列的清洁、整理和重新安排等活动。但人们工作中的大部分行为是自愿的而不是反射的，即员工可以选择按时上班，向上司寻求帮助解决某个问题，或在无人监督时"偷懒"。

一个对行为更好的解释是操作性条件反射，操作性条件反射认为人们以某种方式行动，从而得到他们想要的东西或者避免他们不想要的东西。它是自愿的或学习得来的行为，而不是反射的或先天的行为。哈佛大学心理学家伯尔赫斯·弗雷德里克·斯金纳（B.F. Skinner）首先指出了操作性条件反射的过程。[62]他认为，在某一管理者具体行为之后，如果它能带来令人满意的结果，那么这一行为的频率将会增加。他表示，如果人们在从事某一所期望的行为时得到了积极强化，那就最有可能重复这项行为。如果对所期望的行为立即给予奖励，那么它将是最有效的；对该行为不奖励或受到惩罚的行为则较少可能重复。例如，每当一个学生对课堂讨论有所贡献时，教授就给这个学生一个分数。操作性条件反射认为这个行为是具有激励性的，因为它设定了条件给学生，即每次学生做出特定行为（在课堂发言）就可以得到期望的奖励（获得课程学分）。操作性条件反射也能在职场里看到。聪明的管理者很快就认识到他们可以运用操作性条件反射来规范员工的行为，从而使工作以最有效能和效率的方式来完成。

讨论题

1. 传统的条件作用理论和操作性条件反射有何不同？
2. "塑造"某人的行为可能在道德上有什么顾虑？请解释。

 11.6　管理者面临的当代组织行为专题

到目前为止，你也许已经认识到为什么管理者需要理解员工行为的过程和原因。我们将考察对管理者当今的工作起重要作用的 2 个组织行为专题，以对本章进行总结。

11.6.1 代际差异如何影响职场

在当今职场，婴儿潮一代、X 一代、Y 一代及现在的 Z 一代正在并肩工作。传闻和经验证据表明，这 4 个世代群体成员对包括沟通、技术应用、工作/生活平衡和偏好的领导风格在内的一系列与工作相关问题的态度大相径庭。态度差异会导致冲突和不满的产生，因此，于管理者而言，帮助同僚理解不同观点产生的原因和导致的后果非常重要。不同的优先级和偏好意味着管理者不仅需要灵活适应工作和工作安排，还要确保公平公正。这就是了解代际群体差异及如何管理代际差异都非常重要的原因。

什么是世代群体（generational groups）？当每一代人对工作是什么，以及应当如何处理工作，逐步形成印象之时，其工作视角、态度和行为会受到教育背景、家庭情况及文化、社会、经济和政治环境等因素的影响。共同的经历使同代成员形成相似的态度，从而将他们与其他世代群体成员区分开来。每个世代群体均可在知识、热情和能力方面为组织做出很多贡献。然而，管理者必须认识和理解每个群体的行为，以创造一个可以迅速、有效完成工作且没有破坏性冲突的环境。

婴儿潮一代，出生于 1946—1964 年之间，在"二战"后相对繁荣和安全的环境中长大，但他们一生中经历了重大社会和技术变革，包括首次太空探索、电视和避孕药的发明，以及越南战争和伍德斯托克（Woodstock）等事件。婴儿潮一代倾向于拥抱增长和变化，具有竞争意识且坚持目标导向。婴儿潮一代见证了大量女性涌入劳动力市场，导致每周工作时长从 40 小时延长至 60~70 小时。单亲家庭、父母年迈、工作严苛和退休在即等问题，使她们容易产生倦怠和压力相关疾病。

X 一代，出生于 1965—1977 年之间，作为离婚和单亲婴儿潮一代家庭的孩子长大，这意味着许多 X 一代都是作为父母外出工作的"闩锁"儿童长大的。因此，X 一代往往非常独立，适应性强且乐观坚韧，但也往往会感到被严重忽视和不被欣赏。作为开始使用个人计算机的第一代人，他们精通技术。但在艾滋病大流行期间长大，且看到父母努力工作却被裁员，他们也往往愤世嫉俗，质疑权威。他们优先考虑职业保障而非工作保障，专注于培养技能和经验以保持就业能力/竞争力。他们将工作不稳定视为就业的一部分，并且倾向于将家庭置于工作之上。他们忠于直属上司和同事而非组织，若对工作不满意，就会直接离职。

Y 一代，即千禧一代（Millennials），出生于 1978—1994 年之间，被认为是有史以来受教育程度最高、旅行最多、技术最熟练的一代。在互联网、手机和 DVD 的陪伴下长大，他们非常乐于使用技术进行交流。与 X 一代一样，他们独立、有创业精神、自信、有质疑精神，并为其努力寻求立竿见影的效果。他们还与 X 一代一样渴望生活而非为工作而活，以确保生活充满乐趣并赢得胜利。他们重视具有创造力且有利于个人成长的工作机会，并喜欢与直接上司建立牢固的人际关系。然而，他们也将就业视为一个合同而非一种职业，并且会为了更好地平衡工作/生活而牺牲收入和晋升。

Z 一代，出生于 1995—2010 年之间，是冲击劳动力市场的最近一波浪潮。该群体成长于一段相当繁荣的时期。父母参与了他们生活的方方面面，提供指导、支持和辅助。这个群体也从来不知世界各地没有个性化定制的技术。他们只知"智能"手机，轻轻一按，就能随时获得任何类型的信息。伴随智能手机成长起来的 Z 一代认为工作场所具有包容性，他们很乐意与来自不同背景和文化的人一起工作。Z 一代员工非常希望雇主的价值观能反映其自身价值观，并会寻找合适的雇主人选。有一个工作目标，对他们而言也非常重要。Z 一代是个乐观的群体，他们对技术及其改变事物的能力有很强的亲和力。

苹果公司自述为"一家拥有 18~85 岁员工的跨代际公司"，此处展示的是苹果公司 CEO 蒂姆·库克（中）和正在参加苹果公司全球开发者大会的高中生。凭借对技术的了解和依赖，苹果将年轻、多元化的 Z 一代视为主要创意来源和创新催化剂。

应对管理挑战

管理工作场所的代际差异带来了一些独特的挑战。"专业精神"的不同概念及"适当的"表现的构成要素，如外观、着装和语言等，可能导致冲突和怨恨；使用的沟通方式-媒体、谈吐；形式、及时性和全面性；职业道德和时间管理——管理截止日期、面对面时间、休假、灵活性以及将办公时间用于个人活动以及管理风格。例如，X 一代和 Y 一代经常认为婴儿潮一代过分强调解释和面对面会议，占用了本可用于实现其他商业目的的时间。婴儿潮一代认为，X 一代和 Y 一代过度依赖电子邮件，通过电话发送即时消息和短信或面对面交流会更有效。婴儿潮一代认为，作为团队合作者，意味着团队中的每个人，无论角色如何都应该做出贡献，直到任务完成。X 一代认为，每个团队成员都应该作为独特的角色分别执行任务，并认为一旦完成个人任务，其贡献也就完成。Y 一代更喜欢在团体和团队中工作，但在加入之前，他们想要知道为该团队做出贡献的意义与价值所在。刚刚或者即将加入劳动力市场的最新年龄 Z 一代又如何呢？一方面，这一代人雄心勃勃，想立即证明自己，想要（兼顾）灵活性和责任感……立刻。他们自信且特别精通技术，他们对技术的依赖可能是个显著优势。然而，Z 一代对不同群体和意见的舒适度也是如此。另一方面，他们常常对组织规则、程序和政策抱有不切实际的期望。

管理者可以使用多种方法以适应工作场所的代际差异。首先，管理者可以回顾传统的假设和工作。例如，审查关于何时需要或不需面对面时间的假设，可能会将组织的重点从工作的完成转移到产生的结果，为所有员工决定在哪里工作及如何工作创造更大的灵活性。其次，通过在入职培训期间阐明期望，以及教导员工如何理解和适应不同的行为与沟通方式，管理者可以帮助员工了解什么是预期的和适当的行为。再次，管理者可以帮助员工理解和欣赏每一代人可做的贡献。例如，安排一次周例会，员工可在会上表达想法、提出问题并获得答案，向 X 一代、Y 一代和 Z 一代表明他们正在被倾听和认真对待，并帮助婴儿潮一代了解更年轻世代的洞见和理解。正在进行的交流和相互学习的机会（如工作场所的相关活动）可增强对其他代际群体的认识、理解和欣赏。最后，了解和利用每一代人为职场带来的资产，可为组织提供有利于客户洞察和行为洞察的显著竞争优势。而且，随着 Y 一代和 Z 一代逐步占据组织领导职位，尤其是在管理"更年长"的一代员工时，管理者对不同想法和方法抱持开放态度尤为重要。

11.6.2 管理者如何处理职场的消极行为

杰里（Jerry）注意到铲车剩下的油量已经很少，但仍然继续驾驶直到铲车过热不能继续使用；在忍受了上司长达 11 个月的不断骚扰和虐待之后，玛丽亚（Maria）终于辞职。办公室某职员每当计算机死机时，就会猛砸键盘并大声咒骂……粗鲁、敌意、挑衅，以及其他职场中的消极行为在今天的组织中已经变得非常普遍。在一项对美国员工的调研中，10%的人称他们每天都会在职场中目睹粗鲁的行为，20%的人称他们至少每周一次会成为不文明行为的直接对象。在一项对加拿大员工的调研中，25%的人称他们每天都会看到不文明行为，50%的人称他们至少每周一次会成为不文明行为的直接对象。[66] 据估计，消极行为导致美国经济一年要付出 3 000 亿美元的成本。[67] 如果这些统计数据还不足以引起你的重视，那么这里还有一个：可能有 1/3 的人因为无法忍受自己的同事而希望离开一个组织。[68] 所以，管理者应该做些什么来管理职场上的消极行为呢？

问题的关键是认识消极行为的存在。假装认为消极行为不存在或忽视这些不当行为，只会让员工困惑什么才是组织所期望和所接受的行为。尽管研究人员对如何拒绝和回应消极行为还存在争辩，但现实中两者都是需要的。[69] 可以通过仔细观察员工潜在的某些个性特质，并对不可接受的消极行为做出及时果断的反应，阻止消极行为，这样可以更好地管理职场上的消极行为。但关注员工的态度也很重要，因为它也会出现消极的一面。正如我们前面提到的，当员工对其工作不满意时，他们将以某种方式做出反应。

本章概要

（1）界定组织行为研究关注的重点和目标。

组织行为关注三部分内容：个体行为、群体行为和组织的各方面。组织行为学的目标是解释、预测和影响员工的行为。员工行为主要包括以下 6 个方面：员工生产力是衡量工作效率和效能的绩效指标；缺勤指未能上班；离职指自动或非自动地离开组织；组织公民行为并不属于员工正式的工作描述部分，但能够促进组织的有效运作；工作满意度指的是员工对其工作的一般性态度；职场不当行为指对组织或组织内的个体产生潜在不利影响的员工行为。

（2）解释态度在工作绩效中的作用。

态度是关于人、事物或事件的评述性陈述。感知成分指个体的信念、意见、知识或信息。情感成分是个体的情绪或感受部分。行为成分指以某种方式对某人或某事表现出某种行为的意图。

与工作有关的态度有 4 种：工作满意度、工作投入、组织承诺和员工参与。工作满意度指员工对其工作的一般性态度。工作投入指员工认同自己的工作，积极参与工作，认为自己的工作绩效对自我价值重要的程度。组织承诺指员工对组织及其目标的认同度，以及继续留在组织中的期望。员工参与指员工与其工作的联系、对工作的满意和热情。

根据认知失调理论，个体通过改变态度、行为和理性化不一致性，以降低态度与行为不一致。

（3）描述不同的个性理论。

MBTI 的衡量方法包括四个维度：社会交际、数据收集的倾向、制定决策的倾向，以及制定决策的风格。大五人格模型包含五种个性特质：外向、认同、责任、情绪稳定和开放。另一种考察个性的理论是通过五项个性特征解释组织内的个人行为：控制倾向、马基雅维利主义、自尊、自我监控及风险偏好。

最后，人们如何在情感上做出反应和如何处理情感是个性的表现。情商高的人具有观察和处理情感、信息的能力。

（4）定义感知和描述影响感知的因素。

感知是如何通过组织和解释感觉印象，赋予环境意义。

归因理论帮助解释我们如何对人们进行不同的判断。它取决于三种因素。差异性指个体是否在不同情况下表现出不同行为（即行为是不同寻常的）。一致性指其他人在面对相似情境时是否都有相同的反应。一贯性指员工从事某些行为是否有规律性和一贯性。这三个因素的高低可以帮助管理者决定员工行为是归因于外部还是内部的因素。

基本归因错误指我们倾向于低估外部因素的影响和高估内部因素的影响。自利偏差指我们倾向于将成功归咎于内部因素而把失败归咎于外部因素。对他人进行判断时所使用的简便方法包括选择性感知、假设相似性、刻板印象和晕轮效应。

（5）讨论学习理论及其与塑造行为的联系。

操作性条件反射认为行为随结果而定。社会学习理论认为个体通过观察他人身上发生的事情和直接经验进行学习。

管理者塑造员工行为可以通过以下几种方式实现：正面强化（通过鼓励、肯定来强化所期望的行为）、负面强化（通过撤销讨厌的事情来强化期望的行为）、惩罚（通过惩罚来消除不良行为）、消除（通过不强化去消除某种行为）。

（6）讨论组织行为的当代专题。

在工作场所管理不同代人的挑战在于，每个群体在一系列与工作相关的问题上都有截然不同的态度，包括沟通、技术使用、工作/生活平衡和首选的领导风格等等。态度差异会导致冲突和不满的产生，因此，于管理者而言，帮助同僚理解不同观点产生的原因和导致的后果非常重要。不同的优先级和偏好意味着管理者不仅需要灵活适应工作和工作安排，还要确保公平公正。

要处理职场不当行为：关键是要认识它的存在，仔细观察潜在员工有可能做出消极行为的倾向；最重要的是，通过调查员工的工作满意度和不满意度来关注员工的态度。

复习思考题

1. 为什么说组织行为像一座冰山？利用冰山比喻描述组织行为的研究领域。

2. 组织行为知识的重要性会因为管理者在组织中的地位而产生差异吗？如果有差异，为什么？如果没有差异，为什么？请具体说明。

3. 定义六种重要的员工行为。

4. 阐明个体如何协调态度和行为之间的不一致。

5. 描述情商的含义。举例说明情商在现代企业中的运用。

6. "企业不仅应该担忧工作满意，它也应该努力营造一种促进绩效的环境。"你认为这句话是什么意思？请解释。你对这句话有什么反应？是认同，还是不认同？为什么？

7. 一个管理者会如何根据个性特质来改善本部门甄选员工的方式？试讨论。

8. 描述社会学习理论对管理工作人员的影响。

9. 一项盖洛普民意测验显示，大部分员工认为在一个体贴的上司手下工作比获得金钱或利益更重要。管理者应该如何理解这条信息？其内涵是什么？

10. 写下你的三种态度。区分这些态度的认知、情感和行为因素。

11. 为什么理解组织行为对管理者很重要？

12. 描述归因理论的主要要素。讨论基本归因错误和自利偏差是如何起作用的。

管理技能建设：理解员工情绪

员工每天都带着他们的情绪工作，尽管管理者认为员工总是理性的，但他们不是。如果一个管理者在处理员工问题上忽略情绪（如害怕、生气、关爱、厌恶、愉悦和悲伤）对员工日常行为的塑造，那么他就不是一个有效的管理者。

技能基础

理解他人的情绪是一项困难的任务，但我们可以去学习读懂他人的外露情绪。我们可以聚焦于实际的行为，如言语、非言语和副语言的暗示。[73]

- **评估他人的情商。** 有些人会更容易了解和掌控自己的情绪。这些能够理解和管理自己情绪的人是高情商的。当人们表现出以下行为时，你会发现他们情绪变化少，也容易被读懂。高情商的人理解他们自己的感受（自我认知），会敏感地捕捉到其他人的情绪（同理心），自愿帮助他人（社会责任感），客观看待事物而不是主观臆想（事实导向），主动与人交往并对他人的利益表示关心（社会取向），以及能够很好地管理他们自身沮丧或愤怒的情绪（冲动控制）。

- **情绪询问。** 要知道他人的情绪是怎样的，最简单的方式是询问他们。简单的言语，比如，"你好吗？发生了什么事情吗"，通常能给你提供信息去判断对方的情绪状态是怎样的。但依赖口头的回复有两个缺点。第一，我们通常会把自己的情绪在一定程度上隐藏起来，再表现给外界。所以我们可能不愿意去分享我们真实的感受。第二，即使我们想口头传递感受，也可能传递不了。一些人在理解自身情绪上存在困难，因此，不能很好地表达自身的感受。所以，言语的回复只能提供部分信息。

- **观察非言语的暗示。** 你正在和一位同事对话，他背部僵硬，牙齿紧咬，面部肌肉紧张的事实可以告诉你他的情绪状态吗？这很可能是的。面部表情、手势、身体动作和身体距离是提供对方额外情绪信息的非言语线索。面部表情，就是一个人情绪的窗口。留意面部特征的差异：脸颊的高度、眉毛的高低、嘴巴的转动和嘴唇的位置及眼周肌肉的松紧程度。甚至一些微妙的距离，像某人可以选择与你之间的身体距离来表达他们的感受——缺乏亲密性、表示攻击性、厌恶或者退出。

- **观察事物是如何被阐述的**。正如珍妮特和我之间的谈话，当她在讲话的时候，我观察到她音调和语速上的较大变化。我正在踏入第三种他人情绪信息来源——副语言。这是超过了特定言语词汇的沟通，它包括音高、幅度、速率和演讲的音质。副语言提醒我们，人们在传递情绪时不仅在于他们说什么，还在于他们怎样表达。

技能应用

Part A：两个人一组。每个人花几分钟思考（双方先不分享）过去对某些事情的情绪态度。例子包括对父母、兄弟姐妹或朋友的失望情绪；对学术或体育运动成绩的兴奋或沮丧；对某人侮辱或看轻自己时的愤怒；厌恶某人说或做的事情；或者因发生了好事而感到高兴。

Part B：现在你们进行角色扮演，每个人将进行一个面谈。一个人扮演面试官而另一个人扮演求职者。职位是大型零售连锁店的暑期管理实习生。每个角色扮演的时间长度不要超过十分钟。面试官进行正常的面试，除了不断重新思考你在 Part A 设想的情绪事件外。

在尽力表达情绪的同时，专业地面试职位申请人。

Part C：第二轮角色扮演交换彼此的位置。面试官成为求职者，反之亦然。新的面试官会进行正常的面试，除了不断重新思考在 Part A 中的情绪事件外。

Part D：花十分钟解析面试，试述具体的注意力放在你认为对方表达的是怎样的情绪，你发现了什么暗示或线索，你解读这些暗示的准确性有多高。

在日常交往中继续练习这些技能。很快，你就会感到更有能力去阅读别人的情感暗示。

体验练习

情商。通过阅读本章，你了解到它是什么，以及为何它很重要。你觉得自己的情商等级是多少？有个非常简单的在线工具，可以快速评估你的情商水平。访问 https://www.mindtools.com/pages/article/ei-quiz.htm，简要评估"你的情商如何？"完成此操作后，计算总分。查看评估后对分数的讨论。编写一份简短的报告，包括以下三个方面。

（1）你对情商的先验知识（如有）。

（2）你在思维工具（Mindtools）快速评估中的情商分数。讨论你是否对自己的分数感到惊讶，为什么？

（3）使用评估中的分数讨论部分，列出情商各维度的项目符号列表及一些建议，

在你所在小组中分享自身信息。作为一个小组，共同提出五项提高该维度情商的建议。请准备好在班级分享。

应用案例 11-1：在谷歌变得情绪化
专题：情商

自 我 探 索

作为《财富》杂志连续 6 年排名第一的最佳工作公司，谷歌一定在做正确的事情！事实上，它做了很多正确的事情！让你感到惊讶的可能是一个提供给谷歌员工自我提升的课程（众多课程中的一个）。这门课程于 2007 年首次开设，被称为自我探索课程（search inside yourself，SIY）。而且它非常受欢迎,以至于成千上万的谷歌员工正在排队等待上课！

自我探索课程是谷歌工程师谭查鸣开发的。他是谷歌的第 107 号员工。他目前的工作职位是一个"快乐的好伙伴"，他的工作描述说他想要启发思想，敞开心扉，创造世界和平。[71] 这对非常成功的科技公司来说是一个有趣的概念，你不觉得吗？但这似乎是一个无足轻重的话题有着严肃的一面。该课程旨在向谷歌人展示如何更多地了解自己的情绪，对他人更有同情心，建立可持续的关系（内部和外部的）。当然，包括为世界和平做出贡献。（我们不是在开玩笑！）自我探索课程是基于情商的五个维度——这里有一个简单的回顾：自我意识，自我管理，自我激励，同情心和社交技巧——可分为三部分。课程的第一部分集中在注意力训练上——能够让你在周围发生的任何事情中冷静而清晰地集中注意力……讲出压力、冲突或者其他什么。第二部分涉及自我认知——了解自己的情绪，并最终掌握这些情绪。第三部分是培养心理习惯——控制自己的情绪，能够自然地思考如何平静和友善地与他人相处。尽管所有这些听起来都很有趣而且非常有用，但这并不是其中最吸引人的部分。

最有趣的是，这门课程在那些非常聪明、富于逻辑思考、实用、坦率的人群中非常流行。毕竟，谷歌雇用了最优秀、最聪明的工程师——他们拥有丰富的知识和培训经历，但他们可能并不总是拥有最好的社交/人际技能。那么，谭是如何吸引这些人的呢？其吸引力在于，这门课程是为知识分子（书呆子）设计的，其基础是通过情商体验行为自我控制的神经科学。尽管谷歌需要非常聪明、能干、以技术为导向的员工，但事实是，即使是在谷歌工作，人们也必须共同努力解决问题，设计新的方法来保持公司前进。因此，即使对他们来说，成功的合作也需要情商技能。

讨论题

1. 为什么情商对谷歌的工程师很重要？
2. 这个自我探索课程的目的是什么？
3. 描述自我探索课程的三个部分。你认为哪一部分是最难掌握的？为什么？
4. 谷歌是如何让自我探索课程吸引工程师的？
5. 你怎么看待这类课程？会觉得有趣吗？为什么？你能想到此类课程中可能出现的任何潜在道德问题吗？请讨论。

应用案例 11-2：客户第二
专题：员工至上文化、员工敬业度调查

员工至上？……难道不该是客户至上吗？

业务范围从航空公司到媒体公司不一而足的英国跨国控股公司，维珍集团（Virgin Group）通过采用一个简单方案取得了成功，即不将客户放在首位！而是遵循创始人理查德·布兰森（Richard Branson）爵士的战略——将员工放在首位。[72]

维珍集团于 1970 年开始从事邮购唱片业务，一年后开设了第一家零售店，不久之后又增开了一家唱片公司。大约 10 年后，富有创业精神的布兰森宣布进军航空业，让其商业伙伴大吃一惊。此后，公司持续发展壮大，目前维珍品牌旗下有近 200 多家公司，在 35

个国家或地区雇用了 71 000 多名员工。

布兰森自称以客户为中心，但他确信公司成功与否取决于员工。公司致力于营造员工能够茁壮成长的健康快乐的企业文化。公司的基本规则是按照自己希望被对待的方式对待员工。公司知道情况不能一概而论，因此为其多元化员工提供了多种资源，以创造支持性工作环境。

该公司提供灵活的工作选择方案，包括在家工作的选项。员工可以无限休假并参加许多旨在改善健康和福祉的计划。归根结底，维珍航空对待员工就像对待成年人一样。因为在工作和私人生活之间取得了健康的平衡，其员工通常工作更有成效。这对客户有何帮助？公司深知一个不满意的员工会给很多客户带来不好的体验，而快乐的员工则会面带微笑地提供服务。

公司如何了解员工是否敬业且快乐？简而言之，直接问他们！理查德·布兰森以身示范，在维珍航空运营的航班上巡视并与员工交谈；他还亲自打电话给那些主动进一步改善良好客户体验的员工，以收集反馈意见。此外，维珍航空每年都会正式进行一次员工敬业度调查，以检查公司的整体工作满意度。

讨论题

1. 你对"员工至上"文化的印象如何？这在其他组织中行得通吗？为什么？需要做些什么才能使它发挥作用？

2. 满意度高的员工能提供更好的客户服务吗？你有什么经验？在工作中看起来很快乐的员工是否能提供更好的客户服务？请就此进行讨论。

3. 这种以员工为先的组织文化最需要哪些人格特质？请就此进行讨论。

4. 为什么维珍提供各种资源来创造一个支持性的工作环境很重要？

5. 维珍在年度员工敬业度调查中应该问什么样的问题？请在你所在小组中讨论此问题。（提示：查看员工敬业度基础内容的章节，并指出如何测量这些。）

应用案例 11-3：奥多比（Adobe）的优势

魔术贴：员工满意度和员工调查

员工敬业度和（员工）发展的一流公司！

奥多比系统公司（Adobe Systems Inceporatod）是世界上最大、最多元化的软件公司之一。其总部设于加利福尼亚州的圣何塞，位于硅谷中心。18 000 多名员工是该公司的核心资产与成功关键。公司管理者不断探索员工的态度，以了解什么让员工感到快乐，以及什么可以做得更好。奥多比系统公司一定在做正确的事情！据德鲁克研究所（Drucker Institute）发布的《2017 年管理 250 强排行榜》，该公司的员工敬业度和发展类别项评分排名第四。此项殊荣表明该公司是美国管理最有效的公司之一。[73]

2012 年，该公司正处于业务转型的十字路口：从传统的桌面软件业务转向新的基于云的业务模式。这不仅是一次战略巨变，员工也会发现自己正逐步适应全新的工作方式。奥多比的"人力资源"领导者最初采取的行动之一是改变并重塑年度绩效评估。公司不再进行耗时、消极且缓慢的年度检查，取而代之的是"登记制"，即管理者和员工之间持续的双向对话。该行动显著提升了工作效率，优化了绩效管理效能，提高了员工敬业度且降低了员工流失率。[74]

此后，奥多比一直致力于吸引和培养员工，在该过程中有很大一部分是衡量员工的态度。2017 年每个季度，奥多比的管理者通过电子邮件将调查问卷发送给部分员工。这些匿名调查从各个方面询问员工，以了解员工认为公司是如何对待他们的。调查中最有趣的问题之一是询问员工是否会向他人推荐奥多比的工作。该问题的答案将很能说明员工是否对公司感到满意。

那么，通过所有这些调查，该公司发现了什么？嗯，他们发现的重要事实之一是，一年进行 4 次员工敬业度调查太频繁了。准备、实施和汇编调查结果涉及大量重复性劳动，且费时费力。2018 年，该公司仅安排了 2 次员工敬业度调查。

然而，特别是考虑到吸引和留住技术人才的重要性，公司仍致力于与员工建立联系并了解其不得不提的诉求。正如本章所述，公司希望员工工作敬业，并感到其努力付出受到了相应的赞赏和重视。除了对员工进行调查之外，奥多比的客户和员工体验团队还会监控在"玻璃门"（Glassdoor）等网站上发布的内容，员工可以在这些网站上发表关于其雇主的评论。该团队甚至检查了人们用来匿名讨论工作的 Blind 等应用程序。任何想要提高员工敬业度的公司都面临如下挑战，即每位员工对"敬业"的工作环境持不同看法。保持员工高敬业度需要了解不同代际和不同员工群体的独特需求。敬业不仅适用于非管理人员，同样也适用于管理者和团队领导。

讨论题

1. 了解员工态度如何助力奥多比的管理者和领导层事半功倍？

2. 对组织行为的理解如何帮助奥多比 CEO 尚塔努·纳拉扬（Shantanu Narayen）领导其公司？请具体说明。（组织行为又是如何帮助）一线团队领导的？再次提醒，请具体说明。

3. 个性会影响个人的工作满意度吗？如果会，如何影响？如果不会，又是为何？

4. 奥多比是一家科技公司，很可能拥有所有年龄段的员工。是否必须针对员工队伍中可能存在的不同代际更改其员工敬业度调查？请解释。

5. 在你所在小组中，提出支持为何员工敬业度调查有用和为何员工敬业度调查无用的各种论据。请准备好为其中任何一方辩论。

 注释

本章注释文件请扫二维码下载。

激励和奖励员工

矫正管理偏见

　　也许关于激励的最大偏见是，认为人人都只接受金钱的激励。许多效率低下和缺乏经验的管理者天真地相信，金钱是主要的激励工具。因此，他们往往忽视他们可以采用的许多其他激励工具，这些激励工具即使不比金钱更重要，起码也是同样重要的。在本章你将看到，某一种方法并不适用于所有情况，而成为一个有效激励者的秘密就是去了解每一个个体的独特需求。

　　成功的管理者必须知道，能够激励他们自己的东西用于他人可能效果甚微或者毫无效果。正如你因为自己是某个具有凝聚力的工作团队的一分子而受到激励，并不能保证其他任何人都受到激励一样。或者，正如你受到自己工作的激励，并不意味着任何人也受到这样的激励。还有，员工获得免费的食物、按摩，免费使用洗衣机，或者免费的玛氏朱古力豆（M&Ms）等，也并不意味着这些额外的福利能够阻止他们寻找别的职业机会。有效的管理者能使员工尽最大努力去工作，他们知道怎样和为什么员工会受到激励，因而能够选取满足员工需要和愿望的激励手段。激励和奖励员工是管理者最重要和最具挑战性的一项实践。为了使员工尽最大努力地工作，管理者需要知道，员工是怎样受到激励的，为什么他们会受到激励。

学习目标

1. 定义和解释激励。
2. 早期激励理论比较。
3. 当代激励理论比较。

4. 讨论当代员工激励问题。

12.1　什么是激励？

一些 CEO 参加了主题为"员工的愿望是什么"[1]的会议。与会的 CEO 们依次描述他们为员工提供的利益，说明他们怎样在每个星期三免费分发 M&Ms 巧克力，给员工配发股票期权和提供免费的停车位。但是会议的主题发言人却指出，"员工不需要什么巧克力，他们希望热爱自己所从事的工作。"正等着听众发笑的主题发言人，高兴和惊奇地看到，与会的 CEO 们一个接着一个站起来表示同意。他们都认可，"公司的价值来自于那些受到激励的员工。"

这些 CEO 懂得员工激励有多么重要。而且像他们一样，所有的管理者都必须能够激励员工。这就要求理解什么是激励。让我们从指出激励不是什么来开始我们的讨论。为什么要这样做呢？因为许多人错误地将激励视为一种个人特性，也就是说，他们认为有些人是可以被激励的，而另一些人则无法被激励。但是有关激励的知识告诉我们不可以对人们做这样的区分，因为人与人在激励驱动上是有差异的，对他们的全部激励随着环境条件的变化而变化。比如，你因为在某个班组会比在其他班组受到更多的激励而努力工作。

78%的管理者表示他们在激励员工方面做得很好。[2]

21%的员工认为他们受到激励方式的管理。[3]

看来，管理者在激励方面可能做得不如他们想象得那么好。**激励（motivation）**指一种过程，通过这个过程，一个人的努力被调动、指向和持续到目标的实现。[4] 这个定义包含三个关键的要素：精力、方向和坚持。

精力（energy）要素是对强度或干劲的衡量。当某人被激励时，他会努力地工作。但是，这种努力的质量必须与努力的强度相一致。高度努力并不一定会产生令人满意的工作绩效，除非这种努力指向有利于公司的**方向（direction）**。指向组织目标并与其保持一致的努力才是我们所追求的。最后，激励还包括一个**坚持（persistence）**的维度。我们希望员工坚持努力直到目标实现。

对员工高水平的业绩进行激励是一个组织必须特别重视的事情，管理者们必须保持对员工反应的关注。例如，最近的一项盖洛普民意调查（Gallup-poll）发现，美国的大多数员工（约 64%）都不满意他们的工作。有关的研究人员描述了这种脱离工作状态的程度[5]："这些员工实际上'心不在焉'。工作的时候好像在梦游，在打发时间，无精打采，缺乏热情。"[6] 所以管理实践界和学术界都需要理解和重视员工激励问题。

12.2　早期激励理论比较

必须首先了解早期激励理论的理由，至少有两个：①它们是当今激励理论的基础；②实践中的管理者经常使用这些理论和术语来解释对员工的激励。

12.2.1　马斯洛的需要层次理论

亚伯拉罕·马斯洛是一位心理学家，他提出每个人都有 5 个层次的需要，即最著名的激励理论：需要层次理论（hierarchy of needs theory，见图 12-1）。[7]

图 12-1　马斯洛的需要层次

资料来源：Maslow, Abraham H. Frager, Robert D; Fadman, James, *Motivation and Personality*, 3rd, 1987. Printed and electronically reproduced by permission of Pearson Education, lnc., Upper Saddle River, New jersey.

- 当一种需要得到满足后，另一种更高层次的需要就会占据主导地位。个人的需要是一层一层逐渐上升的。
- 低层次的需求主要是从外部得到满足，较高层次的需求则是从内部得到满足。

马斯洛的理论怎样解释激励

管理者必须去做满足员工需要的事情。**记住**：一旦某种需要得到较大满足之后，它不再具有激励作用。马斯洛的理论得到管理者们的普遍认可，因为它比较直观和易于理解。[8]然而……这种理论没有实证或经验支持；其他研究也没有验证它。[9]

12.2.2　麦格雷戈的 X 理论和 Y 理论

麦格雷戈的 X 理论和 Y 理论均以两种关于人类本性的假定为基础。[10]
- X 理论：以对人性的消极评价为基础，它假定员工没有什么抱负，不喜欢工作，只想逃避责任，必须严格地控制他们才会使他们有效地工作。
- Y 理论：以对人性的积极评价为基础，它假定员工热爱工作，勇于承担责任，具有自觉性。

为了最大化激励员工，应该运用 Y 理论——允许员工参与决策，为员工提供负责任和挑战性的工作，鼓励良好的群体关系。

并无证据证实某一种假设是正确的，也无证据表明采用 Y 理论的假设是激励员工的唯一方法。

12.2.3　赫茨伯格的双因素理论

弗雷德里克·赫茨伯格（Frederick Herzberg）的双因素理论（也被称为激励—保健因

素理论（motivation – hygiene theory）认为，一些内在的因素与员工对工作的满意有关，而一些外在的因素则与对工作的不满意有关。[11] 他的理论从 1960 年代到 1980 年代早期广为流传。批评者认为该理论太过简单，影响了当前有关工作设计的研究。（详见本章"当今职场中的经典概念"栏目）研究的焦点：什么情况下人们对其工作感觉好（满意，见图 12-2 左栏），或者不好（不满意，见图 12-2 右栏）。员工对这些问题的回答表明它们确实是**两种不同的因素**！

图 12-2 赫茨伯格的双因素理论

- 当人们对他们的工作感到满意时，他们倾向归因于从工作本身产生的诸如成就感、认同感和责任等内在的因素。
- 当他们对工作感到不满意时，则常常抱怨外部因素，如公司的政策、管理、监督、人际关系、工作条件等。

回应也给我们一个关于满意和不满意的新观点（见图 12-3）。

图 12-3 满意和不满意的相反观点

资料来源：Robbins, Stephen P., Coulter, *Management*,13th Ed.,2016, p.465. Reprinted and electronically reproduced by permission of Pearson Education, lnc., New York, NY.

赫茨伯格指出，认为满意的对立面是不满意的传统观念是错误的。他相信，导致工作满意的因素与导致工作不满意的因素是有区别的。消除工作中的不满意因素并不一定能使工作令人满意，它只是使人"较少"不满意。他提出：满意的对立面是没有满意，不满意的对立面是没有不满意。

激励员工

当**保健因素**得到充分改善时，人们就没有不满意感了，但也不会受到激励。为了激励员工，必须运用**激励因素**。

12.2.4　麦克利兰的三需要理论

戴维·麦克利兰（David McClelland）等人提出了**三重需要理论**（**three-needs theory**），他们认为满足三种（不是固定的）需要是人们工作的主要动机。这三种需要包括：[12]

- 成就需要（need for achievement，nAch），即达到标准、追求卓越、争取成功的需要；
- 权力需要（need for power，nPow），即使他人按自己的意愿而非他们本身意愿行事的需要；
- 归属需要（need for affiliation，nAff），即建立友好密切的人际关系的愿望。

成就需要被研究得最多，具体分述如下。

- 具有很高成就需要的人努力工作，与其说是为了得到成功的利益和奖励，还不如说是为了实现个人成就。
- 他们有把事情做得比此前更好、更有效的愿望。[13]
- 他们乐于选择：在解决问题时个人负有责任的工作；能够快速得到他们业绩的明确反馈，以便知道自己是否有所改进；恰当的挑战性目标。
- 具有高成就需要的人会避免接受非常容易或者非常困难的工作任务。
- 满足较高的成就需要并不意味着要做一个优秀的管理者，特别是在大组织里。这是因为具有较高成就需要的人注重的是他们自己的成绩，而优秀的管理者注重的是帮助别人实现他们的目标。[14]
- 把员工置于具有个人责任、反馈和适度风险的工作情境中，可以激发他们的成就需要。[15]

最优秀的管理者一般具有较高的权力需要和较低的归属需要。[16]

12.3　当代激励理论如何解释激励

美国艺电公司（Electronic Arts, EA），是世界上最大的视频游戏设计公司之一，员工投入极艰辛的劳动开发游戏软件。但是，公司只是通过组织日常体育活动，提供弹球游戏场所、团队健身课程及允许在工作时带宠物等方式来关心其游戏开发人员。[17]它拥有来自20 多个国家的略多于 8000 名的工人，EA 的管理者必须懂得激励员工。

本节将介绍目标设定理论、工作设计理论、公平理论和期望理论，它们代表了当前对员工激励问题的认识。也许这些理论不如上节所讨论的那些理论著名，但它们都得到了有关研究的支持。[18]

12.3.1　什么是目标设定理论

目标可以是**强有力的激励因素**！

在进行重要的作业或课程任务展示前，老师是否曾鼓励你要尽最大的努力？ "尽最大的努力"这句含义不明的话究竟意味着什么？你的成绩高过老师要求的 93% 评为 A 等？让我们探讨目标设定理论怎样对待这个问题，你会发现，目标的具体化、挑战性、反馈对绩效具有重要的影响。[19]

有大量的研究支持**目标设定理论**，它认为，具体的目标会提高工作绩效，困难的目标如果被接受会比相对容易的目标带来更好的绩效。目标设定理论究竟告诉了我们什么？

（1）指向某个目标的活动是工作激励的主要来源。目标设定理论指出，具体的和具有挑战性的目标具有良好的激励作用。[20] 这样的目标比那种要求你"尽最大努力"的一般化目标会带来更好的结果。目标的具体化本身就是一种内在的刺激。例如，当要求一个销售代理每天打 8 次销售电话时，这种意向本身就给他提出了具体要达到的目标。

（2）如果员工有机会参与目标的设定，他们会不会更加努力地工作？不一定。在一些情况下，员工参与目标设定会引发更优秀的绩效。在另一些情况下，管理者指定目标，个人业绩最好。然而，如果员工不愿接受困难的挑战，吸收员工参与目标设定也许是可取的。[21]

（3）我们知道，如果得到实现目标进度的反馈，人们会做得更好，因为这个反馈有助于人们确定自己已经做了的和达到目标要做的任务之间的差距。但是，并非所有的反馈具有同等的效应。自己提供的反馈——当员工自己管着自己的工作进度时——相比来自他人的反馈，是一种更有力的激励因素。[22]

除了反馈之外，有另外三种因素影响目标与绩效的关系。它们是目标承诺、足够的自我效能和国家文化。

首先，目标设定理论认为，个人会致力于目标的实现。当目标公开设定时，当个人具有内在控制意愿时，目标最有可能被接受，而且自我设定的目标比他人指定的目标更容易被接受。[23]

其次，**自我效能**（**self-efficacy**）指个人相信自己有能力执行任务。[24] 自我效能越高，对自己完成任务的能力、信心就越强。这样，在困难的情况下，我们会发现，那些自我效能比较低的人有可能放松努力甚至完全放弃，而那些自我效能评价比较高的人会更加努力来应对挑战。[25] 此外，自我效能评价高的人似乎是用更大的努力对消极的反馈做出反应，而那些自我效能评价低的人面对消极的反馈很有可能放松努力。[26]

最后，目标设定理论的价值受到国家文化的影响。它很适用于北美国家，因为它的主要观点契合那些国家的文化。它假定下属具有相当的独立性（不是很热衷于追求权力），人们愿意接受具有挑战性的目标（不会老是躲避不确定性），而且管理者和下属都相当看重工作绩效（高度自信）。在其他文化背景不同的国家，不要期望目标设定理论会产生更高的员工绩效。

朝着对公司发展和生产力至关重要的特定目标努力，是激励 The Motley Fool 金融服务公司员工的主要动力来源。每年公司的领导都会制定一个实现目标的路线图。

　　图 12-4 总结了目标、激励和绩效之间的关系。我们的总体结论是使工作指向艰巨和具体的目标具有强有力的激励作用。在适当的情况下，它可以产生更高的工作绩效。但是，没有证据表明，这样设定目标会提高工作的满意度。[27]

图 12-4　目标设定理论

12.3.2　工作设计怎样影响激励

是的，你能设计出激励人的工作！

　　因为管理者要激励工作中的个体，所以有必要考察设计具有激励作用的工作的方法。如果你密切关注组织是什么，它是怎样运行的，你就会发现其中包括成千上万种任务。这些任务又汇聚在一起成为工作。我们用**工作设计**（job design）这个词来表示把任务结合起来组成完整工作的方式。所以，人们在组织中从事的工作不是偶然出现的。管理者应该根据环境变化、组织的技术，以及员工的技巧、能力和偏好等方面的需要，对要分派的工作进行精心设计。[28] 如果能够这样设计工作，员工就可能受到激励而努力工作。管理者可采用哪些方式来设计激励性工作呢？我们可以运用 J. 理查德·哈克曼（J. Richard Hackman）和格瑞格·奥德姆（Greg R. Oldham）提出的**工作特征模型**（**job characteristics model, JCM**）来回答这些问题。[29]

当今职场中的经典概念

工作设计：怎样完成工作任务

　　决定怎样执行各种工作任务，是管理者一直感兴趣的事情。[30] 从科学管理试图找到一种最佳工作方法到试图揭示工作中人类行为模式的霍桑实验，研究人员一直在探索理想的工作设计方法。20 世纪 50 年代，弗雷德里克·赫茨伯格等人开始研究并"发现工作态度和员工对工作是否满意经历的重要性"。他想知道是什么因素使得人们在工作中感到愉快和满意，或者感到不愉快和不满意。他的发现改变了我们评价工作设计的方法。关键在于，对工作是否满意是工作环境中的多个因素决定的。赫茨伯格的双因素理论使实践中的管理者们深入考察工作情境和工作内容这两个方面。如果你想激励员工，就必须更多地关注工作内容的各个方面（激励因素）而不是工作情境的各个方面（保健因素）。

此外，赫茨伯格的研究激发了人们对工作设计的更大兴趣。例如，工作特征模型就是建立在赫茨伯格 3 个独立核心工作维度的发现基础上的。随着管理者和各种组织不断地探索影响员工的工作设计方法，赫茨伯格关于人们在什么情况下对工作满不满意的研究作为一种经典的理论也在发展。

讨论题

1. 你认为为什么工作需要"设计"？
2. 工作设计对员工激励有何作用？

哈克曼与奥德姆认为，任何工作都可以通过以下 5 个核心工作维度来描述。

（1）**技能多样性**（skill variety）：指一项工作所需活动多样性的程度，从而要求员工使用各种技术和才能。

（2）**任务同一性**（task identity）：指一项任务要求完成完整的和具有同一性的工作的程度。

（3）**任务重要性**（task significance）：指一项工作对其他人的工作和生活具有实质性影响的程度。

（4）**自主性**（autonomy）：指一项工作要求任职者在安排工作进度和决定从事工作所使用的方法方面提供的自由、独立和自主的程度。

（5）**反馈**（feedback）：指个人为从事所要求的工作获得有关工作绩效信息的直接和清晰的程度。

图中这位在德国一所儿童医院工作的儿科护士在照顾新生婴儿，她的工作具有重要意义，这是因为她利用自己的专业知识和技能来照顾从婴儿到十几岁的孩子和他们的家庭。工作的重要性赋予了她工作的意义和内在的工作动机。

图 12-5 向我们提供了这个模型。请注意：前 3 个维度（技能多样性、任务同一性和任务重要性）能共同创造出有意义的工作。一项工作如果具有这 3 个特征，我们预期任职者会将他的工作视为重要的、有价值的和值得做的。另外还需注意的是：拥有自主性的工作会给任职者带来一种工作结果的责任感；反馈则使员工知道他所进行的工作效果如何。

从激励的角度来看，工作特征模型指出，当一个人知道（对结果的了解）他个人（责任感的体验）所关注（有意义的体验）的任务完成得很好，他就会获得一种内在的激励。工作越是具备这 3 个条件，员工的激励、绩效和满意度就会越强，而旷工和辞职的可能性也越低。正如模型所表示的，工作维度与效果之间的联系是中等程度的，并被个人成长需

图 12-5　工作特征模型

资料来源：参见 J.R.哈克曼和 G.R.奥尔德姆（Oldham），《通过工作设计进行激励：理论检验》，
《组织行为与人力绩效》，1976 年 8 月，250-79。 经 朱迪思·哈克曼（Judith D. Hackman）
（w/o） J. 理查德·哈克曼（Richard Hackman）许可转载。

要（个人自尊和自我实现的愿望）强化。其工作涉及核心维度的人比那些成长需要较低的
人，更可能具有挑战性的心理状态并做出积极反应。这也许可以解释效果与**工作丰富性**（**job
enrichment**，通过增加计划和评价责任实现工作的纵向扩展）之间的结合：那些成长需要
比较低的个人不会由于工作丰富性比较强而提高绩效和满意度。

　　工作特征模型给管理者为个人和群体的工作设计提供了有益的指导，[31] 图 12-6 根据工
作特征模型，具体指明最有可能改善 5 个核心工作维度的工作设计方面的变化。

图 12-6　工作设计指导

资料来源：Reprinted by permission from Judith D. Hackman, （w/o） J. Richard Hackman.

12.3.3　什么是公平理论

　　你可能总是想知道坐在你旁边的同学在考试或者重要的课程作业中得了多少分。我们
大多数人都是这样！我们总是拿自己和别人做比较。如果有人在你大学刚毕业时就提供给
你一份年薪 55 000 美元的工作，你可能会很乐意接受，并且工作积极，随时准备完成需要

你做的任何事情，你对自己的收入会十分满意。可是，如果你工作了一个月后，发现另一位最近毕业的，与你年龄、教育经历和工作经历都相当的同事年收入为 60 000 美元时，你会有何反应呢？你可能会很失望。虽然对一个刚毕业的大学生来说，55 000 美元的绝对收入已相当可观（你自己也知道这一点），但这并不是问题所在。现在问题的关键是你本人的公平观念——什么是公平。公平是关于合理性的概念，与其他同等情况的人相比较而言的平等待遇。许多事实表明，员工经常将自己和他人进行比较，而由此产生的不公平感将影响到这个员工以后工作的努力程度。[32]

公平理论（equity theory）是由斯达西·亚当斯（J. Stacey Adams）提出的，认为员工首先会考虑自己投入—结果的比率，然后将自己的投入—结果比率与其他人的投入—结果比率进行比较（参见表 12-1）。如果员工感觉到自己的比率与他人的相同，则不会出现什么问题。但是，如果这个比率是不同的，他们就会认为自己的收入过低或过高。这种不公平感出现后，员工就会试图去纠正它。[33] 结果可能是更低或者更高的生产率，提高或者降低产品质量，增加旷工，或者自愿辞职。

表 12-1　公平理论的关系

觉察到的比率比较*	员工的评价
$\dfrac{\text{A的结果}}{\text{A的投入}} < \dfrac{\text{B的结果}}{\text{B的投入}}$	不公平（过低）
$\dfrac{\text{A的结果}}{\text{A的投入}} = \dfrac{\text{B的结果}}{\text{B的投入}}$	公平
$\dfrac{\text{A的结果}}{\text{A的投入}} > \dfrac{\text{B的结果}}{\text{B的投入}}$	不公平（过高）

*设 A 为某员工，B 为参照员工。

参照点（referent）——为了评价是否公平而选择与自己进行比较的其他人、其他系统或者自我（以往的情况）——在公平理论中是一重要变量。[34] 三种参照点中的每一种都是重要的。①作为参照点的"其他人"包括同一组织中从事相似工作的其他个体，还包括朋友、邻居及同行员工。依据他们通过口头、报刊等渠道获得的信息，员工将自己的收入与他人的进行比较。②作为参照点的"系统"包括组织中的薪金政策、程序及分配。③作为参照点的"自我"适应于投入—结果比率对当事人来说是独一无二的情况，它反映了员工个人的过去经历与交往方式，受到员工过去的工作标准或家庭承诺的影响。

原来，公平理论强调的是**分配公平（distributive justice）**，即个人之间所得报酬的合理性。最近的研究则强调**程序公平（procedural justice）**的问题，它涉及对报酬分配程序合理性的评价。相关研究表明，分配公平比程序公平在员工满意度方面有更大的影响，而程序公平倾向于影响员工对组织的承诺，对其管理者的信任，以及进退的意向。[35] 程序公平对管理者有什么要求呢？他们应该考虑公开分配决策是怎么做出的，坚持按程序办事，坚持一贯的做法以提高对程序公平的认可。通过提高对程序公平的认可，员工有可能更正面地评价他们的老板和组织，即使他们不满意自己的报酬、升迁和其他个人利益。

12.3.4 期望理论怎样解释激励

- 我必须付出多大努力才能达到某一工作绩效水平？
- 我有能力达到这一绩效水平吗？
- 当我达到这一绩效水平后将得到什么报酬？
- 这种报酬对我有多大吸引力？

现今对激励问题最全面的解释是维克托·弗鲁姆（Victor Vroom）的**期望理论**（expectancy theory）。虽然它也受到了一些批评，[36] 但大多数的研究证据还是支持这一理论的。[37]

期望理论认为，当人们预期某一行为能给个体带来某种既定结果，且这种结果对个体具有吸引力时，个体将趋向于以此为基础采取这一特定行为。它包括以下 3 项变量或者说3 种联系（见图 12-7）。

图 12-7 期望理论模式

（1）期望或努力—绩效的关联性。个体感觉到通过一定程度的努力而达到工作绩效的可能性。

（2）工具或绩效—报酬的关联性。个体认为达到一定工作绩效有助于获得理想报酬的程度。

（3）价值或报酬的吸引力。个体对工作可能获得的潜在结果或报酬对个体的重要性程度评估。评估的结果取决于个体的目标和需要。

虽然这样解释激励看起来有些复杂，但其实并不难理解。我们可以将它们归结为以下几个问题：我必须付出多大努力才能达到某一工作绩效水平？我有能力达到这一绩效水平吗？当我达到这一绩效水平后将得到什么报酬？这种报酬对我有多大吸引力？它是否有助于我实现自己的目标？在任何既定的时间，个体是否因受到激励而付出某种努力（即努力工作）取决于个体的目标，以及个体是否接受某种水平的绩效是达到目标所必需的。让我们看一个例子，多年以前有一个女士去 IBM 公司做销售代理。她喜欢的工作"报酬"是乘坐 IBM 公司的飞机到某个好玩的地方，找到她最好的客户，在某个有趣的高尔夫球场一起度周末。但是，为了得到这份特殊的"报酬"，她必须取得某种水平的业绩，即她的销售量必须超过目标的一定百分比。她愿意付出多大的努力去工作（即她受到多大的激励）取决于必须达到的绩效水平和达到这个绩效水平后能够得到她所希望的报酬的可能性。由于她"看重"这份报酬，她总是努力工作以超额完成销售目标。绩效—报酬的关联性是明确的，因为她努力工作取得了这样的绩效之后，她总是从公司得到她看重的报酬（乘坐公司飞机）。

职业建议："总是做得更好（超出经理的要求与期待），这样你的经理将别无选择，只能奖励你。"[38]

期望理论的要点是,理解个体目标及努力与绩效之间的关联性、绩效与报酬之间的关联性,最后,还有报酬与个体目标满足度的关联性。期望理论强调回报或报酬的重要性。结果,我们不得不相信,一个组织所提供的报酬必须与个人的欲望相符合。期望理论认为,在解释激励个体的因素时不存在普遍适用的原则,因此它强调管理者必须理解员工为什么评价某些结果是有吸引力的或没有吸引力的。毕竟,公司应该用个体对之有积极评价的事物去回报他们。还有,期望理论强调预期的行为,员工知道公司对他们的要求是什么,以及公司怎样评价他们吗?最后,期望理论关心员工的感觉。现实与感觉是不同的。是个体本身对于绩效、报酬和目标的感觉,不是绩效、报酬和目标本身,决定个体受激励的程度(努力的程度)。

12.3.5 如何才能综合当代的激励理论

当代各种激励理论基础的许多观点是相互补充的,如果将它们融会贯通,就会更好地理解怎样激励员工。[39] 图 12-8 综合了我们已经知道的各种激励理论的模型。它的基础是期望理论模型。让我们从左侧开始说明这个模型。

图 12-8　当代激励理论的综合

有一个箭头指向"个人努力",这个箭头来自"个人目标"。这与目标设定理论一致。目标—努力这一环路提醒我们应注意目标引导行为。

期望理论认为，如果个体感到在努力与绩效之间、绩效与报酬之间、报酬与个人目标的满足之间存在密切关联性，那么他就会非常努力。反过来，每一种关联性又会受到一些因素的影响。从模型中可以看到，个体绩效水平不仅取决于个人的努力程度，而且也取决于个人的执行能力和组织是否具有公平与客观的绩效评估系统。对绩效与报酬之间的关系来说，如果个人感到自己是因绩效因素而不是其他因素（如资历、个人爱好等）而获得报酬，那么这种关系最为紧密。期望理论的最后一种关联性是报酬与目标的关系。

在这方面，传统的需要理论做了很好的解释。当个人由于他的绩效而获得的报酬满足了与其目标一致的主导需要时，他工作的积极性会非常高。

仔细研究这个模型，不难发现，它也考虑了其他理论。

就成就需要理论而言，高成就需要者不会因为组织对他的绩效评估及组织报酬而受到激励。对他们来说，努力与个体目标之间的关系是一种直接关系。请记住，对高成就需要者而言，只要其所从事的工作能使他们产生个体责任感、有信息反馈并提供中等程度的风险，他们就会产生内在的驱动力。他们并不关心努力—绩效、绩效—报酬及报酬—目标之间的关系。

由于考虑到了组织的报酬会强化个人的绩效，因此，在这个模型里也可以看到强化理论的作用。如果管理者设计的报酬系统被员工当成对良好绩效的回报，那么这种报酬就会强化并鼓励员工继续取得良好绩效。

在公平理论中，报酬也发挥着关键的作用。个人会和相关人员比较投入（努力）与结果（报酬）之间的比率关系。如果存在不公平，他们付出的努力就会受到影响。

最后，在这个综合模型中，还可以看到工作特征模型。任务特征（工作设计）在2个方面影响工作激励。一是围绕着5个工作维度来设计的工作很可能带来较好的实际工作表现，因为员工受到工作本身的激励，即这样的工作设计会增加努力和绩效的联系。二是围绕这5个工作维度来设计的工作还会增加员工对工作重点的把握。因此，对那些希望可以控制自己工作的员工，向他们提供具有自主性、反馈性，以及具有复杂性特征的工作可以使他们获得满意。

 # 12.4 当代员工的激励问题

理解和预先考虑员工激励是管理研究中最受关注的领域之一。我们已经向读者介绍了若干种激励理论。但是，当下对员工激励的研究还受到一些具有重要意义的现实问题的影响，包括在困难经济环境下的激励问题、跨文化管理的挑战、独特工作群体的激励，以及设计恰当的报酬项目等。

12.4.1 经济萧条环境下管理者怎样激励员工

美捷步是拉斯维加斯的一家离奇的网上鞋业零售商（现在是亚马逊网的一部分），长期享有有趣工作单位的声誉。[40] 但是在经济衰退期间，该公司和许多其他公司一样必须裁员，它总共解雇了124人。公司CEO谢家华希望尽快发布消息，以减少员工的压力。于是，他通过电子邮箱、博客和微博发出了裁员通知。虽然有人可能认为对这种信息而言这是可怕的沟通方式，但是大多数员工对他的公开和诚实表示感谢。公司也非常关注这次裁员。如果在公司服务不到两年的员工被解雇，其薪酬将一直支付到年底。如果具有更长工龄的员工被解雇，每年补偿四周薪酬。公司为所有被解雇者继续支付六个月的健康保险，并根据被解雇员工的要求，将他们按六折购买商品的权利保留到圣诞季。在经济景气时期，美捷步一直都是善待员工的典型，这次它展示了在困难时期如何对待员工。

当经济状况良好，并且组织没有感受到实现绩效目标的压力时，更容易提供财务和其他激励措施。然而，经济衰退对许多组织来说可能很难应对，尤其是在涉及其员工时。裁员、收紧预算、实行最低工资或不加薪、削减福利、没有奖金、延长工作时间来完成被解雇员工的工作——这些都是许多员工面对的现实。随着工作环境的恶化，员工的信心、乐观情绪和工作参与度都会急剧下降。你可以想象，在如此严峻的情况下，管理者要激励员工并不容易。

在不确定的经济环境中，管理者必须采用创造性的方法来加强、引导和维持员工的努力以实现目标。他们必须寻找一些金钱以外的或相对便宜的方法来激励员工。[41] 因此，他们可采取以下的方式，例如：召开员工会议，以保持沟通渠道畅通，并且征求他们对问题的看法；确立共同的目标，如保持优秀的客户服务，使每一个人都致力于创造一种共同氛围，从而让员工感觉到管理者关心他们和他们的工作；给员工继续学习和成长的机会。当然，激励的话语也有很大的作用。

12.4.2　国家文化怎样影响激励

*对于**有趣的工作**的追求看上去是全球性的。*

在今天的全球经营环境中，管理者不能自然而然地假定在一个国家或地区有效的激励手段在其他国家或地区也同样有效。大多数的当代激励理论是在美国由美国人根据美国的实践提出来的。[42] 在这些理论中，一个最为明显的美国特征可能是强调个人主义和成就。例如，目标设定理论和期望理论都强调目标的实现和理性的个人思想。让我们考察有关激励理论是否具有跨文化的转移性。

马斯洛的需要层次理论认为，人们从满足生理需要开始，然后在需要层次上顺序上升。这种需要层次理论，如果真有什么应用价值的话，它是与美国文化相适应的。在日本、希腊和墨西哥这样的国家，规避不确定性的特征很强，安全需要可能处于需要层次的顶层。在那些看重培育特征的国家，诸如丹麦、瑞典、挪威、荷兰和芬兰，可能把社会需要放在顶层。[43] 我们可以预见，例如，当国家文化看重培育标准时，群体工作会更具激励作用。

另一个明显具有美国偏好的激励概念是成就需要。把高成就需要看成内在激励要素的观点体现出两个文化特征，一是愿意接受适度风险（这不适用于那些规避不确定性特征很强的国家），二是关心绩效（这特别适用于具有强烈成就特征的国家）。这种结合在美国、加拿大和英国这样的欧美国家中可以看到。[44] 不过，这些特征相对不适用于智利和葡萄牙这样的国家。

在美国，比较重视遵循公平理论。不足为怪，美国式报酬体系建立在这样一个假定基础上，即员工对于报酬分配是否公平高度敏感。在美国，公平意味着报酬与绩效密切相关。但是，最近的证据表明，在集体主义国家，特别是在中东欧国家，员工希望报酬既能满足他们的个人需要，也能反映他们的绩效。[45] 而且，这符合计划经济的传统，员工表现出较大的"权利"意识，即他们期望结果大于他们的投入。[46] 这些发现表明，美国式的报酬实践在其他一些国家可能需要修改，以便员工认为合理因而能够接受。

与大多数文化中的工作者一样，对有趣工作的追求是日本任天堂（Nintendo）公司许多游戏角色（包括真野）的创造者宫本茂（Shigeru Miyamoto）工作的动力。作为视频游戏的设计者和制作人，宫本茂醉心于创造独特的游戏，为全世界各个年龄段的人们提供乐趣和快乐。

尽管在激励问题上存在这些跨文化的差别，但不能由此假定没有跨文化的一致性，因为事实上存在这样的一致性。例如，得到有趣工作的愿望似乎对于所有员工都是重要的，而不管他们处于怎样的国家文化背景下。涉及 7 个国家的一项研究表明，在比利时、英国、以色列和美国的员工把"有趣的工作"放在 11 项工作目标的首位。将其排在第二和第三位的是日本、荷兰和德国。[47] 同样，一项比较工作偏好的研究结果表明，在美国、加拿大、澳大利亚和新加坡的大学毕业生中，成长、成就和责任清一色地都排在前三位。[48] 这 2 项研究表明赫茨伯格双因素理论所确定的内在因素的重要性具有某种普遍性。最近还有一项研究考察了日本的职场激励趋势，似乎也表明赫茨伯格的模式适用于日本员工。[49]

当今职场中的道德决策

一件可怕的事正在发生，面对超强工作要求的工人正纷纷采用治疗注意力缺陷多动障碍症（ADHD）的药物来提高精力。这些药丸是以苯丙胺为基础的兴奋剂，它可以提高使用者的精力。有些学生会在考试复习期间或者是对研究论文/报告做最后修改的过程中使用兴奋剂，但专家们说现在工作场所已出现了滥用兴奋剂的情况。许多使用这些药物来提高效率的年轻工人说："吸食这些药物不是为了寻求刺激和快感，而是为了保住工作"。这种看似无害的滥用行为会导致严重后果。[50]

讨论题

1. 你认为这是一个员工激励的问题吗？请解释。
2. 为什么这是一个潜在的道德问题？管理者该如何解决这个问题？

12.4.3　管理者怎样激励不同的员工群体

激励员工从来都不是很容易的事情。员工是带着不同的需要、个性、技术、能力、兴趣和态度来到组织的。他们对自己的雇主有不同的期待,对于雇主有权希望他们做什么也有不同的看法。他们想从工作中得到的利益也是多种多样的。例如,一些员工从个人兴趣和追求,以及每周拿一次工资中得到更多满足,并不在乎更多的好处。他们对工作更具有挑战性、趣味性或者在绩效比赛中获胜不感兴趣。另一些员工则从他们的工作中得到更大的满足和激励,因而工作更努力。在具有这许多区别的背景下,管理者怎样才能有效地激励今天在各种场合工作的独特的员工群体呢? 要做的事情之一是必须理解这些工作群体包括多样化的员工、专业人员和非全职员工的激励要求。

激励多样化员工队伍

为了对每一个个体进行最大程度的激励,管理者有必要进行灵活的考虑和处理。例如,有关研究表明:男性与女性相比更看重工作的独立性;与此相对应,女性则比男性更看重学习的机会、方便和机动的工作时间,以及良好的人际关系。[51] 获得独立工作和不同经验的机会对于年轻一代的员工是很重要的,而年龄较大的员工更感兴趣的可能是高度结构化的工作机会。[52] 管理者要清楚地认识到,对一位有两个未成年孩子、靠从事全日制工作以维持家庭生活的单身母亲来说,激励她工作的动力,与一位单身且从事兼职工作的员工或者一个只是为了补充退休后收入的老员工是完全不同的。因此,需要采用多种多样的报酬来激励具有多样化需要的员工。一些组织已经采用多种协调工作与生活的方案(参见第 9章)以适应多样化员工队伍的各种需要。此外,许多组织采用灵活的工作安排(参见第 8章)以适应不同的需要。随着雇主正在探讨以各种方式帮助员工应对燃油价格上涨,一些工作方案和安排可能会被更加普遍地采用,包括远程办公、压缩工作周、灵活工作时间,以及工作分享制等。

灵活的工作安排能够激励员工吗? 虽然这样的工作安排看起来具有很强的激励作用,但也有利有弊。例如,最近针对远程办公方式对工作满意度的影响所做的一项研究发现,随着远程办公范围的扩大,工作满意度最初是提高的,但是,随着远程办公所花工作时间的增加,工作满意度开始持平,继而缓慢下降,最后趋于稳定。[53]

激励专业人员

与上一代人不同,今天典型的员工比工厂里的蓝领工人更加专业和具有更高的学历。当管理者试图激励英特尔印度开发中心的工程师、北卡罗来纳 SAS 软件研究所的软件设计师,或者新加坡埃森哲的咨询师时,他们需要特别关注的是什么?

专业人员与非专业人员是不同的。[54] 他们对于自己的专业领域具有强烈和长期的奉献精神。为了在专业领域内赶上潮流,他们必须及时更新自己的知识,由于他们对专业的投入,他们很少把自己的工作周定义为朝八晚五、一周五天。

是什么激励着这些专业人员? 通常他们关心的重点不是薪水或提升进入管理层,为什么? 因为他们的薪水已经很高,他们喜欢自己的专业。相反,工作的挑战性对他们来说是重要的。他们希望寻找问题,并发现解决问题的方案。他们主要的报酬是工作本身。专业人员通常还看重支持,希望其他人认为他们的工作是重要的。这可能对所有员工都适用,但是专业人员倾向于把他们主要的生活乐趣集中在工作上，而非专业人员明显具有工作以外的兴趣，以弥补在工作中不能满足的需要。

激励非全职员工

通过规模紧缩和其他组织重构，全职工作被逐步淘汰，兼职工、合同工，以及其他形式的临时工增加了。这些非全职员工没有长期员工那种安全感和稳定性，他们不认为自己属于某个组织，不承担其他员工具有的责任。临时工明显收入较少甚至没有医疗保险和养老金那样的福利。[55]

可以说没有简单的解决方案来激励非全职员工。对宁愿选择临时工作以获得自由的少数个体来说，缺乏稳定性可能不是问题。此外，能够获得很高报酬的医生、工程师、会计师、理财规划师也可能宁愿选择临时工作，他们不想做全职工作。但是，这些是例外。对大多数这类员工来说，做临时工并不是自愿的选择。

什么会激励非自愿的临时员工？一个明显的答案是获得成为长期员工的机会。在长期员工是从临时员工中挑选的情况下，临时员工通常会努力工作以期成为长期员工。临时工作所提供的学习机会通常没有多少激励作用。临时员工找到新工作的能力主要是依赖他们自己的技术。如果一个员工觉得自己做的工作有助于提高找工作的能力，那么激励会加强。从公平的立场看，要临时员工和那些报酬和福利高得多的长期员工做同样的工作，临时员工的绩效可能要差些。把这两类员工分开，或者使他们之间的相互依赖最小化，也许有助于管理者应对可能的问题。[56]

12.4.4　管理者怎样设计恰当的报酬体系

在加州蓝十字会，对为其组织人员健康服务的医生，根据病人的满意程度发放奖金。联邦快递激励其驾驶员的支付系统是根据他们的及时性和送货的多少计发奖金。[57]毋庸置疑，雇主发放的奖金对员工行为的合理性具有强有力的激励作用。一些普遍采用的奖励办法包括公开管理、员工奖赏，以及根据工作绩效支付报酬。

公开管理怎样激励员工

在斯普林菲尔德再制造公司（Springfield Remanufacturing Corporation，SRC）重型部的管理者集中讨论了厚厚的财务文件之后的 24 小时内，工厂内的每一个员工都能看到同样的信息。如果员工能够实现发货目标，他们都可以分享一大笔年终奖金。[58]规模不同的许多公司都通过公开财务报表让员工知道企业的决策。信息共享使员工受到激励，使他们在自己的工作中做出更好的选择，更加能够理解他们的工作任务和工作方式的重要性，以及最终的影响。这种方法称为**公开账本的管理**（open-book management），许多组织都采用这种方法。[59]

公开账本的管理的目的是让员工像上司一样思考，看到他们的决策对于财务状况的影响。由于许多员工没有理解财务报表的知识或背景，因此必须告诉他们怎样阅读和理解公司财务报表。然而，一旦员工具备这些知识，管理者必须定期向员工公开账目。通过这些信息的共享，员工开始理解他们的努力及业绩与企业经营效果之间的联系。

当今职场中的管理技术：个性化奖励

组织历来认为，在分配奖励方面，"一刀切"是"万能的"。管理者通常认为每个人都想得到更多的钱和更多的休假时间。但是，随着组织层级的减少，以及进行差异化奖励能力的增强，管理者更愿意实施差别奖励，给予不同的员工不同的奖励。

组织控制着大量的对员工有吸引力的奖励。下面列出部分奖励措施，如提高基本工资、奖金、缩短工作周、延长假期、带薪休假、弹性工作时间、有工作保障的兼职、增加退休金缴款、报销大学学费、个人休假、帮助购买住房、表彰奖、付费俱乐部会员资格及在家工作的选择。员工奖励的新方法源于社交网络、移动无障碍和**游戏化（gamification）**——也就是说，将游戏的典型方面应用到其他活动领域，尤其是工作环境——给员工提供不断获得"勋章"或"誉"的机会。这些类型的奖励方案具有吸引和激励员工的潜力。将来，大多数组织会以最大化员工积极性的方式来构建个人奖励计划。

讨论题

1. 个性化奖励的积极方面是什么？（从员工及管理者的角度考虑。）
2. 个性化奖励的消极方面是什么？（同样需考虑到员工和管理者。）

管理者怎样利用员工奖励计划

员工奖励计划（employee recognition programs）指个人对优秀工作的关注、奖励和赏识。[60]它可以采取许多不同的形式。例如，凯利服务（Kelly Services）公司采用一种新的积分奖励制度，以便提高生产率和减少员工流动。这种奖励制度被称为凯利荣誉，设计更多奖项让员工选择，允许员工在一个较长的时期内积累获奖的分数。[61]这种方法很有效。参加者比未接受积分的员工多出 3 倍的工作时间和收入。但是，大多数管理者都采用一种更加非正式的方法。例如，现任 DineEquity 主席和 CEO 朱莉娅·斯图尔特（Julia Stewart），在担任阿普尔比的餐厅经理时，经常等所有人都下班以后留下密封的信函在员工的座位上。[62]在这些信函中，她解释这个员工所做的工作在她看来是多么重要，表示她是多么赞赏工作完成得多好。斯图尔特还非常重视下班以后给员工发语音邮件，告诉员工她是多么赞赏那些做得很好的工作。而且褒奖不必总是仅仅来自于管理者。大约有 35% 的公司鼓励同事之间互相赞赏出色的工作。[63]例如，百胜品牌公司（Yum! Brands Inc.,建立在肯塔基州的塔可贝尔、肯德基和必胜客食品连锁店的母公司）的管理者总是在设法减少员工流动。他们创立了一个成功的顾客服务计划，其中包括在澳大利亚的肯德基快餐店中鼓励同行之间的互相认可与赞赏。那里的员工会自发地用冠军卡（Champs cards）奖赏同事，Champs（冠军）是诸如清洁（cleanliness）、好客（hospitality）、准确（accuracy）等词的首字母组合词。百胜在世界各地的其他快餐店都采用了这个方法，它发现员工之间相互认可与赞扬使小时工的流动性从 181% 减少到 109%。[64]

在密歇根安娜堡金格曼熟食店的这位面包师，获得的信息让他能够像店主一样思考和行动。金格曼熟食店采用信息公开的管理方式，分享员工所需的财务、产品、客户服务等各种信息，帮助他们了解公司如何运作，以及他们的决策如何影响公司的赢利能力。

一项对组织的调查发现，**84%的人用某种程序来识别员工的成就。**[65]

有研究发现，84%的组织都有某种员工业绩奖励计划。那么，员工也认为这些计划很重要吗？对各行各业的员工进行的一项调查直接询问员工，他们认为最有力的激励因素是什么？他们的回答是：奖励，奖励，更多的奖励![66]

与强化理论相一致（参见第 11 章），直接奖励某种行为，有可能鼓励这种行为的重复。奖励可以有多种方式，你可以私下亲自表扬员工做得很好，你可以手写一个信函或者发一个电子邮件告诉员工说你知道他所做事情的积极意义。因为员工具有强烈的获得社会承认的需要，你可以公开表扬员工所取得的成绩。为了提高群体的凝聚力和积极性，你可以庆祝团队的成功。例如，你可以简单地举行一次比萨饼宴会来庆祝团队的成功。这样的事情看起来很简单，但是它们在表示员工得到怎样的评价方面具有深远的意义。

管理者怎样利用根据工作绩效支付薪酬计划来激励员工

有关的调查统计可能使你感到意外：40%的员工不清楚绩效与报酬之间的联系。[67]你可以想想：这些公司支付给员工的报酬究竟是什么？他们明显不清楚绩效与期望之间的联系。[68]**根据工作绩效支付报酬计划（pay-for-performance programs）**是一种可变的薪酬计划，以某种绩效标准为基础给员工支付报酬。[69]计件工资制、工资奖励计划、利润分红、一次性奖金都是这样的例子。使这些付酬形式与更加传统的支付形式区别开来的特征是，它不是按照一个人的工作时间来支付报酬，而是根据某种绩效标准来调整报酬的多少。这种绩效标准可以包括诸如个体的生产率、团队或者工作小组的生产率、部门生产率、整个组织的利润水平等指标。

根据工作绩效支付报酬计划也许与期望理论最相一致。个体应该知道他们的绩效和有可能得到的最大数量报酬之间的紧密联系。如果报酬分配只是根据与绩效无关的因素，例如论资排辈、工作头衔或者笼统的全员加薪等，那么员工就有可能降低他们的努力程度。从激励的角度看，使员工的部分报酬或者全部报酬以某种绩效标准为条件，会使他们密切关注和努力达到这个标准，继而强化这种有报酬的努力的连续性。如果员工、团队或者整个组织的绩效下降了，报酬也会相应下降。所以，根据工作绩效支付报酬计划具有保持努力的强烈激励效果。

根据工作绩效支付报酬的做法非常流行。美国的大公司有 80%都采用某种形式的灵活报酬计划。[70]这些报酬支付方式在加拿大和日本等其他国家也在试用。大约有 30%的加拿大公司和 22%的日本公司在整个公司采用根据工作绩效支付报酬计划。[71]

根据工作绩效支付报酬计划真的有效吗？有关研究表明，它们在大多数情况下都有效。例如，有一项研究发现，采用根据工作绩效支付报酬计划的公司比那些不采用该计划的公司经济效益更好。[72] 另一项研究表明，根据工作绩效支付报酬计划对于销售额、顾客满意度和利润都具有积极影响。[73] 如果一个组织内有不同的工作团队，管理者应该考虑以群体为基础的绩效奖励，这会强化团队的努力和团队精神。但是，不管这些计划是以个人绩效为基数，还是以团队绩效为基数，管理者必须保证在个人报酬和员工预期的恰当绩效水平之间具有明确的关系。员工必须明确地理解：他们或者组织的绩效怎样会转变为他们工资单上的美元。[74]

关于员工报酬计划的最后注意事项

在经济和金融不确定期间，管理者奖赏和回报员工的能力通常会受到严重的限制。在危机时期，很难保持员工的生产力，尽管这样，处理好员工报酬问题尤其重要。不足为怪，因为员工很容易觉得经济形势与他们的工作没有多少关系。事实上，公司执行委员会（Corporate Executive Board）最近的一项研究发现，员工投入度的下降已经导致总体生产力减少了 3%～5%。[75] 但是，有些管理者还是能够采取行动维持甚至提高员工的积极性。方法之一是进一步明确每一个员工在组织中的作用，向他们阐明他们的努力怎样能够对改善公司的整体状况做出贡献。另一个重要的方法是保持信息渠道畅通，利用高层管理者和员工之间的双向交流缓和恐惧，表达关心。采取任何行动的关键都是继续表明公司对员工的关心。正如我们在本章开头所说，公司的价值来源于受到激励而在其中工作的员工。管理者必须给员工理由，使他们想留下来。

本章概要

1. 定义和解释激励。

激励是指一种过程，通过这个过程，一个人的努力被调动、指向和持续到目标的实现。这个定义包含 3 个关键的要素：精力、方向和坚持。

精力要素是对强度或干劲的衡量。高度的努力需要指向通往组织目标能够实现的道路。员工必须坚持自己的努力直到这些目标的实现。

2. 早期激励理论的比较。

根据马斯洛的理论，随着需要的大幅满足，个人的需要依照 5 个层次（生理需要、安全需要、社会需要、尊重需要、自我实现需要）上升。已经满足了的需要不再具有激励作用。

遵循 X 理论的管理者相信，人们并不喜欢工作，也不想负责任，所以他们必须受到恐吓和胁迫才会工作。遵循 Y 理论的管理者假定人们喜欢工作，愿意承担责任，所以他们具有自己的动机和方向。

赫茨伯格的双因素理论认为，与员工对工作的满意相联系的内在因素对人们具有激励作用，与员工对工作的不满意相联系的外在因素只会使人不满意。

麦克利兰的三重需要理论认为满足 3 种需要是人们工作的主要动机。这 3 种需要包括成就需要、归属需要和权力需要。

3. 当代激励理论的比较。

目标设定理论认为，具体的目标会提高绩效，相对困难的目标如果被接受，则会导致比容易的目标更高的绩效。目标设定理论的要点包括：达到目标的工作意向是工作激励的重要源泉；具体的、相对艰巨的目标比一般化的目标会产生更好的效果；员工参与目标设定可能有利于分配工作任务，但不一定总是这样；反馈，特别是自我生成的反馈，可以引导和激励员工行为；影响目标设定的因素包括接受目标的承诺、自我效能评价，以及国家文化。

工作特征模型认为，存在 5 种核心工作维度（技能多样性、任务同一性、任务重要性、自主性、反馈）可以用来使工作设计具有激励作用。

公平理论强调员工会怎样与相关人员比较他们的劳动付出与所得报酬的比率。如果员工认为自己待遇不公平，会影响他们的行为。程序公平比分配公平对员工满意度有更大的影响。

期望理论认为，当人们预期某一行为能给个体带来某种既定结果，且这种结果对个体具有吸引力时，个体将趋向于以此为基础采取这一特定行为。期望是努力－绩效的关联性（个体感觉到通过一定程度的努力而达到工作绩效的可能性）；工具是绩效－报酬的关联性（个体对于达到一定工作绩效后即可获得理想报酬的确定程度）；价值是报酬的吸引力（这个报酬是不是我想得到的）。

4. 当代员工激励问题的讨论。

在困难的经济条件下，管理者必须采取创造性的方法来加强和维持员工的努力，并使其指向目标的实现。

大多数激励理论是在美国提出来的，具有北美特征。有些理论（马斯洛的需要层次理论、成就需要和公平理论）在其他文化背景下作用可能不会很明显。但是希望从事有趣的工作似乎对所有员工来说都是重要的，赫茨伯格的内在激励因素也许具有普适性。

在激励各种独特的员工群体时，管理者面对的挑战：多样化的员工队伍需要灵活性；专业人员希望工作具有挑战性和得到支持，他们从工作本身得到激励；非全职员工希望有机会成为全职员工或得到技术训练。

公开账本的管理重视与员工共享财务信息，使员工由此了解到他们工作的意义。员工奖励计划指个人对工作优秀的关注、认可和赏识。根据工作绩效支付报酬计划是以某种绩效标准为基础的可变报酬计划。

复习思考题

1. 我们大多数人必须为了生活而工作，工作是我们生活的主要部分。既然这样，管理者为什么还如此担心员工激励问题？

2. 什么是激励？试解释激励的 3 个关键因素。

3. 试比较马斯洛需要层次理论中，较低层次的需要和较高层次的需要有什么不同。

4. 金钱在需要层次理论、双因素理论、公平理论、期望理论和用高成就需要激励员工这些理论中，分别发挥什么作用？

5. 如果员工认为他们的劳动付出和报酬之间的比率相比其他人不合理,可能会出现什么后果?

6. 试解释根据工作绩效支付报酬计划激励员工有什么优点? 有什么缺陷?

7. 许多研究过改变工作性质的工作设计专家认为,当人们受到目标而不是金钱的激励时,工作做得最好。你同意吗? 请解释你的看法? 这对管理者意味着什么?

8. 为了鼓励和支持多样化的员工队伍,管理者能够采用什么激励理论或方法? 请解释。

9. 个体有可能被过分激励吗? 请讨论。

10. 当前管理者在员工激励问题上面临哪些挑战?

11. 管理者激励员工时面临哪些经济和跨文化挑战?

12. 期望理论中的 3 个变量是什么,它们怎样解释激励?

管理技能建设:做一个优秀的激励者

优秀的管理者必定是优秀的激励者。他们能够发现激励员工充分发挥其潜力的"魔药"。有关激励的数百本商业著作以及许多专家专门从事激励研究,这一事实就足以说明激励问题对于管理效果的重要性。

技能基础

试图激励其他人是一项复杂的任务。令人遗憾的是,没有什么万能的激励工具能够保证对于任何人任何场合都有效。尽管如此,我们确实了解在激励他人时什么有用什么没用。下面总结了我们所知的有可能起作用的一些激励建议的精髓。[74]

(1)承认个体差异。人们具有不同的需要,不要采取完全相同的方法来激励他们,而且应该花费必要的时间来理解对每一个人而言重要的是些什么。这有助于你设定个性化的工作目标、参与程度和报酬以适应个性化的需要。

(2)运用目标和反馈。人们都喜欢有自己的目标。如果你处于为其他人分配工作或参与目标设定的地位,请帮助他们设定有难度和具体的目标。这些最可能具有激励作用。此外,当员工得到你对他们在追求工作目标过程中的表现有多好的反馈意见时,他们最有可能受到激励。

(3)允许员工参与影响他们自身工作的决策。如果你处于能够影响参与程度的地位,请积极寻找和吸收那些你想激励的人参与决策。当员工被允许参与设定工作目标、报酬体系、解决生产或质量问题等方面的决策时,他们特别有可能做出积极的反应。

(4)在报酬和未得到满足的需要之间建立联系。对于试图激励员工或团队成员的管理者或团队负责人,建议(2)和(3)最为适用。有效地把报酬和未得到满足的需要联系起来是一种更加普遍的方法:可用于激励同事、朋友、配偶、客户,同样也用于激励员工和团队成员。它建立在建议(1)和个别差异的基础上。

根据你在一个组织中的地位和所拥有的资源,你控制的报酬是不同的。例如,高层管理者显然可以控制薪酬的增加、奖金、确定是否晋升,以及工作分配和培训等。他们通常也可以决定工作设计,比如,允许员工更加自由地控制其工作,改善工作环境,在工作场所增加社会交往,合理确定工作负荷等。但是,每个人都可以给其他人提供报酬,例如,认可或在别人遇到问题时给予同情和体察入微的帮助等。关键是确定什么需要是主要的和未得到满足的，然后选取有助于满足这些需要的报酬工具。

（5）**报酬与绩效挂钩**。你选取的报酬工具应该是可以分派的，以便能够持续地影响绩效。重要的是，你试图激励的人员必须意识到二者之间的明确联系。不管报酬与绩效标准之间的实际关联有多紧密，真正重要的是感觉。如果员工认为二者之间的关联度低，那激励和绩效都会受到影响。

（6）**保持公平**。组织成员应该感到报酬与他们对工作的投入相当。简而言之，员工的经验、技术、能力、努力程度和其他明显的投入应该能够解释他们不同的绩效，也因此能解释薪酬、工作任务及其他明显的报酬。

技能应用

肖恩（Sean）从专科学院毕业后的第一份工作是担任莱尔餐饮服务公司的主管。公司的主要业务是管理大学和医院的餐饮服务。

肖恩的工作是负责圣保罗学院的自助餐厅，管理大约 12 个全职员工和 15 个兼职员工。餐厅每周营业 7 天，从早晨 6 点半到晚上 8 点。

肖恩在那里工作了 8 个月，由于员工流动率很高，他颇为沮丧。自他担任主管以来，有 3 个全职员工和 6 个兼职员工辞职。肖恩回到公司查阅了过去 5 年的人事档案，发现一直都是这样。他对因不断地招聘和培训新人而花费的成本和时间很不满，于是他决心要采取措施解决这个问题。

肖恩开始非正式地和员工谈话。看上去没有人对工作特别热心，甚至一些"老资格"——在餐厅工作了 6 年以上的人——也没有什么工作热情。事实上，兼职员工比全职员工更加受到激励，尽管兼职员工每小时平均工资是 11.5 美元，而全职员工每小时平均工资是 15 美元。

将班上的同学分成小组，假定你是肖恩，你将怎样改进员工激励和降低流动率？

实践练习

阅读和学习本章后，你将充分了解员工激励的重要性。你还将意识到，向员工表达感激之情可以鼓舞士气、提高工作积极性。凯业必达（CareerBuilder）的一项调查显示，50% 的员工表示，如果管理者能更频繁地认可他们的努力，离职率将会降低。另一方面，40% 的员工表示，如果管理者认为他们的努力都是理所当然的，他们就不太可能在工作上追求精益求精。但并非只有来自管理者的认可才能起到激励作用，来自其他人，如同事亦可。因此，在该体验式练习中，你将在所在小组中进行头脑风暴。你问是关于什么的头脑风暴？即对同事的 25 个大赞美！列出一份你对同事努力工作及表现出色的赞美清单！以下为若干示例。

- 干得漂亮！
- 尽管这里的事情变得一发不可收拾，你仍保持最佳态度一如往昔！

玩得开心！请记住，给予赞美——诚挚的赞美——是向同事展示你有多欣赏他们的绝妙方式！谁知道呢？也许有人也会称赞你的努力工作！

应用案例 12-1：为了钱…
专题：金钱和激励

金钱 = 幸福，是吗？

金钱能买到幸福吗？位于西雅图的重力支付（Gravity Payments）信用卡处理公司的

120 名员工中有几位决定要去弄清这个问题。[75]

该公司创始人、29 岁的丹·普莱斯（Dan Price）在 2015 年春季决定将 70 名员工的工资大幅提高到 7 万美元，以此作为公司新的最低工资水平，这件事在当时引起了轩然大波。现在公司里每个人的年薪至少有 7 万美元。一些通常拿 48 000 美元的员工现在薪水翻了一番，其他人的薪水也提高了不少（可能已经够高了），你估计员工会为此感到很开心！

为什么普莱斯这么做？他表示，近来他一直在考虑雇员薪酬问题，特别是在读了几篇关于企业 CEO 和雇员之间巨大薪酬差距的新闻报道后，他说他认为这种差距极不合理。此外，他还读到了一篇由普林斯顿大学两位研究者（一位是获诺贝尔奖的心理学家）写的关于幸福的文章，他们就金钱是否能买到幸福调查了 45 万美国居民——既探究金钱对整体幸福的影响，也研究它会怎样影响日常生活。他们得出的结论是，人们声称收入每增加一倍就会更快乐，但这只是一定程度而言。更有意思的是，受访者表示会使他们的日常生活更愉快的工资额是每年约 7.5 万美元。普莱斯决定给他的员工提供最低 70 000 美元的工资。他觉得给员工这个数额的工资可使他们大部分人能买房子，并能支付孩子的教育费用。

为了支付加薪，普莱斯将他自己的年薪从 100 万美元减到 7 万美元。此外，公司将不得不使用 75% 到 80% 的利润来支付人工成本。一些管理顾问质疑这一举措，他们不知道这是否会影响员工的工作效率，以及从长远来看是否会得到回报。对员工激励所产生影响的担忧包括：员工会不会缺乏努力晋升到更高职位的动力？那些在完成手头的任务后还愿意承担更多工作的员工会不会因此失去努力工作的动力（“如果大家都拿同样的薪水，我为什么要做更多的工作”），CEO 的干劲会受到哪些影响？——普莱斯自己将来会不会无心发展公司？另外，还有一个问题是，如果公司的赢利能力下降，情况将会怎样？这些问题是否重要只有靠时间来检验。

结语：那么接下来发生了什么？[79] 加薪对公司来说是积极的。在公告发布后的最初几周，就收到 4600 次客户查询。新增 4000 多位客户。部分新客户是因为得知该公司提高了员工待遇；其他客户只是因为受到重力支付公司的优惠价吸引。然而，确实有一部分客户流失，因其预计费用增加，担心服务水平下降。就员工而言，流失率下降了 19%，并新增 3 万份入职申请。一项月度调查显示，公告发布后员工幸福度立即出现增长，但随后降至加薪（7 万美元）前水平。

讨论题

1. 回顾本章开头的管理神话及它是如何被揭穿的。结合这一点，再评估这项提升工资的决策。

2. 解释所有的员工效率/激励问题。你认为哪一个最关键？为什么？

3. 选择一个本章中所讨论的当代激励理论，并为普莱斯先生把这个理论写出来，解释如何及为什么这是一个很好的员工动机替代方案。

4. 在这种新的薪酬办法下，管理人员可能面临哪些问题？如何利用有关雇员积极性的知识来帮助他们解决这些问题？

5. 道德问题呢？管理者应该如何处理那些问题？

多长的假期是过长的假期？

组织提供的无限假期对你来说重要吗？是否有足够的吸引力让你加入你可能没有考虑过的组织？它能激励到作为一名员工的你吗？一些企业——网飞、领英、美国维珍航空（Virgin America）、推特和桦木盒子（BirchBox）等——为员工提供尽可能多的带薪假。然而，无限假期政策在美国企业界仍然很少见。根据人力资源管理协会（Society of Human Resource Management）的统计数据，只有1%～2%的公司提供此选项。[80] 通信和网络等技术的发展与普及导致员工产生总是需要随时待命的印象，即便在假期中也是如此。许多员工甚至连典型的2周标准假期都未能享受。事实上，最近对一家有7000多名员工公司的调查表明，2017年美国员工平均享受了22.6天的休假，只使用了其中的16.8。[81] 为什么这些不具代表性组织选择为其员工提供无限假期，员工对此有何看法？

组织之所以选择提供此选项，原因之一是他们觉得员工面对紧迫的项目期限、繁多的会议及各种意外危机，过度加班且压力过大。即使是不在领导岗位上的员工，也可能"被期望"下班后随时待命。但正因为提供的是无限假期，并不意味着员工真的会使用它。许多员工对是否利用大量假期犹豫不决，因为他们觉得这会向上司发出错误信号，特别是在其他员工，甚至连管理者也没有休假的情况下。

一些组织提供此福利的另一个原因是，它们很难吸引有才华的专业人士。位于马萨诸塞州的职场管理软件公司克罗诺斯（Kronos）在努力寻找合格的受过大学教育的专业人士，因为该公司所处的劳动力市场紧张，对专业人士的需求很大。[82] 其CEO指示人力资源部门制定更具竞争力的招聘策略。其中一项建议策略是采用类似网飞首创的"开放式"假期政策。在实施了类似政策后，克罗诺斯发现，招聘有才华的专业人士不再像该政策推出前那样困难。

然而，开放式假期政策并非没有员工抱怨。当克罗诺斯实施其开放式假期政策时，主要有三大类申诉。[83] 一项主要申诉来自管理者，他们对由于正规政策真空而造成的歧义感到不安。这些管理者认为，他们可能不得不在想要腾出过长时间休假的员工之间斡旋，调解日程冲突并调整工作日程。为了解决这些问题，该公司为管理者提供了单独的培训和辅导，并向他们保证，如有任何需要，HR都会为他们提供支持。

另一项主要申诉来自那些一直在累积假期，并希望在离职时获得现金偿付的员工。因为公司取消了应计费用项目，一些对开放式假期政策的批评者表示，公司这样做只是为了省钱，而不是提高员工士气。为了解决这些问题，克罗诺斯的高管决定将假期应计储备再投资于其他员工福利，如增加产假、增加401（k）匹配（匹配该供款意味着公司根据员工的年度供款金额向其退休储备计划供款）、儿童保育援助计划，以及为员工提供一定数额的学生贷款。

最后一项主要申诉来自于在克罗诺斯工作多年的老员工，他们积累了大量的年度休假时间。这些员工认为，新员工在没有为公司服务多年的情况下获得尽可能多的假期是不公平的。因此，克罗诺斯高管再度试图在与个别员工的非正式对话中解决这些投诉。对管理者来说，员工对不公平的认知可能是一个挑战。

与影响员工及管理者的任何类型的组织变革一样，克罗诺斯及任何已经或正在考虑采用开放式假期政策的公司，都需要对这些变化及员工可能受到的影响深思熟虑。

讨论题

1. 对员工和组织而言，无限假期政策有哪些利弊？
2. 有些公司为何会开始推行无限假期政策？此方法在小公司可行吗？请讨论。
3. 管理者/团队领导对员工是否真正利用无限假期政策有什么影响？
4. 员工对无限假期的看法可能存在代际差异吗？请解释。
5. 无限假期如何影响员工的积极性？在回答这个问题时，讨论任何与该组织方法相关的激励理论（包括早期和当前理论）。

应用案例 12-3：充满激情的工作
专题：激励独特的员工群体、岗位设计

以正确的方式激励员工

在加利福尼亚文图拉总部，巴塔哥尼亚的办公室空间更像是一个国家公园旅舍，而不是一个价值 6 亿美元的零售商的总部。[84]里面有北美黄松楼梯和优胜美地国家公园中大岩壁的照片。公司餐厅提供的是有机食品和饮料。公司还有专为员工提供的婴幼儿托管所。这里离太平洋仅短短一个街区的距离，员工的冲浪板整齐地摆放在自助餐厅里，随时准备迎接海浪的到来（最新的波浪预报写在大厅的白板上）。在冲浪、慢跑或骑自行车之后，洗手间里有淋浴龙头供员工冲凉。公司没有私人办公室，如果员工不想被打扰，可以戴上耳机。来访的客人因穿着正式的服装很容易分辨。公司鼓励员工举办庆祝活动以提高士气。例如，在里诺商店，"娱乐巡逻队"会在一年的不同时间里举办派对。

巴塔哥尼亚长期以来被认为是已做了母亲的女性理想的工作场所。而公司也赢得了拥有忠诚员工的美誉，这是很多零售商难以企及的事情。其零售店自愿离职率和非自愿离职率加在一起约为 25%，而总部只有 7%（零售行业平均离职率约为 44%）。巴塔哥尼亚的CEO 凯西·希恩（Casey Sheahan）说，公司文化、同事情谊及经营方式对员工非常有意义，他们知道其工作活动有助于保护和保持他们所热爱和享有的户外环境。管理者还学会了向员工提出预期的要求和规定最后期限，然后让员工自己去找完成任务的最佳方法。

巴塔哥尼亚由自然环境炽热的捍卫者伊冯·乔伊纳德（Yvon Chouinard）创立，公司最初最喜爱的领域是户外和环境。这也吸引了那些对户外和环境满怀热情的员工。但是巴塔哥尼亚的管理者意识到他们首先是一家企业，尽管他们致力于做正确的事情，但公司必须保持赢利，才能继续做自己热衷的事情。20 世纪 90 年代初美国经济陷入衰退，巴塔哥尼亚不得不进行其历史上唯一的一次大规模裁员。但自此以后，赢利似乎不是一个问题。

讨论题

1. 在巴塔哥尼亚工作是什么感觉？（提示：访问巴塔哥尼亚的网站,在公司信息中找到关于工作的部分。）你对该公司的工作环境有什么看法？

2. 利用你从研究各种激励理论中学到的知识，巴塔哥尼亚的情况让你对员工激励有哪些了解？

3. 你认为巴塔哥尼亚在保持员工积极性方面最大的挑战是什么？

4. 如果你在巴塔哥尼亚零售店管理一组员工，你会如何激励他们？

注释

本章注释文件请扫二维码下载。

第 **13** 章

领导与信任

矫正管理偏见

很多人错误地认为领导者是天生的。例如，人们常常会指着那些在四五岁的时候就带着一群孩子在操场上玩耍的小孩，认为他们从小就具备领导者的潜质。证据显示，虽然有些个性特质确实与领导力有关，而且这些特质更多应归于天生而不是后天培养，但是领导力是可以传授的。

在现代组织中，如何成为一个有效的领导者？职场应该变成一个让员工觉得自己是被倾听和信任的地方吗？在所有的组织中，使管理者有能力成为有效的领导者是非常重要的。为什么领导者这么重要？因为在组织中，是领导者做出决策使事情发生。但是，是哪些因素区别了领导者与非领导者呢？最合适、最恰当的领导方式应该是什么？又是什么使领导者变得有效？这些都是我们接下来在这一章中所要去讨论和解决的问题。

学习目标

1. 定义领导者和领导。
2. 比较早期的领导理论。
3. 描述 4 种主要的权变领导理论。
4. 描述领导的当代观点，以及领导者面临的新问题。
5. 探讨信任是领导的本质。

13.1 定义领导者与领导

布莱恩·切斯基（Brain Chesky）和乔·杰比亚（Joe Gebbia）是硅谷设计学院的毕业生。2008 年，杰比亚的室友突然搬走之后，需要新租客来填补那些空房间。因此，他们有了一个疯狂的想法：建立一个房屋共享平台，即爱彼迎①。截至 2017 年，该公司的营业收入超过 26 亿美元，利润达 9300 万美元。[2] 在公司 CEO 切斯基的领导下，公司取得了成功。2017 年，切斯基被《财富》杂志评为世界上最伟大的领袖之一。[3]

让我们首先来弄清谁是领导者和什么是领导。我们所定义的**领导者**（**leaders**）是那些能够影响他人并拥有管理职权的人。而**领导**（**leadership**）指带领一个群体和影响这个群体实现目标的过程，这就是领导者的工作。

所有的管理者都应当是领导者吗？因为领导是管理的四大职能之一，所以，在理想的情况下，所有的管理者的确都应该是领导者。因此，我们将从管理的角度来研究领导者和领导。[4] 然而，即使从管理的角度来看待这些问题，我们还注意到，在群体中常常会有非正式领导者的出现。虽然这些非正式领导者也对其他人产生影响，但是他们从未成为大多数有关领导研究的焦点，而且他们也不是本章要讨论的领导者类型。

就像激励一样，领导者与领导都是组织行为学领域的热门话题。这些研究中的一大部分是为了回答这样一个问题："什么是有效的领导者？"接下来，我们将回顾那些试图回答这一问题的早期领导理论，并以此作为我们研究领导的开端。

当今职场中的经典概念

员工和任务对领导者来说都是重要的。

俄亥俄州立大学以及密歇根大学的研究都对我们理解有效的领导起了很大作用。[5] 在这些研究完成之前，研究者和管理者普遍都认为，一种领导风格要么有效，要么无效。然而，正如研究所显示的，领导行为的 2 个维度——密歇根大学的以工作为中心和以员工为中心，以及俄亥俄州立大学的规定和关怀——对有效的领导而言都是必需的。直到今天，人们还是认为领导者需要同时关注这 2 个方面。他们认为，管理者应该同时关注任务及他们所领导的成员。即使是后来的权变领导理论也是区分了员工与任务 2 个维度来定义领导者的风格。最后，这些早期的领导行为研究在"引进系统的方法论和提高对领导行为重要性的关注"方面起到重要作用。虽然行为理论不可能成为本书中领导理论的终结，但它们"充当了今后领导研究的跳板"。

最后，这些早期关于领导行为的研究之所以重要，是因为研究者严格的研究方法，以及现在人们对于领导行为重要性认识的提高。尽管领导行为理论并没有成为书上关于领导的最后一章，但是它为我们提供了非常重要的研究视角，是领导权变理论的基础。

---

① 爱彼迎是一个出租住宿民宿的网站，提供短期出租房屋或房间，让旅行者通过网站或手机发掘和预订世界各地的独特房源，为近年来共享经济发展的代表之一。

讨论题

1. 领导的工作是专注于任务和员工这种说法是否过于简单化？请解释。
2. 行为理论是如何用作下面所讨论的领导力研究的跳板呢？

 ## 13.2　早期的领导理论

关于领导者和团队已经有漫长的研究历史！

直到 20 世纪早期，学者才真正地开始研究领导这一课题。早期的领导理论主要关注：①领导者本人（特质理论）；②领导行为，他们如何跟团队成员进行互动（行为理论）。

13.2.1　领导者有什么特质

如果问一问走在大街上的普通人，在他们的脑海中领导者是什么样的，你得到的答案可能会是一系列品质，如才智、魅力、决断力、热情、实力、勇气、正直和自信，等等。

这些回答本质上反映出**领导的特质理论（trait theories of leadership）**的内容，也就是寻求区分领导者与非领导者的特质或特征。如果特质的概念成立，那么所有的领导者都应当具有某些特定的品质特征，在组织中找到领导者就容易多了。然而，许多试图分离出特质的研究最终都以失败告终。人们也找不到一些能有效区分领导者与非领导者的特质。不过，考察与领导过程而非领导者个人高度相关的特质研究却要成功得多。他们发现有 8 种特质与有效的领导行为相关联，表 13-1 简要地概述了这些特质。[6]

表 13-1　有效领导的 8 种特质

①**进取心（Drive）**：领导者表现出极高的努力程度，他们对成就有较高的渴求，富有进取心，精力充沛，不知疲倦地执行其各项活动，积极主动

②**强烈的领导欲（Desire to lead）**：领导者有强烈的意愿去影响和领导其他人，他们展现出勇于担当的意愿

③**正直和诚实（Honesty and integrity）**：领导者在上下级之间通过诚信和不欺骗及言行一致来建立信任关系

④**自信（Self-confidence）**：下属希望自己的领导者是一个不自我怀疑的人，因此，领导者必须展现出充分的自信以使下属对目标和决策的正确性确信不疑

⑤**才智（Intelligence）**：领导者必须具备足够的才智去收集、综合和解释大量信息，并能够创造美好的愿景、解决问题和做出正确的决策

⑥**工作相关知识（Job-relevant knowledge）**：有效的领导者必须对公司、行业和技术问题有高水平的了解。渊博的知识能够使领导者做出信息充分的决策并理解这些决策的内涵

⑦**外向（Extraversion）**：领导者都是精力旺盛、活泼的人。他们善于交际、坚定而自信，而且很少沉默或退缩

⑧**内疚倾向（Proneness to guilt）**：内疚倾向与领导力的有效性正相关,因为内疚会产生对他人强烈的责任感。

资料来源：Base on S. A. Kirkpatrick and E. A. Locke, "Leadership: Do Traits Really Matter?" *Academy of Management Executive*, （May 1991）, pp. 48-60; and T. A. Judge, J. E. Bono, R. Ilies, and M. W. Gerhardt, "Personality and Leadership: A Qualitative and Quantitative Review," Journal of Applied Psychology（August 2002）, pp. 765-80.

那么现在的观点又是什么

仅仅是特质并不能充分地解释领导。因为仅仅基于特质的解释忽视了领导者与群体成员的互动及情境因素。

- 具备恰当的特质只能使个人更有可能成为有效的领导者。
- 从 20 世纪 40 年代末期到 20 世纪 60 年代中期，有关领导的研究强调的是领导者表现出来的行为风格偏好。

领导者在行为方面是否有独特之处

13.2.2   领导者都表现出什么行为

领导的行为理论（behavioral theories of leadership approach）是否能够提供更为明确的有关领导本质的答案呢？如果行为研究找到了有关领导方面的关键性行为因素，则可以通过训练将人培养为领导者。这正是企业开展管理开发计划的前提。

艾奥瓦大学 [7]

行为的维度

民主式（democratic style），指的是领导者倾向于让员工参与制定决策，主张授权鼓励员工参与制定工作方法和工作目标。

独裁式（autocratic style），指的是领导者通常倾向于集中职权，强制规定工作方法，单方面做出决策，并限制员工的参与。

自由放任式（laissez-faire style），指的是领导者通常是完全放任员工，让员工用自己认为合适的方式做出决策和完成工作。

结论

民主式的领导风格更加有效，尽管在之后的研究中对于哪种领导风格有效还有着更为复杂的结果。

俄亥俄州立大学 [8]

行为的维度

关怀（consideration），指体谅下属的想法和感受。

定规（initiating structure），指领导者为达到期望目标而对自己与员工角色进行界定和构造的程度。

结论

在定规和关怀方面均高的领导者（高-高型领导者）常常比低关怀或低定规或两者都低的领导者更能使下属实现高效率和高满意度。然而，高-高型领导风格并不总是产生积极的效果。

密歇根大学 [9]

行为的维度

员工导向（employee oriented）的领导者重视人际关系，他们总会考虑下属的需求。

生产导向（**production-oriented**）的领导者倾向于强调工作的技术或任务方面。
结论
员工导向型领导者能带来群体的高生产率和高工作满意度。

什么是管理方格论 [10]

行为维度
关注任务：按照从 1 到 9 的尺度（从低到高）来评价领导者对工作任务完成的考虑程度。
关注员工：按照从 1 到 9 的尺度（从低到高）来评价领导者对员工的考虑程度。
结论
当领导者处于"9，9"（高度关注任务和高度关注员工）这一状态时能到达最好的领导效果。

当今的观点又是什么

- 领导行为具有双向性，关注需要完成的任务及员工，这一点也是以上每个研究发现领导行为所具备的一个重要特点。
- 领导理论的研究者们越来越清楚地认识到预测领导成功，要远比单独分离出一些领导特质或行为复杂得多。
- 人们开始重视情境的影响。具体来说，哪几种领导风格可能会适合不同的情境？而这些不同的情境又是什么？

13.3　四种主要的权变领导理论

"企业界充满了领导者因不能理解他们的工作环境而失败的故事……"[11] 在这一部分，我们来探讨四种权变理论——费德勒权变模型、赫西和布兰查德的情境领导理论（situtional leaaership theory，SLT）、领导者—参与模型和路径—目标理论。每一种理论都定义了领导风格和情境，并试图去回答"如果……那么……"的问题，即在某种特定的背景或情境下，哪一种领导风格是最适合的。即，若在此情形或环境下，则此为最优领导风格。当某人成长为成熟的领导者，这意味着能够根据特定情况判断需要哪种类型的领导力。这是权变领导理论的前提假设。

13.3.1　第一个全面的权变模型是什么

第一个全面的权变领导模型是由弗雷德·费德勒（Fred Fiedler）提出的。[12] 费德勒权变模型（Fiedler contingency model）指出，有效的群体绩效取决于领导风格与情境对领导者的控制和影响程度之间的合理匹配。这个模型的前提假设是，某种领导风格在某种情境中最有效。这就涉及两个关键问题：①定义不同的领导风格和不同的情境；②识别出领导风格与情境的适当组合。

费德勒相信个人的基本领导风格，或者是任务导向，或者是关系导向，是领导成功的一个重要因素。他设计了**最难共事者问卷（least-preferred coworker questionnaire, LPC**

问卷）来研究领导者的基本风格。问卷包括 16 组对立的形容词（如愉快—不愉快、冷漠—热心、无聊—有趣，或者友善—不友善）。问卷要求作答者回想与自己共事过的所有同事，并找出一个最难共事者，并按 1～8 个等级对 18 组形容词分别进行评价（8 是用来形容积极的一方，1 是用来形容消极的一方）。

如果对最难共事者的描述相对比较积极（LPC 得分高——64 分或以上），则说明作答者很乐于与同事形成友好的人际关系。也就是说，如果你用较为积极的词语描述最难共事者，菲德勒就称你为关系导向型。反之，如果你用相对不积极的词语描述最难共事者（LPC 得分低——57 分或以下），则你主要感兴趣的是生产，因而是任务导向型。费德勒也注意到，有少部分人的分数可能会落在两个极端之间而没有一个确切的领导风格类型。值得注意的是，费德勒认为无论处于何种情境，个人的领导风格都是固定的，即要么是关系导向型，要么是任务导向型。

利用 LPC 问卷确定了个人的基本领导风格之后，接下来是评估情境并将领导者与情境匹配。费德勒引出了 3 种情境因素或权变维度，其定义见如下分述。

- 领导者—成员关系（leader-member relations）：下属相信、信任和尊重领导者的程度，以好和差 2 个维度来衡量。
- 任务结构（task structure）：下属工作分配的规范化或结构化程度，以高和低 2 个维度来衡量。
- 职位权力（position power）：领导者在诸如雇用、解雇、惩罚、晋升、加薪等权力变量上的影响程度，以强和弱 2 个维度来衡量。

每一种领导情境都可以用这 3 个权变变量来评估，并可以组合出 8 种对领导者有利或不利的情境（见图 13-1 下半部分）。其中，情境 Ⅰ、Ⅱ、Ⅲ 对领导者非常有利；情境 Ⅳ、Ⅴ、Ⅵ 对领导者适度有利；情境 Ⅶ、Ⅷ 对领导者非常不利。

图 13-1   费德勒权变模型的研究结果

在描述了领导者的变量和情境的变量以后，费德勒下一步的工作就是要定义哪一种具体情境对领导者来说更有效。在他对 1 200 多个群体的研究中，他分别比较了 8 种情境下的关系导向型风格和任务导向型风格，并得出结论：任务导向型领导者在情境非常有利或不利的条件下通常表现最佳（见图 13-1 上半部分，纵轴是绩效，横轴是情境）；适中的情境则适合于关系导向型领导者。

维珍集团的创始人兼 CEO 理查德·布兰森，是一个关系导向型的领导者。图为一个飞行的队友在展示一个新飞机的内部构造，布兰森充满爱，关注员工的需求，强调人际关系，接受员工之间的个体差异。

由于费德勒认为个人的领导风格是固定不变的，因此，只有 2 种途径可以提高领导者的效果。第一，可以更换领导者以适应情境。例如，如果一个群体的情境非常不利，但现在群体的领导者却是关系导向型管理者。那么，要想提高群体的绩效，只有更换为一位任务导向型领导者。第二，改变情境以适应领导者。这可以通过任务重构，加强或削弱领导者对加薪、晋升和惩罚等方面的控制力来实现；或者通过改善领导者–成员关系来实现。费德勒权变模型的整体效度已经得到大量研究的验证。[13] 然而，费德勒的理论也受到了一些批评，最后，主要的一个方面是，他认为领导者不能根据情境来改变领导风格的观点是不现实的，有效的领导者的确能够根据具体的情境来调整他们的领导风格。其次，LPC 的实操性不强。最后，情境变量难于评估。[14] 尽管如此，但费德勒权变模型指出的有效的领导风格需要与情境因素相匹配，仍然具有重大意义。

13.3.2　下属的意愿和能力如何影响领导者

保罗·赫西（Paul Hersey）和肯尼斯·布兰查德（Kenneth Blanchard）的领导模型在培养管理专家方面获得了广泛的推崇。[15] 这一模型被称为**情境领导理论**，这一理论体现了领导者如何调整其领导风格以反映下属的需求。在继续讨论之前，我们首先要明确两点：为什么要关注下属？"成熟度"这一术语的含义是什么？

在领导效果方面重视下属这一因素，反映了接受或拒绝领导者的是下属这一事实。无论领导者做什么，其群体的绩效取决于下属的行为。但是，这一重要的维度被大多数领导理论忽视或低估。赫西和布兰查德对**成熟度**（readiness）的定义是指人们能够并且愿意完成某项特定任务的程度。

领　　导

与菲德勒一样，赫西和布兰查德将领导的维度划分为任务行为和关系行为。不同的是，赫西和布兰查德认为，每一维度可以进一步划分为高或低，并可以组合成4种具体的领导风格。

- 告知（高任务-低关系）：领导者定义员工的角色，并告知员工做什么、怎么做、何时完成，以及在哪里完成各种各样的任务。
- 推销（高任务-高关系）：领导者为下属提供指导和支持。
- 参与（低任务-高关系）：领导者与下属共同制定决策，领导者的主要角色是支持与沟通。
- 授权（低任务-低关系）：领导者提供极少量的指导和支持。

下　　属

情境领导模型的最后一个组成部分是员工成熟度的4个阶段。

- R1：人们缺乏承担责任的能力和意愿。下属缺乏能力和自信心。
- R2：人们愿意承担必要的工作任务，但缺乏能力。下属有工作积极性但缺乏合适的技能和能力。
- R3：人们有能力但不愿意承担领导者要求的工作。下属有能力但缺乏意愿。
- R4：人们既有能力又有很高的工作意愿。

将两者结合起来！

实际上，SLT理论将领导－下属的关系视同父母与孩子的关系。正如当孩子长大成人，更有责任心时，父母必须放手一样，领导者也应当这样做。当下属达到更高成熟度的时候，领导者不仅应该减少控制下属的行为，而且也要减少关系行为。其主要观点如下。

- 当员工处在R1阶段（既没能力，也没意愿去完成工作）时，领导者要采取"告知式"的领导风格，给予员工清晰、明确的指示。
- 当员工处在R2阶段（没能力，但有意愿）时，领导者要采取"推销式"的领导风格，表现出高任务导向来补充下属的能力不足，并采用高关系导向使下属按照领导者的意愿来行事。
- 当员工处在R3阶段（有能力，但没意愿）时，领导者需要采取"参与式"的领导风格来获得下属的支持。
- 如果员工到达了R4阶段（既有能力，又有意愿），领导者则可以采取"授权式"风格，而不需做太多的工作。

情境领导理论直观上富有吸引力。它强调下属的重要性，理论基础是领导者可以弥补其下属所缺乏的能力和动力。然而，验证和支持这一理论的研究往往令人备感失望。[16]可能的解释包括内部的含糊性、模型自身的不一致性以及验证理论的研究方法存在问题。因此，尽管这一理论很直观，也广为流传，但至少在目前，情境领导理论还需要努力加以完善。

法国企业家贝丁·纳胡姆（Bertin Nahum）是医疗技术公司（Medtech）的创始人和 CEO。这是一家开发、设计和销售神经外科机器人的公司。因具有高度的追随能力和追随意愿，纳胡姆的管理者和员工拥有创新的技能和经验，并提供优越的技术支持。

13.3.3　领导者需要多大程度的参与

1973 年，维克托·弗罗姆（Victor Vroom）和菲利普·耶顿（Philip Yetton）提出了与领导行为和参与决策相关的**领导者-参与模型（leaderparticipation model）**。[17] 考虑到常规活动与非常规活动对任务结构的需求各不相同，研究者认为领导者的行为必须加以调整以反映这些任务结构。弗罗姆和耶顿的模型是规范化的。也就是说，它提供了在不同类型的情境下，确定参与决策制定的形式和程度应遵循的一系列规则。这一模型是——决策树，它包括了 7 个权变变量（其关系可以通过是非选择进行判断）和 5 种可供选择的领导风格。

弗罗姆和阿瑟·杰戈（Arthur Jago）最近对这一模型进行了修正。[18] 虽然新模型保留了原来的 5 种可供选择的领导风格，但将权变变量增加至 12 个——从领导者完全独自制定决策到与群体商讨问题得出一致的决策。这些变量列于表 13-2。

表 13-2　修正的领导者-参与模型的权变变量

1. 决策的重要性
2. 员工的承诺对于决策的重要性
3. 领导者是否有充分的信息做出高质量的决策
4. 问题的结构是否清楚
5. 如果是你自己做决策，你的下属是否一定会对这一决策做出承诺
6. 下属在解决这一问题中是否认同所要实现的组织目标
7. 下属在决策方案选择上是否会发生冲突
8. 下属是否有必要的信息以做出高质量的决策
9. 时间限制使领导者不能让下属参与
10. 将地理上分散的员工集合起来的成本是否很高
11. 领导者在最短时间内做出决策的重要性
12. 使下属参与以培养其决策技能的重要性

资料来源：Stephen P. Robbins and Timothy A. Judge, Organizational Behavior, 13th, ed., © 2009, p.400. Reprinted and electronically reproduced by permission of Pearson Education, Inc., New York, NY.

对早期领导者-参与模型进行验证的研究令人十分兴奋。[19] 但遗憾的是，这一模型如

果让一般的管理者正常使用实在太过复杂。事实上，弗罗姆和杰戈已经开发出一套计算机程序用于指导管理者完成修正模型中的所有决策分支。尽管我们在这里的讨论不能清楚地评价这一模型的有效性，但这一模型可以帮助我们充分地理解与领导效率有关的关键性权变变量。此外，领导者–参与模型证实了领导研究应该指向情境而非个人。也就是说，讨论专制和参与的情境，要比讨论专制和参与的领导者更有意义。与豪斯的路径–目标理论（将在下文讨论）相同，弗鲁姆、耶顿、杰戈也反对领导者行为固定不变的观点。领导者–参与模型认为领导者可以调整其风格以适应不同情境。[20]

只有 53% 的领导者愿意走出领导舒适区，尝试新方法。[21]

13.3.4　领导者如何帮助下属

目前，最受关注的领导观点是路径–目标理论（path-goal theory），该理论的本质就是认为领导者的工作是帮助下属实现各自的目标，并提供必要的指导和支持以确保其个人目标与群体或组织的整体目标一致。该理论由罗伯特·豪斯（Robert House）提出，并从激励的期望理论中吸收了一些关键要素（见第 11 章）。[22]"路径–目标"的概念来自于这样一种观念：有效的领导者通过明确指出下属实现工作目标的路径，减少各种障碍和危险，从而使下属沿着这一路径的"旅行"更加容易。

豪斯确定了四种领导行为，分述如下。

- **指导型领导者**（directive leader）：让下属知道他对他们的期望是什么，以及完成工作的时间表，并提供完成任务的详细指导。
- **支持型领导者**（supportive leader）：待人友善并关心下属的需求。
- **参与型领导者**（participative leader）：与下属商讨并在决策前充分考虑他们的建议。
- **成就导向型领导者**（achievement-oriented leader）：设定富有挑战性的目标，并期望下属以最高的水平实现。

与费德勒的领导行为观点相反，豪斯认为领导者是灵活的，同一领导者可以根据情境表现出任何一种领导风格或所有领导风格。例如，U2 的领队、主唱兼作词家波诺（Bono）就使用了路径–目标理论的支持和参与方法。他让乐队成员参与决策，相信他们的参与是实现卓越的必要条件。并对他们为乐队的成功所贡献的才智，以及在帮助乐队通过音乐和影响力改善世界的目标方面所发挥的作用表示赞赏，以此来支持他们。[23]

如图 13-2 所示，路径–目标理论提供了两类情境或权变变量来调节领导行为–结果关系：①员工控制范围之外的环境变量（任务结构、正式职权系统、工作群体）；②员工个性特征中的部分变量（控制点、经验、感知能力）。

如果要使员工产出最大化，那么环境因素决定了要求的领导者行为类型；而下属的个人特点决定了如何解释环境和领导者行为。这一理论指出，当领导者行为与环境结构的各个权变因素相比显得多余，或领导者行为与下属特点不一致时，效果均不佳。例如，路径–

目标理论就有如下预测。

图 13-2　路径-目标理论

通用汽车公司 CEO 玛丽·巴拉（Mary Barra）是一位参与式的领导者。她让员工参与决策过程，鼓励他们表达自己的意见，她还举行会议来收集建议。巴拉的参与式风格产生了高度敬业的员工、有凝聚力的组织和有效的工作团队。

- 与高度结构化的并且有计划性的任务相比，当任务是模糊的或有压力的时候，指导型的领导风格能给下属带来更高的满意度。下属不确定应该做什么，领导者需要提供指导。
- 当下属执行结构化的任务时，支持型的领导风格能为员工带来更高的绩效和满意度。在此情境下，领导者只需对员工给予支持，而不必告知他们应该做什么。
- 当员工有足够的能力和经验去完成任务时，如果采用指导型的领导风格，则员工可能会把这种指导行为视为多余。下属足以胜任，不需要领导告知他们应该做什么。
- 如果正式权力关系清晰明确并且是行政化的，那么领导者更应该采用支持型的领导风格并减少指导性的领导。组织情境给下属提出了明确的期望，因此领导者的角色就是简单地支持。
- 当工作群体里面存在直接冲突时，采用指导型的领导风格会给员工带来更高的满意度。在这种情境下，员工需要一个能负责的领导者。
- 内控型的下属相信他们能控制自己的命运，他们愿意参与决策，因此参与型的领导风格能使他们获得更高的满意度。

- 外控型的下属相信外在力量决定他们的命运，他们更希望领导者能告诉他们做什么，所以，指导型的领导风格能让他们获得更高的满意度。
- 当任务结构模糊时，成就导向型的领导风格能够提高下属对通过努力实现高绩效的期望。通过设定挑战性的目标，下属能认识到这个期望。

因为这一理论需要去测量很多变量，所以关于路径–目标理论的研究结果是非常复杂的。虽然并非每次研究都能提供积极的支持，但验证路径–目标理论的研究通常是令人振奋的，大部分证据支持了理论背后的逻辑关系。[24] 也就是说，领导者对员工或工作环境不足的弥补有助于提高员工的绩效与满意度。但是，当任务已经十分明确或员工有能力和经验处理而无须干涉时，如果领导者还花时间去解释这些任务，那么员工可能会把这种指导行为视为多余甚至是冒犯。

13.4　当今的领导是什么样呢

印度最大、最具创新性的印度工业信贷银行（Industrial Credit and Investment Corporation of India，ICICI）的 CEO 昆达普尔·瓦曼·卡马斯（Kundapur Vaman Kamath）是一名教师，其教学不是在学校而是在他的工作场所。他把与员工在工作场所的日常互动视为解释和提供"管理大教学研讨会"的机会。[25] 这正是一个优秀的领导者所做的！

关于领导的最新观点是什么？今天的领导者需要处理什么新问题？在这一节中，我们将阐述 4 种最新的领导观：领导者–成员交换理论（leader-member exchange，LMX）、变革-事务型领导（transformational-transactional leadership）、魅力-愿景型领导（charismatic-visionary leadership）和团队领导（team leadership）。另外，我们还将讨论在当今环境中影响有效领导的一些问题。

13.4.1　4 种当代的领导观告诉了我们什么

本章开篇的时候我们说过，一直以来，关于领导的研究目标都是要描述如何成为有效的领导者。即使在当代的领导观中，这一目标也没有改变，而且他们都有一个共同的主题：领导者激励和支持下属。

领导者如何与下属互动？

你在群体中是否有过这样的体验？领导者是否常常以不同的方式对待不同的下属？是否将他喜爱的下属划为圈内人？如果你的回答是肯定的，那么这一现象也就是领导者–成员交换理论的基础。[26] **领导者–成员交换理论**认为，领导者会将下属划为圈内或圈外，而那些属于圈内的成员将会有更多的表现机会、较低的离职率和更强烈的工作满意度。

该理论指出，在领导者与某一下属接触的初期，领导者就暗自将其划为圈内或圈外，并且这种关系在一段时间内能保持稳定。领导者根据员工与他们是否有密切关系来实施奖惩，从而推进领导者–成员交换。[27] 但是想要领导者–成员交换理论完美无缺，领导者和下属都要对这一关系进行投资。

　　我们尚不清楚领导者如何将某一下属划为圈内或圈外，但是有证据表明领导者更倾向于将具有以下特点的人归入圈内：个人背景特征、态度或个性特点甚至性别与领导者相似，或相比圈外人有更高的竞争力。[28] 可以这么说，是领导者选择了这个下属作为圈内人，但同时更应该注意的是，促使领导者做出这个选择的是该下属所具有的性格特点。

　　92%的高管在职位晋升上受到过偏袒。[29]

　　针对领导者–成员交换理论的研究总体上提供了明显的证据支持。领导者以不同的方式对待下属，而且这种差异绝不是随机发生的。与圈外人相比，圈内人得到的绩效评估等级更高、对工作积极性更高、离职率更低且对主管满意度更高。[30] 既然领导者更加倾向于将时间和资源投资到那些他们认为更加有能力的圈内人，那么对于圈内人的这些积极表现就不应该感到太意外了。

事务型领导者和变革型领导者有何区别？

　　很多早期的领导理论都把领导者视为**事务型领导者**（transactional leaders），即领导者主要使用社会交换（或交易）来领导。事务型领导者通过用报酬来交换产出以指导或激励下属达成既定的目标。[31] 但是另一种领导者——**变革型领导者**（transformational leaders）——通过用激励和鼓舞（使改观）使下属达到非凡的成就。这是怎么做到的呢？他们关注每一个下属日常及发展需求；他们通过帮助下属以新观念看待旧问题，从而改变了下属对问题的看法；他们能够激励、唤醒和鼓舞下属为达到群体目标而付出更大的努力。

　　事务型领导和变革型领导不能被视为处理问题的两种截然不同的方法。[32] 事务型领导是变革型领导的基础，变革型领导带来的员工努力程度和绩效水平远远超过了单纯的事务型领导。此外，变革型领导不仅仅是具有领导魅力。单纯的魅力型领导者仅仅满足于让下属接受他的观点，而变革型领导者试图培养下属的能力，使他们不但质疑约定俗成的观点，而且最终勇于向领导者的观点挑战。[33]

　　有非常充分的证据支持变革型领导优于事务型领导。例如，对不同组织（包括军队和企业中）管理者的大量研究表明，在效率、绩效、晋升与亲和力等方面，对变革型领导者的评估都比事务型领导者好。[34] 另外，有证据表明，与事务型领导相比，变革型领导与低离职率、高生产率、员工满意度、创造性、目标实现和员工健康高度相关。[35]

魅力型领导与愿景型领导有何区别？

　　亚马逊公司的创办者杰夫·贝佐斯是一个精力充沛、热情并富有进取心的人。[36] 他喜欢娱乐（有人说他笑起来像一只加拿大的呆头鹅），但是他以认真的热情去追求他的亚马逊梦想，并且有能力激励他的员工适应这家快速成长企业的起起落落。贝佐斯就是我们所指的**魅力型领导者**（charismatic leader）——热情、自信并利用其自身魅力和行为影响人们做出既定行为的领导者。

　　有些研究者试图识别和确认魅力型领导者的个性特点。[37] 有一个最全面的分析提出五个特征：他们有一个愿景；具有清晰表达出这个愿景的能力；为了实现愿景，他们愿意承担风险；对环境约束和下属的需求敏感；行事独具风格。[38]

亚马逊创始人兼首席执行官杰夫·贝佐斯是一位有魅力的领导者。作为一个精力充沛、热情、乐观和自信的人，贝佐斯积极设立并追求风险投资目标，并利用其个人魅力激励员工努力工作以实现目标。图为贝佐斯在"穹顶"（The Spheres）盛大的开张仪式上：该建筑具有植物填充的格状球形屋顶，是员工工作和聚会场所。

成为魅力型领导者是非常好的。

越来越多的研究表明，魅力型领导者与员工的高绩效和高满意度之间存在显著的相关性。[39] 尽管有一项研究指出，魅力型 CEO 对组织绩效没有影响，但是魅力仍然被认为是一个吸引人的领导品质。[40]

如果领导气质如此令人向往，人们能否通过学习成为魅力型领导者呢？魅力型领导者有与生俱来的特质吗？尽管有少数人仍然坚信领导气质无法通过后天习得，但是大多数专家相信个人可以通过培训从而表现出魅力型领导者的行为。[41] 例如，研究者成功地通过训练使一些本科生变得具有魅力。那么，他们是怎么做到的呢？研究者训练那些学生去描述一个长远目标，传达出高的绩效期望，在下属面前表现出实现目标的自信，了解下属的需求，表现出强有力、自信、有活力的形象，练习用有吸引力的声调说话。研究者还训练他们使用有魅力的肢体语言，例如，在与下属沟通的时候身体要倾向下属，保持眼神接触，保持放松的姿势及活泼的面部表情。与那些缺乏魅力的领导者所在的小组对比，在拥有训练有素的魅力型领导者的小组中，其成员有着更出色的工作表现、更强的任务适应能力及对领导者和群体成员的适应能力。

但是有一点很重要，必须注意，魅力型领导未必总能产出较高的员工绩效。当下属的工作包含理想主义成分或环境具有较大的压力和不确定性时，魅力型领导似乎是最佳的方式。[42] 这也可以解释为什么魅力型领导者大多出现在政治、宗教领域、战争时期或当企业处于初创期或面临生存危机时。例如，马丁·路德·金（Martin Luther King Jr.）以他的魅力，通过非暴力手段达到了社会平等的目标。史蒂夫·乔布斯在 20 世纪 80 年代初通过描述个人计算机（personal computer，PC）能改变全世界人们的生活方式这一愿景，赢得了苹果公司技术人员的忠诚与承诺。

尽管"愿景"一词经常与魅力型领导联系在一起，愿景型领导与魅力型领导还是有区别的。**愿景型领导**（**visionary leadership**）是针对现状，为其未来创造和清楚地表达一个现实的、可信的、有吸引力的前景这样一种能力。[43] 如果选择和推行得当，这种愿景非常有激励性，以至于它事实上成为调动技巧、天赋和资源迅速迈向未来的启动能力。[44]

40% 的员工未曾受到领导者的激励，对未来缺乏兴致。[45]

15%的员工强烈认同，公司领导层让他们对未来充满热情。[46]

一个组织的愿景应该清晰并能触动人们的情感，从而激励人们去追求组织的目标。愿景能创造一种可能性，即它是鼓舞人心的、独特的，并能提供一种新的规则使组织及其成员变得卓越。人们更容易理解和接受被清楚表达且想象力丰富的愿景。例如，迈克尔·戴尔（Michael Dell）创造了一个商业愿景，它使得戴尔计算机公司能够将最终的个人计算机在 7 天内直接销售并送达消费者。玫琳凯·艾施（Mary Kay Ash）认为任何一位妇女都是化妆品销售专家，她们能提高自我形象并为她的玫琳凯化妆品公司（Mary Kay Cosmetics）注入活力。

领导者与团队之间有何关系

存在于团队背景下的领导者日渐增多，随着团队的盛行，团队领导者的作用也变得日益重要。这一角色与充当一线管理者的传统领导角色大不相同。达拉斯的得州森林仪器公司（Forest Lane）工厂的管理人员 J. D. 布赖恩特（J. D. Bryant）发现了这一点。[47]一天，他心情愉快地监督着 15 条电路板装配线的全体员工。第二天，他接到通知，全公司将转变成多个团队，而他自己将成为其中一个"推动者"。他说"公司希望我将自己知道的所有知识传授给团队，然后让他们自己做决策。"由于对自己的新角色感到迷惑，他承认，对于自己应该做什么，他并没有一个清晰的计划。那么，如何才能成为一名团队领导者呢？

许多领导者并没有准备好如何应对团队带来的变革。一位著名的咨询专家指出，"甚至于最有能力的管理者在转变过程中都遇到了麻烦。因为以前提倡的命令–控制方式如今已不再适用，这方面的技巧或意识已无用武之地。"[48]这位咨询专家还估计"大约有 15%的管理者是天生的团队领导者，另有 15%的管理者无论如何也成不了团队领导者，因为这与他们的个性相违背——他们不能根据团队改变自己固有的风格。而在这两者之间存在一个相当大的群体：虽然他们不能自然地拥有成为团队领导者的技能，但是他们可以学习。"[49]

这样，对大多数管理者而言，面临的挑战是如何成为有效的团队领导者。他们必须培养自己分享信息的耐性和相信他人并授权的能力，知道何时应该进行干涉。有效的领导者必须掌握何时让团队独自行动、何时进行干涉的尺度。然而，当团队成员需要更多的自主权时，许多新的团队领导者却可能试图保留过多的控制权，或者当团队成员需要支持和帮助时，他们却时常放手不管。[50]

最佳团队领导者的 4 个共同特征：[51]
- 模拟协作行动；
- 建立强大的员工网络；
- 鼓励跨职能、跨部门协作；
- 系统安排，有效运作。

一项研究发现，已重组为团队式组织里的所有领导者都体现出了某些共同的责任。这些责任包括指导、推动、处理惩罚问题、考查团队/个人绩效、培训和沟通。[52]一种用于描述团队领导者工作更有意义的方法集中在 2 个主要的方面：对团队外部边界的管理和对团队进程的推动。[53]我们将这些主要方面分解成 4 种特定的角色（见图 13-3）。

图 13-3 团队领导者的角色

当今职场中的道德决策

经过长达一年的调查，英国银行业巨头巴克莱银行（Barclays）的 CEO 杰斯·斯塔利（Jes Staley）因试图曝光一名举报人而最终受到英国监管机构的经济处罚（罚款 150 万美元）[54]。事件始于斯塔利先生聘用了一位前同事后，两封匿名举报信概述了此人在另一家金融公司工作时的"古怪行为"。2016 年 6 月，巴克莱银行董事会的一名成员收到了第一封匿名信，署名为巴克莱银行长期股东"约翰·Q·公众（John Q Public）"。这封信对此人提出了个人指控，并质疑巴克莱的招聘流程。当月晚些时候，巴克莱银行纽约办公室收到了另一封表达了同样担忧的匿名信。斯塔利先生在写给员工的一封信中解释说，"在我看来，记者散播此事意在恶意抹黑当事人。"[55] 他还呼吁银行的内部安全团队曝光举报人的身份。这引发了金融行为监管局（Financial Conducat Authority，FCA）对斯塔利先生行为的监管调查。斯塔利先生告诉 FCA，他相信这些信件的发件人并不在巴克莱银行工作，而是来自斯塔利和另一位当事人曾经共事过的另一家金融公司，所以不算举报人。FCA 在其报告中表示，斯塔利先生没有认识到这些信件"可能是"巴克莱银行内部人员"写的"，因此举报条例确实适用于这两起事件。

讨论题

1. 你在本故事中发现了哪些伦理问题？为何曝光举报人是个问题？斯塔利的行为可能会对利害攸关者造成什么影响？如何造成影响？

2. 在你所在小组，讨论领导者的道德责任，以及巴克莱银行将如何引以为戒。

13.4.2 当代领导者面临哪些问题

如今担任企业的 CIO 不是一件容易的事情。负责管理企业的信息技术活动，他需要承受很多内外部的压力。科技变迁日新月异，商业成本增加，竞争对手在开展新的战略，即使在专家眼里经济环境也变得越来越复杂。联邦快递（FedEx Express）的 CIO 罗伯·卡特（Rob Carter）正面临着这些问题的挑战。[56] 他负责联邦快递的所有计算机和沟通系统，这些系统 24 小时不间断地支持着全球的联邦快递产品和服务。如果这些系统出现任何故障，后果将不堪设想。然而，卡特却能够在这个非常混乱的环境中成为一个有效的领导者。

对大多数领导者而言，要想成为当今环境中的有效领导者，他们很多都会遇到上面所提的挑战。由此可见，21 世纪的领导者确实要面对一些重要的领导问题。接下来，我们将讨论这些问题：对员工授权、跨文化领导，以及情商与领导。

说什么？无为而治。

为什么领导者需要授权呢

正如本书中多次提到的，管理者逐步通过减少领导来进行领导，这就是对员工授权。**授权**（empowerment）涉及增加员工的决策权。数以百万的员工及员工团队正在进行重要的决策，这些决策将直接影响到他们的工作。他们制定预算、安排工作量、控制库存、解决质量问题，以及从事直到最近仍被视为类似于管理者职责的那部分工作。[57] 例如，在货柜商店公司（The Container Store），任何员工都有权限去满足客户提出的要求。这家公司的名誉主席加勒特·布恩（Garret Boone）说，"我们雇用的每一位员工都是领导者，他们可以做任何管理者所做的事情。"[58]

导致越来越多的公司对员工授权的一个原因是需要通过那些最了解问题的人做出快速的决策——他们通常是组织中较低层次的员工。如果企业要在动态的全球经济环境中竞争并获得成功，它的员工就必须能够快速决策并实施变革。另一个原因是组织规模紧缩使管理者的管理幅度与以前相比更大了。为了适应管理负担的增加，管理者不得不进行授权。尽管授权不能普遍适用，但是当员工有足够的知识、技能和经验胜任他们的工作时，授权是能够使组织获益的。

技术的进步也有利于管理者对员工授权。正如本章"技术与管理者的工作"栏目所讨论的，技术的进步解决了管理者对不在同一工作场所工作的被授权下属进行领导的挑战。

当今职场中的管理技术：

虚 拟 领 导

当你和下属在不同地理位置而只能通过数字技术进行书面沟通时，你如何有效领导你的下属？[59] 这就是对于虚拟领导的挑战。不幸的是，大多领导研究都是针对面对面直接交流的情境。但是，我们不能忽略当今的管理者和员工的关系已经越来越依靠技术连接而非空间的相邻。对于需要鼓舞和激励位于不同地区的员工的领导者，我们能提供什么指引呢？

在面对面的交流中，我们可以很容易地通过非语言行为来对严厉的措辞进行软化。例如，当需要对下属传达失望、不满、不够好或低于预期等信息时，一个微笑或一个安慰的动作可以减轻下属的不愉快感，而这些非语言成分在在线交流中是不存在的。不过数字沟通中所使用的语言结构也能够增强或减弱所表达的情感。例如，如果管理者漫不经心地向下属发出一些短句或是所发信息全用大写字母来表达的话，相对于使用正确的标点和完全的语句而言，他会得到很不一样的回复。

为了成为一个有效的虚拟领导者，管理者在使用数字技术沟通的时候必须注意所采用的词语和语句结构。他们也必须要学会读懂信息中字里行间所要表达的意思，并能诠释其中的情感表达。虚拟领导者也必须认真思考他们传递的信息会引发的行为，他们必须对期望与进一步的行动有清楚的认识。

　　由于越来越多的管理者采用虚拟方式来进行管理，因此人际技能需要重新定义，它应该包括使用数字沟通技术正确表达情感的能力和正确读懂信息中的情感的能力。在这个沟通的新世界中，写作技巧很可能会成为人际技能的扩展。

　　讨论题

　　1. 虚拟领导者面临哪些挑战？

　　2. 虚拟领导者如何利用信息技术使自己变成更有效的领导者？

民族文化是否影响领导

　　关于领导的研究得出了一个一般性的结论：领导者并不只是运用单一的风格，他们会根据情境来调整自己的风格。尽管没有明确提及，但民族文化肯定是决定领导风格是否最有效的一个重要情境因素。在中国有效的管理风格到了法国或加拿大就未必有效。例如，一项对亚洲领导风格的研究指出，亚洲的管理者更希望他们的领导者是一个有能力的决策制定者、有效的沟通者，以及员工的支持者。[60] 另一项对撒哈拉以南地区领导风格的研究则发现魅力型领导可以帮助克服腐败的文化问题、改善贫穷落后现状、提高部落忠诚和解决暴力问题。[61]

　　在中国，集体主义的文化价值影响领导者和员工之间的关系。例如谭雪晶，时装零售商芙丽芙丽（Folli Follie）中国区的总裁，在参观商店的过程中，展示了她有效地照顾其忠诚、可靠、辛勤工作的员工的家长式领导风格。

　　民族文化会影响领导风格，因为它会影响下属如何做出反应。领导者不能任意地选择自己的风格，他们受限于其下属期望的文化条件。表 13-3 归纳了一些跨文化领导研究的结论。由于大多数领导理论都产生于美国，因此难免会产生来自于美国文化的偏见。例如：它们强调下属的责任甚过权力；假设乐观主义而非对职责的承诺或利他主义动机；假设以工作为中心和民主价值导向；强调理性甚过灵感、信仰或迷信。[62] 但是，本书第 3 章中介绍的在跨文化领导方面最广泛和最全面的 GLOBE 研究计划指出，领导存在一些共同的特征。具体而言，无论在哪个国家，变革型领导所表现出来的一些因素与有效领导存在相关关系。[63] 这些因素包括：有愿景、有远见、提供鼓励、值得信任、充满活力、有积极性，以及有主动性等。这些结果使 GLOBE 团队中的 2 个成员认为，在任何一个国家，下属都期望有效的企业领导者为他们提供有关公司未来强大的和有前瞻性的愿景，具备强有力的激励技能以鼓励所有员工去实现这个愿景，具备出色的计划技能以支持愿景的实现。[64] 一些人认为，变革型领导者所表现出来的这些普遍特征是由全球竞争和跨国公司影响下共同的技术和管理实践的压力引起的。

表 13-3 跨文化领导

- 韩国的领导者希望与员工建立家长式的关系
- 如果阿拉伯的领导者在没有要求的情况下显示出友善和慷慨，则会被其他阿拉伯人认为是软弱的表现
- 日本的领导者被认为是谦虚的并需要经常发言
- 北欧和荷兰的管理者在公众场所赞扬某个人时，很可能是为了使他尴尬而不是激励
- 在马来西亚，与采用参与式领导风格相比，有效的领导者更多地采用独裁式的领导风格，同时会表现出同情心
- 有效的德国领导者的特征是高绩效导向、低关怀、低自我保护、低团队导向、高度自治和高度参与

资料来源：Base on J. H. Shin, R. L. Heath, and J. Lee, "A Contingency Explanation of Public Relations Practitioner Leadership Styles: Situation and Culture," Journal of Public Relations Research (April 2011), pp. 167-190; J. C. Kennedy, "Leadership in Malaysia: Traditional Values, International Outlook," Academy of Management Executive, August 2002, pp. 15-17; F. C. Brodbeck, M. Frese, and M. Javidan, " Leadership Made in Germany: Low on Compassion, High on Performance," Academy of Management Executive, February 2002, pp. 16-29; M. F. Peterson and J. G. Hunt, "International Perspectives on International Leadership," Leadership Quarterly, Fall 1997, pp. 203-231; R. J. House and R. N. Aditya, "The Social Scientific Study of Leadership: Quo Vadis?" Journal of Management 23, no. 3(1997), p. 463; and R. J. House, "Leadership in the Twenty-First Century," in A. Howard (ed.), The Changing Nature of Work (San Francisco: Jossey-Bass, 1995), p. 442.

情商如何影响领导

我们在第 11 章探讨情绪时介绍了情商的概念。这里我们再次涉及这一主题是因为近期的研究表明情商——而非智商，专业技能或任何其他单一因素——是预测谁将成为领导者的最佳因素。[65]

成为**明星**领导者。

正如特质研究所描述的，领导者需要基本的智力和与工作相关的知识。但智商和专业技能仅是"入门能力"，它们是领导的必要而非充分条件。情商的 5 个组成部分——自觉、自我管理、自我激励、移情和社会技巧——使个人成为明星人物。一个人可能有出色的教育背景、高超的思维能力、长期的愿景、无穷无尽的绝妙点子，但如果没有情商，则仍然不能成为伟大的领导者。当一个人在组织中活动时尤其如此。研究表明，一个人越是被当成明星人物，就越是可以用情商能力来解释其工作效率的原因。特别是当我们对比高层管理岗位上的明星人物和普通一员时，接近 90% 的工作效率差异可以归因于情商因素而非基本智力。

情商和各层次员工的工作绩效都呈正相关。但看起来，在需要高水平社会互动的工作中这种相关性尤其显著。这种互动也就是领导的内容。伟大的领导者通过 5 个重要部分——自觉、自我管理、自我激励、移情和社会技巧展现他们的情商。

尽管对情商在领导中扮演的角色还一直存在着很多争议，[66]但是很多研究证据强有力地支持这样一个结论，情商是领导有效性的基本要素。[67]因此，应当把它纳入本章所描述的领导特质列表中。

百事公司 CEO 卢英德（Indra Nooyi）是一位具有高情商的领导者。这里所展示的是她在听公司酸奶厂的一名员工说话。她拥有五大情商要素，使其工作业绩非常出色，她的工作要求她与世界各地的员工、顾客和企业领导人进行大量的沟通。

那么糟糕的上司和领导呢？

在团队或组织中建立、维持甚至恢复健康的工作关系是领导者的重要技能。若处理得当，领导者工作效率会更高：反馈更有效，委派更直接，指导更有用。但若出错，务必小心！破坏性的、恶劣的上司–员工关系会导致严重后果 [68]：缺勤率增高、离职率上升、品德败坏和生产力下降都可能表明领导者存在滥用职权、效率低下和行为恶劣等问题。以上只是与工作相关的问题。粗鲁狂暴、令人不悦、操纵欲强、热衷损人、傲慢无理、顽固不化的上司也会导致员工出现个人问题——高度紧张、恐惧焦虑及各种疾病。领导者如何才能做到不仅不危害，而是与团队建立良好的工作关系呢？大体可归结为：保持高情商，设定适当界限，从一开始就明确期望。与任何关系一样，可能会存在各种误解，但最终，拥有紧密、有效的工作关系对个人、团队和组织都有好处。

 13.5　为什么信任是领导的实质呢

84%的千禧一代表示，信任度是工作中领导层的主要关注点。[69]

丽思卡尔顿连锁酒店一位退休的创始人霍斯特·舒尔茨（Horst Schulze）是"建立信任型"领导者的范例之一。他为每位员工提供了入职培训和广泛培训，并为他们每人提供了 2000 美元可自由支配资金，用以解决客户问题，而无须事先经任何人核实。有这样一个故事：一名员工携客户遗忘的笔记本电脑飞赴夏威夷，因为客户在接下来的演讲中急需使用该电脑。尽管留下来度个假似乎很不错，但该员工在交付电脑给客户后，立即搭乘下一班航班返回。为何不等到次日再交付？因为她一点也不想耽误客户的时间！这就是领导者应该创造的"信任型"企业文化！[70]

信任或缺乏信任，是当今组织一个越来越重要的问题。[71] 在当今不确定的环境中，领导者需要建立，或者是重建信任和信用。在我们讨论领导如何建立信任和信用之前，我们首先要了解它们是什么，以及它们为什么重要。

信用的主要元素是诚实。调查显示，诚实总是排在大多数受人敬重的领导者特征列表中的最前面。"诚实绝对是领导者必不可少的，如果人们自愿追随某人，无论是上战场还是进会议室，他们首先想确认的是这个人是否值得信任。"[72] 除了诚实以外，可信的领导者还是有能力的和令人鼓舞的，他们还能够充分地展示他们的自信和热情。因此，下属通常是依据诚实、胜任力和激励下属的能力等方面来评价领导者的**信用**（**credibility**）。

　　信任与信用的概念是密切相关的，事实上，这两个概念经常交替使用。**信任**（**trust**）的定义是对领导者的诚信、品质和能力的信念。当下属信任一位领导者时，他们就容易受领导者的行为影响——相信自己的权力和利益不会被滥用。[73] 研究表明，信任有如下 5 个维度。

- 诚信（integrity）：诚实和老实。
- 能力（competence）：专业的和人际关系的知识、技能。
- 一致性（consistency）：可靠性、可预见性和对情境的准确判断。
- 忠诚（loyalty）：从行为和精神上维护和保全他人面子的意愿。
- 开放性（openness）：与他人自由地分享思想和信息的意愿。[74]

　　在这 5 个维度中，诚信在评价别人是否可信的时候最为重要。[75] 事实上，如果你回想我们讨论过的领导特质，你会发现诚信和能力是包含在与有效领导密切相关的特质之中的。

　　工作场所的变革使得这些领导品质变得更为重要了。例如，向员工授权及使用自我管理团队的趋势减少了很多用于监督员工的传统控制机制。当一个工作团队可以自由安排他们自己的工作、评价他们自己的绩效，甚至是自己做出聘用决策时，信任就变得至关重要。员工必须信任管理者公平地对待他们，而管理者也必须信任员工自觉地承担责任。

　　而且，越来越多的管理者需要领导不属于他们工作团队的下属，甚至是不在同一工作场所的下属——跨职能的成员或者虚拟团队、供应商或客户单位的员工，甚至可能是战略联盟中代表其他组织的成员。这些情境不允许领导者利用正式的职权施加影响，这些关系事实上是流动和短暂的。所以，快速建立信任关系和维持这种信任关系对于取得成功非常重要。

　　马克·贝尼奥夫（Marc Benioff）是赛富时（Salesforce）的联合创始人兼首席执行官，亦是云计算的先驱，他的领导力体现在：诚信、一致性、忠诚以及意见分享和信息开放等方面。他相信成功建立在信任的基础上，在商业投资以及处理与员工、客户和其他利害相关者关系时，信任至关重要。

　　为什么下属对领导者的信任是重要的呢？

　　研究表明，信任与包括工作绩效、组织公民行为、工作满意度和组织承诺在内的工作产出存在着明显的正相关性。[76] 既然信任对领导者而言这么重要，那么领导者如何建立信任呢？表 13-4 中将会给出一些建议。

　　与以往任何时候相比，当今管理和领导的效果更加取决于获取下属信任的能力。[77] 例如，规模紧缩，财务造假、临时员工使用的增加正在逐渐削弱许多员工对领导者的信任，也动摇了投资者、供应商和客户的信心。当今的领导者需要面对重要的挑战，那就是建立和维持员工及其他重要的组织利害攸关者对他们的信任。

表 13-4 建立信任的建议

- **锻炼开放性**：不信任源于人们对情况的不了解，也源于人们对情况的了解。开放性带来信心和信任，因此，可以使人们消息灵通；清楚做决策的标准；解释所做决策的合理性；坦白所有的问题；完全公开相关信息

- **公平**：在做出决策或采取行动之前，考虑其他人如何看待其客观性和公平性。在需要的时候提供信用；在绩效考评时客观、公平；注意分配报酬时的公正感

- **诉说感受**：仅仅传达事实的领导者会遭遇冷漠和距离。当你说出自己的感受时，其他人会认为你是真诚而有亲和力的。他们会加深对你的了解，同时对你更加尊重

- **告知真相**：如果诚实对信用非常重要，那么你一定要让别人觉得你是一个说真话的人。当你告诉下属他们"不想听"的事情，而不是欺骗他们时，他们更能够容忍

- **保持一致**：人们希望有预见性。不信任源自不知道会发生什么。花点时间去考虑你的价值观和信仰，然后让言行一致指导你的决策。当你知道自己的中心目标时，你的行为将与之保持一致，你将通过一致性而获得信任

- **履行诺言**：信任要求人们相信你是可靠的，因此你必须遵守诺言，你应该许下可以兑现的诺言

- **维持信任**：你会信任那些独立的及可以依赖的人。如果人们信赖你，私下里跟你讲一些传出去可能会对自己不利的事情，他们必定认为你不会与其他人讨论这些事情或背叛这种信任。如果人们发现你缺乏信用或不能依靠，你就会被认为是不值得信任

- **证明信任**：通过证明专业的、职业的能力来获取他人的钦佩和尊重。要特别注意培养和展现你的沟通、谈判及其他人际关系技巧

资料来源：Based on P. S. Shockley-Zalabak and S. P. Morreale, "Building High-Trust Organization", Leader to Leader, Spring 2011,pp.39-45; J. K. Butler Jr., "Toward Understanding and Measuring Conditions of Trust: Evolution of a Condition of Trust Inventory," Journal of Management, (September 1991), pp. 643-663; and F. Bartolome, "Nobody Trust the Boss Completely—Now What?" Harvard Business Review, March-April, 1989, pp. 135-142.

关于领导的最后一点思考

尽管人们认为一些领导风格在各种情境下都是有效的，但是领导可能并不总是重要的！研究表明，在某些情境中，领导者表现出来的任何行为都是不重要的。换句话说，个人、职务和组织变量都能成为"领导的替代物"，从而使领导者的影响失效。[78]

例如，下属的特征，如经历、培训、职业取向或者对独立性的要求，这些特征弱化了对领导的需求。这些特征可以替代对领导者支持的需要，或对创造结构能力的要求，或降低任务模糊性。同样，工作本来就是明确的、常规性的或者工作本身的满意度高，这些都可以代替对部分领导变量的要求。最后，组织的特征，如明确的正式目标、一成不变的规则和程序，或者是有凝聚力的工作群体都可以发挥正式领导的作用。

本章概要

（1）定义领导者及领导。

领导者是指拥有管理权力并能够影响他人行为的人。领导就是带领并影响一个团队，实现其目标的过程。领导是管理的四大职能之一，所以所有的管理者都应该是领导者。

（2）比较早期的领导理论。

早期尝试定义领导者特质的研究都没有取得成功，后来有学者归纳了领导的七个特质。艾奥瓦大学的研究总结出三种领导风格，得出结论是，民主式领导下的群体成员满意水平通常比独裁式领导下的要高。俄亥俄州立大学的研究则指出了领导行为的两个维度——

定规与关怀。定规和关怀均高的领导者常常能获得更高的团队绩效和满意度，但也并非总是如此。密歇根大学的研究小组也得出了领导行为的两个维度，他们称之为员工导向和任务导向，并指出员工导向型领导者能带来群体的高生产率和高工作满意度。管理方格论在"关心员工"和"关心生产"两个维度的基础上提出了五种领导风格。尽管该理论认为同时高度关心员工和任务的领导者表现最佳，但是也没有足够的证据支持这一结论。

上面的领导行为理论表明，领导者行为的两个本质：一是关心任务，二是关心人。

（3）描述四种主要的权变领导理论。

费德勒的模型尝试去定义各种特定情境下的最佳领导风格。他设计了 LPC 问卷来测量领导者的基本风格的两个维度——关系导向和任务导向。费德勒还假设领导者的领导风格是固定不变的。他用了三个权变维度来衡量各种管理情境：领导者－成员关系、任务结构和职位权力。他的模型表明：在非常有利或非常不利的情境下，任务导向的领导者会取得更好的绩效；在适度有利的情境下，关系导向的领导者会取得更好的绩效。

赫西和布兰查德的情境领导理论根据下属的成熟度区分了四种领导风格：告知（高任务－低关系）、推销（高任务－高关系）、参与（低任务－高关系）和授权（低任务－低关系）。他们还划分了成熟度的四个阶段：既没能力也没意愿（使用告知式领导风格），没能力但有意愿（使用推销式领导风格），有能力但没意愿（使用参与式领导风格），以及既有能力又有意愿（采用授权式领导风格）。

领导者－参与模型将领导行为和参与决策联系起来。这一模型是一决策树，它包括了七个权变变量和五种可供选择的领导风格。

豪斯的路径－目标理论确定了四种领导行为：指导、支持、参与和成就导向。他认为领导者可以根据情境采用任何一种领导风格。这一理论发现两类情境或权变变量会调节领导行为－结果关系：环境变量及员工个性特征。它还指出，领导者应该在员工需要的时候提供指导和支持，为员工安排通往目标的路径。

（4）描述领导的当代观点以及领导者面临的新问题。

领导者－成员交换理论指出，领导者在与下属相互作用的时候会将其划为圈内或圈外，而那些属于圈内的成员将会有更多的表现机会、较低的离职率和更强的工作满意度。

事务型领导者通过提供报酬来换取产出，而变革型领导者则通过鼓励和激励使员工达到目标。

魅力型领导者是热情、自信的，他们用其自身的人格魅力和行为影响人们做出既定的行为。愿景型领导者能创造和清楚地表达一个现实的、可信的、有吸引力的、面向未来的愿景。

团队领导者的工作集中在两个主要的方面：团队外部边界的管理和团队进程的推动。领导者的角色可分解成四类：与外部相关者联系的沟通者、困难解决者、冲突管理者和教练。

当代领导者面临的问题包括：对员工授权、民族文化、情商和糟糕的上司等。当领导者对员工授权后，领导者的角色就变成了非领导。当领导者根据情境来调整他们的管理风格时，他们必须注意民族文化特征这一重要因素。事实证明，情商是领导有效性的基本要素。最后，由于恶劣的上司可能对组织造成损害，因此领导者必须注意言行、自省己身，并专注于建立牢固、有效的工作关系。

（5）探讨信任是领导的本质。

信任的五个维度包括：诚信、能力、一致性、忠诚和开放性。诚信指一个人的诚实和老实。能力是指一个人的专业和人际关系方面的知识与技能。一致性指一个人的可靠性、可预见性和对情境的准确判断。忠诚指一个人维护和保全他人面子的意愿。最后，开放性指你信赖别人会告知你全部事实的意愿。

复习思考题

1. 定义领导者和领导，以及讨论管理者为什么应该是领导者。

2. 讨论特质理论的优缺点。

3. 每一种领导行为理论是如何讨论领导的？

4. 管理者使用费德勒的权变模型时需要了解哪些知识？请详细描述。

5. 你认为现实中大多数的管理者会使用权变理论来提高管理效率吗？请讨论。

6. 你是否同意"所有的管理者都应该是领导者，但并不是所有的领导者都是管理者"？请证明你的观点。

7. 你认为信任是来自个人的特质还是具体的情境？请解释。

8. 下属是否会对领导者的有效性产生影响？请讨论。

9. 组织应如何培养有效的领导者？

10. 在哪些情况下，领导者是无关紧要的？

11. 领导的特质理论和行为理论之间有什么区别？

12. 为什么信任是领导的本质？

管理技能建设：成为一个优秀的领导者

管理和领导这两个词经常被交替运用，这其实是用词不当。虽然这两个词是有关联的，但是它们不是一样的。尽管成为一个领导者，你并不需要有一个管理的职位；但是如果你不是一个有效的领导者，你是不可能成为一个有效的管理者的。

技能基础

简单说，领导风格可以被分为任务取向和员工导向。其中，任何一种都不会适用所有的情境。尽管有很多的情境变量会影响一个有效的领导风格的选择，但是其中有 4 个变量的相关性最大，分述如下。[79]

- **工作结构**：结构化的任务有固定的程序和规则可以降低员工的模糊感。工作结构化程度越高，领导者提供任务指导的必要性越低。

- **压力层次**：不同情境的时间和绩效压力不同。高压环境下需要有经验的领导者，而低压环境下则更需要领导者的智力和知识。

- **组织支持的层次**：成员间紧密联系和相互支持的群体能够使他们之间相互帮助。他们自己可以提供工作上的帮助和关系上的支持。相互支持型的群体对领导的需要较低。

- **下属特性**：下属的个人特征，如经验、能力、动力等都会影响某一种领导风格成为最有效的。拥有丰富经验、能力很强及高激励型的员工并不需要太多领导者在任务方面的指导行为。对他们而言采用员工导向更加有效。相反，对于那些经验不足、能力不够、动力不足的员工，当采用任务导向时他们会表现更好。

技能应用

你最近刚从大学毕业，获得了工商管理学位。在过去两个暑假里，你都在康涅狄格州互助保险公司（mutual insurance company，CMI）实习，你的主要任务是在公司员工休假时，承接他们所做的各种不同的工作。你已经收到了 CMI 的工作邀请，将担任其保单续保部门的全职主管。

CMI 是一家大型保险公司。仅在总部办公室（你将在那里工作）就有 1500 多名员工。公司非常重视员工的个性发展。这种源于公司最高管理层的观念转化成了一种对所有 CMI 员工信任和尊重的理念。该公司还经常名列"最适合工作的公司"排名榜之首，这主要是由于其不断改进的工作/生活计划，以及尽量减少裁员的坚定承诺。

在新工作中，你将管理 18 个保单续保职员。他们做的是很常规性的工作，几乎不需要培训。他们的责任是发送现有保单的续保通知，用表格列出保费的变动情况，在保单因未按期缴费而将遭取消时通知销售部门，回答和解决与续保有关的问题。

你这个部门人员的年龄从 19～62 岁不等，平均 25 岁。大部分人是没有工作经验的高中毕业生。他们的月收入介于 2350～3200 美元之间。你将接替简·埃里森（Jan Allison），担任保单续保部的主管。简是 CMI 的老员工，在公司工作了 37 年，现在即将退休，过去 14 年她一直是保单续保部的主管。去年夏天你在简的部门实习了几个星期，对简的风格很熟悉，并且认识了部门的大部分员工。但是他们并不太了解你，并且对你持怀疑态度，因为你刚从大学毕业，缺乏在这个部门工作的经验。事实上，你得到这份工作是因为管理层希望用一个有大学文凭的人来管理这个部门。你最直言不讳的批评者是莉莲·兰茨（Lillian Lantz）。她 50 多岁，干了十几年的保单续保工作。作为部门的"大太太"，她在这里的员工中具有举足轻重的影响。你知道，若没有莉莲·兰茨的支持，就很难领导这个部门。

结合你所学有关领导的知识，你将会选择哪一种领导风格？为什么？

体验练习

我们花了整整一章谈论领导力。你现在应该已经很好地掌握了领导和领导力的全部内容。但是，我们想再向你着重提醒一件事。

在指定小组中，你们将讨论以下内容：

领导是一种品质、一种属性、一种态度还是一种职务？想出一个答案，以及你选择它的理由。你可以选择其中一个以上，但请解释每一个的理由。另外，解释为什么你没有选择其他。最后，准备好向全班口头讲述你的结论，并以"执行摘要"格式书写。

应用案例 13-1：通用电气的"成功剧院"
专题：领导风格、组织文化、领导信任

组织文化和领导风格

我们在本章中说过，信任是领导力的本质。信任是组织文化的一个重要方面，我们已经知道领导者/经理在示范和体现组织文化方面所扮演的角色，但是，当组织最高领导者的风格掩饰了组织的现实状况时会发生什么？这对信任有什么作用？

通用电气长期以来一直是美国企业的堡垒。通用电气成立于 1892 年，一直走在制造消费品和工业机械的前沿。[81] 它在世界各地被信奉为美国独创性的典范，并被视为企业标杆。但在前 CEO 杰弗里·伊梅尔特（Jeffrey Immelt）的 16 年任期内，该公司的股票成为道琼斯工业平均指数中表现最差的股票。通用电气发生了什么？2001—2017 年，伊梅尔特担任 CEO，在他的主持下，形成了蔑视坏消息的组织文化。结果呢？过度乐观的预测和拙劣的策略。他被误导的信心在组织中逐级向下渗透，导致设立了不切实际（且无法实现）的财务目标，不合时宜地下了市场赌注，并进行了不合标准的现金管理。[82] 但是，从通用电气及其领导人向对外展示中，你永远不会了解到上述情况。2017 年 5 月，通用电气在佛罗里达州萨拉索塔举行的年度展望预测会议上，伊梅尔特对通用电气的描述是"强大、非常强大"。[83] 他表示，公司 2018 年的盈利目标仍然很容易实现，尽管华尔街金融分析师已下调了对该公司的估值。伊梅尔特在这次会议上表示，公司当前的股价与公司实际价值不符。事实证明，并非如他所愿，该陈述准确无误：该会议召开后的 6 个月间，在当股市屡创新高时，通用电气的股价下跌了近一半。

到底发生了什么呢？以伊梅尔特为首的通用电气高管们，对公司的未来过于乐观，但不切实际。一些公司内部人士将其称为"成功剧院"。这种不受支持的乐观情绪导致"他们（通用电气高管）所说的话与即将发生的事实之间存在可信度差距"。[84] 通用电气高管团队的一名成员表示，伊梅尔特先生不喜欢听到坏消息，也不喜欢传递坏消息。然而，考虑到通用电气各种业务中的实际情况，这种乐观情绪无理可循。

2017 年年中，伊梅尔特辞职，新任 CEO 约翰·弗兰纳里（John Flannery）上任。第一天，弗兰纳里就通过一封信向员工们传达，虽然前任领导下的转型是必要的，但现在是"集中精力运营好公司"的时候了。[85] 通用电气仍然面临着诸多困难，但也许信任将再次成为通用电气开展业务方式的重要组成部分。

讨论题

1. 你认为"成功剧院"是指什么？为什么这是负责人的问题？

2. 伊梅尔特在通用电气培养了怎样的组织文化？这样的文化有何优缺点？

3. 伊梅尔特确实为一家非常大、非常复杂的公司提供了领导。你如何描述他的领导风格？

4. 当我们说信任是领导力的本质时，这对现实世界中的领导意味着什么？查看构成信任概念的 5 个维度，并根据这个故事进行讨论。

5. 当领导者失去信任时会出现哪些道德问题？（提示：想想内部和外部信任的丧失。）你从这个故事中可以吸取什么教训？

应用案例 13-2：培养年轻一代领导人
专题：领导力培养

优秀的领导者源于培养和发展

优秀的领导者对组织有多重要？理论上说当然非常重要。然而，无数组织的行为却表明答案并非如此。只有 38%的组织具有正式的一线领导发展计划。[86] 对组织而言，致力于培养强有力的领导人才很重要，但尤其重要的是要着手培养年轻一代员工，为他们走上关键领导岗位作准备。为什么？10 年之内（到 2025 年），预计这些千禧一代将占全球劳动力的75%。这就是组织极其需要领导培养计划的原因。[87] 我们来看看一些公司正在如何培养下一代以便他们将来能够担当领导重任。

3M 公司的领导培养计划非常成功，过去 7 年中有 6 年是"领导力排名前 20 位的公司"之一，并且海氏咨询公司（Hay Consulting Group）认为，3M 在培养领导人才方面属排名前 25 位的公司。[88]3M 的领导培养计划究竟是怎样的呢？几年前，公司前 CEO 和他的高层团队用 18 个月时间为公司开发了一个领导模式。在经过多次的头脑风暴和激烈的讨论之后，他们最终得到了 6 项"领导特质"。他们认为这些特质对于管理者来说是必不可少的，可促使公司熟练地执行战略并承担责任。这 6 种特质分别是：制订和实施计划的能力；鼓舞和激励他人的能力；有道德、可信赖和守规则；能取得成果；追求卓越；是有能力和创造力的创新者。公司不断地从这 6 个方面来加强对卓越领导能力的培养。

其他公司，如安永，在招聘和培养未来领导人方面起步较早，往往追求有才华又有领导潜力的大学新生。他们招纳最优秀的人才，在学校读书期间和毕业后让他们参与各种领导力培养计划。[89] 德勤公司（Deloitte）是另一家因其领导力培养计划而获得高度评价的公司，致力于帮助其千禧一代员工学习和吸收将来领导公司所需的领导技能。首先，公司有一套招聘千禧一代非常具体的招聘策略，其次为期 1 年的"欢迎来到德勤"计划。该计划旨在培养这一年龄段的人员客户管理技能和团队建设技能，并为他们提供专业发展机会。[90] 毫不奇怪的是，培养计划主要是通过社交媒体完成的，采用了互动活动，如角色扮演、模拟、游戏，还运用了一个可以帮助员工跟踪第一年任务的工具。

脸书是第一家在千禧年开始运营的财富 500 强公司，其领导力发展是围绕迅速发展的公司需求来设计的。[91] 公司领导力发展计划负责人表示，公司之所以能发展领导力是因为发展计划与公司所属的工程技术类型很契合。工程师只关心"什么有用"，在这里，任何类型的领导力发展计划要取得成功都应关注这一点；重点是什么有用。并且，由于脸书是一个极其扁平的组织，管理层级极少，员工很早就清楚，要完成任务，就要能够影响和激励他人。因此，根本不需要去告诉脸书公司的领导人际交往技能的重要性。若没有人际交往技能，就无法在脸书公司立足。

讨论题

1. 为什么你认为领导力发展的理论（我们知道我们应该做什么）和实践（我们实际上正在做的）之间存在着巨大的差距？

2. 公司没有设立年轻一代领导力发展项目的原因是什么？

3. 理解和领会 3M 公司认为重要的 6 项领导特征中的每一项。解释你认为每一项所包含的内容。然后讨论如何开发和测量这些特征。

4. 这 6 个领导属性中是否有一项适合上述除 3M 以外的任何其他公司？请解释。

5. 上文介绍了 3 种不同类型的组织：3M 主要是一个制造企业，安永和德勤是专业服务机构，脸书公司是一家科技公司。比较和对比他们年轻一代领导力发展的不同方法。

领导力培养何时开始？

欧莱雅（L'Oreal）总裁兼 CEO 让·保罗·阿贡（Jean Paul Agon）于 1978 年大学毕业后立即加入该公司，他在公司的 40 多年里，持续成长，直至成为领导者。欧莱雅总部位于法国，在全球拥有 80000 多名员工，是全球最大的化妆品公司。欧莱雅管理层至今仍然相信领导力培养始于职业生涯之初。

每年，近 650 名应届大学毕业生加入欧莱雅的管理培训项目。[92] 项目形式因地理位置而异，受训者需花费 6～18 个月的时间在整个组织中执行不同的任务以学习业务。每位受训者都有一个个人发展计划，其中包括了解组织、了解不同品牌使用的商业模式，以及在整个组织中培养关系。该计划让受训者沉浸在组织文化中，学习如何在工作环境中取得成功。多数学员还与导师联系，以请教问题并寻求指导。

欧莱雅全面成功的一个重要因素是管理者的跨文化意识。他们经常带领不同的团队为世界不同地区开发定制产品。尽管其中一些领导者是从外部招聘的，但许多领导者都是通过特定的国际管理培训项目培养出来的，例如：在巴黎、纽约、新加坡和里约热内卢进行为期 12 个月的轮岗。项目旨在寻找具有好奇心并能够适应其他文化的国际商学院毕业生，因为该技能对于帮助根据当地市场定制国际品牌至关重要。

在全球开展业务还需要道德领导力，这是公司领导力发展的重要组成部分。欧莱雅因其在道德方面的努力而得到认可。2016 年，道德与合规倡议组织（ECI，是致力于创建和维持高质量道德与合规计划的组织的最佳实践社区。）认可了欧莱雅在道德领导力方面的创新。该公司还被道德村协会（Ethisphere）评为全球最具商业道德的公司之一。[93]

欧莱雅的领导力培养工作不限于应届毕业生。事实上，组织中各级管理者都有机会通过各种项目进一步培养自身领导力。这些项目主要依靠导师领导者，并提供在领导者投资方面走得更远的理念，因为这些领导者未来要培育自己的团队。整个组织的经理都对员工的发展负责。那些在培育自己的团队方面失败的人，即使他们达到了业务目标，也会失去绩效奖励。所有这些都在强调：领导力在欧莱雅很重要。

讨论题

1. 欧莱雅为何在领导力发展方面投入如此之多？

2. 导师在领导力发展中可以扮演什么角色？

3. 为什么跨文化意识对于欧莱雅这类公司的领导者很重要？

4. 为什么道德领导对于欧莱雅这类公司的领导者很重要？

5. 参加管理培训项目是在公司开启职业生涯的好方法吗？为什么？思考你的答案，并在你所在的小组中讨论这个问题。然后，假设你正在指导一个年轻的学生，关于领导力培养和管理培训计划，你会怎么说？

注释

本章注释文件请扫二维码下载。

第 14 章

组织管理与人际沟通

管理偏见

管理者应努力制止小道消息。

矫正管理偏见

小道消息（grapevine）是组织中常见的八卦和消息来源。对经验不丰富的管理者而言，它就如同组织沟通网络中的毁灭性元素。但小道消息永远不会消失。就像水在大海中的角色一样，小道消息在组织中的存在是很正常的。精明的管理者认可小道消息的存在并学会以有益的方式利用它。

欢迎来到沟通世界。在这个"世界"中，管理者必须了解不同沟通方式——甚至包括小道消息的重要性和缺点。沟通每天都会以各种不同的方式在每个组织、每个领域、每个组织成员间发生。大部分的沟通都是与工作相关的，但正如我们将会看到的，有时沟通会产生一些非预期的结果。例如，在一次领导力静修的前夕，一家品牌公司 42 岁的 CEO 希望员工晚上睡个好觉，于是决定将一张穿着睡衣的照片做成表情包，照片中举起的床单盖在一只泰迪熊上，该表情包的文字说明是"睡个好觉"。他的一些员工并不觉得这个表情包有趣，相反，他们觉得这很可怕。[1] 在本章中，我们将学习组织沟通和人际沟通的基本概念。我们将解释沟通过程、沟通方法、有效沟通的障碍，以及克服这些障碍的方法。此外，我们还将探讨当今管理者面临的沟通问题。

学习目标

1. 描述管理者需要了解有效沟通的哪些方面。
2. 解释科学技术如何影响管理沟通。
3. 讨论当代沟通问题。

14.1　管理者如何进行有效的沟通

糟糕的沟通可使公司的损失达到每个员工每年 5200 美元！[2]

一项对员工的调查发现，管理者最需要提高的技能是沟通。[3]

另一项关于员的工调查发现，超过一半的受访者表示，他们在工作场所的沟通"不够好"。[4]

对管理者而言，有效沟通是不容忽视的，因为**管理者所做的每件事都涉及沟通**。注意，不只是一些事情，而是所有事情！没有信息，管理者就不能制定战略，也无法做出决策，而信息只能通过沟通获得。一旦做出决策，又要进行沟通。否则，将没有人知道决策已经做出。最好的想法、最有创意的建议、最优秀的计划，都要通过沟通表达出来。因此，管理者需要掌握有效的沟通技巧。当然，这并不是说仅有好的沟通技巧就能成为成功的管理者，但是我们可以说，无效的沟通技巧会使管理者陷入无穷的问题与困境中。

14.1.1　沟通过程如何起作用

传达什么？三个 I：信息，想法，指示。

沟通可被看成一个过程或流程。当流程因偏差和障碍而中断时，沟通问题就出现了。在进行沟通前，需明确沟通目的，即要传递的信息。它在发送者与接收者之间传递。信息首先通过编码转化为符号形式，然后通过媒介物——渠道传送至接收者，再由接收者通过解码将信息进行转换。这样信息就从一人传到了另一个人，这就是**沟通**（communication）。[5]

图 14-1 描述了这种**沟通过程**（communication process）。这一模型包括 7 个部分：①信息发送者；②编码；③信息；④渠道；⑤解码；⑥接收者；⑦反馈。

图 14-1　沟通过程

信息发送者把意图进行**编码**（encoding）就产生了信息。信息的产生受到四种情况的影响：技能、态度、知识和社会文化体系。首先，沟通中信息的传递有赖于沟通者的写作技能。如果教科书的作者没有必备的写作技能，就很难用理想的方式把信息传递给学生。成功沟通的技能还包括听、说、读及逻辑推理技能。其次，正如第 11 章所述，态度影响行为。我们对许多事情先入为主的态度会影响我们的沟通。再次，沟通活动还受到沟通者在某一具体问题上所掌握的知识的限制。我们无法传递自己不知道的东西，相反，如果我们的知识极为广博，接收者也有可能不理解我们的信息。也就是说，我们关于某一问题的知识影响着我们要传递的信息。最后，正如态度影响行为一样，人们所处的社会文化体系中的观念也会影响行为。信息发送者受其信仰和价值观（均是文化的组成部分）的影响。

信息（**message**）是信息源编码的产物。我们说话时，话语是信息；我们动笔时，文字是信息；当我们使用表情包时，字符和单词就是信息；我们打手势时，手臂动作、面部表情是信息。[6] 我们用于传递意思的编码和符号群、信息内容本身，以及编码和内容的选择与决策安排，都影响我们的信息。[7]

渠道（**channel**）指传递信息的媒介物。它由信息源进行选择，信息源必须分清哪一种渠道是正式的，而哪一种渠道是非正式的。组织建立正式渠道用以传递那些与其成员活动相关联的信息。正式渠道通常与组织内部的职权网络相一致。而其他信息诸如个人或社会信息则会沿着组织中非正式的渠道传递。

接收者（**receiver**）指信息指向的个体。但在信息被接收之前，必须先将其中包含的符号翻译成接收者可以理解的形式，这就是对信息的**解码**（**decoding**）。前面说编码者受到自身的技能、态度、知识和社会文化体系的限制，信息接收者也同样受到这些限制。信息发送者应当擅长写作或说话，接收者则应擅长阅读或倾听，而且二者均应该具备逻辑推理能力。正如对信息发送能力的影响一样，一个人的知识、态度和文化背景也影响着其接收信息的能力。

沟通的最后一环是反馈（**feedback**）。"如果沟通中信息源对他所编码的信息进行解码，信息又返回到系统当中，我们就有了反馈。"[5] 反馈可以检验我们按设想传递信息成功的程度，同时也让我们知道沟通内容是否得到理解。由于现今工作群体中存在文化多样性，因此，提供有效反馈以确保沟通顺畅的重要性就是再三强调也不为过。[6]

阿里巴巴——中国最大的电商企业，它的员工在公司总部参加一个会议，探讨沟通过程中的环节。这是阿里巴巴召开的一个正式会议，旨在让员工传达与工作相关的信息。

14.1.2　书面沟通是否比口头沟通效果更好

书面沟通包括便笺、信函、电子邮件、组织内部期刊、简报及其他任何传达书面语言和符号的媒介。为什么信息发送者选择使用书面沟通呢？因为与口头沟通相比，书面沟通是有形的、可复核的，也能保存得更久。信息发送者和信息接收者都有沟通记录，这一信息可以无限期保存。如果对信息的内容有疑问，还可以去查证。这一特点对长期或复杂的沟通而言尤为重要。例如，新产品的营销计划往往涉及今后数月的一系列任务，把它写下来，以书面形式保存，可供计划制订者在计划有效期内参考。书面沟通的最后一个优点来自于沟通过程本身，它往往是仔细思考的结果，合乎逻辑且清晰明了。除了如正式演讲这样极少数的情况，一般而言，沟通者对书面语言的考虑比口头语言的考虑更仔细。如果必须把内容写出来，沟通者就不得不更认真地思考其要表达的思想。因此书面沟通可能会更周密、更有逻辑、更清晰。

当然，书面信息也有其缺陷。也许它更为精确，但却需要耗费很多的时间。在 1 个小时的测验中，口试比笔试传达的信息要多得多。事实上，1 个小时写的内容，用 10～15 分钟就可以说完。书面沟通的另一个主要缺点是缺乏反馈。口头沟通允许接收者对其所听到的东西迅速提出自己的意见，然而书面沟通就不具备这种内在的反馈机制。发出的便笺可能丢失，可能无法被接收者看到，即便看到了，也不能保证接收者会按照发送者的原意来理解。在口头沟通中也存在这样的缺点，但在口头沟通的情况下，沟通者可以较容易地请接收者对他所说的话加以概括。如果接收者能准确地进行概括，就表明他已接收并理解了所传达的信息。

14.1.3　"小道消息"是否也是一种有效的沟通方式

小道消息是否可靠？

小道消息是发生在组织内部的非正式沟通方式，组织既不认可也不支持这种方式。信息（小道消息）是通过口头甚至电子方式传播的。具有讽刺意味的是，好消息会快速传开，但是坏消息传得更快。[10] 小道消息使得组织成员可以尽可能快地得到信息。

然而，小道消息的最大问题是其准确性，有关的研究结论不一。在开放式组织中，小道消息可能非常准确。在科层制组织中，小道消息可能不准确。但即使这样，小道消息仍然具有某种可信的成分。在大规模裁员、关闭工厂之类的小道消息中，有关事件波及的人员或事件发生时间的小道消息可能毫无根据，但某事件将要发生的消息则可能是准确的。

当今职场中的经典概念

小道消息：重要的信息来源

有关小道消息的一项最著名的研究是管理研究学者基思·戴维斯（Keith Davis）所做的。他调查了 67 名管理者的沟通模式。[11] 其运用的方法是研究每位沟通的对象是如何接收信息然后向信息发送者做出反馈的。结果发现，尽管小道消息是一种重要的信息来源，但只有 10% 的管理人员进行了信息传递（即将信息传送给一个人以上）。例如，当某位管理者决定辞职去保险公司工作时，有 81% 的管理者知道这一消息，但其中只有 11% 的人会将此消息透露给其他人。其时，研究不但因其所发现的结果很有趣，更重要的是它揭示了信息交流网络是如何运行的。

最近，IBM 和麻省理工学院运用类似的分析方法进行研究，但它们更多的是关注人们工作中的社会网络，而不是信息如何通过组织的小道消息传递的。然而，这项研究的重要之处在于，研究发现，与经理有着密切沟通关系的员工比那些疏远上司的员工往往能获得较大的报酬。

管理者可以从这两项研究中发现，了解员工在工作时所使用的社交及沟通网络很重要。管理者应该知道谁是主要的联系点，这样，如果想找出信息的发出者或传播者，你就知道应该可以找谁了。

讨论题

1. 为什么对管理者来说了解员工使用的社交网络和沟通网络非常重要？

2. 你经历过哪些"小道消息"？并从处理这些作为沟通源头的小道消息中学到了什么经验？

14.1.4　非语言信息如何影响沟通

一些极有意义的沟通既非口头的也非书面的，而是**非语言沟通**（**nonverbal communication**）。刺耳的警笛和十字路口的红灯都不是通过语言告诉我们信息的。当看到学生无精打采的眼神或是在课堂上翻阅校报时，大学老师无须言语就可以知道，学生已感到厌倦。同样，当学生合上笔记本，哗哗地收拾书笔时，信息也十分明确，下课时间就要到了。一个人的穿戴或办公室和办公桌的大小，无一不在向人传递信息。不过，非语言沟通中最为人知的领域是身体语言和语调。

身体语言（**body language**）包括手势、面部表情和其他身体动作。[12]比如，咆哮所表达的信息当然与微笑不同。手部动作、面部表情和其他姿势都能够传达诸如攻击、害怕、腼腆、傲慢、愉快、愤怒等情绪或性情。[13]

关键不是你说什么，而是你怎么说。

语调（**verbal intonation**）指的是人们对某些词或词组的强调。下面我们举例说明语调如何影响信息的意义。假设学生问老师一个问题，老师反问道"你这是什么意思？"反问的声调不同，学生的反应也就不同。轻柔、平和的语调与刺耳尖利、重音放在最后一个字所产生的意义不同。大多数人都会觉得第一种语调在表明这人在寻求一种更为清楚的解释；而第二种语调则表明这人具有攻击性或防卫性。因此，管理人员在沟通时应当牢记"重要的不是你说什么，而是如何说"这句格言。

这里要特别强调的事实是，任何口头沟通都包含着非语言信息。[14]为什么？因为非语言要素在沟通中可能起着最重要的作用。研究发现，在面对面的交谈中，65%～90%的信息是从身体语言中察觉到的，当口头语言与身体语言不太一致时，信息接收者更可能将身体语言视为"真实含义"。[15]

14.1.5　有效沟通的障碍有哪些

人际的及个人内心方面的多种障碍有助于解释为什么信息接收者所理解的信息与信息发送者的原意常常不同。在表14-1中，我们对有效沟通的主要障碍进行了概括，并做简要描述。

表 14-1　有效沟通的障碍

障碍	描述
过滤	故意操纵信息，使信息显得对接收者更为有利
选择性感知	接收者会根据自己的需要、动机、经验、背景及其他个性特征有选择地去看或去听信息
信息过载	需要处理的信息量超出了人们的处理能力
情绪	接收者接收信息时的感觉状况
语言	同样的语言对不同的人来说含义是不一样的，接收者使用他所理解的含义
性别	男性和女性对沟通的反应方式可能有所不同，他们拥有不同的沟通风格
民族文化	沟通的差异源自个人用以沟通的语言差异和他们所属的民族文化差异

过滤如何影响沟通？

过滤（filtering）指发送者故意操纵信息，使信息显得对接收者更为有利。比如说，管理者告诉上司的信息都是他认为上司想听的，他就在过滤信息。这种情况在组织内部多见吗？回答是肯定的。当信息向上传递给高层管理者时，下属必须压缩和综合信息，以避免较高层管理者信息过载。下属往往会根据其自身的利益和对信息重要性的判断来压缩和综合信息，这种处理信息的方式将引起过滤。

过滤的程度往往是组织纵向层级数和组织文化的函数。组织的纵向层级越多，过滤的可能性就越大。当组织较少依赖于森严的层级安排而使用更多的协作和合作安排工作时，信息过滤将不再成为大问题。另外，组织沟通中不断增加使用的电子邮件也减少了过滤，因为中间层越少，沟通就越直接。最后，组织文化通过对某类行为进行奖励来鼓励或阻止过滤。组织奖励越强调风格和外表，管理者就越被激励以其偏好过滤信息。

用握手、微笑和热情来迎接客户是苹果专卖店从丽思卡尔顿酒店学习采用的一种做法，这家豪华连锁酒店以客户服务的黄金标准而闻名。苹果之所以把丽思卡尔顿作为榜样，是因为它希望员工在客户服务方面表现出色，从而提高客户忠诚度。

选择性感知如何影响沟通？

选择性感知（selective perception）这一问题在本书前面已有提及，在这里再次提到是因为在沟通过程中，接收者会根据自己的需要、动机、经验、背景及其他个性特征有选择地去看或去听信息。接收者还会把自己的兴趣和期望带到所接收的信息中。如果一位面试主考官认为女性求职者总是会把家庭放在事业之上，则无论求职者是否真有这种想法，他都会在女性求职者中看到这种倾向。我们在第 11 章已经说过，我们不是看到了事实，而是对我们所看到的东西进行解释并称为事实。

信息过载如何影响沟通

个人处理数据的能力有限。例如，一名国际销售代表外出回家后发现其电子邮箱中有

600 多封邮件。要是她每一封都仔细阅读并回复，那就会面临**信息过载（information overload）**问题。现在的管理者常常抱怨信息过载。[16] 电子邮件、电话、传真、会议和专业阅读资料带来的大量信息使人应接不暇，要处理和消化几乎不可能。如果信息超出了个人处理和使用的能力，他们往往会剔除、忽视、不注意或忘记信息，或者等到信息量较少时再做进一步的处理。无论哪种情况都会导致信息流失和沟通效率的降低。

情绪如何影响沟通？

发送或接收某个信息，发送者或接收者的感受会影响他如何解读它。你经常会对同一信息做出不同的理解，这取决于你高兴、痛苦还是愤怒。而极端的情绪很可能会阻碍有效的沟通。在此类情况下，我们经常忽视理性和客观的思考过程而以情绪判断代替它。当你心烦意乱或者情绪化的时候，最好避免发送或者回应一个信息，因为你不太可能思维清晰。

随着越来越多的人使用缩写或俚语（txt 表述或 txt 语言，如 TTYL、SLAP、SMAM、LOL 等），甚至**表情包（emojis）**，即在短信、电子邮件和社交媒体上使用的面部表情或物体的微小图画，乃至**表情符号（emoticons）**，即由键盘字符的各种组合创建的面部表情，进行交流，那么理解情绪如何影响沟通就变得更加重要了。当一条信息只有文字的时候，解读它的内容已经够困难的了，但是如果加上缩写，小小的图画，或者键盘组合，你就可以开始明白为什么很容易曲解所传达的信息。例如，越来越多的律师发现，表情符号和表情包会导致法律纠纷。很难确定一幅画的含义，比如，无表情的脸，尤其是在法律场合。[17] 即使在正常的工作场合交流中使用，这种交流方式也会导致混淆和误解。

语言如何影响沟通？

同样的语言对不同的人来说含义是不一样的。语言的意义不在词汇，而在于使用者。[18] 年龄、教育和文化背景是 3 个更为明显的变量，它们影响人们所使用的语言及对词义的界定。专栏作家乔治 F. 威尔（George F. Will）和说唱歌手内利（Nelly）都说英语，但他俩所使用的语言却大相径庭。

40%的员工认为在正常的工作谈话中使用流行语非常普遍。[19]

在一个组织中，员工常来自于不同的背景，有着不同的说话风格。另外，部门的划分使得专业人员发展了各自的**行话（jargon）**和技术用语。[20] 行话的问题在于，那些不熟悉行话的人对于沟通的内容一无所知。

88%的员工承认，即使他们不知道办公室行话是什么意思，他们也会假装理解。

在大型组织中，成员分布的地域也十分分散（有些人甚至在不同的国家工作），而每个地区的员工都使用当地独有的词汇或者习惯用语。[17] 纵向等级的存在同样造成了语言问题。例如，那些生产线上的操作员工通常不懂得管理术语，因此公司高层管理人员的语言往往会使他们迷惑。记住，虽然讲同一种语言，但是我们使用语言的方式很不一致。发送者往往认为他们使用的词或词组对接收者而言也有相同的意思。这种想法当然是错误的，并会造成沟通障碍。了解每个人如何措辞将有助于减少障碍。

性别如何影响沟通？

为了实现组织目标，**性别（gender）**之间的有效沟通是重要的。但我们如何处理管理风格的不同差异呢？避免使性别差异成为有效沟通的持久障碍，这需要相互接受、相互理解，以及双方对有效沟通的投入。男性和女性都应该知道在沟通风格方面存在差异，各种不同的风格没有好坏之分，要付出努力双方的交谈才会成功。[18]

民族文化如何影响沟通？

沟通差异不仅来自于个人用来交流的不同语言，还来自于他们所属的国家文化（national culture）和全球政治。[25]例如，让我们比较高度重视个人主义的国家（如美国）和强调集体主义的国家（如日本）。[20]

在美国，沟通模式往往针对个人，并且表述清楚详细。美国管理者主要依靠备忘录、通知、职务说明及其他正式的沟通形式来表述他们对问题的主张。上级为了树立更好的形象，可能会隐藏一些信息（过滤），并以之作为说服下级接受决定和计划的方式。为了自我保护，低级别的员工也常会这么做。

在集体主义导向的国家，如日本，存在更多出于自身原因的互动和非正式的人际沟通方式。与美国管理者相反，日本管理者首先会就某一问题向员工进行广泛的口头咨询，随后起草正式文件以描绘达成的协议。日本人重视一致通过的决定，开诚布公的沟通是工作环境的内在部分。同时，也鼓励面对面的沟通。[21]

文化差异会影响管理者选择沟通的方式。[22]若不对这些差异加以识别和考虑，毫无疑问它们将成为有效沟通的障碍。

14.1.6　管理者如何克服沟通障碍

对于这些沟通障碍，管理者如何去克服呢？以下的建议将帮助你更为有效地进行沟通（见表 14-2）。

表 14-2　克服沟通障碍的有效途径

运用反馈	核对已沟通的信息或者你认为你所听到的信息
简化语言	使用听众能够理解的语言
积极倾听	善于听取完整的信息而不预做结论或解释，也不急于思考如何对所接收的信息做出反应
抑制情绪	认识自己的情绪，情绪激动时，不要沟通，等平静下来时再做沟通
注意非语言信息	应该意识到行动比语言更有说服力，保持语言和行动一致

为什么要进行反馈？

很多沟通问题可以直接归因于误解或不准确。如果管理者在沟通过程中使用反馈环节，这些问题就不大可能发生。这里的反馈可以是口头的，也可以是非口头的。

为了核实信息是否按原本意图被接受，管理者可以询问有关该信息的一系列问题。然而最好的办法是，管理者可以让接收者用自己的话复述信息。如果管理者听到的复述正如本意，则增强了理解与准确性。反馈还包括比直接提问和对信息进行概括更精细的方法，比如，综合评论可以使管理者了解接收者对信息的反应。

当然，反馈并不一定要以言语的方式表达。比如，销售主管要求所有下属填好上月的销售报告，当有人未能上交报告时，管理者就得到了反馈。这一反馈表明销售主管应该澄清最初的要求。同样，主管也可以通过非语言信息以了解他们是否得到了你的信息。

为什么要使用简单的语言？

由于语言可能成为沟通障碍，因此管理者应该以接收者容易理解的方式选择用词和组织信息。管理者应当考虑信息所指向的听众，以使所用的语言适合于接收者。记住，有效的沟通不仅需要信息被接收，而且需要信息被理解。比如，医院的管理者在沟通时应尽量使用清晰易懂的术语，并且对外科医务人员传递信息所使用的语言应和对行政人员有所不同。行话在圈内人士中使用有助于沟通理解，但在圈外使用行话则会造成很多问题。

西班牙桑坦德银行（Banco Santander）执行董事长安娜·博廷（Ana Botin）很受敬重，因为她是一位善解人意的倾听者、良好的沟通者和共识的建立者。这里所展示的是博廷在伦敦的一家银行与员工交流的情况，她提出问题，并听取员工、客户和股东的反馈意见，这有助于她规划公司的战略。

倾听（listen）还是听（just hear）？

为什么要积极倾听？

当别人说话时，我们在听，但我们常常并不是在倾听。倾听是对信息进行积极主动的搜寻，而听则是被动的。在倾听时，接收者和发送者双方都在思考。

我们中的许多人并不是好听众。为什么？因为倾听很难，所以我们中的大部分人宁愿讲话。事实上，倾听常常比说话更容易引起疲劳。与听不同，**积极倾听（active listening）**要求集中全部注意力，以便听明白全部意思，且不急于做事前判断或解释。我们说话的速度是平均每分钟 125～200 个单词，而倾听的能力则是每分钟可接收近 400 个单词。[23] 二者的差异显然留给大脑充足的时间，使其有机会神游四方。

通过与信息发送者的**移情（empathy）**，即设想自己处于发送者的位置，可以强化积极倾听。发送者在态度、兴趣、需求和期望方面各有不同，因此移情更易于理解信息的真正内涵。一个体恤他人的倾听者会认真聆听他人所说的内容而不急于对信息的内容进行判定。这使得信息不会因为不成熟的判断或解释而失真，从而提高获得信息完整意思的能力。积极倾听者使用的其他具体行为包括眼神接触、点头、适当的面部表情、避免分散注意力的动作或暗示无聊的手势、提问题、用自己的话重述、避免打断讲话者、不讲太多的话，以及从倾听者向讲话者平稳过渡。

为什么要控制情绪？

如果认为管理者总是以完全理性的方式进行沟通，那就太天真了。我们知道情绪会严重阻碍和扭曲意思的表达。当管理者对某事十分失望时，很可能会对所接收的信息发生误解，并无法清晰和准确表述自己的信息。管理者应该如何做呢？最简单的方法是暂停沟通直到完全恢复平静。此外，除非你很了解你的听众（接收者），否则不要使用短信缩写、表情包和表情符号。

为什么强调非语言信息？

行动比语言更有说服力，因此很重要的一点就是注意你的行动，确保行动与语言一致并起到强化语言的作用。有效的沟通者要注意自己的非语言信息（**nonverbal cues**），以保证它们传达希望表达的信息。

 ## 14.2　技术与管理沟通

信息技术获用武之地！

信息技术已经彻底改变了组织成员的沟通方式：

- 明显改进了管理者监控个人和团队绩效的能力；
- 允许员工拥有更加完整的信息来更快地决策；
- 为员工合作和共享信息提供了更多的机会；
- 使得组织中的人无论身处何地都能一天 24 小时、一周 7 天进行充分沟通；
- 信息技术的发展对组织和人际沟通产生了重大影响。

14.2.1　网络沟通

网络沟通系统中：

- 组织通过互相兼容的软硬件将计算机连接起来，创造一个整合的组织网络；
- 员工通过联网的计算机相互交流。

14.2.2　移动通信

移动通信系统中：
- 员工可以在不亲临工作现场的情况下保持相互联系；
- 移动技术非常受欢迎；
- 改进工作方式就是回报；
- 人们不必为了与经理和同事交流、合作和分享信息而同坐在办公室里；[30]
- 管理者和员工使用智能手机、平板电脑、笔记本电脑和移动口袋通信设备"保持联系"；
- 移动通信可以在任何地方使用，人们可以在珠穆朗玛峰山顶上向地球上最偏远的地方发送信息或接收其信息。

联网移动通信应用包括以下几个方面。
- **电子邮件**（e-mail）是互相连接的计算机或移动设备上信息的瞬时传输。信息保留在接收者的计算机上，并在接收者方便时阅读。电子邮件既迅速又便宜，并且可用于一次向许多人发送同样的信息。如果需要，还可以打印出来。当然，也有一些组织成员认为电子邮件速度慢且不方便。
- **瞬时信息**（instant massage）是一种在同一时间登录计算机的同事之间进行交互式的、实时的瞬时通信交流有了瞬时信息，就不必等待同事阅读电子邮件了。然而，瞬时信息也有缺点。它要求一组使用者同时登录在组织的计算机网络。这就导致网络存在安全漏洞。

- 语音邮件系统（voice mail）将口头信息数字化，通过网络传递它，并将信息保存在磁盘上，供接收者稍后重新获得。[31] 即使接收者不在场，语音邮件系统也允许信息传递。接收者还可以选择保存信息（以备将来使用）、删掉信息或者将信息发送给其他人。但是，它可能得不到立即的反馈。

- 电子会议和视频会议（teleconference and videoconference meeting）允许一群人同时使用电话、电子邮件或者通过电子屏幕进行协商。位于不同地方的工作团队，无论大小，能够使用这些网络沟通工具进行协作并共享信息。这么做的费用常比将不同地方的人召集在一起所产生的差旅费用要少得多。

- 网络计算机系统推动了组织的内部网（intranet）和外部网（extranet）。内部网是使用互联网技术但仅限于组织员工登录的组织沟通网络。许多组织使用内部网作为各地员工共享信息及进行文件和项目合作的途径——也借之获取公司政策指南和诸如员工福利等与员工相关的材料。[32] 外部网是使用互联网技术并允许组织内的授权使用者与诸如客户和卖主等特定外部人员进行交流的组织沟通网络。但是，无论是内部网还是外部网，都存在网络和数据安全问题。

- 基于互联网的语音视频沟通（internet-based voice/video communication）。诸如斯盖普、沃尼奇（Vonage）和雅虎！这样的流行网站可让使用者进行语音/视频聊天。当然，这也存在网络和数据安全问题。

当今职场中的管理技术：未来的办公室

未来的办公室在某些方面仍有可能与今天的办公室相似。也就是说，可能不会有机器人乘着气垫飞行器或其他自动运载工具投递邮件，然而，大多数的变化可能会发生在沟通的方式上。[33] 员工将依赖多种沟通渠道，如社交网络、短信、即时通信、移动技术及各种可让员工直接相互联系的应用程序，智能手机将会像现在的大型机一样强大，员工可以随时进行大量的计算。软件将能够跟踪员工的位置，然后将这些数据与当前项目的信息相结合，并发掘潜在的合作者。电子邮件的受欢迎程度可能会下降，主要是因为其他沟通渠道更快、更流畅、更直接，但事实并非如此。

超过83%的管理者正在使用移动技术来改善与员工的沟通[34]

准确预测未来的技术并不容易。但是，一些模式似乎正在逐步形成。例如，多种功能融合于一个设备，这很可能使员工将来只要携带一件产品，就能享用电话、短信、互联网接入、摄像头、电话会议和语言翻译等多种功能。人们可以用它阅读电子文本的提案、法律文件、新闻或几乎其他任何文献。它不需要键盘，而是通过语音命令进行操作。它也可能不是手持设备，而可能是一件类似于将阅读放大镜和耳机结合起来的东西。这种智能眼镜可以让员工一体化地获取信息或者任何他们可能需要的信息，从而高效地完成工作任务。许多公司已经在市场上推出了智能眼镜。然而，随着这类技术变得越来越普遍，各组织将不得不解决信息安全的使用问题和可能出现的法律困境。

另一个即将改变我们与他人交流和互动方式的技术发展是**实境增强（augmented reality，AR）图像技术**，这是一种将计算机生成的图像叠加在用户所看到的真实世界上的技术。模拟现实为用户提供了不同的体验。如果你使用过任何一个快照聊天的过滤器，那么你已经使用了实境增强图像技术。或者如果你参与了宠物小精灵游戏（Pokemon Go phenomenon），你就经历了实境增强图像技术。有各种各样的场景，你可以看到组织和人际沟通如何受到实境增强图像技术的影响和改变。我们在前面一段所描述的智能眼镜就使用了实境增强图像技术。

最后，技术带来的另一个结果将是商务旅行的大幅度减少。计算机中介组件的改进将使个人能够在模拟面对面互动的环境中举行会议。在这些设置中，实时翻译将被记录下来并显示在屏幕上，远程会议将能够听到和看到翻译出来的词句。

讨论题

1. 你认为使用技术进行交流更多的是一种帮助还是一种阻碍？请解释。

2. 可穿戴技术在工作场所会产生什么问题？你认为管理者需要做些什么来处理这些问题？

14.3 当今管理者面临什么样的沟通问题

脉冲午餐（Pulse Lunches），这是全马来西亚的花旗银行（Citibank）管理者过去常用来解决客户忠诚度下降、员工士气衰退和员工流动率增加等紧迫问题的场合。通过在非正式午餐环境中与员工交流，倾听他们关心的问题——这就是给员工把脉，管理者因而能够改变不利现状，使客户忠诚度和员工士气上升了近 50%，员工流动率几乎降为 0。[35]

在当今的组织中做一个有效的管理者意味着与他人交流——最主要的是与员工及客户交流，但实际上是要与组织的任何一个利害相关者交流。在本节中，我们将探讨对当今管理者具有特殊意义的 7 个沟通问题：在互联网世界中管理沟通，管理组织的知识资源，与客户沟通，获得员工的投入，在工作场所进行文明对话，理解工作场所设计的作用，以及沟通道德。

这个大受欢迎！

14.3.1　如何在互联网世界中管理沟通

拉斯·达尔加德（Lars Dalgaard）是人力资源管理软件公司成功因素（SuccessFactors）的创始人和董事长，最近他给他的员工发了一封邮件，禁用内部邮件一星期。他的目的是什么？是要让员工彼此真诚地交流问题。[36] 不仅仅他一人如此，其他公司也做过类似的事情。如我们在前面所说，邮件会耗费员工的时间，即使员工知道那是文本化的广告（intexticating），但却很难忽略。邮件仅是互联网世界的沟通挑战之一。最近一项研究发现，在大企业中，20%的员工表示他们会定期浏览和使用博客、社交网站、维基和其他网络应用。[37] 惨痛的经历和教训让管理者意识到这些新技术形成了特别的沟通挑战，其中 2 个主要的挑战就是法律和安全问题、缺乏个体互动。

法律和安全问题

雪佛龙公司（Chevron）花了 220 万美元来摆平一个性骚扰法律纠纷，引起该纠纷的原因是一个员工用公司邮件发了一个不恰当的笑话。由于员工发了一封邮件称公司的竞争者西部规划协会（Western Provident Association）陷入了财务危机，英国公司诺威治联合（Norwich Union）花了 45 万英镑与西部规划协会达成庭外和解。全食超市因其 CEO 约翰·麦基（John P. Mackey）用笔名在博客上攻击其竞争对手野燕麦有机超市（Wild Oats Markets）而被美国联邦管理局和公司董事会调查。[38]

尽管邮件、博客、微博和其他线上沟通方式非常便捷简单，但管理者应当意识到若运用不当会带来的潜在法律问题。电子信息在法庭上是极有可能被采纳的。比如，在安然舞弊案中，检察官将一些可以证明被告人欺骗投资者的电子邮件和其他文档呈上法庭。一位专家表示，"如今，邮件与瞬时信息是如同 DNA 证据一般的电子等价物。"[39] 但法律问题不是唯一的问题，安全问题也需重视。

一项关于对外发送邮件及其内容安全性的调查显示，26%受访公司的业绩受到敏感信息或尴尬信息暴露的影响。[40] 管理者需要确保机密信息是保密的。不管是无意还是有意，员工的邮件和博客都不能传播公司的专有信息。公司的计算机和邮件系统应受到保护，免受黑客（未经授权就试图进入计算机系统的人）袭击和垃圾邮件（垃圾电子邮件）困扰。要想获取沟通技术带来的好处，这些问题都需要管理者重视。

个体互动

在我们生活和工作所处的互联网时代，也可称为社交媒体时代，另一个沟通挑战就是缺乏个体互动（personal interaction）。[41] 即使两个人面对面交流，彼此理解也不是一件易事。当我们在虚拟环境中沟通时，双方彼此理解并合作完成工作就更加困难了。为此，如我们早前所说，一些公司在某些特定的工作日禁用邮件，一些公司鼓励员工多一些当面合作。然而，在有些时候和有些情况下，个体互动不太可能，例如同事在全球不同的地方工作。在这些情况下，使用实时的合作软件（如维基私人工作场所、博客、瞬时信息和其他群组软件）会是比发邮件更好的沟通选择。[42] 与压制不同，一些公司鼓励员工利用社会化媒体达成工作上的合作与建立紧密联系。这种趋势对于那些善于利用这种沟通方式的年轻工作者更有吸引力。一些公司甚至已经建立了公司内部的社交媒体，如星传媒体集团（Starcom MediaVest Group）的员工接入 SMG 连接（SMG Connected）来查看同事的简介，从中可以了解他们的工作情况、他们喜欢的品牌及他们的价值观。公司的一个副总经理表示，"让我们的员工在世界范围连接到互联网很重要，因为他们以往就在这样做。"[43]

爱尔兰都柏林（Dublin, Ireland）的 IBM 员工利用内部社交媒体与世界各地 IBM 办事处的同事进行沟通和合作。他们使用 IBM 连接系统（一个社交网络平台）和 Sametime 8.5.2 系统（IBM 内部瞬时信息系统）分享知识、改进决策和加速创新。

员工和社交媒体

- 77%的人说他们使用社交媒体与同事建立联系。
- 35%的人认为社交媒体破坏了工作关系。
- 61%的受访者表示，社交媒体带来了新的或更好的工作关系。
- 32%的人说他们使用社交媒体来改善与工作相关的方案或解决问题。[44]

14.3.2 知识管理如何影响沟通

创造一个有益于学习和有效沟通的环境，以及培养整个组织的学习能力是管理者责任的一部分。这必须在所有领域由低层向高层扩展。管理者如何做到这一点？一个重要步骤是理解知识作为重要资源的价值，就像现金、原材料或办公设备一样。为了说明知识的价值，想想你如何完成大学课程吧！你有与选过某位教授课程的其他人讨论过吗？你听取了他们有关此人的经验，并依据他们所说的（他们在此方面的知识）做出你的决策了吗？如果你这么做了，你就利用了知识的价值。但是在组织中，仅仅认识到知识和智慧积累的价值还不够。管理者需要有意识地管理知识基础。**知识管理**（knowledge management）需要培养一种学习文化，在这种文化中，组织成员系统地汇聚知识并与组织内其他人共享，以便获得更好的绩效。[45] 例如，世界五大专业服务企业之一安永公司的会计师和咨询师将他们做得最好的工作、曾经处理的非正常问题，以及其他工作信息记录下来。这种"知识"通过计算机进行申请，并通过全公司内定期见面的兴趣小组团体与全部员工共享。其他许多组织——通用电气、丰田、惠普——已经意识到在学习型组织中知识管理的重要性（参见第 8 章）。现在，组织获得的技术使得知识管理可以改善和促进组织的沟通与决策。那么，如何管理组织的知识资源呢？

14.3.3 什么与管理组织的知识资源有关

卡拉·约翰逊（Kara Johnson）是产品设计公司艾迪欧的材料专家（material expert），她需要一个系统以便更加容易寻找合适的材料。为此，她建立了一个材料样本的图书馆，这些样本被连接到一个解释材料属性和制作工序的数据库中。[46] 约翰逊现在做的就是知识管理，让艾迪欧的其他员工更简单便利地学习和利用她的知识。这就是当今管理者管理组织的知识资源时所需要做的——让员工更简单便利地交流和分享他们的知识，使他们可以互相学习到更有效的工作方法。组织管理知识资源的其中一种方法就是建立线上信息数据库并向员工开放。例如，小威廉·里格利公司（William Wrigley Jr. Co.）开发了一个交互性网站，这个网站可以让销售代理获取市场数据和其他产品信息。销售代理可以向公司专家提关于产品的问题，也可以搜索线上的知识库。在第一年，里格利预计可以为销售人员减少 15 000 小时的搜索时间，使他们工作更有效。[47] 这个例子和其他很多例子一样，表明管理者可以用沟通工具来管理组织中宝贵的知识资源。

除了分享知识的线上信息数据库，公司可以建立实践社团（communities of practice）——在这里，人们分享共同关心的问题或对某一话题的热爱，并通过持续的互动不断深化其在这些领域的知识。要使这些社团真的起作用，通过运用必要的工具，如交互性网站、邮件和视频会议，进行沟通以维持较紧密的人际互动是很重要的。此外，这些社团面临着和个体一样的沟通障碍——过滤、情绪、自我保护和信息过载等。但是，这些社团可以用我们前面讨论的方法来解决这些问题。

14.3.4　沟通在客户服务中扮演着什么角色

你做过很多次消费者，实际上，你可能发现自己一天会与客户服务接触好几次。那么，客户服务在沟通上需要做些什么呢？答案是需要做的有很多。沟通内容和沟通如何展开对客户在服务上的满意度和成为回头客有极大的影响。在服务型组织中，管理者需要确保和客户接触的员工能恰当有效地与客户沟通。如何做到这一点呢？首先，识别出在任一服务传递过程中的三大要素：客户、服务组织和个人服务提供者。[48] 每一部分都对沟通是否有效很重要。显然，管理者无法控制客户的沟通内容和沟通方式，但是管理者可以影响其他两个要素。

一个有强烈服务文化的公司重视照顾好他们的客户——发现他们的需求、满足他们的需求并且确保客户满意地实现了其需求。这里的每一个活动都包含了沟通，不管是面对面沟通还是打电话、发邮件或者其他方式。此外，沟通是组织追求的定制客户服务战略中的一部分。很多服务型组织使用的一种战略是个性化服务。例如，在丽思·卡尔顿酒店不仅仅给顾客提供一个干净的床和房间。曾在此酒店住过的顾客表示额外的枕头、热巧克力或者特定品牌的洗发水等物品对他们很重要，而这些物品就在他们入住的房间等候他们。酒店的数据库使得酒店的个性化服务符合顾客的期望，而且酒店要求所有员工互相沟通与服务条款相关的信息。如果一个楼层服务员听到顾客计划庆祝周年纪念日，他应传递这个信息以便酒店提供相应服务。[49] 沟通对于酒店的顾客个性化服务战略非常重要。

沟通对个人服务的提供者或负责联系的员工也非常重要。客户和负责联系的员工之间的沟通质量会影响到客户的满意度，特别是在服务接触不符合客户预期的时候。[50] 在一线参与关键服务接触的员工经常是第一个听到或注意到服务失败或者出问题的人，他们必须决定在这些事情发生时如何与客户沟通，沟通什么内容。他们的积极倾听和与客户恰当沟通的能力对这一情形是增加客户满意度还是不受控制地发展下去有很大影响。如果个人服务提供者不能亲自获取信息，组织中应有其他渠道确保信息的获取简易快捷。[51]

沟通对伦敦的大都会银行（Metro Bank）而言是其客户服务战略中很重要的一部分。知道沟通是怎样发生的对于客户满意度有很重要的影响，银行希望所有员工都能以微笑和友好的问候接待客户，并教导员工如何用热情、礼貌和尊重对待客户。

当今职场中的道德决策

想发泄对你老板或者你公司的不满？现在，有一些应用程序可以做到这一点，如 Yik Yak 匿名社交网络、耳语（Whisper）匿名社交应用和默默（Memo）应用等等[52]。在这些应用程序中，使用者上传关于他们老板的匿名信息。给予和接受反馈对于员工和管理者来说是一个重大的挑战。的确，为员工提供机会让他们可以如实地说出其对管理者和工作场所的看法是值得称道的事情。但是，为员工提供平台让他们只以匿名方式发表意见的应用程序能解决问题吗？

讨论题

1. 这些让员工发布匿名反馈意见的应用程序如何使员工和管理者受益？
2. 这些应用程序可能导致什么样的道德困境？

14.3.5　如何让员工提供信息和为什么要这样做

诺基亚的内部网肥皂盒——人们熟知的博客中心，开放给全球的员工博主。在那里，员工抱怨其雇主，而不是默不作声。诺基亚的管理者希望员工"开火"。他们将诺基亚的成长和成功归功于"鼓励员工说出想法的传统及对好创意随之而来的信念。[53]

在当今极富挑战性的环境中，公司需要让员工融入。你曾在有员工建议信箱的公司工作过吗？当员工对做某一工作有了新的想法时，如减少费用和改善交货时间等，他可以将这个建议投递到信箱中，直到负责的同事清理这个信箱并处理这个建议。商务人士经常笑话这个箱子，漫画家们讽刺将想法放到建议箱中是徒劳的。不幸的是，在很多组织中，对待建议信箱的这种态度依然存在。事情不应该是这样的。管理者在当今世界经营企业，他们无法承受因忽视这些具有潜在价值的信息而带来的损失。公司需要坦诚，即使真相不容易被听到。[54]管理者需要接受坏消息和相反的意见。表 14-3 展示了让员工感到他们的意见很重要的一些方法。

表 14-3　如何让员工感到他们的意见很重要

举行全员大会，分享信息和寻求融入

提供正在进行的事情的信息，好的与坏的一并提供

投资培训，让员工知道他们会如何影响顾客体验

管理者和员工共同分析问题

采用不同的方式（线上、建议信箱和预先印好的卡片等）使员工更简便地给出自己的意见

资料来源：Robbins, Stephen P., Coulter, Mary, Management, 13th Ed., 2016, p.421. Reprinted and electronically reproduced by permission of Pearson Education, Inc., New York, NY.

14.3.6　我们如何在工作场所进行文明对话

科技巨头谷歌一直鼓励建立一个持有不同意见的员工可以参与有关社会和政治信仰的辩论工作场所。关于健康问题的辩论是一个很好的方法来找出做事情的最佳方式，并且是具有创造性和创新性的。然而，当同事认为"你有权利发表自己的意见，但我的意见远比你的重要，尤其是当你的意见与我的不一致"时，麻烦就来了。尽管谷歌的"意见权利"组织文化可能是其企业价值观的重要反映，但它却导致了一场无休止的、不健康的、无效的辩论。[55]这些"不和谐的声音"正在耗费公司，并创造了一个"辩论的战场"。[56]谷歌并不是唯一一个需要处理现实问题的机构。我们的社会变成了一个似乎无法处理偏离个人"正确政治观点"的意见群体。不文明和需要文明对话是组织管理者所要解决的问题。最近的一项研究记录了医疗团队中的不文明行为是如何削弱了合作和绩效。[58]在一个组织中，员工独立工作的机会很少。在大多数组织中，工作是通过许多个人的投入、合作和努力来完成的，无论是在团队，在部门，在跨职能领域，甚至在组织边界之外。正如我们在第 9 章中所讨论的那样，个人来到组织时有着不同的观点和特征。共同努力实现组织目标是所有人共同努力的"黏合剂"。因此，似乎关于沟通的章节是讨论同事如何文明交流的领域。不知何故，在某个地方，某个时候，似乎我们已经忘记了如何去做。

创造一种文明对话是组织领导者的责任。[59]文明对话和讨论是一个互谅互让的问题。说话和聆听是至关重要的。文明并不意味着你必须同意别人所说的话或表达的意思。但这确实意味着你要倾听并提出问题。这也意味着你能够从意见中区分事实。如果观点被误认为事实，那么就很难进行文明的对话。所有的员工在接触到其他观点时都应该努力保持开放的心态。保持开放的心态并不等于同意，它只是意味着你足够尊重对方，愿意倾听他说的话。因此，正如我们之前讨论的，当我们看到有效沟通的障碍及如何克服这些障碍时，员工需要互相支持，反映出一种更加积极的工作场所文化，这种文化强烈反对粗鲁和无礼的行为。建立一种文明和尊重的文化，让员工可以表达不同的意见，而不用担心受到攻击、恐吓或报复，这是所有组织领导人都应该努力实现的目标。

14.3.7　工作场所设计如何影响沟通

影响组织沟通的因素是工作场所的设计。尽管所有信息技术和员工存在流动性，一个组织的大部分沟通仍然发生在工作场所。事实上，员工平均每周工作时间的 74%是在办公室度过的。[60]办公室工作空间的设计和配置不仅会影响沟通，还会影响组织的整体绩效。事实上，在一项对美国工人的调查中，90%的人认为更好的工作场所设计和布局能够提高

员工的整体绩效。[61]

设计应该成功地支持4种类型的员工工作：专注的工作、协同工作、学习型工作和社交化工作。**专注的工作**指员工需要集中精力去完成一项任务。**协同工作**指员工需要一起完成一项任务。**学习型工作**指员工参与培训或者做一些新的事情，并且能够集中精力和协作性工作。最后，**社交化工作**指员工非正式地聚在一起聊天或交换意见。一项调查发现，当工人们在附近有这种类型的"绿洲"或非正式会议场所时，他们的面对面交流比那些只有很少机会进入这些场所的人多102%。[63] 因为交流可以而且确实发生在这些场所的每一个环境中，工作场所的设计需要兼顾所有方面、所有类型的组织和人际交流，以便最为有效。

苹果公司的新总部被称为苹果公园，可以容纳12000名员工，他们在一个开放的空间设计中工作，在那里他们很容易交流、分享想法、学习、合作和创新。所有的员工，从CEO到暑期实习生，都在为支持4种不同类型工作而设计的苹果公园中工作：专注、协作、学习和社交。

你以为你的工作会有自己的办公桌吗？这在今天的工作场所是不太可能的！
你对此有何感想？

今天许多组织的工作场所——大约70%——是开放的工作场所；也就是说，它们包括很少的物理屏障和封闭的工作场所。[64] 在这些开放式工作场所，个人工作空间的设计围绕着员工需要从事的工作类型，而不是指定的地点。[65] 由于移动通信技术如此普及和强大，一些公司甚至正在采用先到先得的办公桌取代每个员工一个办公桌的安排，然后为团队或一对一会议提供额外的工作空间。[66] 例如，在苹果公司新的未来主义的总部大楼里，员工可能和同事在长桌子上工作，或者在用大量玻璃制成的"吊舱"里工作（这就产生了安全隐患，也会因为员工不断走进这些吊舱而分心）。[67] 因此，所有这些对工作场所设计的关注点在于，它能够并且确实对沟通的发生方式及沟通的有效性产生影响。

14.3.8 为什么管理者要关注沟通的道德

15%的员工说他们希望他们的经理能够提高他们的沟通技巧，特别是在清晰度和透明度方面。[68]

组织沟通符合道德非常重要。**符合道德的沟通**（ethical communication）指沟通包含了所有相关的信息，并且在各种方面都是真实的，不带任何欺骗成分。[69] 相反，**不道德的沟通**（unethical communication）经常扭曲真相或者误导受众。公司所采用不道德的沟通方法有哪些？公司省略某些必需的信息。例如，不告诉员工公司将要进行并购，部分员工将丢掉工作，这是不道德的沟通方式。剽窃，即将他人的话或者其他创造性产品作为自己的予以展示，也是不道德的。[70] **选择性的错误引用**（selectively misquote）、歪曲数据、扭曲视角、不尊重他人隐私或者信息安全需要也都是不道德的。例如，尽管英国石油公司（British

Petroleum）努力公开及真诚地与公众沟通墨西哥湾漏油事故，但公众感觉到该公司的大部分沟通是不符合道德的沟通。

那么管理者如何鼓励符合道德的沟通呢？一个方法是建立清晰的道德行为指引，包括符合道德的商务沟通。[71] 国际商业交流者协会（International Association of Business Communicators）的一项全球调查发现，70%的专业沟通人员（communication professionals）表示公司清晰地定义了什么是符合道德的行为，什么不是。[72] 如果还没有一个清晰的指引，那么回答下列问题就很重要。

- 这种情形已经被公平准确地定义了吗？
- 为什么这个信息需要互相沟通？
- 那些可能会被这个信息影响的人和那些接收到这个信息的人将会受到怎样的影响？
- 信息是否可以帮助实现最大好处的同时将坏处降至最低？
- 目前符合道德的信息在将来也符合吗？
- 你对自己目前沟通活动的满意程度如何？一个你敬重的人将如何看待你的努力？[73]

作为一名管理者，记住你有责任全面考虑你的沟通选择和这些选择所带来的后果。如果你能谨记这一点，你很有可能做到符合道德的沟通。

本章概要

（1）描述管理者需要了解沟通的哪些方面。

沟通是意思的传递与理解。沟通过程有 7 个要素。首先需要有信息发送者或信息源。信息需要有传送的目标。编码是将信息转化为符号。渠道是信息传送的媒介。解码是接收者将发送者的信息进行再次翻译。最后，反馈使发送者知道沟通是否成功。有效沟通的障碍包括过滤、情绪、信息过载、自我保护、语言和民族文化。管理者克服沟通障碍的技巧包括使用反馈、简化语言、积极倾听、克制情绪和观察非语言信息。

（2）解释技术如何影响管理沟通。

信息技术已经彻底改变了组织成员的沟通方式。它改进了管理者监控业务活动执行的能力；允许员工拥有更加完整的信息来更快地决策；为员工合作和共享信息提供了更多的机会；使人们无论何时何地都能进行充分的沟通。信息技术通过网络计算机系统、无线技术对管理沟通产生了极大的影响。

（3）讨论当代沟通问题。

在互联网时代管理沟通的两个主要挑战为法律和安全问题、缺乏个体互动。

组织可以通过让员工更简单便利地交流和分享他们的知识来管理知识，使得他们可以互相学习以便更有效率地工作。一种方法是通过建立线上信息数据库，另一种方法是通过建立实践社团。

和顾客沟通是一项重要的管理问题，因为沟通的内容和方式会显著影响顾客对服务的满意度和成为回头客的可能性。

对组织而言，从其员工中获取信息是很重要的。这些有潜在价值的信息不应该被忽视。

在工作场所进行文明对话是管理组织和人际沟通的一个重要因素。管理者必须成为榜样。

如何设计和配置一个组织的工作空间可以影响发生的交流，也可以影响组织的整体功能。这就是能够提高沟通效率的设计选择的重要性所在。

最后，组织的沟通符合道德这一点是很重要的。通过清晰的指引并回答一些能迫使沟通者思考经过沟通所做出的选择及其所带来的后果等问题，有利于鼓励大家进行符合道德的沟通。

复习思考题

1. 在工作环境中，你认为哪一种沟通方式最有效？为什么？
2. 说明为什么有效沟通不是沟通双方意见一致的代名词。
3. 你认为准确讲话与积极倾听哪个对管理者更为重要？为什么？
4. "沟通无效是发送者的错误。"你同意这个说法吗？为你的观点提供支持证据。
5. 信息技术是否有助于管理者更有效率和效果地进行沟通？为什么？
6. 管理者如何利用小道消息为自己服务？说明你的观点。
7. 研究一个良好沟通者的特征，将你的发现写成表格形式的报告，并引证资料的出处。
8. 讨论管理者所面临的当代五大沟通问题。
9. 记录下你一天中观察到的他人的非语言沟通。你观察到了哪些类型？非语言沟通与同步发生的语言沟通总是一致的吗？请描述。
10. 沟通有什么作用？
11. 描述沟通的三大障碍，管理者如何克服这些障碍？

管理技能建设：成为一个好的倾听者

比起倾听，大部分人更喜欢说话。实际上，人们开玩笑说，倾听是我们付出的让他人听我们说话的价格。如果管理者要做好他的工作，那他一定要成为一个有效的沟通者。有效沟通的一部分是传达清晰易懂的信息。但有效沟通同样包括用积极倾听的技巧去准确解读他人的信息。

技能基础

很多人都对倾听技巧不以为然，但其实他们把听误以为是倾听。听仅仅是知道声带震动，而倾听则是我们所听到的具体意义。倾听要求集中注意力、解释并且记住所听到的信息。积极倾听很困难，并且要求倾听者如同置身于讲话者的脑海中一般，以便能够从他的角度理解问题。

这里有 8 个关于积极倾听的技巧，使用这些技巧可以提高积极倾听的效率。[55]

- **眼神接触**。我们可能常常使用耳朵来听，但其他人可以通过看我们眼睛来判断我们是否真的在倾听。

- **肯定的点头和适当的面部表情**。有效的积极倾听者会通过非语言信息来表示他们对讲话者的内容感兴趣。
- **避免分散注意力的动作和手势**。当你在倾听的时候，不要看手表、揉纸、玩笔或者类似的分散注意力的行为，这些动作会使得讲话者以为你觉得很无聊或者对内容不感兴趣。
- **提问题**。明断的倾听者会分析他所听到的并提出问题。这种行为能够确保你理解了对方的话并告知讲话者你真的在倾听。
- **用自己的话重述**。用自己的话重述讲话者所说的内容。有效的积极倾听者会使用诸如"我听到你所说的是……"或者"你的意思是……"等句子来复述。用自己的话重述讲话者的内容是一个检查你是否真的在倾听及理解准确度的有效控制方式。
- **避免打断讲话者**。在做出回应前，让讲话者完整地表述他的想法。不要试图预测讲话者的想法。
- **不要说太多**。大多数人都倾向于表达我们自己的想法而非倾听别人说话。尽管说话会更有趣而沉默会很让人觉得不舒服，但你不可以同时说话和倾听。好的积极倾听者能够清楚地意识到这一点，他们不会说太多的话。
- **在倾听者和讲话者两个角色中平稳过渡**。在大多数的工作情境中，你会不停地在倾听者和讲话者两个角色中频繁切换。有效的积极倾听者可以做到在这二者之间的平滑切换。

技能应用

分成两组，进行辩论。A 可以随便选择一个当代的话题，如商业伦理、联盟价值、更严厉的大学等级制度、金钱激励等。B 选择一个角色，而 A 则自动为反面角色。这个辩论持续 8~10 分钟，只有一个回合。在一个人说话前，另一个人必须先总结对方说的话，而且只能用自己的语言且不能做笔记。如果总结的内容不能使对方满意，则继续，一直修改到正确为止。

体验练习

社交媒体。对于你们中的许多人来说，你可能从来没有经历过没有社交媒体的日子。在美国和世界其他国家，登录、检查你的馈给（feed）、发布照片和更新已经成为一种常态。脸书、推特、照片墙等，也许你用的是这些或者其他社交媒体网站。也许在你年轻的时候，在脸书、推特和照片墙出现之前，你用的是 AOL 快信信使（AOL Instant Messaging）、六度（Six Degrees）或友人网（Friendster）（被认为是现实世界中第一个真正的在线朋友连接社交媒体网站），甚至是聚友网（Myspace）。在个人生活中使用社交媒体是一回事，但是在工作场所使用社交媒体又如何呢？公司应该允许员工在工作中使用社交媒体吗？在这个体验练习中，你将讨论在工作场所控制社交媒体使用的利弊。小组讨论以下问题：

（1）组织是否应该允许员工在工作时使用个人社交媒体？解释清楚你的答案。

（2）企业是否应该限制在工作中使用个人社交媒体？解释清楚你的答案。

（3）列出控制工作场所社交媒体使用的利弊。

（4）你会为一个在工作场所限制社交媒体使用的组织工作吗？为什么会？

应用案例 14-1：运动员使用推特
专题：社交媒体，沟通道德

推特的优缺点？

"Tweets, Twittering"，早在 2006 年以前，我们对于这些词唯一的定义是鸟及其叫声。现在，每个人都知道，推特还是一种在线平台——拥有 3.36 亿月活跃用户，每天发布 5 亿条推文，每天发布 16 亿条搜索查询——用于通过网络、手机和其他移动设备交换 280 个或更少字符的短信。[75] 根据推特的创建者多西（Dorsey）、斯通（Stene）和威廉姆斯（Williams）所述，推特可以是很多东西：一个信息服务商，一个满足顾客需求的客服工具，一个实时搜索引擎，一个微博客。从数据上显示，推特变得越来越流行。

有一个领域推特很流行，那就是运动领域，尤其是在大学的运动领域。例如，当迈克·莱利（Mike Riley）还是内布拉斯加大学（University of Nebraska）的橄榄球主教练时，他就用推特让球迷了解最新消息。现在在俄勒冈州立大学（Oregon State），他仍然欣赏即时通信的力量。密西西比大学（University of Mississippi）前足球主教练修·弗里兹（Hugh Freeze）是社交媒体的早期使用者，他通过社交媒体传播招聘新闻。他发现推特是一种简单有趣的沟通方式，可以向粉丝、校友和其他喜欢使用推特的人快速传递信息，还可以让球队的工作人员和潜在的招聘对象便捷地交流。美国 NCAA 对于潜在的新人和教练之间的直接接触有着相当严格的规则，但这些规则对于直接的信息传递是无限制的。然而，教练仍很谨慎，唯恐违反招聘规定。因此，由于可使用推特来说明招聘目标，教练可间接地分享招聘信息而不用说出名字。[76]

然而，很多大学教练都在监控甚至禁止运动员使用社交媒体。[77] 因为如果球员在推特上发表的评论会对学校产生负面影响、冒犯球迷或可能违反 NCAA 的规定，那么就有可能引发意想不到的问题。以下是一些因推特而引起的不幸事件：一个西肯塔基大学球队（Western Kentucky University）的跑锋因为在推特上发表了对球迷的批评性话语而被禁赛；NCAA 根据一名球员的推文进行调查，取消了 15 个足球奖学金获得者的获奖资格；里海大学（Lehigh University）球队的一名外接手因为在推特上发表了种族诋毁言论而被禁赛。我们甚至可以看到在伦敦奥运会上推特也导致了意外事件——一个希腊的三级跳远运动员因为发表了带有种族歧视色彩的推文被禁止参加奥运会。这确实是管理者（如教练和管理人员）试图控制信息流动的一个充分理由。但禁止使用就能解决问题吗？一些分析人员认为并不是这样。他们指出，那些制定规则的人不了解社交媒体究竟是什么，也不知道它作为营销和招聘工具的价值，他们有必要好好了解第一修正案的权利部分（其中一部分包括言论自由）。许多大学并未禁止运动员使用社交媒体，但却雇用公司监控他们发布的内容。这势必要求运动员允许监视的公司访问他们的账户，有人称这是侵犯隐私权的行为。但随着时间的推移，社交媒体上的交谈和聊天正变得越来越普遍，也越来越受期待。然而，我们仍需谨慎行事。骚扰、性别歧视和虐待仍然是常见的事情，尽管推特在努力更好地进行管理。

讨论题

1. 大学使用社交媒体与学生、潜在的学生、校友、捐赠者等利害相关者进行交流的优缺点有哪些?

2. 你认为使用社交媒体的障碍会越来越多还是越来越少? 请探讨。

3. 管理者应该做些什么以保证他们在使用社交媒体时能够进行有效的沟通?

4. 你在使用社交媒体时有过哪些好的或不好的经历? 根据你的经历,你对管理者和企业有什么建议?

5. 你如何平衡个人随心所欲使用社交媒体的"权利"和社交媒体上的道德挑战? 沟通道德在这里是如何发挥作用的? 考虑你个人对这些问题的回答,然后在你的小组中讨论每个人的答案。

应用案例14-2: 禁止电子邮件+禁止语音邮件
专题: 有效沟通

什么是组织沟通所必需的?

据估计, 平均每个企业用户每天发送和接收约 112 封电子邮件。[78] 这大约是每小时14 封电子邮件, 即使其中的一半不需要太多的时间和精力, 但这个数量的电子邮件也会带来压力, 并导致无效的时间。曾经被认为节约时间的电子邮箱是否已成了负担? 语音邮件怎么样呢? 电话信息对组织沟通是必需的吗? 这些问题迫使许多组织更仔细地了解如何传递信息。

几年前, 美国移动电话公司 (U.S. Cellular) 的执行副总裁每周五都会实施电子邮件禁令。他在备忘录中宣布了一项要求员工改变的命令: 要他们走出办公室, 与同事们进行面对面的交流, 而不是坐在那里发电子邮件。这项指令受到强烈的抵触。一名员工当着他的面说他不知道员工得做多少工作, 也不知道使用电子邮件会使工作何等的轻松。但最终员工同意作出改变。由于必须使用电话, 一位员工结果发现, 他原以为远在国外的同事正站在离他不远的大厅的另一边。如今, 其他高管也发现了禁止使用电子邮件的好处。

拉塞尔网络公司 (LaSalle Network) 的创始人兼 CEO 汤姆·金贝尔 (Tom Gimbel) 制定了每季度一次"无电子邮件日"的制度。通过减少与电子邮件通信相关的一些问题, 他发现员工在"现场"联系、面对面的交谈和协作方面都有所增加。阿卡迪亚姆游戏开发公司 (Arkadium) 的创始人兼总裁杰西卡·罗弗洛 (Jessica Rovello) 将电子邮件形容为"一种商业注意力缺失症"。她发现自己及员工会停下手中的任何工作, 第一时间处理收件箱中的邮件。她决定每天只查看电子邮箱 4 次, 并且关掉邮件通知。全球公关公司万博宣伟 (Weber Shandwick) 的高管蒂姆·弗莱 (Tim Fry) 花了 1 年时间, 准备让员工"戒除"电子邮件系统。他的目标是大幅度减少员工发送和接收电子邮件的数量。他首先采用公司办公室之间的沟通系统, 该系统已成为一个内部社交网络, 具有脸书、工作组协作软件和员工公告栏诸多要素。欧洲最大 IT 公司源讯 (Atos) 的负责人提埃里·布雷顿 (Thierry

Breton）宣布了一项"零电子邮件政策"，以一项更像脸书和推特二者合在一起的服务取代电子邮件。

语音邮件成了组织沟通选择最新的受害者。在削减成本的压力下，包括摩根大通（J.P. Morgan Chase & co.）、花旗集团（Citigroup inc.）和美国银行在内的几家大型金融机构正在删除或减少电话语音邮件。一些公司高管在解释他们的行为时提到了一个实际情况，即几乎没有人使用语音邮件了。然而，问题依然是，客户是否仍希望能够与他们的财务顾问保持语音联系。

讨论题

1. 你对此有何看法？你认为电子邮件和语音邮件在工作场所无效吗？

2. 你对普通员工每天收到的电子邮件数量感到惊讶吗？处理大量电子邮件的挑战是什么？你每天收到多少电子邮件？你的电子邮件数量增加了吗？你必须改变电子邮件习惯吗？

3. 你对有些公司正在使用的电子邮件"替代品"——社交媒体工具有什么看法？ 在哪些方面它可能更好？在哪些方面可能更糟糕？

4. 埃里森还可以采取什么方法解决不受控制的电子邮件？

5. 写一个备忘录，发给你的员工，告诉他们你每月有一天是无电子邮件日。

应用案例 14-3：随时反馈
专题：反馈

随时反馈太多了吗？

亚马逊由杰夫·贝索斯于 1994 年创立，是世界上市值最大的零售商。许多人认为，该组织的工作环境和文化激励了员工创新，如金读（Kindle）图书和无人机投递。与科技行业的其他公司一样，亚马逊以非传统的工作场所而闻名。然而，与许多科技公司充斥着"福利"、乡村俱乐部风格的工作场所不同，亚马逊的工作场所文化强调努力工作和竞争。[79]

亚马逊的管理人员受数据驱动，专注于生产力。有人说公司环境恶劣，因为没有达到标准的员工会在年度绩效考核过程中被淘汰。公司鼓励竞争，而工作场所的冲突也经常发生。指导员工行为的 14 条原则强化了亚马逊的文化。第 13 条"反对并承诺"反映了贝索斯的信念，即工作场所的和谐被高估，从而可能扼杀诚实的批评。公司鼓励业绩反馈，许多亚马逊人（即亚马逊员工）声称竞争性的工作环境有助于他们发展，因为它推动他们超越自己的极限。

并不是亚马逊的所有员工都同意这种反馈方式。一些亚马逊人报告说，反馈有时非常直率，因而会具有对抗性甚至令人痛苦。此外，有时候管理者对员工的表现提供反馈，而他们并没有直接观察。经理经常通过一个有争议的在线反馈工具来获得对员工表现的评价。随时反馈方式是公司指南中的一个小工具，它允许员工轻松地向管理层发送关于同事的信息。上司知道是谁发送信息反馈，但实际上他们在反馈给员工时是匿名的。亚马逊声称这只是另一个向管理者发送信息反馈的工具，类似于电子邮件。然而，一些人声称匿名使用这个工具，加上它易于使用，产生了问题。鉴于这个组织的竞争性质，一些亚马逊人认为这个工具经常被用来伤害他人和其他组织。员工可以通过这个工具发送虚假或误导的信息反馈，而那些得到反馈的人无法对于匿名反馈为自己辩护。

杰夫·贝索斯声称，虽然亚马逊是一个竞争激烈的组织，但这种冷酷无情的行为并不能反映他所知道的亚马逊。他在写给股东的信中指出，组织文化随着时间的推移不断发展，人们会自己选择加入一个组织。尽管亚马逊确实存在高水平的员工流动，但在公司成立以来的 20 多年里，他们已经留住了相当数量的员工，他们在反馈充分的环境中茁壮成长。

讨论题

1. 经理能否给员工提供诚实的反馈，而不会产生冲突？为什么会或为什么不会？

2. 你认为随时反馈方式对组织来说是一个有用的沟通工具吗？为什么是或为什么不是？

3. 亚马逊如何消除使用这一工具而造成的其他员工的担忧？

4. 你愿意在这样竞争激烈的环境中工作吗？为什么愿意或为什么不愿意？

5. 这个故事中描述的文化是否符合文明和尊重的文化理念？在你的小组中，讨论这个问题并提出一些可以传递给亚马逊经理的建议。

 注释

本章注释文件请扫二维码下载。

第 **15** 章

控制工作与运营流程

没有人员流失是管理者优秀的标志。

员工离职率高的公司几乎很难有效运转，但离职率低也不见得是特别好的事情。没有人员流失的情况往往意味着管理者安于现状不思进取，对员工差强人意的业绩听之任之。有效的组织控制制度会激励管理者发现并辞退勉强合格的员工。只有当应当离开的人——业绩最差的那些人——离开了，然后，低水平的员工离职率才是值得称道的。

控制是管理过程的最后一步。管理者必须对是否有效完成了在计划过程中制定的目标进行监控，这是他们在控制时从事的工作。正确的控制能帮助管理者找到绩效差异和可改进的领域。活动并非总是按计划进行，而这正是控制如此重要的原因。例如，2017年的一个周末，英国航空公司（British Airways）经历了一次重大的全球计算机故障，导致数百个航班取消，75 000多名乘客受到影响。虽然技术问题很快得到了解决，但是机组人员仍然在错误的地方，而不是他们需要去的地方。"微调系统"最终得以恢复。[1]在本章中，我们将审视控制的基本要素，包括控制过程、管理者使用的控制类型，以及当代控制问题。

1. 解释控制的性质与重要性。
2. 描述控制过程的三个步骤。
3. 讨论组织和管理者使用的控制类型。
4. 讨论当代控制问题。

15.1　什么是控制与它为何重要

"救助"（bailout）是一个有魔力的单词，它使达美乐比萨（Domino's Pizza）损失了11 000 个免费比萨。公司为一次考虑过的广告行动准备了一份网上优惠券，但该行动未获批准。然而，当有人将"救助"这个单词输入达美乐比萨的促销指令视窗时，发现可以得到一份免费的中号比萨，于是这个单词在网上如野火般流行开来。有时不知怎么回事，缺乏控制会耗费企业大量的时间。[2]

15.1.1　什么是控制

你怎么知道一个控制制度是有效的？就看目标是否得以实现！

控制（control）是一种管理职能，它涉及对活动进行监督，以确保活动按计划完成，并能够纠正任何明显的偏差。管理者在评估哪些活动已完成，并且把实际绩效与期望标准进行比较前，是无法真正知道他们的工作团队是否正确运作了的。一个有效的控制系统能确保活动的完成，有利于组织目标的实现，其有效性取决于它促进目标实现的程度。越能帮助管理者实现组织目标的控制系统就越好。

15.1.2　控制为何重要

- 丹佛铸币厂（Denver Mint）的印刷机操作员发现了一个错误——五台印刷机中有一台印出的威斯康星州二角五分的硬币上多出了一片朝上或朝下的叶子。他停下了机器，出去吃饭。当他返回时，看到机器正在运转，于是认为已有人修改了机器中的模具。然而，经过例行检查，机器操作员发现模具没有变。错误印刷进行了一个多小时，上万枚缺陷硬币与无瑕疵的硬币混在一起，难以分辨。多达 50 000枚缺陷硬币进入了流通，引发了硬币收集者的购买狂潮。[3]

- 诺斯罗普·格鲁曼公司（Northrop Grumman）在其卫星生产单元中实施了几项重大改变，此前在 NASA 的詹姆斯·韦伯太空望远镜（哈勃太空望远镜的升级版）的建造中发现了严重的错误。[4]

- 瑞典时尚零售商 H&M 存在一个问题：43 亿美元的未售出库存。对于快速时尚零售业的竞争对手来说，这是一个相当严重的问题。[5]

- 在食品中发现了包括牙齿和塑料等异物之后，麦当劳日本公司已经向顾客道歉，并承诺将更好地控制产品安全。[6]

- 英国数以百计的肯德基商店不得不关闭，因为一个物流错误造成没有鸡可供烹饪和销售。[7]

- 黑客攻击了沙特阿拉伯的一家石化工厂，并控制了一个对防范灾难性事件至关重要的安全关闭系统。黑客有能力控制安全系统在紧急情况下的行动。[8]

- 2017 年奥斯卡颁奖典礼令人难忘！不是因为主持人的身材或者提名者的服装选择，而是因为颁奖人拿到了错误的信封，宣布获奖者是错误的照片，这个错误必须尽快纠正。负责颁奖的普华永道事务所后来进行了一次彻底的审查，对出现的问题进行了修改，并采取了"广泛的控制措施"，以确保这种情况不会再次发生。[9]

- 所有快餐连锁店都不希望它的员工在后厨做出一些令人恶心的事情，但是社交媒体在网上曝光的照片和视频显示：塔可钟（Taco Bell）的一位员工正伸长舌头舔一沓玉米卷，温迪（Wendy）的一名员工正俯身在冰激凌制作机下面大口吞食冰爽美味，达美乐比萨（Dominos Pizza）的一个员工正以不堪入目的肮脏行为制作食物。[10]

77%的高管表示，组织的最大威胁来自组织内部。[11]

你现在知道为什么控制是一项如此重要的管理职能了吗？我们能够制订计划，设计组织结构以有效促进目标的实现，并通过有效的领导来激励员工。然而，我们无法保证活动正如事前计划的那样进行并达到员工和管理者为之工作的目标。因此，控制非常重要，因为它是管理者了解组织目标是否实现，如若没有，原因何在的唯一方式。控制职能的价值存在于 3 个具体的领域。

1. 计划

在第 5 章中，我们曾指出，计划的基础是向员工和管理者提供方向明确的目标。然而，仅仅确定目标或让员工接受目标并不能保证他们会采取必要的行动。正如老话所说："精心准备的计划常常出岔子。"有效的管理者接下来必须进行追踪以确保员工采取了期望的行动，并实现了应该实现的目标。作为管理过程的最后一步，控制与计划存在重要联系（见图 15-1）。如果管理者不进行控制，他们就无法了解目标与计划是否实现，以及未来该采取什么行动。

图 15-1　计划—控制链

2. 向员工授权

使得控制重要的第二个原因是向员工授权。很多管理者不愿向员工授权，因为他们担心会出错，并会为此承担责任。但有效的控制系统可以提供关于员工绩效的信息和反馈，使出现潜在问题的可能性降到最低。

3. 保护工作场所

　　管理者实施控制的最后一个原因是为了保护组织及其资产。[12] 组织面临着很多威胁，包括自然灾害、财务压力与丑闻、工作场所暴力、供应链崩溃、安全漏洞，甚至可能的恐怖袭击。管理者必须在这些可能发生的情况下保护组织的资产。全面的控制和支持计划将确保对工作造成最小的破坏。

　　媒体和公共信息经理约翰·贾马森（John Jamason）正在对棕榈滩县紧急行动中心（Emergency Operations Center）社交媒体监控室的工作人员讲话。脸书和推特等社交媒体帮助该中心追踪和监控暴风雨肆掠时的信息，以便陷入困难的人们能及时得到帮助。

15.2　管理者如何从事控制工作

　　当玛金·富恩特斯（Maggine Fuentes）加入总部在俄亥俄州的核心系统公司（Core Systems）任人力资源经理后，她知道自己的首要任务是减少公司远远高于行业平均水平的员工伤害事故数量。该公司的员工伤害事件数"猛增，超过了行业平均水平"。伤害事件的高发率和严重程度不但影响到员工士气，而且导致工作时间减少，影响了利润。[13] 玛金依靠控制过程来改变这种情况。

　　控制过程包括 3 个步骤：衡量实际业绩，将实际业绩与标准进行比较，以及采取管理措施，纠正偏差或不适当的标准（见图 15-2）。控制过程假定业绩标准已经存在，确实如此，它们是在计划过程中被创造出来的明确目标。

图 15-2　控制过程

明确的目标就是业绩标准。

15.2.1 什么是衡量

为了确定实际业绩，管理者必须得到有关的信息。所以控制的第一步就是衡量。

1. 管理者如何衡量

在衡量实际业绩时，有 4 种最常用的信息来源：亲自观察、统计报告、口头报告和书面报告。每种信息来源都有各自的优缺点，但混合使用将既能增加输入信息来源的数量，又能提高获得可靠信息的可能性。

亲自观察提供了有关实际活动的第一手的、详尽的信息——一种未经他人转述的信息。由于不管是重要的还是次要的行为都能被观察到，因此该种方法能提供密集的信息量。同时，它使管理者有机会了解到某些言外之意。**走动式管理**（management by walking around，MBWA）这个词描述的是管理者走进工作场所，直接与员工接触，并交换有关工作进展的信息。走动式管理能收集到那些在采用其他方法时容易出现的遗漏、面部表情和语调等信息。然而，当信息量代表着客观程度时，亲自观察常被视为一种欠优的信息来源。它可能存在感性偏差，某位管理者看到的东西，另一位管理者未必能看到。亲自观察还会耗费大量的时间。最后，它可能不受员工欢迎，员工可能会把管理者的公开观察视为对他们缺乏信心和信任的信号。

计算机的广泛运用使得管理者越来越依赖统计报告来衡量实际业绩。但这一衡量方法并非仅限于计算机的输出结果，它还包括曲线图、条形图，或管理者可以用于评价业绩的任何数字显示。虽然统计信息很容易形象化且能有效地说明事物之间的关系，但它所能提供的有关活动的信息是有限的。统计报告的内容仅限于少数一些关键领域，而且可能忽略一些重要的、常常是主观的因素。

当今职场中的道德决策

评级，审查。当我们寻找吃饭的地方、买车、修水管的水管工、解决健康问题的医生，甚至是一个你想与之共度一整个学期的教授时，我们都会关注他们。你甚至可能已经填写了所使用用过的产品或服务的评论。你认为一个新的平台，让你的同事或其他商业专业人士与你互动，匿名评价，你怎么样？这就是"完善"背后的前提，它的创建者称之为"专业人士的 Yelp"。[14]"完善"的目的是让专业人士评估其他人的表现，并提供详细和建设性的反馈。控制谁可以发布和发布什么是一个主要的问题，创始人说他们已经基于一些标准考虑到正在申请专利的程序。最终，"完善"将拥有地理定位和面部识别技术，这样你就可以审查那些最接近你的人。

讨论题

1. 你对这个反馈评审平台有什么看法——正面的和消极的？请讨论。

2. "完善"项目可能引起哪些潜在的道德问题？哪些利害相关者可能会受到这个评级平台的影响？你希望你的同事/业务伙伴给你的表现进行评级吗？为什么呢？一旦你独立地回答了这些问题，进入你所在的小组，比较/讨论你个人的回答。

信息也可通过口头报告获得，即通过会议、一对一面谈或电话会谈来获得。在员工间紧密合作的员工导向型组织中，这可能是监督工作业绩的最好方式。例如，加州（California）埃斯康迪多（Escondido）的肯·布兰佳公司（Ken Blanchard Companies）要求管理者至少每 2 周与每位员工做一次一对一的会谈。[15] 这种行为衡量方法的优缺点与亲自观察相似。虽然信息经过转述，但速度快、允许反馈，且不但能通过语言还能透过语调来表达意见。在以前，口头报告的一个最大缺陷在于无法将信息记载下来以供日后参考。然而，在过去几十年中，技术能力已经发展到能将口头报告有效地录制下来，并能像被写下来一样永久保存。

实际业绩可以通过书面报告来衡量。书面报告像统计报告一样，虽然在速度上慢一些，但比第一手或第二手的口头衡量更正式。这种正式形式使其传递的信息比口头报告更全面，而且更精确。另外，书面报告通常更易归类和查阅。

四种不同的衡量技术都有各自的优缺点，管理者应该综合运用以获得全面的控制效果。

73%的雇主在努力解决工作中阻碍生产力提升的问题。[16]

2. 管理者衡量什么

对控制过程来说，衡量什么也许比怎样衡量更为重要。为什么？标准选择错误可能导致控制功能失调的严重后果。另外，衡量的内容在很大程度上决定了组织成员努力的方向。[17] 例如，假定你的老师要求在学完课本的每一章后交一篇书面作业，总共需完成 10 篇作业。然而在期末计算课程成绩时，你却发现这些作业并未计分。当你问老师时，她回答说这些书面作业是为了对你自己有所启发，并不影响你的课程成绩，课程成绩完全取决于你在三次考试中的表现。可以预见，你会将你的大部分（即使不是全部）精力放到准备三次考试上。

某些控制标准适用于任何管理情况。例如，因为从定义上讲，所有的管理者都在指导其他人的行动，所以诸如员工满意度、辞职率和缺勤率等指标可作为衡量的内容。大多数管理者在其负责的领域都有以货币单位（美元、英镑、法郎、里拉等）表示的预算，因而，把成本控制在预算内成为一种相当常用的控制措施。然而，任何一个全面的控制系统都必须认识到不同管理者之间的活动差异。例如，一家便笺用纸制造工厂的生产经理可能使用日产量、每人小时产量、单位产出消耗的废料、遭顾客退货的数量或百分比等衡量指标。另外，政府部门某行政单位的管理者也许会衡量每天完成的文件页数、每小时处理的指令数，或每处理一个服务电话所需要的时间。营销经理通常使用市场占有率、每个推销员拜访的顾客数量、每一种广告媒介所产生的消费者印象数等作为衡量的内容。

正如你可能想到的，有些活动的绩效是很难用数量指标来衡量的，例如，管理者要衡量一位化学研究人员或中学教师的业绩就比衡量一位寿险业务员的业绩更为困难。但大多数活动都能被分解为可被衡量的客观部分，管理者必须确定个人、部门或单位对组织的价值是什么，然后将其转化为衡量的标准。

多数工作和活动都能以明确的和可衡量的术语来表达，当某项业绩指标无法量化时，管理者应寻找并使用主观的衡量指标。当然，主观指标存在很大的局限性，但总比根本没有标准并因此忽略控制职能部门要好。若某项活动非常重要，则以难于衡量作为借口是不合适的。在这种情况下，管理者应使用主观的绩效标准。当然，在做主观标准的分析和决策时应考虑到有关数据的局限性。

当今职场中的经典概念

标杆管理：我们如何衡量？

在第5章，我们介绍了标杆管理是组织提高质量的一种方式。[18] 由于计划和控制的联系如此紧密，因此毫不奇怪，标杆管理也影响到控制。标杆管理是一种非常有用的管理工具。虽然施乐常常被誉为美国第一家广泛实施标杆管理的公司，但实际上这一实践可以被追溯到更早以前。

制造业早就认可了标杆管理的好处。在米德维尔钢铁公司（Midvale Steel Company）的工厂中，弗雷德里克·泰勒使用标杆概念找到完成工作的"最好办法"和完成工作的最佳人员。甚至连亨利·福特也承认其好处。芝加哥屠宰场把动物尸体挂在挂钩上，而挂钩安在单轨上。每个人完成自己的工作后，就把尸体推到下一个工作点。基于芝加哥屠宰场的这一技术，1913年，秉持同样原理的福特生产线开始生产轿车，"革新制造的主意是从其他行业引入的"。

今天，诸如卫生保健、教育和金融服务等不同行业的管理者发现了制造商早就认可了的标杆管理的好处。例如，美国医学会（American Medical Association）提出了100多个业绩衡量标准以提高医疗质量。卡洛斯·戈恩（Carlos Ghosn）担任尼桑公司（Nissan）的时，曾以沃尔玛在采购、运输和物流方面的业务为基准。标杆管理最基本的含义是向他人学习。然而，作为一种监督、衡量组织与工作业绩的工具，标杆管理也可用于确定业绩差距和可能的改进领域。

讨论题

1. 标杆管理的益处是什么？这样做的挑战是什么？
2. 在你所在的小组中，讨论标杆管理是否适合于个人。请解释你的回答。

15.2.2　管理者如何确定实际业绩与计划目标之间的差异

"比较"这一步骤决定了实际业绩与标准之间的差异程度。虽然在所有的活动中都可预料到会存在一定的偏差，但确定可接受的**差异范围（range of variation）**还是很重要的（见图15-3）。超过这一范围的差异应予以关注。让我们来看一个例子。

克里斯·坦纳（Chris Tanner）是绿色地球园艺供应公司（Green Earth Gardening Supply）的销售经理，该公司是一家位于太平洋西北部的特色植物和种子的经销商。克里斯在每个月的第一周会准备一份报告，按产品线分类，对上个月的销售情况进行描述，表15-1显示了6月的销售目标（标准）和实际的销售数据。在看了这些数据后，克里斯应予以关注吗？销售额比起初制定的目标稍高一点，但这是否就意味着不存在重要的差异呢？这取决于克里斯认为什么是重要的，即超出了可接受的差异范围。尽管总的业绩相当不错，但有几个产品需要进行更仔细的审视。例如，家传种子、球根花卉和一年生花卉的销售额持续超预期，克里斯可能需要从苗圃订购更多的产品，以满足顾客的需求。由于蔬菜植物的销售额比目标低 15%，克里斯可能需要特别关注它们。正如这一例子所揭示的，过多差异和过少差异都需要引起管理者的关注，这构成了控制过程的第三步。

图 15-3　可接受的差异范围

表 15-1　确定重要差异的例子：绿色地球园艺供应公司 6 月的销售额

产品	标准	实际	超过（不足）
蔬菜植物	1075	913	−612
宿根花卉	630	634	4
一年生花卉	800	912	112
草本植物	160	140	−20
球根花卉	170	286	116
球根花卉	225	220	−5
家传种子	540	672	132
合计	**3600**	**3777**	**177**

15.2.3　可以采取哪些管理行动

管理者可以从以下 3 种行动中择其一：

- 不采取任何行动（不言而喻）；
- 纠正实际业绩；
- 修改标准。

1. 如何纠正实际业绩

　　根据存在的问题，管理者可以采取不同的纠偏行为。例如，若导致差异出现的原因是不良的业绩，管理者就将采取诸如培训、惩罚、改变报酬等纠偏行动。管理者必须做出的一个决定是：是采取立即纠偏行动（immediate corrective action），还是采取根本性纠偏行动（basic corrective action）。前者要求立即纠正出现的问题，使业绩回到设定的轨道上来，而后者会先找出偏差是如何出现、为何出现等问题的答案，然后采取行动纠正偏差产生的根源。管理者常常据理力争，说他们没有时间寻找问题的根源（采取根本性纠偏行动），因而只能继续依赖立即纠偏行动，无休止地扑火。有效的管理者会分析偏差，并在认为值得时，花时间准确找出并纠正偏差产生的原因。

2. 如何修改标准

差异的产生也可能是标准不现实的结果——目标定得过高或过低。在这种情况下，需要对标准而不是业绩进行修正。如果业绩持续超过目标，管理者就必须审视目标是否定得太容易，需要提高。反之，管理者必须谨慎对待降低标准。当员工和团队达不到目标时，他们的自然反应就是对目标进行指责。例如，在考试中得低分的学生常常攻击及格线定得太高，他们不是接受自己表现不够好这一事实，而是认为标准制定得不合理。同样，未能完成月指标的推销员常常抱怨指标制定得不现实。管理者需把握住一个要点：当业绩没有达到标准时，不要马上去指责目标或标准。如果你相信标准是现实的、公平的、可达到的，那么就告诉员工你希望他们改进将来的工作，然后采取必要的纠偏行动，把期望变成现实。

15.3 管理者应该控制什么

成本效率、留住顾客的时间长度、顾客对所提供服务的满意度，这些只是竞争激烈的呼叫中心服务行业的管理者所采用的一些重要的业绩衡量指标。为了做出好的决策，该行业中的管理者需要这类信息来控制工作业绩。

管理者怎么知道控制什么呢？在这一部分，我们先根据控制何时发生来审视控制什么的决策。然后，我们将讨论管理者选择实施控制的一些不同领域。

15.3.1 控制何时发生

管理者可以在活动开始前、活动进行过程中，或活动完成后实施控制。第一类被称为前馈式控制，第二类被称为同步式控制，最后一类被称为反馈式控制（见图 15-4）。

图 15-4 控制何时发生

1. 什么是前馈式控制

最理想的控制类型，即前馈式控制（feedforward control），能防止可能出现的问题，因为它发生在实际活动开始之前。[19] 例如，当麦当劳在莫斯科开店时，它派去了公司质量控制专家，帮助俄罗斯的农民学习种植高品质马铃薯的技术，帮助面包师学习烤制高质量面包的方法。为什么？因为麦当劳要求不管地理位置在哪儿，产品质量必须保持一致。它希望莫斯科的干酪汉堡包的味道与奥马哈的一样。前馈式控制的另一个例子是主要的航空公司推行的定期飞机维护计划，这些计划设计来检测并期望防止可能导致航空灾难的结构性损害。

前馈式控制的关键是在问题发生前采取管理措施。前馈式控制能防止问题出现，而不是在破坏已经出现后（如产品质量差、顾客流失、收入减少等）再去纠正。但这种控制要求及时准确的信息，而这通常是难以满足的。所以，管理者常常使用另外两种类型的控制。

微软使用同步式控制来跟踪其能源使用情况。在图中所示的运营中心，控制技术人员雷·尼科尔斯（Ray Nichols）监控公司大楼里的供暖、制冷和其他系统的实时数据，这些数据将帮助微软实现其碳足迹改善的目标和减少对环境的影响。

2. 何时使用同步式控制

顾名思义，同步式控制（concurrent control）发生在活动进行过程中。例如，谷歌公司（Google）的企业产品管理总监和他的团队密切注意谷歌公司最赚钱的业务之一——在线广告。他们密切观察"搜索量与点击量、用户对广告的点击率、产生的收入—他们连续跟踪这些信息，将其与一周前的数据进行对比，并制成图表。"[20] 如果他们发现有些指标运行得不太好，就会做调整。

55%的员工表示微观管理会降低他们的工作效率。[21]

技术设备（如计算机和计算机化的控制设备）也能用于提供同步式控制。例如，你可能已在使用文字处理软件时体验到了同步式控制，该软件会及时提醒你单词拼写错误和语法使用上的错误。另外，许多组织的质量项目都依赖同步式控制来告诉员工，他们生产的产品是否达到了质量标准。

然而，同步式控制最广为人知的形式是直接监督。例如，英伟达公司（NVIDIA Corporation）的总裁黄仁勋（Jen-Hsun Huang）打掉了办公室里的小卧室，以一张会议桌代之，所以他现在就能在任何时间与员工讨论工作的进展。[22] 所有的管理者都能从使用同步式控制中获益，因为他们可以在问题变得过于严重前予以纠正。我们在本章前面描述的走动式管理就是管理者进行同步式控制的好方法。

3. 为何反馈式控制如此普及

最普及的控制类型依赖于反馈。在反馈式控制（feedback control）中，控制发生在行动之后。例如，回想我们前面丹佛铸币厂的例子。威斯康星州两角五分的缺陷硬币就是在反馈式控制中被发现的。即便组织一发现问题就予以纠正，损失也已经产生。这就是反馈式控制存在的主要问题。当管理者获得有关信息时，导致浪费或破坏的问题已经发生。然而，对很多工作而言，财务工作就是一个例子，反馈式控制是唯一可选择的控制类型。

反馈式控制有 2 个好处。[23] 第一，反馈会给管理者提供有意义的信息，让他们知道其规划活动的效果如何。如果反馈显示实际绩效与所定目标几乎一致，则表明规划总体上是正确有效的。如果离目标很远，管理者则可以利用这些信息来制定新的计划。第二，反馈可以更好地激励员工，因为员工都希望了解自己的业绩情况，而反馈所提供的信息可以让他们清楚自己的差距和不足。

15.3.2 保持追踪（什么得到了控制）

在组织的不同地点和职能领域发生着数不清的活动！

1. 追踪组织的财务

想要赢利吗？你需要进行财务控制！传统的财务控制包括以下两大方面。

（1）比率分析

计算比率用的是从组织的资产负债表和利润表中选择的信息（见表 15-2）。

表 15-2　常见的财务比率

目标	比率	计算公式	含义
流动比率：衡量组织偿还流动负债的能力	流动比率	流动资产/流动负债	测试组织偿还短期负债的能力
	速动比率	（流动资产－存货）/流动负债	当存货周转速度慢或难以出售时，更精确地测试流动性
杠杆比率：分析组织利用负债来筹集购买资产所需要的资金，以及是否能偿还债务利息	资产负债率	负债总额/资产总额	该比率越高，组织的杠杆程度越大
	已获利息倍数	息税前利润/利息总额	衡量组织能够支付利息的倍数
营业比率：评价企业使用资产的效率	存货周转率	销售额/存货	该比率越高，存货资产的利用效率越高
	总资产周转率	销售额/资产总额	获得一定销售额所使用的资产越少，组织对总资产的利用效率越高
赢利能力比率：测量企业利用资产而产生利润的效率与效果	净利率	税后利润/销售额	确定产生的利润
	投资回报率	税后利润/资产总额	衡量利用资产获得利润的效率

（2）预算分析

计划和控制都会使用预算。

- **计划工具**：表明活动是否重要，以及应该向这些活动分配什么资源和多少资源。
- **控制工具**：向管理者提供衡量什么和比较资源消耗的定量标准。若出现重要差异就需要采取行动，管理者要检查发生了什么，并分析原因，然后采取必要的行动。

2. 追踪组织的信息

（1）信息——控制组织其他活动的重要工具

1）为什么：管理者需要在正确的时间获得正确数量的正确信息，以帮助他们监控和衡量组织活动。

- 关于在其职责范围内发生的事件。
- 关于标准，以便能够将实际业绩与标准进行比较。
- 帮助他们确定差异是否可接受。
- 帮助他们提出适当的行动方案。

信息很重要！

2）怎样做：管理信息系统。

- 虽然大多数组织的管理信息系统都是在计算机支持下运用的，但它也可以是基于人工的。
- 管理信息系统中的系统意味着规则、安排和目的。
- 特别强调向管理者提供信息（经过处理和分析的数据），而不是单纯的数据（原始的、未经分析的事实）。

（2）信息——需加以控制的组织资源

2017 年，一共有 79 700 起被报道的安全事故与 2 122 起被证实的数据违规事件。[24] 由此可见，对于组织做的每一件事，信息都非常重要。

- 控制：数据加密、系统防火墙、数据支持，以及其他技术。[25]
- 在可能根本未加考虑的领域（如搜索引擎）中找问题。
- 诸如笔记本电脑、平板电脑、甚至电子标签等设备都容易受到病毒和黑客的攻击。
- 对信息管理进行定期监控，以确保所有保护重要信息的预防措施都在工作。

3. 追踪员工绩效

员工在按计划工作并达到了事先设定的目标了吗？若没有，则可能需要向员工提供建议或进行处罚。（见第 9 章）

超过 81% 的管理者说他们提供困难的反馈方面做得不是很好。[26]

4. 追踪平衡计分卡的使用

平衡计分卡（balanced scorecard）能审视对公司业绩做出贡献的 4 个领域，[27] 而不仅仅是财务。

（1）财务。

（2）顾客。

（3）内部流程。

（4）人/创新/成长性资产。

管理者应该为上述 4 个领域中的每一个制定目标，然后，衡量目标能否达到。

15.4   管理者会面对哪些当代控制问题

综合信息系统公司（Integrated Information Systems Inc.）的员工没有对在他们建立的专用服务器上交换数字音乐做仔细考虑。就像大学职业体育中的办公室赌博，这在技术上是违法的，但无害，或许他们是这样认为的。但当公司不得不向美国唱片业协会（Recording Industry Association of America）支付100万美元后，管理者多么希望他们当初更好地控制了局面。[28] 控制是一项重要的管理职能，我们将考虑管理者当前面对的2个控制问题：跨文化差异和工作场所关心的问题。

15.4.1   需要根据文化差异对控制进行调整吗

我们讨论的控制概念适用于不存在遥远的地理距离和文化差异的组织。那么，在全球范围经营的组织又是怎样一种情况呢？它们的控制系统会不会有区别？管理者应怎样根据国别差异对控制进行调整？

在不同的国家，控制员工行为和业务运作的方法可能存在很大的差异。实际上，跨国公司控制系统的主要区别在于控制过程中的衡量和纠偏这2个步骤。例如，在一个全球性公司中，外国子公司的经理往往不会受到总公司的严密控制，这完全是因为距离妨碍了对工作进行直接观察。由于距离创造了正式控制的倾向，因此全球性公司的总公司通常依赖于广泛的正式报告来进行控制。全球性公司也可能利用信息技术的力量来控制工作行为。例如，Seven & I控股公司（日本最大的零售集团和美国7-11便利连锁店的母公司）之所以使用自动收款机，不但是为了记录销售额和监控存货，也是为了给商店经理计划任务，并跟踪他们使用内置的分析图表和预测功能的情况。如果经理没有充分使用它们，就会被告知要增加这方面的活动。[29]

这些非洲铁路服务员准备在中国建造的连接埃塞俄比亚（Ethiopia）和吉布提（Djibouti）的高速电气铁路的开通仪式上迎接客人。在培训当地非洲同行如何操作和管理铁路系统时，技术先进的中国工作人员需要调整他们的之前的控制方式，以适应文化差异。

在对技术发达国家和经济发展水平较低的国家进行比较时，技术对控制的影响是最明显的。位于美国、日本、加拿大、英国、德国和澳大利亚等技术发达国家的组织除了使用标准化的规章制度和直接监督外，还使用非直接控制技术（特别是基于计算机的报告和分析）来确保活动按计划进行。在技术发展水平较低的国家，直接监督和高度集中的决策制定是控制的基本方式。

另外，对所能采取的纠偏措施的限制也可能影响外国子公司的经理，因为有些国家的法律不允许经理关闭工厂、解雇员工，或从外国带入新的管理团队。最后，全球性公司在收集数据时遇到的另一个挑战是可比性问题。例如，一个公司在墨西哥的制造厂可能生产与其在苏格兰的工厂同样的产品。然而，墨西哥工厂的劳动密集程度可能比苏格兰工厂更高（因而可以利用墨西哥的低劳动力成本）。如果高层经理打算通过计算单位产出的劳动力成本或单位工人的产出来控制成本，那么数据可能是不可比的。全球性公司的经理们必须应对这些类型的全球控制挑战。

当今职场中的管理技术：对员工进行监控

技术进步使组织的管理过程变得容易多了。[30] 但技术发展也为雇主提供了复杂的员工监控手段。虽然其中大多数用于提高员工的生产率，但它可能而且已经成为员工隐私的忧虑源泉。这些优点同时也带来了困难的问题，那就是在了解员工时，管理者享有多大的权力？而在控制员工工作中和工作外的行为时，管理者又能做到什么程度？考虑以下事例。

- 科罗拉多州科罗拉多泉城（Colorado Springs）的市长看了市议会成员从家里发给对方的电子邮件信息，他为自己的行为辩护说，他是在确定议员们相互发的电子邮件没有用于废止他所在州的"会议公开化"法案，该法案要求大多数议会事务都必须公开处理。
- 美国国税局（U.S. Internal Revenue Service）的国内审计组对一个显示员工接触纳税人账目情况的计算机记录进行监控。这一监控行为使管理层得以检查和了解员工在他们的计算机上做了些什么。
- 美国运通公司有一个监控电话的精细系统，向管理者提供日常报告，详细列出员工打电话的次数和时间长度，以及打入的电话被接听的速度。
- 有些组织的管理层要求员工在公司时必须一直佩戴徽章。这些徽章中包含一些数据使员工得以进入组织中的特定位置。这些聪明的徽章也能随时告知员工所在的位置。

那么，问题是公司应该对员工的私生活在多大程度上施加控制呢？雇主制订的规则与控制应止于何处？在属于你自己的时间和在你自己的家里时，老板有没有权力摆布你？你的老板能禁止你骑摩托车、跳伞、吸烟、喝酒，或吃垃圾食品吗？这些问题的答案可能再次令你感到惊讶。今天，许多组织出于控制安全和健康保险成本的要求，正在探查员工的私生活。

虽然控制员工工作外的行为可能显得不正确、不公平，但我们的法律系统并未阻止雇主从事这些活动。在更大程度上，法律是建立在"如果员工不喜欢这些规则，他们有权辞职"这一假定基础之上的。经理也用保证质量、生产率和正确的员工行为等典型理由来为自己的行动进行辩护。例如，美国国税局通过对它东南地区办公室的审计发现，166 位员工未经授权查看朋友、邻居和名人的纳税申报单。

讨论题

1. 管理层了解员工行为信息的需要何时会越界，从而侵害了员工的隐私权？
2. 只要事先告知员工他们将受到监控，管理层的任何举动就都可被接受吗？

15.4.2 在控制工作场所时，管理者面临哪些挑战

当今的工作场所对管理者提出了大量的控制方面的挑战。从监控员工在工作中对计算机的使用，到保护工作场所、防止不满意的员工故意搞破坏，管理者必须采取控制措施以确保工作按计划有效完成。

有68%的员工承认他们曾使用公司的计算机来查看个人电子邮件。[31]

1. 我工作用的计算机真的是我的吗

如果你有工作的话，你认为在工作场所有隐私权吗？雇主在你和你的工作中会发现些什么？答案可能会令你感到惊讶。除了别的事以外，雇主能够（而且确实在）查看你的电子邮件（甚至连那些标明了私人或保密的信息也不例外），窃听你的工作电话，利用计算机监督你的行为，保存并检查计算机文件，在员工浴室或更衣室对你进行监控，当你使用公司车辆时追踪你的去向。这些活动并非不寻常。实际上，大约有30%的公司解雇了滥用网络的员工，另外28%的公司与滥用电子邮件的员工解除了合同。[32]

为什么经理感到他们必须对员工的行为进行监控呢？第一个重要原因是员工是受雇来工作的，而不是被雇来在网上冲浪查阅股票价格、看在线视频、玩梦幻棒球，或为家庭、朋友购买礼物的。据说娱乐性的在职网上冲浪每年耗损数十亿美元的生产率。事实上，对美国雇主的一项调查显示，87%的员工在工作时浏览与工作无关的网站，超过一半的员工每天上个人网站冲浪。[33] 看在线视频成为一个日益严重的问题，这不仅是因为浪费了员工的时间，还因为它阻碍了已经很紧张的公司计算机网络。[34] 如果要你猜在工作中最常浏览的视频网站，你会猜什么？如果你说是优惠购，那绝对正确！[35] 虽然这看起来似乎是无害的（毕竟它可能只不过是一段30秒的视频），但对企业来说这种非工作行为累积起来，产生了巨大的成本。

思杰（Citrix）是一家提供虚拟化网络和云技术业务的企业，这里的员工可以使用自己的设备，即自备设备（bring your own device，BYOD）。尽管越来越多的公司采用了自备设备政策，但其带来的控制风险与挑战仍然非常大。所以，即使在自备设备环境中，工作场所的监控政策也是非常必要的。

管理者监控员工电子邮件和计算机使用情况的第二个原因是，他们不想由于在同事的计算机屏幕上出现了攻击性的信息或不合适的图像而被指控制造了一个敌对工作环境的风险。对种族和性别骚扰的担忧可能是企业想监控和备份所有电子邮件的原因之一。电子记录能帮助确定真实发生的事，这样管理者就能做出迅速的反应。[36]

第三，管理者希望确保公司的秘密不被泄露。[37] 除了典型的电子邮件和对计算机的使用外，企业还在监控即时通信、博客和其他社交媒体，并禁止在办公室使用照相机。管理

者需要确定，员工没有，即便是无意中把信息传递给可能利用这一信息来损害公司的人。

由于潜在的严重代价，以及考虑到现在许多工作都需要计算机，很多企业都有工作场所监控政策。这类政策应该以一种非侮辱的方式控制员工行为，且应将这些政策告知员工。

2. 员工偷窃行为在上升吗

当发现将近 85% 的组织偷窃和欺诈都是由员工而不是外部人员干的，你会感到惊讶吗？[38] 而且这是一个代价高昂的问题——估计每个员工每年的偷窃金额约为 4 500 美元。[39] 在一项近期对美国企业的调查中，20% 的被调查企业认为工作场所偷窃已经成为一个从中等严重到非常严重的问题。[40]

员工偷窃（employee theft）被定义为任何出于个人用途未经授权拿走公司财产的行为，[41] 从盗用和非法保存费用报告到从公司中拿走设备、零件、软件和办公用品。虽然零售企业很久以来都面临着由于员工偷窃造成潜在严重损失的问题，但新成立的企业或小企业松散的财务控制和能够获得的信息技术使得员工偷窃成为各种类型和规模的组织中不断上升的问题。这是管理者需要通过训练使自己了解并准备好应对的控制问题。[42]

全球员工的欺诈每年给组织增加估计为 3.7 万亿美元的成本。[43]

员工为什么要偷窃？答案取决于你的询问对象。[44] 不同领域的专家——行业安全、犯罪学、临床心理学——都有不同的观点。行业安全人士认为，人们偷窃是因为松懈的控制和有利的环境提供，机会。犯罪学家认为，人们偷窃是因为他们有财务压力（如个人财务困难）或恶习压力（如赌债）。而临床心理学家则认为，人们偷窃是因为他们能够把自己的一切行为都合理化为正确的和合适的行为（"人人都这么做"，"他们让这件事发生的"，"这家公司赚了足够多的钱，这些一点都不会给他们造成任何损失"，"我忍受了这么多，应该得到这个"，等等）[45]。虽然这些研究都对员工偷窃问题提供了非常有说服力的观点，也能为设计程序阻止偷窃提供帮助，但不幸的是，员工们仍然在继续偷窃。管理者能够做什么呢？

前馈式控制、同步式控制和反馈式控制的概念可用于确定防止或减少员工偷窃的措施。[46] 表 15-3 对几种可能的管理行动做了归纳。

表 15-3　控制员工偷窃行为

前馈式控制	同步式控制	反馈式控制
细致的雇前筛选	尊重员工	当公司出现偷窃或欺诈行为时，一定要让员工知道—不必点名道姓，但要让他们认识到这样的行为是不能容忍的
制定具体的政策来界定偷窃和欺诈并规定惩戒措施	把偷窃的后果和代价传达给所有的员工	聘请专业的调查人员
让员工参与政策的制定	定期让员工知道他们在防止偷窃和欺诈行为上贡献	重新设计控制措施
就相关政策对员工进行教育和培训	如果条件允许，使用影像监控设备	评估组织文化及管理者与员工的关系
对内部安全控制进行专业评估	在计算机、电话和邮件中安装"锁定"选项；使用公司热线报告案件；树立良好的榜样	

资料来源：Robbins, Stephen P., Coulter, Mary, *Management*, 13th Ed., © 2016, p.541. Reprinted and electronically reproduced by permission of Pearson Education, Inc., New York, NY.

3. 管理者如何处理工作场所暴力

2015 年 1 月，波士顿布莱根妇女医院的一名心脏病专家被一名男性开枪打死。该男子的母亲在接受该医生手术后死亡，在杀死心脏病专家后他选择了自杀。2014 年 9 月，一名被 UPS 解雇的男子回到了他曾经的工作场所并杀死了 2 个人，然后自杀。2014 年 4 月，一名包裹装卸工在位于亚特兰大附近的联邦快递工场开枪射伤了 6 名员工。2010 年 8 月，康涅狄格州（Connecticut）的哈特福德（Hartford）分销公司一名即将被辞退的司机开枪杀害 8 名同事后自杀。2010 年 7 月，一名曾在新墨西哥州阿尔伯克基（Albuquerque）太阳能产品工厂工作过的员工走进他原来的公司，开枪行凶，导致 2 人死亡，4 人受伤。2009 年 11 月 6 日，在佛罗里达州的奥兰多，一名因表现不佳而被解雇的工程师回到工作场所开枪打死了 1 人，另致使 5 人受伤。而仅仅一天之前，美国军队里的一名精神病医生在胡德堡（Fort Hood）哨所狂暴地射杀了 13 人，另致 27 人受伤。[47] 这些只是近年来在工作场所发生的几起伤亡攻击事件。工作场所的暴力真的是管理者需要关注的问题吗？是的。庆幸的是，尽管存在以上这些例子，但是工作场所发生的枪击事件数量却在减少。[48] 然而，美国国家职业安全与健康研究所（National Institute of Occupational Safety and Health）仍然表示，每年大约有 200 万美国工人成为各种工作场所暴力事件的牺牲品。平均每周就有一名员工被杀害，而且至少有 25 人在现同事或前同事的暴力袭击中身受重伤。根据美国劳工部（United States Department of Labor）的一项调查，58% 的公司报告显示管理者曾收到来自工人的口头威胁。[49] 工作场所的愤怒情绪显示和暴力行为会对同事造成恐吓，并对他们的工作效率产生负面影响。工作场所暴力每年对美国企业造成的损失估计在 200~350 亿美元之间。[50] 工作场所的愤怒情绪和暴力行为并不是美国独有的问题，一项针对英国工作场所暴力行为的调查发现，18% 的管理者表示他们曾亲身经历过骚扰或言语欺凌，9% 的人则声称曾经遭受过人身攻击。[51]

哪些因素被认为影响到工作场所暴力？无疑，员工的工作压力是由工作的不确定性、退休账户的价值缩水、工作时间长、超负荷的信息、日常干扰、不切实际的最后期限、漠不关心的管理者等所导致。甚至让员工在噪声和喧闹中工作的办公室小间设计也被认为是促成这一问题的因素。[52] 其他专家对危险的功能紊乱的工作环境做了描述，将以下问题视为造成工作场所暴力的主要因素。[53]

- 由时间、工作量、危机（time、numeral、crisis，TNC）驱动的员工工作。
- 快速且不可预测的变化、不稳定性和不确定性使员工感到苦恼。
- 破坏性的沟通风格，管理者以过于侵略性的、高傲的、暴躁的或消极反抗的方式进行沟通；过分地取笑或找替罪羊。
- 独裁式的领导，管理者对员工具有严格控制的思想倾向；不允许员工质疑、参与决策制定，或进行团队建设努力。
- 防御性态度，很少提供或不提供绩效反馈；只计算数量；在处理冲突时喜欢采取大叫、胁迫或回避等方式。
- 在政策、程序和培训机会上，对管理者和员工采用双重标准。
- 未解决的委屈，因为没有解决机制，或只有对抗性的解决机制；由于长期存在的规则、联合合同条款或不愿处理问题，导致失常的人受到保护或被忽略。

- 情感上遭遇困扰的员工，而管理者没有努力为这些人提供帮助。
- 工作重复、枯燥，没有机会做其他事，也没有新人进入。
- 不完善或不安全的设备，或不完善的培训，使员工不能有效率和有效果地工作。
- 在温度、空气质量、重复性动作、过于拥挤的空间、噪声水平、过分超时工作等方面存在危险的工作环境。为了降低成本，在工作负担过重时不另行雇用员工会导致危险的工作条件和预期。
- 暴力文化，有个人暴力或虐待的历史；暴力的或暴躁的行为榜样；容忍在职酗酒或滥用药物。

看了上述主要因素后，你一定希望自己职业生涯所在的工作环境不要像这样。然而，在全球经济中获得成功的竞争性需求以多种方式对组织和员工造成压力。

管理者可以做些什么来防止或减少可能的工作场所暴力？前馈式控制、同步式控制和反馈式控制的概念又一次帮助管理者确定可以采取的行动。[54] 表 15-4 对一些建议做了归纳。

表 15-4　控制工作场所暴力

前馈式控制	同步式控制	反馈式控制
• 确保管理者致力于营造起作用的、而非机能紊乱的工作环境 • 提供员工帮助计划（employee assistance program，EAP），帮助员工解决行为问题 • 执行不允许任何工作场所愤怒、侵略或暴力的组织政策 • 进行仔细的聘用前甄选 • 永远不要忽视威胁 • 培训员工，让其了解在问题出现时如何避免危险 • 清楚地与员工沟通政策	• 通过走动式管理，确定可能的问题；观察员工如何对待他人和相互交往 • 在重大的组织变化期间，允许员工或工作团队"感到伤心" • 在如何对待他人问题上，做一个好的行为榜样 • 利用公司热线或一些其他机制，报告并调查事件 • 进行快速而果断的干预 • 在发生暴力时寻求专家的专业帮助 • 提供必要的设备或程序（手机、警报系统、代号或暗号等），处理暴力情况	• 就事件和正在做的事进行公开的沟通 • 对事件进行调查并采取恰当的行动 • 检查组织政策，并在必要时做出改变

资料来源：Based on M. Gorkin, "Five Strategies and Structures for Reducing Workplace Violence," *Workforce Management Online*, December 3, 2000; "Investigating Workplace Violence: Where Do You Start?" *Workforce Management Online*, December 3, 2000; "Ten Tips on Recognizing and Minimizing Violence," *Workforce Management Online*, December 3, 2000; and "Points to Cover in a Workplace Violence Policy," *Workforce Management Online*, December 3, 2000.

本章概要

1. 解释控制的性质与重要性

控制是一种管理职能，涉及对活动进行监督，以确保其按计划完成，并纠正任何重要的偏差。

作为管理过程的最后一步，控制提供了与计划的联系。如果管理者不进行控制，他们将无法知道目标是否实现。

控制是重要的，因为：它是了解目标达到与否及其未达到原因的唯一途径；它提供了信息与反馈，这样管理者会对授权给员工感到舒服；它帮助保护组织及其资产。

2. 描述控制过程的 3 个步骤

控制过程的 3 个步骤是衡量、比较和采取行动。衡量要确定如何衡量实际业绩，以及衡量什么。比较是审视实际业绩与标准（目标）之间的差异。可接受范围外的偏差需要引起关注。

采取行动可能包括以下方面：什么都不做、纠正实际业绩，或修正标准。什么都不做是不言而喻的。纠正实际业绩可以采取 2 种不同的纠偏行动：立即纠偏行动和根本性纠偏行动。修正标准可以是提高标准，也可以是降低标准。

3. 讨论组织和管理者使用的控制类型

前馈式控制发生在工作开始之前。同步式控制发生在工作进行过程中。反馈式控制发生在工作完成之后。

管理者可以使用的财务控制包括财务比率（流动性、杠杆、营业，以及赢利能力）和预算。管理者可以使用的一种信息控制是管理信息系统，它有规律地向管理者提供必要的信息。其他信息控制包括综合控制与安全控制，如对组织信息起保护作用的数据加密、系统防火墙、备份数据等。平衡计分卡也提供了从 4 个不同方面而非仅从财务角度衡量组织绩效的一种方式。

4. 讨论当代控制问题

由于跨文化差异而需要对控制进行的调整，主要体现在衡量和采取纠偏行动方面。

工作场所关心的问题包括工作场所隐私、员工偷窃，以及工作场所暴力。对于每一个问题，管理者都需要有合适的政策，控制不恰当的行动，确保工作有效率且有效果地完成。

复习思考题

1. 控制在管理中的作用是什么？
2. 描述管理者可以使用的获得实际工作业绩信息的 4 种方式。
3. 计划与控制之间有何联系？控制职能与管理的组织和领导职能有联系吗？请解释。
4. 比较前馈式控制、同步式控制和反馈式控制。
5. 你为何认为反馈式控制是最普遍的控制类型？解释你的观点。
6. 在第 6 章中，我们讨论了变化的"激流险滩观"。你认为在这样的环境中有可能建立并坚持有效的标准吗？请讨论。
7. 为什么对控制过程而言，衡量什么比如何衡量更重要？
8. "组织中的每个员工都在控制工作中发挥着作用。"你同意这一说法吗？或者你认为只有管理者才对控制负责？请解释。
9. 哪些工作活动可接受的偏差范围大于平均水平？哪些小于平均水平？（提示：从工作活动的产出、影响对象及可能的影响方式来考虑。）

10. 在你的个人生活中如何运用控制概念？请详细说明。（思考在你生活的不同方面——学校、工作、家庭关系、朋友、业余爱好等采用的前馈式控制、同步式控制和反馈式控制，以及特殊的控制措施。）

11. 为什么理解控制过程对管理者很重要？

12. 讨论用于监测和衡量组织绩效的各种工具。

管理技能建设：管教刺头员工

几乎所有的管理者都将或曾经不得不应对难以相处的人。一些性格缺陷会使得一个人难以共事，包括脾气暴躁、苛刻、有暴力倾向、易怒、心存戒备、爱抱怨、咄咄逼人、具有侵略性、孤芳自赏、傲慢自大，以及教条死板等。成功的管理者知道如何应对难以相处的人。

技能基础

在应对难以相处的人时，没有哪一种方法总是有效的。然而，我们可以提供几个建议，这些建议可能会减少这些人给你造成的焦虑，并可能对他们产生一些影响，从而减少难以相处的行为。[55]

- **不要被你的情绪支配**。面对难以相处的人，我们的第一反应往往是情绪化的。我们生气，表现出受挫。当我们认为被他们侮辱或贬低时，就想还击或报复。这一反应不太可能减少你的焦虑，反而会让他人的负面行为升级。所以，与你自然的行为倾向对抗，并保持冷静。保持理性与深思熟虑。退一万步讲，这一方法即便不能使情况得以改善，至少也不太可能鼓励和使不期望的行为升级。

- **尽量减少接触**。如果可能，尽量减少与难以相处者的接触。避开他们闲逛的地方，避免非必要的交往。还有，使用面对面接触和语音交流最小化的沟通形式，如电子邮件和手机短信。

- **尝试礼貌的交锋**。如果你无法避开难以相处的人，那就尝试以礼貌而坚定的态度面对他们。让他们知道你意识到了他们的行为，你认为这是不可接受的，不会容忍。如果那些人没有意识到其行为对你造成的影响，交锋可能唤醒他们，从而改变自己的行为。而对于那些故意为之者，你的明确立场可能使他们重新考虑自己行为的后果。

- **使用积极强化**。我们知道积极强化是改变行为的有效工具。用称赞或其他积极评价来努力强化期望的行为，而不是批评不期望的行为。这往往会弱化或减少不期望行为的出现。

- **征集受害者和证人**。我们知道，数量决定了力量。如果你能找到其他也被难以相处者冒犯的人来支持你，就可能发生一些积极的事情。第一，你的挫折感会减轻，因为其他人会证实你的感受，并能提供支持。第二，当投诉来自多个渠道时，组织中有权惩戒的人更可能采取行动。第三，当一群人直言反对他的特定行为而不是一个人抱怨时，难以相处者更可能感到压力从而做出改变。

技能应用

你的职业生涯进展得比你想象的还快。在从大学毕业并获得会计学位后，你通过了注册会计师资格（certified practising accountant，CPA）考试，并在一家著名的会计师事务所工作了3年。然后，你加入了通用电气公司财务部。在先后受雇于2位雇主和从事了4份工作之后，你被一家进入《财富》100的矿业公司聘为主管财务的副总裁。对于这份新工作，你没有想到的是必须应付马克·亨德利（Mark Hundley）。

马克是负责公司运营的副总裁，他已经在这家公司工作了8年。你对马克的第一印象是他"无所不知"。他急于贬低你，他做起事情来就像是你的上级而不是同级。基于你在办公室听到的议论，你并不孤单。其他经理似乎都认为马克是一个非常优秀的工程与运营经理，但很难相处。你听到的议论包括："态度粗鲁""说话居高临下""傲慢""认为别人都很愚蠢"，以及"糟糕的倾听者"等。

在从事这份新工作的短时间内，你已经和马克发生了好几次口角。你甚至和公司总裁谈过马克。总裁的反应并不令人惊讶："马克不好相处，但没有人像他这么了解公司的运营。如果他离开了，我不知道我们怎么替代他。不过即便如此，他还是给我制造了很多麻烦。有时候他让我觉得是我在为他工作而不是他在为我工作。"你应该怎样提高与马克共事的能力？

体验练习

在这次体验练习中，我们将关注一些与控制功能相关的职业困境及建议。阅读下面的列表。选择2个你最感兴趣的，然后对每一个做出回应。然后，在你完成之后，加入你所在的小组。比较笔记并讨论每个人的答案。作为一个小组，选择2个共享的答案，并用于与全班分享。

（1）如果你的上司不给你反馈，你会怎么做？

（2）你是上司。你将如何给你的员工提供建设性的反馈？

（3）你得到了你认为不公平的业绩评估。你接下来会做什么？

（4）你因为同事的失误而受到责备，现在你怎么办？

（5）你是上司。你将如何处理问题员工？

（6）你的上司是个事必躬亲的人。你如何与这样的上司打交道？

（7）你是上司。你的一个员工管理时间很糟糕。你该做些什么？

应用案例 15-1：健康快餐？
专题：控制过程

诚信安全服务食品！

非转基因、有机、本地采购……这些术语现在是我们食物词汇中常见的一部分，尽管其通常不与快餐联系在一起。20世纪90年代初，契普多墨西哥快餐店（Chipotle Mexican Grill）进入了快餐行业，它的目标是创造一种健康的快餐替代品，这似乎是不可能的。契普多快餐店承诺的"健康食品"包括新鲜的、本地来源的原料和自然养殖的肉类。多年来，他们有效地兑现了这一承诺，但随着这家颇受欢迎的快餐连锁店发展到2200多个分店，餐厅在保证质量的同时达到食品安全标准的能力已成为一个挑战。试图在全国范围兑现这一承诺，对供应链造成了复杂而有风险的挑战。

契普多墨西哥快餐店的食品污染问题始于 2015 年 7 月西雅图暴发的大肠杆菌疫情。接下来是加利福尼亚州的诺瓦克病毒暴发，随后是明尼苏达州的沙门氏菌感染。其他食品类疾病也在另外 9 个州的契普多墨西哥快餐店顾客中出现。在几个月的时间里，全国各地的契普多墨西哥快餐店有 500 多名顾客因食用受污染的食品而生病。在疫情暴发期间，销售额下降了 30%，若干门店长时间关闭。公司的股票价值下跌，公司面临着一些顾客的诉讼，这些顾客因为在其中一家门店食用食品而感到恶心。[56]

大多数全国性的快餐连锁店通过使用集中来源的原料来控制食品质量，使供应链更少受到外部因素的影响。简单地说，食物链越趋于原料源头，就越容易控制。然而，为了遵守新鲜食物的承诺，契普多墨西哥快餐店试图在当地门店准备尽可能多的食物。该公司还尽可能在当地采购原料，与数百家供应商建立了关系。其食品来源的复杂性，加上店内的食品准备，很可能是导致食品污染问题的原因。另外，契普多墨西哥快餐店墨西哥方面没有认识到的疏忽行为。之所以出现这些问题，是因为如此大规模地提供新鲜食品造成了质量控制困难的局面。

在大多数情况下，契普多墨西哥快餐店不知道哪些食物受到污染，这使得解决问题更具挑战性。为了应对危机，该公司实施了新的控制措施，以检测肉类污染，并改变了一些食品处理和准备程序。它已经将大部分的食物准备工作转移到集中化的厨房，并开始从更少的供应商那里采购原料，就像它的快餐竞争对手多年来所做的那样。为了启动新标准，契普多墨西哥快餐店关闭了所有门店一个下午，以培训员工持续掌握新的食品处理标准。[57]虽然该公司似乎正在朝着正确的方向发展，但批评人士认为，一家声称如此注重食品质量的公司应该在食品安全方面做得更好。该公司面临的挑战仍在继续，因为它不仅要重建公司，而且要重建消费者的信任。与此同时，创始人兼 CEO 史蒂夫·厄尔斯（Steve Ells）已经离开了他创建的公司。[58]在新的管理层领导下，该公司似乎正在好转，因为提供的销售数据好于预期。

讨论题

1. 为什么契普多墨西哥快餐店修订公司的食品处理和食品供应标准很重要？

2. 对于契普多墨西哥快餐店哪些控制更重要：前馈式控制、同步式控制还是反馈式控制？请解释。为什么这种程度的管理控制是必要的？

3. 契普多墨西哥快餐店如何确保员工遵守新的食品处理标准？

4. 解释这句话："食物链越趋于原料源头，就越容易控制。"这里有关于控制的管理建议吗？请解释。

5. 社会责任和道德行为在确保控制适当和有效方面发挥何种作用？

应用案例 15-2：如果你不能说好话，那就什么也别说。
专题：员工绩效控制

不许否定！

管理员工的绩效是管理者一项极其重要的责任。毕竟，是你的员工在努力完成设定的目标，而你需要做的是确保这些目标按计划实现。因此，管理员工的绩效难道不应包括优良绩效和不怎么样的绩效 2 种情况吗？是这样，但有些组织鼓励管理者减少负面反馈，只专心作正面反馈。[59]

现在，波士顿咨询集团（Boston Consulting Group）的管理者经常赞扬与鼓励员工，哪怕员工只有一些"小成就"，并且在进行绩效评估时重点关注员工表现好的方面，而不是纠结于那些可能犯错的事项。管理者只需要提出一两个需要改进和扩展的方面。这种做法在以前从来没有过。在以前，当员工没有很好地完成客户的任务时，经理会关注哪些地方出了问题，及员工需要在哪方面及如何提高和开发自己的技能。公司之所以转向正面反馈是因为公司发现，员工不能正确对待负面的绩效评价。得到负面评价后，有些人会离职，另有一些人会长时间郁郁不安。波士顿咨询集团并不是唯一采用这种评价方法的公司，其他组织也纷纷采用正面反馈，尽量少谈不足之处。例如，普华永道会计师事务所，要求管理者与员工共同讨论他们在公司的未来发展规划。这些关于"职业前景"的讨论关注的是员工称职胜任的方面，而不提他们办砸的事情。该公司还鼓励员工以电子贺卡传达祝贺，称赞同事或下属所做的工作。此外，管理者还会拿出一笔经费，奖励员工的工作成就。

但是也有一些公司没有遵循这种管理趋势。这些公司采取更加"严厉的爱"的方式，毫不回避地对员工给出负面反馈。例如，在网飞公司，CEO 里德·海斯廷斯（Reed Hastings）认为他们是一支"职业运动队，而不是一个少年棒球队"，他指出"足够优秀的表现就会得到一笔令人满意的奖励"。但并不意味着公司里的每个人都能够得到奖杯。该公司对员工有很高的业绩期望。

讨论题

1. 管理员工的绩效是管理者重要职责吗？请讨论。

2. 管理者是否应该只关注积极的反馈？请解释。

3. 仅为员工提供正面反馈，而对他们做得不好的事情反馈很少，这种做法会带来哪些风险？

4. 你认为哪里更适合？一个采用绩效评估方法的组织更像波士顿咨询集团，还是更像网飞公司？在你做出选择之前，列出这两种方法的优缺点。你能从中得到什么职业建议呢？

应用案例 15-3：目标和控制
专题：目标在控制、控制过程、效率和效果中的作用

制造一辆轿车有多难？

特斯拉，埃隆·马斯克，你可能都听说过。特斯拉是由一群工程师于 2003 年创立的，他们想要证明驾驶电动汽车并不需要在外观和性能上协调一致——电动汽车可以"比汽油汽车更好、更快、更有趣"。[60] 马斯克并不属于最初的团队，但他领导了公司的 A 轮投资（通常指公司的首轮风险投资），并以董事长的身份加入了特斯拉董事会。他很快在公司中发挥了积极作用，并监督了特斯拉的第一辆汽车——敞篷跑车的设计，该车于 2008 年上市。接下来是 2012 年推出的全球第一款高端全电动轿车 S 车型。下一个产品线的扩张

是 2015 年的 X 型运动型多用途车，它获得了美国国家公路交通安全管理局（National Highway Traffic Safety Administration）的 5 星安全评级。车型 3 于 2016 年推出，并于 2017 年开始生产。从一开始，马斯克就坚持认为特斯拉的长期战略目标是创造出价格经济的大众市场电动轿车。而车型 3 就是这样的产品。这是特斯拉首次尝试制造大众市场轿车。[61] 因此，特斯拉正处于其历史上的一个关键时刻——一个成败攸关的时刻。现在情况看起来不是很好。

该公司的长期生产目标是到 2018 年将年产量提高到 50 万辆。特斯拉的汽车是在其位于加利福尼亚州弗里蒙特市（Fremont, California）的吉加工厂（Giga Factory）生产的，因为其大多数车辆的部件也是如此。在工厂里，1068 个机器人为车型 3 轿车焊接、黏合或铆接零件。[62] 2018 年 4 月，特斯拉只生产了 2270 辆车型 3，与其 2017 年底原定的每周 5000 辆的目标相去甚远。截至 2018 年 4 月，自 2018 年年初以来只有 8810 辆车型 3 交付给客户。而且还有 50 万的客户退购这辆车。在 2018 年的第一和第二季度，该公司不得不停止生产以更新一些生产线。马斯克自己说，车型 3 陷入了他所说的"生产地狱"。[63] 一个关键的瓶颈是电池的生产是在内华达州（Nevada）的电池工厂进行的。[64] 生产一个电池组需要 7 个小时。对于一个生产线需要不断运转或者冒着烧掉大量现金的风险的行业来说，这是一段很长的时间。马斯克与工人和工程师坐在一起，已经花费了几个月来讨论解决方案，并努力将生产时间缩短到 70 分钟。这是怎么做到的？答案是通过完全重新排序电池组装的流程。

那么，公司的生产流程发生了什么呢？该公司表示，这些停工时间是"有计划的"，因为它给了公司员工时间来提高自动化水平，并有条不紊地解决瓶颈，以提高生产率。[65] 特斯拉采用了自己版本的日本原则"改善"或"持续改进"——它称之为对其流程的"持续反对"，因为它在寻找更高效和有效的方法。"[66] 然而，尽管这样的调整和临时关闭在汽车行业并不是什么新鲜事，特斯拉正在努力为自己赢得名声，而这样的生产事故根本无助于为其赢得名声。一位行业专家表示，尽管特斯拉可能是"技术的先驱和电动汽车市场的开拓者"，但这些战略能力和核心竞争力并不一定能转化为制造过程的知识。[67] 正如特斯拉和马斯克所发现的那样，扩大生产规模有其独特的一系列挑战。除了生产方面的挑战，还有一个财务障碍。这家公司在生产挑战中正在消耗大量现金。其他财务指标，包括净营运资本、公司股票市值、信用评级和自由现金流，也在恶化。[68] 特斯拉面临的另一个挑战是，在该公司努力提高车型 3 产量的过程中，2 名关键高管已经"离职"。[69] 据公司发言人透露，其中一名高管正在休 6 周的假，与家人共度时光。另一位高管加入了微膜（Waymo）自动驾驶汽车公司。

尾声：特斯拉员工在弗里蒙特生产设施于 2018 年 6 月的最后一周（第二季度的最后一周）达到每周 5000 辆汽车的生产目标。然而，分析家现在认为，真正的考验是特斯拉是否能够在不牺牲质量的情况下保持这种积极进取的速度。[70]

讨论题

1. 在本案例情况下，你认为什么类型的控制更加有效：前馈式控制、同步式控制，还是反馈式控制？解释你的选择。

2. 参考图 15-2，讨论是否本可以防止这种生产困境，以及应该如何防止。

3. 特斯拉的控制能更有效吗？怎么做到的？它的目标是什么？怎么做到的？

4. 在正文的第 1 章，我们介绍了效率和有效性的概念，以及它对管理者的重要性。在上一章的这个故事中，我们看到效率和有效性如何对管理者仍然重要。请解释有效性如何仍然重要。

5. 写一份执行摘要，解释信息控制和财务控制在这种情况下可能发挥的作用，你认为还有哪些其他控制可能有用？

注释

本章注释文件请扫二维码下载。

运营模块：运营管理

在任何一家星巴克门店，顾客手中热气腾腾的咖啡，其制作是从咖啡树上摘下咖啡豆开始的。从收获到存储，从烘焙到零售再到杯子，星巴克明白每个价值链参与者所扮演的重要角色。

星巴克提供来自世界各地的咖啡精选，其咖啡购买者亲自前往拉丁美洲、非洲或阿拉伯半岛和亚太地区的咖啡种植区，挑选和购买最高品质的阿拉比卡咖啡豆。一旦咖啡豆到达五个烘焙工厂中的任何一个（华盛顿、宾夕法尼亚、内华达、南卡罗来纳或阿姆斯特丹），星巴克的专业烘焙大师就会施展他们的"魔法"，创造出该公司丰富多彩的标志性烘焙咖啡豆。这一过程是"专业烘焙师了解咖啡并使其所有风味特征达到平衡的累积结果"。在将原材料"转化"为顾客期望的优质产品和体验方面，星巴克面临着许多潜在的挑战——天气、航运和物流、技术、政局不稳等等。所有这些都可能潜在地影响到公司。尽管这些运营管理方面的挑战非常明显，但星巴克今天面临的最大的挑战是，将其独特的星巴克咖啡体验的愿景与在当今世界销售 4 美元拿铁的现实之间取得平衡。

每个组织都有其产出，不管是商品还是服务。有些公司，如星巴克，既提供商品又提供服务。技术改变了生产方式。本模块侧重于组织如何进行运营管理，以及管理者在这一过程中所起的重要作用。

MOM.1　关于运营管理我需要知道什么

你可能从来没有想过你所购买或使用的产品和服务是如何由组织"制造"出来的。但这是一个重要的过程。没有它的话，你可能不会有可供驾驶的汽车或当零食那样吃的麦当劳薯条，甚至无法享受社区公园供路人散步的小径。组织需要深思熟虑和设计良好的运营体系、组织控制体系和质量计划，这样才能在竞争日趋激烈的全球环境中生存下去。管理好这些事情正是管理者的工作。

MOM.1.1　什么是运营管理

运营管理（operations management）指转换过程的设计、操作和控制，它将劳动力和原材料等资源转换为可出售给客户的产品或服务。图 MOM-1 描绘了将投入转换为产出从而创造价值的转换过程。这一系统将人力、技术、设备、原材料和信息作为投入，通过各种流程、程序和工作活动，将它们转换为最终产品或服务。这些流程贯穿于组织之中。例如，营销、财务、研发、人力资源和会计等部门人员将投入转换为诸如销售、增加市场份额、投资的高回报率、新的创新产品、有士气和责任感的员工及会计报告等产出。作为管理者，你需要熟悉运营管理的概念，不能忽视你所管理的领域，这样才能更加有效率、有效果地实现你的目标。

图 MOM-1　运营系统

为什么运营管理很重要？

第一，它将流程纳入组织之中——不管是服务业还是制造业。

第二，它对于管理生产的效率和效果十分重要。

第三，它在组织竞争成功中起着重要的战略作用。

MOM.1.2　服务性公司和制造性公司有什么不同

芝士蛋糕工厂（Cheesecake Factory）的酒店通过其具有良好调节能力的生产体系，处理超过列有 200 种食物的菜单。一位食品服务咨询专家说："在将高效率的厨房与非常复杂的菜单相融合的过程中，酒店得到不断的提升。"[1]

所有组织都通过**转换过程**（transformation process）生产产品和服务，简言之，每一组织都有一个运营系统，通过将投入转换为最终产品或服务这样的产出而创造价值。对于制造商，他们生产汽车、手提电话，或者食品。毕竟，**制造业组织**（manufacturing organizations）生产有形的产品。在这些典型的组织中很容易看到运营管理（转换）过程的作用，因为在其作用下，原材料被转换成有形的产品。但在**服务业组织**（service organizations）中转换的过程就不是那么明显，因为它们以服务的形式生产出无形的产出。例如：医院提供医疗和卫生保健服务，帮助人们维护他们的个人健康；出租车公司提供交通服务，把人们从一个地方送到另一个地方；旅游航线提供度假和娱乐服务；居住区水电维修工人为电力和供水服务提供保证。所有这些服务性组织都将投入转换成产出。又如，大学的管理者使用书籍、多媒体教室和其他类似的资源，把学生培养成有知识懂技术的人。

我们要强调这点的原因就是，在美国经济乃至更大范围的全球经济中，服务业的产出及其销售已占据主导地位。事实上，在现今世界上大部分发达国家占主导的是服务业经济。[2] 例如：在美国，在所有经济活动中服务业的比例几乎占到 78%；在欧盟，服务业的比例占到将近 73%。在欠发达国家，服务业则没有那么重要。例如：在乍得共和国，服务业只占经济活动的 32%；在老挝，只有 44%；玻利维亚是 48%。

MOM.1.3　企业如何提高生产率

一架喷气式客机需要 400 万个零部件。高效率地组装这样一个高质量的机械产品需要高度的集中能力。全球两大制造商，波音公司和空中客车公司（Airbus），都复制了丰田的生产方式。不过，并不是所有的生产方式都可以复制，因为航空公司比小汽车购买者需要更多的订制服务以满足客户的需求，喷气式客机也比小汽车更需要严格的安全条例。[3] 位于罗得岛州（Rhode Island）东普罗维登斯（East Providence）的埃文斯发现公司（Evans Finding Company）所生产的洁牙线盒子里那个极小的剪线配件，其每天的生产轮值并不需要人管理。[4] 公司的目标是尽可能地减少劳动力。这不是因为他们不关心员工。实际上，就像美国的许多制造商，埃文斯发现公司需要改进生产效率以确保生产，尤其是当要面对低成本的竞争对手时。因此，当机器性能稳定且在无人操作之下零部件的生产仍能达到完美无瑕时，制造商就可以转向"远程管理"（lights-out）生产。

尽管大部分组织并不生产有 400 万个零部件的产品，也不可能在无人管理的情况下运作，但改进生产率已经成为现实中每个组织的一个主要目标。对国家而言，高生产率可以带来经济的成长和发展，人们可以获得较高的工资，且企业的利润得以增长，不致引起通货膨胀。对组织而言，不断提高的生产率可以带来更有竞争力的成本结构，并有能力提供更有竞争力的价格。

在过去的 10 年里，美国企业极大地提高了生产效率。例如，位于康涅狄格州谢尔顿地区（Shelton）的乳胶泡沫国际公司（Latex Foam International）最先进的数码工厂，工程师要对工厂的所有运作进行监控。工厂将一个较小空间的容纳能力提高了 50%，并将效率提高了 30%。[5] 追求生产率提高的并不仅仅是制造企业。佩拉公司（Pella Corporation）的采购部门将各地的采购订单到达时间从 50% 压缩到了 86%，将订单的加工时间减少了 27%，并精简了 14 个财务系统，从而改进了生产率。公司的信息技术部门大幅削减电子邮件的数量，并为像呼叫中心之类需要频繁使用公共计算机的人员实施工作设计改善措施。人力资源部门削减时间，使补贴登记的时间缩短为 156.5 天。财务部门现在只用 2 天而不是过去的 6 天，就可以完成月底的结余。[6]

希望推进全球化的组织正在寻找方法去改进生产率。例如，麦当劳神奇地缩短了炸薯条的时间，从以前的 210 秒钟变成现在的 65 秒钟，节省了时间和其他资源。[7] 位于多伦多的加拿大商业帝国银行（Canadian Imperial Bank of Commerce），通过自动化购买功能，每年节约了数百万美元。[8] 捷克轿车公司斯柯达（Skoda）则通过对其制造流程的深度重构提高了生产率。[9]

生产率是由人力和运作变量组成的。要改进生产率，管理者必须把重点放在这两者上面。已故的管理顾问和质量专家爱德华·戴明认为，提高生产率的首要来源主要是管理者而不是工人。他提出了 14 条改进生产率管理的原则，以下是他的工作概况：

爱德华·戴明是美国的统计学家、教授、作家、演讲家和咨询家。[10] 他因第二次世界大战期间致力于改善美国的生产而著称，尽管他在日本所从事的工作可能更有名。自 1950 年以后，他教授日本高层管理者运用统计方法改进产品设计、产品质量、检验和销售。他的思想体系概括如下：爱德华·戴明博士教导组织通过采用适当的管理原则，可以提高质量，同时降低成本（在提高客户忠诚度的同时减少浪费、返工、员工流失和诉讼）。关键是要实行持续改进，把制造视为一个系统，而不是零碎的东西。

要将这一思想体系付诸实践，需要遵循戴明提出的用于改进生产率管理的 14 条原则。这些建议包括：

- 为将来做长期规划；
- 永远不要放松对产品质量的重视；
- 对生产流程建立统计控制，并要求你的供应商也这样做；
- 与最好的和最少的供应商建立关系；
- 找出你的问题是局限在生产流程的某个部分还是根源于整个流程本身；
- 培训员工使其能够完成所要求的工作；
- 提高基层主管的素质；
- 赶走恐惧；
- 鼓励不同部门紧密合作而不是仅关注本部门的工作；
- 不要采用刻板的数字目标；
- 要求员工有质量地工作；
- 培训员工使其明白统计方法；
- 在有需要的时候培训员工新的技能；
- 高层管理者有责任实施这些原则。

这些原则已经接受了时间的考验，管理者仍在运用它们以改进生产率。

这些建议反映了他对人力与运营变量之间互动的认识。高生产率不仅仅来源于良好的“人的管理”。真正有效的组织通过成功整合人力到整个运营系统中来最大限度地提高生产率。例如，在佐治亚州阿梅里克斯（Americus）的新普利斯五金制造公司（Simplex Nails Manufacturing）里，员工成为公司努力转变的过程中不可或缺的一部分。[11] 一些生产工人被重新分配到清洁岗位，打扫工厂以腾出更多的地面空间。公司对销售队伍进行了再次培训，并重新聚焦于向客户出售其所需要的产品而不是库存的产品。这些努力获得了显著成果：库存率下降超过 50%，工厂增加了 20% 的地面空间，订单更加稳定而持续，员工的士气也得到了极大的提高。这是一家明白人力与运营系统之间具有重要相互作用的公司。

MOM.1.4 运营管理起到了什么战略作用

现代制造起源于 110 多年前的美国，具体而言，主要是底特律汽车工厂（Detroit's automobile factories）。美国在第二次世界大战期间所经历的制造业的成功，使制造业的管理者天真地相信，棘手的生产问题已经解决。因此，这些管理者专注于去改善诸如财务和营销等其他职能领域的问题，而很少去关注生产的问题。

在美国企业的管理者忽视公司生产方面的同时，日本、德国和其他国家企业的管理者却抓住时机去开发现代的、基于计算机的先进技术设备，将生产完全地整合到战略计划决策中去。竞争者的成功使世界的制造业领导地位重新排名。美国的制造商发现，外国制造商的产品不仅更便宜，而且质量更好。20世纪70年代末，美国企业的管理者认识到，他们正在面临着一场危机，必须做出回应。他们大量投资来改进制造技术，提升公司权威性和生产主管的预见力，开始将现在的和未来的生产需要融合到公司的整体战略计划之中。今天，成功的制造商认识到，运营管理是建立和维护公司全球领导地位的整体战略中的关键部分。[12]

运营管理在成功的组织活动中所扮演的战略角色，在那些以价值链为导向的组织中体现得更加明显。

MOM.2 什么是价值链管理及它为何重要

现在是晚上11点，你正在读一条来自你父母的短信，说他们今年想给你买一台笔记本电脑作为生日礼物，并订购它。你登录到戴尔的网站，配置你的梦想机器。你只要按下订单按钮，两三天之内，你梦想中的电脑就会送到你的家门口，按照你的规格制造，你准备立即安装和使用，以完成明天的在线管理任务。或者考虑西门子公司（Siemens）在福希海姆（Forchheim, Germany）的计算机扫描仪制造厂，它已经与大约30家供应商建立了合作伙伴关系。这些供应商是真正意义上的合作伙伴，因为他们与工厂共同承担整个生产流程实施的责任。这种安排使得西门子可以消除所有库存，并将采用纸质文本订购零部件的次数从18次减少到1次。位于俄亥俄州坎顿市（Canton, Ohio）的铁姆肯工厂，把电子采购订单发送到邻近的"供应商城"，许多主要供应商都在那里设立了门店。这个过程需要几毫秒，而且每份订单的成本不到50美分。当百得公司（Black & Decker）将胶枪也扩展到其手动工具系列时，就完全将整个设计和生产外包给了领先的胶枪制造商。为什么？因为他们知道胶枪不需要马达，而这正是百得公司最擅长的。[13]

正如这些例子所示，许多不同的厂家之间的工作活动是可以紧密结合的。怎么做到的？答案在于价值链管理。价值链管理的概念已经改变了运营管理战略，并从利用竞争机会的战略定位出发，将世界各地的组织转变为经过精心设计的效能模型，

MOM.2.1 什么是价值链管理

每个组织都需要客户，这样才能生存和繁荣。即使是非营利组织也必须拥有使用其服务或购买其产品的"客户"。客户希望从他们购买或使用的商品或服务中获得某种价值，而这些客户决定什么是有价值的。组织必须提供这种价值来吸引和留住客户。价值是客户愿意为之放弃资源的性能特征、特征和属性，以及商品或服务的任何其他方面。例如，当你在亚马逊音乐（Amazon Music）上下载阿丽亚娜·格兰德（Ariana Grande）的新单曲，在该公司网站上购买一双新的澳大利亚羊皮靴，在校园的汽车餐厅购买一个温迪培根芝士汉堡（Wendy'sbacon cheeseburger），或在当地的美发沙龙理发，就是在用（或者说放弃）钱来换取你所需的产品价值，以便在你的夜间学习时间提供音乐，在冬季寒冷的天气里保持双脚温暖与时尚，在下一堂课开始前15分钟内迅速吃完填饱肚子的午餐，或者为下

周的面试打扮得专业一些。

如何为客户提供价值？通过将原材料和其他资源转化为终端用户在某时、某地、以某种方式需要的某种产品服务。然而，将各种资源转化为客户所重视和愿意支付的东西这一看似简单的行为涉及不同参与者（供应商、制造商，甚至顾客）所从事的大量相互关联的工作活动，也就是说，它涉及价值链。价值链是组织工作活动的整个系列，从原材料加工开始，到完成产品的每一个步骤都增加价值。从整体上看，价值链可以将供应商的供应商纳入到客户的客户。[14]

价值链管理是对整个价值链上的活动和信息序列进行管理的过程。与供应链管理相反，价值链管理是以内部为导向的，侧重于组织内物料（资源）的有效流动，而供应链管理是以外部为导向的，既侧重于物料的流入，也侧重于产品和服务的流出。尽管供应链管理是以效率为导向的（其目标是降低成本和提高组织的生产力），价值链管理是以有效性为导向的，旨在为客户创造最高价值。[15]

MOM.2.2　价值链管理的目标是什么？

谁在价值链中拥有权力？是提供所需的资源和材料供应商吗？毕竟，供应商有能力决定价格和质量。是将这些资源组合成有价值的产品或服务制造商吗？制造商在创造产品或服务方面的贡献是显而易见的。是确保在需要的时间和地点为客户提供产品或服务经销商吗？事实上，这些都不是。在价值链管理中，最终的客户是权力拥有者。[16]他们定义什么是价值，以及价值是如何被创造和提供的。利用价值链管理，经理寻求找到一种独特的组合，使其可以以竞争对手无法比拟的价格重新为客户提供真正满足其需求的解决方案。[17]例如，为了更好地预测客户需求和补充客户库存，壳牌化学公司（Shell Chemical Company）开发了一个供应商库存管理订单网络。这个网络中使用的软件可以让管理者跟踪货运状况，计算安全库存水平，并编制再供应计划表。[18]有了这个能力，壳牌化学公司可以让客户在需要的时候购买货物，并立即收到货物。

良好的价值链是一系列参与者作为一个团队一起工作，每个参与者在整个过程中贡献部分价值，如更快的装配，更准确的信息，或更好的客户反应和服务。[19]各参与者之间的合作越好，客户解决方案就越好。当为客户创造价值，满足他们的需求和欲望时，每个人都会从中受益。例如，在个人计算机存储设备制造商艾美加（Iomega）公司，管理价值链首先是改善与内部供应商的关系，然后扩展到外部供应商和客户。随着公司价值链管理经验的加强和改善，它与客户的联系也得到了改善，这最终为所有价值链合作者带来了回报。[20]

MOM.2.3　价值链管理如何使企业受益

与外部和内部合作者合作，创建和管理一个成功的价值链战略需要在时间、精力和其他资源上的重大投资，以及所有连锁合作者的认真承诺。有鉴于此，为什么经理会选择实施价值链管理呢？一项对制造商的调查指出，价值链管理的 4 个主要益处：改进采购、改进物流、改进产品开发和加强客户订单管理。然而，正如我们前面提到的，戴尔采取了完全不同的方法，因为它几乎完全通过网络与价值链合作者合作。[21]

MOM.3   价值链管理是如何实现的

现代全球化组织所面临的动态竞争环境要求有新的方法去应对。[22] 了解价值如何并为什么由市场决定，已促使某些组织去实验一种新的**商业模式**（**business model**），即公司如何从其战略、过程和活动的广泛部署中获益的战略设计。例如，作为家居家具制造商，宜家通过对家居家具业的价值链再造，从原来一家生产小型邮购家具的瑞典公司，变成世界上最大的家具零售商。宜家以相当低的价格向客户提供设计良好的家具产品，以此换取客户愿意承担一些关键性工作，诸如把家具运回家，自己装配，而这些工作以前是由制造商和零售商做的。[23] 采用新的商业模式，摒弃旧的方法和流程，在宜家取得了良好的效果，这也帮助宜家意识到价值链管理的重要性。

MOM.3.1   成功的价值链管理有什么要求

那么，成功的价值链管理有什么要求呢？图 MOM-2 归纳了 6 个方面的主要要求：协调与合作、技术投资、组织流程、领导、员工/人力资源，以及组织文化与态度。让我们详细考究其中每一要素。

图 MOM-2   成功价值链管理的 6 项要求

1. 协调与合作

对价值链来说，要实现其满足并超出客户需要和愿望的目标，链上所有成员广泛和紧密的配合是绝对必要的。在价值链上的所有合作伙伴都必须确认哪些事情对它们没有价值，而对客户有价值。在价值链上共享信息和保持灵活性，是建立协调与合作的重要步骤。信息的共享与分析要求价值链上的合作伙伴进行开放式沟通。例如，作为特种聚合物产品的制造商，富纶公司（Furon）相信与客户和供应商的良好沟通能促进产品与服务的及时配送，为价值链上的所有合作伙伴创造其他商业机会。[24]

2. 技术投资

如果没有实质性的信息技术的投资，价值链管理的成功是不可能的。投资的回报在于信息技术可以用于重构价值链，更好地服务于终端用户。[25] 例如，罗勒布雷德公司（Rollerblade Inc.），通过大量投资建设网站，用于教育客户使用它们的产品。虽然公司担心影响到其代理商的销售网络，并没有选择在网上售卖产品，但管理者有足够的灵活性，如果感到网上直销可以更好地将价值提供给客户，他们会重新加以考虑。[26]

什么技术是重要的？根据专家的意见，关键性的工具包括一个支持性的企业资源计划系统，它将组织的活动、复杂的工作计划和进度安排、客户关系管理系统、商务智能，以及与市场网络伙伴相关联的电子商务等全部结合起来。[27] 例如，戴尔计算机公司就将其供应商关系几乎毫无例外地放到网上进行管理。公司有一个客户的网站和一个供应商的网站。供应商网站就是戴尔计算机公司与其最大供应商之间沟通的基本模式，公司在信息技术上的投资使它能满足客户的需要，而其他竞争对手又无法与它匹敌。[28]

3. 组织流程

价值链管理迅速地改变了组织流程（organizational processes），即组织工作的方式。[29]管理者必须从头到尾批判地审视组织流程，着眼于组织的核心能力——组织所独有的技能、能力和资源，以决定何处可以增加价值，取消不能增加价值的活动。下面的问题是每一流程都应该要加以考虑的："内部知识在何处可用于改进实物和信息的流动？""如何能够把我们的产品设计得更好以满足客户与供应商？""如何才能改善实物与信息的流动？"以及"如何才能改善客户服务？"因此，当迪尔公司（Deere & Company）的管理者在其全球商务与客户设备部门实施价值链管理时，总的流程评估表明，所有的工作活动需要更好地同步，与价值链多方关联的相互关系要更好地处理。为了改善这些关系，他们改变了大量的部门工作流程。[30]

关于组织流程如何改变，我们得出 3 个重要结论。

第一，更好的需求预测是必要的和可能的，因为它加强了与顾客和供应商的联系。例如，为了确保货架上有一定存量的李斯特（Listerine）漱口水供顾客购买，沃尔玛公司与产品制造商——辉瑞制药——合作，改进产品需求预测信息系统。通过它们的共同努力，把李斯特漱口水在沃尔玛的销售额提高到 650 万美元。消费者也从中受益，因为他们能够在他们所需要的时间和地点购买到所需要的产品。

第二，所选择的功能可能需要与价值链上的其他合作伙伴合作完成。这一合作甚至延伸到共同使用员工。例如，总部在马萨诸塞州诺斯伯勒（Northboro）的圣戈班高性能塑料（Saint-Gobain Performance Plastics）公司，把它们的员工安置在客户方工作，使供应商的员工和客户共同完成他们的使命。圣戈班的 CEO 说："如果组织要从单纯的某一个元件的供应商转变成提供解决方案的供应商，这种协作是必不可少的。"[31]

第三，需要有新的措施来评估价值链上各种活动的绩效。因为价值链管理的目标是要满足或超出客户需要和愿望，管理者需要有一幅更全面的图景，了解价值是如何创造并提供给客户的。例如，美国雀巢公司实施了价值链管理方法，重新设计了测量系统，专门测量一整套的要素，包括需求预测的精确度、生产计划、按时配送，以及客户服务水平。这一重新设计就使管理者能更快地发现并及时采取行动去解决问题。[32]

4. 领导

领导对价值链管理的价值重要性是显而易见的——没有强有力的坚定的领导，价值链管理就不可能成功。[33] 从高层到基层，管理者必须支持、推动和激励价值链管理的实施与推进。管理者必须要做一系列的努力去确认什么是价值，如何才能最好地提供价值，这些努力取得了怎样的成功。如果没有组织领导的郑重承诺，要形成努力为客户提供最好的价值，这种组织氛围或文化是不可能的。

同样，领导对于表述组织从事价值链管理的期望是什么也十分重要。理想上，提出期望是从组织的愿景和使命开始的，表达组织确认价值、把握价值和提供最高价值给客户的承诺。例如，美标公司（American Standard Companies）在开始进行价值链管理时，公司CEO 跑遍全美，出席了数十次会议，以了解变化中的竞争环境，以及公司为什么需要与它的价值链合作伙伴一道创造良好的工作关系。[34] 这样，在整个组织，管理者就能阐明对每一个员工在价值链上的期望，同样也能阐明对合作伙伴的期望。例如，美标公司的管理者明确了对供应商的要求，并剔除那些不能满足要求的供应商。公司的期望是如此严格，以至于它剔除了上百家空调、盥洗间、厨房设备及汽车控制系统的供应商。这样能使那些满足公司期望的供应商从更多的业务中获利，同时公司也拥有能够向客户提供更好价值的合作伙伴。

5. 员工/人力资源

从整本书中对管理理论和方法的讨论可以知道，员工是组织中最重要的资源。因此，毫无疑问，员工在价值链管理中必然起着重要作用。价值链管理对人力资源有三项主要的要求：一是灵活的职位设计方法；二是有效的雇用程序；三是持续的培训。

灵活性是价值链管理中职位设计的关键。传统的功能性工作角色——像市场营销、销售、会计出纳、客户服务代表等——在价值链管理的环境下都不合适。职位必须围绕着工作流程进行设计，将所有功能结合起来，创造价值和向客户提供价值。这种灵活的职位设计可以支持公司的承诺，向客户提供最好的价值。[35] 在按价值链方法进行职位设计时，重点应该放在员工所进行的活动如何能够最好地为客户创造和提供价值。这就要求员工在做什么和如何做上有灵活性。

实施价值链管理的组织的职位设计必须有灵活性这一事实导致了第二个要求：灵活的工作要求灵活的员工。在一个价值链组织中，会安排员工到遵循某种流程的工作团队中去，并根据需要在不同的时期做不同的工作。在协作关系可能会随着客户需求变化的环境中，员工的应变能力是很重要的。因而，组织的雇用程序设计必须能够确认哪些员工有能力迅速学习和适应环境变化。

最后，对灵活性的需要也要求组织在持续不断的员工培训中有实质性的投入。培训课程是否包括学习如何使用信息技术的软件，或者如何改进整条链上的物流，如何确认哪些是能增加价值的活动，如何更快地做出更好的决策，如何改进其他大量潜在的工作活动，这就在于管理者必须确保员工具备了其工作所需的知识和技能。例如，英国朴次茅斯的国防电子合同承包商阿连里亚·马可尼系统公司（Alenia Marconi Systems），把持续培训作为公司有效地满足客户需要的承诺部分。员工不断地接受公司的专门培训和包括强调个人与客户等战略问题的培训，而不仅仅是销售与利润的培训。[36]

6. 组织文化与态度

价值链管理的最后一个要求是支持性的组织文化与态度。这些文化态度包括共享、协作、开放、灵活、相互尊重和信任。这些态度不仅要体现于价值链的内部工作伙伴，也要体现于外部合作伙伴。例如，美标公司选用传统的方法——大量的洽谈时间和电话联系去实践它们的态度。然而，正如我们前面所言，戴尔计算机公司则采取了完全不同的方法，几乎完全是通过网络与其价值链合作伙伴一道工作。[36] 不过，这两种方法都反映了公司有针对性地更好地满足客户需要，建立长期、互利互惠、相互信任关系的承诺。

MOM.3.2　价值链管理存在哪些障碍

要从价值链管理中获益，管理者就必须处理好有关管理中的几个障碍。这些影响到价值链管理过程有效运作的障碍包括组织障碍、文化态度、要求的能力及人员（见图 MOM-3 ）。

图 MOM-3　成功价值链管理的障碍

1. 组织障碍

组织障碍是管理者所要处理的最为棘手的障碍。它包括对信息共享的拒绝与抵制、不愿接受改变，以及安全问题等。没有信息共享，紧密的协调和合作是不可能的。员工对变化的拒绝与抵制会阻碍价值链管理的成功实施。最后，由于价值链管理非常依赖坚实的信息技术基础设施，因而系统安全和互联网安全就成为重要议题。

2. 文化态度

缺乏文化态度——尤其是信任和控制——也是价值链管理的障碍，无论缺乏信任或是过于信任都是颇为关键的问题。为了追求效果，价值链合作伙伴必须相互信任，互相尊重，讲求诚信，每个伙伴的活动都是围绕价值链进行的。如果缺乏信任，伙伴就会拒绝共享信息、能力和过程。但过于信任也是问题。例如，许多组织易遭到知识产权（ intellectual property ）被盗。知识产权是公司有效运作和获得竞争力的关键。你要信任价值链合作伙伴，但也要防备珍贵的资产被盗。[38] 成为价值链管理障碍的文化态度是这样一种观念，认为当组织与外部和内部伙伴合作时，它就不能控制自己的命运。然而，这无须举例。尽管紧密的合作必须发生，组织还是可以控制关键的决策，包括客户的价值是什么，他们所希望的价值是多少，哪些分销渠道甚为重要等。[39]

3. 要求的能力

从前面对价值链成功实施的讨论中我们可以得知，价值链合作伙伴必须具备若干能力，包括绝佳的协调与合作，设计产品以满足客户和供应商的能力，教育内外部合作伙伴的能力。这些要素对把握和扩大价值链价值来说是最基本的，但往往又是难以实现的。在我们的讨论中描述过的许多公司常常也难以评估自身的能力和流程在价值链管理中是否变得更有效率与效果。

4. 人员

成功价值链管理的最后一个障碍是组织的员工，如果没有组织员工坚定的承诺和做好工作的愿望，价值链管理是不可能成功的。如果员工拒绝或抵制工作的灵活性，就难以做出必要的调整去适应不断变化的环境需求。如果员工不愿意在做什么、如何做、与谁一道做上展现灵活性，整条价值链上关键的协调和合作就难以实现。另外，价值链管理需要组织的员工付出大量的时间和精力。管理者必须激励员工做出很大的努力。

MOM.4 管理者所面对的当代运营管理问题

沃尔玛和好市多已采用的牛奶罐经过重新设计后，航运费用更加低廉，对环境更加友好，成本大为下降，并使牛奶保存更为新鲜。专家称，这种类型的重新设计是"未来 20 多年里将在美国经济中出现的众多变化中的一个例子。在全球需求及能源和原材料成本急剧上升的年代，我们需要重新审视经济中的方方面面，许多产品也需要为了提高效率而重新设计。"[40]

如果你认为在当今 7 天 24 小时的在线全球经济中运营管理并不重要，不妨再思考一下。实际上，它非常重要。管理者在经营管理时需面对 3 个当代专题：技术在运营管理中的作用、质量优先和项目管理。

MOM.4.1 技术在运营管理中的作用

从前面对价值链管理的讨论中可以得知，今天的竞争市场给组织施加了巨大的压力，要求组织及时按客户所要求的方式配送产品和提供服务。一些聪明的公司采用网络技术去改进运营管理。许多快速食品公司正相互竞争，看谁能提供更快和更好的服务，即让客户可以得到免于下车的服务（drive-through）。这种服务如今在销售里占有很大的份额，更快更好的服务可以是重要的竞争优势。例如，温迪公司在其部分菜单板上增加了雨篷，并用食品的图片代替文字。其他公司则运用确认屏幕（confirmation screens），这一技术帮助麦当劳将准确率提高了 11%。另外，两家美国连锁店所采用的技术可以计算免于下车线路（drive-through line）内的车辆数目，并将当前促销和大受欢迎的样品食物纳入需求，从而可以告诉管理者他们需要准备多少食物。[41]

尽管组织的生产活动是由"客户就是上帝"的认知所驱动的，但管理者仍需认识到组织的生产活动必须具有更快的反应能力。例如，运营管理者需要这样的系统——能够显示生产线的潜在产能、订单状况、产品质量的情况，而不是滞后的事实。为了更紧密地与客户相联系，整个企业的运作，包括制造，都必须同步。为了避免生产和配送的"瓶颈"，制造功能必须与整个电子商务活动相匹配。

技术使广泛的参与和合作成为可能。技术使制造工厂得以控制成本，特别是在设备维修、远程诊断和公共设施成本节省方面。例如，让我们来看看电子制造技术是如何影响设备维修功能的。新一代的互联网兼容设备包含的网络服务器是可以进行事前沟通的，即如果一台设备坏了，或者其仪器显示它要出故障，它就会发出求救信号。这与新型汽车警示灯的"检测机器"原理是类似的。这样的警示会告诉你，某个地方有毛病，需要引起注意。但是电子技术比声音或亮灯警示更为高超。一些装置能够向供应商、维修部门或承包商发送电子邮件或信号，反映特别的问题，以及需要的零部件和服务。这样一种电子维修控制可以防止设备故障及随之而来的生产停顿。

那些对技术利于提高绩效的效率和效能有所了解的管理者知道，运营管理并不仅仅是传统观念上的产品制造。相反，其重点在于组织的所有业务部门通力合作，从而找到方法解决客户的业务困难。

MOM.4.2 管理者如何控制质量

质量问题会造成高昂的成本。例如，尽管苹果公司在 iPod 上取得了巨大的成功，但前三个版本所使用的电池只能持续 4 个小时，而不是购买者所期待的 12 个小时。苹果为解决消费者的投诉付出了高达 1 亿美元的成本。在先灵葆雅公司（Schering-Plough），长期存在的质量控制短板导致公司的吸药器和其他药物产生了诸多问题，公司为此付出了 5 亿美元的罚金。另外，汽车行业每年要为保用和保修付出 145 亿美元的成本。[42]

许多专家认为，如果组织不能生产出高质量的产品，就无法在全球市场成功地竞争。什么是质量？当你认为某个产品或服务需要质量时，这是什么意思？是表示这个产品没有破损或可以持续运作，即是可靠的吗？是表示这个服务的提供方式是按照你的设想进行的吗？是表示这个产品发挥了其应有的作用了吗？还是其他意思？表 MOM-1 描述了多个有关质量的维度。我们将质量定义为产品或服务可靠地起到其预期的作用并满足了客户期望的能力。

表 MOM-1 什么是质量

产品质量的维度

（1）性能——操作特点

（2）特征——重要和专门的特点

（3）灵活性——某段时间内达到操作的特别要求

（4）耐久性——性能老化前使用的年限

（5）适配性——与预定标准的相配

（6）服务性——维修或常规服务的简便和速度

（7）美学性——产品的外观和给客户的感受

（8）质量的主观性——对（产品形象的）特征的主观评价

服务质量的维度

（1）及时——在承诺的时间内提供服务

（2）礼貌——愉快地提供服务

（3）持续——使所有客户每一次都体验到相似的经历

（4）方便——客户获得服务的容易程度

（5）完整——按照要求提供周全的服务

（6）准确——每次都正确地提供服务

资料来源：Based on J. W. Dean and J. R. Evans, Total Quality: Management, Organization and Society (St. Paul, MN: West Publishing Company,1994); H. V. Roberts and B. F. Sergesketter, Quality Is Personal (New York: The Free Press,1993); D. Garvin, Managed Quality: The Strategic and Competitive Edge (New York: The Free Press,1988); and M. A. Hitt, R. D. Ireland, and R. E. Hoskisson, Strategic Management,4th ed. (Cincinnati: South-Western Publishing, 2001), p.121.

1. 如何达到质量要求

如何达到质量要求是管理者必须面对的问题。质量考察的一个好方法是按照管理的职能，即计划、组织和领导，以及控制来进行。

进行质量计划时，管理者必须确定质量改进的目标和战略，以及实现这些目标的计划。目标可以让大家集中注意力朝着某些客观的质量标准而努力。例如，卡特彼勒公司（Caterpillar）的目标是应用质量改进技术以便削减成本。[43] 尽管该目标很具体、很有挑战性，但需要管理者和员工一起努力，制定良好的战略以实现目标，并深信他们能做得到。

在对质量工作进行组织和领导时，对管理者而言，重要的是依赖员工。例如，在通用电缆公司（General Cable Corporation）位于加拿大萨斯喀彻温省（Saskatchewan）慕斯爵市（Moosejaw）的工厂，每个员工都参与了持续质量保证的培训。另外，工厂的管理者认为应该全心全意地为员工提供他们需要的信息，使他们得以更好地完成工作。他说："向操作机器的员工提供信息是至关重要的。你可以建立网状结构，也可以交叉培训员工，也可以使用精益工具，但如果你不向员工提供促进改善的信息，那就没有热情可言。"不用说，该公司还与员工一起分享生产数据和财务绩效指标。[44]

实施了广泛和成功的质量改进项目的组织倾向于依靠两个重要的人力资源途径：跨职能的工作团队和自我指导或授权的工作团队。既然实现产品质量是从高层到基层所有员工都必须参与的事情，那么以质量为导向的组织依靠培训良好、灵活和授权的员工也就不足为奇了。

最后，管理者必须认识到在进行质量控制时，如果没有某种方法去监督和评估质量改进的过程，质量改进是不可能行得通的。不管是否涉及库存控制、原材料采购、故障率或其他运营管理方面的标准，质量控制都是重要的。例如，在位于伊利诺伊州罗林·梅多斯（Rolling Meadows）的诺斯洛普格鲁公司（Northrup Grumman Corporation）的工厂，实行了多个质量控制项目，包括自动检验和信息技术，将产品设计、制造和质量改进追踪过程融为一体。同时，公司授权员工，让他们决定是否接受或拒绝制造过程中的产品。工厂经理解释说："这一方法是用以建立而不是检查产品的质量。"但他们所做的最重要的一件事是与客户一起"奋斗"，即为解决现场问题而共同努力。工厂经理说："我们和其他公司的区别是，我们认为如果我们能够很好地明白客户的使命，就可以帮助他们提高效能。我们不会等着客户让我们做事，而是会找出客户正尝试做的事情，然后帮助他们制订解决方案。"[45]

在全球都可以找得到有关质量改进成功的故事。例如，在位于墨西哥马塔莫罗斯（Matamoros）的德尔福公司（Delphi）的组装工厂，员工努力改进质量并获得巨大的进步。以航运产品的客户拒绝率为例，以前每 100 万个部件有 3000 个部件出差错，而现在每 100 万个部件里只有 10 个部件出差错——差错率几乎降低到原来的 1/300。[46] 多个实行了质量优先的大洋洲公司，包括澳大利亚阿尔卡公司（Alcoa of Australia）、沃莫尔德安全公司（Wormald Security）、卡尔顿联合啤酒厂（Carlton and United Breweries），都极大地改进了质量。[47] 位于德国巴罗得（Bad Rodach）的法雷奥克里马斯特米有限公司（Veleo Klimasystemme GmbH）的组装小组为包括梅赛德斯（Mercedes）和宝马等高端德国轿车设置了不同的气候控制系统。那些小组实施的质量改进项目都大大提高了质量。[48]

2. 组织应追求什么质量目标

为了公开地表达它们对质量的承诺，世界各地许多组织正致力于追求富有挑战性的质量目标。最有名的两个是 ISO9001 和六西格玛。

ISO9001 是一系列国际质量管理标准，是由国际化标准组织（International Organization for Standardization）建立的（www.iso.org）。它对生产过程设立了标准指引，以确保产品符合客户的要求。这些标准的涉及面甚广，包括从合同审阅到产品设计和产品运输等。ISO9001 的标准已成为对全球市场内的企业进行评估和比较的一套国际认可的标准。实际上，这类认证是在全球从事业务活动的先决条件。获得 ISO9001 认证的企业表明其拥有良好的质量管理体系。

30 多年前，摩托罗拉公司在广泛运用严格的质量标准时，更多是通过一套名为六西格玛（Six Sigma，6σ）的特定质量改进项目。[49] 简单地说，六西格玛这一质量标准要达到每 100 万个部件或流程中不超过 3.4 个差错的目标。这个名称是什么意思呢？σ 是一个希腊字母，统计学家用其界定钟形曲线的标准差。σ 值越高，与常态的差异就越小。1σ 表明任何被测量的事物有 2/3 位于曲线之内，2σ 表明覆盖了 95%的范畴，6σ 表示你能做到几乎零缺陷。[50] 这可是一个雄心勃勃的质量目标！尽管这是相当高的标准，但许多质量导向的企业正把它运用到生产中，并从中受益。例如，通用电气公司的总裁称，自 1995 年以来公司估计节省了数十亿美元。[51] 其他运用了六西格玛技术的公司还包括亚马逊、美国银行、陶氏化学公司、3M 公司、美国运通、索尼公司、喜达屋酒店管理集团和强生公司。除了大量制造企业采用六西格玛技术，许多金融机构、零售商和医疗组织等服务性企业也开始采用它。六西格玛带来了怎样的影响？让我们看一个例子。

过去，医疗管理公司 Wellmark Blue Cros & Blue Shield 要花 65 天或更长时间才能把一名新医生安排到医疗计划中去。现在，受益于六西格玛，公司发现其运作的过程有一半是多余的。在精简了不必要的步骤后，现在的工作只需较少的员工在 30 天以内就可以完成。公司每年因此节约 300 万美元的管理支出，并将其转化为较低的医疗费用而让消费者获益。[52]

尽管让管理者认识到获得 ISO9001 认证或六西格玛的积极效益是很重要的事情，但最主要的益处在于质量改进过程的本身。换言之，质量认证的目标应该是建立一套工作流程和运作体系，使组织得以满足客户需求，并让员工持续地以高质量的方式完成工作。

MOM.4.3 如何进行项目管理

正如第 8 章讨论的那样，许多组织围绕着项目而构建。项目（project）是有明确的起点和终点的一次性活动。[53] 从一次 NASA 的航天飞机发射到举办一个订婚仪式，项目在大小和范围上存在很大区别。项目管理（project management）的任务是使活动按照要求，在预算内按时完成。

项目管理在诸如建筑和电影制作等行业已存在了很长时间，而现在它已延伸到几乎每一个行业。项目管理为何越来越受欢迎？因为它很好地适应了动态的环境和对环境做出灵活迅速反应的需要。对于那些有着某些特殊性、有明确的完成期限、包含复杂的相互联系且要求特殊技能的任务和暂时性的活动，组织越来越多地采用项目的方式来完成。因为对于这些类型的项目，制定用于指导常规和持续进行组织活动标准化的操作程序并不适用。[54]

在典型的项目中，小组成员被临时分派给项目经理并向其汇报，项目经理需要与其他部门协调活动并直接向高层经理汇报。项目是暂时性的：在完成特定目标后就会结束，项目成员转到其他项目、回到原部门，或离开组织。

如果你花几天时间观察一组部门经理，你会发现他们通常会详细设计哪些活动必须完成，完成这些活动的顺序，由谁来完成，以及完成的时间。我们把经理们所从事的工作称为计划。下面将讨论一些有用的计划工具。

1. 怎样使用甘特图

甘特图（Gantt chart）是亨利·甘特在 1900 年时发明的一种计划工具。它的原理相当简单。最基本的甘特图是一种条形图，横轴代表时间，纵轴代表计划完成的活动，条块代表一段时期内的计划和实际产出。甘特图能有效地反映任务应该何时完成，并将计划日期与实际进展相比较。这一简单而重要的工具使管理者得以轻松地了解工作和项目的哪些步骤尚未完成，评估工作的实际进程是快于、落后于还是同步于计划。

图 MOM-4 是一家出版公司的管理者用于图书生产的甘特图，图的上端代表时间，以月份为单位。主要的活动由上至下排列在图的左端。该计划按需要完成的活动、活动完成的顺序和每一活动的时间安排制订。图 MOM-4 中的阴影部分代表每一活动的实际进程。

图 MOM-4　一个使用甘特图的例子

当管理者检查实际工作与计划之间的偏差时，甘特图就成为一种管理控制工具。在本例中，大多数活动是按时完成的。然而，看一看图标中"校对初样"这一活动，你会注意到它实际花费的时间比计划多出 2 周。针对这一信息，管理者可以采取一些干预措施——弥补失去的 2 周时间，或确保不会发生其他延误。这样，管理者可以预期，若不采取干预措施，书的出版至少会推迟 2 周。

负荷图（load chart）是甘特图的修正版本，其纵轴不代表活动，而代表整个部门或特殊的资源。这一信息使管理人员可以就能力的利用进行计划和控制。换句话说，负荷图可以按工作点来安排能力。例如，图 MOM-5 是一个有 6 个产品编辑的出版社使用的负荷图。每一个编辑都负责几本书的策划和出版工作。通过检查负荷图，这 6 个编辑的主管编辑就可以知道谁有时间，可以承接一本新书。如果每一个人都很忙，那么主管编辑可能会决定不再承接新书，或者承接部分新工作而推迟其他工作，要求编辑加班，或者决定聘用更多的编辑。

图 MOM-5 一个使用负荷图的例子

2. 什么是 PERT 网络分析法

当同时进行的项目不多且彼此独立时，甘特图与负荷图是很有用的。但是当管理者要策划诸如复杂的重组活动、大规模的降低成本活动，或开发新产品之类的大项目时，情况会怎么样呢？这就需要来自市场营销、生产和产品设计人员的合作与投入。这样的项目需要统合成百上千个活动，其中的某些活动必须同时进行，而另一些必须等待其前面的活动完成后才能开始，这就像在建一个大型的购物中心时，在地基没有打好之前，你显然不能建墙一样。那么，如何管理一个复杂的项目呢？你可以使用项目评估和审查技术。

项目评估和审查技术（**program evaluation and review technique**）通常被称为 PERT，或者 **PERT 网络分析法**（**PERT network analysis**），最初是在 20 世纪 50 年代开发北极星潜水艇武器系统时，为了协调 3 000 多家承包商和代理商的工作而发展起来的。这项需要统合成百上千个活动的工作复杂得令人难以置信。但通过采用 PERT 网络分析法，整个北极星计划的完成时间缩短了 2 年。

PERT 网络是一种类似于流程图的图表，用以描述完成一个项目所需活动的顺序，以及每一活动需要的时间和费用。借助 PERT 网络，项目经理可以完全掌握哪些工作需要完成，并决定某些活动对另一活动的依赖关系，以及可能出现故障的位置（见表 MOM-2）。

表 MOM-2 制定 PERT 网络

开发 PERT 网络要求管理者明确界定完成一个项目的所有关键活动，并且按依赖关系把它们标识出来，同时估计完成每个活动的时间。这一过程可以分为 5 个步骤，分类如下

- 界定为了完成项目而需要实现的每项活动。完成每项活动将导致一系列的事件发生
- 确定完成这些事件的顺序
- 画出从项目开始到结束的各活动流程，明确界定每项活动及其与所有其他活动之间的关系。用圆圈来标注事件，用箭头表示活动。这样就形成了一个被称为 PERT 网络的流程图
- 采用加权平均法估算完成每项活动所需要的时间。分别估计：在理想状况下完成活动所需要的乐观时间 t_0，在正常情况下完成活动所需要的最可能的时间 t_m，以及在最坏情况下完成活动所需要的悲观时间 t_p。按下列公式计算完成活动的预期时间 T_e。

$$T_e = \frac{t_0 + 4t_m + t_p}{6}$$

- 最后，通过使用标注了每项活动预计完成时间的网络图，管理者可以为每项活动和整个项目做好安排。在关键路径上的任何延迟都需要给予最严密的关注，因为这会推迟整个项目的完成时间。也就是说，在关键路径上是没有松弛量的，因此在这个路径上的任何延迟都会直接影响整个项目的完成期限

它也容易用来比较可选择的方案对进度和成本带来的影响。PERT 使管理者可以监控项目的进度，确定可能的瓶颈，对资源分配做出必要的调整以保证项目按计划进行。

　　要理解怎样建立 PERT 网络，必须理解 3 个术语：事件、活动和关键路径。下面我们将定义这些术语，描述绘制 PERT 网络的步骤，然后举例说明。

- **事件（event）**代表完成主要活动的终点，有时候也被称为转折点。事件表示发生了某些有意义的事（如收到购货发票）或完成了一件重要的工作。在 PERT 网络中，事件以时点来表示。
- 而**活动（activities）**是采取的行动。每一活动所耗费的时间取决于从一个事件到另一个事件所需要的时间和资源。
- **关键路径（critical path）**是在最短时间内完成某个项目所必需的最长或最耗时的事件和活动的序列。[55]

　　下面，我们将 PERT 运用于一位建筑经理修建一间 6500 平方英尺房屋的工作。

　　作为一名建筑经理，你知道在业务活动中时间就是金钱。延误可能使一个本来有利可图的项目变为亏损，因而，必须确定建好一间房屋需要多长时间。为此，你已经仔细地把整个项目分解为若干个活动和事件。表 MOM-3 列出了建筑项目的主要事件和你对完成每一活动所需时间的预测。根据表 MOM-3 所提供的数据，绘制出如图 MOM-6 所示的 PERT 网络。

表 MOM-3　修建一间房屋的主要活动

事件	描述	时间（周）	前一活动
A	通过设计方案并获得批准	3	无
B	挖掘/清场	1	A
C	浇注	1	B
D	打地基	2	C
E	建房	4	D
F	装窗	0.5	E
G	封顶	0.5	E
H	砌面砖和石英砖	4	F, G
I	装电线、水管和加热管	6	E
J	安装绝缘体	0.25	I
K	装石膏灰胶质夹板	2	J
L	完成并给石膏灰胶质夹板磨砂	7	K
M	内装修	2	L
N	内外油漆	2	H, M
O	装橱柜	0.5	N
P	铺地板	1	N
Q	完工，把房交给屋主	1	O, P

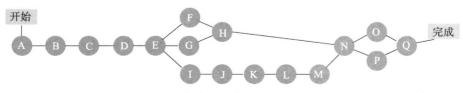

图 MOM-6　修建一间定制房屋的 PERT 网络

3. PERT 是如何运作的

从图 MOM-6 的 PERT 网络可以得知，如果所有活动都按计划进行，修好这间房屋需要 32 周。这是通过追踪网络的关键路径 "A→B→C→D→E→I→J→K→L→M→N→P→Q" 计算出来的。在这条路径上任何一个事件的延误都将会导致整个项目推迟完成。例如，如果建房（事件 E）花 6 周而不是 4 周时间的话，整个项目将延迟两周。但是，砌砖活动（事件 H）拖延 1 周则并无影响，因为这一事件不在关键路径上。通过使用 PERT 网络，建筑经理知道这种情况下不需要采取纠正措施。然而，砌砖活动若进一步延误，则会产生问题——因为这一延误可能导致新的关键路径的产生。下面回到原来的关键路径这一难题。

关键路径通过活动 N、P 和 Q。PERT 图（见图 MOM-6）告诉我们，这 3 个活动需要 4 周时间。可能你会问，N→O→Q 这条线路不是更快一点吗？是的，PERT 网络显示它只需要 3 周半时间。那么为什么 N→O→Q 不在关键路径上呢？这是因为活动 Q 只有在完成了活动 O 和 P 后才能进行，虽然活动 O 只需要 0.5 周，但活动 P 却需要 1 周，所以，活动 Q 最早只能在 1 周后开始。关键活动（活动 P）时间和非关键活动（活动 O）时间有什么区别呢？在本例中这一区别为 0.5 周，被称为松弛时间。**松弛时间（slack time）** 是关键路径和所有其他路径之间的时间差。松弛时间有什么用处呢？如果项目经理注意到关键活动的进行落后于计划，或许可以考虑将非关键活动的松弛时间临时分派给关键活动。

正如所看到的，PERT 既是一个计划工具，也是一个控制工具。PERT 不仅能通过制定进度表估计项目完成的时间，还能使我们明白控制的重点应该放在哪里。由于关键路径上事件的任何延迟都将拖累整个计划（不仅会耽误时间，而且会造成超支），因此我们的注意力必须自始至终集中在关键活动上面。例如，上一个例子中的事件 F（安装窗户）由于供应延误而被延迟了 1 周，不会是一个大问题，因为它不在关键路径上。但是如果事件 P（铺地板）被耽误了一两周，那么整个计划就将会延迟 1 周。因此，任何直接影响关键事件的潜在因素都必须密切关注。

关于运营管理的最后思考

如前所述，管理者的工作是管理组织的运营体系、组织控制系统和质量程序。这是组织在当今竞争日益激烈的全球经济中生存的唯一方法。

本章注释文件请扫二维码下载。

术 语 表

A

absenteeism 缺勤

未能上班。

active listening 积极倾听

听取他人完整的意思，在此之前不做不成熟的判断或解释。

activities 活动

采取的行动。

adjourning stage 解散阶段

临时性团队发展过程的最后阶段，团队为它的解散做准备。

affective component 情感成分

指态度的情绪或感受部分。

affirmative action programs 保护性行动计划

保证公司的决策和活动能够强化对受保护群体的雇用、晋升和留用。

assumed similarity 假设相似性

假设相似性中，观察者对于他人的感知更多地受观察者自身特征，而不是那些被观察者特征影响。

attitudes 态度

关于事物、人或事件的，有利的或不利的评价性陈述。

attribution theory 归因理论

归因理论认为，我们如何对人们进行不同的判断，取决于对于给定的行为归因于何种解释。

authority 职权

管理职位所赋予的发布命令和希望命令得到遵守的权利。

B

balanced scorecard 平衡计分卡

从包括财务在内的多种角度评价组织业绩的方法。

basic corrective action 根本性纠正行动

确定业绩为何出现偏差及如何出现偏差，然后采取行动纠正偏差产生的根源。

behavior 行为

人们的行动。

behavioral component 行为成分

以某种方式对某人或某事表现出某种行为的意图。

behavioral theories of leadership 领导的行为理论

寻找有效领导者区别于无效领导者的理论。

benchmarking 标杆管理

搜寻竞争对手或非竞争对手中那些能够使组织获得最好绩效的实践方法。

big data 大数据

通过高度复杂的数据处理能够进行分析的大量的可量化数据。

big Five Model 大五人格模型

一个个性特质模型，评估 5 个个性特质，包括外向性、认同性、责任性、情绪稳定性、开放性。

board representatives 董事会代表

指雇员成为公司董事会成员，并代表公司员工的利益。

body language 身体语言

诸如手势、面部表情和其他身体动作的非语言沟通。

boundaryless career 无界限职业

为自己的职业承担更多个人责任的观念。

boundaryless organization 无约束组织

不受传统结构所固有的边界或类型限制的组织。

bounded rationality 有限理性

管理者可以理性地制定决策，但受限于自身获得信息的能力。

brainstorming 头脑风暴法

通过禁止批评的方法来鼓励不同方案产生的过程。

break-even analysis 盈亏平衡分析

识别总收入刚好等于总成本的临界点的技术。

business model 商业模式

公司如何从其战略、过程和活动的广泛部署中获益的战略设计。

business plan 商业计划书

一份总结了商业机会，以及明确和解释了如何获取和开发这些被识别的机会的书面文件。

C

"calm waters" metaphor "静水行船"观

对传统实践的一种描述，这一关于组织的理论将组织比喻成在平静大海中航行的大船，其旅程是可预见的，期间只会偶遇风暴。

capabilities 能力

指的是完成业务活动所运用的技能和才能。

career 职业

一个人一生所从事的一系列工作。

centralization 集权

指在多大程度上将决策权放到组织中上层。

certainty 确定性

因为所有结果可知，因此决策制定者可以制定准确决策的情况。

chain of command 指挥链

一个连续的职权体系，其范围从组织上层延伸到组织基层，其作用是阐明谁向谁汇报的问题。

change agents 变革推动者

扮演变革催化剂角色，并承担管理变革责任的人，被称为变革推动者。

channel 渠道

传递信息的媒介物。

charismatic leaders 魅力型领导者

热情、自信并利用其自身的魅力和行为影响人们做出既定行为的领导者。

code of ethics 道德守则

是这样一种正式文件，它阐明了组织的主要价值观及组织希望管理者与员工遵守的一些道德标准。

cognitive component 认知成分

态度的组成成分之一，指一个人所持有的信念、意见、知识及信息。

cognitive dissonance 认知失调

两种或更多态度之间的不一致，或者行为和态度之间的不一致。

commitment concept 承诺概念

指计划周期应该足够长，可以兑现制订计划时所作出的承诺。

communication 沟通

人与人之间意思的转换与理解。

communication process 沟通过程

人与人之间意思的转换与理解的七步骤过程。

communities of practice 实践社区

具有共同的兴趣，面临同一组问题，或对某个方面有共同爱好的群体，他们通过持续的互动提升相关领域的知识和专业技能。

competitive advantage 竞争优势

即如何使公司与众不同的独特优势。

competitive intelligence 竞争情报

一种为管理者获取竞争对手准确信息的环境观测。

competitive strategy 竞争战略

指组织如何在其所经营的业务中开展竞争。

compressed workweek 压缩工作日

压缩工作日期间员工每天工作时间延长、一周内的工作日减少。

conceptual skills 概念技能

管理者分析和判断复杂形势的能力。

concurrent control 同步式控制

发生在活动进行过程中的控制。

conformity 一致性

调整个体的行为去与群体的规范保持一致。

contingency approach (or situational approach) 权变理论

一种管理思想，指的是个体组织、员工及他们所处的情境是不同的，需要不同的管理方式。

contingent workers 临时工

指的是暂时的、自由的或者合同工，其就业根据他们服务要求而定。

contingent workforce 非固定工

根据需要而设的非全职员工、临时员工与合同工。

control 控制

一种管理职能，包括监督活动以确保活动得以按计划完成，并能够纠正任何明显的偏差。

controlling 控制工作

监督活动以确保活动得以完成。

control process 控制过程

控制过程包括 3 个步骤：衡量实际业绩，将实际执行情况与标准进行比较，以及采取管理措施，纠正偏差或不适当的标准。

core competencies 核心竞争力

组织主要的价值创造能力。

corporate strategy 公司战略

一种组织战略，详细说明公司正在从事或希望从事哪些业务，以及公司准备如何从事这些业务。

costleadership strategy 成本领先战略

企业想成为它所处的行业中最低成本生产者时所采用的战略。

creativity 创造力

提出新奇且有用思想的能力。

credibility 信用

下属通常是通过诚实、胜任力和激励下属的能力等方面来评价领导者的信用。

critical path 关键路径

在最短时间内完成某个项目所必需的最长或最耗时的事件和活动的序列。

cross-functional team 跨职能型团队

来自组织不同部门的成员组成，并且跨越传统的部门界限的团队。

customer departmentalization 按客户划分部门

根据客户划分部门。

D

decentralization 分权

指在多大程度上中下层管理者能做出努力和实际做出决策。

decisional role 决策角色

　　包括制定决策和做出选择。

decision criteria 决策标准

　　与决策相关的因素。

decision implementation 决策实施

　　将决策付诸行动。

decision-making process 决策过程

　　包括识别问题、选择备选方案及评估方案效果等 8 个步骤。

decision trees 决策树

　　能够用来分析决策进程的一种图表。当用图形表示时，决策树就像是一棵带着枝干的树。

decoding 解码

　　翻译接收到的信息。

demographics 人口统计学

　　用来进行社会研究的人口特性。

departmentalization 部门划分

　　把工作进行归类的方式。

design thinking 设计思维

　　正如设计者处理设计问题一样去处理管理问题。

differentiation strategy 差异化战略

　　一个企业想在它所处行业中的广阔市场实现独特性时所采用的战略。

directional plans 指导性计划

　　一种有灵活性的计划，它确定一般性的指导方针。

discipline 纪律

　　管理者强制执行组织标准和规则的行为。

distribute justice 分配公平

　　个人之间所得报酬的合理性。

divisional structure 分公司结构

　　由独立的单位或部门组成的组织结构。

division of labor(or job specialization) 劳动分工

　　将工作分解成狭小的、重复的任务。

downsizing 规模紧缩

　　有计划地削减组织中的工作岗位。

E

economic order quantity (EOQ) 经济订货量

　　用来平衡订购成本和库存成本的模型，从而最小化与订购和库存有关的总成本。

effectiveness 效果

　　指做正确的事，或完成实现组织目标的活动。

efficiency 效率

指通过正确地做事，它反映了投入与产出之间的关系，追求资源成本的最小化。

electronic meeting 电子会议

一种将参与者通过计算机沟通在名义上集合在一起的方法。

emotional intelligence (EI) 情商

那些非感知性的技巧、素质、能力的综合，这些因素影响一个人处理环境需求和压力的能力。

employee assistance programs (EAP) 员工支援计划

组织用于帮助员工克服私人和健康问题的计划。

employee benefits 员工福利

用于提高员工生活质量的非货币奖励。

employee counseling 员工咨询服务

帮助员工克服有关绩效问题的过程。

employee engagement 员工参与

员工与其工作的联系、对工作的满意度及对工作的热情。

employee productivity 员工生产力

衡量工作效率和效果的绩效指标。

employee recognition programs 员工奖励计划

指由个人对优秀工作的关注、奖励和赏识组成的计划。

employee theft 员工偷窃

任何出于个人用途未经授权拿走公司财产的行为。

employment training 雇用培训计划

一种旨在持久改善员工工作能力的学习经历。

employment planning 雇用规划

雇用规划是一个过程，在这个过程中，管理者能够确保在适当的时间、适当的地点获得适当数量和种类的员工。

empowerment 授权

增加员工决策自主权的行动。

encoding 编码

将信息转换为某些符号的形式。

entrepreneurial ventures 新创企业

这种组织努力发现机遇，以创新实践为特征，将成长与收益作为首要目标。

entrepreneurship 创业

创业是一个开创新事业的过程，一般来说，就是去把握机会。

environmental complexity 环境的复杂性

组织环境的构成要素的数量和组织拥有关于这些要素的知识范围。

environmental scanning 环境观测

指对外部环境的分析，包括观测大量的信息，从而发现发展趋势。

environmental uncertainty　环境不确定性

组织环境变化和复杂的程度。

equity theory　公平理论

公平理论认为员工首先会考虑自己投入–结果的比率，然后将自己的投入–结果的比率与其他人投入–结果的比率进行比较，纠正不公平感。

escalation of commitment　认同强化

尽管已经存在负面的信息，但是决策者仍然会增加对原有决策的认同。

ethical communication　合乎道德的沟通

呈现的材料包括了各种相关的信息的交流，这种交流在任何意义上是真实的，不存在任何方式的欺骗。

ethics　道德

判定行为是"正确"还是"错误"的一系列准则或原则。

ethnicity　族群性

一定数量的人口所共有的社会特质，比如一个人的文化背景或忠诚。

events　事件

事件代表完成主要活动的终点。

expectancy theory　期望理论

期望理论认为，当预期某一行为能给个体带来某种既定结果，且这种结果对个体具有吸引力时，个体将趋向于以此为基础采取某一特定行动。

exporting　出口

在国内制造产品并销售到国外。

external environment　外部环境

影响组织绩效的外部因素、力量、情景或事件。

F

family-friendly benefits　家庭亲和福利

这种福利提供一系列广泛的选择方案，保证员工的工作有更多的灵活性，满足他们工作/生活平衡的需求。

feedback　反馈

检验传递信息成功的程度。

feedback control　反馈式控制

发生在行动之后的控制。

feedforward control　前馈式控制

发生在行动之前的控制。

fiedler contingency model　费德勒的权变模型

这一领导理论认为有效的群体绩效取决于与下属相互作用的领导风格和情境对领导控制及影响程度之间的合理匹配。

filtering　过滤

指发送者故意操纵信息，使信息显得对接受者更为有利。

first-line managers　基层管理者

负责指导业务人员的日常活动的监督者。

fixed-point reordering system　定点再订货系统

一种让系统根据在过程中预设的点去提示需要重新订购库存的方法。

flextime (or known as flexible work hours)　灵活工作时间

一种工作安排，其间要求员工在一周内必须完成多少小时的工作，什么时候工作员工可以自由安排。

focus strategy　集中战略

在一个狭小范围的市场或利基市场中获取成本优势（成本化集中），或者差异化优势（差异化集中）。

foreign subsidiary　国外子公司

在外国直接投资，建立独立的工厂或办事机构。

formal planning department　正式规划部门

一群规划专家，这些专家唯一的责任是帮助管理者制订各种组织计划。

formalization　正式化

一个组织工作标准化的程度，以及员工行为受规章制度和程序影响的程度。

forming stage　形成阶段

群体发展的第一阶段，在这个阶段，人们加入群体，并定义群体的目标、结构和领导关系。

franchising　特许经营

特许经营主要是由服务型组织采用，一个公司给予另一个公司使用其品牌和经营方法的权利，并收取费用。

functional departmentalization　按职能划分部门

根据活动所承担的职能划分部门。

functional strategy　职能战略

组织的各个职能部门需要采用的战略，目的是支持竞争战略的实施。

functional structure　职能式结构

将相似或相关的业务活动组合在一起的组织结构。

fundamental attribution error　基本归因错误

当对其他人的行为做判断时，低估外部因素的影响，而高估内部或个人因素影响的倾向。

G

gamification　游戏化

将游戏设计的手段应用于工作场景活动之外的其他的场景。

gantt chart　甘特图

一种以条形图标示的计划工具，反映任务应该何时完成，并将计划日期与实际进展进行比较。

general administrative theory   一般管理理论
对管理者工作和良好的管理实践的论述。

geographic departmentalization   按地区划分部门
根据不同地理区域的活动划分部门。

global corporation   全球化公司
跨国公司的一种类型，其管理决策权和其他决策权都集中在母国。

global sourcing   全球筹供
从全球任何地方购买最便宜的原材料或雇佣最廉价的劳动力。

global strategic alliance   全球战略联盟
一个组织和外国公司建立伙伴关系共同分享资源和知识来研发新产品或建设生产设施的公司中间成立的伙伴关系。

global village   地球村
指一个没有界限的世界，即在全世界范围进行产品和服务的生产与营销。

global leadership and Organizational Behavior Effectivenss (GLOBE)   全球领导与组织行为效果研究
全球领导与组织行为效果研究计划，一个研究跨文化领导行为的项目。

goals (objectives)   目标
期望达到的结果或产出。

goal-setting theory   目标设定理论
目标设定理论认为，具体的目标会提高工作绩效，困难的目标如果被接受会比相对容易的目标带来更好的绩效。

grapevine   传言
一种非正式的沟通方式。

group   群体
2 个或 2 个以上相互影响、相互依赖的个体为了达到某一特定目标而组成的集合体。

group cohesiveness   群体凝聚力
成员相互吸引、参与群体目标的程度。

groupthink   群体思维
为了显得达成了一致，群体对个人施加压力以抑制不同意见。

growth strategy   成长战略
组织通过当前的业务或新业务，扩展所服务的市场或增加所供应产品的数量。

H

halo effect   晕轮效应
仅以个体的某一个性特征形成对其的总体印象。

harvesting   收割
企业家将自己在企业中的投资变现的行为。

Hawthorne studies   霍桑实验
西方电器公司霍桑工厂的工程师在 20 世纪 20 年代末和 30 年代初设计了一项研究，

旨在研究不同工作环境的变化对工人生产力的影响，它发现了个人的态度在决定其组织行为与实现组织目标方面起到重要作用。

heuristics　直觉

做判断的捷径，或简化决策制定的"经验法则"。

hierarchy of needs theory　需要层次论

马斯洛的理论认为人的需求有 5 个层次，它们分别是生理需求、安全需求、社会需求、尊重需求、自我实现需求。

human resource inventory　人力资源核查报告

一份列明了组织中员工的姓名、教育程度、培训、工作经历、语言能力和其他信息的报告。

human resource management (HRM)　人力资源管理

关于获取、培训、激励，以及留用高素质员工的管理职能。

hygiene factors　保健因素

能够减少对工作不满，但无激励作用的因素。

I

idea champions　革新能手

一旦产生新思想，革新能手会积极、热情地将这一思想深化，提供支持并克服阻力，以确保创新得到推行。

immediate corrective action　立即纠偏行动

立即纠正出现的问题，使执行回到设定的轨道上来。

importing　进口

在国外进行产品制造并且在国内进行销售。

Industrial revolution 工业革命

它是以机器取代人力、大规模工厂化生产和高效交通运输为代表的，一场开始于 18 世纪晚期，发源于英国的革命。

informational roles　信息转换角色

包括搜集、接收及传递信息。

Information overload　信息过载

当信息超过处理能力时产生的结果。

innovation　创新

采用一种创造性思想并将其转化为有用的产品、服务或作业方法的过程。

intergroup development　群体间发展

试图使几个工作群体更加具有凝聚力的活动。

interpersonal roles　人际关系角色

跟其他人（下级及组织之外的人）有关及礼仪性和象征性的职责。

interpersonal skills　人际关系技能

人际关系技能指管理者了解、指导、激励相关的个体和群体并与之一起工作的能力。

intuitive decision making 直觉的决策方式

根据经验、感觉和所积累的判断制定决策。

ISO9000（ISO9000 体系）

ISO9000 是一系列国际质量管理标准，对生产过程设立了标准指引，以确保产品符合客户的要求。

J

jargon 行话

对规则或行业的专业性语言。

job analysis 工作分析

对成功完成组织的每个工作所需的技能、知识和能力种类的评估。

job characteristics model（JCM） 工作特征模型

哈克曼与奥德姆的工作描述模型认为工作的 5 个核心工作维度分别是：技能多样性、任务同一性、任务重要性、自主性、反馈。

job description 工作说明书

描述一项工作的书面陈述。

job design 工作设计

把任务结合起来组成完整工作的方式。

job enrichment 工作丰富化

通过增加计划工作和责任评价实现工作的纵向扩展。

job involvement 工作投入

员工认同自己的工作、积极参与工作、认为自己的工作绩效对自我价值重要的程度。

job satisfaction 工作满意度

员工对其工作的一般性态度。

job sharing 工作分享

两个或更多的员工分担一份全职工作。

job specialization 工作规范书

对员工成功完成某一工作所应具备的基本资格的描述。

joint venture 合资企业

战略联盟的特定类型，其中各方为了某个商业目标建立一个独立的组织。

K

karoshi "过劳死"

一个日本单词，指因为工作超负荷而突然死亡。

knowledge Management 知识管理

涉及培养一种学习型文化，以使组织成员系统地获得知识彼此分享。

L

layoff-survivor sickness 解雇–留职并发症

在裁员中留下来的员工的一系列态度、感受和行为。

leader　领导者

能够影响他人并拥有管理职权的人。

leader-member exchange (LMX) theory　领导–成员交换

领导–成员交换理论认为领导会将群体成员划分为圈内或圈外，而在圈内的成员会有更高的绩效、更低的流失率和更高的工作满意度。

leader-participation model　领导者–参与模型

这一领导理论提供了在不同类型的情境下，领导者确定参与决策制定的程度应遵守的一系列规则。

leadership　领导

带领一个群体和影响这个群体实现目标的过程。

leading　领导

引导和协调组织员工的工作活动。

learning　学习

由于经验而产生的相对长久的行为改变。

learning organization　学习型组织

有能力持续学习、适应和改变的组织。

least-preferred coworker (LPC) questionnaire　最难共事者问卷

测量领导者的行为是任务导向型还是关系导向型的问卷。

licensing　许可证贸易

指一种主要是由制造型组织采用，一个公司给予另一个公司生产或者销售其产品，使用其技术或产品规范的权利，并收取费用的协议。

linear programming　线性规划

一种解决资源配置的数学方法。

line authority　直线职权

指给予管理者指导其下属工作的职权。

load chart　负荷图

甘特图的一种修正版本，列出全部部门或特殊资源。

locus of control　控制倾向

个人相信他们能主宰自己命运的程度。

long-term plans　长期计划

时间跨度超过 3 年的计划。

M

Machiavellianism ("Mach")　马基雅维里主义

衡量个体务实、对人保持着情感的距离、相信为达目的可以不择手段的程度。

management　管理

指通过与其他人的共同努力，既有效率又有效果地将工作做好的过程。

management by objectives (MBO)　目标管理

一个设定双方都认同的目标，并以这些目标的实现来评价员工绩效的过程。

management by walking around (MBWA)　走动式管理
　　管理者走到工作现场，与员工进行互动。

management information system (MIS)　管理信息系统
　　用于定期向管理者提供所需信息的系统。

managerial grid　管理方格
　　对领导风格进行评价的两维度方格。

managerial roles　管理者角色
　　指管理者行为的各种特定类型，它通常可以分为以下 3 种类型——人际关系类型、信息转换类型及决策类型。

managers　管理者
　　在一个组织中直接督导他人工作的那群人。

manufacturing organizations　制造业组织
　　生产有形产品的组织。

mass production　大规模生产
　　大批量生产。

matrix structure　矩阵式结构
　　在这种结构中，来自各职能部门的专家在一位项目经理的领导下完成项目。

means-ends chain　手段–目标链
　　一个目标网络，高层级的目标与低层级的目标紧密相连，低层级的目标是高层级目标实现的手段。

mechanistic organization　机械式组织
　　一种科层制组织，专业化、正式化和集权程度高的组织结构。

message　信息
　　被传达的意图。

middle managers　中层管理者
　　明显特征在于要负责把高层管理者制定的目标落实到具体事务中去，让基层管理者监督执行。

mission　使命
　　组织目标的陈述。

motivation　激励
　　"激励"是指一种过程，通过这个过程，一个人的努力被调动、指向和持续到目标的实现。

motivators　激励因素
　　赫茨伯格认为，要想真正激励员工努力工作就必须强调激励因素，只有内在的因素才会增加员工的工作满意感。

multidomestic corporation　多国公司
　　跨国公司的一种类型，它把管理和其他决策权都集中到商业运行所在的当地国家。

multinational corporations (MNC)　跨国公司

在多个国家经营的各种国际公司。

myers-Briggs Type Indicator (MBTI)　迈尔斯–布里格斯个性分类指标

辨别个性类型的方法之一，利用个性的 4 个维度划分出不同的个性类型。

N

need for achievement (nAch)　成就需要

即达到标准、追求卓越、争取成功的需求。

need for affiliation (nAff)　归属需要

即建立友好密切的人际关系的愿望。

need for power (nPow)　权力需要

即使他人按自己的意愿而非他们本身的意愿行事的需要。

network organization　网络组织

利用自己的员工完成部分工作活动，同时也利用外部供应商网络提供其所需要的其他产品部件或工作流程的组织。

nominal group technique　名义群体技术

一种群体成员出席但不参与讨论而各自独立决策的方法。

nonmanagerial employees　非管理类员工

直接从事某项工作或任务，不必负有责任去监督他人工作的那些员工。

nonprogrammed decisions　非程序化决策

独一无二的，不会重复发生的决策，需要做出有针对性的反应。

norming stage　规范阶段

群体发展的第三个阶段，以亲密的关系和凝聚力为特征。

norms　规范

群体成员共同接受的标准或期望。

O

omnipotent view of management　管理万能论

认为管理者直接对一个组织的成功或失败负责的观点。

open-book management　公开管理

公司通过公开财务报表让员工知道企业的决策，信息共享使员工受到激励。

opensystems 开放系统

与环境动态交互作用的系统。

operant conditioning　操作性条件反射

一种学习理论，认为行为是其结果的函数。

operations management　运营管理

对转换过程的研究和应用。

opportunities　机会

正向的外部环境要素。

organic organization 有机式组织

专业化、正式化和集权程度都很低的组织结构。

organization 组织

将人员有系统地安排在一起，以达到某些特定的目标。

organization design 组织设计

管理者建立或改变组织结构的过程。

organization development (OD) 组织发展

利用有计划的变革帮助组织成员的尝试，其重点在于组织成员的态度和价值观。

Organizational behavior (OB) 组织行为

对人在工作中的行为方式的研究。

organizational change 组织变革

组织人员、结构或技术的变化。

organizational citizenship behavior 组织公民行为

并不属于员工正式的工作描述部分，但能够促进组织的有效运作。

organizational commitment 组织承诺

员工对组织的忠诚度、认同度及投入的程度。

organizational culture 组织文化

组织成员所共有的价值观、原则、传统，以及行动方式，它影响组织成员行动的方式。

organizational processes 组织流程

组织工作的方式。

organizing 组织工作

组织工作的内容包括决定要执行哪些任务，如何完成及谁来完成。

orientation 情况介绍

把新员工导入到工作岗位和组织的过程。

P

parochialism 本位主义

一种狭窄的思想，带有这种思想的管理者仅以自己的眼光、自己的感受孤立地看待事物。

path-goal theory 路径–目标理论

这一领导理论认为领导者的工作是帮助下属实现各自的目标，并提供必要的指导和支持以保证下属的目标与组织或群体的目标相配适。

pay-for-performance programs 根据工作绩效支付薪酬计划

可变的薪酬计划，根据特定的绩效衡量方法支付员工薪酬。

perception 知觉

一个过程，通过这一过程，个体组织和解释他们的感觉印象，从而对他们所处的环境赋予意义。

performance management system 绩效管理系统

指建立绩效标准并评估绩效以完成客观的人力资源决策（如增加工资和培训需求等），

并为人事决策提供事实依据的过程。

performance-simulation tests 绩效模拟测试

基于实际的工作行为的甄选方法。

performing stage 执行阶段

群体发展的第四个阶段，群体结构开始完全发挥作用并被群体成员接受，成员的精力也从相互认识与相互了解转移到了执行必要的工作上。

personality 个性

一个人的个性融合了该个体独有的情感、思想和行为模式，它会影响该个体对环境的反应及其与他人的交往。

PERT network analysis PERT 网络分析法

是一种类似于流程图的图表，用以描述完成一个项目所需活动的顺序，以及每一活动需要的时间或费用。

planning 计划工作

包括定义目标，建立战略，制订用于整合并协调活动的计划。

plans 计划

关于目标如何实现的书面表述。

policy 政策

决策的准则。

political skills 政治技能

管理者建立权力基础并维系社会关系方面的能力。

power 权力

个体影响决策的能力。

principlesof management 管理原则

法约尔的基本管理实践原则。

proactive personality 积极个性

这一个性特质描述那些倾向于用自己的行动来影响周围环境的个体。

problem 问题

存在于现实与期望状态间的差异。

problem-solving team 问题解决型团队

这些团队往往是来自相同部门或职能领域的员工，他们聚在一起讨论如何改善工作活动或是解决特定问题。

procedural justice 程序公平

涉及对报酬分配程序合理性的评价。

procedure 程序

管理者用于处理结构性问题的相互关联的一系列步骤。

process consultation 过程咨询

使用外部的咨询人员评价诸如工作流程、内部成员之间的非正式关系和正式沟通渠道等过程事件。

process departmentalization 按流程划分部门
依据工作或客户流程活动划分部门。

process production 流程生产
连续的流程生产。

product departmentalization 按产品划分部门
根据所生产的产品不同划分部门。

programmed decision 程序化决策
那些重复的，可以通过常规性方法处理的决策过程。

project 项目
有明确的起点和终点的一次性活动。

project management 项目管理
任务是使活动按照需求，在预算内按时完成。

project structure 项目结构
员工不断地从事项目的组织结构。

Q

quantitative approach 定量研究方法
使用定量技术来改进决策的方法。

queuing theory 排队论
也叫等候线理论，一种平衡服务成本和客户等待成本的方式。管理层希望尽快开设尽可能少的服务站，以便在不挑战客户耐心的情况下尽量降低成本。

R

race 种族
人们能够用来识别他们自己的生物遗传，比如一个人的肤色和相关的特质。

range of variation 偏差范围
可接受的实际业绩与标准之间的不一致。

rational decision making 理性决策制定
描述在具体的约束条件下做出的一致的、价值最大化的决策。

readiness 成熟度
人们能够并且意愿完成某项特定任务的程度。

real goals 真正目标
组织实际上追求的那些目标，由组织成员正在做的事情所显示。

realistic job preview (RJP) 实际工作预示
对工作的预示，同时提供有关工作及公司的正面和负面的信息。

recruitment 招聘
寻找、确定及吸引有能力的求职者的过程。

referent 参照点
个人用于与自己进行比较来评估是否公平的人员、系统，或自我。

reliability　可靠性

运用某一甄选方法反复测度同一事物所得结果的一致程度。

renewal strategy　更新策略

当一个组织处于困境之中时，管理层就需要采取行动，解决正在下滑的绩效问题，这种战略被称为更新战略。

resources　资源

就是组织的资产，公司使用这些资源以开发、生产并将产品交付给客户。

responsibility　责任

履行指定活动的义务。

rights view of ethics　道德权利观

认为道德决策是为了尊重和保护个人的自由和特权的观点。

ringisei　禀议制

日本用于形成一致意见的群体决策制度。

risk　风险

指管理者能够对可能产生的结果估计概率的情境。

role　角色

居于某一社会单位中某一特定位置的个体所期望扮演的一组行为模式。

role ambiguity　角色模糊

对角色的期望不清楚。

role conflicts　角色冲突

工作期望难以满足。

role overload　工作超负荷

要求员工在超过允许范围的时间完成更多的任务。

rule　规则

一种清晰的描述，告诉员工应该做什么，不应该做什么。

S

satisfied　满意

接受"足够好"的决策。

scientific management　科学管理

应用科学方法确定从事某项工作的最佳方法。

selection process　甄选过程

审查工作求职者以保证最合适的应聘者得到雇用的过程。

selective perception　选择性知觉

接受者根据自己的需要、动机、经验及其他个性特征有选择地去听取信息。

self-efficacy　自我效能

个人相信自己有能力执行任务。

self-esteem (SE)　自尊

个体喜爱或不喜爱自己的程度。

self-managed work team　自我管理型工作团队

是一种工作团队，在没有管理者参与运作的情况下，负责一个完整的工作流程或部分。

self-monitoring　自我监控

衡量个体根据外部环境因素调整自己行为的能力。

self-serving bias　自利偏差

个体将他们的成功归于内部因素，而把他们的失败归咎于外部因素的倾向性。

service organizations　服务性组织

以服务的形式生产无形产出的组织。

sexual harassment　性骚扰

任何明显或潜在地影响个人工作、绩效、工作环境的不受欢迎的与性有关的行为或活动。

shaping behavior　行为塑造

管理者经常尝试通过逐步指导员工的学习来塑造员工，这个过程被称为行为塑造。

sharing economy　共享经济

指的是一种经济环境，在这种环境中资产所有者通过一种点对点的服务与其他个人分享他们未充分利用的实物资产，以及知识、专业才能、技能或时间等，同时收取一定费用。

short-term plans　短期计划

时间跨度低于1年的计划。

simple structure　简单结构

部门少，管理幅度宽，职权集中于一人，正式化程度低的组织设计。

single-use plan　一次性计划

专为满足独特情况的需要而设计的一次性计划。

situational leadership theory (SLT)　情境领导理论

这一理论体现了领导者如何调整其领导风格以反映下属的需求。

six Sigma　六西格玛

六西格玛这一质量标准要求达到每100万个部件或流程中不超过3.4个差错的目标。

skill-based pay　基于技能的薪酬制度

根据员工的技术和能力表现给他们付报酬。

slack time　松弛时间

关键路径和所有其他路径之间的时间差。

small business　小企业

员工在500人以下，不必一定从事全新的或者具有创新性实践活动，相对而言对其所在行业影响甚微的独立经营单位。

social learning theory　社会学习理论

一种学习理论，认为人们能够通过观察和直接经验来学习。

social loafing　群体懈怠

当群体中个体的责任和成果无法衡量时，个体倾向于减少他们的努力。

social media　社交媒体（社会化媒体）
使用者通过创造线上社区去分享想法、信息、个人消息或其他内容的电子通信方式。

social obligation　社会义务
一个公司因负有承担某些经济和法律责任的义务而要从事的社会行为。

social responsibility (corporate social responsibility, or CSR)　社会责任
企业除了承担法律和经济责任的事情外，以一种对社会有利的方式去行事。

social responsiveness　社会响应
一个公司为响应一些普遍的社会需求而从事的社会行为。

span of control　管理幅度
一位管理者能够有效率且有效果地指导的下属数目。

specific plans　专项计划
有着清晰、明确的目标，不会令人误解的计划。

stability strategy　维持战略
组织保持现有业务的公司层面战略。

staff authority　参谋职权
指一种拥有支持、协助和建议直线职权拥有者的职权的职位。

stakeholders　利害相关者
在组织环境中受到组织决策与行动影响的任何群体。

standing plans　经常性计划
一种需要不断执行的计划，这些计划为需要重复完成的行为提供具体的指导。

stated goals　宣称目标
组织所表述的，以及它希望其利害相关者相信的关于目标的正式声明。

status　地位
在一个群体中的威望等级、位置或是级别。

stereotyping　刻板模式
以对某人所属群体的感知为基础判断这个人。

storming stage　震荡阶段
群体发展的第二个阶段，特征是群体内部发生冲突。

strategic business units (SBU)　战略业务单元
组织中独立和制定自身竞争战略的单一业务。

strategy management　战略管理
指管理者制定组织战略所要做的工作。

strategic management process　战略管理过程
一个包含 6 个步骤的过程，其中包括战略计划、实施及评估。

strategic plans　战略计划
应用于整个组织，为组织设定总目标的计划。

strategies　战略
指一个组织所制订的系列计划，这些计划包括从事怎样的业务，如何竞争成功，以及如何吸引和满足客户以达到组织目标。

strengths   优势

组织做得好的事项或拥有的独特资源。

stress   压力

当某人面临他认为不确定但重要的机会、限制或要求时，影响其感受的一种力量。

stressors   压力因子

产生压力的因素。

strong cultures   强势文化

价值观根深蒂固并得到普遍接受的组织文化。

structured problem   结构性问题

这些问题很直观，问题是熟悉的，与问题相关的信息是清楚的。

survey feedback   调查反馈

评估组织成员对变革的态度和认识的方法。

sustainability   可持续发展

组织通过将经济、环境和社会机会整合进商业战略，以实现企业目标和提高长期股东价值的能力。

SWOT analysis   SWOT 分析法

内外部分析的结合。

symbolic view of management   管理象征论

认为组织的成功与失败是由于管理者所不能控制的外在力量所致的观点。

systems approach   系统学派

一种管理学派，认为组织是由一组相互联系、相互依赖并按某种方式构成的统一体。

T

tactical plans   战术计划

将组织要达到的总体目标进行专门细化。

team-building   团队建设

帮助工作团队确定目标、发展积极的人际关系，确定每一团队成员的角色和责任的活动。

team leaders   团队领导者

负责管理和促进整个工作团队的个人。

team structure   团队式结构

完全由工作团队组成的组织结构。

technical skills   技术技能

管理者所具备的与工作相关的知识或技术来完成工作任务的能力。

technology   技术

那些可以使工作更具效率的设备、工具及生产方法。

telecommuting   远程办公

员工可以在家里工作，用技术手段与公司相连接。

theory of justice view of ethics　道德公正观

认为道德决策是公正无私地运用和执行规则的观点。

threats　威胁

负的外部环境要素。

three-needs theory　三重需要理论

麦克利兰理论，认为成就、权力、归属是工作的主要动机。

360-degree appraisal　360°评估法

一种从不同来源获取对员工的绩效反馈信息的评估工具。

top managers　高层管理者

负责制定有关组织发展方向的决策，要建立对所有员工都有影响的组织政策的管理人员。

Total quality management (TQM)　全面质量管理

一种致力于持续改进和响应客户需求与期望的管理理念。

traditional goal setting　传统的目标设定

在传统的目标设定中，目标由最高管理者设定，然后自上而下贯穿整个组织，并成为组织内各个领域的子目标。

trait theories of leadership　特质理论

寻求领导者区别于非领导者特征的理论。

transactional leaders　事务型领导者

领导者主要使用社会交换（或交易）来领导。

transformation process　转换过程

把资源转化为产成品（产品或服务）的过程。

transformational leaders　变革型领导者

变革型领导者通过激励和鼓舞（改变）使下属达到非凡的成就。

transnational (borderless) organization　跨国或无边界组织

采用一种消除人为地理障碍的组织方式的跨国公司。

trust　信任

对领导者诚实、特征和能力的相信。

turnover　离职

自动或非自动地离开组织。

two-factor theory　双因素理论

赫茨伯格的激励理论认为，一些内在的因素与员工对工作的满意有关，而一些外在的因素则与对工作的不满意有关。

type A personality　A 型人格

长期具有时间紧迫感，具有超强竞争欲望的人。

type B personality　B 型人格

放松、悠闲并易于接受变革的人。

U

uncertainty   不确定性

指管理者不确定结果，甚至无法对可能产生的结果做出合理的概率估算的情境。

unit production   单位生产

单个或小批量产品生产。

unity of command   统一指挥

每个员工应当只向一个上司汇报的组织结构。

unstructured problem   非结构性问题

新的或是不寻常的问题，有关此类问题的信息是模糊的和不完全的。

utilitarian view of ethics   道德功利观

认为道德决策是仅仅基于他们的结果或后果的观点。

V

validity   效度

甄选方法与相关测度之间能被证实存在的相关性。

value   价值

是一种行为特征、特质、特性，或者是客户希望用资源来交换的产品或服务中的任一方面。

value chain   价值链

是组织工作活动的整个系列，从原材料加工开始，到完成产品结束，每一个步骤都增加价值。

value chain management   价值链管理

沿着整个价值链流动的产品活动与信息整合的管理过程。

variable pay   可变薪酬制度

根据员工的绩效确定薪酬。

verbal intonation   语调

对传递含义的某些词或词组的强调。

virtual organization   虚拟组织

由少数全职核心员工和临时聘请来做项目的外部专业人员组成。

virtual team   虚拟团队

运用计算机技术联结分散在各地成员的团队，以实现共同的目标。

visionary leadership   愿景型领导

从改善组织的现有情况出发，创造和清楚地表达一个现实的、可信的、有吸引力的前景的能力。

W

weaknesses   劣势

组织需要却欠缺的某些资源或者是组织无法做好的活动。

wellness programs   保健计划

组织提供的用于帮助员工处理健康问题的计划。

"white-water rapids" metaphor "激流泛舟"观
一种关于组织变革的描述，把组织看作在不断出现险滩的湍急河流中漂流的小木筏。

work councils 工作委员会
由提名或选举产生的员工组成，当管理层做人事决策时，必须征询他们的意见。

workforce diversity 员工队伍的多样性
指员工队伍在性别、年龄、民族、性取向、种族、文化背景及身体健全和残疾等方面的相似和不同。

workplace misbehavior 职场不当行为
故意对组织或组织内的个体造成伤害的员工行为。

work specialization 工作专门化
把工作活动分成单个的任务，因而又称为劳动分工。

work teams 工作团队
工作团队能通过成员积极的协作努力、个体和相互之间的责任，以及互补的技能致力于具体的共同的目标上。

X

X theory X 理论
一种假设，认为员工不喜欢工作，是懒惰的，只要可能就会逃避责任，对他的工作必须采取强制的办法。

Y

Y theory Y 理论
一种假设，认为员工是具有创造性的、享受工作的，会主动寻求承担责任，并且会进行自我引导。

译 者 后 记

美国著名管理学家斯蒂芬·P. 罗宾斯（Stephen P. Robbins）《管理学原理》第 3 版、第 5 版、第 6 版、第 7 版、第 8 版、第 9 版、第 10 版的中译本先后在东北财经大学出版社、中国人民大学出版社、机械工业出版社由我主译出版。受到读者、市场广泛好评。

最近，清华大学出版社又邀请我主译斯蒂芬·P. 罗宾斯等人编写的《管理学原理》（第 11 版）。

本版内容有加有减，变得更加精练而又新颖，注意反映管理的新趋势与特点。同时作者在教学形式、教学工具的提供等方面都做了精心的安排，以帮助学生的学习，培养学生的管理技能。

中山大学部分教师、学生参加了本书的翻译、校对工作；毛蕴诗翻译：前言、第 1 章、第 2 章、第 3 章、第 4 章、第 5 章、第 7 章、第 8 章、第 14 章、第 15 章、术语表；刘阳春和方英哥翻译：第 6 章、第 9 章、第 10 章、第 11 章、第 12 章、第 13 章。研究生、本科生霍梓轩、王子亮、韩雨菲、陈宇阳、潘佳莞、王晓珊、马子明进行了一些章节的文字校对、编辑工作。

感谢本书的编辑和清华大学出版社为本书的出版所做的努力和工作。

中山大学管理学院　毛蕴诗

2024 年月 4 月